Christoph Ratz (Hg.)

Unterricht im Förderschwerpunkt geistige Entwicklung

Lehren und Lernen mit behinderten Menschen
Band 21

Christoph Ratz (Hg.)

Unterricht im Förderschwerpunkt geistige Entwicklung

Fachorientierung und Inklusion als didaktische Herausforderungen

ATHENA

Dieses Buch entstand in Kooperation mit der
Bundesvereinigung Lebenshilfe für Menschen mit geistiger Behinderung e. V.,
die die fachliche Beratung und das fachliche Lektorat übernahm.

Bibliografische Information der Deutschen Nationalbibliothek

Die Deutsche Nationalbibliothek verzeichnet diese Publikation
in der Deutschen Nationalbibliografie; detaillierte bibliografische Daten
sind im Internet über <http://dnb.d-nb.de> abrufbar.

1. Auflage 2011

Copyright © 2011 by ATHENA-Verlag,
Mellinghofer Straße 126, 46047 Oberhausen

www.athena-verlag.de

Alle Rechte vorbehalten

Druck und Bindung: Difo-Druck GmbH, Bamberg

Gedruckt auf alterungsbeständigem Papier (säurefrei)

Printed in Germany

ISBN 978-3-89896-421-0

Inhalt

C. Berufsschulstufe

Vorwort

Schüler im Förderschwerpunkt geistige Entwicklung werden in Deutschland nach wie vor weit überwiegend in Förderschulen unterrichtet. Ein Zustand, der je nach Bundesland etwas variiert und derzeit auch unterschiedlichen Veränderungen unterliegt. Denn das »Übereinkommen der Vereinten Nationen über die Rechte von Menschen mit Behinderungen« von 2006 (kurz: UN-Konvention), das im März 2009 von der Bundesrepublik ratifiziert wurde, fordert ein »integratives Bildungssystem auf allen Ebenen« (Bundesgesetzblatt 2008, Art. 24). Damit werden Forderungen erhoben, die zum Teil schon sehr alt sind und in Deutschland auch von politisch-administrativer Seite mindestens seit dem Gutachten des Deutschen Bildungsrates von 1973 erhoben werden – zur gleichen Zeit also, in der der flächendeckende Ausbau der »Schule für Geistigbehinderte« stattfand. Auch die KMK-Empfehlungen von 1994 und die UNESCO-Erklärung von Salamanca – ebenfalls von 1994 – erhoben deutliche Ansprüche in diese Richtung. Wenn heute noch immer bundesweit lediglich 2,9% der Schüler im Förderschwerpunkt geistige Entwicklung nach offiziellen Angaben integrativ beschult werden (KMK 2010, XIV), so zeigt dies, dass sich diese Schulart bislang als »Sonderschule« entwickelt hat, obwohl es an offiziellen, prominent ausgesprochenen, anderslautenden Empfehlungen nie gemangelt hat.

Welche Rolle spielt diese Diskussion um Inklusion für die Qualität des Unterrichts für Schüler im Förderschwerpunkt geistige Entwicklung? Oder konkret: Was bedeutet die Forderung nach inklusiver Didaktik, die auch Schülern im Förderschwerpunkt geistige Entwicklung gerecht wird? Und unterscheidet sich diese Didaktik überhaupt von einer »guten« Didaktik im Förderschwerpunkt geistige Entwicklung? Oder umgekehrt gefragt: Verbessert sich eine Didaktik für Schulen im Förderschwerpunkt geistige Entwicklung durch den inklusiven Anspruch?

Der wesentliche Unterschied dürfte sein, dass sich Unterricht in den bisherigen »Regelschulen« an jahrgangsgebundene Curricula zu orientieren hat, die sich wiederum stark an den Fächern orientieren. Unterricht im Förderschwerpunkt geistige Entwicklung war bislang davon weitgehend befreit, bundesweit bestehen für diese Schulart offene Curricula, die den Lehrkräften die Verantwortung für Inhalte (und damit die Orientierung an Fächer) in die Hand geben. Es wird deutlich, dass die Orientierung an Fächern im Unterricht damit eine wesentliche Bedingung darstellt, damit sich eine inklusive Didaktik entwickeln kann. Erst dann kann eine Diskussion beginnen, wie Inhalte individuell angeglichen werden können, oder auch, wo »exklusive« Phasen sinnvoll sein können (vgl. Markowetz 2004).

Aber auch innerhalb der Förderschulen des Förderschwerpunktes geistige Entwicklung wird deutlich, dass der Anspruch, sich an Fächern zu orientieren, mit einer generellen Diskussion über die Qualität der Didaktik im Förderschwerpunkt geistige Entwicklung zu tun hat. Diese Diskussion wird im Eingangsbeitrag geführt (Ratz) und versteht sich ausdrücklich auf beide schulische »Settings« bezogen. Damit soll eine »echte« Dekategorisierung geleistet werden, die in erster Linie die Qualität der schulischen Bildung für diese Schüler im Blick hat.

Alle übrigen Beiträge dieses Bandes führen exemplarische Diskussionen dieses Sachverhaltes. Für die meisten Beiträge ist es gelungen, Autorenpaare zu bilden, die sich aus einem Fachdidaktiker und einem Sonderpädagogen zusammen setzen. Sie führen diese Diskussion, wie sich fachliche Ansprüche zunächst formulieren lassen, und dann reduzieren bzw. differenzieren lassen. Naturgemäß haben die Beiträge sehr unterschiedliche Charaktere bekommen, die Spannweite reicht von theoretisch bis praktisch und von grundsätzlich bis exemplarisch. Sie spiegeln damit nicht nur die Bandbreite der Fächer wider, sondern auch die Möglichkeiten, diese Diskussion zu führen. Neben den klassischen Schulfächern finden sich auch Themenbereiche wieder, die bislang nur im Förderschwerpunkt geistige Entwicklung diskutiert werden. Möglicherweise stellen diese Themen aber auch für andere Schulen interessante Überlegungen dar. Ich danke den vielen Autoren, die aus sehr unterschiedlichen Zusammenhängen stammen, für diese Diskussionsbeiträge!

Nach einer jahrzehntelangen Diskussion über das »Ob« einer Inklusion hoffen wir hiermit, das »Wie«, vor allem aber das »Was« in den Vordergrund zu stellen. Für eine (zumindest mittelfristig) sich differenzierende Schullandschaft für Schüler im Förderschwerpunkt geistige Entwicklung ist eine gemeinsame Orientierungsgrundlage nötig, ob nun inklusiv oder in Förderschulen. Hier muss die notwendige Diskussion vor dem Hintergrund der Inklusionsforderungen gleichermaßen auch die Fachpädagogen und -didaktiker in den Regelschulen erreichen. Erst wenn sie in inklusiven Settings einen wesentlichen didaktischen Anteil einbringen – auch für Schüler im Förderschwerpunkt geistige Entwicklung – kann ein möglichst umfassender Bildungsanspruch für alle realisiert werden.

Würzburg, im November 2010   Christoph Ratz

Bundesgesetzblatt (2008): Gesetz zu dem Übereinkommen der Vereinten Nationen vom 13. Dezember 2006 über die Rechte von Menschen mit Behinderungen sowie zu dem Fakultativprotokoll vom 13. Dezember 2006 zum Übereinkommen der Vereinten Nationen über die Rechte von Menschen mit Behinderungen. Verfügbar unter: http://files.institut-fuer-menschenrechte.de/437/Behindertenrechtskonvention.pdf [16.06.2010].

KMK (2010): Sonderpädagogische Förderung in schulen 1999 bis 2008. Verfügbar unter: http://www.kmk.org/fileadmin/pdf/Statistik/Dok_189_SoPaeFoe_2008.pdf [16.06.2010].

Markowetz, Reinhard (2004): Allen Kindern alles lehren! – Aber wie? Maßnahmen der Inneren Differenzierung und Individualisierung als Aufgabe für Sonderpädagogik und Allgemeine (Integrations-)Pädagogik auf dem Weg zu einer inklusiven Didaktik. In: Schnell, Irmtraud/Sander, Alfred: Inklusive Pädagogik. Bad Heilbrunn/Obb.: Klinkhardt, 167–186.

Christoph Ratz

Zur Bedeutung einer Fächerorientierung

1   Einleitung

Dieser Sammelband – und insbesondere dieser Beitrag als Grundlegung und Aus-
gangsbasis – versucht einen Beitrag zur Entwicklung des Unterrichts für Schülerinnen
und Schüler im Förderschwerpunkt geistige Entwicklung für beide Orte zu leisten: in
integrativen Schulen sowie in Förderschulen. Der gemeinsame Ansatzpunkt ist dabei
die Anknüpfung an die Fachdidaktiken. Damit soll bewusst eine Dekategorisierung
sonderpädagogischer Didaktik geleistet werden im Sinne eines inklusiven Denkens:
Das Anliegen ist die Berücksichtigung der Lernbedürfnisse und Lernbedingungen von
Schülerinnen und Schülern im Förderschwerpunkt geistige Entwicklung, die sich hier
wie dort in heterogenen Gruppen befinden und einen Anspruch auf Bildung haben.

Die Berücksichtigung von Fachdidaktiken ist in der Tradition der Didaktik im Förderschwerpunkt geistige Entwicklung bislang vernachlässigt worden. Das zeigt sich in
den Lehrplänen, die Fächer zum großen Teil nur implizit benennen, wie auch in der
didaktischen Literatur über diesen Förderschwerpunkt (vgl. Kap. 2). Es stellt sich für
die sonderpädagogische und damit auch die integrative Didaktik die Frage, wie stark
fachorientierte Inhalte Anteil an der Entwicklung eines qualitativen und nachhaltigen
Unterrichts haben. Bezogen auf inklusiven Unterricht hat Seitz diese Frage schon einmal aufgeworfen (Seitz 2004).

Umgekehrt haben aber auch die Fachdidaktiken kaum die Situation von Schülern
mit sonderpädagogischem Förderbedarf reflektiert. In sonderpädagogischen Lehramts-
studiengängen müssen die Studierenden in der Regel auch Fachdidaktiken belegen,
sodass sich eigentlich alleine aus diesem Umstand eine Notwendigkeit der gegenseitigen Auseinandersetzung ergäbe. Aber auch das Potenzial für die Weiterentwicklung
der Fachdidaktiken – gerade durch die Auseinandersetzung mit Schülern mit Förderbedarf – sollte in den Blick genommen werden. Wie können Anliegen des Faches auch
bei größerer inhaltlicher Reduktion erhalten und bildungswirksam im Unterricht berücksichtigt werden? Oftmals entsteht gerade unter den Anforderungen einer Reduktion ein Impuls, die Anliegen des Faches besonders deutlich zu formulieren.

In diesem Beitrag soll die Bedeutung eines an den Fächern bzw. Fachdidaktiken
orientierten Unterrichts für Schüler mit dem Förderschwerpunkt geistige Entwicklung aus mehreren Perspektiven skizziert werden. Zunächst wird möglichen Ursachen
für die gegenwärtige Vernachlässigung einer Fachorientierung im Förderschwerpunkt
geistige Entwicklung nachgegangen, die in fast allen Beiträgen dieses Bandes beklagt
wird. Daraufhin sollen Argumente vorgestellt werden, die zu einer Neubewertung der
Rolle von Fächern für den Unterricht im Förderschwerpunkt geistige Entwicklung
Anlass geben – und zwar aus psychologischer Sicht, aus der gestiegenen Bedeutung

eines schulischen Bildungsbegriffes heraus sowie aus der aktuellen Inklusionsdebatte. Vier Ansätze, die bereits vorliegen, zeigen anschließend mögliche Argumentationen auf, wie eine Fachorientierung für diese Schüler sinnvoll sein und zu einem Qualitätsgewinn im Unterricht führen kann: Elementarisierung, didaktische Rekonstruktion, substanzielle Lernumgebungen sowie die historische Argumentation Deweys, die Kind und Fach pädagogisch zu verbinden sucht.

2   Die Rolle von Fächern in didaktischen Entwürfen – Historischer Kontext

Um die derzeitige Situation des Unterrichts im Förderschwerpunkt geistige Entwicklung zu verstehen, ist es hilfreich, die Entstehung des schulischen Unterrichts für Schüler mit einer geistigen Behinderung zu betrachten. Die (flächendeckende) Geschichte der Schulart, die zunächst »Schule für Geistigbehinderte« genannt wurde, beginnt nach dem zweiten Weltkrieg, ist damit vergleichsweise kurz, hat aber auch weiter zurückreichende Wurzeln.

2.1   Fachorientierung in ersten Entwürfen der »Schule für Geistigbehinderte«

Bereits lange vor dem zweiten Weltkrieg hat es bedeutende, wenn auch vereinzelte Versuche gegeben, Schüler mit einer geistigen Behinderung – seinerzeit Idioten oder Imbezile genannt – zu unterrichten. Möckel (1998) und Lindmeier/Lindmeier (2002) haben dafür eindrückliche Quellen zusammengestellt. Theunissen (in diesem Band) erwähnt in diesem Zusammenhang Georgens und Deinhardt für die Kunsterziehung. Weitere sehr frühe Beispiele sind Seguin, der v. a. wegen seines mathematischen Materials bekannt ist, der aber auch eine wichtige Inspiration für Montessori war, die die umfassendsten inhaltlichen Vorschläge für Schüler mit kognitiven Beeinträchtigungen in dieser Phase vorgelegt hat.

   Nach Gründung der ersten »Schulen für Geistigbehinderte« ab den späten 1950er-, v. a. aber in den 1960er- und 1970er-Jahren etablierte sich die Schulart flächendeckend, und auch die Ausbildung der Sonderschullehrer wurde systematisch an den Hochschulen organisiert. Neben einer eher unausgesprochenen Orientierung an der Kindergartenpädagogik (vgl. Kap. 2.2) war in dieser Zeit der Entwurf Mühls wegweisend, in dem er eine Struktur für Inhalte dieser Schulart vorgelegt hat.

   Mühls »Handlungsorientierter Unterricht« (1981) erschien zuerst 1979. Ein »Fachunterricht« wurde darin weitgehend verworfen, weil er »häufig die Übertragung des in einem bestimmten Fach Gelernten auf reale Lebenssituationen« verhindere (Mühl 1981, 76). Ausnahmen bildeten für ihn Sport und Musik. Er entwarf eine situationsorientierte Unterrichtskonzeption »jenseits der Fächerung« (ebd., 77), die sich auf mehrere Wurzeln berief: den reformpädagogisch geprägten Gesamtunterricht; den damals hochaktuellen »mehrperspektivischen Ansatz« nach Giel/Hiller; aber auch mit

Adam ein Verständnis von »Situation«, in dem »grundlegende Lebenssituationen zum Ausgangspunkt von Überlegungen« gemacht werden (ebd., 107). Er schlug aus diesen Überlegungen heraus die Formulierung von »Handlungsfeldern« bzw. »Situationsfeldern« vor, die bereits aus dem Primarbereich bekannt waren und von ihm auf die ganze Schulform übertragen wurden.

Die »*Handlungs- bzw. Situationsfelder*« bildeten in der Folge die dominierende didaktisch-curriculare Perspektive der damaligen »Schulen für Geistigbehinderte«, die in vielen Lehrplänen aufgegriffen wurde (z. B. Bayer. Staatsministerium 1982). Mühl schlug in Anlehnung an Giel/Hiller für den Unterricht an der »Schule für Geistigbehinderte« folgende Situationsfelder vor: »Familie, Wohnen, Speisen und Getränke, Feste und Feiern, Schule, Verkehr, Konsum, Versorgungseinrichtungen u. a. (Öffentlichkeit), Natur, Arbeit/Beruf, Freizeit/Urlaub, zeitliche Orientierung« (Mühl 1981, 114ff.).

Auch der für die Entwicklung der Schulart sehr prägende »Arbeitsplan G« von Adam (1978a), eine weitgehende Übertragung eines amerikanischen Curriculums, verfolgte diese Sichtweise. Ausgehend vom Normalisierungsprinzip boten darin sechs »grundlegende Lebenssituationen« den »strukturellen Rahmen für ein Gesamtcurriculum (Adam 1978b, 306): »Selbstbesorgung«, »Gebrauchsfähigkeit des Körpers«, »Kommunikation«, »Grundwissen«, »praktische Fertigkeiten« sowie »Sozialverhalten« (Adam 1978a). Dieses Curriculum enthält somit keinerlei Orientierung an Fächern, höchstens im Bereich »Grundwissen« sind Anzeichen erkennbar. Aus heutiger Sicht stellt sich darüber hinaus die Frage, ob der Anspruch der »Normalisierung«, der von Adam als Begründung für diese Auswahl genannt wurde, nicht auch mit anspruchsvollen, bildenden Inhalten hätte gefüllt werden müssen?

Eine weitere sehr prägende Arbeit für die Entwicklung der Schulart stammt von Dieter Fischer (1981; zuerst 1979). Er ist zu dieser frühen Zeit sehr differenziert mit der Thematik der Fachorientierung umgegangen und unterscheidet in einem »Gesamtkonzept« drei Bereiche: den »Basis-Bereich«, den »Elementar-Bereich« und den »Fach-Bereich« (Fischer 1981, 42ff.). Dabei sieht er den Basis-Bereich und den Fach-Bereich als Pole auf den Elementar-Bereich hin zugeordnet, der sich als »weitumfassenden, weit umgreifenden Sachunterricht auf lebenspraktischer Grundlage« versteht (ebd., 46). Das Konzept akzentuiert vor allem die Entwicklung (Basis-Bereich) und – wie bei Mühl und Adam – die Lebenspraxis. Fischers dritter Bereich, der »Fach-Bereich«, ist aus der Perspektive des vorliegenden Bandes missverständlich. Er ist bei ihm auf »Werken, Handarbeit und Hauswirtschaft, Religion, elementare Musikerziehung, Sport, bildnerisches Gestalten« beschränkt (ebd., 50). In diesem »Fach-Bereich« ist aber nicht nur die Zahl der Fächer eingeschränkt, auch die Zielsetzung ist immer deutlich unter der Prämisse der »Lebensbewältigung« zu verstehen (ebd., 51).

2.2   Die Orientierung der »Schule für Geistigbehinderte«
an der Kindergartenpädagogik und am Situationsansatz

Eine weitere wichtige Einflussquelle für die Entwicklung der Schulart war die Orientierung an der Kindergartenpädagogik, auf die bereits Pitsch verwiesen hat (Pitsch 2002; vgl. auch Ratz 2009, 20f.). In der Gründungszeit der Schulart gab es kaum eigenständige Konzeptionen, da die Geistigbehindertenpädagogik bis dahin auch nicht wissenschaftlich vertreten war. Das Lernpotenzial von Schülern mit einer geistigen Behinderung wurde aus heutiger Sicht nicht nur unterschätzt, sondern musste überhaupt erst noch begründet werden. Es galt zunächst, die noch immer weit verbreitete Meinung der »Bildungsunfähigkeit« von Menschen mit geistiger Behinderung zu überwinden. Dies stellte ein wichtiges Thema der einsetzenden wissenschaftlichen Diskussion dar (vgl. Ackermann 1990).

In dieser Zeit, in der noch Unklarheit herrschte über die Bildungsfähigkeit der Schüler mit geistiger Behinderung, verbreitete sich die lern- und entwicklungspsychologische Lehre Piagets, die in kurzer Zeit die dominierende Theorie darstellte. Die Vorstellung einer Entwicklungslogik innerhalb einer allgemeinen Stadientheorie trug dazu bei, dass sich die Ansicht entwickelte, geistige Behinderung sei als eine mehr oder weniger reine Entwicklungsverzögerung zu verstehen. Sehr anschaulich wird dies in der Definition eines Intelligenzquotienten als Quotient des Entwicklungsalters und des Lebensalters. Für die Didaktik leitete sich daraus in direkter Folge die Orientierung an jüngeren Kindern ab (dazu mehr in Kap. 3.1).

Neben diese beiden Umständen, dem Fehlen geeigneter Unterrichtskonzeptionen sowie der vorherrschenden entwicklungspsychologischen Lehre als allgemeine Stadientheorie, die nahelegte, dass Schüler mit geistiger Behinderung in ihren kognitiven Fähigkeiten mit kleinen Kindern zu vergleichen seien, kam die sehr praktische Tatsache zum Tragen, dass kein spezifisch ausgebildetes Personal zur Verfügung stand. Erzieherinnen und Kinderpflegerinnen wurden eingestellt und prägten in kurzer Zeit den Unterricht. Deren fachlich-praktischer Hintergrund, die vorschulische Pädagogik, war seinerzeit stark vom situationsorientierten Ansatz dominiert. Dieser Ansatz stellte die fachliche Orientierung in den Hintergrund und orientierte sich vorwiegend an Situationen, die im Umfeld der Kinder stattfinden, die kurzfristig aufgenommen und thematisiert wurden, »ohne Lernen mit schulischem Lernen zu identifizieren« (Hebenstreit 1980, 124). Gegenüber der weiter oben bereits erwähnten Situationsorientierung aus curricularer Sicht nach Robinsohn oder Giel/Hiller (vgl. Mühl 1981, 79f.), die immerhin aus der schulischen Diskussion stammt und den Zusammenhang mit Fächern diskutiert, wird hier die Orientierung an Fächern von vorne herein negiert.

Spätestens seit PISA spielt die Fachorientierung heute in der vorschulischen Erziehung eine bedeutsame Rolle, die sich in den verschiedenen Literacy- und Numeracy-Ansätzen zeigt (z. B. Textor 2010). Inzwischen werden im Förderschwerpunkt geistige Entwicklung jedoch pädagogische und didaktische Aspekte nicht mehr so direkt aus der Kindergartenpädagogik übernommen, wie dies bei der Entstehung der Schulart der Fall gewesen ist.

2.3 Heterogenität als herausforderndes Merkmal – die Betonung von Individualisierung und Differenzierung und deren Auswirkung auf die Beachtung von Fächern

Eine der charakteristischsten Eigenschaften der Schulart war von vornherein die Heterogenität ihrer Schülerschaft. Sie ergibt sich vor allem aus der Stellung der Schulart im Gesamt des Schulsystems, als »letzte« Schule, die keine Möglichkeiten hat, an andere Schularten zu überweisen. Psychologisch resultiert die Heterogenität aus der Definition heraus, dass geistige Behinderung unterhalb der zweiten Standardabweichung beginnt und somit intelligenzdiagnostisch eine wesentlich größere Spanne umfasst als alle anderen Schularten. Aber auch die Vielzahl der Diagnosen, von denen immer mehr beschrieben werden können, weist auf die große Unterschiedlichkeit in den Lernpersönlichkeiten hin.

Im Förderschwerpunkt geistige Entwicklung ist diesem Umstand von jeher damit begegnet worden, dass den Unterrichtsprinzipien »Individualisierung« und »Differenzierung« ein sehr hoher Stellenwert zugewiesen wurde. Prinzipien, die zwar auch in jedem Lehrbuch über allgemeine Didaktik zu finden sind, hier aber in ganz besonderer Weise betont wurden. Ein weiteres Prinzip, das für den Unterricht im Förderschwerpunkt geistige Entwicklung betont wurde, war die »Reduktion«. Vor allem D. Fischer hat sich darüber Gedanken gemacht und auch den Begriff der »Entflechtung« eingeführt (Fischer 1981, 51).

Eine direkte Auswirkung auf den Aspekt der fachlichen Betonung von Unterricht kann aus der Betonung dieser Prinzipien allerdings nicht hergeleitet werden. Dennoch sind die aus didaktischer Sicht erheblichen Anforderungen, die aus dieser Situation resultieren, nicht von der Hand zu weisen. Sie führten zur Implementierung offener Curricula (vgl. Kap. 2.7), womit sich die Möglichkeiten verringern, über den Aspekt der Fachorientierung direkte Aussagen zu machen. Die Heterogenität führt aber vielerorts auch zur äußeren Differenzierung, beispielsweise in Form von Lernkursen, vor allem für die Kulturtechniken, häufig mit dem Argument, die Orientierung am Fach aufrecht erhalten zu können.

2.4 Offene didaktische Konzepte im Förderschwerpunkt geistige Entwicklung

Eine Auswirkung der Heterogenität der Schülerschaft ist auch die hohe Beliebtheit offener Formen von Unterricht im Förderschwerpunkt geistige Entwicklung (vgl. Forster 2004). Forster weist in seiner Analyse des offenen Unterrichts im Förderschwerpunkt geistige Entwicklung zum einen auf die vorherrschende begriffliche Unschärfe hinsichtlich einer »Offenheit« hin, zum anderen wird aber auch deutlich, dass kein Entwurf offenen Unterrichts besteht, der sich fachlichen Anforderungen unterwerfen würde. Im Gegenteil: gerade der offene Unterricht verlangt auch eine Offenheit in Bezug auf den inhaltlichen Bereich (ebd., 82f.), was in der Konsequenz bedeuten würde, ihn dem Schüler zu überlassen. So weit geht in der Praxis nun doch kein Lehrer; es wird jedoch deutlich, dass der fachliche Aspekt in offenen Konzeptionen keine besondere Bedeutung erfährt. Auch wenn die meisten angebotenen Materialien in offenen Konzeptionen letztlich fachliche Hintergründe haben, also nur selten unfachlich sind (auch das findet sich allerdings nicht selten in Form von allgemeinen Wahrnehmungsübungen, »Gehirnjogging« u. Ä.), ist hier die didaktische Orientierung durch dezidierte fachliche Aspekte gemeint. Im offenen Unterricht werden fachliche Aspekte dagegen in einer eklektizistischen und eher unreflektierten Weise zusammengesetzt.

In der Freiarbeit nach Montessori ist die Rolle des Fachlichen differenzierter zu betrachten.

Gerade die Freiarbeit nach Montessori ist für die Didaktik für Schüler im Förderschwerpunkt geistige Entwicklung nach wie vor eine wichtige Einflussquelle (vgl. Biewer 1992) und vor allem für integrativen Unterricht mit Schülern im Förderschwerpunkt geistige Entwicklung einer der brauchbarsten Ansätze (vgl. Breitenbach/Ebert 2002; Ratz 2004; 2006). Ihr Werk ist allerdings schwer einzuordnen, sowohl grundsätzlich (vgl. Böhm 1991) als auch bezüglich der Frage, welche Bedeutung sie den Fächern zumisst. Mit Böhm ist festzuhalten, dass »Fragen des Unterrichts und der Lehre sekundärer Natur« für Montessori waren (ebd., 184), denn ihre Materialien zielten in erster Linie darauf ab, die Sinne auszubilden, »Normalisierung« zu ermöglichen und die Konzentration zu schulen (ebd.). Auch ihr Begriff der »kosmischen Erziehung« entzieht sich einem fachdidaktischen Verständnis. Zwar werden darunter auch Sachthemen verstanden, »kosmische Erziehung« ist aber eher als Überbau der Montessori-Pädagogik zu verstehen, der in einem religiösen Sinn das Kind und seinen Platz im kosmischen Schöpfungsplan thematisiert (Holtstiege 1994, 63). Dennoch muss vor allem für den Bereich der Mathematik, aber auch »Sprache«, eine deutliche Orientierung Montessoris am Fach festgestellt werden. Die fachwissenschaftlichen Erkenntnisse ihrer Zeit hat sie aufgearbeitet und sehr detailliert in ihren Materialien verarbeitet. Dabei wird ein genereller Kritikpunkt an Montessori, ihre allzu enge und kleinschrittige Umsetzung von Lernzielen in den Materialien (Böhm 1991, 22ff.), auch in die fachliche Umsetzung transportiert. In den Materialien werden sehr klare und unveränderbare fachliche Positionen vertreten, die keine unterschiedlichen Lernvorstellungen der Kinder zulassen.

2.5   Feusers entwicklungslogische Didaktik

Gerade Feusers integrativer didaktischer Ansatz denkt Schüler im Förderschwerpunkt geistige Entwicklung mit und ist in der didaktischen Literatur der Geistigbehindertenpädagogik omnipräsent. Die didaktische Analyse ist im Sinne der kulturhistorischen Schule als dialektischer Dreischritt zu verstehen, in dem aus den Polen der Sachstrukturanalyse (Objektseite) und der Tätigkeitsstrukturanalyse (Subjektseite) in dialektischer Synthese eine Handlungsstrukturanalyse entsteht (Abb. 1; Feuser 1995, 177).

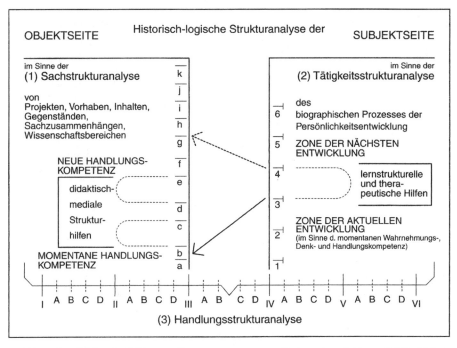

Abb. 1: Das didaktische Feld einer allgemeinen integrativen Pädagogik nach Feuser (1995, 177)

Dieser oft zitierte Vorgang ist für die Frage nach der Orientierung an Fächern deshalb interessant, weil im Rahmen der »Sachstrukturanalyse« ausdrücklich fachliche Aspekte aufgegriffen werden. Die »Sachstrukturanalyse« sieht vor, die fachliche Struktur nach ihrem kognitiven Anspruch bzw. der »Handlungskompetenz« (Feuser 1995, 177) zu analysieren und zu hierarchisieren. Feuser selbst erhebt keine detaillierten Ansprüche an die »didaktische Analyse« mit der Sachstruktur, er beschreibt sie als »Gliederung […] im Sinne der ›didaktischen Analyse‹« und verweist dabei auf »Klafki, Schulz/Otto/Heimann sowie Möller« (ebd.). Die Tatsache, dass Feuser so viele unterschiedliche Ansätze einer »didaktischen Analyse« in einem Atemzug nennt, verweist darauf, dass der Schwerpunkt seiner Überlegungen weniger darauf abzielt, sich einer bestimmten didaktischen Tradition zu unterwerfen (Bildungstheorie, Berliner Schule o. Ä.), sondern eher darauf, ganz generell einen inhaltlichen Ansatzpunkt für die Tätigkeitsstrukturanalyse der einzelnen Schüler zu schaffen. Das heißt, die Hierarchisierbarkeit eines Inhaltes beispielsweise entlang einer allgemeinen Stadientheorie – Feuser nennt sowohl Piaget als auch Wygotski –, also aus kognitiver Sicht (»Subjektseite«), steht im Vordergrund und weniger die fachliche Struktur. Anders formuliert: Die gewonnene »Handlungsstrukturanalyse« stellt eine Psychologisierung des Fachlichen dar. Die aktuelle psychologische Diskussion (Kap. 3.2) relativiert aus heutiger Sicht diese deutliche Anlehnung an eine generelle Stadientheorie. Feuser hat damit eine didaktische Theorie geschaffen, die die fachlichen Inhalte in eine Balance gegenüber der kognitiven Entwicklung des einzelnen Schülers stellt und damit fachliches Wissen konstruktiv verankert. Mit der »Handlungsstrukturanalyse« entsteht ein individuelles Niveau der »geistigen Operation« (sensu Galperin, vgl. Feuser 1995, 177), das ein fachliches und kognitives Niveau vereint.

2.6 Konstruktivistische bzw. subjektive Didaktik

Neben dem dialektischen Materialismus, der hinter Feusers entwicklungslogischer Didaktik als Theorie steht, ist der *Konstruktivismus* derzeit der dominanteste Ansatz in der Didaktik im Förderschwerpunkt geistige Entwicklung. Ein Bonmot Reussers stammt zwar aus der allgemeinen Didaktik, passt aber auch hier, um die schillernde Aktualität des Konstruktivismus in der Didaktik zu kennzeichnen: »Wer sich zum Konstruktivismus bekennt, ist nicht nur ›in‹, er darf sich auch eines weitläufigen Kreises (scheinbar) Gleichgesinnter erfreuen« (Reusser 1999, zit. n. Hess 2002, 14).

Die Beiträge über Konstruktivismus in der Geistigbehindertenpädagogik sind zu unterscheiden, inwiefern sie grundsätzlicher, eher erkenntnistheoretischer Art sind (E. Fischer 2008b; Wagner 2000; 2007) oder didaktischer Art (E. Fischer 2008a; Wagner 2003). In sehr allgemeiner Weise bezieht sich auch der bayerische Lehrplan auf konstruktivistisches Denken (vgl. Ratz 2009, 12ff.), in gleicher Weise jedoch auch auf Feuser, wodurch eine gewisse Unschärfe der Begriffe in diesem Lehrplan zu Tage tritt.

Konstruktivistische Ansätze thematisieren die kognitive Aufbauleistung des Subjekts, das im biologischen Sinn auf Passung und Viabilität orientiert ist. »Kognition dient [dabei] der Organisation der Erfahrungswelt des Subjekts und nicht der ›Erkenntnis‹ einer objektiven ontologischen Realität« (Hess 2002, 30). Damit wird deutlich, dass unabhängig von einzelnen konstruktivistischen Strömungen die Frage nach der Bedeutung eines Faches und seiner Strukturierung auch in konstruktivistischen Ansätzen in den Hintergrund tritt.

Dies wird auch deutlich in Erhard Fischers »Entwurf einer subjekt- und bedarfsorientierten Didaktik« (2008a), in der er sich auf verschiedene konstruktivistische Theorien stützt. Vor allem aus erkenntnistheoretischer Sicht ergeben sich sehr individuelle Modi der Wahrnehmung, die sich auf das Verhalten des Schülers, seine Handlungen, seine Interessen und seine Sinnstiftungen auswirken. Durch die Betonung des subjektiven Aspektes werden auch hier fachliche Aspekte nachgeordnet zugunsten eines zutiefst pädagogischen Denkens, das auch Schüler mit sehr unfangreichen Behinderungen einzuschließen versucht.

2.7 Die Berücksichtigung der Fachorientierung in den Curricula

Alle Curricula im Förderschwerpunkt geistige Entwicklung sind als »offene Curricula« konzipiert und folgen keiner Gliederung nach Jahrgängen. Auf diese Weise versuchen sie der großen Heterogenität der Schülerschaft (Kap. 2.3) zu begegnen. Gleichzeitig wird den Lehrkräften dabei eine große Verantwortung auferlegt, der sie in Form von Jahres- und/oder Trimesterplänen gerecht werden. Eine allgemeine Bewertung der Rolle von Fächern in dieser Schulart ist dadurch kaum mehr möglich.

Interessant ist es, die Entwicklung der beiden aktuellen und vermutlich am meisten verwendeten Lehrpläne im Vergleich zu ihren Vorgängern zu betrachten. Der bayerische Lehrplan (Bayer. Staatsministerium 2003) löste einen seit 1982 geltenden Lehrplan ab, und der baden-württembergische (Ministerium für Kultus, Jugend und Sport BW 2009) gar einen von 1980. Die Tendenz in beiden neuen Lehrplänen ist eine geringfügig stärkere Gewichtung der Fächer, vor allem der Kulturtechniken. Die übrigen Fächer werden zwar stärker als in den Vorgängerwerken berücksichtigt, aber noch immer hinter lebenspraktischen Aspekten stehend. Traditionell hohe Bedeutung haben die Fächer Hauswirtschaft, Musik, Religion und Werken.

3 Aktuelle Argumente für eine Neubewertung der Fachorientierung

Die Sichtung der bisherigen Bestimmungsstücke der Didaktik im Förderschwerpunkt geistige Entwicklung weist im Ganzen gesehen eine recht geringe Bedeutung der Fächer aus. Es lässt sich derzeit vor allem aus der Betrachtung der curricularen Entwicklung eine Tendenz erkennen, zumindest die Kulturtechniken stärker zu beachten.

Diese Standortbestimmung ist jedoch nicht als unbeweglich zu betrachten. Es stellt sich die Frage, ob es aktuelle Erkenntnisse in verschiedenen Bereichen gibt, die eine Veränderung dieses Standpunktes veranlassen oder rechtfertigen sollten? Argumente für eine Zunahme an Bedeutung der Fächer im Unterricht des Förderschwerpunktes geistige Entwicklung sind in drei Bereichen erkennbar: im Fortschritt des Erkenntnisstandes in der Entwicklungspsychologie und in dessen Auswirkungen auf das Verständnis von Lernen von Menschen mit geistiger Behinderung, in der aktuellen Diskussion um »Bildung« bei Menschen mit geistiger Behinderung sowie in den veränderten Ansprüchen an eine inklusive Umsetzbarkeit von Didaktik durch die UN-Behindertenrechtskonvention.

3.1 Aktuelle entwicklungspsychologische Überlegungen

Die für die Didaktik maßgeblichen Disziplinen der Psychologie sind die Entwicklungs- und die Lernpsychologie. Beide haben durch Piaget bzw. Wygotski wesentliche Inspiration erhalten, vor allem mit Auswirkungen auf die Didaktik. Dennoch ist über 50 Jahre nach Aufkommen ihrer Theorien die Frage nach deren aktueller Rezeption, nach ihren Auswirkungen auf das Verständnis von Lernen bei geistiger Behinderung, aber auch nach ihrer Bedeutung für die Didaktik legitim – und für die Bedeutung der Fächerorientierung durchaus von Interesse.

Die bisherige Dominanz der allgemeinen Stadientheorien

Die Sonderpädagogik hat sich als Wissenschaft zur selben Zeit flächendeckend etabliert, als die Theorien der kognitiven Entwicklung von Piaget und Wygotski für die Didaktik meinungsführend wurden. Es ist müßig zu fragen, ob die Sonderpädagogik ihnen besondere Beachtung geschenkt hat, weil sie gerade in dieser Zeit die dominierenden Theorien waren, oder ob sie der Sonderpädagogik erst zu einer wissenschaftlichen Bedeutung verholfen haben, weil sie theoretisch begründete Argumente für sonderpädagogisches Handeln lieferten.

Diese Theorien postulierten eine unumstößliche Entwicklungslogik in Gestalt von allgemeinen Stadientheorien. Kein Stadium kann ausgelassen werden, weil die kognitiven Entwicklungsschritte aufeinander aufbauen. Entwicklung ist demzufolge ein linearer Verlauf, entsprechend wird dieser Ansatz »Similar-Sequence-Hypothese« genannt (vgl. Schuppener 2008, 91). In dieser Sichtweise kann geistige Behinderung nur als Entwicklungsverzögerung verstanden werden, denn es müssen alle Stufen der kognitiven Normalentwicklung nacheinander durchlaufen werden. Eine vorliegende geistige Behinderung unterscheidet sich von einer »normalen« Entwicklung nur im geringeren Tempo bei gleichem Verlauf. Statistisch drückt sich dies im Intelligenzquotienten aus, dem Quotienten aus Lebensalter und Intelligenzalter.

Der Handlungsappell einer solchen entwicklungslogischen Theorie an die (sonderpädagogische) Didaktik ist eindeutig: Wenn ein zwölf-jähriges Kind das Intelligenzalter von drei Jahren hat, dann ist es nach Piaget in der konkret-operationalen Phase der kognitiven Entwicklung. An diesem Entwicklungsstand haben sich didaktische Bemühungen zu orientieren, denn da die Entwicklungslogik unumstößlich ist, würden sonst wichtige Schritte der kognitiven Entwicklung ausgelassen werden. Die zusätzliche Erfahrung des zwölfjährigen Kindes gegenüber einem dreijährigen Kind bleibt in diesen Theorien unbeachtet. Am klarsten umgesetzt ist dies in Feusers entwicklungslogischer Didaktik (s. o.).

Dominierend für die Einschätzung des Lernpotenzials eines Kindes war die Annahme, dass die Stufen in beiden Theorien einen allgemeinen Charakter hatten, d. h. sich auf alle Aspekte der kognitiven Entwicklung und damit des Lernens und der Erkenntnis erstrecken. Da die Stufen qualitativen Charakter haben, ging Piaget davon aus, dass Lernangebote stets nur in der entsprechenden Qualität des diagnostizierten Stadiums angeboten werden dürfen. Erst wenn eine gewisse Sättigung in einer Stufe erreicht ist, wird das Kind von selbst den Sprung in die nächste Stufe machen. Der Erzieher oder Lehrer muss dies erkennen, und wenn der Stufenwechsel umfassend vollzogen ist, dann hat er Angebote in der Qualität der nächsten Stufe zu machen. In diesem Punkt war Wygotski optimistischer, denn er ging davon aus, dass stets Angebote in der »Zone der nächsten Entwicklungsstufe« gemacht werden müssten, und dem

Kind damit aktiv geholfen werden soll, die nächste Stufe zu erreichen. Vielleicht kann das auch vereinfacht so ausgedrückt werden: Während Piaget schob, war es Wygotski, der zog.

In der Sonderpädagogik sind beide Theorien rezipiert worden. Für die Didaktik kann eine Tendenz festgestellt werden, sich eher an Wygotskis Theorie zu orientieren, was beispielsweise an der großen Verbreitung von Dieter Fischers oben erwähntem Standardwerk (1981) sichtbar wird, ebenso aber auch an der Bedeutung von Feusers Ansatz (s. o.) innerhalb der Geistigbehindertenpädagogik und der Integrationspädagogik.

Die Sichtweise von geistiger Behinderung als verlangsamte Normalentwicklung enthält in Bezug auf die Bedeutung von Fächern für das Lernen eine entscheidende Aussage: Den Kindern mit geistiger Behinderung werden Angebote gemacht, die für jüngere »normalentwickelte« Kinder gedacht sind, d. h. aus dem vorschulischen und Grundschulalter. In diesen Altersstufen ist die fachliche Prägung weniger deutlich, und damit wird die gesamte Didaktik dieses Förderschwerpunktes weniger fachlich, sie wird kindlicher.

Domänespezifische Entwicklungstheorien

Die Entwicklungspsychologie sieht auch heute noch Stufen in der kognitiven Entwicklung. Der große Unterschied ist, dass inzwischen die Gültigkeit einer allgemeinen Stadientheorie in Frage gestellt wird, dafür unterschiedliche Entwicklungsgeschwindigkeiten in einzelnen Bereichen angenommen werden. Die kognitive Entwicklung vollzieht sich also »domänespezifisch« in unterschiedlicher Geschwindigkeit. Solche Domänen sind beispielsweise physikalisches Wissen, Zahlwissen, biologisches oder psychologisches Wissen. Eine domänespezifische Entwicklungstheorie erlaubt es, ein Kind sprachlich auf einem anderen Entwicklungsstand zu erkennen als beispielsweise im Bereich des problemlösenden Denkens. Es entsteht eine sehr viel differenziertere und individuellere Sichtweise von Entwicklung, die auch geeignet ist, Phänomene wie Inselbegabungen oder Probleme in abgegrenzten Bereichen wie Legasthenie zu erklären. Schuppener führt aus, dass im Ringen um ein psychologisches Verständnis von geistiger Behinderung der konkurrierende Ansatz zur »Similar-Sequence-Hypothese« (s. o.) der »Multiple-Pathway-Ansatz« sei, der »hohe inter- und intraindividuelle Variabilitäten und Inkonsistenzen in der Entwicklung von Menschen mit geistiger Behinderung« sieht (Schuppener 2008, 91).

Zu diesem Thema gehört auch die Frage, wie es zur Entstehung von Domänen kommt. Heute geht die Entwicklungspsychologie davon aus, dass bereits bei der Geburt Domänen vorhanden sind, deren Umfang und Abgrenzung mit evolutionären Zusammenhängen erklärbar sind, eine ehedem nativistische Sichtweise. Diese angeborenen Domänen bilden als sogenanntes »Kernwissen« aber lediglich den Ausgangspunkt und stellen gleichsam einen Startblock für die Entwicklung dar. Das Kernwissen in den einzelnen Domänen wird in der Folge stetig erweitert und restrukturiert.

Aus dieser Genese heraus wird nachvollziehbar, dass die Entwicklung in den einzelnen Domänen jeweils ihre eigene Entwicklungslogik generiert und der Entwicklungsstand in jedem Bereich deshalb durchaus unterschiedlich weit entwickelt sein kann (vgl. Sodian 2002, 445ff.). Statistisch gesehen ist dies normalerweise nicht der Fall, aber gerade im Förderschwerpunkt geistige Entwicklung liegt die Vermutung nahe, dass bei jedem einzelnen Kind sehr unterschiedliche individuelle domänespezifische Entwicklungsstände vorliegen, zumal auch die Ausgangsbedingungen bei verschiedensten Schädigungen und Syndromen höchst unterschiedlich sind.

Diese aktuelle Sichtweise der kognitiven Entwicklung betont sehr viel stärker die Bedeutung von fachlich orientiertem Unterricht, da in jedem einzelnen Fach – sofern das Fach eine Domäne repräsentiert – ein eigener Entwicklungsstand erkannt werden muss und entsprechende didaktische Angebote gemacht werden sollten.

Neurophysiologische Aspekte

Immer stärker rücken heute auch neurophysiologische Gesichtspunkte in den Blick und werfen weitere Argumente auf. Ähnlich wie die Kritik an Piaget unterstützen sie eine wesentlich optimistischere Sicht auf die kognitive Entwicklung, alleine aus der Tatsache heraus, dass zum Zeitpunkt der Geburt nur 27% der Gehirnzellen überhaupt gebildet sind (Hüther 2009). Und auch die eben erwähnte domänespezifische Entwicklung wird bestätigt durch die Kenntnis über die Lokalisierung des domänespezifisch repräsentierten Wissens in unterschiedlichen Hirnregionen durch bildgebende Verfahren – auch dies ist ein weiteres Argument für eine wohlverstandene Fachorientierung.

Ein anderer Aspekt der neurophysiologischen Forschung, der ebenfalls interessant für das Verständnis der kognitiven Entwicklung von Menschen mit geistiger Behinderung ist – und damit für die Didaktik –, ist der Aspekt der Reifungsprozesse im Gehirn. Das Gehirn reift mit zunehmendem Alter, und dieser Prozess hat nur zu einem sehr geringen Teil mit dem Fortschritt der kognitiven Entwicklung zu tun. Dies ist ähnlich wie bei der körperlichen Entwicklung vorstellbar: Jugendliche mit geistiger Behinderung treten unabhängig von ihrer kognitiven Entwicklung im gleichen Alter in die Pubertät ein wie alle ihre Altersgenossen. Dieser Vergleich zeigt auf, dass die Reifungsprozesse des Gehirns altersabhängig sind und nicht entwicklungsabhängig, und somit ein eigener, sehr individueller »Zustand« der kognitiven Entwicklung entsteht. Das Verständnis einer reinen Entwicklungsverzögerung im kognitiven Bereich ist also mit einem weiteren Argument in Frage gestellt, denn die langsamere Entwicklung trifft auf eine unterschiedlich weit ausgereifte neuronale Struktur und ist zudem von vergleichsweise mehr Lebenserfahrung begleitet. Dass sich dabei nicht einfach die gleiche kognitive Entwicklung nur zeitverzögert abbildet, ist offensichtlich. Erinnert sei hier wieder auf die besonderen Ausgangsbedingungen bei Schädigungen und Syndromen[1].

Abstraktionsebenen und theoretische Kompetenz

Der lange Zeit dominierenden allgemeinen Stadientheorie der kognitiven Entwicklung konnte bislang eine entwicklungshemmende Wirkung zugeschrieben werden, weil sie die unterschiedlichen Entwicklungsgeschwindigkeiten in den einzelnen Domänen nicht gesehen hatte. Es gibt jedoch noch einen zweiten Aspekt, der ebenfalls eine entwicklungshemmende Wirkung von Piagets ursprünglicher Theorie erzeugt. Er bezieht sich auf die theoretische Kompetenz der Kinder. Stadienbezeichnungen wie »Sensomotorisches Stadium« bzw. »Präoperationales Stadium« deuten bereits an, dass von keiner besonderen theoretischen Kompetenz in diesen Stadien ausgegangen wurde. Lernangebote wurden entsprechend auf eine sensorische, motorische, in jedem Fall aber kaum theoretische Ebene zurückgeführt, denn die Kompetenz dazu wurde als noch nicht weit genug entwickelt gesehen. Ein Produkt dieses Verständnisses ist die Differenzierung in die drei Abstraktionsebenen enaktiv, ikonisch und symbolisch (vgl. Bruner 1974), die in der sonderpädagogischen Didaktik noch heute allgegenwärtig ist.

Gerade dieser Aspekt ist jedoch in zahlreichen Studien relativiert worden: »Die neuere Forschung hat gezeigt, dass Piaget die Konsistenz des kindlichen Denkens überschätzte und die kognitiven Fähigkeiten jüngerer Kinder gravierend unterschätzte« (Sodian 2008, 478). »Jüngerer Kinder« kann in diesem Zitat durchaus mit »Kindern mit geistiger Behinderung« ersetzt werden. Die heutige Lehrmeinung sieht kognitive Fähigkeiten von Anfang an als vorhanden an, mit denen die Kinder ständig Theorien in sogenannten »Theorie-Theorien« entwickeln. Dies stellt eine gravierend veränderte Sichtweise dar, die direkte Auswirkungen auf die Didaktik im Förderschwerpunkt geistige Entwicklung hat. Solche Auswirkungen sind ein Überdenken bisheriger didaktischer Angebote hinsichtlich ihrer theoretischen Ansprüche. Werden Schüler durch allzu vordergründig »handelnde« Angebot nicht unterfordert? In jedem Fall ist es dringend nötig, den Handlungsbegriff in der sonderpädagogischen Didaktik zu hinterfragen. Es kommt also auf adäquate Angebote an, und gerade instruktive Formen der Wissensvermittlung sind wenig hilfreich wegen der theoretischen Natur des Wissens (vgl. Sodian 2008, 463f.).

Die Theorien Piagets und Wygotskis sind demnach in vielen Punkten kritisiert worden, in anderen wurden sie aber auch bestätigt. Beide hatten als zentrales Moment ihrer Theorien die aktive, handelnde Aneignung von Wissen postuliert. Nur die eigene aktive Auseinandersetzung mit ausreichend kognitiv anfordernden Inhalten ist entwicklungswirksam. Dieser zentrale Punkt wird durch die eben erwähnte theoretische

---

1 Es wäre zu fragen, ob Thalhammer (1977) vor langer Zeit mit dem Begriff des »kognitiven Andersseins« etwas meinte, was all diesen vollkommen veränderten Entwicklungsbedingungen sehr nahe kommt?

Kompetenz weiter korrigiert und sollte heute den Maßstab für die Beurteilung der Qualität von Lernumgebungen darstellen: *Sind sie geeignet, die Kinder zu ausreichend anspruchsvollen Lernaktivitäten anzuregen, die über eine unreflektierte »Handlungsorientierung« hinaus gehen?*

Insgesamt lässt sich gerade aus der aktuellen psychologischen Sicht also eine Reihe von Argumenten finden, die Orientierung an den Fächern« zu betonen, um der möglichen unterschiedlichen Entwicklungsgeschwindigkeit bzw. -qualität in den Domänen der kognitiven Entwicklung gerecht zu werden. Dabei wird eine individuelle Entwicklungssituation jedes einzelnen Schülers sichtbar, die im Förderschwerpunkt geistige Entwicklung oft als extrem zu bezeichnen sein wird.

3.2   Die Diskussion um Bildung und die Rolle der Fächer

Auch wenn das Leitziel im Förderschwerpunkt geistige Entwicklung nach wie vor und unwidersprochen »Selbstverwirklichung in sozialer Integration« heißt, so steht doch außer Frage, dass auch die Verwirklichung von ›Bildung‹ ein zentraler Anspruch (nicht nur) des Unterrichts für Schüler dieses Förderschwerpunktes darstellt. Die Diskussion um den Begriff der Bildung ist sehr komplex. Ackermann (1990) hat in einem Überblick »zum Verständnis von ›Bildung‹ in der Geistigbehindertenpädagogik« in der Mitte der 1970er-Jahre ein nachlassendes Interesse an diesem Thema konstatiert, nachdem es zuvor intensiver erörtert worden war (Ackermann 1990, 66). Neuerdings gibt es eine wieder aufkommende Diskussion, die auch die Situation von Menschen mit sehr umfänglichen Behinderungen einschließt (vgl. z. B. Lamers/Heinen 2006; Klauß 2006; Stinkes 2008; Musenberg/Riegert 2010). Die gesamte Diskussion um die Bedeutung und Rolle von Bildung soll hier nicht erörtert werden, sondern nur die Frage, inwiefern darüber eine Aussage zur Bedeutung der Fächer erkennbar wird.

Ackermann beschreibt zwei Grundfiguren in der Bildungsdiskussion innerhalb der Geistigbehindertenpädagogik: eine transitive und eine reflexive. Während transitive Argumentationen eher induktiv zu verstehen und zumeist mit der Frage eines Kanons verknüpft sind, also der Frage nachgehen »was die ältere Generation an die jüngere weitervermitteln muß« (Ackermann 1990, 68), misst Ackermann der reflexiven Dimension im Anschluss an Habermas besondere Bedeutung zu: Hier geht es um den Aspekt der »Genese« von Bildung, also um die Frage, »wie der Mensch sich selbst bildet« (ebd.). Doch gerade das reflexive Moment ist schwer zu fassen, empirisch schon gar nicht. Und es ist auch missverständlich, allzu leicht wird es sprachlich gedeutet. Am Beispiel von Bernart beschreibt Ackermann diese Gefahr, wenn ein zu hoher und einseitig kognitiver Anspruch an Reflexion beschrieben wird: »Mit dieser Überhöhung des formal-funktionalen Bildungsverständnisses verschwindet die ›reflexive Dimension‹ aus der geistigbehindertenpädagogischen Diskussion« (ebd., 80). Viele moderne erziehungswissenschaftliche Ansätze gingen diesem reflexiven Aspekt aus dem Weg und betonten dafür »Entwicklung, Lernen oder Sozialisation« (ebd., 68). Insofern erkennt Ackermann eine parallele Entwicklung zwischen der allgemeinen Pädagogik und der Geistigbehindertenpädagogik. Möglicherweise hat sich die Sonderpädagogik aber noch stärker dieser Diskussion entzogen, indem sie den Begriff der »Förderung« betonte. Vernooij weist darauf hin, dass der Begriff der Förderung »quasi als sonderpädagogischer Ersatz für Erziehung und Bildung benutzt« wird (Vernooij 2005, 36).

Während die Sonderpädagogik also mit dem Begriff der Förderung möglicherweise der Bildungsdiskussion ausweicht und dies mit der geringen Zahl an didaktischen Beiträgen, die »Bildung« thematisieren, begründet werden könnte, kann auf der anderen Seite festgehalten werden, dass – wie in der Grundschuldidaktik und der Schulpädagogik – eine Orientierung an Klafki zumindest in der universitären sonderpädagogischen didaktischen Lehre selbstverständlich ist. Sie ist derart selbstverständlich, dass kaum mehr darauf hingewiesen wird. Und mit der Orientierung an Klafki hat die fachliche Orientierung des Unterrichts eine sehr klare Position: Bildung stellt nach Klafki eine wechselseitige und gleichwertige Beziehung zwischen materialer und formaler Bildung dar, die er »kategorial« nennt (Klafki 1996). Die Fächer sind dabei im Materiellen wiederzufinden, im kategorialen Verständnis müssen sie sich stets am Formalen reiben, in der die subjektive Komponente zu sehen ist und die den bildenden Vorgang erst ermöglicht.

Die Diskussion um Bildung ist – wie erwähnt – komplex und soll hier nicht erörtert werden (vgl. dazu Musenberg/Riegert 2010). Das einende Element der Diskussion ist die beschriebene Einheit, die kategoriale Verschränkung von formaler und materialer Bildung. Die aktuell wieder stark aufgekommene Diskussion um Bildung im Förderschwerpunkt geistige Entwicklung ist vermutlich auch deshalb so virulent, weil sie den Finger in die Wunde eines einseitigen formalen Bildungsverständnisses legt, wie oben beschrieben. Die gut gemeinte Orientierung an Lebenspraxis bzw. Lebensbewältigung, die – wie beschrieben – aus der Zeit heraus zu verstehen ist und ehedem einen großen Fortschritt darstellte, zeigt sich vor dieser Figur als ein sehr einseitiges Bildungsverständnis – noch heute sichtbar an der hessischen Bezeichnung »Schule für praktisch Bildbare«. Gleichzeitig bietet die Diskussion um Bildung auch eine gute Grundlage für den Diskurs mit der allgemeinen Pädagogik, in der die Bedürfnisse von Menschen mit Behinderungen oder gar schweren Behinderungen eine wichtige Nagelprobe für Interpretationen von Bildungsbegriffen darstellen.

Offensichtlich wird bei dieser allseits anerkannten Interpretation von Bildung im Gefolge Klafkis die besondere Bedeutung einer fachlichen Orientierung für die Möglichkeit eines sich Bildens des Individuums – auch mit schweren Behinderungen.

3.3   Aktuelle Entwicklungen hin zu inklusivem Unterricht

Die UN-Konvention als »Übereinkommen der Vereinten Nationen über die Rechte von Menschen mit Behinderungen« (Bundesgesetzblatt 2008) übt derzeit großen Druck auf die Entwicklung des Förderschulwesens aus. Weniger diskutiert wird ihre

Auswirkung auf das Regelschulwesen, welches sich zweifelsohne ebenfalls verändern muss, um dieser Konvention gerecht zu werden.

Regelschulen haben im Sekundarbereich traditionell eine nach Fächern gegliederte Struktur. Für die Entwicklung einer inklusiven Didaktik im Sekundarbereich wird eine Auseinandersetzung mit den Fächern deshalb unvermeidlich sein, auch wenn Wilhelm (2009) dies noch skeptisch sieht: Sie geht dabei von der Problematik aus, dass Fachunterricht an Fachlehrer gebunden ist, und kritisiert die damit verbundenen pädagogischen Probleme, die für integrativen Unterricht noch gravierender sind als in den Regelschulen (Wilhelm 2009, 16).

Die Hauptschule, vor allem aber die Grundschule, versuchen beide schon immer, fachliche Anliegen mit dem pädagogischen Prinzip des Klassenlehrers zu verbinden. Ein Anliegen, hinter das für Schüler mit sonderpädagogischem Förderbedarf wohl kaum zurück gegangen werden kann. Vor diesem Hintergrund ist die derzeitige Tendenz in einigen Bundesländern, Hauptschulen den Realschulen einzuverleiben, kritisch zu bewerten: die einzige Sekundarschule, die einen pädagogischen Anspruch durch ein Klassenlehrerprinzip einzulösen versucht, wird damit geopfert, und damit auch die pädagogische ›Tiefe‹, die für Inklusion nötig ist.

Gerade die Konstruktion des »Sachunterrichts« und ihre Geschichte zeigen, wie sich die Gewichte einer Fach- oder gar Wissenschaftsorientierung bzw. einer Orientierung am Kind in der Geschichte immer wieder verschoben haben (vgl. Seitz/Schomaker in diesem Band). Ungeachtet dessen ist die Fachorientierung ein strukturelles Merkmal der Regelschulen, und alleine aus diesem Grund werden sich Überlegungen zu einer inklusiven Didaktik um die Anliegen der einzelnen Fächer drehen müssen.

4   Vielversprechende Ansätze für ein Verhältnis von Fach und Schüler

Bisher konnte gezeigt werden, dass die Rolle der Fächer im Unterricht des Förderschwerpunktes geistige Entwicklung eher gering war, dass aber aktuell gewichtige Argumente vorliegen, dies zu ändern. Es entsteht die Frage, wie sich das Verhältnis der Fächer zum Unterricht – eigentlich zum Kind – darstellen soll. Vier Ansätze werden hier dargestellt, die das Verhältnis von Fach und Kind diskutiert haben: die »fachdidaktische Rekonstruktion« von Kattmann (2007) aus der Biologiedidaktik, die »Elementarisierung« im Rahmen eines bildungstheoretischen Zusammenhangs von Lamers/Heinen (2006), die »Substanzielle Lernumgebung« von Wittmann (1998) aus der Mathematikdidaktik sowie eine Argumentation von Dewey (1966), der bereits 1902 aus schulpädagogischer Sicht dieses Verhältnis beschrieben hatte.

4.1   Didaktische Rekonstruktion

In der Biologiedidaktik wurde mit der fachdidaktischen Rekonstruktion bereits 1997 »ein Forschungsrahmen entwickelt, der Untersuchungen auf genuin fachdidaktische Fragestellungen hin orientiert« (Kattmann 2007, 93). Er ist inzwischen in vielen anderen Fachdidaktiken aufgegriffen worden (ebd.). Das Potenzial dieses Modells für Schüler mit sonderpädagogischem Förderbedarf bzw. in inklusivem Unterricht hat Seitz beschrieben (Seitz 2005; vgl. auch Seitz/Schomaker in diesem Band).

Ausgangspunkt der Überlegungen ist der Versuch, fachliche Zusammenhänge und subjektive Schülermeinungen (»Lernerperspektiven«) in einen diskursiven Prozess und damit in ein Gleichgewicht zu bringen, mit dem Ziel, die didaktische Strukturierung besser gestalten zu können. Dies wird in Abb. 2 sehr deutlich.

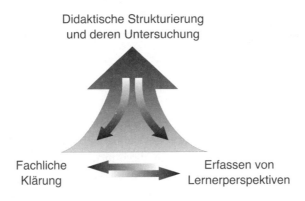

Abb. 2: Didaktische Rekonstruktion (Kattmann 2007, 94)

Die »fachliche Klärung« geht dabei explizit auf alle Aspekte des Faches, auch seiner Geschichte ein. Selbst Aspekte wie die »lebensweltlichen Vorstellungen [...] in historischen und aktuellen Quellen« (Kattmann 2007, 95) finden Berücksichtigung – ein interessanter Aspekt, der sogar die Möglichkeit eröffnet, die berühmte didaktische Inspirationsquelle »die Ontogenese vollzieht die Phylogenese nach« zu erschließen.

Auf der anderen Seite nimmt das »Erfassen von Lernerperspektiven« den Schüler in den Blick. Auch dabei wird ein sehr weites Verständnis zugrunde gelegt, das auch aus theoretischer Sicht sehr vielschichtig ist: Über »kognitive, affektive und psychodynamische Komponenten« hinaus sieht Kattmann auch emotionale und biografische Komponenten, mithin sehr persönliche und individuelle Konstrukte (Kattmann 2007, 95f.). Damit sind die oben beschriebenen sehr individuellen Situationen von Schülern im Förderschwerpunkt geistige Entwicklung (»Multiple-Pathway« s. o.) berücksichtigt.

Die »didaktische Strukturierung« ist damit sowohl eine tägliche Aufgabe des Lehrers als auch eine Aufgabe der Forschung. Sie wägt beide Seiten ab, sucht nach Passungen und klärt die inhaltlichen Bedingungen für methodische Entscheidungen.

Damit ist ein universeller Rahmen für eine fachorientierte Didaktik geschaffen. Ähnlich wie die Bildungstheorie Klafkis bleibt dieses Modell jedoch vorwiegend auf der inhaltlichen Ebene und diskutiert die methodische Ebene nicht. Im Unterschied zu Klafkis Entwurf bleibt allerdings die formale Bildung unberücksichtigt, es überwiegt der materiale Aspekt.

4.2   Elementarisierung

Heinen hat bereits 1989 in einer religionsdidaktischen Arbeit die »Elementarisierung« in der Geistigbehindertenpädagogik diskutiert und sie gemeinsam mit Lamers 2006 auch für Schüler mit schweren Behinderungen vorgeschlagen. Die »Elementarisierung« greift Überlegungen aus der Bildungstheorie Klafkis auf, mit dem Ziel eines »von der Sache verantwortbaren und für die Schülerinnen und Schüler existenziell bedeutsamen Unterrichts« (Lamers/Heinen 2006, 159).

Die Elementarisierung sieht dazu fünf Lernentscheidungen vor, die »Elementarisierungsrichtungen« (ebd., 161ff.):

- »Elementare Strukturen«: Sachorientierter (fachwissenschaftlicher) Blickwinkel
- »Elementare lebensleitende Grundannahmen«: kulturell-gesellschaftlicher Blickwinkel
- »Elementare Erfahrungen«: anthropologischer Blickwinkel
- »Elementare Zugänge«: entwicklungspsychologischer Blickwinkel
- »Elementare Vermittlungswege«: methodisch-medialer Blickwinkel

Diese einzelnen »Elementarisierungsrichtungen« sind bislang nur sehr knapp skizziert. Dennoch ist an diesem Modell bereits erkennbar, dass es ein sehr vollständiges Modell ist. Es umfasst fachliche Anliegen in ganzer Breite, geht aber auch auf tradierte kulturelle Traditionen ein. Es sieht den Schüler in seiner psychologischen und biografischen Situation. Aus methodischer Sicht bedenkt es sowohl die Zugänglichkeit im Sinne Klafkis, also auch die Frage danach, welche Zugangsmöglichkeiten zu einem Inhalt theoretisch überhaupt bestehen, als auch die konkreten didaktischen Methoden, dies umzusetzen. Die sehr subjektive biografische und emotionale Situation des einzelnen Schülers (»elementare Erfahrungen«) zeigt die besondere Eignung des Modells für Schüler mit schweren Behinderungen. Alle fünf Elementarisierungsrichtungen sind in Interdependenz zueinander zu sehen, gewissermaßen als ein didaktisches Feld.

Lamers/Heinen (2006) haben in ihrer Einführung der Elementarisierung in die Didaktik für Schüler mit schweren Behinderungen den Schwerpunkt auf den letzten der Elementarisierungsrichtungen gelegt: die Methoden (»elementare Vermittlungswege«). Sie schlagen für die Umsetzung eine Reihe von methodischen Überlegungen vor. Sie stützen sich dabei auf aktuelle Erkenntnisse der Lehr- und Lernforschung und kommen so zu konstruktivistisch orientierten methodischen Vorschlägen. In der Konsequenz dieser Systematisierung empfehlen sie die »Gestaltung von Lernarrangements als elementare Aneignungswege« (Lamers/Heinen 2006, 171).

4.3 Substanzielle Lernumgebungen

Wittmann hat sich aus der Sicht der Mathematikdidaktik mit der Rolle der Fachdidaktik innerhalb der wissenschaftlichen Fächer auseinandergesetzt. Dabei folgt er der Aufteilung in »Basic Sciences«, also den Grundlagenfächern wie etwa Mathematik, Psychologie oder Philosophie, und den »Design Sciences« wie Maschinenbau oder Architektur. Er sieht die Fachdidaktiken als einzelne »Design Sciences«, die, ähnlich wie eine Ingenieurwissenschaft, auf die verschiedenen Grundlagenwissenschaften zurückgreift und das didaktische Feld gestaltet, ihr ein »Design« gibt. Dabei wäre die jeweilige Fachwissenschaft relevant, ebenso aber die Psychologie und die allgemeine Didaktik (vgl. Abb. 3). Die Aufgabe der Fachdidaktik als »Design Science« dabei ist, Lernumgebungen auf dieser Grundlage, also dem aktuellen wissenschaftlichen Stand der jeweiligen »Basic Sciences«, zu gestalten – aber auch ihre Wirksamkeit zu erforschen (Wittmann 1998a; 1998b; vgl. auch Ratz/Wittmann in diesem Band).

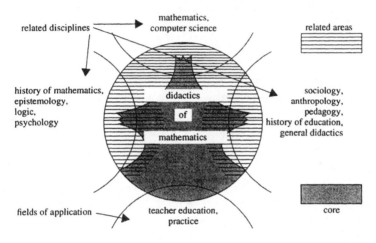

Abb. 3: Mathematikdidaktik als »Design Science« und ihre Bezugswissenschaften
(Wittmann 1998b, 89)

Ein Resultat dieses fachlichen Verständnisses der Mathematikdidaktik ist der Standard der »substanziellen Lernumgebung«. Darin wird die kognitionspsychologische und konstruktivistische, auf Piaget zurückgehende Überzeugung aufgegriffen, dass Wissen nicht übertragen, sondern nur durch geeignete Rahmenbedingungen in eigener Aktivität angeregt werden kann. »Substanzielle Lernumgebung« stellt ein Qualitätsmerkmal an Unterrichtsmaterialien oder an didaktische Arrangements insgesamt dar, die sowohl die Fachlichkeit berücksichtigen, aber auch das Potenzial einer ausreichenden Anregung zu Aktivitäten, die die entsprechenden Lernprozesse provozieren können.

Diese Sichtweise sichert die Berücksichtigung fachlicher Aspekte als eine der relevanten Grundlagenwissenschaften, aber auch methodischer Aspekte, soweit sie ebenfalls aus anderen Grundlagenwissenschaften heraus nötig und wichtig erscheinen.

Besonders wichtig ist die Qualität der kognitiven Aktivierung (»aktiv-entdeckendes Lernen«) auf der Grundlage aktueller entwicklungs- und lernpsychologischer Erkenntnisse. Eine Beschreibung substanzieller Lernumgebungen für Mathematik und weitere Hinweise auf Beispiele finden sich in Ratz/Wittmann (in diesem Band).

4.4   John Deweys »The Child and the Curriculum« – Ein Schritt zurück nach vorne?

Ein Klassiker der Pädagogik liefert einen weiteren Hinweis auf das Verhältnis von Fach und Schüler, der in Vergessenheit geraten ist bzw. in Deutschland oder gar in der Sonderpädagogik kaum rezipiert wurde und der auch nicht als Übersetzung vorliegt. Bereits 1902 hat John Dewey »The Child and the Curriculum« verfasst (Dewey 1966), ein Aufsatz, in dem er ebendiese Problematik zu erörtern versuchte, und der bereits von Wittmann in die Diskussion um die Orientierung am Fach in der Mathematikdidaktik eingebracht worden ist (vgl. Wittmann 2000).

Ausgangspunkt seiner Überlegungen sind die zwei völlig verschiedenen Sichtweisen auf das Kind und den Unterricht, die sich zu Beginn des 20. Jahrhunderts auftaten: Auf der einen Seite die »new education«, die im beginnenden ›Jahrhundert des Kindes‹ (Key 1978) das Kind als ganzheitliches Wesen sieht, das aufgehoben in subjektiven, stets bedeutsamen Emotionen weit davon entfernt ist, die Welt zu zergliedern und mit so etwas wie Fächern etwas anzufangen weiß. Und auf der anderen Seite die Wissenschaften, die in Fächern streng gegliedert sind, die das Wissen pflegen und vermehren und die dafür verantwortlich sind, dass die Schule die Welt der Kinder in für sie fremde Fächer trennt. Das Kind ist von Interesse geprägt, es ist psychologisch zu verstehen; die Fächer hingegen verstehen sich als Disziplinen und sind von Logik geprägt. Dewey argumentiert, dass die Pädagogik bereits mehrere Entwürfe vorgelegt habe, mit diesem Widerspruch umzugehen, keine der gefunden Lösungen überzeuge jedoch, sondern werde nur entweder der einen oder der anderen Seite gerecht.

Deweys Lösung ist pädagogisch in dem Sinn, dass sie über die beiden Pole Kind und Fach in ihrem momentanen Zustand hinausweist und die zukünftige Entwicklung des Kindes mit in den Blick nimmt. Das Kind und das Fach sind für Dewey die beiden Endpunkte einer Linie, zwei Grenzen eines einzigen Prozesses, und somit nicht in Widerspruch zueinander. Es steht außer Frage, dass am Kind in seinem augenblicklichen Zustand angeknüpft werden muss. Sein von Subjektivität geprägter Zustand muss ernst genommen werden; nur wenn das Kind in seiner einzigartigen und aktuellen Situation erkannt wird, kann es erreicht werden. Und dennoch ist die Fachorientierung bedeutsam, die Fächer stellen die gesammelte Erfahrung der Menschheit dar, und diese Erfahrung dient somit als Zielperspektive des Lernens. Im Jetzt des Kindes sind seine Erfahrungen und Aktivitäten allesamt gleichwertig. Nur wenn es eine Perspektive gibt, gibt es Anhaltspunkte für eine Interpretation des augenblicklichen Verhaltens des Kindes und das Erkennen von pädagogisch-didaktischen Gelegenheiten, die sonst allzu leicht verstreichen würden. Die Erfahrung der Menschheit, die in den

Disziplinen gesammelt ist, legitimiert also pädagogische Führung – ein Aspekt, der beispielsweise radikal konstruktivistischen Ansätzen fremd ist. Und sie zeigt den Weg zur menschlichen Vervollkommnung auf.

Wie kann pädagogisch-didaktische Führung vor diesem Hintergrund gestaltet werden? Denn gerade die rein fachliche Sicht hat sich in der Schule nicht bewährt, sie ist den Kindern fremd in ihrer ganzheitlichen und subjektiven Art. »Das Problem der Führung ist eben das Problem, geeignete Anregung für die Instinkte und Impulse der Kinder auszuwählen, die weitere Erfahrung erzeugen kann« (Dewey 1966, 18; Übersetzung C. R.). Auch die Disziplinen sind als gesammelte Erfahrung zu verstehen, als gemeinsames Wissen, zusammengesetzt aus ursprünglich unzähligen einzelnen Erfahrungen der Menschen. Alle Erfahrungen zusammengenommen und gegeneinander abgewogen stellen eine Abstraktion dar. Diese Abstraktion ist kein Ersatz für eigene Erfahrung, sie kann aber als Führung für geeignete zukünftige Erfahrung dienen. Darüber hinaus ist sie auch für die Ökonomisierung von Lernen bedeutsam; es ist nicht nötig und auch nicht möglich, alles Wissen selbst nachzuerfinden.

Didaktisch bedeutsam ist, dass das Wissen der Fächer, das seiner Natur nach logisch ist, nach Deweys Meinung für das Kind »psychologisiert« werden muss und erst damit der einzelnen kindlichen Erfahrung zugänglich wird. So unterscheiden sich auch die Aufgaben für den Wissenschaftler und den Lehrer. Während der Wissenschaftler forscht – und einzelne Ergebnisse im Lichte von Theorien gegeneinander abwägt und versucht, weiterzuentwickeln –, ist es die Aufgabe des Lehrers, den gegenwärtigen Wissensstand anzuerkennen, diesen aber einer persönlichen und lebendigen Erfahrung zugänglich zu machen. »Wie kann das Fachliche zu einer Erfahrung werden? Was gibt es in der gegenwärtigen Welt des Kindes, das damit in Bezug gebracht werden kann? [...] Der Lehrer befasst sich mit dem Fachlichen als einem bedeutenden Faktor in einer ganzheitlichen und wachsenden Erfahrung« (Dewey 1966, 23; Übersetzung C. R.).

Damit ist ausgeführt, dass eine Reduktion des Stoffes nicht ausreichend ist, es fehlt die Übersetzung in das Leben des Kindes. Das Fachliche an sich spricht die Kinder nicht an, es motiviert nicht von alleine, denn es ist nur bedeutsam im Zusammenhang einer wachsenden Erfahrung eines Kindes.

Immer wieder spricht Dewey dabei die Bedeutung der geistigen Aktivität des Kindes an, die nötig ist, das erworbene Wissen, die Erfahrung in das eigene Leben zu assimilieren. Aber auch die Ungewissheit spricht er aus: »Der Lehrer kennt weder die gegenwärtige Kraft, die Möglichkeit oder die Neigung, noch weiß er schon wie sie festgestellt, geübt oder realisiert werden kann« (Dewey 1966, 31; Übersetzung C. R.).

Deweys Sichtweise vom Verhältnis von Fach und Kind zueinander weist damit viele Aspekte der oben beschriebenen Ansätze auf: das Anliegen des Faches und der Fachwissenschaft, aber auch die »Lernerperspektive« der didaktischen Rekonstruktion. Er bringt aber auch einen zusätzlichen Aspekt ein, nämlich die zukünftige Entwicklung des Kindes. Damit soll nicht nur dem Fach bzw. der Fachwissenschaft Rechnung getragen werden, sondern das Kind als zukünftiger Erwachsener, der selbst einmal das Anliegen des Faches vertreten wird. Außerdem spricht er die pädagogische Verantwortung der Lehrkraft für diese Perspektive an. Damit weist der älteste der hier vorgestellten Ansätze die größte Reichweite auf.

Die Zielperspektive, auf die der Blick geschärft werden soll, ist der Erwachsene, und zwar schon alleine aus dem Grund, dass »erwachsenes Denken« eher fachlich ist. Vor dem Hintergrund der oben aufgeworfenen psychologischen Fragen ist davor zu warnen, diese Perspektive für Erwachsene mit geistiger Behinderung zu verwerfen mit dem Hinweis, ihr Denken sei nicht erwachsen und könne damit nicht fachlich sein. Auch bei erwachsenen Menschen mit geistiger Behinderung ist von einem Interesse an Fachlichkeit und zunehmender zergliedernder (= fachlicher) Sicht auf die Welt auszugehen. Ihr Denken und Erleben der Welt sollte hier nicht als eingeschränkt gesehen werden – und also auch nicht eingeschränkt werden. Dies bedeutet, dass im Unterricht der noch nicht Erwachsenen ebenfalls von einer Entwicklung über den Augenblick hinaus – und auch eventuell über den augenblicklich vorstellbaren oder erkennbaren Horizont hinaus – ausgegangen werden muss.

5   Fazit

5.1   Zusammenfassende Erkenntnisse

Die vier beschriebenen Ansätze sind sehr ähnlich in dem Aspekt, dass sie auf jeweils sehr überzeugende Weise die zunächst als Widerspruch erscheinenden Pole Fach und Kind didaktisch zusammenzubringen versuchen.

Der Widerspruch zwischen Kind und Fach als dialektische Figur

Ein erster Analyseansatz könnte die jeweils eingeschlagene dialektische Denkweise sein auf dem Wege dieser Einigung. Die didaktische Rekonstruktion (ebenso wie Feusers Ansatz) vollzieht dabei einen klassischen Dreischritt und gewinnt im Sinne Hegels aus These und Antithese eine Synthese: In der didaktischen Rekonstruktion aus »Fachlicher Klärung« als These, über »Lernerperspektiven« als Antithese zur Synthese als »Didaktische Strukturierung« – bei Feuser analog über »Objektseite« (These), »Subjektseite« (Antithese) hin zur »Handlungsstruktur« (Synthese).

Im Gegensatz dazu nimmt die Elementarisierung Klafkis Denkfigur auf, die sich auf zweifache Weise davon unterscheidet: Die Pole heißen hier nicht Kind und Fach, sondern »formale Bildung« und »materiale Bildung«, d. h., es wird nicht der »Widerspruch« zwischen kindlichem Denken und wissenschaftsorientierten Fächern gesehen, sondern mit »formaler Bildung« eine andere, eher »unökonomische« und dafür pädagogische Dimension betont. Damit wird also weniger die ontogenetische Entwicklung des Einzelnen betont, also der Unterschied zwischen Kind und Erwachsenem und der Weg von einem zum anderen, sondern eher ein anthropologischer Aspekt und ein Begriff von Bildung, der im vorigen Modell so nicht gesehen wurde. Bezüglich der dahinter liegenden dialektischen Figur ist ebenfalls ein Unterschied auszumachen: Die beiden Pole »formale und materiale Bildung« werden »kategorial verschränkt«. Dies bedeutet, dass die beiden Seiten wechselseitig aufeinander einwirken, sich aber nicht auflösen im Sinne einer Synthese. Es entsteht gewissermaßen ein bildendes Feld, das stets zwischen beiden Polen »oszilliert«. Diese Denkfigur der »oszillierenden Pole« stammt ursprünglich von Schleiermacher und stellt für die Bildungstheorie seither eine gewisse Tradition dar.

Die bei der Elementarisierung beschriebenen fünf »Elementarisierungsrichtungen« sind ebenfalls diesem Denken zuzuordnen, eine Erweiterung auf fünf »Richtungen« dient dabei lediglich einem feinmaschigerem Analysenetz.

Die »substanzielle Lernumgebung« wiederum ist kaum dialektisch verstehbar, sondern eher systemisch, indem sie die jeweils bedeutsamen Grundlagenwissenschaften sieht und miteinander verknüpft (vgl. Abb. 3).

Ein ganz besonderes Vorgehen stellt aus dialektischer Sicht Deweys Argumentationskette dar: Die beiden Pole Kind und Fach sind stets aufeinander verwiesen, der Bezugspunkt verschiebt sich jedoch dynamisch mit der Entwicklung des Kindes weg von der kindlichen Seite hin zur Fachseite. Dies gelingt jedoch nur, wenn die Fachseite von Anfang an im Blick steht und als pädagogische Führungsaufgabe verstanden wird. Es handelt sich gewissermaßen um eine dynamische Variante der Schleiermacher'schen »oszillierenden« Dialektik.

Weitergehende Interpretationen dieser Denkfiguren sprengen hier den Rahmen. Dennoch werden ein paar Fragen aufgeworfen: Ist eine dreischrittige Argumentationsfigur (Feuser, Kattmann) nicht statischer? Im ursprünglichen Hegel'schen Entwurf müsste die Argumentation weiter laufen, die Synthese zu einer neuen These werden und sich erneut eine Antithese in Opposition stellen, sodass ein Argumentationsprozess in Gang kommt (vgl. Danner 1989, 183). Dies ist in beiden Modellen so nicht erkennbar, sodass tatsächlich ein statischer Eindruck erhalten bleibt.

Hingegen erscheint die Figur des Oszillierens zwischen zwei Polen die Frage offener zu halten und den Eindruck der Endgültigkeit abzulehnen. Oszillieren bedeutet auch in Bewegung zu sein, sich stets eine neue Richtung suchen zu müssen und damit im pädagogischen Zusammenhang sich stetig zu hinterfragen. Die Darstellung der fünf Richtungen der Elementarisierung übrigens ist bei Lamers/Heinen (2006) ringförmig angeordnet, sodass gewissermaßen ein Feld entsteht. Damit kann dieser Aspekt des »Oszillierens« aufrecht erhalten bleiben, nur die Zahl der Pole ändert sich.

Die Berücksichtigung von kindlich und/oder sonderpädagogisch spezifischem Lernen und Erleben

Moderne didaktische Theorien müssen auf aktuellen entwicklungs- und lernpsychologischen Erkenntnissen aufbauen. Dies war in den obigen Überlegungen ein zentraler Aspekt, dessen grobe Veränderungen bereits beschrieben wurden. In den Bereich des sonderpädagogischen Förderbedarfs sind dabei extreme Individualisierungen anzunehmen, die eine solche Theorie mit abbilden können muss. Es stellt sich hier also die Frage, inwiefern dies in den einzelnen Modellen gegeben ist.

Die »didaktische Rekonstruktion« ist ein sehr grobes Modell, das sich nicht auf Einzeltheorien festlegt, sondern nur die Analysestruktur vorgibt. Der Aspekt »Lernerperspektiven« dieses Modells geht explizit auf das Kind bzw. den Lerner ein und gibt ihm seinen individuellen und subjektiven Rang. »Lernerperspektiven« subsumiert sowohl entwicklungspsychologische Modelle als auch das konstruktivistisch geprägte Verständnis eines subjektiven Lerners mit seiner eigenen biografischen Gewordenheit.

Wie soeben angedeutet, geht die Bildungstheorie Klafkis kaum auf die Entwicklung des Kindes und seine besondere Situation ein, sondern thematisiert einen Begriff von Bildung. Diese Einschränkung versuchen Lamers/Heinen mit ihrer Fassung der Elementarisierung zu beheben, indem sie die »Entscheidungsrichtung elementare Zugänge« explizieren: »Dabei bezieht sich diese Frage in lebensgeschichtlicher Perspektive nicht nur auf die früheste Kindheit; vielmehr ist sie für jede Entwicklungsstufe zu stellen, da jede Stufe eine Grundlage im Sinne von neuen Anfängen für die jeweils folgende darstellt« (Lamers/Heinen 2006, 162). Damit ist ebenfalls ein sehr offener Aspekt angesprochen, dem es jedoch gelingt, aktuelle theoretische Erkenntnisse wie auch subjektiv-sonderpädagogische Befindlichkeiten in didaktische Überlegungen zentral einzubeziehen.

Der »substanziellen Lernumgebung« gelingt es in ihrer systemischen Offenheit, sich auf alle Facetten eines individuellen Lerners einzustellen. Entscheidend ist die stete Berücksichtigung aller betroffenen Fachgebiete, die für die konkrete Stunde bzw. den konkreten Inhalt bedeutsam sind. Damit liegt die Verantwortung nicht in der Struktur der »substanziellen Lernumgebung« an sich, sondern in der jeweiligen Auslegung durch den Lehrer.

Möglicherweise ist in Deweys Argumentation eine Lücke zu beschreiben, die sich auf Menschen mit umfangreichen Beeinträchtigungen bezieht, da er als Ziel immer den »normalen« Erwachsenen beschreibt, der irgendwann selbst zum Vertreter einer fachlichen Sicht entwickelt ist. Wörtlich könnte das so verstanden werden. Oben wurde bereits angedeutet, dass das Bild eines erwachsenen Menschen mit einer sogenannten »geistigen Behinderung« so verstanden werden muss, dass seine kognitive Entwicklung in genau der gleichen Weise abgeschlossen bzw. offen und er somit lernfähig ist, wie dies für die »normale« kognitive Entwicklung in der Psychologie beschrieben wird. Vor allem die Beschreibung der neuronalen Reifung durch die Neurophysiologie ist dabei als Erklärung hilfreich. Zu fragen ist, ob nicht für ALLE erwachsenen Menschen das Bedürfnis nach einer zunehmend fachlich orientierten Sicht auf die Welt vorhanden ist. Damit wäre Deweys Argumentation hochaktuell.

Potenzial für Integration und Inklusion

Es wird offensichtlich, dass die Orientierung am Fach nicht nur eine qualitative Weiterentwicklung des Unterrichts im Förderschwerpunkt geistige Entwicklung darstellt, sondern ihn auch näher an den Unterricht der Regelschulen heranführt. Damit sind grundsätzlich günstigere Ausgangsbedingungen für die Entwicklung integrativer bzw. inklusiver Didaktik geschaffen.

Seitz hat die »Fachdidaktische Rekonstruktion« mehrfach für integrative Didaktik thematisiert (vgl. Seitz/Schomaker in diesem Band). Wie schon mehrfach erwähnt, ist dieses Modell jedoch sehr grob und verlangt sehr weitgehende Umsetzungsleistungen durch die Lehrkräfte. Es ist als Denkschema für die Weiterentwicklung eines fachorientierten integrativen Unterrichts aber zweifelsohne von großer Bedeutung.

Auch die »Elementarisierung« zielt auf Integration, wenn auch das erstrangige erkenntnisleitende Interesse die Explikation eines Bildungsbegriffes für Menschen mit umfangreichen Behinderungen war. Es wurde Wert darauf gelegt, dass alle Aspekte der Elementarisierung mitten aus einer Bildungstheorie der allgemeinen Pädagogik entstammen. Somit ist die Weiterentwicklung der Elementarisierung für Integration gewährleistet, wenn auch noch nicht ausgeführt. Wie die »Fachdidaktische Rekonstruktion« handelt es sich um ein Denkschema, das den Unterrichtenden viel eigene Verantwortung und Planungsarbeit überlässt.

Umgekehrt ist die Idee der »substanziellen Lernumgebung« weniger eine Analyseinstrument (das zwar auch, aber nicht im Vordergrund), sondern sehr viel pragmatischer orientiert. Hengartner (2007) legt für die Mathematik ein Beispiel vor: »Lernumgebungen für Rechenschwache bis Hochbegabte.« Auch wenn die dort aufgeführten Beispiele nur in geringem Umfang für Schüler des Förderschwerpunktes geistige Entwicklung geeignet sind, wird die Idee offensichtlich, kommentierte Lernumgebungen zu sammeln und so langfristig eine Entlastung für die Lehrkräfte zu schaffen. Die strikte fachliche Orientierung hilft dabei zu vermeiden, dass Inhalte nicht altersgemäß angeboten werden (vgl. Ratz 2009, 121ff.). Darüber hinaus ist in der Idee der »substanziellen Lernumgebung« das Moment der »natürlichen Differenzierung« tief verwurzelt, das zeigen beispielsweise alle Lernumgebungen in Hengartner oder in den Materialien von »mathe2000«. Die »substanzielle Lernumgebung« ist also ein Modell, das einen Schritt auf dem Wege der Dekategorisierung im inklusiven Verständnis darstellt, das keine Spezifizierung zwischen Regel- und Sonderpädagogik mehr macht.

5.2   Der Gewinn? …

… für die Fachdidaktiken

»Die Sonderpädagogik als Vorreiter eines neuen Verständnisses kindlicher Lernprozesse« hat Hüther (2009, 66) einen Beitrag überschrieben. Er drückt damit sehr gut
den Gewinn aus, den Fachdidaktiken haben können, wenn sie sich mit Unterricht für
Schüler mit sonderpädagogischem Förderbedarf auseinandersetzen.

Durch sie können sie angeregt werden, sich mit grundlegenden Fragen zu befassen:
Wie sehen basale Elemente des Faches aus? Welche Vorkenntnisse und Erfahrungen
sind wichtig, bevor die bekannten schulischen Inhalte (i.d.R. der Sekundarstufe) gelehrt werden können? Aber auch, sich weiter zu entwickeln im Hinblick darauf, Heterogenität zu berücksichtigen, verschiedene Lernweisen und Lernwege zu kennen und
erkennen zu können.

… für die Didaktik in den Förderschulen

Die sonderpädagogische Didaktik kann durch die Auseinandersetzung mit den Fachdidaktiken in folgenden Aspekten Anregungen erhalten: Inhalte, fachliche Besonderheiten, fachdidaktische Traditionen, Forschungsergebnisse. Dadurch bekommt sie die
Gelegenheit sich weiter zu entwickeln, z. B. hinsichtlich der Entwicklungsmöglichkeiten von Schülern, die bisher nicht im Blick waren. Ansatzpunkte für fachliches Lernen
auch bei schweren Behinderungen werden beispielsweise bei Lamers/Heinen (2006)
bereits sichtbar.

… für die integrative/inklusive Didaktik

Wilhelm (2009) lehnt in einem aktuellen Sammelband zur Integration in den Sekundarstufen den Fachunterricht ab. Sie geht dabei von dessen Problematik aus, dass er
an Fachlehrer gebunden ist, und kritisiert die damit verbundenen pädagogischen Probleme, die für integrativen Unterricht noch gravierender sind als in den Regelschulen
(16). Abgesehen von diesem durchaus bedenkenswerten Aspekt geht sie jedoch nicht
auf das Potenzial ein, das von der fachorientierten Betrachtung ausgeht. Damit steht
auch ihr Sammelband (Wilhelm 2009) in einer Reihe mit den vielen Beiträgen zu
Integration, die eine *didaktische* Diskussion integrativen und inklusiven Unterrichts
vermissen lassen. Dieses Manko wollen der vorliegende Beitrag und die weiteren Beiträge dieses Bandes überwinden. Dabei geht es um die zentrale Botschaft, dass Fachorientierung der Schlüssel zu integrativer und inklusiver Didaktik ist.

Literatur

Ackermann, Karl-Ernst (1990): Zum Verständnis von »Bildung« in der Geistigbehindertenpädagogik. In: Dreher, Walther/Hofmann, Theodor (Hg.): Geistigbehindertenpädagogik vom Menschen aus. Festschrift für Theodor Hofmann zum 60. Geburtstag. Gütersloh: Verlag Jakob van Hoddis im Förderkreis Wohnen Arbeit Freizeit, 65–84.

Adam, Heidemarie (1978a): Arbeitsplan für den Unterricht mit Geistigbehinderten. Limburg: Frankonius Verlag.

Adam, Heidemarie (1978b): Curriculumkonstruktion für Geistigbehinderte. Oberbiel: Verlag Jarick.

Bayer. Staatsministerium (Bayerisches Staatsministerium für Unterricht und Kultus) (Hg.) (1982): Lehrplan und Materialien für den Unterricht in der Schule für geistig Behinderte. München: Alfred Hintermaier.

Bayer. Staatsministerium (Bayerisches Staatsministerium für Unterricht und Kultus) (Hg.) (2003): Lehrplan für den Förderschwerpunkt geistige Entwicklung. München: Alfred Hintermaier.

Biewer, Gottfried (1992): Montessori-Pädagogik mit geistig behinderten Schülern. Bad Heilbrunn/Obb.: Klinkhardt.

Böhm, Winfried (1991): Maria Montessori. Hintergrund und Prinzipien ihres pädagogischen Denkens. Bad Heilbrunn/Obb.: Klinkhardt.

Breitenbach, Erwin/Ebert, Harald (2002): Vertiefte Kooperation im Rahmen des Modells der Außenklassen und ihre Auswirkungen auf das Sozial- und Arbeitsverhalten der Schüler. In: Grüning, Eberhard (Hg.): Gemeinsam Lernen. Integrative Prozesse im Förderschwerpunkt »geistige Entwicklung«. Berlin: Weidler Verlag, 89–110.

Bruner, Jerome S. (1974): Entwurf einer Unterrichtstheorie. Berlin: Berlin-Verlag.

Bundesgesetzblatt (2008): Gesetz zu dem Übereinkommen der Vereinten Nationen vom 13. Dezember 2006 über die Rechte von Menschen mit Behinderungen sowie zu dem Fakultativprotokoll vom 13. Dezember 2006 zum Übereinkommen der Vereinten Nationen über die Rechte von Menschen mit Behinderungen vom 21. Dezember 2008. Verfügbar unter: http://files.institut-fuer-menschenrechte.de/437/Behindertenrechtskonvention.pdf [10.04.2010].

Danner, Helmut (1989). Methoden geisteswissenschaftlicher Pädagogik. 2. überarb. Auflage. München: Reinhardt.

Dewey, John (1966): The Child and the Curriculum. 26. Auflage. Chicago, London: The University of Chicago Press.

Feuser, Georg (1995): Behinderte Kinder und Jugendliche. Zwischen Integration und Aussonderung. Darmstadt: Wissenschaftliche Buchgesellschaft.

Fischer, Dieter (1981): Neues Lernen mit Geistigbehinderten. Eine methodische Grundlegung. 2., überarb. Aufl. Würzburg: Vogel.

Fischer, Erhard (2008a): Bildung im Förderschwerpunkt geistige Entwicklung. Entwurf einer subjekt- und bedarfsorientierten Didaktik. Bad Heilbrunn/Obb.: Klinkhardt.

Fischer, Erhard (2008b): ›Geistige Behinderung‹ – Fakt oder Konstrukt? Sichtweisen und aktuelle Entwicklungen. In: Fischer, Erhard (Hg.): Pädagogik für Menschen mit geistiger Behinderung. Sichtweisen – Theorien – aktuelle Herausforderungen. 2. überarb. Aufl. Oberhausen: ATHENA-Verlag, 13–44.

Forster, Rudolf (2004): Offener Unterricht. In: Fischer, Erhard (Hg.): Welt verstehen – Wirklichkeit konstruieren. Unterricht bei Kindern und Jugendlichen mit geistiger Behinderung. Dortmund: Borgmann, 75–116.

Hebenstreit, Sigurd (1980): Einführung in die Kindergartenpädagogik. Stuttgart: Klett.

Hengartner, Elmar (2007): Lernumgebungen für Rechenschwache bis Hochbegabte. Natürliche Differenzierung im Mathematikunterricht. Zug/CH: Klett und Balmer.

Hess, Kurt (2002): Lehren – zwischen Lernen und Lernbegleitung. Didaktische Hintergründe und empirische Untersuchung zum Lehrverständnis und dessen Umsetzung im mathematischen Erstunterricht. Universität Zürich. Verfügbar unter: http://www.dissertationen.unizh.ch/2003/hess/Diss_Kurt_Hess.pdf [10.04.2010].

Holtstiege, Hildegard (1994): Montessori-Pädagogik und soziale Humanität. Perspektiven für das 21. Jahrhundert. Freiburg im Breisgau: Herder.

Hüther, Gerald (2009): Erfahrung als Grundlage kindlicher Entwicklung. In: Opp, Günther/Theunissen, Georg: Handbuch schulische Sonderpädagogik. Stuttgart: UTB, 66–72.

Kattmann, Ulrich (2007): Didaktische Rekonstruktion – eine praktische Theorie. In: Krüger, Dirk/Vogt, Helmut (Hg.): Theorien in der biologiedidaktischen Forschung. Ein Handbuch für Lehramtsstudenten und Doktoranden. Berlin, Heidelberg: Springer. 93–104.

Key, Ellen (1978): Das Jahrhundert des Kindes. Königstein/Ts.: Athenäum.

Klafki, Wolfgang (1996) Neue Studien zur Bildungstheorie und Didaktik. Zeitgemäße Allgemeinbildung und kritisch-konstruktive Didaktik. 5. Aufl. Weinheim: Beltz.

Klauß, Theo (2006): Die Entwicklung des Bildungsverständnisses in der deutschen Geistigbehindertenpädagogik. Verfügbar unter: http://www.ph-heidelberg.de/org/allgemein/fileadmin/user_upload/wp/klauss/Bildungsentwicklung_Budapest05.pdf [10.04.2010].

Lamers, Wolfgang/Heinen, Norbert (2006): Bildung mit ForMat – Impulse für eine veränderte Unterrichtspraxis mit Schülerinnen und Schülern mit (schwerer) Behinderung. In: Laubenstein, Désirée/Lamers, Wolfgang/Heinen, Norbert (Hg.): Basale Stimulation. Kritisch – konstruktiv. Düsseldorf: verlag selbstbestimmtes leben, 141–206.

Lindmeier, Bettina/Lindmeier, Christian (2002): Geistigbehindertenpädagogik. Weinheim: Beltz.

Ministerium für Kultus, Jugend und Sport Baden-Württemberg (2009): Bildungsplan Schule für Geistigbehinderte. Stuttgart.

Möckel, Andreas (1998): Erfolg – Niedergang – Neuanfang. München: Reinhardt.

Mühl, Heinz (1981): Handlungsbezogener Unterricht mit Geistigbehinderten. 3. erg. Aufl. Bonn-Bad Godesberg: Dürr.

Musenberg, Oliver/Riegert, Judith (Hg.) (2010): Bildung und geistige Behinderung. Bildungstheoretische Reflexionen und aktuelle Fragestellungen. Oberhausen: ATHENA-Verlag.

Pitsch, Hans-Jürgen (2002): Zur Entwicklung von Tätigkeit und Handeln Geistigbehinderter. Oberhausen: ATHENA-Verlag.

Ratz, Christoph (2004): Planung von integrativem Unterricht. In: Fischer, Erhard (Hg.): Welt verstehen – Wirklichkeit konstruieren. Unterricht bei Kindern und Jugendlichen mit geistiger Behinderung. Dortmund: Borgmann, 197–220.

Ratz, Christoph (2006): Die Entwicklung des Arbeits- und Sozialverhaltens in einer integrativen Klasse. Eine Längsschnittuntersuchung. In: Zeitschrift für Heilpädagogik, Jg. 57, H. 5, 166–173.

Ratz, Christoph (2009): Aktiv-entdeckendes Lernen im Mathematikunterricht bei Schülern mit geistiger Behinderung. Eine qualitative Studie am Beispiel von mathematischen Denkspielen. Oberhausen: ATHENA-Verlag.

Schuppener, Saskia (2008): Psychologische Aspekte. In: Nußbeck, Susanne/Biermann, Adrienne/Adam, Heidemarie (Hg.): Sonderpädagogik der geistigen Entwicklung. Göttingen: Hogrefe, 89–114.

Seitz, Simone (2004): Forschungslücke inklusive Fachdidaktik – ein Problemaufriss. In: Schnell, Irmtraud/Sander, Alfred (Hg.): Inklusive Pädagogik. Bad Heilbrunn/Obb.: Klinkhardt, 215–231.

Seitz, Simone (2005): Zeit für inklusiven Sachunterricht. Baltmannsweiler: Schneider Verlag Hohengehren.

Sodian, Beate (2002): Entwicklung begrifflichen Wissens. In: Oerter, Rolf; Montada, Leo (Hg.): Entwicklungspsychologie. 5., vollst. überarb. Aufl. Weinheim: Beltz, 443–468.

Sodian, Beate (2008): Entwicklung des Denkens. In: Oerter, Rolf/Montada, Leo (Hg.): Entwicklungspsychologie. 6., vollst. überarb. Aufl. Weinheim: Beltz, 436–479.

Stinkes, Ursula (2008): Bildung als Antwort auf die Not und Nötigung, sein Leben zu führen. In: Fornefeld, Barbara (Hg.): Menschen mit Komplexer Behinderung. Selbstverständnis und Aufgaben der Behindertenpädagogik. München: Reinhardt, 82–107.

Textor, Martin R. (2010): Literacy-Erziehung im Kindergarten. Verfügbar unter: http://www.kindergartenpaedagogik.de/1719.html [14.04.2010].

Thalhammer, Manfred (1977): Geistige Behinderung. In: Speck, Otto/Thalhammer, Manfred (Hg.): Die Rehabilitation der Geistigbehinderten. Ein Beitrag zur sozialen Integration. 2., verb. Aufl. München: Reinhardt, 9–72.

Vernooij, Monika A. (2005): Erziehung und Bildung beeinträchtigter Kinder und Jugendlicher. Paderborn, München: Schöningh.

Vries, Carin de (2006): Mathematik an der Schule für Geistigbehinderte. Grundlagen und Übungsvorschläge für Diagnostik und Förderung. Dortmund: Verlag Modernes Lernen.

Wagner, Michael (2000): Menschen mit geistiger Behinderung und ihre Lebenswelten. Ein evolutionär-konstruktivistischer Versuch und seine Bedeutung für die Pädagogik. 2., vollst. überarb. Aufl. Bad Heilbrunn/Obb.: Klinkhardt.

Wagner, Michael (2003): Lebenswelt als subjektive Konstruktion – die mögliche Bedeutung des Konstruktivismus für Pädagogik und Didaktik. In: Klauß, Theo/Lamers, Wolfgang (Hg.): Alle Kinder alles lehren … Grundlagen der Pädagogik für Menschen mit schwerer und mehrfacher Behinderung. Heidelberg: Universitätsverlag Winter, 103–114.

Wagner, Michael (2007): Wir sehen mit den Augen des Kollektivs!? Der Mensch mit schwerer Behinderung zwischen Individualität und Sozialität. Bad Heilbrunn/Obb.: Klinkhardt.

Wilhelm, Marianne (Hg.) (2009): Integration in der Sek. I und II. Wie die Umsetzung im Fachunterricht gelingt. Weinheim: Beltz.

Wittmann, Erich Ch. (1998a): Design und Erforschung von Lernumgebungen als Kern der Mathematikdidaktik. In: Beiträge zur Lehrerbildung, Jg. 16, H. 3, 329–342.

Wittmann, Erich Ch. (1998b): Mathematics Education as a Design Science. In: Sierpinska Anna/Kilpatrick, Jeremy (Hg.): Mathematics Education as a Research Domain: A Search for Identity: Kluwer Academic Publishers (GB), 87–103.

Wittmann, Erich Ch. (2000): Aktiv-entdeckendes und soziales Lernen im Rechenunterricht – vom Kind und vom Fach aus. In: Müller, Gerhard N./Wittmann, Erich Ch. (Hg.): Mit Kindern rechnen. 2 Aufl. Frankfurt a. M.: Arbeitskreis Grundschule (Beiträge zur Reform der Grundschule, 96), 10–41.

A. Kulturtechniken

Michael Hohm & Michael Wagner

Mündlicher Sprachgebrauch und unterstützte Kommunikation

Sprechen bedeutet, Erlebnisse, Gefühle und Wünsche mitteilen zu können.
Sprechen bedeutet, Personen, Orte oder Zeiten benennen zu können.
Sprechen bedeutet, Einfluss auf die mitmenschliche Umgebung nehmen zu können.
Sprechen bedeutet, Erfahrungen austauschen zu können.
Sprechen bedeutet, Fragen zu stellen, zu lernen und sich weiter entwickeln zu können.
(Achilles 2003)

1 Einleitung

Seit den 1970er-Jahren gliedert sich das Fach Deutsch in die folgenden Lernbereiche, die in Lehrplänen, Bildungsstandards und der fachdidaktischen Literatur mit unterschiedlichen Begriffen benannt werden:

- *Mündlicher Sprachgebrauch* (Sprechen, Sprachgestaltung, mündliches Sprachhandeln)
- *Schriftlicher Sprachgebrauch* (Schreiben und Rechtschreiben, schriftliches Sprachhandeln)
- *Sprachreflexion* (Sprache untersuchen, Grammatikunterricht)
- *Lesen und Mediengebrauch* (Mit Texten, Literatur und Medien umgehen),

sowie zusätzlich für den Primarbereich:

- *Schriftspracherwerb* (Die Schriftsprache erwerben).

Der mündliche Sprachgebrauch in seiner gegenwärtigen Form gilt als jüngster Lernbereich des Faches Deutsch, als Errungenschaft der kommunikativen Wende Ende der 1960er, Anfang der 1970er-Jahre. Während Sprechen bei Helmers (1966) vor allem Sprachtraining, also grammatisch richtiges Sprechen, und Sprecherziehung im Sinne von lautreinem Sprechen bedeutete mit dem Ziel einer allseitigen sprachlichen Bildung im Hinblick auf hochsprachliche Artikulationsnormen und Kompensation von Sprachdefiziten, betonen Bünting/Kochan (1973) für den Lernbereich »Mündliche Kommunikation«, wie sie ihn nennen, die Sprachhandlungsfähigkeit und kommunikative Kompetenz der Schüler bei der Bewältigung alltäglicher Handlungssituationen. Dass kommunikatives Sprechen bis zu diesem Zeitpunkt nicht als Teilaspekt eines eigenen Lernbereichs beschrieben wurde, lag vor allem daran, dass zum einen Unterricht vorwiegend schriftsprachlich geprägt war und man zum andern davon ausging, dass in jedem Unterrichtsfach und jedem Lernbereich ja sowieso immer miteinander gesprochen werde. Die Unterschiede zwischen Unterrichts- und Alltagskommunikation (wie etwa die im schulischen Kontext oft ritualisierten, wenig abwechslungsreichen

Interaktionsmuster, die Lehrerfrage als spezifische Form der Kommunikation, bei der der Wissende fragt und der Unwissende antwortet, oder die überwiegend vom Lehrer initiierte mündliche Unterrichtsaktivität, die im lehrerzentrierten Unterricht der damaligen Zeit dem Schüler wenig Raum für aktives mündliches Sprachhandeln ließ) spielten dabei kaum eine Rolle (vgl. Becker 2007, 59f.). Erst aufgrund gesellschafts-politischer (Sprache als mögliche Ursache sozialer Ungleichheiten), wissenschaftlicher (Sprachunterricht ist mehr als Grammatik, auch pragmatische Aspekte sind relevant) und pädagogischer Entwicklungen (Zunahme offener, kommunikativ geprägter Unterrichtsformen) in dieser Umbruchsphase (vgl. Abraham 2008, 11) wurde der mündliche Sprachgebrauch zur »vierten Säule des Deutschunterrichts« (Mihm 1975, 83).

Seither spielt mündliches Sprachhandeln im Unterricht eine wichtige Rolle, denn die Fähigkeit, sprechen sowie Sprache verstehen und in Situationen angemessen verwenden zu können, um gesellschaftlich handlungsfähig zu sein, bildet eine Grundvoraussetzung für schulisches und außerschulisches Leben und Lernen. Alltägliche Äußerungen in der Schule (»Ich halte heute Referat über ...«, »Frau Müller, der Felix hat mich in der Pause getreten!«, »Hastu Problem oder was?«) wie auch im Privaten (»Was, das hast du nicht gemacht? Aber das hab ich dir doch extra gesagt!«) veranschaulichen die Bedeutung des Mündlichen, um sich miteinander austauschen, die Welt verstehen, über Gesagtes und Geschriebenes reflektieren, das gesellschaftliche Miteinander regeln, Identität bilden, Grenzen ziehen, Konflikte lösen, sprich: sprachlich aktiv handeln zu können. »Sprache ist Träger von Sinn und Überlieferung, Schlüssel zum Welt- und Selbstverständnis und Mittel zwischenmenschlicher Verständigung«, heißt es im Lehrplan für die bayerische Grundschule (Bayerisches Staatsministerium 2000, 16) in den fächerübergreifenden Bildungs- und Erziehungsaufgaben; sie stellt »eine wichtige Voraussetzung für den Schulerfolg« dar, denn »Lernen erfordert auch die sprachliche Auseinandersetzung mit dem Lerngegenstand«, was zugleich bedeutet, dass die Schüler in allen Fächern »zu sach-, situations- und partnerbezogenem Sprachhandeln angeleitet« werden sollen (ebd.).

Die einzelnen Bereiche mündlichen Sprachhandelns gilt es im Folgenden aufzuzeigen. Dabei werden zunächst fachdidaktische Aspekte des mündlichen Sprachgebrauchs dargestellt (Kap. 2) und anschließend im Hinblick auf den Unterricht mit Schülern im Förderschwerpunkt geistige Entwicklung didaktisch und methodisch reflektiert (Kap. 3). Der Schwerpunkt liegt wegen des Umfangs und der Komplexität der unterrichtsrelevanten Zielsetzungen und Inhalte auf den Jahrgangsstufen 1 bis 6 der Grund- und Hauptschulstufe. Eine Zusammenfassung (Kap. 4) schließt die Überlegungen zum mündlichen Sprachgebrauch ab.

2 Fachdidaktische Aspekte des mündlichen Sprachgebrauchs

Im bayerischen Lehrplan für den Förderschwerpunkt geistige Entwicklung in der Grund- und Hauptschulstufe (Bayer. Staatsministerium 2003) wird mündlicher Sprachgebrauch zweifach thematisiert: im Lernbereich »Kommunikation und Sprache«, der Kommunikation als »ein menschliches Grundbedürfnis und eine wichtige Bedingung für das subjektive Erleben von Lebensqualität« beschreibt (Bayer. Staatsministerium 2003, 89) und in »1. Körpereigene Kommunikationsformen, 2. Kommunikationsstrategien, 3. Sprachverständnis, 4. Lautspracherwerb, 5. Unterstützte Kommunikation« gegliedert ist (ebd., 90), sowie im Fach Deutsch (im Lehrplan ebenfalls Lernbereich genannt) unter dem Aspekt »Sprechen und Sprachgestaltung«. Sowohl der Förderschul- wie auch die Lehrpläne für die Grund- (Bayer. Staatsministerium 2000) und Hauptschule (Bayer. Staatsministerium 2004) weisen in der Darstellung der Unterrichtsfächer und Lernbereiche eine einheitliche Struktur auf, indem sie zunächst Ziele und dann Inhalte und methodische Möglichkeiten beschreiben. Spätestens seit PISA wissen wir jedoch, dass es nicht ausreicht, sich bei der Unterrichtsbeschreibung nur Gedanken über Ziele, Inhalte und Methoden zu machen (wie das in einigen Modellen getan wird), sondern dass vor allem die Kompetenzen von Bedeutung sind, die Schüler über die gesamte Schulzeit hinweg in einem Bereich erwerben sollen, um darin bestimmte Fähigkeiten, also praktisches Handlungswissen zu erwerben. In den Beschlüssen der Kultusministerkonferenz (KMK 2004) werden deshalb Bildungsstandards für den Primarbereich, den Hauptschul- und den Mittleren Schulabschluss formuliert. Im Primarbereich legen diese Standards für das Fach Deutsch auf der Ebene der Sach- und Methodenkompetenz fest, »welche Leistungen von einem Kind am Ende der Jahrgangsstufe 4 in Kernbereichen des Faches Deutsch in der Regel erwartet werden. Sie sollen eine klare Perspektive für die anzustrebenden Ziele geben, auf die hin sich auch eine individuelle Förderung konzentrieren muss« (KMK 2004a, 7). Auch im mündlichen Sprachgebrauch ist es daher notwendig, fachliche Kompetenzen zu beschreiben. Ohne an dieser Stelle genauer auf Kommunikationstheorien und -modelle eingehen zu können, die einer solchen Kompetenzformulierung zugrunde liegen – wie etwa Karl Bühlers Organon-Modell (1934), Basil Bernsteins Code-Theorie (1964), John Austins (1962) und John Searles (1969) Sprechakttheorie, die Kommunikationsaxiome von Paul Watzlawick et al. (1969), Ruth Cohns themenzentrierte Interaktion (1975) oder Friedemann Schulz von Thuns vier Seiten einer Nachricht (1981) –, lassen sich mit Abraham (2008, 29) folgende Kompetenzen im Bereich der Mündlichkeit unterscheiden:

- »Erzählkompetenz (erlebte und erfundene Geschichten nachvollziehbar, spannend und hörerbezogen erzählen können)
- Informationskompetenz (anderen berichten, beschreiben, schildern, zusammenfassen und/oder erklären können, was man selbst erfahren oder recherchiert hat)

- Spielkompetenz (eine vorgegebene oder selbst erfundene Rolle übernehmen und überzeugend gestalten können, einen dramatischen Text bühnenwirksam umsetzen können)
- Redekompetenz (vor Zuhörern ein Statement abgeben, einen Kurzvortrag/ein Referat halten, einen Redebeitrag themazentriert und hörerbezogen einbringen können [...])
- Gesprächskompetenz (sich in einem Gespräch oder einer Diskussion mit eigenen Argumenten oder moderierend beteiligen können)
- Präsentationskompetenz (eigene oder fremde Texte, z. B. Gedichte, für Zuhörer wirkungsvoll zitieren, vorlesen oder vortragen können)«

Daraus leiten sich nach Abraham/Beisbart/Koß/Marenbach (2005, 19ff.) fünf Aufgaben des mündlichen Sprachgebrauchs ab:
- Sprechdenken (die Gedanken artikulieren)
- Sprechplanen (das Gesagte strukturieren)
- Dialoge entwickeln (die Beziehung gestalten)
- Über etwas sprechen (die Sachen klären)
- Dramatisches Gestalten (Sprache inszenieren)

Fasst man alle in Lehrplänen, Bildungsstandards und Fachliteratur formulierten Kompetenzen, Ziele und Lerninhalte zusammen, so ergeben sich wesentliche fachdidaktische Aspekte des Mündlichen, die wir nach der Form des zugrunde liegenden Sprechens (vgl. Geißner 1982) in die vier Bereiche
- Zu anderen sprechen
- Mit anderen sprechen
- Vor anderen sprechen
- Kreativ mit mündlicher Sprache umgehen

einteilen und im folgenden Überblick in knapper Form und ohne Anspruch auf Vollständigkeit skizzieren.

2.1   Zu anderen sprechen

»Zu anderen sprechen« zielt auf formale Grundlagen des Mündlichen ab, die die Voraussetzung darstellen für gelingendes Sprechen überhaupt.

Artikuliert und verständlich in der Standardsprache sprechen

Vor allem Schüler mit sprachlichen Defiziten, die häufig aus sozial schwachen Elternhäusern oder aus Familien mit Migrationshintergrund stammen und in überdurchschnittlicher Zahl an Grund-, Haupt- und Förderschulen vertreten sind, haben oftmals Schwierigkeiten, sich artikuliert und verständlich auszudrücken. Sie weisen Stimm-, Sprech- oder Sprachstörungen auf, besitzen keinen ausreichenden Einblick in die Laut-, Buchstaben- und Silbenstruktur der deutschen Sprache, verfügen nicht oder nur teilweise über einen angemessenen Wortschatz oder haben noch nicht die Fähigkeit erworben, die deutsche Standardsprache situationsgerecht zu verwenden. Zwar weisen Konzepte der Zweitspracherwerbsforschung auf die Bedeutung der inneren Mehrsprachigkeit für das sprachliche Lernen hin, gerade auch was die Verwendung von Standard-, Zweitsprache und Dialekt betrifft, doch zeigen viele Schüler oftmals einen auf die Sprachvarietäten Jugendsprache und Migrantendeutsch reduzierten Sprachgebrauch. Der korrekte Gebrauch der Standardsprache stellt jedoch eine wesentliche Voraussetzung für den Schriftspracherwerb und das weitere, schriftsprachlich geprägte schulische Lernen dar. Bei sprachlich versierteren Schülern wiederum führt das schriftsprachliche Lernen rasch zu einer neuen sekundären Mündlichkeit (vgl. Ong 1987) mit Konsequenzen für das Gestalten mündlicher wie schriftlicher Texte, denn diese Schüler nehmen die zwischen Mündlichkeit und Schriftlichkeit verschwimmenden Grenzen (vgl. z. B. die E-Mail, die medial zwar schriftlich, konzeptionell hingegen eher mündlich verfasst ist) deutlicher wahr und stellen ihr sprachliches Handeln darauf ein.

Alltägliche Gesprächssituationen sach- und situationsgerecht bewältigen

Wenn es auch nicht immer einfach ist, Lernarrangements zu treffen, die es ermöglichen, alltägliche Sprechsituationen so in den Unterricht zu integrieren, dass sie lebenspraktisch relevant sind und die Wirklichkeit abbilden, bleibt dies doch ein wichtiges Ziel. Gerade hier bewahrheitet sich: Nicht für die Schule, fürs Leben lernen wir. Wenn, wie oben angesprochen, mündliche Sprache korrekt verwendet werden soll, dann gehört dazu vor allem auch die Fähigkeit, Sprachfunktionen unterscheiden und situationsangemessen sprechen zu können. Will ich Sachverhalte klären, mich oder andere informieren, mich argumentierend mit jemandem auseinandersetzen, mich unterhalten oder mich sprachlich-kreativ ausdrücken? Je nach sprachlicher Situation muss ich mein sprachliches Handeln danach ausrichten und je nachdem, ob ich um etwas bitte, etwas beantrage, mich entschuldige, mich bedanke, mich beschwere oder jemanden zu etwas auffordere, wähle ich die entsprechende sprachliche Form, um meine Absicht zu erreichen. Neben der Sachebene spielt beim sprachlichen Handeln auch die Beziehungsebene eine große Rolle: Nur wenn die Sprechenden auf einer Wellenlänge miteinander liegen oder zumindest bemüht sind, die Perspektive des anderen zu verstehen, kann Kommunikation gelingen. Schließlich gehört zu situationsangemessenem Sprechen auch die Fähigkeit, das eigene Sprechen zu planen, durchzuführen, zu reflektieren, die Wirkung der Sprechweise einschätzen zu können sowie ein sprachliches Selbstkonzept zu entwickeln (vgl. dazu die beiden folgenden Abschnitte).

Die Wirkungen der Sprechweise kennen und beachten

Damit der Inhalt angemessen »herüberkommt«, muss die Verpackung stimmen. Das ist in vielen Lebensbereichen und auch beim Sprechen so. Damit man sich und das, was man zu sagen und zu tun beabsichtigt, auch gut »verkauft« und seine Ziele erreicht, muss man um die Wirkung der eigenen Persönlichkeit und des sprachlichen Auftretens

Bescheid wissen. Dabei geht es nicht darum, sich durch manipulative Tricks Vorteile zu verschaffen, sondern durch das Wissen um bestimmte Zusammenhänge und die eigene Außenwirkung seine Sprechabsicht zu realisieren. Durch Rückmeldung, Reflexion und Videoanalysen des Sprech- und Gesprächsverhaltens wird es möglich, die Sprechweise und das persönliche Auftreten zu thematisieren, kritisch zu überdenken und diejenigen (sprachlichen, körpersprachlichen und außersprachlichen) Faktoren zu optimieren, die ein erfolgreiches Sprechen behindern. Dies kann sich z. B. beziehen auf Atmung, Stimme, Stimmführung, Lautstärke, Betonung, Artikulation von Lauten, Wörtern und Sätzen, Sprechtempo, Sprechpausen, Körpersprache (Haltung, Gestik, Mimik, Blickverhalten, Raumverhalten), Distanzverhalten, geschlechtsspezifische Aspekte (typisch männliches oder weibliches Verhalten) oder außersprachliche Faktoren (z. B. eine angemessene Kleidung).

Ein sprachliches Selbstkonzept entwickeln

Ein sprachliches Selbstkonzept zu entwickeln heißt, in Sprechsituationen zunehmend selbstbewusst, sicher und überzeugend auftreten, die eigenen Wünsche und Gefühle ausdrücken, sich sprachlich positiv wahrnehmen sowie Zutrauen in die eigenen Fähigkeiten gewinnen zu können. Nach Ludwig/Spinner (2000, 18ff.) gehören dazu Fähigkeiten wie Mut (sich zu Wort melden und die eigene Meinung vertreten), Verbindlichkeit (für die eigene Meinung einstehen), Zweifel (am Wahrheitsgehalt eigener und fremder Äußerungen), Urteilsfähigkeit (die eigenen Aussagen begründen und Schlüsse ziehen), Einfallsreichtum (das Denken aus festgefahrenen Bahnen befreien), Perspektivenübernahme (um objektiv und gerecht zu handeln), Begriffsanalyse (um sprachliche Missverständnisse zu vermeiden), der Einsatz sprachlicher und nichtsprachlicher Mittel (um möglichst überzeugend aufzutreten), die Abwehr unfairer Techniken, Rücksichtnahme sowie das Erkennen der eigenen Grenzen.

2.2   Mit anderen sprechen

»Mit anderen sprechen« fasst Formen des Sprechens zusammen, die eine dialogische Struktur aufweisen und darauf ausgerichtet sind, sich im Kontakt mit Gesprächspartnern gedanklich auszutauschen, zu unterhalten, zu informieren, zu überzeugen oder die Beziehung zu klären.

Gespräche führen

Gespräche sind etwas Alltägliches: Kaum ein Tag vergeht, ohne dass wir uns mit anderen über bestimmte Themen austauschen. Während das Alltagsgespräch meist authentisch, ergebnisoffen, ein Sprechen über Gott und die Welt ist, unterliegen Unterrichtsgespräche den Bedingungen der Institution Schule (z. B. Anzahl der Gesprächspartner, Lehrer als Gesprächsleiter, zeitliche Vorgaben etc.) und sind als ein Sprechen über Themen und Probleme überwiegend zielorientiert. Im Unterricht müssen deshalb offene, authentische Gesprächssituationen geschaffen werden, z. B. das literarische Gespräch als Austausch über die Eigenheiten eines Textes mit dem Ziel, dessen Bedeutung zu erschließen, oder Sonderformen des Gesprächs wie Argumentation oder Diskussion (vgl. den folgenden Absatz). Des Weiteren werden die Schüler zu angemessenem Gesprächsverhalten erzogen, indem sie Sozial- wie auch Sachkompetenz erwerben und somit gesprächsbereit und gesprächsfähig werden. Insbesondere lernen sie eine offene, von gegenseitigem Vertrauen geprägte Atmosphäre als wichtige Voraussetzung für das Sprechen schätzen (einschließlich äußerer Bedingungen wie eine offene Sitzordnung, z. B. Hufeisen oder Gesprächskreis), erwerben das Zutrauen, sich in Gesprächen einzubringen, haken kritisch nach, wenn das Sprechen in eine falsche Richtung verläuft, formulieren und beachten Klassen- und Gesprächsregeln und erwerben grundlegendes Wissen über Kommunikationsabläufe, z. B. die Sach-, Selbstoffenbarungs-, Appell- und Beziehungsebene einer sprachlichen Äußerung und die sich daraus ergebenden Störungen (vgl. Schulz von Thun 1981, 30ff.).

Argumentieren und diskutieren

Argumentieren als die begründete und überzeugende Darstellung des eigenen Standpunktes sowie Diskutieren als Austausch von Argumenten sind Gesprächsformen, bei denen der Appell- und Informationscharakter im Vordergrund stehen. Es geht um eine strittige Frage, die durch Thesenbildung, Begründung und Beispiele geklärt werden soll. Dabei ist es notwendig, das Thema zu erfassen, sich eine Meinung zu bilden, nach Begründungen zu suchen, themenbezogenes Wissen zu erwerben sowie die Argumente zu strukturieren und sprachlich zu formulieren. In den Lehrplänen sind Argumentieren und Diskutieren meist in höheren Jahrgangsstufen angesiedelt – zu Unrecht, denn bereits im Kleinkindalter wird mit den Eltern diskutiert (im schlimmsten Fall recht öffentlichkeitswirksam), um den eigenen Willen durchzusetzen.

Miteinander umgehen

»Miteinander umgehen« bezieht sich auf das Verhalten der Gesprächspartner sowie die Fragen, wie Gesprächsregeln eingehalten werden und welche Streitkultur im Klassenzimmer vorherrscht. Die Schüler sollen mögliche Ursachen für Meinungsverschiedenheiten kennen und Konflikte angemessen auszutragen lernen. Insbesondere gehört dazu, Empathiefähigkeit zu erwerben, durch entsprechendes verbales und körpersprachliches Verhalten Streit zu schlichten, Ich-Botschaften zu formulieren, aktiv zuzuhören und sich entschuldigen zu können.

2.3   Vor anderen sprechen

»Vor anderen sprechen« zielt auf Formen des Sprechens, die eine monologische Struktur aufweisen und auf vortragende, klärende Weise informierend oder unterhaltend den Zuhörern bestimmte Sachverhalte, Erfahrungen oder Sonstiges darstellen.

Erzählen und zuhören

Erzählen ist nach Abraham (2008, 41) Vergegenwärtigen, Ordnen und Deuten von Erfahrung und bildet in seiner alltagssprachlichen Verwendung den Überbegriff für unterschiedliche Erzählformen wie Berichten, Beschreiben, Schildern, usw. Im Unterricht wird das natürliche kindliche Erzählverhalten aufgegriffen und Erzählkompetenz vermittelt. Gute Erzähler finden gelungene Erzählanlässe, bringen das Gesagte in eine strukturierte Abfolge, versetzen sich in den Zuhörer hinein und wecken dessen Neugier, verwenden angemessene sprachliche Gestaltungsmittel und vermeiden Redundanzen, kurz: sie sind unterhaltsam. Erzählhilfen wie Stichwortzettel, Erzählstein, Erzählstuhl etc. unterstützen sie dabei. Die Adressaten des Erzählers lernen, aktiv und verstehend zuzuhören, gezielt nachzufragen sowie ihr Verstehen und Nicht-Verstehen zum Ausdruck zu bringen. Neben dem spontanen und freien Erzählen kommt in der Schule auch zu vorbereitetem Erzählen, aus Sprecherperspektive z. B. in Form des literarischen Nacherzählens, aus Hörerperspektive bei Phantasiereisen.

Berichten, beschreiben und schildern

Berichten, Beschreiben und Schildern zählen zu den Formen des informierenden Sprechens. Dabei unterscheidet sich das Berichten als sachliche Darstellung von Information über einen Vorgang (z. B. in Form des Unfall-, Reise- oder Praktikumsberichts), der die sogenannten W-Fragen (Wer, Was, Wann, Wo, Wie, Warum, Welche Folgen?) beantwortet, vom Beschreiben als Informieren über ein Objekt (z. B. Personen-, Bild-, Gegenstandsbeschreibung). Beim Schildern wird mit Worten ein anschauliches Bild von einem Vorgang (z. B. aufziehendes Gewitter) oder Zustand (z. B. Abenddämmerung) entworfen, um beim Hörer eine bestimmte Stimmung auszulösen. Die genannten Formen des informierenden Sprechens finden im Schreibunterricht als Bericht, Beschreibung und Schilderung ihr schriftsprachliches Pendant (wie auch die Erzählung, s. o.).

Erklären und zusammenfassen

Erklären und Zusammenfassen bilden didaktische Formen des informierenden Sprechens. Nach dem Prinzip »Lernen durch Lehren« geht es darum, sich durch Aneignung und Weitergabe von Information an eine Lerngruppe erworbenes Wissen und Können zu vergegenwärtigen. In seinem Aufsatz »Über das allmähliche Verfertigen der Gedanken beim Reden« (1805/1806) hat Heinrich von Kleist dargelegt, dass gute Gedanken oft erst beim Sprechen, also während der Auseinandersetzung mit einem Thema entstehen (vgl. Abraham 2008, 69). Insofern stellen Erklären und Zusammenfassen Formen des heuristischen Sprechens dar. Während beim Erklären die verstehensorientierte Wissensvermittlung im Vordergrund steht, geht es beim Zusammenfassen um die gekürzte, aufs Wesentliche reduzierte Wiedergabe von Information.

Reden, referieren und präsentieren

Die Rhetorik besitzt eine bis in die Antike zurückreichende Tradition und spielt in Form der vorbereiteten, ausformulierten Rede (z. B. die Laudatio als mündlicher Vortrag eines schriftlich konzipierten Manuskripts) für die Schüler im Unterricht kaum eine Rolle. Vielmehr geht es um das freie Reden, etwa in Form von Redebeiträgen zum Unterrichtsthema oder eines mit Hilfe einer Stichwortkarte frei vorgetragenen (Kurz-)Referats. Während ein Redner seine Zuhörer meist für eine Sache gewinnen will, steht beim Referieren die Information im Vordergrund. Die Schüler lernen wesentliche Kriterien eines guten Redebeitrags kennen: Inhalt (Gliederung, Fachwissen, Verständlichkeit, Themenbezug), Vortragsweise (Lautstärke, Tempo, kommunikative Leistung, Körpersprache), Medien (Auswahl, Einsatzweise), Sprache (Sprachrichtigkeit, Wortwahl, Sprechtechnik) sowie evtl. Gestaltung des Handouts, Einbezug der Zuhörer, Eingehen auf Nachfragen etc. Präsentieren bedeutet, ein Thema aufzubereiten und mit Hilfe von Medien so anschaulich darzubieten, dass die Zuhörenden aufmerksam sind und dabei etwas lernen. Vorstufen zum Referieren und Präsentieren können kleinere Redebeiträge vor der Klasse sein, z. B. Arbeitsergebnisse oder das Lieblingsbuch vorstellen.

Texte vorlesen und vortragen

Vorlesen und Vortragen von Texten zählen zu den Formen ästhetischer Kommunikation. Abraham (2008, 165) charakterisiert Vorlesen als doppeltes Gestalten: Zum einen gestalten wir den Text, indem wir diesen durch die Art unseres Lesens zugleich ein Stück weit deuten, zum anderen prägen wir durch unsere Zuwendung beim Lesen die Beziehung zu den Zuhörern. Neben dem gestaltenden Sprechen liegen weitere Begründungen für das Vorlesen und Vortragen im Erwerb von Lesetechniken, -strategien und -haltungen, in der Erfahrung von Anschlusskommunikation sowie in der Reflexion der unter 2.1. beschriebenen Wirkungskriterien der Sprechweise. Unterrichtliche Rituale (z. B. Vorlesestunden, Vorlesesessel etc.) tragen dazu bei, (Vor-)Lesen als einen festen Bestandteil des Unterrichtsalltags zu erleben. Auch für das Vortragen als auswendig gelernte, gestaltete Präsentation eines Textes werden Anlässe geschaffen (z. B. Morgeneinstimmung, Poetry-Slam etc.).

2.4   Kreativ mit mündlicher Sprache umgehen

»Kreativ mit mündlicher Sprache umgehen« bezieht sich auf den spielerisch-kreativen Aspekt beim Umgang mit Sprache und Texten und will spielen, gestalten und inszenieren.

Mit Sprache spielen

Sprachspiele verstoßen bewusst gegen sprachliche Normen und Erwartungen mit der Folge, dass die Ambiguität des Textes eine neue Les- oder Hörart eröffnet und das ästhetische Interesse sowie die intellektuelle Neugier weckt. Nach Ulrich fördert die »dem Sprachspiel immanente Motivationskraft [...] die Freude am Lesen, fordert zu genauer Analyse und Interpretation heraus, schafft durch Reflexion über Sprache Sprachbewußtsein und regt zu eigenen kreativen Gestaltungsversuchen der Schüler und Schülerinnen an« (Ulrich 1999, 10). Der rezeptive und produktive Umgang mit Sprachspielen bietet sowohl literarische (z. B. Reime, Lautierspiele, Klanglyrik etc.) als auch linguistische Ansatzpunkte (z. B. graphemische Figuren, Wortneuschöpfungen, Metaphern etc.) und verbindet somit in einem integrativen Unterricht sprach- und literaturdidaktische Ziele.

Szenen gestalten

»Szenisches Gestalten« und »darstellendes Spiel« sind Obergriffe für Handlungsformen, die »Theaterspielen« meinen. Je nachdem ob dabei sprach- oder literaturdidaktische Ziele im Vordergrund stehen, spricht man vom sprach- bzw. vom literaturdidaktischen Rollenspiel.

Situationen inszenieren:

Im sprachdidaktischen oder Konfliktrollenspiel werden Situationen inszeniert, die die Wirklichkeit simulieren und oft einen Konflikt darstellen. Das Spiel bietet den agierenden Schülern die Möglichkeit, im sanktionsfreien Raum verschiedene soziale Rollen zu übernehmen, in der Maske fremder Personen eigene Vorstellungen zu thematisieren und dadurch gesellschaftlich probezuhandeln. Nach Krappmann (in Abraham, 2008, 84) werden dabei vier Grundfähigkeiten erworben: Empathie, Rollendistanz, Ambiguitätstoleranz und kommunikative Kompetenz. Konflikte thematisieren und reflektieren, das Rollenverhalten überprüfen, sich mit Regeln und Normen auseinandersetzen und eigene Gefühle ausdrücken zu können, sind weitere Ziele. Mögliche Situationen für offene, d. h. spontane, oder geschlossene, in den Rollen festgelegte Spiele sind Konflikte um die Kleidung, den Freundeskreis, das Taschengeld etc.

Texte inszenieren:

Das literaturdidaktische Rollenspiel inszeniert Texte vor, während oder nach dem Lesen und stellt somit eine Form des handlungs- und produktionsorientierten Umgangs mit Texten dar. Auch hier schlüpfen die Schüler in fremde Rollen, jedoch mit dem Ziel, die gemäß den Vorstellungen der Rezeptionsästhetik in einem Text vorhandenen Leerstellen auszufüllen und gestaltend in den Text einzugreifen, z. B. dadurch, dass Dialoge verändert, die Gedanken einer Person als Monolog formuliert oder Handlungsschritte ergänzt werden. Durch die szenische Auseinandersetzung können sich die Schüler in die Situation einer literarischen Figur einfühlen, Imaginations- und

Empathiefähigkeit erwerben, einen vertieften Zugang zum Text gewinnen sowie diesen zu verstehen und zu deuten lernen.

3   Der Lernbereich »Mündlicher Sprachgebrauch« bei Schülerinnen und Schülern mit dem Förderschwerpunkt geistige Entwicklung

»Sprache ist die Fähigkeit, Zeichen, Symbole (Mimik, Gesten, Figuren, Bilder; vor allem dann aber Lautsymbole in gesprochener und geschriebener Form) als solche zu erkennen, sie im Kontext zu deuten, zu verstehen [...] und seinerseits darauf zu antworten: Zeichen setzend sich mitzuteilen, sich verständlich zu machen und als Teil eines übergeordneten Kommunikationssystems sich mit anderen austauschen« (Kobi 2004, 185). Vor dem Hintergrund dieses umfassenden Sprachverständnisses kann man mit Blick auf die Verwendung von Lautsymbolen im Anschluss an Caroll (1967) vier linguistische Teilsysteme unterscheiden (vgl. Speck 2005, 123f.):

*   das phonologische Teilsystem (Spezifizierung von Lauten in Verbindung mit Wörtern oder Zeichen)
*   das morphologische Teilsystem (Verwendung von Wörtern und deren Modifizierung in einem bestimmten Kontext)
*   das syntaktische Teilsystem (Verwendung von Sprachmustern [Grammatik, Satzbau])
*   das semantische Teilsystem (Bedeutung der Zeichen in einem bestimmten Kontext).

Nach Speck ist davon auszugehen, dass viele Schülerinnen und Schülern mit dem Förderschwerpunkt geistige Entwicklung »in einem oder mehreren der genannten Bereiche z. T. erhebliche Störungen und Rückständigkeiten aufweisen« (2005, 124). Der Lernbereich »Mündlicher Sprachgebrauch« und die damit verbundene Bedeutung für die Sprachhandlungsfähigkeit und kommunikative Kompetenz bei der Bewältigung alltäglicher Handlungssituationen stellt für diese Schülerinnen und Schüler daher eine Herausforderung dar und hat diesbezüglich einen besonderen Unterstützungsbedarf zur Konsequenz. Vor dem Hintergrund der enormen Heterogenität der Schülerschaft mit dem Förderschwerpunkt geistige Entwicklung, auch im Hinblick auf die Möglichkeiten des mündlichen Sprachgebrauchs wird deutlich, dass die Größe der Herausforderung und das Ausmaß des Unterstützungsbedarfs extrem unterschiedlich sind.

Besonders ausgeprägt sind sowohl Herausforderung als auch Unterstützungsbedarf, wenn man an die Schülerinnen und Schüler denkt, die nicht über die Möglichkeit der lautsprachlichen Äußerung verfügen. Über die Größe dieser Gruppe gibt es aktuell keine aussagekräftigen statistischen Daten. Als vagen Hinweis kann man jedoch die Ergebnisse der quantitativen Studie von Boenisch heranziehen, die sich auf die Schule mit dem Förderschwerpunkt körperliche und motorische Entwicklung bezieht. Er kommt zum Ergebnis, dass der prozentuale Anteil der Schülerinnen und Schüler

ohne Lautsprache an dieser Schulform im Bundesdurchschnitt 20% beträgt. 82%
dieser Kinder und Jugendlichen werden von ihren Lehrerinnen und Lehrern als geistig
behindert eingeschätzt (vgl. Boenisch 2009, 126f.). Auch wenn dies keine Aussagen
über die Schule mit dem Förderschwerpunkt geistige Entwicklung sind, so kann man
vermuten, dass auch hier ein nicht zu vernachlässigender Teil der Schülerinnen und
Schüler über keine Lautsprache verfügt. Was bedeutet nun aber für sie »Mündlicher
Sprachgebrauch« und welche Möglichkeit der Förderung gibt es? Auch dies gilt es mit
Blick auf die vier Bereiche des mündlichen Sprachgebrauchs zu thematisieren.

3.1   Zu anderen sprechen

Die Fähigkeit zu sprechen ist zunächst von der Ausbildung anatomischer und phy-
siologischer Möglichkeiten abhängig. Neben der Atmung ist die Beweglichkeit im
Mundraum von großer Bedeutung. Mundmotorische Übungen können zu einer Verbesserung der Beweglichkeit, Koordinationsfähigkeit und Geschicklichkeit von Zunge
und Lippen beitragen. Sie helfen außerdem eventuell vorhandene Spannungen abzubauen. Enge Kooperationen mit Logopädinnen und Logopäden können hier für eine
positive Entwicklung der Sprechfähigkeit von Schülerinnen und Schülern mit dem
Förderschwerpunkt geistige Entwicklung notwendig und sehr hilfreich sein.

Darüber hinaus ist die Entwicklung der Sprache eng mit der Fähigkeit des Hörens
verbunden. Zeigt ein Kind Auffälligkeiten beim Sprechen, sollte als eine mögliche Ursache immer auch eine Einschränkung des Hörens in Betracht gezogen werden. Eine
entsprechende medizinische und pädaudiologische Abklärung ist hier notwendig.

Die Entwicklung sprachlicher Strukturen kann u. a. durch die Verwendung von sogenannten lautsprachbegleitenden Gebärden positiv unterstützt werden. Die entsprechenden Gebärden werden dabei meist einer bestehenden Gebärdensprache entnommen (z. B. der Deutschen Gebärdensprache [DGS]) und simultan zur Lautsprache
gebärdet. Teilweise werden auch nur Schlüsselwörter lautsprachbegleitend gebärdet
(z. B. Gebärden-unterstützte Kommunikation [GUK]). »Da in den verschiedenen
Situationen nur die Wörter gebärdet werden, die für die Kommunikation wichtig
sind, wird die Lautsprache lediglich unterstützt und [...] durch die Betonung einzelner Wörter und die Visualisierung des Gesprochenen mit Gebärden das aufmerksame
Hinsehen und das Sprachverständnis erleichtert« (Wilken 2002b, 40).

Im Hinblick auf Schülerinnen und Schüler ohne Lautsprache ist es wichtig sich immer wieder deutlich zu machen, dass Sprechen mehr ist als lautsprachlicher Ausdruck.
Über Mimik, Gestik, Gebärden aber auch Bilder und Piktogramme kann der Einzelne
zu anderen sprechen. Die unterschiedlichen Kommunikationshilfen, die unter dem
Oberbegriff ›Unterstützte Kommunikation‹ subsumiert werden, können hierbei von
Bedeutung sein (vgl. u. a. Kristen 1999; Wilken 2002a). Neben den sogenannten
körpereigenen Kommunikationsformen (Mimik, Gestik, Lautäußerungen, Körper-
ausdruck, Ja/Nein-Zeichen, Gebärden) können auch externe Kommunikationshilfen
(Objekte, Fotos, Symbole, Schrift, Geräte mit und ohne Sprachausgabe) ein Sprechen

zu anderen ermöglichen. Wichtig ist allerdings, dass das soziale Umfeld die Kompetenz besitzt, diese individuellen Ausdrucksformen zu verstehen.

Insgesamt kann man bei der Unterstützen Kommunikation drei unterschiedliche Funktionen unterscheiden (vgl. Tetzchner/Martinsen 2000, 79ff.):

1. Unterstützte Kommunikation stellt ein Ausdrucksmittel dar.

   Es besteht hier eine große Kluft zwischen dem eigenen Sprachverständnis und der Möglichkeit, sich über Lautsprache auszudrücken. Der Einsatz von Formen der Unterstützen Kommunikation (z. B. Gebärden oder Talker) hat zum Ziel, dass der Einzelne sich auf Dauer ausdrücken kann. Sein soziales Umfeld muss dies Ausdrucksformen verstehen, kann sich selbst aber, aufgrund des guten Sprachverständnisses, der Lautsprache bedienen.

2. Unterstützte Kommunikation stellt eine Hilfe zum Spracherwerb dar.

   Alternative Kommunikationsformen dienen nicht als dauerhaftes Hilfsmittel, sondern sollen den Spracherwerb erleichtern (z. B. lautsprachbegleitende Gebärden). »Sie erfüll(en) vor allem die Aufgabe, das Verständnis und die Anwendung der Lautsprache zu fördern, das heißt, sie soll(en) als ›Gerüst‹ für die Entwicklung einer normalen Sprachbeherrschung dienen« (Tetzchner/Martinsen 2000, 81).

3. Unterstützte Kommunikation stellt eine Ersatzsprache dar.

   Lautsprache steht hier kaum oder gar nicht als Kommunikationsmittel zu Verfügung. Ziel ist es, dass diese andere »Sprache« verstanden und benutzt werden kann, ohne einen Bezug zur Lautsprache zu benötigen (z. B. Gebärden). Für das soziale Umfeld bedeutet dies, dass es diese Ausdrucksform nicht nur verstehen, sondern auch selbst kompetent beherrschen muss.

Neben der individuellen Fähigkeit des Sprechens in seinen verschiedensten Erscheinungsformen braucht es immer auch einen Sprechanlass, der einem die Möglichkeit eröffnet zu sprechen. Auf die Bedeutung einer alltagsspezifischen Relevanz solcher Anlässe wurde bereits hingewiesen (vgl. 2.1). Für Schülerinnen und Schüler im Förderschwerpunkt geistige Entwicklung ist es häufig wichtig, dass entsprechende Situationen geschaffen bzw. strukturiert und arrangiert werden. Die Bewältigung verschiedener Alltagssituationen kann dabei auch im Hinblick auf unterschiedliches Ausdrucks- und Sprechverhalten im Unterricht spielerisch erprobt und geübt werden. Bezüglich der Frage, welche Sprechanlässe hierbei von Bedeutung sein könnten, empfiehlt sich unter Bezugnahme auf das sogenannte »Partizipationsmodell« (vgl. u. a. Antener 2001; Antener/Lage 2003) ein vergleichender Blick auf mögliche Situationen bei Kindern und Jugendlichen ohne sonderpädagogischen Förderbedarf.

Die Bedingung dafür, dass für den Einzelnen überhaupt ein Sprechanlass entsteht, ist die grundlegende Erfahrung, dass zwischen dem eigenen Sprechen, dass zwischen dem eigenen Verhalten und Umweltereignissen ein Zusammenhang besteht. Die Erfahrung der Wirkmächtigkeit der eigenen Person ist die Basis für die Entwicklung einer kommunikativen Bereitschaft (vgl. Kane 1992). Insbesondere bei Schülerinnen und Schülern mit schwerer Behinderung ist diese Erfahrung unter Umständen noch wenig ausgeprägt. »Insgesamt machen Passivität, Wahrnehmungsbeeinträchtigungen und motorische Behinderungen es schwer, Handlungen des Kindes als Mitteilungen zu deuten und so das Kind die Signalfunktion seiner Äußerungen erfahren zu lassen« (Kane 1992, 307). Diese Erfahrung zu stärken ist eine wichtige pädagogische Aufgabe. Voraussetzung hierfür ist, dass das Verhalten des Menschen mit schwerer Behinderung von Seiten des Pädagogen als Mitteilung interpretiert und entsprechend beantwortet wird (vgl. Wagner 2007, 151ff.). Dabei gilt es zu berücksichtigen, dass Kinder und Jugendliche mit schwerer Behinderung sich weniger durch aktive Sprache, sondern »durch Laute oder mittels somatischer Erscheinungen ihre Leibes (durch Speichelfluss, Tränenflüssigkeit oder Körpergeruch) auszudrücken vermögen« (Fornefeld 2001, 48). Dies stellt Pädagogen immer wieder vor große Herausforderungen, da sie über die mögliche Bedeutung insbesondere der nicht lautsprachlichen Mitteilungen ihrer Schülerinnen und Schüler häufig nichts verlässlich wissen, sondern eher auf einen »phantasierenden Nachvollzug« (Pfeffer 1988, 78) angewiesen sind. Für die Möglichkeit des Aufbaus eines sprachlichen Selbstkonzeptes ist es aber von grundlegender Bedeutung, dass sich die Schülerinnen und Schüler im Förderschwerpunkt geistige Entwicklung als sprechend, als Mitteilungen äußernd und als Umwelt beeinflussend erleben, unabhängig davon, ob sie sich lautsprachlich ausdrücken können oder andere Formen des »Sprechens« benutzen.

3.2   Mit anderen sprechen

Wie bereits deutlich wurde, ist das Erfahren der eigenen Wirkmächtigkeit für die Entwicklung einer kommunikativen Bereitschaft von zentraler Notwendigkeit. Nur wenn der Einzelne erlebt, dass seine Äußerungen auch Auswirkungen auf die Umwelt haben, wird es für ihn von Bedeutung, mit seinen Mitmenschen zu kommunizieren. Für den Pädagogen heißt dies, er muss nicht nur versuchen, die unterschiedlichen sprachlichen und auch nichtsprachlichen Äußerungen seiner Schülerinnen und Schüler zu verstehen, sondern er muss auf diese durch sein eigenes Verhalten auch so antworten, dass ein Wirkzusammenhang erlebbar wird. Die sich dadurch aufbauende Interdependenz bildet die Grundlage für jede Form des Dialogs.

Mit Blick auf Menschen mit schwerer Behinderung weist Fornefeld darauf hin, dass bei ihnen häufig elementare Beziehungsstörungen bestehen, die sie »in der Entfaltung von Begegnungen mit der sozialen und materialen Umwelt (behelligen)« (2001, 209). Ein »Mit anderen sprechen« ist dadurch für sie deutlich erschwert. In dem Bemühen, eine dialogische Beziehung zum Menschen mit schwerer Behinderung aufzubauen, macht u. a. Mall deutlich, dass es notwendig ist, sich zunächst ganz auf das Verhalten des Menschen mit schwerer Behinderung einzustellen, damit sich ein Kreislauf der ›primären Kommunikation‹ entwickeln kann (Mall 2008, 42ff.). Pfeffer verweist in diesem Zusammenhang darauf, dass es wichtig ist, dass »der Erzieher trotz anfänglicher ›Erfolglosigkeit‹ Kontaktangebote macht und durchhält« (1988, 115). Der Impuls zum Dialog muss also häufig vom Pädagogen ausgehen.

Auch wenn Formen der Unterstützten Kommunikation verwendet werden, unterscheidet sich diese Gesprächssituation von einem Gespräch zwischen lautsprachlich Sprechenden. Eine zum Teil stark reduzierte Kommunikationsgeschwindigkeit und auch ein meist eingeschränktes Vokabular sind festzustellen. Der unterstützt Kommunizierende ist immer wieder auf die Interpretation und Kokonstruktion durch seinen Gesprächspartner angewiesen. Dies hat zur Folge, dass Missverständnisse und Irritationen verstärkt auftreten können. Um diese möglichst zu minimieren, muss das soziale Umfeld die Kompetenz besitzen, die Äußerungen von Schülerinnen und Schülern zu verstehen. Dies ist insbesondere im Kontext körpereigener Kommunikationsformen (vgl. 3.1), aber auch bei kommunikativ verwendeten Objekten und Symbolen wichtig. Durch das Führen beispielsweise eines individuellen Gebärdenbuches oder durch eine Aufstellung verwendeter Bezugsobjekte und deren Bedeutung, die allen im sozialen Umfeld zugänglich sind, kann diese Verstehenskompetenz sichergestellt werden.

Im Hinblick auf den Bereich »Mit anderen sprechen« bleibt festzuhalten, dass den Schülerinnen und Schülern im Förderschwerpunkt geistige Entwicklung auch dann, wenn ihre lautsprachlichen Möglichkeiten mehr oder weniger stark eingeschränkt sind, sowohl der zeitliche als auch der inhaltliche Rahmen gegeben werden muss, um mit anderen sprechen zu können. Darüber hinaus brauchen sie insbesondere dann, wenn sie über keine Lautsprache verfügen, Gesprächspartner, die dazu bereit sind, sich ganz auf sie im Gespräch einzustellen, ihre Ausdrucksmöglichkeiten aufzunehmen und adäquat zu beantworten. Ziel eines dialogischen Sprechens ist es letztlich, die eigenen Bedürfnisse zu befriedigen – dies gilt für alle Dialogpartner.

3.3   Vor anderen sprechen

Nach Speck ist es eine pädagogische Aufgabe, dafür Sorge zu tragen, »dass Kinder und Jugendliche mit geistiger Behinderung ihre Welt finden, gliedern und gestalten können. [...] Je deutlicher sich die Umwelt ... gliedert, umso erkennbarer wird für (sie ihr) Verhältnis zur Umwelt und damit auch (ihre) eigene Position ...« (2005, 191f.). Eine Möglichkeit, diesen Gliederungs- und Gestaltungsprozess im Unterricht positiv zu unterstützen, ist durch den Aspekt »Vor anderen sprechen« gegeben. Sowohl durch das aktive Erzählen als auch im stärker informierenden Berichten und Beschreiben können sich Schülerinnen und Schüler mit dem Förderschwerpunkt geistige Entwicklung eigene Erfahrungen vergegenwärtigen, sie ordnen und in ihrer Bedeutung bestätigen oder neu deuten (vgl. 2.3.). Um ihnen das Sprechen vor anderen zu erleichtern, können beispielsweise wichtige Momente einer Situation oder wichtige Personen auf Bildern festgehalten werden. Diese werden dann während des Sprechens gezeigt, was den Zuhörern ein Verstehen und den Sprechern ein strukturiertes Berichten erleichtern kann. Auch die Verwendung von lautsprachbegleitenden Gebärden (vgl. 3.1) kann das Sprechen vor anderen positiv unterstützen. Sogenannte »Ich-Bücher«, in denen die wichtigsten Informationen zur eigenen Person bildlich und/oder schriftlich fixiert sind, können es auch Schülerinnen und Schülern mit stark eingeschränkter lautsprachlicher Sprechfähigkeit ermöglichen, vor anderen über sich zu sprechen. Ist die Möglichkeit zum Sprechen mit Lautsprache nicht gegeben, so kann mit Gebärden erzählt und berichtet werden. Voraussetzung ist allerdings, dass die Zuhörer über eine entsprechende Verstehenskompetenz verfügen.

Im Hinblick auf Schülerinnen und Schüler mit schwerer Behinderung ohne Lautsprache ist es für den Pädagogen auch möglich, stellvertretend zu erzählen. Hierbei muss er jedoch sehr vorsichtig sein und sollte immer wieder versuchen ein Feedback von demjenigen zu erhalten, für den er spricht. Dies gilt in gleicher Weise auch für das Besprechen von Geräten mit Sprachausgabe (z. B. Bigmac oder Talker). Beim Sprechen für jemanden ist ein hohes Maß an Einfühlungsvermögen notwendig, damit tatsächlich der andere die Möglichkeit hat, durch den lautsprachlich Sprechenden indirekt zu Wort zu kommen und nicht nur der Sprechende selbst spricht.

3.4   Kreativ mit mündlicher Sprache umgehen

Insbesondere die Bereiche »Situationen inszenieren« und »Texte inszenieren« (vgl. 2.4.) sind auch für Schülerinnen und Schüler mit dem Förderschwerpunkt geistige Entwicklung von besonderer Bedeutung. Das spielerische Einüben von verschiedenen sozialen Rollen, das Erleben von sich selbst in diesen Rollen und in unterschiedlichen Situationen sind im Hinblick auf die Ausbildung einer eigenen Ich-Identität sehr hilfreich. Im Kontext »Texte inszenieren« wird die Fähigkeit des empathischen Sich-Einspürens in andere Rollen und das kreative Weiterdenken dieser Rollen besonders geübt.

Beim kreativen Umgang mit mündlicher Sprache ist es die Aufgabe von Lehrerinnen und Lehrern, sowohl Rollen als auch Spielsituationen zu entwickeln und zu strukturieren, die es den Schülerinnen und Schülern erlauben, im Rahmen ihrer Ausdrucksmöglichkeiten zu agieren. Als Unterstützungsmöglichkeiten kommen auch hier u. a. Gebärden, Bilder oder Talker mit Textausgabe in Frage. Ebenso ist das stellvertretende Sprechen möglich. Der Pädagoge oder auch ein Mitschüler spricht den Text, während der Schüler mit wenig oder ohne lautsprachliche Ausdrucksmöglichkeit sich parallel dazu über Mimik und Gestik kreativ ausdrückt. Auch in dieser Situation werden wichtige Aspekte wie Empathie, aber auch kommunikative Kompetenz geübt.

4   Mündlicher Sprachgebrauch – Zusammenfassende Gedanken

Der Lernbereich »Mündlicher Sprachgebrauch« des Faches Deutsch ist für die Gesamtentwicklung von Schülerinnen und Schülern von großer Bedeutung, unabhängig davon, ob bei ihnen ein sonderpädagogischer Förderbedarf vorliegt oder nicht. Anhand der vier fachdidaktischen Teilbereiche »Zu anderen sprechen« (vgl. 2.1), »Mit anderen sprechen« (vgl. 2.2), »Vor anderen sprechen« (vgl. 2.3) und »Kreativ mit mündlicher Sprache umgehen« (vgl. 2.4) wird erkennbar, wie im Kontext dieses

Lernbereichs sowohl die Eigenwahrnehmung als auch die Auseinandersetzung mit Eigen- und Umwelterfahrungen sowie die Weiterentwicklung einer kommunikativen Kompetenz positiv unterstützt werden. Darüber hinaus werden das Übernehmen von unterschiedlichen Rollen und das kreative Gestalten von Rollen im Unterricht sanktionsfrei geübt.

Mit Blick auf Schülerinnen und Schüler mit dem Förderschwerpunkt geistige Entwicklung wird deutlich, dass bei ihnen im Kontext der lautsprachlichen Ausdrucksfähigkeit eine enorme Heterogenität besteht. Die Bandbreite reicht von »sehr gut ausgeprägt« bis hin zu »ohne Lautsprache«. Für den Lernbereich »Mündlicher Sprachgebrauch« hat dies zur Konsequenz, dass dieser ein weiteres und komplexeres Feld von Ausdrucksmöglichkeiten umfasst (vgl. 3.1). Damit der Unterricht den verschiedenen Kompetenzen der Schülerinnen und Schüler entsprechen und diese positiv aufnehmen kann, ist es notwendig, dass nicht nur die Lautsprache, sondern auch die unterschiedlichen Formen der Unterstützten Kommunikation als Formen des mündlichen Sprachgebrauchs verstanden werden.

Für die Lehrerinnen und Lehrer bedeutet dies, dass sie sich ganz auf die besonderen Ausdrucksmöglichkeiten ihrer Schülerinnen und Schüler einstellen müssen und diese auch dann, wenn sie über keine Lautsprache verfügen, als Sprechende wahrnehmen, denen eine adäquate Antwort gegeben werden muss. Dazu ist ein hohes Maß an Aufmerksamkeit, eine ausgeprägtes Einfühlungsvermögen, eine Bereitschaft zum »phantasierenden Nachvollzug« und das Beherrschen von entsprechenden alternativen Ausdrucksformen notwendig (vgl. 3.2). Insbesondere beim stellvertretenden lautsprachlichen Sprechen durch Pädagogen oder auch Mitschüler bedarf es eines entsprechenden Problembewusstseins und einer Bereitschaft zur selbstkritischen Reflexion, um letztlich ungewollte kommunikative Übergriffe zu vermeiden.

Ein Ziel im Lernbereich »Mündlicher Sprachgebrauch« muss es immer wieder auch sein, dass die eigene Wirkmächtigkeit im Hinblick auf die Befriedigung subjektiver Bedürfnisse erlebt werden kann, um dadurch die Bereitschaft zur und das Bedürfnis nach Kommunikation zu stärken.

Darüber hinaus müssen im Unterricht Sprechanlässe geschaffen und methodisch strukturiert werden, damit die Kinder und Jugendlichen mit dem Förderschwerpunkt geistige Entwicklung die Möglichkeit haben, gemäß ihrer Ausdrucksformen und -kompetenzen zu, vor und mit anderen zu sprechen. Auch die Möglichkeit, sich in anderen Rollen zu erleben beziehungsweise diese kreativ weiterzuentwickeln, bedarf einer entsprechenden pädagogischen Planung und Unterstützung.

Literatur

Abraham, Ulf/Beisbart, Ortwin/Koß, Gerhard/Marenbach, Dieter (2005): Praxis des Deutschunterrichts. Arbeitsfelder, Tätigkeiten, Methoden. 4. Aufl. Donauwörth: Auer.

Abraham, Ulf (2008): Sprechen als reflexive Praxis. Mündlicher Sprachgebrauch in einem kompetenzorientierten Deutschunterricht. Freiburg: Fillibach.

Achilles, Svenja (2003): Einführung in die Diagnostik. In: ISAAC-Gesellschaft für Unterstützte Kommunikation e. V. (Hg.): Handbuch Unterstützte Kommunikation. Karlsruhe: von Loeper, 14.003.001–14.010.001.

Antener, Gabriela (2001): Und jetzt? – Das Partizipationsmodell in der Unterstützen Kommunikation. In: Boenisch, Jens/Bünk, Christof (Hg.): Forschung und Praxis der Unterstützten Kommunikation. Karlsruhe: von Loeper, 257–267.

Antener, Gabriela; Lage, Dorothea (2003): UK-Interventionen – wer systematisch plant, irrt gezielter. In: Boenisch, Jens/Bünk, Christof (Hg.): Methoden der Unterstützen Kommunikation. Karlsruhe: von Loeper, 284–301.

Bayerisches Staatsministerium für Unterricht und Kultus (2000): Lehrplan für die bayerische Grundschule. Verfügbar unter: http://www.isb.bayern.de/isb/index.asp?MNav=0&QNav=4&TNav=0&INav=0&Fach=&LpSta=6&STyp=1 [17.02.2010].

Bayerisches Staatsministerium für Unterricht und Kultus (2003): Lehrplan für den Förderschwerpunkt geistige Entwicklung. Grund- und Hauptschulstufe. Verfügbar unter: http://www.isb.bayern.de/isb/index.asp?MNav=4&QNav=4&TNav=1&INav=0&Fach=&Fach2=&LpSta=6&STyp=13&Lp=709 [17.02.2010].

Bayerisches Staatsministerium für Unterricht und Kultus (2004): Lehrplan für die bayerische Hauptschule. Verfügbar unter: http://www.isb.bayern.de/isb/index.asp?MNav=0&QNav=4&TNav=0&INav=0&Fach=&LpSta=6&STyp=27 [17.02.2010].

Becker, Tabea (2007): Mündliche Kommunikation. In: Lange, Günter/Weinhold, Swantje (Hg.): Grundlagen der Deutschdidaktik. Sprachdidaktik – Mediendidaktik – Literaturdidaktik. 3. Aufl. Baltmannsweiler: Schneider Verlag Hohengehren, 55–72.

Boenisch, Jens (2009): Kinder ohne Lautsprache. Grundlagen, Entwicklungen und Forschungsergebnisse zur Unterstützten Kommunikation. Karlsruhe: von Loeper.

Bünting, Karl-Dieter/Kochan, Detlef (1973): Linguistik und Deutschunterricht. Kronberg: Scriptor.

Bühler, Karl (1934) Sprachtheorie. Die Darstellungsfunktion der Sprache. Stuttgart: Fischer.

Cohn, Ruth (1975): Von der Psychoanalyse zur themenzentrierten Interaktion. Von der Behandlung einzelner zu einer Pädagogik für alle. Stuttgart: Klett.

Fornefeld, Barbara (2001): Das schwertsbehinderte Kind und seine Erziehung. Beiträge zu einer Theorie der Erziehung. 3. Aufl. Heidelberg: Edition Schindele.

Gattermaier, Klaus/Siebauer, Ulrike (2007): Deutsch in A4. Deutschunterricht im Praxisformat. Regensburg: edition vulpes.

Geißner, Hellmut (1982): Sprecherziehung. Didaktik und Methodik der mündlichen Kommunikation. Königstein: Scriptor.

Helmers, Hermann (1966): Didaktik der deutschen Sprache. Einführung in die Theorie der muttersprachlichen und literarischen Bildung. Stuttgart: Klett.

Kane, Gudrun (1992): Entwicklung früher Kommunikation und Beginn des Sprechens. In: Geistige Behinderung, Jg. 31, H. 4, 303–319.

KMK (2004a): Beschlüsse der Kultusministerkonferenz. Bildungsstandards im Fach Deutsch für den Primarbereich. Verfügbar unter: http://www.kmk.org/fileadmin/veroeffentlichungen_beschluesse/2004/2004_10_15-Bildungsstandards-Deutsch-Primar.pdf [17.02.2010].

KMK (2004b): Beschlüsse der Kultusministerkonferenz. Bildungsstandards im Fach Deutsch für den Hauptschulabschluss. Verfügbar unter: http://www.kmk.org/fileadmin/veroeffentlichungen_beschluesse/2004/2004_10_15-Bildungsstandards-Deutsch-Haupt.pdf [17.02.2010].

Kobi, Emil, E. (2004): Grundfragen der Heilpädagogik. Eine Einführung in heilpädagogisches Denken. 6. Aufl. Berlin: BHP-Verlag.

Ludwig, Otto/Spinner, Kaspar (2000): Mündlich und schriftlich argumentieren. In: Praxis Deutsch 160, 16–22.

Mall, Winfried (2008): Kommunikation ohne Voraussetzungen mit Menschen mit schwersten Beeinträchtigungen. 6. Aufl. Heidelberg: Edition Schindele.

Mihm, Arend (1975): Mündliche Kommunikation im Deutschunterricht. In: Sowinski, Bernhard (Hg.): Fachdidaktik Deutsch. Köln: Böhlau, 83–102.

Ong, Walter (1987): Oralität und Literalität. Die Technologisierung des Wortes. Opladen: Westdeutscher Verlag.

Pfeffer, Wilhelm (1988): Förderung schwer geistig Behinderter. Würzburg: Edition Bentheim.

Schulz von Thun, Friedemann (1981): Miteinander reden. 2. Bde. Bd. 1: Störungen und Klärungen. Allgemeine Psychologie der Kommunikation. Reinbek: Rowohlt.

Speck, Otto (2005): Menschen mit geistiger Behinderung. Ein Lehrbuch zur Erziehung und Bildung. 10. Aufl. München: Reinhardt.

Tetzchner, Stephen von/Martinsen, Harald (2000): Einführung in Unterstützte Kommunikation. Heidelberg: Edition Schindele.

Ulrich, Winfried (1999): Sprachspiele. Texte und Kommentare. Aachen: Hahner Verlagsgesellschaft.

Wagner, Michael (2007): Wir sehen mit den Augen des Kollektivs!? Der Mensch mit schwerer Behinderung zwischen Individualität und Sozialität. Bad Heilbrunn: Klinkhardt.

Watzlawick, Paul/Beavin, Janet/Jackson, Don (1969): Menschliche Kommunikation. Formen, Störungen, Paradoxien. Bern: Huber.

Wilken, Etta (2002a): Unterstützte Kommunikation. Eine Einführung in Theorie und Praxis. Berlin, Stuttgart: Kohlhammer.

Wilken, Etta (2002b): Präverbale sprachliche Förderung und Gebärden-unterstützte Kommunikation in der Frühförderung. In: Wilken, Etta (Hg.): Unterstützte Kommunikation. Eine Einführung in Theorie und Praxis. Berlin, Stuttgart: Kohlhammer, 29–46.

Christoph Dönges

Schriftspracherwerb im Förderschwerpunkt geistige Entwicklung – fachdidaktische Entwicklungen und fachrichtungsspezifische Perspektiven

1 Einleitung

Wenn man Kinder vor dem Schuleintritt fragt, was sie denn in der Schule lernen wollen, werden die meisten spontan Lesen und Schreiben antworten. Sie bringen damit eine für jedermann selbstverständliche Verbindung von Schule und Lesen- und Schreibenlernen zum Ausdruck.

Diese Selbstverständlichkeit gilt nicht im Hinblick auf den Unterricht für Schüler mit geistiger Behinderung. Hier musste zunächst ein einseitiges und verabsolutiertes alltagspraktisches Bildungsideal überwunden und ein angemessenes Konzept in Form des Erweiterten Lese- (Hublow/Wohlgehagen 1978; Hublow 1985) und Schreibbegriffs (Günthner 1999) entwickelt werden, um die Kulturtechniken Lesen und Schreiben im Curriculum dieses Förderschwerpunktes fest zu verankern.

Lesearten des Erweiterten Lesebegriffs	Erweiterter Schreibbegriff	
• Situationen lesen • Bilder lesen • Piktogramme lesen • Signalwort lesen • Ganzwort lesen • Schrift lesen	Stufen des graphomotorischen Schreiblernprozesses: • Kritzeln • Schemazeichnen • Erste Buchstabenschrift • Lautschrift	Schreiben mit vorgefertigten Bild und Wortkarten

Grafik 1: Der Erweiterte Lese- und Schreibbegriff im Überblick

Dieser Entwicklung innerhalb der Fachrichtung steht die fachdidaktische Entwicklung gegenüber, sodass der Eindruck von zwei völlig unterschiedlichen Fachgebieten entstehen könnte. Auf der einen Seite der Schriftspracherwerb als Aufgabe und Forschungsgebiet der Grundschuldidaktik und auf der anderen Seite der Erweiterte Lese- und Schreibbegriff als Leitkonzept für Unterrichtspraxis und Forschung im Förderschwerpunkt geistige Entwicklung.

Dieser Beitrag will wie das ganze Buch eine solche rigide Trennung vermeiden. Ziel ist es, aus den Entwicklungen der Fachdidaktik Perspektiven für den Unterricht im Förderschwerpunkt zu entwickeln.

Eine solche Verbindung ist erforderlich, da eine Loslösung vom fachdidaktischen Diskussionsstand erstens zu einer fragwürdigen Praxis führen kann. Zweitens werden damit Anregungen zur Weiterentwicklung vergeben und drittens besteht die Gefahr, Vorstellungen von ›Sonderdidaktiken‹ zu fördern, statt Anknüpfungsmöglichkeiten für einen gemeinsamen Unterricht mit nichtbehinderten Kindern zu suchen.

Da der Raum für diesen Beitrag begrenzt ist, ist es erforderlich, Schwerpunkte zu setzen und sowohl fachdidaktische als auch fachrichtungsspezifische Aspekte auszulassen. Methodenstreit, Fibelkritik, Fibelstreit und aktuelle Leitkonzepte stellen die fachdidaktischen Schwerpunkte dar, die auf Unterricht im Förderschwerpunkt geistige Entwicklung bezogen werden.

2   Vom Methodenstreit …

Die Frage, wie Kinder am besten Lesen und Schreiben lernen, hat seit jeher zur Entwicklung unterschiedlicher Methoden und zu kontroversen Diskussionen über diese Methoden geführt. Ein Prozess, der sich bis ins 15. Jahrhundert zurückverfolgen lässt (vgl. Göbelbecker 1933). Für das Verständnis des heutigen Diskussions- und Erkenntnisstandes ist m. E. ein Rückblick ausreichend, der nicht über die Zeit des Methodenstreits in der Mitte des 20. Jahrhunderts hinausreicht.

In diesem Streit standen sich Vertreter eines ganzheitlichen und eines synthetischen Ansatzes gegenüber und machten die jeweils andere Methode für Probleme beim Schriftspracherwerb verantwortlich (vgl. Brügelmann 1992, 98ff.).

2.1   Synthetisch oder ganzheitlich?

Ausgangspunkt des synthetischen Ansatzes ist der einzelne Laut bzw. Buchstabe. Der Erstleseunterricht zielt zunächst darauf ab, erste Verbindungen von Laut und Buchstabe einzuführen. Aus den mittels verschiedener Verfahren (z. B. Anlautverfahren oder Sinnlautverfahren) gewonnenen Laut – Buchstabe – Verbindungen werden zunächst Silben und dann erste Wörter zusammengesetzt. »Im Wesentlichen realisierte sich die Lautverschmelzung methodisch in der Aufforderung zum schnellen Hintereinandersprechen der einzelnen Laute. Im Fibeldruck wurde dies häufig durch die schrittweise Verringerung einer Lücke zwischen zwei Buchstaben oder durch andere grafische Mittel zum Ausdruck gebracht. Dabei handelte es sich jeweils um Versuche, die bloße Lautaddition zu überwinden« (Topsch 2005, 54). Bildet sich auf diese Weise die Lesetechnik zunehmend aus, wird diese auf Wörter, Sätze und schließlich auf ganze Texte angewandt.

Ein wesentliches Problem der synthetischen Methode ist der konstruierte bzw. fehlende Sinnbezug des Lesens in den ersten Phasen des Unterrichts. So wird bspw. die Verbindung von Laut und Buchstabe über das Anlautverfahren versucht, bei dem einem Buchstaben ein Laut in Verbindung mit einem Wort zugeordnet wird (z. B. ›I‹ wie

Igel). Ebenso konstruiert erfolgt die Einführung der Laut – Buchstaben – Verbindung im Sinne des Naturlautverfahrens. Dabei wird der Buchstabe mit einem ›natürlichen‹ Laut (z. B. einer Tierstimme) in Verbindung gebracht (›I‹ kräht der Hahn). Auf diese Weise erhalten Buchstaben eine inhaltliche Bedeutung, die die Leseanfänger möglichst bald wieder vergessen müssen, um die Buchstabenfunktion im fortschreitenden Leselernprozess angemessen zu erfassen und anzuwenden. Die Lesetechnik verlangt, den Buchstaben ›I‹ lediglich als grafisches Zeichen für den Laut ›I‹ zu verstehen. Eine Bedeutungsverknüpfung mit Tierstimmen, Gegenständen oder Erlebnissen führt von dieser Grundeinsicht weg und kann zu Verwirrung und Missdeutungen im Hinblick auf die Funktionsweise unseres Schriftsystems führen.

Der fehlende bzw. konstruierte Sinnbezug setzt sich über die Gewinnung der Beziehung von Buchstabe und Laut hinaus in der zweiten Lehrgangsphase fort, in der die Lautverschmelzung im Mittelpunkt steht. Die Synthese einzelner Laute zu Silben und kleinen Wörtern führt hier zu sogenannten Fibeldadaismen bspw. in der Form, dass neben einem Bild singender Kinder als Text ›la le li lo lu‹ angeboten wird.

Das ganzheitliche Verfahren geht nicht vom einzelnen Buchstaben/Laut, sondern vom ganzen Wort (Ganzwortverfahren) oder sogar vom ganzen Satz (Ganzwortverfahren) aus. Die erste Phase dieses Ansatzes ist vom naiv – ganzheitlichen Lesen geprägt. Ausgewählte Wörter werden mit Sinnbeilegung in Verbindung mit einem Text eingeführt. Dies können bspw. Namen der Hauptpersonen, Orte, Tiere usw. aus einer Geschichte sein. Auf diese Weise sollen sich die Leseanfänger ein erstes Repertoire an Lernwörtern merken, die sie samt Bedeutung naiv-ganzheitlich wieder erkennen. Als Merkhilfen werden dabei farbliche Hervorhebungen, Bilder oder auffällige Wortgestalten (z. B. Wörter in denen Buchstaben mit Über- oder Unterlängen vorkommen) genutzt. Danach folgt eine analytische Phase, in der die optische und akustische Durchgliederung von Wörtern zur Gewinnung einzelner Buchstaben und ihres Lautwertes führt. Dazu werden optisch ähnliche Wörter verglichen (Uli, Ute, Uhr) und akustisch durchgliedert, Wortab- und Aufbauübungen durchgeführt (Klaus, laus, aus …) oder Buchstaben ausgetauscht (Haus, Maus, Laus). Haben die Leseanfänger auf diesem Weg die Buchstabenfunktion erfasst und eine Synthesefähigkeit entwickelt, können Sie diese in der abschließenden Phase auf unbekannte Wörter und Texte anwenden.

Gegen diesen Ansatz lässt sich grundsätzlich einwenden, dass »Kinder Wörter gar nicht als optische Gesamtgestalt auffassen, sondern sich ziemlich willkürlich einzelne Merkmale als Merkhilfe herausgreifen« (Brügelmann 1992, 103). Weiterhin wird mit der langen Phase des naiv – ganzheitlichen Lesens unsere lautorientierte Alphabetschrift wie eine Begriffschrift gelehrt. Statt die Schriftzeichen als Hinweis auf die gesprochene Sprache zu verstehen, kann so der Eindruck vermittelt werden, diese würden wie in einer Begriffsschrift (z. B. das japanische Kanji) unmittelbar – ohne die mündliche Sprache als Zwischenschritt – für einen bestimmten Inhalt stehen. Auch die Überforderung des Gedächtnisses der Leseanfänger, die dadurch zum Erraten der Wortbedeutungen verleitet werden, spricht gegen das ganzheitliche Verfahren.

Zusammenfassend lässt sich festhalten, dass die beiden konkurrierenden Verfahren entscheidende Aspekte des Schriftspracherwerbs aufgreifen, dabei aber einseitig angelegt sind. Das synthetische Verfahren stellt den Lautbezug der Schrift von Anfang an als Grundprinzip der Schrift heraus. Demgegenüber wird mit dem ganzheitlichen Verfahren von Anfang an ein Sinnbezug von Schrift und damit deren kommunikative Funktion vermittelt. Die Stärke des einen Ansatzes bezeichnet gleichzeitig das Defizit des anderen und empirische Untersuchungen (Schmalohr 1961; Müller 1964; Ferdinand 1970) zeigen, dass sich keine Leistungsunterschiede in Abhängigkeit von dem jeweiligen Verfahren feststellen lassen.

Angesichts dieser Situation ist es eine sachlogische Konsequenz, beide Methoden so zu verbinden, dass ihre Vorzüge erhalten bleiben, gleichzeitig aber die jeweiligen Defizite vermieden werden.

Das analytisch-synthetische Verfahren stellt eine solche Verbindung dar, indem ganze Wörter im Sinnzusammenhang eingeführt und sofort optisch, akustisch und sprechmotorisch analysiert und wieder synthetisiert werden.

Dank dieses Verfahrens »ist der Methodenstreit, der die Schriftspracherwerbsdidaktik in der Mitte des 20. Jahrhunderts stark beschäftigte, Historie. Alle erwähnenswerten aktuellen Ansätze, ganz gleich, ob es sich um Fibeln oder fibelunabhängige Verfahren handelt, lassen sich letztlich auf das analytisch-synthetische Verfahren zurückführen« (Topsch 2005, 64).

2.2   Aktuelle Bedeutung historischer Lehren
für den Förderschwerpunkt geistige Entwicklung

Topschs Feststellung ist im Hinblick auf die Schriftspracherwerbsdidaktik als Ganzes zutreffend, berücksichtigt aber nicht, dass speziell im sonderpädagogischen Bereich Verfahren und Vorgehensweisen aufzeigbar sind, die wesentliche Lehren aus dem Methodenstreit missachten.

So z. B. bei einem Unterricht zum Schriftspracherwerb, der sich als ›Lernen mit allen Sinnen‹ versteht und in Konzepten wie Lesenlernen mit Hand und Fuß (Marx/ Steffen 1998) oder ABC mit allen Sinnen (Grimm 1993) zum Tragen kommt. »Buchstaben werden geschmeckt, gebaut, ausgeschnitten, aufgeklebt, blind ertastet, Buchstabengeburtstage werden gefeiert« (Wieczorek 2006, 14). Bei allen diesen Angeboten wird erstens ein naives sensualistisches Lernverständnis deutlich, nach dem Lernerfolg unmittelbar und in erster Linie aus sinnlichen Berührungen resultiert. Zweitens sind viele dieser Übungen abwegig. Brügelmann (2005, 78) spricht in diesem Zusammenhang treffend vom »Lernen mit allen Sinnen – aber ohne Sinn«. Zur Verdeutlichung seiner Kritik weist er daraufhin, dass bspw. das Ablaufen von Buchstaben durch die dabei ständig erfolgenden Perspektivwechsel das Einprägen der Form eher erschwert als erleichtert (vgl. ebd., 79). Wieczorek (2006, 14) greift diese Kritik auf und formuliert treffend: »Kinder, die mit dem Perspektivenwechsel zurecht kommen, benötigen diese Übungen nicht, die anderen Kinder werden eher verwirrt, als dass ihnen der Zugang zu den Buchstaben erleichtert wird«. Drittens wird hier Schriftspracherwerb letztlich zum Buchstabenlernen reduziert. Auch wenn Marx/Steffen für ihr Konzept reklamieren, dem Grundsatz der Methodenintegration im Sinne des analytisch-synthetischen Verfahrens zu folgen, steht die Einführung von Buchstaben und ihrem Lautwert eindeutig im Vordergrund. Dabei wird diese Einführung zum Erlebnis stilisiert, die von der eigentlichen Buchstabenfunktion ablenkt. Grimm (vgl. 1993, 8) fordert sogar eine »Personifizierung des zu erarbeitenden Buchstabens durch eine erlebnisorientierte Begegnung. Daran schließt sich die handlungsorientierte Erarbeitung mit allen Sinnen an. Der Buchstabe soll nicht nur veranschaulicht, er soll verlebendigt werden! Erinnerungen an Gefühle, Gerüche, Berührung, Träume, Fantasien, Gedanken sollen sich mit ihm verbinden«.

Diese Verknüpfung behindert aber – wie beim synthetischen Verfahren auch – die Einsicht in die Buchstabenfunktion. Der Buchstabe darf eben nicht für Inhalte, Gefühle oder Erlebnisse stehen, um als grafischer Repräsentant für einen Laut verstanden und gebraucht zu werden.

Es kann nicht überraschen, wenn sich Kinder einem solchen Unterricht mehr oder weniger offen verweigern. Dazu der folgende, sinngemäß wiedergegebene Dialog aus einer Integrationsklasse, während einer Unterrichtsstunde, in der Buchstabe und Laut ›T‹ eingeführt wurden:

Schüler: Müssen wir heute wieder das ›T‹ ablaufen, kneten und so?

Lehrerin: Macht dir das denn keinen Spaß?

Schüler: Nein, ich würde lieber Lesen und Schreiben lernen.

In diesem Beispiel kritisiert der Schüler zu Recht, dass sich der Unterricht immer nach dem gleichen Muster wiederholt und dass das Erlernen der Buchstaben/Laute einseitig mit dem Schriftspracherwerb gleichgesetzt wird.

Weiterhin ist zu befürchten, dass ein zu einseitig auf Buchstaben-Laut-Kenntnisse ausgerichteter Unterricht bewirkt, dass Schüler zwar alle Buchstaben und ihre Lautwerte kennen, aber bei Leseversuchen über ein Buchstabieren mit Nennung des jeweiligen Einführungskontextes nicht hinauskommen. Das Wort ›Mund‹ bspw. wird dann als ›M‹ wie Mimi (die Maus), ›u‹ wie Ulu (der Uhu), ›n‹ wie Nanu (das Nilpferd) und ›d‹ wie Dodo (der Dackel) wiedergegeben, ohne dass eine Synthese der Buchstaben/Laute gelingt.

Das Grundproblem des ganzheitlichen Verfahrens stellt sich beim Ganzwortlesen ein, wie es im Rahmen des Erweiterten Lesebegriffs an Schulen mit dem Förderschwerpunkt geistige Entwicklung praktiziert wird. Da ich bereits an anderer Stelle (vgl. Dönges 2007, 340ff.) kritische Aspekte des Ganzwortlesens dargelegt habe, beschränke ich mich hier auf eine thesenartige Auflistung:

1. Ganzwortlesen, wie von Hublow (1985) vorgeschlagen, zielt auf naiv-ganzheitliches Worterkennen ohne visuelle und akustische Durchgliederung ab und entspricht damit dem überholten ganzheitlichen Verfahren.

2. Mit Rittmeyer (vgl. 1993, 12) ist zu betonen, dass es für Schüler schwerer sein muss ohne Buchstabenkenntnis ganze Wörter auswendig zu lernen statt einzelner Buchstaben.

3. Das Ganzwortlesen beruht wie das ganzheitliche Verfahren auf der widerlegten Annahme, dass das naiv-ganzheitliche Worterkennen von Schriftanfängern als ganzheitliche Wahrnehmung der Wortgestalt funktioniert. Die Wortgestalt (Länge und Umriss) ist, wie Scheerer-Neumann (vgl. 1995, 166) die Untersuchungslage zusammenfassend feststellt, bei diesen frühen Leseversuchen von untergeordneter Bedeutung. Vielmehr orientieren sich die Kinder an markanten Buchstaben und Buchstabengruppen, an Anfangs- oder Endbuchstaben.

4. Der Einsatz von Ganzwörtern kann zur didaktischen Lernbehinderung werden, wenn Kinder mit ihren Vorstellungen zur Funktionsweise von Schrift alleine gelassen werden. Dies ist der Fall, wenn das naiv-ganzheitliche Worterkennen als erste Zugriffsweise auf Schrift nicht weiterentwickelt wird, sondern zur Leseart erklärt wird, die es zu fördern gilt. Leseanfängern wird so die Einsicht in den Lautbezug der Schrift verwährt und sie werden dazu verführt, von optischen Merkmalen auf den Inhalt von Schrift zu schließen. »Ein Kind, das den Namen seiner Mitschülerin ›Susanne‹ an der markanten Form des ersten Buchstabens erkennt und glaubt, das ›S‹ stehe für den Zopf von Susanne, wird mit dieser visuellen Strategie in anderen Fällen scheitern« (Dönges 2007, 342). Ratestrategien sind vor diesem Hintergrund nicht auf Bequemlichkeit, sondern auf Irritationen und Verunsicherungen zurückzuführen.

5. Dieses Problem ist in besonderem Maße von der Arbeit mit passageren Ganzwörtern zu erwarten. »Passagere Ganzwörter sind Wörter, die vorübergehend von Bedeutung sind, häufig im Unterricht auftauchen und dann aus dem Gedächtnis wieder gelöscht werden, z. B. Monatsnamen. Die Schülerin/der Schüler kann z. B. in den Sommermonaten ›Juni‹, ›Juli‹ und ›August‹ spontan als Ganzwörter richtig erkennen und lesen. Um die Weihnachtszeit gelingt dies evtl. mit den Monatsnamen ›Dezember‹ und ›Januar‹« (Günthner 1999, 44).

6. An die Stelle des Ganzwortlesens sollte ein didaktisch sinnvolles Arbeiten mit Ganzwörtern treten. Dabei geht es nicht um die Erfassung von Wortgestalten, sondern darum, an bedeutsamen Wörtern elementare Einsichten in die Schriftsprache zu gewinnen (z. B. Schrift als Bedeutungsträger oder die Buchstabenfunktion verstehen).

7. Die Kenntnis von Buchstaben und ihres Lautwertes kann auch im Hinblick auf Schüler, die wegen ihrer kognitiven Beeinträchtigungen an der Synthese scheitern, sinnvoll sein. Sie können erstens eine Orientierungs- und Deutungshilfe in einer schriftgeprägten Umgebung und bei schrifthaltigen Aufgaben darstellen. Zweitens wird dabei die Möglichkeit für spätere Entwicklungsfortschritte offen gehalten, statt den Schülern mittels passagerem Worterkennen das trügerische Gefühl zu vermitteln, sie könnten lesen – eine Haltung, die im Hinblick auf

spätere Versuche der Schriftaneignung (z. B. im jungen Erwachsenenalter) blockierend wirken kann.

Damit dürfte deutlich geworden sein, wie der historische Methodenstreit in der Lesedidaktik des Förderschwerpunktes ganzheitliche Entwicklung aktuell bedeutsam ist. Inwiefern auch die weitere Entwicklung der Schriftspracherwerbsforschung und damit verbundene fachdidaktische Diskussionen ebenso kritische und weiterführende Anregungen für den Schriftspracherwerb von Schülern mit geistiger Behinderung bereithalten, soll in den folgenden Kapiteln erörtert werden.

3   … zum Fibelstreit

Die im Methodenstreit ausgetragene Diskussion um die richtige Methode lässt sich auch als eine Diskussion um die richtige Fibel bezeichnen. Sowohl die konkurrierenden Verfahren als auch die Methodenintegration waren an eine Fibel gebunden.

In den 1980er-Jahren wurde dann von der Perspektive des Spracherfahrungsansatzes aus die Fibel selbst als Medium des Schriftspracherwerbs in Frage gestellt. Diese Kritik stellt den Ausgangspunkt für die Entwicklung moderner Leselehrgänge und lernwegsbezogener Alternativkonzepte dar.

3.1   Fibelkritik als Ausgangspunkt aktueller Entwicklungen

Mit Schründer-Lenzen (vgl. 2009, 145ff.) lassen sich dabei zusammenfassend folgende Hauptaspekte der Fibelkritik hervorheben:

- Das Erlernen der Schrift beruht nicht, wie man vor dem Hintergrund von Fibellehrgängen vermuten könnte, lediglich auf Wahrnehmungs- und Gedächtnisleistungen, sonder erfolgt als rekonstruierende Aneignung des Schriftsystems. Das bedeutet, Funktionsweise und Prinzipien der Schrift müssen erfahren und verstanden werden. Wenn ein Kind bspw. M und W vertauscht, zeigt sich darin kein Wahrnehmungsfehler, sondern die fehlende Einsicht, dass Buchstaben anders als andere Gegenstände (Objektpermanenz) auf den Kopf gestellt ihre Identität verlieren bzw. wechseln.

- Der Schuleintritt und der damit verbundene Fibellehrgang stellen im Hinblick auf den Schriftspracherwerb »keine Stunde Null« (Richter/Brügelmann 1994, 62) dar. Vielmehr bringen die Schüler bereits unterschiedlichste Vorerfahrungen aus ihrem mehr oder weniger schriftgeprägten vor- und außerschulischen Erfahrungsraum mit. Damit verbunden sind Deutungen und Zugriffsweisen des bzw. auf das Schriftsystem, die sich in Form von Stufenmodellen idealtypisch darstellen lassen. Unterricht muss sich an diesen Vorerfahrungen und den schrittweisen, von entwicklungsnotwendigen Fehlern begleiteten Annäherung der Kinder orientieren und nicht an einer in Form von Fibeln präsentierten Schriftnorm. Der Unterricht soll die Hypothesenbildung der Schüler über die Funktion der Schrift fördern und Handlungs- und Erfahrungsmöglichkeiten einräumen, die eine Überprüfung und gegebenenfalls eine Korrektur dieser Hypothesen ermöglichen. Selbstständiges Verschriften mit einer Anlauttabelle stellt eine wesentliche Möglichkeit dar, diesem Anspruch zu folgen.

- Schrift wird durch Schriftgebrauch erlernt. »Kinder sollen die Entstehung von Texten als ›Verschriftlichung von Sprache‹ in bedeutungsvollen Situationen und über die eigene Tätigkeit erleben und damit auch ihre soziale Funktion, Erfahrung aufzubewahren und anderen zugänglich zu machen« (Brügelmann 1992, 111). Deshalb ist von einem lehrerzentrierten Unterricht Abstand zu nehmen, bei dem die Instruktionen des Lehrers und die Systematik des Fibellehrgangs im Mittelpunkt stehen. Schriftspracherwerb verlangt einen offenen Unterricht, in dem den Schülern die Möglichkeit eröffnet wird, die Schrift in für sie bedeutsamen Situationen, ihren Bedürfnissen entsprechend zu verwenden und dabei zu erlernen.

Die dargestellte Kritik hat die Erforschung und die Didaktik des Schriftspracherwerbs entscheidend beeinflusst. Als Folge dieser Kritik haben sich moderne Fibellehrgänge zu Materialpaketen gewandelt, die z. T. als halboffene Lehrgänge konzipiert sind. Darüber hinaus haben sich zwei bedeutende Alternativkonzepte etabliert. Dabei handelt es sich um den Spracherfahrungsansatz und das Konzept Lesen durch Schreiben nach Reichen.

Moderne Fibellehrgänge

Die Fibel selbst stellt, wie Schründer-Lenzen (vgl. 2009, 106) feststellt, in modernen Leselehrgängen zwar noch ein Leitmedium dar, das aber durch eine Vielzahl an Zusatzmaterialien ergänzt wird:

- Lesematerialien (z. B. Arbeitsheft zum Leselehrgang, Lesemalblätter, Lesehefte zum weiterführenden Lesen)
- Schreibübungshefte (z. B. Lehrgänge in verschiedenen Schulschriften)
- Informations- und Demonstrationsmaterial für Lehrkräfte (z. B. Kopiervorlagen, Anlautbilder, Computerprogramm, Handpuppen).

Die Lehrgänge basieren auf der analytisch-synthetischen Methode und folgen dem Prinzip, die Schriftsprache Buchstabe für Buchstabe einzuführen. Die Materialpakete beinhalten optische, akustische und schreibmotorische Übungen und sind synchron gestaltet, d. h., die Reihenfolge der Inhalte, der Buchstabeneinführung und der Zuwachs des Wortbestandes sind in allen Materialien gleich.

Üppige Materialpakete sind aber, wie Schründer-Lenzen (vgl. ebd., 107) betont noch nicht mit einer Öffnung des Unterrichts gleichzusetzen. »Im Gegenteil: Gerade für die erste Phase des Unterrichts sehen Fibellehrgänge eine *gezielte Hilfestellung* (Hervorhebung im Orig.) für die Erfassung des alphabetischen Prinzips der Schriftsprache als unhintergehbar. Gerade die einfachen Anfangswörter werden systematisch in ihrer Buchstaben-Lautstruktur durchgliedert, abgehört, gelesen und abgeschrieben.

Damit soll für alle Kinder ein *gemeinsames Fundament* (Hervorhebung im Orig.) geschaffen werden, auf dem differenzierende und sukzessiv offenere Phase aufbauen können« (ebd.).

In halboffenen Lehrgängen[1] fungieren die eigentlichen Fibeln nur noch als anregende motivierende Bücher, die eine Rahmenhandlung für den Anfangsunterricht wiedergeben. Die eigentlichen Lese- und Schreibübungen finden sich dagegen in differenzierter Form in den zugehörigen Materialpaketen.

Zu den Fibellehrgängen gehören umfangreiche Handbücher mit konkreten Vorschlägen zur Unterrichtsgestaltung, zur Unterrichtsorganisation und zum Materialeinsatz. »Die Effektivität der Unterrichtsorganisation steht damit im Vordergrund. Vorschläge zur Differenzierung und auch zur Freiarbeit werden zwar gegeben, sie werden aber als durch den Lehrer und das empfohlene Materialangebot vorstrukturiert gedacht« (ebd., 115).

Der Spracherfahrungsansatz

Vor dem Hintergrund unterschiedlicher Schriftvorerfahrungen beim Schuleintritt zielt der Spracherfahrungsansatz darauf ab, »Kindern individuelle Zugänge zur Schriftsprache zu eröffnen. Dies erfordert einen expliziten Verzicht auf starre Methodenpositionen und die Bereitstellung vielfältiger motivierender Lernmaterialien und Lernanlässe« (Topsch 2005, 65). Die damit verbundene Ablehnung eines einheitlich, klein- und gleichschrittig voranschreitenden Leselehrgangs ist aber nicht, wie Brügelmann (vgl. 1992, 174f.) betont, mit einem Verzicht auf Systematik und Struktur gleichzusetzen. Vielmehr ist ein Unterricht im Sinne des Spracherfahrungsansatzes (vgl. Brinkmann 1994, 95) durch die Strukturmomente Entwicklungsmodell des Schriftspracherwerbs, spezifische Beobachtungshilfen, eine didaktische Landkarte und ein Organisationsmodell für den Unterricht gekennzeichnet.

Entwicklungsmodelle des Schriftspracherwerbs liegen in unterschiedlicher Form vor (z. B. Brügelmann 1984; Frith 1985; Günther 1995; Valtin 1993). Diese auch als Stufenmodelle bezeichneten Modelle unterscheiden sich im Detail, wie z. B. der Anzahl der berücksichtigten idealtypischen Stufen. Während bspw. Frith (1985) lediglich drei unterschiedliche Niveaus in ihrem Modell ausweist, finden sich im Entwicklungsmodell von Valtin (1993) sechs verschiedene Stufen der Lese- bzw. Schreibentwicklung. Von diesen Unterschieden abgesehen stimmen die Modelle darin überein, dass sie die Entwicklung der Lese- und Schreibversuche von Kindern aufzeigen. Die Entwicklungsmodelle haben dabei eine heuristische Funktion. Das bedeutet, sie helfen den Lehrkräften den Schriftspracherwerb als einen individuellen Rekonstruktionsprozess zu verstehen, bei dem Kinder ihre Deutungen des Schriftsystems erproben, weiterentwickeln und sich so die Schrift nach und nach aneignen. Dagegen sind diese Modelle

---

1   Als Beispiele für solche halboffenen Lehrgänge können die Tobi Fibel (Metze 2009) oder die Fibel Lollipop (Metze 2007) genannt werden.

m. E. völlig ungeeignet, als diagnostische Raster zu dienen. Eine Einordnung von
Kindern in ein hierarchisches Stufenmodell wäre nichtssagend, weil viel zu allgemein
und würde einem modernen, individuelle Unterschiede berücksichtigenden Entwick-
lungsverständnis widersprechen. Vor solchen groben Klassifikationsversuchen sollte
sich gerade die Sonderpädagogik hüten, die damit lediglich einem fragwürdigen Bedürfnis nach Klassifikation folgen würde.

Diagnostisch wertvoll sind dagegen Beobachtungshilfen, die auf entscheidende Aspekte des Schriftspracherwerbs abzielen, dabei den Blick für individuelle Unterschiede
schärfen und die Dokumentation individueller Entwicklungen erlauben.

Solche Beobachtungshilfen finden sich in der Ideenkiste (Brinkmann/Brügelmann
2000), zu der auch die »Didaktische Landkarte« (ebd.) gehört, die die wesentlichen
Aspekte des Schriftspracherwerbs in Form von acht Lernfeldern abbildet.

Abb. 1: Die Didaktische Landkarte (Brinkmann/Brügelmann 2000, 5)

»Grundgedanke ist dabei, der Linearität der Fibellehrgänge eine flexible Organisa-
tionsform entgegenzusetzen, indem die Themen und Aufgaben der acht Lernfelder
nicht stepp by stepp zu durchlaufen sind, sondern als Lernspirale gedacht sind, die die
Kinder immer wieder auf unterschiedlichem Niveau erarbeiten« (Schründer-Lenzen
2009, 118).

Zu jedem der acht Lernfelder finden sich in der Ideenkiste 20 Arbeitsvorschläge mit
Variationsmöglichkeiten und didaktischem Kommentar zur Einführung in das Lernfeld. Ergänzend bieten die Vertreter des Spracherfahrungsansatzes weitere Materialien

wie z. B. die Regenbogenlesekiste oder das Wortlistentraining an. Diese Materialien sollen nach folgendem Organisationsmodell im Unterricht[2] eingesetzt werden.

Vier Säulen

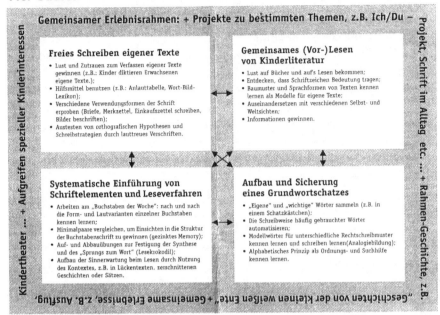

Abb. 2: Das Vier Säulen Modell (Brinkmann/Brügelmann 2000, 27)

Lesen durch Schreiben

Der schweizer Grundschullehrer und Psychologe Jürgen Reichen (1988) hat in der 1970er-Jahren ein Konzept für den Schriftspracherwerb entwickelt, bei dem Kinder Lesen über ihre Schreibversuche lernen. Dieses Konzept wird seit Mitte der 1990er-Jahre auch in Deutschland praktiziert und beruht auf drei Prinzipien: Werkstattunterricht (als unterrichtsmethodisches Prinzip), Selbstgesteuertes Lernen (als lernpsychologisches Prinzip) und Lesen durch Schreiben (als lesedidaktisches Prinzip).

Der Werkstattunterricht nach Reichen sieht ein fächerübergreifendes, vielfältiges Lernangebot vor, aus dem die Schüler ihre Lerninhalte auswählen können und für das sie, unterstützt und beraten durch den Lehrer, im sogenannten Chefsystem (Zuständigkeit für ein bestimmtes Lernangebot) zu einem großen Teil die Verantwortung übernehmen.

Selbstgesteuertes Lernen ist für Reichen mehr als nur eine organisatorische, methodische oder inhaltliche Öffnung des Unterrichts. Dahinter verbirgt sich eine Art Antididaktik, die von einer »Belehrungsimmunität« (2001, 71) von Kindern ausgeht,

---

2   Eine Beschreibung für einen solchen Unterricht findet sich bei Brinkmann (1994).

sich gegen »didaktische Besserwisserei« (ebd.) wendet und deren Credo lautet: »Kinder lernen umso mehr, je weniger sie belehrt werden« (ebd., 79).

Grundlage des lesedidaktischen Prinzips Lesen durch Schreiben ist eine Anlauttabelle, die den Kindern ermöglicht, den Lautwert von Buchstaben mittels zugeordneter Bilder abzulesen. Mit dieser Anlauttabelle kann ein Schüler »prinzipiell alles aufschreiben, was er will« (Reichen 1988, 8).

Die Lesefähigkeit stellt sich dabei quasi beiläufig ein, indem die Kinder bei ihren Verschriftungsversuchen das Wort, das sie schreiben wollen, auflautieren und dazu die entsprechenden Grapheme suchen.

Orthografische Gesichtspunkte spielen dabei zunächst keine Rolle. Lediglich solche Schreibungen, die nicht lautgetreu sind, weil ein Laut fehlt, die Reihenfolge der Laute nicht stimmt oder ein Laut verwendet wird, der im Wort nicht zu hören ist, werden korrigiert.

Die Arbeit mit der Anlauttabelle setzt voraus, dass geklärt wird, was auf den Abbildungen zu sehen ist. Kritik an der Originalfassung wegen fehlender Eindeutigkeit der Abbildungen[3] und wegen fehlender Laute oder Lautverbindungen[4] hat zu einer veränderten Version geführt.

Zusätzlich zur Anlauttabelle als dem zentralen Medium des Konzeptes werden von Reichen Zusatzmaterialien angeboten, die zur Lautunterscheidung und zur Förderung der visuellen Wahrnehmungsfähigkeit beitragen sollen, oder eine Sammlung von Schreibanlässen darstellen.

4   Diskussionsstand und Befundlage

Seit den 1990er-Jahren ist im Fibelstreit eine-pragmatische Annäherung zu beobachten. Viele Erkenntnisse des Spracherfahrungsansatzes haben sich in den differenzierten, offeneren Lernangeboten moderner Fibeln niedergeschlagen, und umgekehrt sind die offenen Lernangebote im Sinne des Spracherfahrungsansatzes durch Ideenkiste, Didaktische Landkarte und Vier Säulen Modell strukturiert. Unterschiede zeigen sich im Hinblick auf die Frage, »was man Schulanfängern hinsichtlich ihrer Selbststeuerung zumuten darf (kann, soll) oder zugestehen muss« (Topsch 2005, 77). Über die Frage der Öffnung von Unterricht hinaus, wird die Bedeutung einer Anlauttabelle für den Schriftspracherwerb von Fibelbefürwortern, Vertretern des Spracherfahrungsansatzes und Jürgen Reichen unterschiedlich gesehen. Moderne Fibeln wie LolliPop oder die Tobi Fibel beinhalten in den zugehörigen Materialpaketen eine Anlauttabelle als zusätzliches Differenzierungsangebot. Im Spracherfahrungsansatz spielt das selbstständige Verfassen eigener Texte mit Hilfe einer Anlauttabelle dagegen eine zentrale

---

3   So wird bspw. die Abbildung eines Schiffes mit ›Sch‹ verbunden, obwohl das Bild auch für ›Boot‹ und damit für ›B‹ stehen könnte.

4   In der Originalfassung sind u. a. der ›ng-Laut‹ oder die Lautverbindung ›St‹ nicht berücksichtigt.

Rolle, wird aber durch die systematische Einführung von Schriftelementen und Leseverfahren ergänzt. Im Konzept Lesen durch Schreiben nach Reichen wiederum wird auf jede weitere Systematik oder Unterweisung verzichtet und ganz auf selbstständige Schriftaneignung durch Verschriften mittels Anlauttabelle vertraut.

Die Diskussion dieser Streitpunkte wird auf der Basis verschiedener, z. T. internationaler Untersuchungen geführt, ohne dass dabei ein abschließendes Ergebnis in Sicht ist. Brügelmann und Brinkmann (2008, 2) bezweifeln grundsätzlich, »dass man die Überlegenheit irgendeines pädagogischen ›Konzepts‹ oder einer didaktischen ›Methode‹ empirisch beweisen könne.« Diese Skepsis erscheint bereits berechtigt, wenn man sich lediglich die schwerwiegendsten Problem empirischer Vergleichstudien in diesem Feld vor Augen führt. So stellt bspw. im Hinblick auf offene Unterrichtskonzepte die fehlende Konstruktvalidität ein nahezu unlösbares Problem für die empirische Forschung dar (vgl. Schründer-Lenzen 2009, 150). Das bedeutet, angesichts begrifflicher und theoretischer Vielfalt, unterschiedlichster Praxismodelle und individueller Handhabungen lässt sich nicht klar bestimmen, was offener Unterricht ist. Dieses Problem gilt auch für den Vergleich von Konzepten des Schriftspracherwerbs.

Zusätzlich streuen in allen Untersuchungen die gemessenen Effekte innerhalb der zu vergleichenden Konzepte von Klasse zu Klasse erheblich, was die Abhängigkeit der Effektstärke von der jeweiligen Lehrkraft und ihren konkreten Unterrichtsbedingungen deutlich macht. Dieses Ergebnis findet sich sowohl in deutschen Untersuchungen, wie sich aus dem Überblick von Schründer-Lenzen (vgl. ebd., 152ff.) ablesen lässt, als auch in Zusammenfassungen der anglo-amerikanischen Untersuchungslage (vgl. Brügelmann/Brinkmann 2008, 4ff.).

Weiterhin werden pauschale Auswertungen empirischer Vergleichsuntersuchungen zum Problem: »Da wird über ›strukturierte‹ vs. ›offene‹ Ansätze geurteilt oder über ›Fibeln‹ (bzw. ›Lehrgänge‹) vs. ›freies Schreiben‹ (bzw. ›Lernweg-‹ oder ›Entwicklungsorientierung‹) – unabhängig davon, ob im ersten Fall ›Lollipop‹, ›Bunte Fibel‹ oder ›Konfetti‹ untersucht worden sind und im zweiten Fall ›Lesen durch Schreiben‹ nach Reichen, der Spracherfahrungsansatz nach dem Konzept ›Die Schrift erfinden‹ oder die ›Rechtschreibwerkstatt‹ nach Sommer-Stumpenhorst« (Brügelmann/Brinkmann 2008, 2f.).

Dazu ein sonderpädagogisch relevantes Beispiel: Gestützt auf Walters Interpretation amerikanischer Befunde (Walter 1996) postuliert Topsch (2005, 68), »dass sich kein spezifischer Vorteil des Spracherfahrungsansatzes (language experience approach – LEA) für die Gruppe der Benachteiligten nachweisen lässt. Dabei wird aber übersehen, wie Brügelmann/Brinkmann (2008, 6) deutlich machen, »dass der deutsche ›Spracherfahrungsansatz‹ didaktisch-methodisch völlig anders angelegt ist als der usamerikanische ›language experience approach‹«.

Da eine detaillierte Auseinandersetzung mit den einzelnen Studien im Rahmen dieses Beitrages zu weit führen würde, werden nur Interpretationslinien aufgezeigt, die aus den bilanzierenden Beiträgen von Brügelmann/Brinkmann (2008) und Schründer-Lenzen (vgl. 2009, 150ff.) abzulesen sind und aus sonderpädagogischer Perspektive besonders relevant erscheinen.

Dabei ergibt sich folgendes Bild: Nach Lesart Schründer-Lenzen (vgl. ebd.) sind vor allem ›leistungsschwache‹ oder benachteiligte Kinder und Migrantenkinder auf strukturiertes Lehrgangslernen angewiesen. Brügelmann/Brinkmann (vgl. 2008, 20ff.) widersprechen dieser Interpretation und führen dazu viele Belege und differenzierte Analysen der zur Diskussion stehenden Studien an. Zusätzlich verweisen sie auf Einzelevaluationen, die zwar nicht die Überlegenheit eines Ansatzes, aber dessen Potenzial aufzeigen können. So zeigt die Evaluation von Peschel (2003), wie mit einem konsequent offenen Unterrichtskonzept mittels Anlauttabelle gerade bei den oben genannten Schülergruppen deutliche Erfolge erzielt werden können. Weiterhin verweisen sie auf eine Studie von Brinkmann et. al. (2006), die deutliche Erfolge bei der Förderung von Schülern mit Lernrückständen und ungünstigen Lernausgangslagen nach dem Spracherfahrungsansatz zeigt. »Die Förderung nach dem Spracherfahrungsansatz war im Wesentlichen darauf angelegt, die Kinder zum Lesen und Schreiben zu motivieren, ihnen zu zeigen, wofür die Schrift (auch für sie persönlich) nützlich ist und wie sie ›technisch‹ funktioniert, ihnen aber vor allem zu vermitteln, dass sie beim Umgang mit Schrift auf ihre Weise erfolgreich sein können« (Brügelmann/Brinkmann 2008, 21).

5   Perspektiven für den Förderschwerpunkt geistige Entwicklung

Aus der vieldeutigen und unentschiedenen Befundlage lassen sich m. E. folgende Ausgangspunkte bestimmen, um Perspektiven für den Förderschwerpunkt geistige Entwicklung zu gewinnen: Erstens ist festzustellen, dass sich aus Vergleichsuntersuchungen keine allgemeine Empfehlung für einen der Ansätze ableiten lässt. Dagegen wird zweitens eindeutig belegt, dass die konkrete Umsetzung des jeweiligen Ansatzes und die konkreten Lernbedingungen die entscheidenden Faktoren für den Erfolg des jeweiligen Ansatzes sind. Daraus ergibt sich drittens die Konsequenz, Anregungen für den Förderschwerpunkt geistige Entwicklung aus dem grundsätzlichen Potenzial der Ansätze abzuleiten.

Dabei hält der Spracherfahrungsansatz m. E. in zweifacher Hinsicht besonders wertvolle Impulse für den Förderschwerpunkt geistige Entwicklung bereit.

Dies ist zunächst eine pädagogische Perspektive, um das Verständnis der Schwierigkeiten von Kindern mit geistiger Behinderung auf dem Weg zur Schrift zu erweitern. Weiterhin lassen sich aus diesem Ansatz Schwerpunkte für einen Unterricht ableiten, der auf grundlegende Schrifterfahrungen abzielt und im Förderschwerpunkt geistige Entwicklung etabliert werden sollte.

5.1 Erschwernisse auf dem Weg zur Schrift

Um die Probleme von Kindern mit geistiger Behinderung beim Schriftspracherwerb zu erklären, ist es ebenso naheliegend wie unzureichend, auf kognitive Defizite zu verweisen. Kognitive Funktionen wie Aufmerksamkeit, Wahrnehmung oder Gedächtnis sind beim Schriftspracherwerb gefordert und Kinder, die diese Funktionen aufgrund einer schweren neurophysiologischen Schädigung nicht ausreichend einsetzen können, werden sich die Schrift im engeren Sinne nicht aneignen können.

Wenn man aber die Probleme von Schülern mit geistiger Behinderung beim Schriftspracherwerb nur unter dem Gesichtspunkt kognitiver Defizite beschreibt (z. B. Sarimski 2003, 180f.), läuft man Gefahr, in eine rein defizitäre Betrachtung zu verfallen, aus der sich kaum pädagogische Ansatzpunkte ergeben. Weiterhin wird dabei grundsätzlich übersehen, dass kognitive Funktionen keine feststehenden Persönlichkeitsmerkmale sind, sondern in Abhängigkeit von persönlicher Bedeutsamkeit und situativen Anforderungen in Erscheinung treten. Aus diesen Gründen verbietet es sich, die Erschwernisse aller Schüler im Förderschwerpunkt geistige Entwicklung einseitig und pauschal auf kognitive Defizite zu reduzieren.

Pädagogisch ergiebiger ist es, den Lernprozess und seine sachspezifischen Anforderungen über die kognitiven Basisleistungen hinaus in den Blick zu nehmen.

Folgt man dem Spracherfahrungsansatz, dann vollzieht sich die Aneignung der Schrift ausprobierend, von Vorstellungen über das Schriftsystem geleitet. Im Schriftspracherwerb spiegelt sich demnach eine Denkentwicklung, die sich in zunehmenden Einsichten in die Prinzipien, Funktionsweisen und Strukturen des Schriftsystems zeigt.

Diese Sichtweise soll im Folgenden mittels ausgewählter Thesen von Brügelmann (vgl. 1984, 135ff.) auf die Lernsituation von Menschen mit geistiger Behinderung übertragen werden:

- »Schrift ist nicht bloß graphischer Schmuck oder gar ein beliebiges »Spuren«-Machen, sondern sie ist Zeichen für etwas« (ebd., 135): Damit wird ein grundlegendes Verständnis für Symbole und ihre Funktion vorausgesetzt. Es gilt, von den konkret präsentierten Zeichen in Richtung ihrer Bedeutung zu abstrahieren. Diese Anforderung kann für Menschen, die von einer schweren Form geistiger Behinderung betroffen sind, schon eine Überforderung sein. Weiterhin ist an dieser Stelle darauf hinzuweisen, dass bei Kindern, Jugendlichen und Erwachsenen mit geistiger Behinderung ein rein gestalterisches ›Schreiben‹ zu beobachten ist. Diese Form der Schriftverwendung ist ein zu akzeptierender erster Zugang zur Schrift, der aber die Aufgabe nach sich zieht, die Funktion von Schrift als Bedeutungsträger und Kommunikationsmittel spielerisch und in Gebrauchssituationen zu vermitteln.

- »Kinder müssen begreifen, daß Schrift nicht äußerliche, sinnlich wahrnehmbare Eigenschaften von Gegenständen oder Handlungen abbildet, sondern Hinweise auf den Klang von Wörtern bzw. eine Anweisung für ihre Aussprache gibt« (ebd.):

Hier wird ebenfalls eine Abstraktionsleistung gefordert. Es gilt, von der Form der Schriftzeichen als Bedeutungsträger abzusehen und den Zwischenschritt über die gesprochene Sprache zur Wortbedeutung zu erfassen. Dieser Zwischenschritt ist bei anderen Lesearten des erweiterten Lesebegriffs (z. B. Bilder lesen oder Piktogramme lesen) nicht erforderlich, sodass sich die Notwendigkeit ergibt, diesen Unterschied durch Unterrichtsangebote erfahrbar zu machen. Es ist denkbar, dass Probleme mit dieser Abstraktionsleistung aus Konflikten mit bewährten Strategien bei der Anwendung anderer Lesearten resultieren. Mit der in dieser These ausgedrückten Lautorientierung ist ein weiteres Problem im Kontext geistiger Behinderung verbunden. Gemeint ist die erschwerte Lernsituation von (noch) nicht sprechenden Kindern. ›Nur‹ den Klang der Sprache zu hören, stellt im Vergleich zu der Möglichkeit, diese auch expressiv zu gebrauchen, eine Beeinträchtigung von Erfahrungsmöglichkeiten dar. Mit dieser Lautorientierung sind weitere Probleme verbunden, die in den folgenden Thesen aufgegriffen werden.

- »Die Kinder müssen als nächstes herausfinden, welche Einheiten der Schrift mit welchen Einheiten der Sprache korrespondieren, d. h. auf welche Teile der gesprochenen Sprache sich die einzelnen Schriftzeichen beziehen« (ebd., 136): Unsere Schrift ist lautorientiert aber nicht lauttreu. Schrift und Lautsprache stehen nicht in einem 1:1 Entsprechungsverhältnis zueinander. So ist die gesprochene Sprache ein kontinuierlicher Lautstrom, der sich nicht mit den Einteilungen der Schrift in Sätze oder Wörter deckt, wie man mit folgendem Beispiel von Meiers (2000, 14) zeigen kann: »Genitiv ins Wasser! Wieso? Ist's Dativ?« Ein weiteres Problem in diesem Zusammenhang sind mehrgliedrige Grapheme (›ie‹ oder ›ck‹), die für einen Laut stehen.

- »Kinder müssen erkennen, daß die Raumlage, daß die Reihenfolge und die Richtung der Buchstaben(folge) bedeutungsvoll sind« (ebd.): Mit dem Begriff Objektpermanenz wird ein kognitives Niveau oder Vermögen bezeichnet, einen Gegenstand auch dann als identisch zu erkennen, wenn sich die Perspektive der Draufsicht ändert oder der Gegenstand gedreht oder gekippt wird. Davon gilt es bei Buchstaben abzusehen, da Veränderungen der Raumlage auch die Identität des Zeichens verändern. Kippungen oder Drehungen von Buchstaben (M/W oder b/p) sind deshalb nicht zwangsläufig als Wahrnehmungsdefizite zu verstehen, sondern als Deutung auf der Basis von Alltagserfahrungen.

- »Die Kinder müssen lernen, daß die Beziehung zwischen Schriftzeichen und Laut willkürlich ist« (ebd., 138): ›F‹ und ›E‹ sehen ähnlich aus, klingen aber ganz anders. Menschen mit geistiger Behinderung müssen anders als in vielen anderen Lernsituationen davon absehen aus diesen sinnlich konkreten Ähnlichkeitsmerkmalen Rückschlüsse zu ziehen. So soll bei einem Symbol/Piktogramm die Form Rückschlüsse auf den Inhalt ermöglichen. Die bei Symbolen erfolgreiche Strategie, von bildlichen Ähnlichkeiten auf inhaltliche Ähnlichkeiten zu schließen, passt bei der Buchstabenform nicht. ›F‹ und ›E‹ sehen ähnlich aus, klingen aber ganz anders.

Abschließend lässt sich festhalten, dass die fehlende Eindeutigkeit beim Lautbezug unserer Schrift für alle Leseanfänger ein schwerwiegendes Problem darstellt. Bei Menschen mit geistiger Behinderung können die daraus resultierenden Verunsicherungen aber massiver zu Buche schlagen, da ihre Lerngeschichte häufiger durch Fehlschläge und fehlende Selbstwirksamkeitserfahrungen geprägt ist. Verunsicherungen können daher schneller eine passive oder resignative Lernhaltung bewirken.

5.2   Schriftspracherwerb durch Schriftsprachgebrauch

Die erläuterten grundsätzlichen Einsichten bezüglich unseres lautorientierten Schriftsystems bringen viele Kinder schon in den Anfangsunterricht der Grundschule mit. Da dies für Kinder mit geistiger Behinderung in der Mehrzahl nicht zu erwarten ist, ergibt sich die Notwendigkeit, in der Schule einen entsprechenden Erfahrungsraum zu schaffen. Dabei ist ein Lernkonzept zu fordern, das Schüler im Förderschwerpunkt geistige Entwicklung nicht als passive, durch Förderung und Training zu formende Objekte ansieht. Angemessen ist vor diesem Hintergrund ein Lernverständnis, das die Eigenwelt (Begemann 1993) der Lernenden als Ausgangspunkt versteht und demzufolge Lernen Betroffenheit, Herausgefordertsein in persönlich bedeutsamen Situationen verlangt. Der Spracherfahrungsansatz steht für ein solches Lernverständnis und versteht den Schriftspracherwerb als individuelle Rekonstruktion des Schriftsystems.

Schriftspracherwerb durch Schriftsprachgebrauch verlangt einen Unterricht, der auf grundlegende Schrifterfahrungen ausgerichtet ist und im Förderschwerpunkt geistige Entwicklung m. E. folgende Aufgabenfelder (vgl. Dönges 2007, 343f.) umfassen sollte:

*   Interesse an Schrift wecken (Vorleserituale, Zugang zu Kinderbüchern und Zeitschriften, geeignete Internetseiten, …),
*   Möglichkeiten und Funktionen der Schriftverwendung erfahren (Kritzelbriefe, Rollenspiele zur Schriftverwendung, einfache Notizen zur Erinnerung, Tabellen, Listen, …),
*   Bedeutung der Buchstaben und ihrer Reihenfolge im Wort erfahren (Wortvergleich im Hinblick auf die Anfangsbuchstaben, Minimalpaarvergleiche, Gezinktes Memory mit Minimalpaaren, …),
*   Kenntnis von Buchstabenform und Lautwert anbahnen und erweitern (Buchstabenplakate, Fühlbuchstaben, Stempel, Anlautteller, Spiele und Übungen zur Förderung der phonologischen Bewusstheit, …),
*   Lesetechnik anbahnen und fördern (z. B. Syntheseübungen mittels Lesekrokodil oder Leseschieber).[5]

---

5   Eine genauere Beschreibung dieser Aufgabenfelder ist aus Platzgründen an dieser Stelle nicht möglich. Eine ausführlichere Darstellung findet sich unter Dönges (2007, 343f.).

6   Fazit

Fasst man die in diesem Beitrag versuchte Verbindung von fachdidaktischen und fachrichtungsspezifischen Aspekten des Schriftspracherwerbs zusammen, dann lässt sich der Schriftspracherwerb im Förderschwerpunkt geistige Entwicklung in vier Teilbereiche gliedern. Diese Teilbereiche sind nicht isoliert zu sehen. Sie sind miteinander verbunden und gehen ineinander über. Bildlich gesprochen stellen sie Puzzleteile dar, aus denen sich – wie die folgende Grafik veranschaulichen soll – der Unterricht zum Schriftspracherwerb im Förderschwerpunkt geistige Entwicklung zusammensetzt.

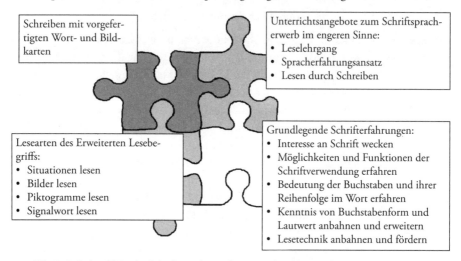

Schreiben mit vorgefertigten Wort- und Bildkarten

Unterrichtsangebote zum Schriftspracherwerb im engeren Sinne:
• Leselehrgang
• Spracherfahrungsansatz
• Lesen durch Schreiben

Lesearten des Erweiterten Lesebegriffs:
• Situationen lesen
• Bilder lesen
• Piktogramme lesen
• Signalwort lesen

Grundlegende Schrifterfahrungen:
• Interesse an Schrift wecken
• Möglichkeiten und Funktionen der Schriftverwendung erfahren
• Bedeutung der Buchstaben und ihrer Reihenfolge im Wort erfahren
• Kenntnis von Buchstabenform und Lautwert anbahnen und erweitern
• Lesetechnik anbahnen und fördern

Abb. 3: Aufgabenfelder des Schriftspracherwerbs im Förderschwerpunkt geistige Entwicklung

Zur Erläuterung: Die Angebote zu den Lesearten im Sinne des Erweiterten Lesebegriffs brauchen hier nicht weiter erläutert zu werden (s. dazu Hublow/Wohlgehagen 1978; Hublow 1985; Günthner 1999). Wichtig ist aber der Hinweis, dass auf das Ganzwortlesen als eigens zu fördernde Leseart verzichtet werden sollte. Stattdessen sollten Unterrichtsangebote Berücksichtigung finden, die auf grundlegende Einsichten ins Schriftsystem abzielen (s. o.). Dabei werden zwar nicht alle Schüler so profitieren können, dass ihnen auch die Schriftaneignung im engeren Sinne gelingt, ein solcher Unterricht vermittelt aber angemessene Strategien zur Worterkennung und schafft eine Basis für nicht auszuschließende zukünftige Fortschritte im Gebrauch der Schrift. Dabei sind die Stufen der Schreibentwicklung, wie sie von Günthner (vgl. 1999) in sein Konzept des Erweiterten Schreibbegriffs aufgenommen wurden, eingeschlossen. Kritzelbriefe schreiben, erste Verwendung von Buchstaben in spielerischen Schreibversuchen oder Versuche selbstständig aufgrund von Buchstaben/Laut – Kenntnissen oder mittels einer Anlauttabelle zu verschriften stellen schrittweise Annäherungen an den Normgebrauch der Schrift dar, denen im Unterricht Raum gegeben werden muss.

Der Übergang zu einem Unterricht zum Schriftspracherwerb im engeren Sinne ist dabei fließend.

Das Schreiben mit vorgefertigten Wort und Bildkarten (vgl. Günthner 1999) kann für viele Schüler, die aufgrund kognitiver oder auch motorischer Beeinträchtigungen nicht oder noch nicht Schreiben im engeren Sinne erlernen können, ein angemessener Weg sein, Schrift zu gebrauchen und ihre Kommunikationsmöglichkeiten zu erweitern. Dabei ist eine Verbindung mit dem Bereich Kommunikationsförderung sinnvoll und machbar.[6]

Für Unterrichtsangebote zum Schriftspracherwerb im engeren Sinne sind sowohl der Einsatz eines modernen Leselehrgangs, ein offener Unterricht im Sinne des Spracherfahrungsansatzes und die Nutzung einer Anlauttabelle denkbar. Jede dieser Arbeitsweisen verlangt im Förderschwerpunkt geistige Entwicklung eine Modifikation der Angebote und Arbeitsmittel im Hinblick auf die jeweiligen Schüler. Wer als Lehrkraft auf die Struktur eines Lehrgangs nicht verzichten will, kann auf moderne, halboffene Konzepte (s. o.) zurückgreifen. Lehrkräfte, die ein offenes Arbeiten im Sinne des Spracherfahrungsansatzes favorisieren, werden sich der Ideenkiste und der Didaktischen Landkarte bedienen. Modifikationen für einen angemessenen Einsatz einer Anlauttabelle finden sich bei Schmid und Schimmele (2004). Darüber hinaus kann eine Anlauttabelle wie im Anlautbaum (Schäfer/Leis 2007) ein zentrales Medium innerhalb eines lehrgangsunabhängigen Materialpaketes darstellen.

Literatur

Begemann, Ernst (1993): Eigenwelt und Teilsein der Wirklichkeit. In: Behinderte, Jg. 16, H. 1, 3–62.

Brinkmann, Erika (1994): Offener Unterricht mit Struktur – recht schreiben lernen im Anfangsunterricht. In: Brügelmann, Hans/Richer, Sigrun (Hg.): Wie wir recht schreiben lernen. Lengwil: Libelle.

Brinkmann, Erika/Brügelmann, Hans (2000): Offenheit mit Sicherheit. Hamburg: Verlag für pädagogische Medien.

Brinkmann, Erika/Rachwitz, Rüdiger-Philipp/Wespel, Manfred (2006): Freies Schreiben fördert die Rechtschreibentwicklung: Effekte einer Kurzförderung nach dem Spracherfahrungsansatz. Verfügbar unter: http://www.symposion-deutschdidaktik.de/fileadmin/template/download/beitraege/praesentationen_vortraege/08eb.brinkmann.u. a.DGLS. SDD%20manuskript.pdf [12.12.2009].

Brügelmann, Hans/Brinkmann, Erika (2008): Freies Schreiben im Anfangsunterricht? Verfügbar unter: http://www.agprim.uni-siegen.de/printbrue/freies-schreib-forschung [12.12.2009].

Brügelmann, Hans (1992): Kinder auf dem Weg zur Schrift. Bottighofen: Libelle.

---

6   Eine solche Verbindung wird bspw. in der Katharina-Kasper-Schule in Wirges (vgl. Hannappel/ Vieregg 2007) praktiziert.

Brügelmann, Hans (2005): Schule verstehen und gestalten. Konstanz: Libelle.

Brügelmann, Hans (1984): Die Schrift entdecken. Konstanz: Faude Verlag.

Dönges, Christoph (2007): Lesen- und Schreibenlernen an der Schule mit dem Förderschwerpunkt Geistige Entwicklung – Modifikationen zum Erweiterten Lesebegriff. In: Zeitschrift für Heilpädagogik, Jg. 58, H. 9, 338–344.

Ferdinand, Willi (1970): Über die Erfolge des ganzheitlichen und synthetischen Lese-(Schreib-)Unterrichts in der Grundschule. Essen: Neue Deutsche Schule Verlagsgesellschaft.

Frith, Uta (1985): Beneath the surface of developmental dyslexia. In: Patterson, K.E. et al. (Hg.): Surface dyslexia. Hilsdale. 301–327.

Göbelbecker, Ludwig Friedrich (1933): Entwicklungsgeschichte des ersten Leseunterrichts von 1477–1932. Kempten: Otto Nemnich.

Günther, Klaus-Burkhard (1995): Ein Stufenmodell der Entwicklung kindlicher Lese- und Schreibstrategien. In: Balhorn, Heiko/Brügelmann, Hans (Hg.): Rätsel des Schriftspracherwerbs. Lengwil: Libelle, 98–121.

Günthner, Werner (1999): Lesen und Schreiben an der Schule für Geistigbehinderte. Dortmund: Verlag modernes Lernen.

Grimm, Helga (1993): ABC mit allen Sinnen. Lichtenau: AOL Verlag.

Hannappel, Pia/Vieregg, Volker (2007): Ganzheitliche Kommunikationsförderung Katharina-Kasper-Schule, Wirges. In: Pädagogisches Zentrum Rheinland-Pfalz (Hg.): PZ – Informationen, 7, 2007.

Hublow, Christoph/Wohlgehagen, Ernst (1978): Lesenlernen mit Geistigbehinderten. In: Zeitschrift für Heilpädagogik, Jg. 29, H. 1, 23–28.

Hublow, Christoph (1985): Lebensbezogenes Lesenlernen bei geistig behinderten Schülern. Anregungen zur Zusammenarbeit von Eltern und Lehrern auf der Grundlage eines erweiterten Verständnisses von Lesen. In: Geistige Behinderung, Jg. 24, H. 2, 1–24.

Leonhardt, Hannelies./Ruoff, Elsbeth (o. J.): Lebenspraktisches Lesen. Pfullingen: Schmid Schulbuchverlag.

Marx, Ulrike/Steffen, Gabriele (1998): Lesenlernen mit Hand und Fuß. Horneburg/Niederelbe: Verlag Sigrid Persen.

Meiers, Kurt (2000): Schrift gebrauchen lernen – ein schwieriger Prozess!? Berlin: Trainmedia.

Metze, Wilfried (Hg.) (2007): LolliPop Fibel. Berlin: Cornelsen.

Metze, Wielfried (Hg.) (2009): Tobi Fibel. Berlin: Cornelsen.

Müller, Heinrich (1964): Methoden des Erstleseunterrichts und ihre Ergebnisse. Meisenheim: Hain.

Peschel, Falko (2003): Offener Unterricht – Idee, Realität, Perspektive und ein praxiserprobtes Konzept in der Evaluation. Hohengehren: Schneider Verlag.

Reichen, Jürgen (1988): Lesen durch Schreiben. Heft 1–8. Zürich: Sabe.

Reichen, Jürgen (2001): Hannah hat nur Kino im Kopf. Hamburg: Heinevetter.

Richter, Sigrun/Brügelmann, Hans (1994): Der Schulanfang ist keine Stunde Null. Schrifterfahrungen die Kinder in die Schule mitbringen. In: Richter, Sigrun/Brügelmann, Hans (Hg.): Wie wir recht schreiben lernen. Lengwil: Libelle.

Rittmeyer, Christel (1993): Leseförderung bei geistigbehinderten Kindern (Teil 3). In: Sonderschulmagazin, Jg. 15, H. 10, 7–8.

Sarimski, Klaus (2003): Kognitive Prozesse bei Menschen mit geistiger Behinderung. In: Irblich, Dieter/Stahl, Burkhard (Hg.): Menschen mit geistiger Behinderung. Göttingen: Hogrefe, 148–204.

Schäfer, Holger/Leis, Nicole (2007): Der Anlautbaum. Dortmund: Verlag modernes Lernen.

Schererer-Neuman, Gerheid (1995): Wortspezifisch: ja – Wortbild: nein. Ein letztes Lebewohl an die Wortbildtheorie. In: Balhorn, Heiko/Brügelmann, Hans: Rätsel des Schriftspracherwerbs. Konstanz: Libelle, 149–173.

Schmalohr, Emil (1961): Psychologie des Erstlese- und Schreibunterrichts. München: Reinhardt.

Schmid, Michaela Verena/Schimmele, Stefanie (2004): Individuell und selbstgesteuert lesen und schreiben lernen – eine Möglichkeit auch für Schülerinnen und Schüler der Schule für Geistigbehinderte? In: Heilpädagogik online, Jg. 3, H. 4, 46–70.

Schründer-Lenzen, Agi (2009): Schriftspracherwerb und Unterricht. Wiesbaden: Verlag für Sozialwissenschaften.

Topsch, Wilhelm (2005): Grundkompetenz Schriftspracherwerb. Methoden und handlungsorientierte Praxisanregungen. Weinheim: Beltz.

Valtin, Renate (1993): Stufen des Lesen- und Schreibenlernens. In: Haarmann, Dieter (Hg.): Handbuch Grundschule. Bd. 2. Weinheim: Beltz.

Walter, Jürgen (1996): Der Spracherfahrungsansatz für den Anfangsunterricht: Effekte und didaktisch-methodische Konsequenzen aus den USA. In: Sonderpädagogik, Jg. 26, H. 3, 136–143.

Wieczorek, Marion (2006): Faszination Lesen und Schreiben. Zugangswege zum Schriftspracherwerb für Kinder mit Körperbehinderungen. Baltmannsweiler: Schneider Verlag Hohengehren.

Jutta Procksch & Gundula Tuttas

Lesen und Literatur für Jugendliche im Förderschwerpunkt geistige Entwicklung – Begründung, Möglichkeiten im Unterricht und Vorstellung einer Lesebuchkonzeption

1   Einleitung

In diesem Artikel sollen ausgehend von der Bedeutung von Literatur und Lesen in unserer Gesellschaft sowie der aktuellen Diskussion um Teilhabe, die auch in diesem Bereich ermöglicht werden muss, wichtige Aspekte und Ideen für die Realisierung von Lese- und Literaturunterricht für Schüler mit dem Förderschwerpunkt geistige Entwicklung dargestellt werden. Schwerpunktmäßig beziehen sich die Überlegungen auf Schüler in der Hauptschulstufe bzw. der Sekundarstufe I, gelten aber in ähnlicher Form auch noch für Schüler der Berufsschulstufe. Dabei sollen insbesondere Aspekte aus der Fachdidaktik Deutsch mit einbezogen werden sowie Anregungen für den Unterricht in heterogenen und integrativen Lerngruppen gegeben werden.

Abschließend wird die Konzeption des Lesebuches »Lesestoff« vorgestellt, welches einen Versuch darstellt, den Leseinteressen und dem Leseniveau von Schülern im Förderschwerpunkt geistige Entwicklung in der Hauptschulstufe angemessene Lesetexte bereitzustellen, als Basis für die Realisierung von Lese- und Literaturunterricht.

Aus Gründen der besseren Lesbarkeit wird im gesamten Artikel die männliche Form verwendet. Diese gilt grundsätzlich immer für Personen beiderlei Geschlechts, außer dies wird anderweitig verdeutlicht.

Des Weiteren wird der »Förderschwerpunkt geistige Entwicklung« mit FGE abgekürzt.

2   Lesen und Literatur

»Ja, das grenzenloseste aller Abenteuer der Kindheit,
das war das Leseabenteuer.
Für mich begann es, als ich zum erstenmal ein eigenes Buch bekam
und mich da hineinschnupperte.
In diesem Augenblick erwachte mein Lesehunger,
und ein besseres Geschenk hat das Leben mir nicht beschert.«
(Astrid Lindgren 2008, 98)

2.1   Definitionen von Lesen

- »Lesen ist Handeln von Menschen, die in der kognitiven Dimension des Lesens aus einem Text Sinn bilden und in seinen sinnlichen und emotiven Dimensionen sich durch ihr Tun ein Erleben selbst bereiten« (Schön 1999, 1).
- »Lesen ist das verstehende Aufnehmen von schriftlich fixierten Sprachfügungen, somit die aufgrund der erworbenen Kenntnis der Schriftzeichen vollzogene Tätigkeit des Sinnerfassens graphisch niedergelegter Gedankengänge« (Kainz 1956, zit. n. Gümbel 1993, 46).

Es fällt unerwartet schwer, gute Definitionen für den Begriff »Lesen« zu finden. Dies liegt zum einen daran, dass häufig keine genaue Begriffsbestimmung stattfindet, da »Lesen« anscheinend als bekannter Begriff vorausgesetzt wird, zum anderen weil die Bedeutung von Lesen meist darüber bestimmt wird, in welchem Zusammenhang und zu welchem Zweck das Wort gebraucht wird (z. B. »Lesekompetenz«, »Leselernprozess«, »Erstleseunterricht«). Daher lässt sich kaum eine allgemeine, alle Aspekte befriedigende Definition finden. »Im Alltagsverständnis meint es eine Kulturtechnik der nicht nur buchstabierenden, sondern sinnverstehenden Aufnahme von Schrift« (Bittkow 2005, 197).

In den meisten Fällen meint Lesen in erster Linie das Lesen von in Schriftform symbolisierten Inhalten. Dieser engen Sichtweise des Begriffs »Lesen« wird in der Sonderpädagogik ein »erweiterter Lesebegriff« entgegengestellt, bei dem der Schwerpunkt auf der Schaffung von Bedeutung liegt. Demnach geht es beim Lesen darum, Zeichen (das können Schrift, aber auch Bilder, Symbole oder Situationen sein) Bedeutung zu entnehmen. Insbesondere für Menschen mit einer geistigen Behinderung ermöglicht der erweiterte Lesebegriff, gleichfalls an der Welt des Lesens teilzuhaben. Dieser wurde von Hublow geprägt und beinhaltet das »Wahrnehmen, Deuten und Verstehen von konkreten, bildhaften, symbolhaften oder abstrakten Zeichen und Signalen« (1985, 1), also das Situations-, Bilder-, Bildzeichen, Signalwort-, Ganzwort- sowie Schriftlesen.

Ebenso wie der Begriff des Lesens ist auch der Literaturbegriff sehr vielfältig. Er kann einen weiten oder einen engen Bedeutungsumfang haben. Dies bezieht sich sowohl auf die Darstellungsform von Literatur als auch auf den Inhalt. Literatur im engeren Sinne umfasst, wie aus der Brockhaus Enzyklopädie Online (2005) hervorgeht, nur belletristische Texte, also ästhetische Literatur und dies in gedruckter Form. Literatur im weiteren Sinne umfasst bei Helmers (1997, 209) neben gedruckten Texten auch alle Formen von audiovisuellen Medientexten. Sie muss also nicht unbedingt selbst gelesen werden, sondern kann auch angehört (Lesung, Hörbuch) oder gesehen (Verfilmung, Theater) werden, wobei vom Inhalt her pragmatische Literatur, also Sachliteratur und Informationstexte ebenso darunter fallen.

2.2 Bedeutung von Lesen und Literatur

Betrachtet man Lesen im historischen Zusammenhang, so wird deutlich, dass Lesen zum Vergnügen oder zur Unterhaltung ebenso wie das Lesen von Romanen noch gar nicht so lange üblich ist, bzw. nur bestimmten Kreisen vorbehalten war (vgl. Schön 1999).

In den letzten Jahrhunderten hat das Lesen einen enormen Bedeutungszuwachs erfahren, unsere gesamte Gesellschaft und Literatur sind von Schrift durchdrungen, das Beherrschen von Lesen und Schreiben stellt eine Basisqualifikation für das Leben in unserer Gesellschaft dar.

Von dieser Bedeutung ist auch die Schule geprägt. So wird in den ersten Schuljahren ein erheblicher Anteil der Unterrichtszeit für den Erwerb und die Festigung der Schriftsprache aufgewendet, und auch später ist das Beherrschen der Schriftsprache für den schulischen (und auch beruflichen) Erfolg von großer Bedeutung.

Es gibt unterschiedliche Ebenen, auf denen Literatur und Lesen für den Menschen bedeutsam sind. Da ist zum ersten eine individuelle Ebene, hier kann Literatur etwa zur Unterhaltung oder Entspannung, aber auch der persönlichen Wissenserweiterung beitragen. Je nach eigenen Vorstellungen kann Literatur vom Einzelnen für Unterschiedliches genutzt werden. Die Identifikation mit literarischen Figuren kann bei der Persönlichkeitsbildung mitspielen und dem einzelnen Handlungsalternativen aufzeigen. Literatur eröffnet zudem die Möglichkeit dem eigenen Alltag für eine Weile zu entkommen, Probleme und Wünsche auf Figuren zu projizieren und am Schicksal anderer teilzunehmen (vgl. Abraham 2005, 11).

Für den Einzelnen kann Literatur also durchaus sehr unterschiedliche Funktionen haben, wobei bei einigen Textsorten eine bestimmte überwiegen kann (z. B. die Informationsfunktion beim Lesen eines Zeitungsartikels) oder auch mehrere zusammenspielen können (z. B. Unterhaltung und Information beim Lesen eines Sachbuchartikels zu einem Thema, das von persönlichem Interesse ist oder einem historischen Roman, der sowohl unterhält als auch Wissen über eine bestimmte Zeit liefert). Literatur kann außerdem zur Bildung oder Veränderung der eigenen Meinungen beitragen. Darüber hinaus kann beim Lesen der eigene Wortschatz vergrößert werden und sprachliche Verständnis- und Ausdrucksmöglichkeiten können erweitert werden, was sich sowohl beim Sprechen als auch beim Schreiben bemerkbar machen kann.

Auf einer sozialen Ebene kommt die Möglichkeit von Literatur ins Spiel, eine Basis für die Kommunikation einer Gruppe zu schaffen. Über Gelesenes kann gesprochen und sich ausgetauscht werden, Bücher können Teil einer Gruppenidentität sein und damit ein Gefühl von Zugehörigkeit vermitteln (momentan ist dieses Phänomen z. B. anhand der »Biss«-Bücher von Stephenie Meyer zu beobachten). Des Weiteren kann der Lesegenuss gemeinsam stattfinden, etwa bei einer Autorenlesung oder einer Buchverfilmung. Literatur und Lesen können einen wichtigen Faktor in der Sozialisation darstellen und zur Einfindung in eine Gruppe beitragen. Desgleichen kann beim Lesen eine Grundlage für das Verständnis anderer Menschen, ihres Verhaltens oder ihrer Einstellungen geschaffen werden oder bereits vorhandenes Wissen überprüft werden.

Die dritte wichtige Ebene ist die Kultur. Schrift ist eng mit der Entwicklung unserer Kultur verknüpft und gilt als wichtige Voraussetzung dafür (vgl. Stein 2006, 9). Mit der Schrift bildet sich die Möglichkeit, dass Kommunikation stattfinden kann, die sich nicht nur auf den Sinn beschränkt, der aktuell in einer bestimmten Gruppe präsent ist. Kulturelle Identität wird mit Hilfe des kulturellen Gedächtnisses weitergegeben, welches auf ein System identitätsstiftenden Wissens angewiesen ist (Assmann 1999, 89). Dies können zum Beispiel Bräuche und Riten sein, geschieht aber in unserer Kultur meist über Texte. Die Auswahl dieser für das kulturelle Gedächtnis wichtigen Texte ändert sich im Laufe der Zeit. »Als Teil des kulturellen Gedächtnisses einer Großgruppe [...] wird Literatur zu einem Handlungsfeld, in dem bestimmt wird, was erinnert werden soll« (Abraham 2005, 14), stellt Abraham in Anschluss an Assmann/ Assmann 1994 fest. Dabei wird mit Literatur nicht nur Wissen übermittelt (wie etwa in der Geschichtsschreibung), sondern Einstellungen und Haltungen werden beeinflusst. »Das heißt, die lesende oder sehende Aufnahme von Bestandteilen des kulturellen Gedächtnisses führt eher zum Aufbau eines unterschwellig wirkenden Wissens, das erinnert wird, ohne im Einzelfall auf den Bezugspunkt der Erinnerung zu verweisen« (Rupp 2004, 127).

Die folgende Grafik zeigt das Zusammenspiel der drei Bereiche Individuation, Sozialisation und Enkulturation.

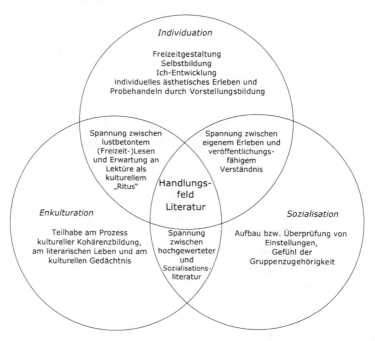

Abb. 1: Handlungsfelder von Literatur (Abraham 2005, 14)

2.3   Die Bedeutsamkeit von Lesen für Menschen mit Behinderung

Lesen hat für die Menschen in unserer Gesellschaft eine große Bedeutung. Nicht-Lesen-Können wird häufig mit »Dummheit «und mangelnder Intelligenz gleichgesetzt und führt zu einer Stigmatisierung der betroffenen Person. Gerade davon waren Menschen mit geistiger Behinderung lange Zeit betroffen, wenn ihnen das Lesen(-lernen) vorenthalten wurde. Aufgrund der Bedeutsamkeit für Individuation, Sozialisation und Enkulturation, sind Lesen und Lesenkönnen von zentraler Bedeutung für gesellschaftliche Anerkennung, für Integration und gesellschaftliche Teilhabe von Menschen mit Behinderung. Insbesondere »fördert Lesen Kritik-, Urteils- und Entscheidungsfähigkeit, ermöglicht gesellschaftlich-politische Einwirkung (vgl. Schenk 1999, 43) und trägt somit zu einem Aufbau persönlicher und kultureller Identität und zu einer Schulung der sozialen und kommunikativen Kompetenzen bei« (Wessels 2005, 228). Zudem beschreibt Wessels mit Bezug auf Lurija, dass der Erwerb von Schriftsprache das Herausbilden geistiger Funktionen (z. B. Denken, Kreativität) fördert und damit an der Bildung (und an der Bildungsfähigkeit) beteiligt ist. »Es kann davon ausgegangen werden, dass Lesen den Erwerb und die Verwendung von Sprache in ihrer Funktion als Medium des Denkens fördert« (Wessels 2005, 228). Auch für die Alltagsbewältigung spielt Lesen häufig eine wichtige Rolle, das Verständnis für Schriftsprache fördert die Selbstständigkeit und Unabhängigkeit. So ist die Möglichkeit der selbstständigen Beschaffung von Informationen entscheidend, etwa für die konkrete Orientierung in der Umwelt (Wann fährt der Zug? Wie funktioniert ein Gerät? Hinweisschilder usw.). Zudem ist das Lesen für den Erwerb von Wissen wichtig, etwa zum Lesen der Zeitung, Verstehen von Plakaten, zur Informationsbeschaffung aus Büchern etc. Aus der Bedeutung für die Alltagsbewältigung ergeben sich auch Konsequenzen für die Entwicklung der Persönlichkeit. So kann beispielsweise das Lesen die Selbstständigkeit und damit auch das Selbstwertgefühl steigern. Neben der Bedeutung des Schriftspracherwerbs und des Lesenlernens in der Schule oder in der Erwachsenenbildung bei Menschen mit einer Behinderung ist auch eine Anpassung »der Umwelt an spezielle Bedürfnislagen beeinträchtigter Menschen [notwendig, G. T.], um diese bei einem Zugang zur schriftsprachlichen Welt zu unterstützen und ihnen einen Zugang zu den dargestellten Vorteilen zu ermöglichen« (Wessels 2005, 228).

3   Teilhabe an Literatur – Aber wie?

Im vorangegangenen Kapitel wurde die Präsenz und Wichtigkeit von Lesen und Literatur in unserem Leben deutlich. Im Anschluss daran stellt sich die Frage nach der Teilhabe von Menschen an unserer Gesellschaft, die vom Lesen ausgeschlossen sind, oder die an der Welt der Literatur, sei es zur Unterhaltung oder zur Informationsgewinnung, nicht teilnehmen. Entgehen dieser Gruppe nicht viele wichtige Dinge, die

die Teilhabe an unserer Gesellschaft und Kultur ermöglichen oder zumindest wesentlich mitbestimmen?

Spätestens seit Inkrafttreten des SGB IX fungiert die »Teilhabe am Leben der Gesellschaft« als Leitziel im deutschen Rehabilitationssystem (vgl. Wansing 2005, 21). Das Behindertengleichstellungsgesetz, das seit 2002 gilt, hat als Ziel die Herstellung von umfassender Barrierefreiheit. »Dabei geht es nicht nur um die Beseitigung von Barrieren für Rollstuhlfahrer und für gehbehinderte Menschen, es geht auch um Kommunikation blinder, seh- oder hörbehinderter Menschen« (Bundesministerium für Arbeit und Soziales 2008, 97).

Der Aspekt der Teilhabe eines jeden Menschen hebt hervor, dass niemand von der Gesellschaft ausgeschlossen werden darf. Dabei geht es nicht darum, dass ein Mensch mit Behinderung sich anpassen muss, sondern dass jedem gemäß seinem Bedarf entsprechende Unterstützung zur Verfügung gestellt wird, um ihm eben genau die »Teilhabe« zu ermöglichen. Auf diese Weise soll Chancengleichheit, auch bei unterschiedlichsten Voraussetzungen und Zielen, gewährleistet werden (vgl. Wacker 2005, 13). »Die Forderung nach gesellschaftlicher Teilhabe basiert auf der Überzeugung, dass Menschen gerade wegen ihrer Unterschiedlichkeit voneinander lernen können« (Ebert 2000, 11).

Inklusion als Leitziel von sonderpädagogischen Bemühungen lässt sich ohne die Aspekte der Selbstbestimmung und Teilhabe auf allen Gebieten nicht denken. Teilhabe ist damit sowohl das Ziel als auch der Weg, der dorthin führt. Konkreter erfordert dies nach Wacker materielle sowie politische Teilhabe, aber auch kulturelle Teilhabe, in Form von »Verwirklichung individuell gewünschter und gesellschaftlich anerkannter Ziele der Lebensführung« (Wacker/Wansing/Schäfers 2005, 21) und soziale Teilhabe als »Partizipation an sozialen Beziehungen und Netzwerken« (Wacker/Wansing/Schäfers 2005, 21).

Zalfen betont die Bedeutung, die Bildung zur Verwirklichung von Teilhabe hat: »Bildung verfolgt das Ziel, Menschen dabei zu unterstützen, ein umfassendes Verständnis von der Welt zu entwickeln und sie so zu selbstbestimmtem Handeln und gesellschaftlicher Mitbestimmung zu befähigen. Bildung und Teilhabe gehören somit unweigerlich zusammen; Bildung kann Teilhabe anbahnen und weiterentwickeln, Teilhabe findet im Rahmen von Bildung statt« (Zalfen 2005, 53).

Auch im Bereich der Schriftsprache ist eine barrierefreie Gestaltung von Information notwendig, um die Teilhabe von Menschen mit Behinderung zu sichern (vgl. Wessels 2005, 228). Kulturtechniken schaffen eine Möglichkeit zur Teilhabe an Kultur, sie sind ein Mittel der Kultur teilhaftig zu werden und schaffen damit eine Möglichkeit für selbstbestimmte Teilhabe an der Gesellschaft (vgl. Schurad 2004, 24).

Literatur stellt einen Bereich dar, der für viele Menschen in Deutschland von Bedeutung ist, sei es zur Gestaltung der Freizeit, der Bildung oder um »dazuzugehören« und mitreden zu können. Die Gratifikationen für den Einzelnen, die der Lektüre eines Buches zugeordnet sind, sind für alle Menschen wünschenswert.

Literatur ist zudem ein Feld, in dem Unterschiede überwunden und Gemeinsamkeiten verstärkt in den Blick genommen werden können. Entschließt man sich etwa über ein bestimmtes literarisches Werk zu sprechen, so ist es unerheblich, ob der eine zwei Tage und der andere zwei Monate zum Lesen benötigt hat. Was zählt ist letztlich die Fähigkeit, den Inhalt aufzunehmen und evtl. darüber in Kommunikation zu treten.

Demzufolge wäre Literatur also ein guter Weg, um Grenzen zwischen verschiedenen Menschen abzubauen und somit die gesellschaftliche Teilhabe zu fördern.

4   Barrieren im Bereich von Lesen und Literatur

Wie in anderen Bereichen des gesellschaftlichen Lebens haben Menschen mit Behinderung auch im Bereich der Teilhabe an Literatur und Lesen oft mit erhöhten Schwierigkeiten zu kämpfen. Häufig ist der Zugang zu Literatur erschwert. Dies kann an den erhöhten Anforderungen liegen, die das Lesen an Menschen mit Behinderung stellt, was zu einer Vermeidung oder Ablehnung führen kann. Die Beschaffung geeigneter Lektüre stellt ebenfalls häufig ein Hindernis dar. Interessante Bücher überfordern oft sprachlich: sie haben grammatikalische Strukturen, die nur schwer zu verstehen sind, einen Wortschatz, der nicht dem eigenen Wissen entspricht oder sind so klein gedruckt, dass das Lesen kein Vergnügen bereitet. Während etwa am Gymnasium der Literaturunterricht zur Teilhabe an literarischer Kultur befähigen soll, spielt dieser Bereich an Förderschulen häufig eine wenig bedeutende Rolle. Hindernisse können des Weiteren auch konkret in der Beschaffung von Büchern liegen: wer nicht die Möglichkeit hat, selbstständig eine Buchhandlung oder Bibliothek aufzusuchen, muss darauf hoffen, dass er für die Mobilität Unterstützung erhält, ihm jemand die gewünschten Bücher mitbringt, oder sich auf ein möglicherweise im Wohnheim, Schule oder Werkstatt vorhandenes Angebot beschränken.

Um Teilhabe umfassend zu ermöglichen, muss dies auch im Bereich des kulturellen Handlungsfeldes Literatur geschehen und hier die Zugangsmöglichkeiten verbessert werden. Es kann nicht darum gehen alle Menschen gleich zu machen, aber allen Menschen die Möglichkeit zu verschaffen sich an den gleichen Sachen zu bilden und zu erfreuen, an ihnen teilzuhaben.

5   Fachdidaktik Deutsch – Lesen und Literatur im Unterricht

Im Folgenden soll es darum gehen, wie im Schulunterricht das Teilhaberecht von Schülern mit einer geistigen Behinderung an der Kulturtechnik Lesen und an Literatur eingelöst werden kann. Den Ausgangspunkt bilden dabei wichtige schulartübergreifende fachdidaktische Aspekte von Lesen und Literatur im Deutschunterricht. Sie sollen zunächst dargestellt werden und gelten in gleicher Weise für den Deutschunterricht bei Schülern mit FGE. Damit Teilhabe im Bereich Lesen und Literatur bestmöglich realisiert werden kann, auch in integrativen Unterrichtsformen und für Schüler mit einer schweren geistigen Behinderung, erfahren die allgemeinen Aspekte in Punkt 6 eine Spezifizierung für den Unterricht mit Schülern mit FGE.

5.1   Aufgaben und Ziele von Lese- und Literaturunterricht

Wichtige Aufgaben und Ziele des Lese- und Literaturunterrichts lassen sich gut aus der Bedeutung von Lesens und Literatur ableiten lassen, wie sie in 2.2 dargestellt wurde.

Ganz allgemein bewegt sich Literaturunterricht zwischen zwei Polen, nämlich dem Lerner und seinen persönlichen Bildungsbedürfnissen auf der einen Seite und dem Unterrichtsgegenstand Literatur als Kulturgut mit seinen literarisch-ästhetischen Eigenschaften auf der anderen Seite, was sich auch in seinen Zielen widerspiegelt (vgl. Hassenstein 1998, 476 und Beisbart/Marenbach 1997, 182). In eine ähnliche Richtung weist die, in der literaturdidaktischen Fachliteratur anzutreffende Unterscheidung zwischen *Literatur als Lerngegenstand* und *Literatur als Lernmedium*. Ist Literatur Lerngegenstand, dann sollen die Schüler Kenntnisse über Literatur (z. B. über Textsorten) und Fähigkeiten im Umgang mit ihr (z. B. Textinterpretation) lernen. Ist Literatur Lernmedium, so wird davon ausgegangen, dass Literatur hilfreich für Heranwachsende ist, in dem Sinne, dass sie diese bei der Herausbildung ihrer Identität und Persönlichkeit unterstützen kann. Hierbei ist auf ein Begründungsverhältnis hinzuweisen, nämlich, dass die bildende Wirkung von Literatur für das Subjekt in seiner Individuation, Sozialisation und Enkulturation der Beschäftigung mit Literatur als Lerngegenstand erst seine Berechtigung gibt. Zu beachten ist dabei, dass Texte Medium zur Übermittlung von Ideologien sein können und dass Mündigkeit im Umgang mit Texten ein zentrales Ziel von literarischer Bildung ist (vgl. Beisbart/Marenbach 2006, 112f.).

Es folgt nun eine Auflistung verschiedener Zielaspekte von Literaturunterricht, welche die Autoren Büker (2003, 130), Ehlers (2003, 22–23), Beisbart/Marenbach (1997, 181f.), Beisbart/Marenbach (2006, 114–116) und Hassenstein (1998, 482) nennen und welche sich auch in den Lehrplänen – je nach Schulform und Textsorte in unterschiedlicher Gewichtung – finden.

- Hinführen zu Literatur, Vielfalt von Literatur kennenlernen
- Zum mündigen, kritischen Umgang mit Literatur befähigen, Wirkungsabsichten von Literatur erkennen (insbesondere bei Reklameliteratur und Gebrauchstexten)
- Zu Auswahlentscheidungen befähigen, insbesondere relevant im Hinblick auf das Freizeitverhalten: eigene Unterhaltungs-, Genuss- und Informationsbedürfnisse kennen und sie zu befriedigen wissen
- Am literarischen Leben als einem Kulturbereich in unserer Gesellschaft teilnehmen, sich darin auskennen, zur Kommunikation über Literatur befähigen

- Kenntnisse über Literatur und Literaturgeschichte, insbesondere über Textgattungen erwerben
- Texterschließungskompetenz und Fähigkeit zum Umgang mit Texten aufbauen: Texte verstehen, sie auf ihre Struktur und Eigenschaften hin analysieren, ihnen Information entnehmen, sie interpretieren
- Eine stabile Lesemotivation aufbauen, Leseinteresse und Lesefreude wecken
- Imagination und Vorstellungsbildung anregen, Kreativität und Phantasie entfalten
- Ästhetische Sensibilisierung: Sinn für Schönes, Künstlerisches wecken, Sinn für die besondere und bewusste sprachliche Gestaltung literaturästhetischer Texte wecken
- Literatur als Hilfe/Anregung zu Identitätsfindung, Selbstverstehen, Fremdverstehen, Persönlichkeitsentwicklung nutzen
- Literatur als Lebenshilfe: Lebensentwürfe und Angebote von Weltdeutung bereitstellen, geteilte Erfahrungen schaffen, gemachte Erfahrungen verarbeiten
- Mit fundamentalen Erfahrungen und anthropologischen Grundfragen auseinandersetzen (z. B. Leben und Tod)

5.2   Lesekompetenz als Zielkategorie im Lese- und Literaturunterricht

Mit dem Begriff der Lesekompetenz als Zielkategorie für Deutschunterricht wird in jüngster Zeit ein pragmatisch-funktionalistischer Zugang zum Lesen als Kulturtechnik und zum Umgang mit Texten gewählt. In diesem Zusammenhang fällt oft das Stichwort »reading-literacy«. In der von der OECD nun schon mehrmals durchgeführten PISA-Studie wird versucht Lesekompetenz als eine von drei großen Kompetenzbereichen neben mathematischer und naturwissenschaftlicher Kompetenz zu messen. Lesekompetenz wird in der PISA-Studie definiert als die Fähigkeit, »geschriebene Texte zu verstehen, zu nutzen und über sie zu reflektieren, um eigene Ziele zu erreichen, das eigene Wissen und Potenzial weiterzuentwickeln und am gesellschaftlichen Leben teilzunehmen« (Baumert 2001, 22). Unter geschriebene Texte fallen hierbei auch bildhafte Darstellungen wie Diagramme, Bilder, Karten, Tabellen oder Grafiken, weil sie in unserer Kultur eine wichtige Quelle von Informationen sind. Lesekompetenz wird weiter als grundlegendes und wichtiges Werkzeug für das Zurechtkommen in unserer Gesellschaft und für die Teilhabe an der Kultur beschrieben, da die Fähigkeit Lesen zu können es ermöglicht, Geschriebenem Informationen zu entnehmen und sich dadurch eigenständig Wissen anzueignen und immer neu dazuzulernen, was in der heutigen Wissensgesellschaft immens wichtig ist (vgl. Baumert 2001, 20, 69).

Mit dem Lesekompetenzbegriff wird das Augenmerk beim Leseunterricht verstärkt auf pragmatische Literatur und Medientexte und auf konkret abfragbare Fähigkeiten und Strategien zum sinnentnehmenden Lesen gelenkt. In diesem Kontext sind die Förderung von Lesestrategien zum ökonomischen, sinnentnehmenden Lesen und die

Förderung von Lesefertigkeiten (z. B. zur schellen Worterkennung) wichtige Aufgaben
von Lese- und Literaturunterricht.

5.3   Handlungs- und Produktionsorientierung im Literaturunterricht

In der Literaturdidaktik der Gegenwart ist Handlungs- und Produktionsorientierung
ein zentrales Stichwort. Sie steht für einen ganzheitlichen, selbstständigen und tätig-
handelnden Umgang mit Texten, der neben kognitiven auch affektive und psychomotorische Dimensionen des Lernens einbezieht (vgl. Maiwald 2001, 78). Handlungs-
und produktionsorientiertes Lernen im Literaturunterricht findet seine Begründung
in der Rezeptionsästhetik. Diese besagt, dass der Leser beim Lesen ästhetischer Texte
aktiv und kreativ Imagination, Emotionalität und Phantasie einbringt. Er ist damit
Koproduzent des Textes (vgl. Waldmann 1998, 494f.). Deshalb sind in einem Literaturunterricht, der sich auf die Rezeptionsästhetik beruft, aktive, kreative und produktive Umgangsformen mit Texten für deren Erschließung wichtig (vgl. Hassenstein
1998, 481). Nach Waldmann (1998, 496) soll ein aktiver Umgang, wie z. B. das
eigene Schreiben zu einem Text, das emotionalen Einfühlen und den Aufbau einer
inneren Vorstellung vom Text, das Sinn-Schaffen erleichtern. Auswirkungen ergeben
sich hieraus vor allem für die Methodik im Literaturunterricht. Die literaturdidaktische Fachliteratur beschreibt eine Vielzahl an produktions- und handlungsorientierten
Methoden, worunter z. B. die Darstellung eines Textes (z. B. szenisch, musikalisch,
bildlich), die Raffung, Umformung oder Erweiterung des Originaltextes (z. B. Ausfüllen von Sprüngen im Text), das Verfassen von Parallel- oder Gegentexten oder von
Briefen an Figuren aus dem Text, das Weiterführen eines Textanfangs, das Ergänzen
getilgter Textteile oder das Ordnen von Textabschnitten fallen (vgl. Hassenstein 1998,
481; Waldmann 1998, 499f.).

5.4   Prinzip Schülerorientierung im Lese- und Literaturunterricht

Das Prinzip Schülerorientierung intendiert im Lese- und Literaturunterricht, dass Leseinteressen und Lesemotivation der Schüler bei der Textauswahl Beachtung finden
und weiterentwickelt werden. Durch vielfältiges, ansprechendes, alters- und entwick-
lungsgemäßes Lesematerial kann ein lustvoller Umgang mit Texten bei den Schülern
erreicht werden. Zu Lesepräferenzen und Leseverhalten von Kindern und Jugendlichen gibt es zahlreiche Befragungen. Für den Altersbereich Hauptschulstufe kann zusammengefasst festgehalten werden, dass Schüler Spannung und Humor von Texten
erwarten und dementsprechend am liebsten Horrorgeschichten, Krimis und lustige
Texte lesen. Im Sachbuchbereich interessieren vor allem Bücher über Sport und andere
Hobbys. Daneben besteht bei manchen Jugendlichen, vor allem bei Mädchen, ein
Bedürfnis nach Identifikation mit jugendlichen Figuren und ihren Problemen in bel-
letristischen Texten (vgl. Studien von Bucher 2004, Böck 2000 und Franz 2002). Im

Unterricht sollten die Leseinteressen der Schüler individuell und geschlechtsspezifisch ermittelt und berücksichtigt werden.

5.5   Medientexte und Medienkompetenz im Lese- und Literaturunterricht

Ein weit gefasster Literaturbegriff im Zeitalter der Medien- und Informationsgesellschaft beschränkt sich nicht nur auf gedruckte Texte, sondern umfasst das gesamte Spektrum von audiovisuellen und elektronischen Medientexten, also reine Druck-, Hör- und Bildmedien und Mischformen z. B. auch SMS, Cartoons oder Musikvideoclips im Internet. Medientexte aller Art sollen auch in den Lese- und Literaturunterricht einbezogen werden.

Beisbart/Marenbach (2006, 125) nennen als übergreifendes mediendidaktisches Ziel die Ermöglichung einer sinnvolle Teilhabe an Medien; sinnvoll im Sinne von situations- und bedürfnisgerecht und zugleich sozial verträglich. Für den Bereich Lese- und Literaturunterricht betrifft dies den Erwerb von Fertigkeiten, Kenntnisse, Fähigkeiten und Einstellungen zum Lesen von multimedialen Texten und von Literatur über Medien. Schwerpunkte der unterrichtlichen Medienarbeit können dabei auf Medienerziehung und einem verantwortungsvollen und kritischen Umgang mit Medien (z. B. Erkennen und Aufarbeiten von Beeinflussung durch TV-Werbung), auf dem Erarbeiten von Nutzungsmöglichkeiten bestimmter Medien (z. B. Informationssuche im Internet), auf der Schulung der ästhetischen Wahrnehmung, auf der Erschließung von Inhalt und Form von Medientexten, dem Bewerten von Mediengestaltung oder der eigenen Gestaltung und Produktion von Medientexten liegen (vgl. Ehlers 2003, 84f.; Marci-Boehncke 2003, 130–133).

6   Lese- und Literaturunterricht an der Hauptschulstufe FGE – Realisierung von Teilhabe an Lesen als Kulturtechnik und an Literatur

Auch was den schulischen Bereich anbelangt lassen sich Barrieren für eine Teilhabe an Kultur und Literatur durch Lesen für Schüler mit FGE feststellen. Viele Texte, z. B. aus Schullesebüchern, welche im Regelunterricht der Sekundarstufe gelesen werden und die vom Thema her für Jugendliche interessant sind, diese zum Lesen motivieren, wissenswerte Informationen enthalten und sie auch beim Heranwachsen, bei Enkulturation, Sozialisation und Individuation unterstützen könnten, stellen zu hohe Anforderungen an die Lesefertigkeiten und allgemeinen kognitiven und sprachlichen Fähigkeiten der Schüler mit FGE, sodass sie als Texte für den Unterricht nicht in Frage kommen. Texte in einfacher Schriftsprache oder in Bildern oder Symbolen sind meist für Kleinkinder oder Kinder im Grundschulalter verfasst und deshalb vom Inhalt her oft zu kindlich (vgl. Schurad 2004, 51). Es besteht also ein Mangel an Texten die sowohl dem Alter als auch dem Leseniveau der jugendlichen Schüler mit FGE.

Im Folgenden sollen ausgehend von den erläuterten Gesichtspunkten zu Lesen und Literatur und zu Lese- und Literaturunterricht Konkretisierungsmöglichkeiten der Teilhabe an Lesen als Kulturtechnik und Literatur im Lese- und Literaturunterricht an der Hauptschulstufe FGE aufgezeigt werden. Grundlegend dafür sind ein erweitertes Verständnis von Lesen und ein weites Verständnis von Literatur, wie in es 2.1 dargestellt wurde, wodurch sich auch gute Möglichkeiten für integrativen Lese- und Literaturunterricht eröffnen.

6.1   Förderung der Lesefertigkeiten

Bei Schüler mit FGE sollte in der Hauptschulstufe, ebenso wie in der Regelschule, nach dem Leselehrgang in den unteren Klassenstufen (der im FGE auch Übungen zum Lesen im weiteren Sinne einschließt, z. B. zum Bilder- oder Ganzwortlesen), Literatur in all ihren Facetten ins Zentrum des Unterrichts rücken. Dennoch sind auch in höheren Klassenstufen Gelegenheiten zur Übung mit dem Ziel der Verbesserung und Aufrechterhaltung von erworbenen Lesefertigkeiten und Lese- und Verstehensfähigkeiten sinnvoll.

Hierbei können Übungen, die stärker den technischen Aspekt der Lesefertigkeit betonen von Übungen, die den Aufbau von Lesestrategien und Kompetenzen zum besseren Textverständnis schulen, insbesondere auch zur Befähigung von Wissenserwerb aus Texten, wie es einem pragmatischen-funktionalen Verständnis von Lesekompetenz entspricht, unterschieden werden. Übungen zu Lesefertigkeiten haben das Ziel der Verbesserung von Lesegeschwindigkeit, -flüssigkeit, -sicherheit, -geläufigkeit und -genauigkeit. Dies kann auf der Ebene des Situations-, Bilder-, Bildzeichen-, Signalwort-, Ganzwort- oder Schriftlesen geschehen. Zum Beispiel kann geübt werden, ähnliche Zeichen zu unterscheiden (Bsp.: Finden von Unterschieden in zwei ähnlichen Fotos) oder Zeichen gleicher Bedeutung einander zuzuordnen (Bsp.: Zuordnung von Bildzeichen zu Ganzwörtern).

Alle Übungen sollen idealerweise an interessanten, altersgemäßen und sinnvollen Texten bzw. Zeichen stattfinden und mit thematischen Bezug zum lebenspraktische Unterricht oder Literaturunterricht und nicht isoliert von diesem durchgeführt werden.

6.2   Ausgewogenheit von pragmatischer und ästhetischer Literatur

Ein besonderer Schwerpunkt liegt im Unterricht bei Schüler mit FGE auf dem Umgang mit pragmatischen Texten. Leseunterricht ist fächerübergreifend angelegt. Er wird in den gesamten Unterricht integriert und steht in enger Verbindung mit Unterricht im lebenspraktischen Bereich. Lesen wird hierbei als ein Werkzeug zum Zurechtkommen und zur Erlangung von Selbstständigkeit im praktischen Lebensalltag gesehen, z. B. das Lesen von Kochrezepten oder Fahrplänen. Jede der von Hublow geprägten Lesearten (Fotos, Bildzeichen etc.) hat dabei ihren »lebensbezogenen Eigenwert« (Hublow 1985, 6).

Neben dem pragmatischen Einsatz des Lesens sollten ästhetische Texte im Unterricht im FGE eine ebenso wichtige Rolle spielen, da sie den Leser in eine fiktive Welt entführen. So kann der Sinn der Schüler für Künstlerisches, ihre Lesefreude und Phantasie geweckt werden. Kreatives Denken und Prozesse des Selbst- und Fremdverstehens werden gefördert (vgl. Günther/Lanzinger 1997, 234). Jedoch stellen ästhetische Literatur im engeren Sinne, wie z. B. Werke von Goethe oder Schiller, Jugendliteratur für den Altersbereich Hauptschule und Unterhaltungsliteratur hohe Anforderungen an die Schriftsprachkompetenz, an Kognition und Verstehensfähigkeit der Leser, sodass sie eher selten in der Hauptschulstufe FGE zum Einsatz kommen. Da Literaturunterricht Schüler in das literarische Leben als einen Kulturbereich einführen soll und ästhetische Literatur vielfältige Bildungsprozesse ermöglicht, sollte aber solche anspruchsvolle ästhetische Literatur nicht prinzipiell vom Unterricht im FGE ausgeschlossen werden. Überlegungen dazu sollen im Folgenden aufgezeigt werden.

6.3 Einfache, leicht verständliche Texte als Medium im Lese- und Literaturunterricht

Da vielen Schüler mit FGE das Schriftlesen Mühe macht und für sie das Verstehen von Textinhalten durch kognitive Einschränkungen erschwert ist, kann ihre Teilhabe an Literatur durch das Vereinfachen von schwierigen Originaltexten bzw. das neue Verfassen von einfach und verständlich geschriebenen Texten ermöglicht werden. Zum Bereich Textverständlichkeit und Lesbarkeit von Texten gibt es einen eigenen Forschungszweig. Diese Erkenntnisse zusammenfassend sollen im Folgenden einige konkrete allgemeine Hinweise für das Verfassen leicht verständlicher Texte und das Beurteilen von Texten hinsichtlich ihrer leichten Lesbarkeit gegeben werden. Explizit hingewiesen werden soll dabei auf das »Wörterbuch für leichte Sprache«, das vom »Netzwerk People First« für Menschen mit Lernbeeinträchtigung herausgebracht wurde.

Der Text in seiner sprachlichen und inhaltlichen Struktur sollte folgendermaßen beschaffen sein:

- Auf Wortebene: kurze Wörter, viele Funktionswörter und wenige Inhaltswörter (= niedrigere Faktendichte) pro Satz, keine Nominalisierungen, geläufige Wörter/ alltagssprachliche Wortwahl (hierbei kann das »Wörterbuch für leichte Sprache« helfen), keine Fremdwörter bzw. erklären von Fremdwörtern, für ein und denselben Gegenstand bzw. Sachverhalt dasselbe Wort verwenden, Zahlen als Ziffern schreiben
- Auf Satzebene: aktive statt passive Sätze, positive statt negative Sätze, eine Aussage pro Satz, kurze und syntaktisch einfache Sätze (nur Hauptsätze oder Satzreihung), Informationswiederholungen und Bezüge innerhalb von Sätzen und satzübergrei-

fend z. B. durch wörtliche Wiederholungen (größere Redundanz) erleichtern das Verständnis

- Auf Textebene: konkrete Beispiele aus dem Alltag, persönliche Ansprache, Textorganisation durch Gliederung in Absätze, Hervorhebung durch Überschriften oder Unterstreichungen
- Bilder zum Veranschaulichen

(vgl. Langer/Schulz von Thun/Tausch 1993, 16–27; Netzwerk People First e. V. 2004, 2–9; Wessels 2005, 232ff.)

6.4   Medienvielfalt

Eine weitere Möglichkeit Literatur für Schüler mit FGE zugänglich zu machen, vor allem für Schüler die Schrift nicht lesen können, so Günther/Lanzinger (1997, 234), ist der Einsatz alternativer Medien zum schriftlichen Text, wie z. B. Hörspiel, -buch, Musik, Film, Bilder, Theater und szenische Darstellung. Der Einsatz vielfältiger Medien im Lese- und Literaturunterricht verknüpft viele der schon genannten Aspekte. Grundlage ist ein weites Verständnis von Literatur (siehe 2.1). Eine Darstellung von Inhalten mittels unterschiedlichen Medien verwirklicht das Lesen von Situationen, Bildern, Bildzeichen und Signalwörtern, wie es dem erweiterten Lesebegriff nach Hublow entspricht. Mit dem Einsatz unterschiedlicher Medien im Lese- und Literaturunterricht werden auch allgemeine mediendidaktische Ziele (siehe 5.5) verwirklicht. Dabei kann eine Darstellung von gleichen Inhalten mittels unterschiedlicher Medien (z. B. Bild und Schrift oder Bild und Ton) sehr vorteilhaft sein, weil die Medien zusammenwirken und sich ergänzen und dadurch ein besseres Textverständnis und vielfältige Deutungsmöglichkeiten eröffnen. Schüler auf unterschiedlichen Leseniveaus können auf unterschiedliche, je individuelle Weise Zugang zu einem Texten bzw. Inhalt finden. Darstellungsmedien können z. B. Fotos, Gemälde, Cartoons, Comics, Zeichnungen, Symbole in elektronischen Medien (Icons, Animationen), Filme/Trickfilme, Pantomimische Darstellung oder Theater sein.

6.5   Prinzipien im Lese- und Literaturunterricht

Schüler- und Lebensweltorientierung

Dieser Grundsatz besagt, dass Lesetexte gewählt werden, die thematisch den Interessen von Jugendlichen im Altersbereich Hauptschulstufe entsprechen, was Voraussetzung für motiviertes Lesen und das Erreichen der in 5.1 genannten Ziele ist. Prinzipiell ist davon auszugehen, dass Jugendliche mit FGE ähnliche Lesepräferenzen haben, wie alle Jugendlichen, also gerne lustige und spannende Texte lesen (siehe 5.4). Wichtig ist jedoch eine individuelle Textauswahl in Anpassung an die Lebenswelt der Schüler.

Handlungs- und Produktionsorientierung

Handlungs- und produktionsorientierte Elemente eigenen sich sehr gut für den Lese- und Literaturunterricht im FGE, da sie Lernformen ermöglichen, die den Lernvoraussetzungen und -fähigkeiten von Schülern mit einer geistigen Behinderung entgegenkommen. Sie verhindern ein rein kognitives, passiv-rezeptives Lernen und ermöglichen aktives, selbsttätiges und anschauungsgebundenes Lernen und konkretisieren den verknüpfenden und vielfältigen Medieneinsatz im Unterricht, z. B. durch Malen von Bildern zu Hörspieltexten oder Filmen oder durch szenische Darstellung von Bildern oder Filmausschnitten.

Individualisierung und Differenzierung

Individualisierung und Differenzierung als Prinzipien sind aufgrund der großen Heterogenität der Schülerschaft mit FGE zu beachten und betreffen im Lese- und Literaturunterricht zum einen die individuelle Auswahl der Inhalte und Themen des Lesematerials angepasst an Alter, Entwicklungsstand, lebensweltlichem Hintergrund und Interessen der Schüler, als auch vor allem die Präsentation der Inhalte und Texte in unterschiedlicher Formen von Zeichen und Darstellungsmedien, die dem Leseniveau der Schüler entsprechen, also in konkreten Handlungen, in Bildern, Fotos, Bildzeichen, Signalwörtern, Ganzwörtern und längeren schriftlichen Texten, in audiovisueller oder gedruckter Form.

6.6   Integrativer Deutschunterricht

Die in 5 genannten allgemeinen fachdidaktischen Aspekte bilden die Basis für integrativen Lese- und Literaturunterricht für Schüler mit und ohne sonderpädagogischen Förderbedarf. Vor allem dem Einsatz vielfältiger Medien bzw. Arten von Zeichen und handlungs- und produktionsorientierter Arbeitsformen kommt im integrativen Unterricht eine Schlüsselrolle zu. Auf diesem Wege können Schüler unterschiedlichen Leseniveaus gemeinsam am gleichen Thema/Inhalt lernen, welches/er in je individuell angepasster Form (z. B. als Bild oder als kurzer Text) dargestellt ist. Dabei findet integrativer Unterricht als ein Wechsel zwischen Phasen gemeinsamen Lernens z. B. der Inszenierung eines Textes und Phasen individuellen Lernens oder Arbeit in Kleingruppen, z. B. Leseübungen auf dem je individuellen Leseniveau, statt. Auch für die Integration von Schülern mit einer schweren geistigen Behinderung bieten sich auf diesem Wege Realisierungsmöglichkeiten.

6.7   Ideen zum Unterricht: Theater und Film

Weitere Möglichkeiten, neben dem Lesen von Gedrucktem am literarischen Leben und der literarischen Kultur teilzuhaben, stellen Theater und Film dar. Diese können im Unterricht zusätzlich zum Lesen oder auch für sich genutzt werden, um Schüler mit dem Handlungsfeld Literatur bekannt und vertraut zu machen. Dabei ist, insbesondere bei der Wahl der Themen auf die oben genannten Prinzipien, insbesondere die Schülerorientierung zu achten. Zudem stellen diese beiden kulturellen Erscheinungsformen eine gute Möglichkeit für den Unterricht in heterogenen oder integrativen Klassen dar.

Theater

Sowohl Theater zum Anschauen als auch zum Selberspielen bietet die Möglichkeit, mit Literatur in Kontakt zu kommen. Viele »klassische« Werke des gymnasialen Deutschunterrichts (bzw. Englischunterrichts) sind Dramen, dafür gemacht, auf Bühnen aufgeführt und gesehen zu werden (z. B. Goethes Faust, Shakespeare, Schiller usw.). Dass sich auch sehr anspruchsvolle Texte, zumindest zum Teil, für Menschen mit geistiger Behinderung adaptieren und nutzbar machen lassen, zeigen z. B. Lamers (2000) und Franz (2006), die Texte von Goethe und Shakespeare mit ihren Klassen (Werkstufen) erarbeiteten. Franz beschreibt ein Unterrichtsprojekt über Shakespeares »Romeo und Julia«, in dem er mit der Klasse selbst das Stück erarbeitete und schließlich aufführte. Dazu erstellt er ein elementarisiertes »Lesebuch für Schüler«. »Der Handlungsstrang dieser elementarisierten Fassung komprimierte die Langfassung auf das Wesentliche: Einzelne Nebenschauplätze und Figuren wurden vernachlässigt, wenn diese Reduktion dem Verständnis der Schüler entgegenkam und die fundamentalen Grundsätze und damit die Tiefenstruktur des Originalstücks erkennbar blieben« (Franz 2006, 10). Beim Erarbeiten eines Stückes besteht die Möglichkeit, sehr tief in den Stoff einzusteigen. Die szenischen Darstellungsmöglichkeiten lassen Erfahrungen zu, die sonst im Bereich der Literaturrezeption eher schwer zu machen und normalerweise eher auf die Imagination beschränkt sind. Das eher passive, aufnehmende und nur im Kopf wirkende Lesen wird beim Theaterspielen durch aktives Handeln abgelöst, eigene Ideen können umgesetzt werden.

In dieser Hinsicht bietet Theaterspielen eine Chance, Literatur (und auch »klassische Literatur«) zu erleben. Nachteilig könnte meines Erachtens sein, dass der Aufwand eher groß ist, und ein Theaterprojekt über einen längeren Zeitraum aufgebaut werden muss, damit es erfolgreich sein kann und den Beteiligten etwas bringt. Es müsste daher für diese Art der Literaturbegegnung einen festen Rahmen geben, etwa in Form einer Theatergruppe, die regelmäßig zusammenkommt. Allerdings lassen sich durchaus auch in kürzeren Einheiten szenische Formen einbauen, die das Literaturerleben anschaulich werden lassen. So kann beispielsweise eine einzelne Szene gespielt werden oder es wird der Fortgang der Handlung durch das Ausprobieren unterschiedlicher möglicher Szenen ausprobiert.

Theater anzuschauen lässt sich meiner Erfahrung nach individueller gestalten, und kommt mehr den normalen Rezeptionsformen von Literatur gleich. Die Gestaltung auf der Bühne kann für viele Menschen mit geistiger Behinderung leichter verständlich sein als das eigene Lesen, und setzt zudem keine Lesefertigkeiten voraus. Auch hierbei kann die kulturelle Teilhabe verwirklicht werden, gerade Theater- oder Opernbesuche werden eher als Teil »höherer Kultur« gewertet. Neben dem persönlichen Geschmack sollten bei der Auswahl eines Stückes auch die Verständlichkeit sowie die Inszenierung beachtet werden. Gerade moderne Aufführungen können sehr abstrakt sein und eine eher abschreckende Wirkung haben. Sinnvoll ist es auch, Hilfestellungen zum Verständnis zu geben und nach einem Stück über das Gesehene gemeinsam zu reden. Alles in allem stellt Theater, sowohl selbst gespielt als auch zum Anschauen, eine der schönsten Möglichkeiten dar, neben dem »normalen Lesen« Erfahrungen mit Literatur zu machen.

Verfilmungen von Literatur

Im Vergleich zum Lesen von Büchern, zu dem eine gewisse Lesefertigkeit gehört, damit man sich das Gelesene vorstellen kann, sind Filme leichter »anzuschauen«: man sieht, was man sieht (vgl. Neuhaus 2008, 7). »Literatur und Film haben viele Gemeinsamkeiten, die erste und wichtigste – es handelt sich um sinnstiftende Zeichensysteme« (Neuhaus 2008b, 11). Allerdings sind die Systeme sehr unterschiedlich – während in Büchern in erster Linie Sprache eine Rolle spielt (abgesehen von Illustrationen), ist der Film geprägt von visuellen Symbolen.

Die Verfilmung von Literatur kann eine gute Möglichkeit sein, diese einem breiterem Publikum, das vielleicht die Anstrengung des Lesens scheut, zugänglich zu machen. In Literaturverfilmungen kann auch für Menschen mit Behinderung Literatur zugänglich gemacht werden. Aufgrund des begrenzten Zeitrahmens wird die Handlung eines (langen) Romans meist verkürzt und vereinfacht, Nebenhandlungen etc. werden weggelassen. Die konkretere Darstellung im Film erfordert weniger Verstehensprozesse, das Aufgenommene ist schon in Bildform vorhanden und muss nicht erst von der Sprache her umgewandelt werden. Daher erscheinen Verfilmungen oft leichter verständlich, was auch an der Reduzierung des Inhalts auf das Wesentliche (bzw. als wesentlich Ausgewählte) liegt (vgl. Neuhaus 2008).

Aus diesen Gründen erscheinen Literaturverfilmungen als eine gute Möglichkeit für Menschen mit Behinderung an der kulturellen Welt teilzuhaben. Mit Sicherheit lässt sich Lesen nicht vollständig durch das Anschauen von Filmen ersetzen, aber es bietet eine Alternative, auch bei mangelnden Lesefertigkeiten an Kultur teilzuhaben. Zusätzlich können Literaturverfilmungen auch eine Ergänzung zu bereits Gelesenem sein oder Lust auf das Lesen des Originals machen.

Weitere Möglichkeiten

Weitere Zugangsmöglichkeiten können Hörbücher darstellen, die auch die Schülern, die nicht lesen können, die Möglichkeit eröffnen am aktuellen literarischen Geschehen teilzunehmen: ein Großteil der Buch-Neuveröffentlichungen wird mittlerweile gleichzeitig oder zeitnah als Hörbuch veröffentlicht.

Ebenfalls reizvoll kann auch im Unterricht der Hauptschulstufe das Vorlesen sein. Insbesondere die Möglichkeit, sofort auf Fragen und Schwierigkeiten der Schüler eingehen zu können, ist hier für den Unterricht vorteilhaft. Zudem können hierbei vor allem Funktionen von Literatur wie Entspannung oder das Hineinversetzen in fremde Welten besonders gut verwirklicht werden.

7   Lesebuch »Lesestoff« – Ein Lesebuch für Schüler mit Förderschwerpunkt geistige Entwicklung im Sekundarstufenalter

Die Idee

Das Lesebuch »Lesestoff« ist konzipiert als Sammlung leicht lesbarer Texte, thematisch ansprechend und altersangemessen für Schüler im Sekundarstufenalter mit Beeinträchtigungen beim Lesen, insbesondere Schüler mit FGE. Es enthält kurze, leicht verständliche Texte von maximal drei Seiten Umfang, welche immer durch zahlreiche grafische Elemente ergänzt werden, was die Orientierung im Lesebuch und die Verständlichkeit der Texte erhöhen soll. Darüber hinaus wurde versucht zu möglichst vielen schriftlichen Texten parallel Lesematerial zum Foto-, Bilder-, Symbol-, Signalwort- oder Ganzwortlesen bereitzustellen, für Schüler die nicht oder nur sehr bruchstückhaft lesen können.

Das Schülerarbeitsheft zum Lesebuch enthält vielfältige Aufgaben zum vertiefenden, eigenaktiven und produktiven Umgang mit den Texten, dazu Kopiervorlagen und die Lösungen zu den Aufgaben. Ein Lehrerband enthält Hinweise, Hintergrundinformationen und Unterrichtsideen zu den Texten.

Der Inhalt

In Anlehnung an Lesebücher aus der Regelschule wird versucht mit »Lesestoff« in acht Kapiteln eine möglichst große Vielfalt an Texten zu bieten, sowohl Texte mit lebensweltnahen Textinhalten und Themen, welche Jugendliche interessieren, als auch Texte unterschiedlichster Gattungen (anspruchsvolle Literatur (insbesondere Gedichte), Unterhaltungsliteratur, Sach- und Gebrauchstexte, Kinder- und Jugendliteratur, Medientexte, z. B. Comics, Leseübungstexte).

Dazu wurden entweder Texte aus Regelschulbüchern sprachlich vereinfacht bzw. neu arrangiert und durch bildliche Elemente ergänzt oder neue Texte verfasst.

Für Leseförderung und Medienarbeit werden aufgrund der Wichtigkeit dieser Aspekte extra Kapitel bereitgestellt.

»Lies dich fit!« – Leseübungskapitel mit altersgemäßen, ansprechend gestalteten Übungstexten zum Bilder-, Foto-, Symbol-, Signal- und Ganzwortlesen sowie zum analytisch-synthetischen Lesen.

»Fahrrad« – Kapitel mit Sach- und Erlebnistexten zum beliebten und lebensweltnahen Thema Fahrrad. Dazu ein Extra: Einführung in die Anwendung von Lesestrategien zum besseren Textverständnis.

»Spannendes« – Kapitel mit zwei spannenden Geschichten mit einfachen Handlungssträngen, in leichter Sprache geschrieben. Dazu viele Bilder, die ebenso den Handlungsverlauf darstellen.

 »Türkei« – Kapitel mit vielfältigen Texten zum Thema Türkei: informative Sachtexte, ein Rezept, ein Märchen, Sprichwörter und eine Erzählung, jeweils sowohl in schriftlicher als auch in bildlicher Form.

 »Lustiges« – Kapitel mit lustigen Texten, unter anderem Texte zum 1. April und Auszüge aus Mark Twains »Die Abendteuer des Tom Sawyer«. Insbesondere enthält dieses Kapitel viele Comics und Cartoons.

 »Gedichte« – Gedichtwerkstatt: intendiert ist ein handelnd-produktiver Umgang mit Gedichten, welche jeweils auch durch bildliche Elemente dargestellt werden, darunter auch »Klassiker« wie Goethes »Gefunden«.

 »Tabellen« – Kapitel zum Lesen und Verstehen von Tabellen, als einer Lesefertigkeit von hoher lebenspraktischer Relevanz; enthält Tabellen zum Foto-, Bilder- und Schriftlesen.

 »Musik, Bild und Text« – Magazin zum Liedtext »Irgendwie, irgendwo, irgendwann«.

Der Text spricht das für Jugendliche interessante Thema »Liebe/Date« an. Es liegen neben dem schriftlichen Text, Vertonungen von zwei Künstlern (Nena, Jan Delay), sowie bildliche Darstellungen zum Liedtext vor, welche Möglichkeiten für eine verknüpfende Arbeit mit dem Lied (Text, Ton, Bild) bieten.

»Lesestoff« im Unterricht

Zu vielen Themen aus dem Lesebuch gibt es Texte in verschiedenen Darstellungsformen, z. B. Fotos, Bilder, Symbole, Ganzwörter, Schrift untermalt durch Bilder, Film- oder Tonmaterial, die je nach Leseniveau für die Schüler ausgewählt werden können für einen individualisierten und differenzierten Unterricht. Offene Unterrichtsformen, z. B. Wochenplanarbeit können gut mithilfe des Schülerarbeitsheftes realisiert werden. Die Aufgaben darin sind so gestaltet, dass sie selbstständig bearbeitet und mithilfe der Lösungsblätter auch eigenständig überarbeitet werden können. Alle Darstellungen, Aufgaben und Unterrichtsideen intendieren Texterschließung durch eigenaktiv-handelnde, produktive und kreative Umgangsformen im Unterricht, z. B. durch eigenes Malen oder Schreiben zu einem Text oder szenische Darstellung.

Bei Interesse am Lesebuch »Lesestoff« kann unter:
http://www.opus-bayern.de/uni-wuerzburg/frontdoor.php?source_opus=4595&la=de
darauf zugegriffen oder Kontakt mit der Verfasserin Jutta Proksch aufgenommen werden. Das Lesebuch wurde im Rahmen einer Schriftlichen Hausarbeit konzipiert und auf dem Online-Publikationsserver (OPUS) der Universität Würzburg veröffentlicht.

Literatur

Abraham, Ulf/Kepser, Matthis (2005): Literaturdidaktik Deutsch. Eine Einführung. Berlin: Schmidt.

Assmann, Jan (1999): Das kulturelle Gedächtnis. Schrift, Erinnerung und politische Identität in frühen Hochkulturen. 2. Aufl. München: Beck Verlag.

Baumert, Jürgen (2001): PISA 2000. Basiskompetenzen von Schülerinnen und Schülern im internationalen Vergleich. Opladen: Leske + Budrich.

Beisbart, Ortwin/Marenbach, Dieter (1997): Einführung in die Didaktik der deutschen Sprache und Literatur. 7., mehrfach überarb. und erg. Aufl. Donauwörth: Auer.

Beisbart, Ortwin/Marenbach, Dieter (2006): Bausteine der Deutschdidaktik. Ein Studienbuch. 2. Aufl. Donauwörth: Auer.

Bittkow, Silke (2005): Lesen. In: Schütz, Erhard (Hg.): Das BuchMarktBuch. Der Literaturbetrieb in Grundbegriffen. Reinbek bei Hamburg: Rowohlt, 197–203.

Böck, Margit (2000): Das Lesen in der neuen Medienlandschaft. Zu den Lesegewohnheiten und Leseinteressen der 8- bis 14-Jährigen in Österreich. Innsbruck, München u. a.: Studien-Verlag.

Brockhaus Enzyklopädie Online (2005). Artikel »Literatur«. Leipzig, Mannheim: Bibliographisches Institut & F. A. Brockhaus AG; verfügbar unter: http://www.brockhaus-enzyklopaedie.

Bucher, Priska (2004): Leseverhalten und Leseförderung. Zur Rolle von Schule, Familie und Bibliothek im Medienalltag Heranwachsender. Zürich: Verlag Pestalozzianum.

Büker, Petra (2003): Literarisches Lernen in der Primar- und Orientierungsstufe. In: Bogdal, Klaus-Miachael (Hg.): Grundzüge der Literaturdidaktik. 2. Aufl. München: dtv, 120–133.

Bundesministerium für Arbeit und Soziales (2008) (Hg.): Ratgeber für Menschen mit Behinderung. Bonn.

Ebert, Harald (2000): Menschen mit geistiger Behinderung in der Freizeit. Bad Heilbrunn: Klinkhardt.

Ehlers, Swantje (2003): Der Umgang mit dem Lesebuch. Analyse – Kategorien – Arbeitsstrategien. Baltmannsweiler: Schneider Verlag Hohengehren.

Franz, Kurt (2002): Lesen heute. Leseverhalten von Kindern und Jugendlichen und Leseförderung im Kontext der PISA-Studie. Baltmannsweiler: Schneider Verlag Hohengehren.

Franz, Michael Jürgen (2006): »Denn niemals gab es ein schlimmeres Los …« Romeo und Julia in der Ober-Werkstufe der Schule für Geistigbehinderte. In: Zeitschrift für Heilpädagogik, Jg.57, H. 1, 9–14.

Gümbel, Ruth (1993): Erstleseunterricht. Entwicklungen – Tendenzen – Erfahrungen. 5. Aufl. Frankfurt a. M.: Cornelson Scriptor.

Günther, Werner/Lanzinger, Heinrich (1997): Sinnvolles Lesen und Schreiben. Überlegungen zum Lese- und Schreibunterricht an der Schule für Geistigbehinderte. In: Klöpfer, Siegfried (Hg.): Sonderpädagogik praktisch. Beiträge zur Erziehung und zum Unterricht von Schülerinnen und Schülern mit Behinderungen. Reutlingen: Diakonie-Verlag, 227–238.

Hassenstein, Friedrich (1998): Literaturwissenschaft und Literaturdidaktik. In: Lange, Günter/Wolfrum, Erich (Hg.): Taschenbuch des Deutschunterrichts. Grundfragen und Praxis der Sprach- und Literaturdidaktik. Band 2 Literaturdidaktik. klassische Form, Trivialliteratur, Gebrauchstexte. 6., vollst. überarb. Aufl., Jubiläumsausg. Baltmannsweiler: Schneider Verlag Hohengehren, 469–487.

Helmers, Hermann (1997): Didaktik der deutschen Sprache. Einführung in die muttersprachliche und literarische Bildung. Darmstadt: Wissenschaftliche Buchgesellschaft.

Hublow, Christoph (1985): Lebensbezogenes Lesenlernen bei geistig behinderten Schülern. Anregungen zur Zusammenarbeit von Eltern und Lehrern auf der Grundlage eines erweiterten Verständnisses von Lesen. In: Geistige Behinderung, Jg. 24, H. 2, 1–24.

Lamers, Wolfgang (2000): Goethe und Matisse für Menschen mit einer schweren Behinderung – Begegnung mit anspruchsvollen Bildungsinhalten. In: Heinen, Norbert/Lamers, Wolfgang (Hg.): Geistigbehindertenpädagogik als Begegnung. Düsseldorf: verlag selbstbestimmtes leben, 177–207.

Langer, Inghard/Schulz von Thun, Friedemann/Tausch, Reinhard (1993): Sich verständlich ausdrücken. 5. verb. Aufl. München: Reinhardt.

Lindgren, Astrid (2008): Das entschwundene Land. Erinnerungen. 9. Aufl. München: dtv.

Maiwald, Klaus (2001): Literatur lesen lernen. Begründung und Dokumentation eines literaturdidaktischen Experiments. Baltmannsweiler: Schneider Verlag Hohengehren.

Marci-Boehnecke, Gudrun (2003): Medienerziehung im Lesebuch. In: Ehlers, Swantje: Das Lesebuch. Zur Theorie und Praxis des Lesebuchs im Deutschunterricht. Baltmannsweiler: Schneider Verlag Hohengehren.

Netzwerk People First Deutschland e. V. (2004): Wörterbuch für leichte Sprache. Halt! Bitte leichte Sprache. 3., überarbeitete Auflage. Kassel: Netzwerk People First Deutschland.

Neuhaus, Stefan (2008): Vorspann. In: Neuhaus, Stefan: Literatur im Film. Beispiele einer Medienbeziehung. Würzburg: Königshausen & Neumann, 7–10.

Neuhaus, Stefan (2008b): Literatur im Film. Eine Einführung am Beispiel von Gripsholm. In: Neuhaus, Stefan: Literatur im Film. Beispiele einer Medienbeziehung. Würzburg: Königshausen & Neumann, 11–29.

Rupp, Gerhard/Heyer, Petra/Bonholt, Helge (2004): Folgefunktionen des Lesens- Von der Fantasie-Entwicklung zum Verständnis des sozialen Wandels. In: Groeben, Norbert/ Hurrelmann, Bettina (Hg.): Lesesozialisation in der Mediengesellschaft. Ein Forschungsüberblick. Weinheim, München: Juventa, 95–141.

Schön, Erich (1999): Geschichte des Lesens. In: Stiftung Lesen (Hg.): Handbuch Lesen. München: Saur Verlag, 1–85.

Schurad, Heinrich (Hg.) (2004): Curriculum Lesen und Schreiben für den Unterricht an Schulen für Geistig- und Körperbehinderte. 3., überarb. und erw. Aufl. Oberhausen: ATHENA-Verlag.

Stein, Peter (2006): Schriftkultur. Eine Geschichte des Schreibens und Lesens. Darmstadt: Wissenschaftliche Buchgesellschaft.

Wacker, Elisabeth (2005b): Selbst Teilhabe bestimmen? In: Wacker, Elisabeth/Bosse, Ingo/Dittrich, Torsten/Niehoff, Ulrich/Schäfers, Markus/Wansing, Gudrun/Zalfen, Birgit (Hg.): Teilhabe. Wir wollen mehr als nur dabei sein. Marburg: Lebenshilfe-Verlag, 11–20.

Wacker, Elisabeth/Wansing, Gudrun/Schäfers, Markus (2005): Personenbezogene Unterstützung und Lebensqualität. Teilhabe mit einem persönlichen Budget. Wiesbaden: Deutscher Universitätsverlag.

Waldmann, Günter (1998): Produktiver Umgang mit Literatur. In: Lange, Günter/Wolfrum, Erich (Hg.): Taschenbuch des Deutschunterrichts. Grundfragen und Praxis der Sprach- und Literaturdidaktik. Band 2 Literaturdidaktik. klassische Form, Trivialliteratur, Gebrauchstexte. 6., vollst. überarb. Aufl., Jubiläumsausg. Baltmannsweiler: Schneider Verlag Hohengehren, 488–507.

Wansing, Gudrun (2005): Die Gleichzeitigkeit des gesellschaftlichen »Drinnen« und »Draußen« von Menschen mit Behinderung- oder: zur Paradoxie rehabilitativer Leistungen. In: Wacker, Elisabeth/Bosse, Ingo/Dittrich, Torsten/Niehoff, Ulrich/Schäfers, Markus/Wansing, Gudrun/Zalfen, Birgit (Hg.): Teilhabe. Wir wollen mehr als nur dabei sein. Marburg: Lebenshilfe-Verlag, 21–33.

Wessels, Claudia (2005): So kann es jeder verstehen. Das Konzept der leichten Lesbarkeit. In: Geistige Behinderung, Jg. 44, H. 3, 226–239.

Zalfen, Birgit (2005): Bildung. In: Wacker, Elisabeth/Bosse, Ingo/Dittrich, Torsten/Niehoff, Ulrich/Schäfers, Markus/Wansing, Gudrun/Zalfen, Birgit (Hg.): Teilhabe. Wir wollen mehr als nur dabei sein. Marburg: Lebenshilfe-Verlag, 53–54.

Almut Drummer & Kathrin Vollrath

Interaktives Lesen und das Konzept der Lesebegleithefte

1 Interaktives Lesen

Interaktives Lesen[1] involviert den Rezipienten unmittelbar in das Textgeschehen: Während des Lesens gelangt er an Textpassagen, die ihn anregen über Vorkommnisse, Handlungsweisen und Charaktere nachzudenken und ihn dazu auffordern, sich seine Vorstellungen zum Text bewusst zu machen. Solches vollzieht sich z. B. in schriftlichen oder bildlichen Äußerungen, ja auch in gestalterischen Akten. Ist dies geschehen und hat der Textrezipient Position bezogen, so liest er weiter, um zu erfahren, ob sich seine Vorstellungen bestätigen oder nicht. Denn der Text fordert ihn dazu auf, sie zu verändern, zu revidieren oder auch auszubauen. Dies geschieht dann, wenn sich der Leser im ›Dialog mit dem Text‹ befindet. Solches Vorgehen führt stets zu einer sehr intensiven Aufarbeitung dessen, was im Text gestaltet ist.

Derartige Verfahrensweisen im Umgang mit literarischen Texten begründen sich zunächst in der sogenannten Rezeptionsästhetik[2], die den Leser zu einem Mitschaffenden von Texten erklärt. Denn die Leerstellen des Textes machen es nötig, dass der Rezipient Vorstellungen zu dem Dargestellten entwickelt, die sich im Verlauf des Leseprozesses bestätigen oder revidiert werden müssen. Erst die gedankliche Mitarbeit des Lesers führt dazu, dass der Text Gestalt annimmt. Damit kommt dem Rezipienten nicht primär die Aufgabe zu, dem Text Informationen zu entnehmen, oder gar nach Intentionen zu fragen, sondern vielmehr die, Wahrnehmungen, die sich im Verlauf der Lektüre ausbilden, auf ihre Übereinstimmung mit dem Text und seinen Inhalten zu überprüfen. Dementsprechend werden sich dann neue einstellen, mit denen der Leser ebenso verfährt wie mit den vorausgegangenen, bis sich ein facettenreiches, durchkomponiertes Bild vom Geschehen und seinen handelnden Figuren ergibt.

Anders gesagt: Der Rezeptionsprozess eines literarischen Textes bringt es mit sich, dass der Leser zu dem Dargestellten Parallelsituationen aufbaut und Kontraste entstehen lässt, sodass der Text vielschichtig wird. Dadurch entstehen Spielräume, Interpretationsräume für den Leser, auch Mehrdeutigkeiten, die den Facettenreichtum des Gelesenen erst bewusst machen. Das erzeugt – sofern man solche Leerstellen zu nutzen versteht – Lesevergnügen, oder, um mit Roland Barthes zu sprechen, »Lust am Text« (Barthes 1996). Denn sie verlangen vom Leser einerseits, dass er seine Imagi-

---

1 Almut Drummer hat diesen Begriff gewählt, um einen Dialog zwischen Text und Leser, der über die Arbeit mit Lesebegleitheften dieser Art angeregt wird, ins Blickfeld zu rücken. In der Regel führen handlungs- und produktionsorientierte Verfahren zu der gewünschten Auseinandersetzung mit dem Text.

2 Vgl. hierzu insbesondere die Forschungen Wolfgang Isers, so z. B. seinen zentralen Aufsatz über Leerstellen und ihre Wirkung auf Text und Leser (1971).

nationskraft einsetzt, um dort weiterzudenken, wo der Text zu erzählen aufhört. Andererseits muss der Leser aber auch aufmerksam genug sein, um zu erkennen, welche seiner Vorstellungen mit dem Text in Einklang zu bringen sind und welche ihn vom Text entfernen.

Auch wenn in der unterrichtlichen Praxis der Text oftmals noch isoliert von Vorstellungen des Rezipienten betrachtet wird, so verweist die Rezeptionsästhetik schon seit langem darauf, dass ein literarischer Text anderes anbietet: »Die Leerstellen eines literarischen Textes sind nun keinesfalls [...] ein Manko, sondern bilden einen elementaren Ansatzpunkt für seine Wirkung. Der Leser wird sie in der Regel bei der Lektüre des Romans nicht eigens bemerken [...], denn im Lesevorgang werden die »schematisierten Ansichten« kontinuierlich gemacht. Das heißt aber: Der Leser wird die Leerstellen dauernd auffüllen bzw. beseitigen. Indem er sie beseitigt, nutzt er den Auslegungsspielraum und stellt selbst die nicht formulierten Beziehungen zwischen den einzelnen Ansichten her.« (Iser 1971, 15) Bedenkt man noch, dass gerade jugendliche Leser aufgrund einer Textarbeit, die sie als Subjekt des Lesens ausblendet, leicht das Interesse an literarischen Texten verlieren, so wird offensichtlich, wie wesentlich eine Textarbeit ist, die sich an den Grundlagen der Rezeptionsästhetik orientiert.[3]

Einbrüche in den Leserbiografien werden nicht selten dadurch befördert, dass vom Rezipienten unbedingte Konzentration auf den Text, seine sogenannte ›Aussage‹ und entsprechende Gestaltungsmerkmale verlangt wird. Dem jungen, oft pubertierenden Leser kommt dies wenig entgegen, weil er sein individuelles Interesse am Text nicht berücksichtigt sieht.[4]

Wir aber haben es im Kontext des interaktiven Lesens mit einem aktiv agierenden Leser zu tun, der sich Gedanken zum Text macht, diese Gedanken Gestalt annehmen lässt, mit ihrer Hilfe das Gelesene bearbeitet und damit eine Textstruktur schafft, in der – vergleichbar einem Flechtwerk – die Vorstellungen zum Text sich mit Thematik, Figuren und Ereignissen sowie mit deren Gestaltung verweben.

---

3   Dieser Aspekt sollte im Förderschwerpunkt geistige Entwicklung besonders reflektiert werden, denn die die Lesebiografien dieser Schülerschaft könne mit denen von Schülern, die Regelschulen besuchen, kaum verglichen werden. Viele von ihnen können nicht lesen und rezipieren literarische Werke in Form von Hörspielen oder Filmen, zumindest aber wird einer sehr individuellen »Lese«-Biografie nachgegangen werden müssen.

4   Vgl. hierzu Klaus Maiwald: »Vielleicht wird der Leseeinbruch nach der literarischen Pubertät [...] nicht nur dadurch verursacht, dass sich die Jugendlichen nach der pubertären Lesewut lieber der »richtigen« Welt zuwenden [...]; sondern auch dadurch, dass ihnen der Literaturunterricht in diesen Jahren das Lesen gründlich verleidet hat: man kann Schöns Bedenken darüber nur teilen, dass »identifikatorische Leseweisen von der Literaturdidaktik als ›trivial‹ abgewertet wurden: Die Literaturdidaktik arbeitete auf das Ziel hin, solche Leseweisen als inkompetent zu ›überwinden‹, d. h. sie den Schülern zugunsten nicht involviert interpretierender Leseweisen auszutreiben« (Schön 1995, 122). Zeitpunkt dieser Austreibung ist groteskerweise der Literaturunterricht gerade in einer Phase, in der durch positive Leseerfahrungen die Weichen zu stellen wären für gelingende Lesekarrieren.« (Maiwald 2001, 22)

Eine wesentliche Rolle spielen deshalb die sogenannten handlungs- und produktionsorientierten Methoden, die es dem Leser erlauben, kreativ mit dem Text umzugehen – freilich nicht um jeden Preis, sondern stets nur in dem Rahmen, den der Text dem Leser mittels der Leerstellen eröffnet: »Produktive Verfahren können entdeckendes Lernen im Hinblick auf die Textanalyse fördern« (Spinner 1999, 34). Sie »sind ein Beitrag dazu, dass im Unterricht nicht nur über literarische Texte gesprochen, sondern dass Schule auch ein Ort des ästhetischen Erlebens sein kann« (ebd., 35). »Ihre eigene Produktion (gemeint ist die der Schüler, A. D.) spiegelt (dabei) ihre Erwartungshaltung« (ebd., 35) wider, nicht zwangsläufig das Textgeschehen. Damit dient dasjenige, was sich der Schüler zum Text hat einfallen lassen, als »Folie«, auf der der Text in seiner Gestalt und »in seiner Eigenheit« (ebd., 35) erkannt wird.

Die Arbeit mit Lesebegleitheften auf der Grundlage interaktiven Lesens, die Thema der nun folgenden Ausführungen ist, muss vor allem auf dem Hintergrund der Rezeptionsästhetik und des handlungs- und produktionsorientierten Literaturunterrichts gesehen werden. Im Gegensatz zu anderen handlungs- und produktionsorientierten Vorgehensweisen besteht die Besonderheit des Interaktiven Lesens darin, dass die Leser den Rezeptionsprozess, so wie er oben beschrieben wurde, in der Arbeit mit dem Lesebegleitheft unmittelbar erfahren und sich dabei auch seiner bewusst werden können. Denn sie beschäftigen sich mit einem Stück Text, füllen auf einen Arbeitsimpuls hin eine Leerstelle in ihrem Sinn aus und lesen dann im Text weiter. Die kreative Arbeit mit dem Text bewirkt, dass sie dem Text gegenüber einen Standpunkt einnehmen, der im Verlauf des Rezeptionsvorganges verifiziert werden muss. So wird der Leser ständig gefordert, sich Vorstellungen zu dem Wahrgenommenen zu bilden, die den weiteren Rezeptionsprozess entscheidend beeinflussen und verändern. Da es sich hierbei um ein ständiges Interagieren des Lesers mit dem Text (des Lesebegleitheftes) handelt, wähle ich[5] für diese Form des Umgangs mit literarischen Texten den Begriff des interaktiven Lesens.

1.1 Interaktives Lesen und Lesebegleithefte im Kontext der aktuellen fachdidaktischen Diskussion

In der fachdidaktischen Diskussion fallen immer wieder drei zentrale Begriffe, die im Bereich der Literaturdidaktik und hier im Zusammenhang mit einer am Leser orientierten Textarbeit von Bedeutung sind: *Vorstellungsbildung, Begriffsbildung* und *Fremdverstehen.*

Unter *Vorstellungsbildung* (Abraham 1999, 10ff.) versteht man all diejenigen Prozesse, die den Rezipienten eines Textes dazu auffordern, Gedanken zu Thema, Person und Situation mit anderen als den Mitteln der Sprache zu entwickeln und darzustellen.

---

5 Diese Form des Umgangs mit Lesebegleitheften habe ich in langjähriger Arbeit entwickelt und auf die jeweiligen Bedürfnisse der Schüler sowie auf die Gegebenheiten und Erfordernisse der Texte angepasst. (Almut Drummer)

Solche Umgangsweisen mit Texten sind sinnvoll, weil sich Vorstellungen im Gehirn stets doppelt repräsentiert finden: Zum einen in Form verbaler, zum anderen aber in Form nonverbaler Zeichen. Das hat für die Arbeit mit Texten zur Folge, dass man als Lehrkraft Arbeitsimpulse schafft, die es dem Schüler erlauben, sich zunächst nonverbal zum Text zu äußern, wie es Collagen, Bilderfolgen, Bühnenbilder, szenische und pantomimische Darstellungen ermöglichen.

Häufig verlangen Schüler mit dem Förderschwerpunkt geistige Entwicklung nach solchen, weil sie sich über andere Formen als die der Lautsprache mitteilen. Der Einbezug möglichst vieler Sinne erleichtert ihnen nicht nur den Zugang zur Literatur, sondern erlaubt ihnen erst, ins Geschehen einzutauchen. Freilich müssen dazu die sinnlich stimulierenden Angebote auf deren Zugangsmöglichkeiten zur Welt angepasst werden (vgl. hierzu Strassmeier 2000, 95f.).

Diese Beobachtungen bestätigen nur, was die Psychologie über die Textrezeption weiß: »vage Imaginationen« »entladen« sich »schneller im Körper als im Wort. Solche Vermutungen werden von sprachpsychologischen Forschungen gestützt, die zeigen, daß die Gestik eine halbe bis eine Sekunde vor der Artikulation auftreten kann, und zwar bei Menschen, denen der körperliche Ausdruck flott »zur Hand« ist« (Willenberg 1999, 118). Ob es sich nun um eine Behinderung handelt oder nicht, prinzipiell gilt, dass man beim Menschen das Denken aber auch eine spätere Verbalisierung befördert, wenn man Nonverbales der Versprachlichung voranstellt.

Fassen wir zusammen: Die Vorstellungsbildung braucht demnach noch andere Repräsentationsmodi als diejenigen, die mit Sprache in Verbindung stehen. Hierfür bieten sich in besonderer Weise Formen der Verbildlichung und der Gestaltung an, die den Körper zum Ausdrucksmedium erklären. Zu einer Verbalisierung kommt es erst, wenn die Schüler über ihre Gestaltungsergebnisse zu kommunizieren beginnen. Ziel ist es, das Wahrgenommene begrifflich möglichst treffend zu fassen. Je nach gedanklichen Fähigkeiten des Einzelnen findet in dieser Phase Begriffsbildung statt. Denn Vorstellungen und Wahrnehmungen werden geordnet und miteinander verglichen. Sodann sucht man nach Gemeinsamkeiten, die schließlich eine Verallgemeinerung erlauben.

Dabei handelt es sich um Formen der Abstraktion, die den Nutzer von Sprache erfahren lassen, wie Wörter mit Bedeutungen angereichert werden, nachdem er sich zu ihnen Vorstellungen aufgebaut hat (vgl. hierzu auch die Ausführungen von Abraham 1999, 10ff.).

Für den Leser mit sonderpädagogischem Hintergrund bedeutet dies: Er reichert durch Erfahrungen und Erkenntnisse im handlungsorientierten Umgang Begrifflichkeiten mit Bedeutung an.

Vorstellungsbildung und Begriffsbildung verlangen vom Rezipienten zu diesem Zeitpunkt zweifellos ein hohes Maß an Reflexivität. Ist der Leser zunächst gefordert, den Text mittels seiner Vorstellungsgabe zu ver- und damit auch zu bearbeiten, so bleibt er dann nicht mehr nur bei seinen Vorstellungen, sondern stellt sich wie ein Betrachter vor dieselben, um sie sich anzusehen, um sie zu präsentieren und um sie mit dem zu vergleichen, was andere zum gleichen Text gestaltet haben. Daraus entwickelt sich schließlich ein Gedankenaustausch – nicht allein über die jeweiligen Gestaltungen, sondern vor allem einer über den Text. Produktive Verfahren, die die Vorstellungen der Rezipienten aktivieren, bieten somit Lehrern und Schülern die Möglichkeit, sich über literarische Texte auszutauschen, um sie präziser zu fassen. Die subjektiven Wahrnehmungen und Vorstellungen des Lesers bilden hierfür eine anregende Basis. Folgt man dem, was die Rezeptionsästhetik über die Arbeit mit Texten sagt, so kann es eine leserunabhängige Textarbeit gar nicht geben. Denn zentral ist, dass der Rezipient Leerstellen des Textes im Sinne des Ganzen aufzunehmen und zu füllen vermag. Subjektorientierte Formen der Rezeption, wie sie Vorstellungsbildung und Fremdverstehen voraussetzen, sind demnach Prämisse.

Subjektorientierte Formen der Rezeption bieten dem kindlichen und dem jugendlichen Rezipienten die Möglichkeit, sich auf der Grundlage ihrer persönlichen Situation mit dem Text auseinander zu setzen und Strategien kennen zu lernen, ihre Geschichtlichkeit mit der des Textes in Verbindung zu bringen, auch wenn der Text den Leser (oder: das Textgeschehen den Rezipienten) befremdet: Dann sind Empathiefähigkeit und die Bereitschaft gefragt, sich auf andere Perspektiven und Positionen einzustellen. Dieser sogenannten Fähigkeit zum *Fremdverstehen* bedarf es, um in der Arbeit mit literarischen Texten und im Gedankenaustausch darüber Andersartiges zulassen zu können. Geübte Leser wissen darum: Sie haben Strategien entwickelt, einen Text auch dann nicht beiseite zu legen, wenn er ihnen Rätsel aufgibt, wenn Figuren deutlich anders agieren als erwartet, wenn sich Einblicke in psychische Verfassungen ergeben, die ernüchtern oder schockieren. In solchen Fällen mag manch ein Leser das Buch zur Seite legen, andere Leser aber unterbrechen nur ihr Lesen und beginnen, über die dargestellte Situation und ihre eigenen Erwartungen nachzudenken. Selbst Kinder stellen in solchen Situationen ihre Vorstellungen schon denen des Textes gegenüber. Aufgabe des Deutschunterrichts ist es dann, den Schülern einerseits Raum zu geben, sich ihrer Vorstellungen bewusst zu werden, andererseits das Befremdliche beim Namen zu nennen und mit den eigenen Erwartungen zu vergleichen. Man muss das Befremdliche nicht annehmen können, doch in seiner Andersartigkeit respektieren. Dann gewinnt der Text an neuen und interessanten Facetten.

Da es ein Kennzeichen von Literatur ist zu befremden[6], erweist sich das Fremdverstehen als Schlüssel zu einer adäquaten Rezeption von Texten. Vor allem dann, wenn man den Leser in seiner (Lese-)Biografie dem Text als Dialogpartner zur Seite stellt.

---

6   Einen wesentlichen Beitrag zur Didaktik des Fremdverstehens hat Werner Wintersteiner in seinem Artikel »Tote Vögel, zerbrochene Ketten. Fremdverstehen im Literaturunterricht« geboten. Er definiert das Fremde als ein der Kunst immanentes Spezifikum und begründet von daher die ästhetische wie pädagogische Bedeutung des Fremden für den Rezipienten: »Literatur und Kunst sind [...] mehr als der Tisch zwischen den Menschen. Kunst ist ein Medium, das die Kommunikation nicht glatt und einfach macht. Im Gegenteil. Ihre Aufgabe ist es nicht, das Fremde vertraut,

Das Potenzial, das Literatur für den Leser dann bereit hält, kann erschlossen werden, wenn der Leser lernt, Vorstellungsbildung, Begriffsbildung und Fremdverstehen miteinander in Beziehung zu setzen. Solches Strategiewissen eignet sich der kindliche oder jugendliche Leser über einen langen Zeitraum an, sofern ihn entsprechende Methoden auf dem Weg unterstützen.

Eine Möglichkeit, diese Fähigkeiten kontinuierlich auszubauen, bietet das Lesebegleitheft, weil es den Leser von Anfang an mit dem Text und seinen Figuren interagieren lässt.

Die Frage ist nun, welche Bedeutung diese fachdidaktischen Ansätze für die Arbeit im sonderpädagogischen Bereich haben können. Denn Schüler(innen) mit einer geistigen Behinderung zeichnen sich ja gerade dadurch aus, dass sie »in wichtigen Handlungsdispositionen (wie Bewegung, Wahrnehmung, Sprache, Denken [...]) mehr oder weniger« beeinträchtigt sind und nicht über »Qualifikationen, die zum Erleben und zur qualifizierten Partizipation an der komplexen, zeichenhaft verfassten, gesellschaftlich bestimmten und in spezifischen Handlungsfeldern ausdifferenzierten Alltagswirklichkeit« verfügen. (Pfeffer 1984, 106) Umso wichtiger ist es, ihnen Zugänge zu vorstrukturierter Welt anzubieten – das mag nun die Alltagswirklichkeit sein, oder die Welt einer Geschichte.

Den Schülern solche Angebote zu machen und ihnen entsprechende Zugänge zu den verschiedensten Wirklichkeiten und Sichtweisen von Welt zu bieten, ist Aufgabe des Pädagogen, auch wenn die Wirklichkeit eines literarischen Textes im ersten Moment oftmals noch mehr als die Alltagswirklichkeit den Betroffenen vor den Kopf stößt. Denn literarische Texte zeichnen sich gerade dadurch aus, dass sie Wirklichkeit radikalisieren, indem sie sie gestalten.

Pfeffer stellt deshalb die Forderung an den Pädagogen, entweder den Schüler zum Umgang mit der jeweils gegebenen Wirklichkeit zu befähigen oder die Gegebenheiten in der Alltagswirklichkeit entsprechend zu verändern. Das gehört auch zur Konzeption des Lesebegleiteftes, denn es bietet dem Rezipienten die Möglichkeit, sich immer wieder zu den entsprechenden Situationen zu äußern, Situationen umzuschreiben, weiterzuschreiben oder mit anderen Mitteln umzugestalten, um sich innerhalb des Textgeschehens zunächst einmal eine Position zu verschaffen.

Das stellt für die Lehrkraft eine große Herausforderung dar. Dennoch erlebt man in der Arbeit mit Schüler(inne)n mit sonderpädagogischem Förderbedarf, wie wichtig es ist, ihnen derartige Anregungen zu geben – solche, die sie fassen können, die ihnen helfen, ihre Wahrnehmung zu erweitern und nach Ausdrucksformen zu suchen, mit deren Hilfe sie auf ihre je eigene Art darstellen, was sie im Kontext der Auseinandersetzung mit einem Thema beschäftigt.

---

sondern vielmehr das Vertraute fremd zu machen. Die Desautomatisierung unserer Wahrnehmung wird [...] als eigentliche Leistung der Kunst gesehen. Das Medium emanzipiert sich von seiner Vermittlungsarbeit, gewinnt Eigenständigkeit, wird selbst ein Teil der Welt, die auszudrücken es geschaffen wurde [...].« (Wintersteiner 1996, 16)

Man darf sich freilich nicht Abstraktion und Transfer zum primären Ziel der Arbeit mit Texten setzen.

Zunächst einmal ist es wichtig und wertvoll, einen Bezug zum Text, seiner Atmosphäre und seinem Geschehen herzustellen. Dann mag man sich intensiver den Figuren und ihrer jeweiligen Situation widmen und aus ihren Handlungen lernen, ja sich womöglich sogar Anregungen zur Bewältigung des eigenen Lebens holen.

Solches kann mit Hilfe der Lesebegleithefte erleichtert oder gar erst ermöglicht werden. Denn sie bieten die Chance, sich individuell in Situationen hineinzubegeben und auf sie zu reagieren. Da das Lesebegleitheft für Schüler mit sonderpädagogischem Förderbedarf den Originaltext in aufbereiteter, umstrukturierter Form darbietet, wird auch den spezifischen Erlebens- und Handlungsmöglichkeiten Rechnung getragen.

2 Von der Arbeit mit Lesebegleitheften im Kontext interaktiven Lesens bei stark heterogener Schülerschaft

Ungeachtet dessen führt anspruchsvolle Literatur, da sie, wie es Wintersteiner formuliert, eine »Desautomatisierung der Wahrnehmung« mit sich bringt (1996, 16), den Rezipienten immer an Grenzen. Denn sie verlangt, dass man Grenzen wahrnimmt und überschreitet, die man bisher vielleicht so noch nicht ins Auge gefasst hat. Insofern handelt es sich um eine Form der Überforderung, die man unabhängig vom Bestehen eines sonderpädagogischen Förderbedarfs, den Schüler(inne)n zumuten darf, ja muss, will man sie dazu befähigen, emotionale und soziale Kompetenz auszubauen. So mag es gelingen, Prozesse anzustoßen, die Persönlichkeitsbildung, Vorstellungsbildung und Fremdverstehen befördern und einen Leser herausbilden, der je nach Begabungsstruktur mit Eigen- wie Fremdwahrnehmung umzugehen lernt. Nicht zuletzt bietet sich damit die Möglichkeit zwischen schulischem Lesen und einer stark individuell geprägten Lesemotivation zu vermitteln (vgl. hierzu Maiwald 2001, 22). Das Lesebegleitheft als Form interaktiven Lesens ist so strukturiert, dass dieser Forderung nachgekommen wird, weil es sich per se auf die jeweiligen Bedürfnisse des Rezipienten einstellen kann, wie die folgenden Ausführungen zeigen werden.

2.1 Was ist ein Lesebegleitheft?

Unter einem Lesebegleitheft[7] wird ein Geheft bestehend aus Arbeitsimpulsen und Textteilen des Originaltextes und/oder Nacherzähltem verstanden, das es dem Schüler ermöglicht, ein Bilder-, Kinder- oder Jugendbuch *aktiv rezipierend* zu verarbeiten.

---

7   Das Lesebegleitheft unterscheidet sich vom Lesetagebuch dadurch, dass das Legetagebuch eine »Form der schreibenden und gestaltenden Verarbeitung von individuellen Leseerlebnissen ist« (Hintz 2002, 91f.). Während es der »Dokumentation des individuellen Leseprozesses« (ebd., 91f.) dient, hat das Lesebegleitheft, so wie ich es konzipiere, die Funktion, die individuelle Verarbeitung

Wozu aber – so könnte man fragen – benötigt man ein Textheft, wenn man doch das Kinder- oder Jugendbuch als Text vorliegen hat? Dass zu einem Text ein Lesebegleitheft entsteht, lässt sich insofern rechtfertigen, als der Produzent des Lesebegleitheftes nichts anderes tut als der Leser eines Textes auch: Er akzentuiert zentrale Themen, Strukturen oder Motive, indem er den Auslegungsspielraum des Originaltextes nutzt, um sie mittels des Erzählens ins Zentrum zu rücken. Allerdings muss er dies im Lesebegleitheft stets explizit machen. Auf diese Weise wird der Rezipient dazu angeregt, sich mit Geschehnissen und Personen bewusster auseinander zu setzen. Damit ihm dies gelingen kann, wird er dazu angeregt, eigene Vorstellungen zu entwickeln, die ihn in die Auseinandersetzung mit dem Text führen.

Da der Text an die Bedürfnisse der Schüler(innen) angepasst werden kann, fällt es ihnen leichter, sich auf ihn einzulassen. Das Lesebegleitheft wirkt deshalb attraktiver, unmittelbarer und erleichtert dem Schüler so den Zugang zum Text. Denn es bietet dem Leser von Anfang an die Möglichkeit, sich auf Perspektivierungen einzulassen, um von da aus auch einen Zugang zum Original zu erlangen.

Der Text des Lesebegleitheftes kann entweder – das hängt nun von der Lesefertigkeit der Schüler ebenso ab wie von der Dicke des Buches – den Originaltext ersetzen oder aber den Originaltext flankieren. Das wiederum heißt, dass der erzählende Text des Lesebegleitheftes in verkürzter Form wesentliche Themen, Strukturen und Motive des Originals für Schüler ins Zentrum rückt.

Ich will das an einem Beispiel erläutern: Beschäftigt man sich mit Kveta Pacovskas Buch *Es war einmal eine Blume* (1998), so führen die Gestaltungen den Leser ganz unmittelbar hinein in die Welt der einsamen Blume, die glaubt, keine Farbe zu haben. Schon die Verengung des Blickwinkels, die die Künstlerin durch Sichtfenster erzeugt, fokussiert den Blick des Rezipienten zwangsläufig auf das, was die besagte Blume auszeichnet: Sie besteht aus durchsichtigem Papier, das die Geschichte durchscheinen lässt – die Geschichte einer ausgestoßenen Kreatur, die auf der Suche nach ihrer Identität ist. Das Geschehen nun wird mit der Folgerichtigkeit eines Märchens erzählt, sodass es archaischen Charakter annimmt. Während die Bilder dem Rezipienten Sichtweisen der verschiedenen Situationen präsentieren, in denen sich die einsame Blume behaupten muss, gibt der Text vor, dass die Blume ihre Stationen abzuleisten hat, bis sich letztendlich die Lösung des Problems auftut. Dass diese Vorstellung allein dem Denken der Blume erwächst, offenbart der Text erst am Schluss.

Das Lesebegleitheft für Schüler der Regelschule nun arbeitet gerade diese subjektive Sichtweise heraus, die sich dem Leser des Bilderbuches erst am Ende erschließt. So strukturiert das Lesebegleitheft vor, um dem Rezipienten Besonderheiten des Buches bewusster zu machen.

---

von Literatur als Chance zu nutzen, um sich genauer und intensiver mit Themen und Strukturen, ja mit Besonderheiten und Befremdlichem des Textes auseinander zu setzen. (ebd., 91f.)

Deshalb greift dieses Lesebegleitheft häufig auf die Form des Akrostichons[8] und anderer eher lyrisch geprägter Gestaltungsformen zurück, die dem Rezipienten die Möglichkeit bieten, sich in die Lage der Blume hineinzuversetzen und sich auf deren Verfassung einzustellen, die sich während diverser Stationen ihrer Reise deutlich verschlechtert. Verbunden werden diese Rezeptionsimpulse durch kurze Texte oder Gedanken, die bewusst machen, dass es sich um die Sichtweise der Blume handelt.

All das wird so gestaltet, dass der Leser als aktiver Rezipient ins Zentrum rückt: Er liest, reflektiert, baut sich Vorstellungen zum soeben Gelesenen auf, indem er zum Textgeschehen Position bezieht, liest weiter … – kurz gesagt: Der Leser wird selbst zum Mitproduzenten der Geschichte und präsentiert sich damit als interaktiv.

Schülerinnen und Schüler mit sonderpädagogischem Förderbedarf arbeiten mit dem Lesebegleitheft in ähnlicher Weise. Unabhängig davon, ob man seinen Gedanken in Form eines Textes oder mittels anderer Ausdrucksformen Gestalt verleiht, bleibt der Impetus der gleiche: Der Schüler soll die Bereitschaft zeigen, Empathie für die weiße Blume zu entwickeln, um deren Handeln nachzuvollziehen. In einem zweiten Schritt vergleicht er mit seiner eigenen Situation, um sich schließlich auch darüber klar zu werden, wie sehr man sich über sich selbst oft täuschen kann.

Was nun aber unterscheidet ein Lesebegleitheft von einer Folge von Arbeitsblättern? – Die Rezeptionsimpulse im Lesebegleitheft ergeben sich unmittelbar aus dem, was der Leser dem Text entnommen hat. Auch sind sie im Idealfall so in die Geschichte eingebettet, dass Perspektivierungen und Positionierungen von Situationen und Personen den Blick des Rezipienten auf wesentliche Aspekte des Textes fokussieren. Erst wenn der Leser eine Situation aufgearbeitet hat, ermöglicht es ihm das Lesebegleitheft, im Rezipieren fortzufahren. Das erschließt sich dann meist unmittelbar aus dem, was gerade bearbeitet worden ist.

Auch Arbeitsblätter erlauben es, Situationen aufzuarbeiten. Die Arbeitsimpulse innerhalb eines Lesebegleitheftes aber binden den Leser so in das Geschehen ein, dass der Eindruck entsteht, der Leser produziere den Text im Rezeptionsprozess gleichsam zusammen mit dem Erzähler.

Dazu einige Beispielseiten aus dem Lesebegleitheft, das Almut Drummer zur Legende der heiligen Elisabeth erstellt hat:

---

8 Bei einem Akrostichon handelt es sich um ein »Gedicht, bei dem die Anfangsbuchstaben (-silben, -wörter) der einzelnen Verse oder Strophen aneinandergereiht ein Wort, Namen oder Satz ergeben« (Wilpert 1961).

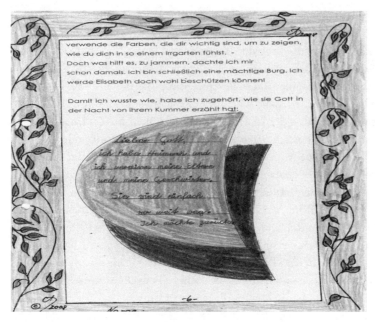

Abb. 1: Elisabeth erzählt Gott von ihrem Kummer. Die Wartburg als Erzählerin der Geschichte lauscht. – Kinder versetzen sich in die Lage Elisabeths hinein und beschreiben mittels des Gebetes deren Gefühle.

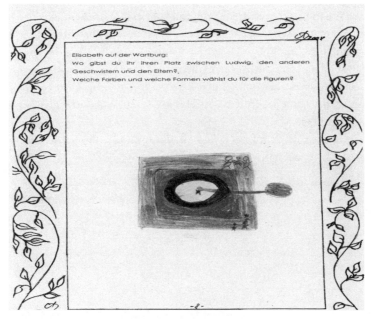

Abb. 2: Elisabeth, die fremde ungarische Prinzessin, ist auf der Suche nach ihrem Standort in der neuen herzoglichen Familie auf der Wartburg. Dazu gestalten die Kinder ein Legebild.

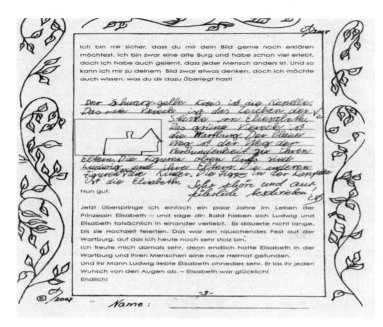

Abb. 3: Die Kinder erklären ihr Legebild zu der oben beschriebenen Situation

Dies hat den Vorteil, dass dem Rezipienten zum einen Aktionsformen im Umgang mit dem Text an die Hand gegeben werden, die ihn in der Rezeption literarischer Texte schulen. Zu nennen wären hier Methoden, die Perspektivenwechsel, Perspektivenübernahme und das Übersetzen von Situationen in andere Kontexte ermöglichen. Zum anderen wird ihm so der Rezeptionsakt als Dialog des Lesers mit dem Text mehr und mehr bewusst.

Individuelle Vorstellungen sind Ausgangs- und Knotenpunkt in der Bearbeitung textinterner Strukturen.

Das Lesebegleitheft rückt den Text in seinen Besonderheiten dadurch ins Zentrum, dass Gegenpositionen und Vergleiche mit anderen Situationen vom Leser aufgebaut werden, weil der Erzähler des Lesebegleitheftes sie durch sein Erzählen initiiert. Bei der Rezeption literarischer Texte handelt es sich demnach wesentlich um konstruktive Akte, die Sinnentnahme, Hypothesenbildung, Vorstellungsbildung und Fremdverstehen stets miteinander verbinden.

Lesebegleithefte als Form interaktiven Lesens offerieren Schülern Handlungsweisen im Umgang mit literarischen Texten, die sie später zunehmend selbstständiger bei der Rezeption von Texten einsetzen. Damit baut sich nicht nur Lesekompetenz und literarische Kompetenz aus, sondern ein Strategiewissen, das jedem Leser behilflich ist, mit literarischen Texten so umzugehen, dass es tatsächlich zu einem Dialog zwischen Text und Leser kommen kann.

Mit Blick auf Schüler des Förderschwerpunkts geistige Entwicklung, die über keine ausgeprägte Lesefertigkeit verfügen, stellt sich dem Lehrer die Aufgabe, das Lesebegleitheft so zu gestalten, dass für sie diese Hürde beseitigt wird. Eine nur minimal ausgebaute Lesefertigkeit darf keine Beschränkung darstellen für die Rezeption hochwertiger Literatur innerhalb des interaktiven Lesens. Wichtig ist es in diesem Zusammenhang deshalb, Arbeitsaufträge kurz zu halten, sie einfach zu formulieren, Informationen immer wieder an optische oder akustische Signale zu koppeln, wiederkehrende Aufgabentypen zu wählen, da sie die Orientierung erleichtern, Fotos und Zeichnungen einzusetzen, um neben der Sprache Impulse aus anderen Wahrnehmungsbereichen anzubieten, Texte bei Bedarf auf Band zu sprechen, als Hörspiel rezipierbar zu machen[9], oder von der Lehrkraft erzählen zu lassen. Letzteres bietet zusätzlich die Möglichkeit, dass die Lehrkraft mit Hilfe entsprechenden Materials das Hören und Mitverfolgen des Textes unmittelbarer begleiten kann. Zu denken wäre dabei unter anderem an Musikinstrumente, Handpuppen, passend zum Text oder gar Gegenstände aus dem Text (vgl. Drummer 2008).

2.2   Bewusste Wahrnehmung –
        Von der Notwendigkeit, den Leser im Wahrnehmen zu schulen

Sowohl bei geübten als auch bei ungeübten Lesern kommt es immer wieder dazu, dass sie Textstellen überlesen oder beim Lesen zu stark selektieren, Informationen nicht wahrnehmen und daher nicht auswerten können[10]. Sie nehmen Textinformationen also nicht in der von Semantik und Syntax vorgegebenen Weise auf. Zu früh setzen die jungen Leser Schwerpunkte innerhalb von Sinnabschnitten und stellen Bezüge her, die der Text so nicht anbietet. Kontexte bildet sich der Leser dann mehr aufgrund seiner Bedürfnisstruktur nicht aber aufgrund der vorgegebenen Textgestalt. Denn ihm fehlt die Fähigkeit, Inhalte in den Bezügen wahrzunehmen, in denen sie in diesem spezifischen Fall stehen.

So kommt es zu Fehldeutungen, weil der Leser Bedeutungen fernab des Gesamtkonstruktes Text aufbaut[11]. Folgt man Heiner Willenberg, so ist von eminenter Bedeutung, ob es einem Leser gelingt, die in einem Text verorteten Grundgedanken für sich zu visualisieren oder nicht. Denn nur dann kann der Leser auf Steuerungsmechanismen zurückgreifen, die er von der visuellen Wahrnehmung her kennt und die

---

9   Vgl. hierzu die existierenden Lesebegleithefte, die Almut Drummer mit einem Kurs, bestehend aus
    Sonderpädagogen, im WS 2006/2007 an der Universität Würzburg im Rahmen des Seminars »Lesebegleithefte im Kontext sonderpädagogischen Förderbedarfs« im Fachbereich Didaktik Deutsch
    erstellt hat (Drummer 2008).

10 Vgl. hierzu die Untersuchungen Maiwalds zum Lesen, literarischen Arbeiten und Leseverhalten
    jugendlicher Leser (2001, 22).

11 Im Kontext der PISA-Untersuchungen haben sich Kompetenzstufen herausgebildet, die für das
    Lesen von Sachtexten aufschlussreich sind und die genau die beschriebenen Probleme beim Rezipieren von Texten widerspiegeln.

es ihm erlauben, präzise, adäquat und textnah zu rezipieren (vgl. hierzu Willenberg 1999, 78). Nur dann ist die Gefahr zu bannen, Begriffe zu benutzen, die für den Leser inhaltsleer erscheinen, weil er sie zwar in den Kontext des vorhandenen Weltwissens, nicht aber in den des vorliegenden Textes stellen kann (vgl. hierzu auch Willenberg 1999, 79)[12].

Für das interaktive Lesen mittels der Lesebegleithefte ergibt sich daraus folgende Schlussfolgerung: An spezifischen Stellen des Textes – den sogenannten »Leerstellen« (Iser 1970, 15) – wird dem Schüler im Lesebegleitheft der Auftrag erteilt, das Gelesene in ein Bild oder in eine Bilderfolge zu übersetzen. Dabei muss der Leser darauf achten, lineare Strukturen in bildliche Strukturen wie die der Fläche und des Raumes zu übersetzen und entsprechende Farben und passende Maltechniken zu wählen, die das wiedergeben, was der Leser im Text wahrgenommen hat. Der Rezipient ist gefordert, für Inhalte des Textes eine adäquate Gestaltung zu finden. Während er dazu Sprache in Bilder übersetzt, stellen sich ihm u. a. folgende Fragen: Wie platziere ich meine Gestalten? Stehen sie alleine? Sehe ich sie im Vordergrund, in der Mitte des Raumes oder nehmen sie gar eine Position am Rand ein? Wie ist ihre Haltung? Wie stelle ich mir ihre Gewänder vor? Welche Struktur und Farbe hat der Hintergrund? Macht man dem Rezipienten bewusst, dass es ihm beim Lesen ergeht wie einem Kinobesucher, vor dessen Auge sich Bild an Bild reiht, so gelingt die Übersetzung in das andere Medium ohne Schwierigkeiten. Soll der Leser solch einer Aufgabe nachgehen, indem er seine Wahrnehmungen in abstrakter Weise gestaltet, so ist es durchaus von Vorteil, ihn lediglich mit geometrischen Formen und ausgewählten Farben arbeiten zu lassen. So auch war es Gegenstand der Arbeit an der Geschichte zur »Heiligen Elisabeth«. Kinder einer dritten Jahrgangsstufe stellten so die Situation Elisabeths dar. Die junge ungarische Prinzessin fühlt sich selbst von ihrer Umwelt unverstanden, leidet an starkem Heimweh nach Ungarn und wendet dennoch all ihre Kraft auf, um Arme und Kranke zu pflegen. Dabei jedoch darf sie von keinem entdeckt werden. So erzählt es die Legende.

---

12 Willenberg selbst spricht davon, dass die Leser häufig die »Landkarte des Textes« nicht nach präzisierenden Indizien absuchen.« Begründen lässt sich diese These damit, dass erstens eine »Koalition besteht zwischen Sehen und Vorstellen« (1996, 78) und damit die Steuerung der Aufmerksamkeit vom Gesamtbild zum Detail für jeden Leser in jedem Augenblick, indem er sich auf seine optische Wahrnehmung verlässt, geleistet wird und damit auf das Rezipieren von Texten übertragen werden kann, weil zweitens Vorstellungen die Wahrnehmung schriftlicher Zeichen wesentlich erleichtern. Vorstellung und Sehen sind insofern miteinander verwandt, als das optische Erinnern den gleichen Strukturen folgt wie das Sehen. Das Vorstellen nun aktiviert lediglich optische Impulse, die es einmal gegeben hat und die jetzt wieder Relevanz haben (könnten).

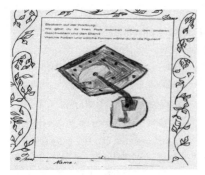

Abb. 4: Legebild eines Kindes in gemalter Form (3. Jahrgangsstufe) zu der Frage, wie sich Elisabeth in der bedrängenden Lage fühle?

P für L

Das Blaue ist der Bach und der See. Die schwarze Linie ist die Trennung der Wartburg und der halb ausgestorbenen Stadt. Das Grau-Braune ist der ausgetrocknete Bach. Das kräftig Schwarze ist der ausgetrocknete Bach. Das heißt, dass die Leute in der Stadt kein Trinkwasser bekommen.

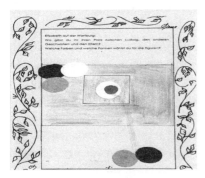

Abb. 5: Legebild eines Kindes in gemalter Form (3. Jahrgangsstufe) zu der Frage, wie sich Elisabeth in der bedrängenden Lage fühle?

K für L

Ich sehe ein Haus mit Elisabeth und den Armen. Das Haus sieht traurig aus. Die Menschen können schwer krank sein. Das Haus sieht arm aus. Ich kenne diesen Anblick gar nicht. Es sieht alles sehr, sehr traurig aus. Das Dach sieht undicht aus, wenn es regnet steht es vielleicht unter Wasser. Das Fenster ist bestimmt nicht aus Glas. Es kann ohne Glas sein. Es wird im Winter eisig kalt.

Abb. 6:[13] Legebild eines Kindes in gemalter Form (3. Jahrgangsstufe) zu der Frage, wie sich Elisabeth in der bedrängenden Lage fühle?

A für E

Ich denke, dass das Dorf so viele kranke Menschen hat und dass Elisabeth Ihnen helfen will. Elisabeth bekommt aber keinen Fluchtweg. Elisabeth hat aber viel Hoffnung für die Menschen. Elisabeth geht es halb gut und halb schlecht.

---

13 Bilder und Texte sind Ergebnis der Arbeit mit Schüler(inne)n der dritten Jahrgangsstufe einer Regelschule an einem Lesebegleitheft, das Almut Drummer zur Legende der heiligen Elisabeth erstellt hat.

Die Kommentierung des Bildes durch ein anderes Kind zeigt, dass es den Schülern trotz größter Abstraktheit gelingt, interessante und tragfähige Bezüge zur Geschichte herzustellen. Denn gerade der Kommentar verrät, dass es sich weder in der abstrakten Gestaltung noch in deren Übersetzung in Worte um einen rein inhaltlichen Nachvollzug des Geschehens handelt. Vielmehr werden Deutungen versucht, die sich auf genauer Textkenntnis, intensivem Betrachten und innerer Teilhabe des Rezipienten begründen. Man begegnet dabei Schülern, die ihre Gedanken und Vorstellungen in den Dienst einer fremden Gestaltung stellen können und so den Dialog mit dem Text eröffnen. Ihre eigenen Ideen dienen ihnen dabei als Gesprächsgrundlage.

Freilich darf man diese fortgeschrittene Fähigkeit, Texte zu rezipieren, nicht von allen Schülern erwarten, aber es lässt sich zeigen, dass bereits Neunjährige dafür sensibilisiert werden und zu einer intensiven Auseinandersetzung mit dem Text geführt werden können.

Vermutlich wird es nicht allen Schülern gelingen, so tief in den Text einzudringen, um zu komplexen Reflexionen über sich, ihre Außenwelt und die Textwelt zu gelangen. Auch ist es oftmals schwer einzuschätzen, ob und inwieweit Schüler die Figuren in all ihrer Emotionalität und mit ihren Problemen erfassen, denn von all dem, was sie in den Augenblicken denken, in denen sie am Legebild arbeiten, erfährt die Lehrkraft doch häufig nur einen Bruchteil. Deshalb ist es durchaus legitim, den Einsatz dieser Methode damit zu begründen, dass das Geschehen oder Ausschnitte desselben dabei handelnd nachgestaltet werden. Schon dies bringt es mit sich, dass der Textrezipient mitsamt seiner Gedanken und Gefühle mit dem Text interagiert, auch wenn er sicher nicht alles in einer Weise reflektiert, die der Lehrkraft zugänglich ist.

Hierzu ein Beispiel: Bleiben wir bei Pacovskas (Pacovska 1998) Geschichte *Es war einmal eine Blume* und lassen wir die Blume auf ihrer Suche nach einer Farbe vom Rezipienten begleiten: Der Lehrer erzählt, dass die Blume traurig ist, weil sie glaubt, keine Farbe zu haben. Deshalb fragt sie zunächst alle Blumen auf der Wiese, ob sie den Regenbogenfalter kennen, der ihr – wie sie meint – Farbe geben könnte. Doch keine kann ihn beschreiben. Der Weg der einsamen Blume zu anderen Blumen, bei denen sie zunächst Rat sucht, wird von den Schülern mitvollzogen, indem sie mit ihren Händen und Füßen über eine (Kunst)Grasfläche streichen, dem Geräusch des Windes zuhören, der das Gras rascheln lässt, verschiedene Blüten berühren, die aus unterschiedlichen Stoffen und Farben gestaltet sind und diese Blüten schließlich zur einsamen Blume oder weit von ihr entfernt auf die Grasfläche legen. Am Ende betrachten sie die einsame Blume und stellen fest, dass sich diese von den anderen unterscheidet. Sie wollen ihr helfen so zu werden, wie sie es sich wünscht: Daraufhin nehmen die Schüler Stoffe oder andere farbige Materialien, um der Blume ihren größten Wunsch zu erfüllen. Am Ende legen sie ein lachendes Gesicht zur einsamen Blume, so sie der Meinung sind, dass sie diese Verwandlung nun glücklicher gemacht habe. Sind sie anderer Meinung, so legen sie ein weinendes Gesicht neben die Blume.

Ob ein Rezipient nun bereit ist, den Dialog mit dem Text aufzunehmen, ob er dazu tendiert, das Textgeschehen für sich zu bearbeiten, oder ob er es nur in Ausschnitten wahrnimmt und sich dort hineinzufinden versucht, in allen drei Fällen trainiert er eine Rezeptionshaltung, die ihm abverlangt, sich sowohl seine Gedanken als auch die Gestalt des Textes bewusst zu machen. Ja, es wird ihm gezeigt, wie sein Denken die Wirklichkeit des Textes erst erzeugt[14]. Damit bietet das Lesebegleitheft nicht nur die Möglichkeit, Strategien des Rezipierens literarischer Texte bewusst zu machen und zu erproben, sondern sie als Teil des Textgeschehens, des Dialogs des Lesers mit dem Text, zu erfahren. Willenberg beschreibt solch einen Dialog mit dem Text folgendermaßen:

> »Eine Gruppe von interessierten Theaterbesuchern sitzt still in einem Zimmerchen des Staatstheaters und hofft, daß der Chefdramaturg eine erhellende Einführung in das neue Stück gibt. [...] Der Theaterprofi sagt in etwa: »Sie prüfen den Text gleich daraufhin, welche intellektuellen Zusammenhänge es gibt und in welchen Wörtern der zentrale Sinn steckt? [...] Ich kann so nicht lesen, ich lehne mich erst einmal zurück und betrachte den inneren Film, der in mir abläuft: Wie sehen diese Frauen aus, haben sie seidige Gewänder an, vor allem, wie bewegen sie sich? Und welche Biographien könnten sie haben? Erst dann frage ich mich, passen meine Wahrnehmungen mit den Gedanken zusammen, die sich parallel entwickeln?« So lesen einige literarische Kenner (bei weitem nicht alle) auch Texte wie Filmdrehbücher oder Opernlibretti oder die gänzlich andere Textart der Gedichte.« (Willenberg 1999, 74)

Das Lesebegleitheft versteht sich als ein Medium, das diese Art zu lesen nicht nur aktiviert, sondern sie bewusst macht und deshalb im permanenten Vollzug ein Übungsfeld bietet für interaktives Lesen. Denn in jedem Augenblick bietet es dem Rezipienten Möglichkeiten, sich in den Dialog mit dem Text zu stellen, sodass er am Ende mit Bastian Bux fragen mag: »Ich möchte wissen, [...] was eigentlich in einem Buch los ist, solang es zu ist« (Ende 1979, 16).

2.3   Vom Austausch von Wahrnehmungen:
das artefaktgestützte literarische Gespräch

Wesentlich ist, das haben die vorausgegangenen Ausführungen gezeigt, dass Schüler erleben, wie ihre Wahrnehmungen und Vorstellungen im Verlauf des Lesens Text erst entstehen lassen. Wie bereits erwähnt, ist damit allerdings keineswegs der Willkür des Rezipienten Tür und Tor geöffnet. Ganz im Gegenteil. Solches Vorgehen verlangt vom Leser ein sehr bewusstes Rezipieren, damit er zu einem ernstzunehmenden Dialogpartner für den Text werden kann. Dass dabei die bildliche Vorstellung eine wichtige Rolle spielt, war bereits Thema der Überlegungen in vorausgegangenen Kapiteln. Begründen lässt sich der enge Zusammenhang von Rezipieren und bildhaftem Denken

---

14 »Wenn ein literarischer Text keine wirklichen Gegenstände hervorbringt, so gewinnt er seine Wirklichkeit erst dadurch, daß der Leser die vom Text angebotenen Reaktionen mit vollzieht« (Iser 1971, 11).

dann, wenn man einen Blick auf entsprechende psychologische Forschungen wirft. Sie nämlich belegen, dass »die Bebilderung von Texten [...] eine zentrale Fähigkeit« ist, »die jeder gute Leser zumindest in rudimentärer Weise auch bei informativen Texten anwendet« (Willenberg 1999, 107). Denn, so Willenberg weiter: »Auch für gedankliche Arbeit, für das Verstehen von Texten benötigen wir eine Fülle von Grundlagen, die aus unserem Sehen stammen, aus unserem Erleben von Menschen und Situationen und letztlich aus unserem sprachlichen Repertoire [...]« (Willenberg 1999, 108). Deshalb verwundert es nicht, wenn Paivio (1971) zu dem Schluss kommt, dass eine Wahrnehmung sowohl sprachlich wie auch bildlich gespeichert werden kann. Wesentlich dafür ist, dass die sprachliche Wahrnehmung »konkret genug« ist, merkt Willenberg an (Willenberg 1999, 83). Dann kommt es tatsächlich zu einer dualen Kodierung, wie es Paivio nennt. Allein die Aktivierung des inneren Sehens und die Übersetzung des Wahrgenommenen in Bilder und Bewegungen führt dazu, dass Wahrnehmungen auch explizit gemacht werden können. Für literarisches Arbeiten hat dies zur Folge, dass Gelesenes erst dann in seinen vielfältigen Dimensionen bewusst wahrgenommen wird, wenn sich Vorstellungen (Abraham) gebildet haben. Da das innere Sehen dem äußeren vergleichbar ist, bei dem sich in verschiedenen Arealen des Gehirns Wahrgenommenes über Farbe, Form, Raum und Bewegung in Bilder übersetzt (vgl. hierzu auch Willenberg 1999, 78), sollte im Umgang mit Texten dieses *imaginäre Sehen* immer wieder aktiviert werden. Einfache Vorübungen hierzu können Phantasiereisen sein, innerhalb derer gezielt Fragen zur Positionierung von Umwelt und Figuren sowie zu deren Haltung und Bewegungen gestellt werden. Auf diese Weise werden die einzelnen Teilbereiche bildlichen Sehens im Gehirn aktiviert – und das unter Berücksichtigung des Prinzips der »aufsteigenden Komplexität« (Willenberg 1999, 78). Hierzu zählen u. a. die Wahrnehmung von Form, Farbe, Kontur.

All dies kann man bewusst aktivieren, um dem Leser behilflich zu sein, Zusammenhänge, die auf sprachlicher Ebene und mit Hilfe sprachlicher Strukturen aufgebaut werden, in (bewegte) Bilder zu übersetzen. So vermag er Bilder zu nutzen, um Gedanken und Inhalte wahrzunehmen und miteinander in Bezug zu setzen. Aus diesem Wissen um das Vorstellungsdenken heraus ist eine Methode entstanden, die bewusst auf abstrakte Formen der Darstellung zurückgreift, Bewegung im Sinn der Veränderung von Gestaltung und Positionen initiiert und beides nutzt, um Sachverhalte verbalisierbar zu machen: das sogenannte *artefaktgestützte literarische Gespräch*. (Drummer/ Maiwald 2007, 19)

Im Lesebegleitheft hat das artefaktgestützte literarische Gespräch einmal dort seinen Platz, wo Schüler dazu aufgefordert werden, ein Legebild auf dem Papier zu gestalten, um die bildlich dargestellte Situation zu interpretieren. In diesem Zusammenhang sei an die im vorausgegangenen Kapitel angesprochenen Bilder der Kinder erinnert, die sie zu einer der Schlüsselszenen innerhalb der Legende der Heiligen Elisabeth entworfen haben.

Da das Lesebegleitheft selbst zwar den Gang des Lesers durch den Text dokumentiert, seltener aber eine Bewegung zulässt, die zeigt, wie sich Gedanken in der Arbeit am Vorstellungsbild, in der Reflexion desselben, verändern, übernimmt diese Funktion an gegebener Stelle jeweils das *artefaktgestützte literarische Gespräch*.

Die Entwicklung von Gedanken, deren Revidier- und Veränderbarkeit ist zwar Thema des Lesebegleitheftes, wird aber durch literarische Gespräche, die sich an die Arbeit mit dem Heft in der Klassengemeinschaft anschließen, ergänzt. Solche »Anschlusskommunikation« (vgl. hierzu Abraham/Kepser 2005, 84ff.) ist wesentlich für den Textrezipienten, da er dabei erfährt, welche Vorstellungen der Text bei anderen hervorgerufen hat und lernt, seine eigenen zu begründen. Gedanken entwickeln sich durch das Betrachten des Legebildes. Dadurch entstehen in der Folge immer auch Veränderungen in demselben.

Hierzu ein Beispiel aus der Arbeit mit Kveta Pacovskas (Pacovska 1998) *Es war einmal eine Blume*: Als die Blume, die sich für unscheinbar und farblos hält, im Garten auf andere Blumen trifft, erwartet sie nichts als Ablehnung, auch wenn sie bereits Freundlichkeit von dem alten Herrn erfahren hat, der ihr in seinen Herzgarten Einlass gewährt hat.

Deshalb verwundert es nicht, wenn Schüler die Blume an den Rand des Gartens legen, denn sie fühlt sich selbst noch nicht zugehörig. Die Sonnenblume, die sich ihr nun nähert, wird ihr gegenübergelegt. Doch was soll man tun, wenn nun die Sonnenblume behauptet, die unscheinbare Blume habe doch eigentlich eine Farbe? – Wohin mit der sogenannten weißen Blume? Wohin mit der Sonnenblume? Dass die weiße Blume zunächst irritiert ist von der Aussage der Sonnenblume, schlägt sich auch im Legebild nieder, denn keiner der Textrezipienten hat erwartet, dass die Lösung für die Blume so einfach werden würde, nachdem sie so lange erfolglos nach einer Farbe gesucht hat. Man will die Farbe des Plättchens ändern, das man für die weiße Blume gewählt hat. Da gibt es Widerspruch, denn im Text steht nichts davon, dass sie eine Farbe erhält. Dann legt man sie weg von der Sonnenblume, weil, so die Kinder, sie erst über das nachdenken muss, was die andere Blume ihr gesagt hat. So entsteht über den gemeinsamen Gedankenaustausch am Legebild eine Idee davon, wie die Gestaltung am besten angelegt werden könnte.

Abb. 7: Schüler legen gemeinsam eine Sonnenblume

Auch wenn dies sicher ein anspruchsvolles Beispiel dafür ist, wie man Vorstellungen von Textrezipienten gemeinsam im Kontext des Textes verhandelt, so bietet sich diese Arbeitsweise an, weil Schüler dadurch im Austausch mit anderen Vorstellungen entwickeln und verändern lernen, weil sie das, was sie an Vorstellungen in ihrem Lesebegleitheft für sich formuliert haben, anderen vorstellen können. Dadurch erhöht sich das Bewusstsein für die eigene wie auch für andere Sichtweisen und dasjenige für den Dialog mit dem Text. Somit erweist sich das artefaktgestützte literarische Gespräch als eine zentrale Methode im Kontext interaktiven Lesen und der Arbeit mit Lesebegleitheften.

Andere Akzente setzt diese Methode, wenn sie bei Menschen mit schwerer geistiger Behinderung angewandt wird:

Kommen wir nochmals auf die im vorausgegangenen Kapitel angesprochene Methode zurück. Denn sie erweist sich auch in diesem Zusammenhang als hilfreich: Der sukzessive Aufbau von Stationen zu einzelnen Situationen des Geschehens um die einsame Blume, die tatsächlich begehbar sind, fordert vom Schüler, die Ereignisse des Textes für sich zu strukturieren. Ob explizit oder implizit, es stellt sich die Frage, wo welche Figuren zu platzieren sind, wer oder was sie umgibt, welche Größe sie haben und welche Auswirkungen es für sie hat, wenn man ihren Standort verändert. Im Gegensatz zum artefaktgestützten literarischen Gespräch wird hier nicht mit abstrakten Formen gearbeitet, sondern mit solchen, die den Figuren ähnlich sehen, wie sie das Bilderbuch darstellt oder wie sie aussehen könnten. Viele Gestaltungen werden dabei – wie auch im artefaktgestützten literarischen Gespräch – zunächst unbewusst geschehen. Sobald man sich dann jedoch über sie verständigt, und sei es nur, dass man den Blick von Schülern auf eine Besonderheit des Gelegten lenkt, um ihnen eine Möglichkeit zu geben, sich in das entstandene Bild hineinzufinden, entsteht innere Beteiligung, die für die Arbeit mit literarischen Texten ebenso wesentlich ist wie die Fähigkeit, Wahrgenommenes zu versprachlichen.[15]

Je nach individuellen Fähigkeiten kann sich der Schüler daran aktiv beteiligen, indem er einen Teil der Gestaltung des Legebildes übernimmt oder aber Aufbau und Gestaltung der Szene als Zuschauer verfolgt.

Die Unterschiede zwischen Schülern mit sonderpädagogischem Förderbedarf und Schülern einer Regelschule könnten sich darin bemerkbar machen, dass es ersteren schwer fällt, komplexere Situationen zu erfassen, sie in verschiedener Weise zu gestalten und die bildhaft gewordenen Vorstellungen miteinander zu vergleichen. Für Schüler mit geistiger Behinderung nämlich kann es schon eine enorme Herausforderung darstellen, eine Situation wahrzunehmen. Während die Sprache vielen Schülern als Mittel des Selbstausdrucks, der Strukturierung und der Kommunikation dient, greifen Schüler mit eingeschränkten lautsprachlichen Fähigkeiten auf andere Ausdrucks-

---

15 Unter dem Begriff ›Versprachlichen‹ fassen wir alle Formen der Übersetzung von Gedanken und Inhalten in Zeichen, die Kommunikation ermöglichen.

formen zurück. Beispielsweise nutzen sie ihren Körper, Methoden der unterstützten oder der gestützten Kommunikation.

Gerade weil dem so ist, bietet die vorgeschlagene Verfahrensweise Raum für jeden Schüler entsprechend seinen Fähigkeiten zu agieren und mit dem Text umzugehen.

2.4   Interaktives Lesen – der Rezipient zwischen Nähe und Distanz zum Text

Das artefaktgestützte literarische Gespräch gelingt dann besonders gut, wenn der Leser während des Rezeptionsprozesses immer wieder die Möglichkeit erhält, sich nicht nur außerhalb eines Vorstellungsbildes als Betrachter zu verorten, sondern wenn ihm angeboten wird, sich unmittelbarer auf die Figuren, deren mögliche oder tatsächliche Gedanken, Handlungsweisen und Gefühle einzulassen. Interaktives Lesen bringt es mit sich, dass sich der Rezipient mittels seiner Vorstellungen auf Einzelpositionen und spezifische Situationen einstellen kann, um sich mit Hilfe unterschiedlichster Detailwahrnehmungen Zusammenhänge zu erschließen. Eine Hin- und Herbewegung zwischen Nähe und Distanz zum Text und seinen Einzelkonstellationen ist die Folge.[16]

Diese Hin- und Herbewegung kann aber nur dann stattfinden, wenn der Rezipient seine Wahrnehmungen zu Einzelsituationen für sich und andere explizit macht, also in die Gefühlswelt einer der Figuren abtaucht und von dieser Position aus Vorstellungen die Person oder das Geschehen betreffend artikuliert.

Das Lesebegleitheft zu Pacovskas (Pacovska 1998) *Es war einmal eine Blume*, das für Schüler einer 3. Klasse einer Regelschule verfasst wurde, verlangt vom Rezipienten, dass er sich in die weiße Blume hineinversetzt, als sie vor der Sonnenblume steht und deren Äußerungen zu ihr und ihrem Problem aufnimmt. Aufgabe des Lesers ist es, sich ein letztes Mal mit der weißen Blume zu identifizieren, um deren emotionaler Verfassung nachzuspüren.

Solche Arbeitsaufträge sind demjenigen bestens vertraut, der mit Hilfe handlungs- und produktionsorientierter Methoden Literatur vermittelt (vgl. hierzu Haas/Menzel/ Spinner 1994). Als Teil eines Lesebegleitheftes erlauben es solche Aufträge dem Leser, während des Rezeptionsprozesses und damit mitten im Textgeschehen Perspektivierungen vorzunehmen. Mag es auch zunächst genügen, sich mit der entsprechenden Figur oder Situation zu identifizieren, so verlangt die weitere Rezeption, dass der Leser seine Wahrnehmungen im Lesen revidiert oder aber zumindest in den Gesamtkontext stellt, so wie er ihn bis dato wahrgenommen hat. Denn schon kurze Zeit später kann

---

16 Erklären lässt sich diese Hin- und Herbewegung auch aus psychologischer Sicht. Während Areale der rechten Hemisphäre eher Großräumiges speichern und bearbeiten und emotionale Qualitäten und Veränderungen wahrnehmen, tendieren bestimmte Areale der linken Hemisphäre mehr dazu, Stereotypen, Bekanntes zu erfassen, erkennen darüber hinaus auch Details und Bruchstellen sehr schnell. Da bei der Textrezeption viele dieser Areale miteinander im Austausch stehen und so die unterschiedlichsten Verknüpfungen hergestellt werden, haben sie Anteil daran, wenn Perspektivierungen vorgenommen oder Distanz und Nähe zu Figuren und Situationen aufgebaut werden (vgl. hierzu Willenberg 1999, 136).

das Lesebegleitheft mit einem Arbeitsimpuls aufwarten, der die Situation aus Sicht einer der anderen Figuren betrachten lässt. Interaktives Lesen bedeutet damit nicht (nur), eine Position für sich zu isolieren und in den Kontext der eigenen Erfahrungen zu bringen, sondern die Gesamtsituation danach wieder in den Blick zu nehmen, um ausgehend von ihr das Detail zu betrachten und vom Detail her den Kontext. Erst so entsteht ein Facettenreichtum in der Wahrnehmung und in der Auseinandersetzung mit dem Text, den man als adäquaten Umgang mit einem literarischen Text beschreiben könnte. Nur so wird dem Leser bewusst, dass literarische Gebilde Texte sind, die ihre Gestalt u. a. auch den verschiedenen Blickwinkeln ihrer Leser verdanken, soweit sie der Text zulässt.

So gesehen führt Perspektivenübernahme dazu, dass der Schüler Nähe und Distanz als wesentliche Aspekte innerhalb seines Rezeptionsverhaltens literarischen Texten gegenüber kennen lernt, die es ihm letztendlich ermöglichen, Position zu beziehen und Positionierungen zu verstehen.

Darüber hinaus aber lernt er auch, dass es im Erzählen wie im Leben zu Situationen kommt, die man so nicht annehmen möchte. Ablehnung und Unverständnis Figuren oder Geschehnissen gegenüber müssen beim Lesen ebenso mit einkalkuliert werden wie eine Faszination, die den Leser die Welt, in der er lebt, vergessen lässt.

Gelingt es, Schülern dies bewusst zu machen, so wird der Wunsch nach Identifikation, den Jugendliche für sich im Akt des Lesens gerne erfüllt sehen, nicht mehr das alleinige Kriterium dafür sein, den Dialog mit einem Text fortzusetzen. Wichtig ist nur, dass der Leser im Rezeptionsprozess überhaupt die Chance sieht, Position zu beziehen.

Solche Beteiligungsangebote verlangen aber auch von ihm, dass er sich dem Text(geschehen) stellt, dass er Strukturen verarbeitet, indem er sie für sich weiterführt, um dann zu erkunden, inwieweit seine Überlegungen mit der Komposition des Textes in Einklang zu bringen sind. Die Identifizierung mit Personen hat ihren Sinn also auch darin, dass der Rezipient Vergleiche anstellt zwischen seinen Vorstellungen und denen des Erzählers. Natürlich kommt es dabei immer wieder zu befremdlichen Situationen, weil die Konstellationen des Textes anders weitergeführt wurden als vom Rezipienten gedacht. Erkennt der Leser dies, so bietet ihm diese Erfahrung, die freilich zunächst Distanz aufbaut, zu einer viel bewussteren Wahrnehmung des Textes und der eigener Vorstellungen. Denn so erhöht der Rezipient u. a. seine Beweglichkeit im Umgang mit Texten. Im Gegenzug werden sie für ihn plastischer und damit interessanter.

Was darf man nun aber von Schülern erwarten, deren vornehmlich reflexive Fähigkeiten weniger vorhersagbar sind? Die Bandbreite des sprachlichen Ausdrucks mag eine andere sein, doch die emotionale Betroffenheit motiviert auch Schüler mit ausgeprägterem sonderpädagogischen Förderbedarf dazu, ihr Empfinden, welcher Art es auch immer sein mag, der Umwelt mitzuteilen und sich mit dem Wahrgenommenen auseinander zu setzen. Gerade Schüler mit sonderpädagogischem Förderbedarf zeigen uns immer wieder, wie wichtig die emotionale Beteiligung unter dem Einbezug möglichst aller Sinne für das interaktive Lesen ist.

Die Beteiligungsangebote allerdings müssen in der Regel ganz individuell an den Bedürfnissen der Schüler orientiert sein. Körpernahe Ausdrucksformen wie Bewegungen, Impulse zur Änderung von Mimik und Gestik bieten sich ebenso an wie bildliche Formen der Gestaltung, die für sie nicht unbedingt erst verständlich gemacht werden müssen. Indem eine jede Gestaltung für sich wertgeschätzt wird, stärkt man den individuellen Selbstausdruck. Es ist jedoch wichtig, in solche Phasen des Unterrichts kein Überangebot an Materialien und Gestaltungsangeboten anzubieten, denn dies könnte die Wahrnehmungs- und Konzentrationsfähigkeit der Schüler rasch übersteigen.

Die eben beschriebenen Formen des Rezipierens bieten jedem die Möglichkeit, im sogenannten *Übergangsraum* (vgl. dazu Abraham 1999, 12) Gefühle und Situationen durchzuspielen, die in der Realität für ihn Folgen hätten, in der Welt der Phantasie aber nicht mit der Konsequenz aufwarten wie im Alltag. Denn dem Rezipienten steht es jederzeit frei, seine Position innerhalb des Textgeschehens zu verlassen oder zu verändern.

Und doch hält ihn der Text dazu an, Situationen oder Gefühle immer wieder zu verarbeiten. Dabei trifft er Entscheidungen für oder gegen bestehende Ordnungen, hinterfragt oder bestätigt ethische Vorstellungen, die er gelernt aber vielleicht noch nicht bewusst wahrgenommen hat. Schließlich übt er sich so auch in Situationen ein, die ihm bislang noch weniger vertraut waren. Die zuletzt genannten Aspekte sind für einen Schüler an einer Regelschule von gleicher Bedeutung wie für Menschen mit geistiger Behinderung. Was bei dem einen die Selbst- und Fremdwahrnehmung sowie die Reflexion derselben schult, stimuliert bei dem anderen die Sinne und hilft, seine Wahrnehmungsfähigkeit sich und der Außenwelt gegenüber auszubauen.

Von Menschen mit einer ausgeprägten geistigen Behinderung soll nun noch einmal die Rede sein, weil man an der Art, wie gerade sie aktiv rezipieren, erkennen kann, welch elementare Bedeutung es für den Menschen hat, sich mit seinen Gefühlen und Haltungen auseinander zu setzen.

Wenden wir uns dazu wieder Pacovskas Text und dem Lesebegleitheft für Schüler mit spezifischem Förderbedarf zu: Oftmals bietet die Autorin des Lesebegleitheftes ihren Schülern an, Symbole einzusetzen, wenn es um die Beurteilung von Gefühlslagen geht. Darüber hinaus lässt sie den Schülern Raum, die einsame Blume so zu gestalten, dass sie sich nicht mehr einsam fühlt. Sie bittet ihre Schüler, sich in einer Situation zu malen, in der sie sich so gefühlt haben, wie jetzt die einsame Blume. Denkbar ist es auch, die Schüler eine Wiese gestalten zu lassen, auf der sich die einsame Blume, so wie sie ist, wohl fühlen könnte. Mag sein, man muss sich bei einigen Schüler darauf beschränken, sie einen Stoff auswählen zu lassen, der eine für sie angenehme Struktur hat und auf den sie die einsame Blume stellen möchten. Kann sein, Schüler bringen ein Foto mit, das eine Landschaft oder eine Situation zeigt, die ihrer Meinung nach zur Verfassung der einsamen Blume passt.

Wichtig ist dabei nicht, ob Außenstehende die Gestaltungen als angemessen empfinden oder nicht. Es geht alleine darum, dass dem kindlichen oder jugendlichen Rezipienten die Möglichkeit eröffnet wird, den Empfindungen Ausdruck zu verleihen, die in ihm aufsteigen, wenn er an der Szene arbeitet.

3 Zusammenfassung

Textarbeit mit Hilfe eines Lesebegleitheftes soll zum einen den Schüler möglichst nahe ans Textgeschehen heranführen, um es ihn bewusster erleben zu lassen. Zum anderen aber möchte das Lesebegleitheft dem Leser sowohl den Text und seine Gestaltung als auch das Rezipieren in seiner Eigenart bewusster machen, indem es immerzu an Unbestimmtheitsstellen dazu auffordert, die Logik des Textes zu hinterfragen, aus der Linearität des Textes auszusteigen oder sie erst im Sinne des Lesers fortzuführen. Denn gerade dadurch lässt sich die Gestalt des Textes besonders gut begreifen.

Literarisches Lesen im Kontext der Arbeit mit Lesebegleitheften bietet damit nicht nur die Möglichkeit, sich mit Gestalten, Themen und Gestaltungen zu identifizieren, Wirklichkeiten auszuprobieren, sich in ihnen zu verlieren oder sich von ihnen abzuwenden, ethische Vorstellungen aufzubauen oder zu hinterfragen, sondern es bietet dem Leser an, sich als Person im Leseprozess wahrzunehmen und kennen zu lernen und kann darüber hinaus ein Lesen einfordern, das den Rezipienten zum Erkunder des Geschriebenen macht. Dazu allerdings muss er bereit und fähig sein, immer wieder gegen den Strich zu lesen, damit bestehende Strukturen entdeckt werden können.

Vielleicht kann ihn das alleine davor bewahren, vom Buch und seiner Geschichte inkorporiert zu werden. Denn »Lesen ist [...] keine durchwegs harmlose Tätigkeit. Wer sich auf Literatur einlässt, der lässt sich immer auch auf Risiken ein. Selbstverständlich: Bücher können ihre Leser bestätigen, trösten, verunsichern und aus gewohnten Bahnen werfen. Das abgegriffene Sprachklischee vom »Leseabenteuer« hat – so gesehen – durchaus sein Moment der Wahrheit. Wie bei jedem realen Abenteuer weiß man auch beim Leseabenteuer nicht, wie, und das meint: in welchem Zustand, man wieder herauskommt. Dabei sind auch Belastungen, Schädigungen, Niederlagen möglich« (Baumgärtner, zit. n. Rank 1994, 11).

Literatur

Abraham, Ulf (1999): Vorstellungsbildung und Literaturunterricht. In: Spinner, Kaspar H. (Hg.): Neue Wege im Literaturunterricht. Hannover: Schroedel, 10–20.

Abraham, Ulf/Kepser, Matthis (2005): Literaturdidaktik Deutsch. Eine Einführung. Berlin: Schmidt.

Barthes, Roland (1986): Die Lust am Text. Frankfurt a. M.: Suhrkamp.

Drummer, Almut/Maiwald, Klaus (2007): »Walle, walle/Manche Strecke«. Grundschulkinder nähern sich einer klassischen Ballade. Die Grundschulzeitschrift, H. 204, 18–21.

Drummer, Almut (2008): Lesebegleithefte für Förderzentren. Verfügbar unter: http://www.leseforum.bayern.de/index.asp?MNav=3&SNDNav=3&TNav=0&KatID=11 [26.05.2010].

Ende, Michael (1979): Die unendliche Geschichte. Stuttgart: Thienemanns Verlag.

Haas, Gerhard/Menzel, Wolfgang/Spinner, Kaspar H. (1994): Handlungs- und produktionsorientierter Literaturunterricht. In: Praxis Deutsch, H. 123, 17–25.

Hintz, Ingrid (2002): Das Lesetagebuch. Intensiv lesen, produktiv schreiben, frei arbeiten. Baltmannsweiler: Schneider Verlag Hohengehren.

Iser, Wolfgang (1971): Die Appellstruktur der Texte. Unbestimmtheit als Wirkungsbedingung literarischer Prosa. Konstanz: Konstanzer (Konstanzer Universitätsreden 28).

Maiwald, Klaus (2001): Literatur lesen lernen. Begründung und Dokumentation eines literaturdidaktischen Experiments. Baltmannsweiler: Schneider Verlag Hohengehren.

Pacovska, Kveta/Said (1998): Es war einmal eine Blume. Gossau, Zürich, Hamburg, Salzburg: Neugebauer.

Paivio, Allan (1971): Imagery and Verbal Processes. New York: Holt, Rinehart and Winston.

Pfeffer, Wilhelm (1984): Handlungstheoretisch orientierte Beschreibung geistiger Behinderung. Ein Versuch. In: Geistige Behinderung, Jg. 23, H. 2, 101–111.

Pfeffer, Wilhelm (1988): Förderung schwer geistig Behinderter. Eine Grundlegung. Würzburg: Edition Bentheim.

Rank, Bernhard (Hg.) (1994): Erfahrungen mit Phantasie. Baltmannsweiler: Schneider Verlag Hohengehren.

Spinner, Kaspar (Hg.) (1999): Neue Wege im Literaturunterricht. Hannover: Schroedel.

Willenberg, Heiner (1999): Lesen und Lernen. Eine Einführung in die Neuropsychologie des Textverstehens. Heidelberg, Berlin: Spektrum Verlag.

Wintersteiner, Werner (1996): Tote Vögel, zerbrochene Ketten. Fremdverstehen im Literaturunterricht. In: Delanoy, Werner/Rabenstein, Helga/Wintersteiner, Werner: Literaturdidaktik im interdisziplinären Vergleich. Innsbruck, Wien: Studienverlag, 16ff.

Wilpert, Gero von (1961): Sachwörterbuch der Literatur. Stuttgart: Kröner.

Christoph Ratz & Erich Ch. Wittmann

Mathematisches Lernen
im Förderschwerpunkt geistige Entwicklung

Das Fach Mathematik im Förderschwerpunkt geistige Entwicklung befindet sich in einer ambivalenten Situation: einerseits wird auch in diesem sonderpädagogischen Förderschwerpunkt der Beitrag, den die Mathematik zur Erschließung der Umwelt leisten kann, nicht in Frage gestellt. Dafür ist der Stellenwert der Mathematik im heutigen Leben einfach zu groß. Andererseits spielt das Fach in der Lehrerinnen- und Lehrerbildung und in den Schulen aber trotzdem nur eine geringe Rolle und wird zugunsten anderer Fächer und Inhalte oft zurück gestellt. Dies dürfte hauptsächlich daran liegen, dass mathematische Ansprüche, die über das allerelementarste Niveau hinausgehen, gerade für Schülerinnen und Schüler mit geistiger Behinderung oft als grundsätzlich zu hoch angesehen werden. Ein weiterer Grund für die stiefmütterliche Behandlung des Faches in diesem Schwerpunkt könnte aber auch sein, dass viele Studierende in ihrer Schulzeit negative Erfahrungen mit diesem Fach gemacht haben, es ungern unterrichten und ihren Schülern negative Erfahrungen ersparen wollen. Eine Analyse der didaktischen Literatur und der Angebote in der Lehrerfortbildung zeigt, dass es selbst für mathematisch interessierte Lehrkräfte kaum Hilfen gibt. Lehrwerke sind zumeist auf sehr enge Themen begrenzt, oder aber legen überkommene theoretische Positionen zugrunde (Ratz 2009, 73). Spezifische Fortbildungen über Mathematik im Förderschwerpunkt geistige Entwicklung sind in den einschlägigen Lehrerfortbildungsinstitutionen kaum zu finden.

Neue Entwicklungen in verschiedenen Wissenschaftsbereichen geben heute Anlass, die Situation von Grund auf neu zu durchdenken und dem Fach Mathematik im Förderschwerpunkt geistige Entwicklung einen bestimmten Platz einzuräumen. Als erstes ist hier der bedeutsame Wandel im Verständnis des Faches Mathematik zu nennen, der sich in den letzten Jahrzehnten vollzogen hat und der bereits für sich genommen eine Neubewertung des Mathematikunterrichts auch an Förderschulen rechtfertigt. Ermutigend sind auch neue Erkenntnisse in der didaktischen und psychologischen Forschung über das Mathematiklernen von Kindern mit geistiger Behinderung. Anregungen für eine grundsätzliche Neubewertung ergeben sich nicht zuletzt auch aus neuen Entwicklungen in der Mathematikdidaktik. Begrenzungen, die man früher für das Lehren und Lernen von Mathematik gesehen hat, werden dadurch von verschiedenen Seiten her aufgebrochen, neue Möglichkeiten treten ins Blickfeld.

Der vorliegende Beitrag setzt sich zum Ziel einige wesentliche Neuerungen überblicksartig darzustellen. Im folgenden Abschnitt 1 wird zunächst auf das Fach und neue Ansätze in der didaktischen und psychologischen Forschung eingegangen. Daran schließen sich curriculare Überlegungen zur Mathematik im Förderschwerpunkt geistige Entwicklung an. Auf dieser Grundlage werden dann in Abschnitt 3, auf dem der Schwerpunkt des Beitrags liegt, aus Entwicklungen der Mathematikdidaktik praktische Folgerungen gezogen.

Obwohl die Autoren die Möglichkeiten der Unterrichtsentwicklung im Förderschwerpunkt geistige Entwicklung insgesamt positiv einschätzen, sind sie mit verbindlichen Aussagen zurückhaltend. Der vorliegende Beitrag sollte als Einladung zur Diskussion verstanden werden, für welche die ausführliche Behandlung der Thematik in Ratz (2009) eine breite Grundlage liefert.

1   Neue Ansätze in Bezugsdisziplinen

Grundlegend neue didaktische Entwicklungen sind immer an Entwicklungen in Bezugsdisziplinen gekoppelt und beruhen auf Paradigmenwechseln. Diese sollen in diesem Abschnitt kurz skizziert werden.

1.1   Mathematik als Wissenschaft aktiv erforschbarer Muster

Mathematik spielt im Kanon der Fächer eine Sonderrolle. Sie ist weder eine Geistesnoch eine Naturwissenschaft, und die Frage danach, was Mathematik überhaupt ist, ist schon seit dem Altertum Gegenstand philosophischer Überlegungen. Mathematik liefert für sehr viele Fächer grundlegende Hilfsmittel, insbesondere für die Naturwissenschaften und die Technik. Es ist aber von fundamentaler Bedeutung zu verstehen, dass es neben der »angewandten« Mathematik eine »reine« Mathematik gibt, die zweckfrei betrieben wird. Der Nutzen der »reinen« Mathematik besteht darin, dass sie zu einem »spielerischen Überschuss an Denkmustern« führt, die später zur Lösung bestimmter praktischer Probleme genutzt werden können. Devlin beschreibt diese Besonderheit unter anderem am Beispiel der Knotentheorie: »Reine« Knotentheoretiker befassen sich mit den Eigenschaften von Knoten, den Regeln ihrer Verschlingungen, ihrer Einteilung in Klassen usw., was auf den ersten Blick als »brotlose« Kunst erscheinen mag. Als in den 1980er-Jahren aber in der Genforschung die Knoten, zu denen die DNA-Kette gekringelt ist, erforscht wurden, »haben sich Biologen mit Knotentheoretikern zusammengetan, um gemeinsam die Knotenmuster zu enträtseln, in denen die Natur die Gene speichert« (Devlin 1998, 227).

Heute besteht Einigkeit darüber, dass das Fach Mathematik, das sich in zahlreiche Fachgebiete verzweigt hat, übergreifend als »*Wissenschaft von den Mustern*« aufgefasst werden kann:

> »Die Muster und Beziehungen, mit denen sich die Mathematik beschäftigt, kommen überall in der Natur vor: die Symmetrien von Blüten, die oft komplizierten Muster von Knoten, die Umlaufbahnen der Himmelskörper, die Anordnung der Flecke auf einem Leopardenfell, das Stimmverhalten der Bevölkerung bei einer Wahl, das Muster bei der statistischen Auswertung von Zufallsergebnissen beim Roulettespiel, die Beziehungen der

Wörter, die einen Satz ergeben, die Klangmuster, die zur Musik in unseren Ohren führen. Manchmal lassen sich die Muster durch Zahlen beschreiben, die sind ›numerischer Natur‹, etwa das Wahlverhalten der Bevölkerung. Oft sind sie jedoch nicht numerischer Natur; so haben Strukturen von Knoten oder Blütenmuster nur wenig mit Zahlen zu tun.« (Devlin 2003, 97)

Über das »Wesen« der Mathematik sind im Laufe der Jahrhunderte viele Diskussionen geführt worden, die zu unterschiedlichen Standpunkten geführt haben. Bekannt ist der Standpunkt von Plato, der die Mathematik als eine eigene Welt von Ideen verstanden hat, die unabhängig von der Sinnenwelt für sich existiert und zu der nur besonders ausgebildete Menschen Zugang haben und verschaffen können. Hersh (1998) hat darauf hingewiesen, dass sich aber bereits von Aristoteles, einem Schüler Platons, aus eine »humanistische« Sichtweise entwickelt hat, in der Mathematik als Konstruktion oder besser Ko-Konstruktion »normaler Sterblicher« betrachtet wird. Diese zweite Sichtweise ist für das Lernen bedeutsam, da sie den Lernenden die Fähigkeit zuspricht, im Lernprozess eine aktive Rolle zu übernehmen, Spielräume zu nutzen, individuelle Lernwege zu beschreiten sowie selbst Entdeckungen zu machen. Damit verbunden ist eine Abkehr vom Exaktheitswahn, eine Toleranz gegenüber Fehlern, die als natürliche Begleiterscheinungen des Lernens akzeptiert werden, sowie eine ausdrückliche Würdigung nicht nur der fertigen Erkenntnisse, sondern auch der Prozesse, die zu den Erkenntnissen führen.

1.2   Konstruktivistische Auffassungen über das Lernen

Die »humanistische« Sichtweise befindet sich voll im Einklang mit Entwicklungen in der Kognitionspsychologie und Lernpsychologie. In den letzten fünfzig Jahren hat sich auf diesen Gebieten ein bedeutsamer Wandel weg von passivistischen hin zu aktivistischen Theorien vollzogen, der eng mit dem Namen Piaget verbunden ist. Es ist heute unbestritten, dass Wissen nicht einfach vermittelt werden kann, sondern an die aktive Tätigkeit der Lernenden gebunden ist, die freilich des sozialen Kontakts bedarf, sodass man gerne von Sozio-Konstruktivismus spricht.

Bei der Rezeption der Piaget'schen Theorien ist allerdings nicht immer berücksichtigt worden, dass seine Erkenntnisse sowohl für das Lernen generell als auch für das Lernen von Mathematik differenziert bewertet und teilweise revidiert werden müssen. An erster Stelle ist hier seine Stadientheorie der Entwicklung der kognitiven Entwicklung zu nennen: Diese Theorie sagt aus, dass die Entwicklung der kindlichen Intelligenz vier qualitativ unterschiedliche Stadien durchläuft. Die Stadientheorie hatte große Auswirkungen auf die allgemeine Didaktik, aber auch auf die sonderpädagogische Didaktik. Aus ihr wurde gefolgert, dass sich der Unterricht auf das kognitive Niveau einstellen muss, auf dem sich die Kinder gerade befinden. Während sich Angebote aus dem Regelschulbereich leichter an den von Piaget genannten Altersnormen orientieren konnten, sah sich die sonderpädagogische Didaktik gezwungen, die Altersangaben zu ignorieren und Angebote zu entwickeln, die auf den Entwicklungsstand der Kinder abgestimmt waren. Diesen Entwicklungsstand jeweils zu bestimmen und entsprechende inhaltliche Reduktionen vorzunehmen, entwickelte sich zu einer spezifischen Aufgabe der Sonderpädagogik. Dieser Umstand trug nicht unwesentlich zur wissenschaftlichen Etablierung der Sonderpädagogik bei (vgl. hierzu den Beitrag von Ratz in diesem Band).

Die Stufenfolge in der Entwicklung der Intelligenz wird auch heute nicht grundsätzlich in Frage gestellt, wohl aber ihre Gültigkeit über alle Bereiche der Intelligenz eines Kindes hinweg. Man geht heute von »domänespezifischen« Entwicklungen aus, d. h. man nimmt es als gegeben an, dass sich die einzelnen Bereiche in einer unterschiedlichen Geschwindigkeit entwickeln. So kann ein Kind z. B. in seiner sprachlichen Entwicklung durchaus auf einer anderen Stufe stehen als in seiner mathematischen Entwicklung. Dies kommt im Allgemeinen zwar nicht so häufig vor, aber bei Kindern mit einer geistigen Behinderung muss davon ausgegangen werden, dass die Intelligenzentwicklung untypische und eigentümliche Verläufe nimmt. Dass man einzelne Bereiche, die »Domänen«, infolge eines einseitigen Blicks auf andere Bereiche, falsch einschätzt, ist eine reale Gefahr (vgl. Sodian 2002, 445ff.; s. a. Ratz in diesem Band).

Wichtig für die Gestaltung von Lernen und Unterricht ist auch die Frage, wie der Wechsel von einer Stufe zur nächsten zu unterstützen sei. Während Piaget vorgeschlagen hatte, Angebote so lange auf dem Niveau der gerade bestehenden Entwicklungsstufe anzubieten, bis eine qualitative Weiterentwicklung in Richtung der nächsten Stufe erkennbar sei, hatte Wygotski in seiner Auseinandersetzung mit Piaget angeregt, schon die »Zone der nächsten Entwicklungsstufe« im Blick zu behalten, und so gezielt das Erreichen der nächsten Stufe zu fördern. In der sonderpädagogischen Didaktik hat man sich bereits früh überwiegend Wygotskis Meinung angeschlossen und sich so für eine fördernde Gestaltung von Unterricht eingesetzt (vgl. z. B. Fischer 1981).

Festzuhalten ist somit, dass die Stadientheorie Piagets zwar zunächst ein Tor für das Verständnis von Lernen auch unter erschwerten Bedingungen geöffnet hat, dass sie aber aus heutiger Sicht als problematisch anzusehen ist, weil beispielsweise der mathematische Bereich eines Kindes durchaus wesentlich weiter entwickelt sein kann als der sprachliche. Im Zusammenhang mit modernen neurowissenschaftlichen Erkenntnissen lässt sich noch ein wesentlich größerer pädagogischer Optimismus begründen: Die Kompensationsmöglichkeiten des menschlichen Gehirns sind auch bei vorliegenden Behinderungen oder nachträglichen Schädigungen erheblich, sodass Einschränkungen der Lernmöglichkeiten nur sehr vorsichtig formuliert werden dürfen (vgl. dazu z. B. Karmiloff-Smith 1992, 1998; Ratz 2009, 57ff.).

Ein weiterer wichtiger Aspekt von Piagets Erkenntnissen für das Lernen ist die konstruktivistische Natur des Lernens. Begriffe und Erkenntnisse können sich Kinder letztlich nur selbst erarbeiten, man kann sie ihnen nicht beibringen. Man kann nur Handlungen anregen, die diese konstruktive Erkenntnis beim Schüler provozieren. Diese Handlungen müssen aber nicht unbedingt konkret, sondern dürfen auch nur mental vollzogen werden. Entscheidend ist aber, dass sie vom Kind überhaupt vollzogen werden.

Es darf nicht übersehen werden, dass diese ursprünglich an Piaget orientierte ›konstruktivistische‹ Sicht von Lernen an die o. g. Bedingungen geknüpft ist. Oft wird ›konstruktivistisch‹ in der Didaktik als Schlagwort jedoch sehr oberflächlich verwendet, sodass der gesamte Begriffsinhalt leicht aus dem Blick gerät (vgl. hierzu z. B. Hess 2002).

1.3   Neue Entwicklungen in der Mathematikdidaktik

Auch im Mathematikunterricht haben sich seit Anfang der 1980er-Jahre des vergangenen Jahrhunderts quer über alle Stufen grundlegende Veränderungen vollzogen. In Deutschland haben dabei die Arbeiten von Heinrich Winter eine Schlüsselrolle gespielt (vgl. z. B. Winter 1987). Der unter Winters Federführung erarbeitete Lehrplan für den Mathematikunterricht der Grundschule in Nordrhein-Westfalen (Kultusministerium Nordrhein-Westfalen 1985) spiegelt die neuen Auffassungen zur Mathematik und zum Lernen wider, die in den vorhergehenden Abschnitten skizziert wurden. Oberstes Unterrichtsprinzip ist das »entdeckende Lernen«:

> »Den Aufgaben und Zielen des Mathematikunterrichts wird in besonderem Maße eine Konzeption gerecht, in der das Mathematiklernen als ein konstruktiver, entdeckender Prozess aufgefasst wird. Der Unterricht muss daher so gestaltet werden, dass die Kinder möglichst viele Gelegenheiten zum selbsttätigen Lernen in allen Phasen eines Lernprozesses erhalten[...].
> Die Aufgabe des Lehrers besteht darin, herausfordernde Anlässe zu finden und anzubieten, ergiebige Arbeitsmittel und produktive Übungsformen bereitzustellen und vor allem eine Kommunikation aufzubauen und zu erhalten, die dem Lernen aller Kinder förderlich ist« (Kultusministerium Nordrhein-Westfalen 1985, 26).

In diesem Lehrplan werden auch die allgemeinen Lernziele »Mathematisieren, Explorieren, Argumentieren, Formulieren« ausgewiesen, die heute in etwas anderen Bezeichnungen als »allgemeine mathematische Kompetenzen« in den Bildungsstandards aufgeführt sind. Weiter zeichnet sich der Lehrplan durch eine stärkere Betonung geometrischer Themen, eine stärkere mathematische Verankerung des Sachrechnens und eine algebraische Durchdringung der Arithmetik aus.

Zwei Jahre nach Erscheinen dieses Lehrplans wurde das Projekt »mathe 2000« mit dem Ziel gegründet, der Umsetzung dieses Lehrplans in der Praxis zum Durchbruch zu verhelfen. Zentrale Veröffentlichung war das zweibändige »Handbuch produktiver Rechenübungen« (Wittmann/Müller 1990; 1992), auf dessen Grundlage später das Unterrichtswerk »Das Zahlenbuch« entwickelt wurde, das über die Landesgrenzen hinaus Maßstäbe für einen neuen Mathematikunterricht gesetzt und die Unterrichtsentwicklung generell stark beeinflusst hat.

Dass dieses Konzept auch große Bedeutung für Kinder mit Lernschwierigkeiten hat, wurde schnell erkannt und empirisch untermauert (Scherer 1995; Moser Opitz

2008). Das »Zahlenbuch« wird heute in entsprechend zeitlicher Streckung auch an vielen Förderschulen mit Erfolg eingesetzt, was die Eignung dieses Unterrichtswerks für die Förderung rechenschwacher Kinder an Grundschulen unterstreicht.

1.4   Aktivistische Auffassungen über das Mathematiklernen von Menschen mit geistiger Behinderung

Während es zum aktiv-entdeckenden Lernen im Allgemeinen eine sehr umfangreiche Literatur und zum Mathematiklernen von Kindern mit Lernbeeinträchtigungen bereits eine ganze Reihe konsistenter Arbeiten gibt, ist die Literatur zu Forschungen über diese Form des Lernens für Menschen mit geistiger Behinderung verstreut und nur schwer zu überblicken. Im deutschsprachigen Bereich gibt es nur sehr wenige Arbeiten (Ezawa 1996; Schäfers 2002; Ratz 2009), international ragen die Arbeiten von Baroody an Umfang und Qualität hervor (Baroody 1999). Über mathematisches Lernen von Menschen mit geistiger Behinderung insgesamt lassen sich weltweit etwas über 100 wissenschaftliche Studien finden (vgl. Ratz 2009, 73ff.). Die Mehrzahl dieser Studien befasst sich mit sehr abgegrenzten Einzelthemen, bei denen entweder mathematische Strukturen für sich oder in Anwendungssituationen betrachtet werden. Weitgehend übereinstimmend wird festgestellt, dass Schüler mit geistiger Behinderung im mathematischen Bereich in der Regel noch stärkere Einschränkungen zeigen als ihr Entwicklungsalter vermuten ließe, aber auch, dass die Heterogenität unter dieser Schülergruppe extrem ist, und deswegen Generalisierungen vermieden werden müssen (vgl. Baroody 1999, 90; Ratz 2009, 87).

Aber auch die Anlagen vieler empirischer Studien selbst sind fragwürdig. Bei fast allen handelt es sich um Interventionsstudien mit einem Test-Retest-Design, die dem behavioristischen Paradigma zuzuordnen sind. In der Regel wird der kurzfristige Erfolg eng begrenzter Vermittlungserfolge nachgewiesen. Diese Anlage der Studien gehen von a priori stark reduzierten Lernmöglichkeiten Menschen mit geistiger Behinderung und gleichzeitig einer sehr verengten Vorstellung von Mathematikdidaktik aus (vgl. Ratz 2009, 78ff.).

Studien hingegen, die einem aktivistischen Bild von Lernen und einem Bild von Mathematik als Tätigkeit folgen, sind von einem Vertrauen in die Entwicklungsfähigkeit auch von Schülern mit geistiger Behinderung getragen. Überblicke findet man bei Baroody (1999) und Ratz (2009). Diese Ergebnisse unterstützen konstruktivistische Lernvorstellungen und stehen im Einklang mit einem »humanistischen« Verständnis von Mathematik (s. o.).

2   Grundsätzliche Überlegungen zum Mathematikunterricht für den Förderschwerpunkt geistige Behinderung

Die Frage, welche mathematischen Inhalte Schülern im Förderschwerpunkt geistige Entwicklung angeboten werden sollten, kann nur beantwortet werden, wenn lernpsychologische und mathematische Aspekte aufeinander abgestimmt zur Geltung gebracht werden. Es geht darum, die Entwickelbarkeit der Mathematik mit der Entwicklungsfähigkeit der Schülerinnen und Schüler in Einklang zu bringen.

2.1   Lernpsychologische Aspekte

Von der Lernpsychologie her müssen die vom Schüler bislang erreichten Fähigkeiten *im mathematischen Bereich* erfasst und die sich daraus ergebenden Lernchancen eingeschätzt werden. Gerade im Förderschwerpunkt geistige Entwicklung ist dabei ein Umdenken erforderlich. Geistige Behinderung wird oft mit der Differenz zwischen dem Entwicklungs- und dem Lebensalter beschrieben, psychometrisch ausgedrückt mit einem Intelligenzquotienten unterhalb der zweiten Standardabweichung. In empirische Studien wurden bereits in den 1980er-Jahren Hinweise darauf gefunden, dass Menschen mit geistiger Behinderung beim Problemlösen – einer wichtigen Fähigkeit für die Mathematik – Leistungen zeigen, die noch einmal mal deutlich unter der Leistung liegen, die vom gemessenen Entwicklungsalter her zu erwarten gewesen wären (Spitz/Minsky/Besselieu 1985, 47; s. a. Ratz 2009, 93f.). Dies deutet darauf hin, dass für das mathematische Denken ein zusätzlicher Entwicklungsnachteil besteht. Andererseits ist aber auch damit zu rechnen, dass die einzelnen kognitiven Bereiche, die »Domänen«, individuell ungleichmäßig entwickelten sein können. Beispielsweise sagt die erreichte sprachliche Entwicklung in der Regel wenig aus über die Entwicklung im mathematischen Bereich.

An dieser Stelle ist ein zweiter kritischer Blick auf die aktuelle Rezeption allgemeiner Stadientheorien der kognitiven Entwicklung nach Piaget oder Wygotski nötig. Gerade für die Didaktik implizieren die einzelnen Stadien kognitive Anforderungen, die v. a. für das sensomotorische und das präoperationale Stadium relativ niedrig angesetzt sind. In diesem Zusammenhang wird immer hervorgehoben, dass Handlungen für die Entwicklung kognitiver Fähigkeiten notwendig seien. In einer Reihe späterer Studien wurde diese Auffassung aber widerlegt: »Piaget unterschätzte die kognitiven Fähigkeiten von jungen Kindern und sogar Säuglingen bei weitem« (Sodian 2008, 444). Wenn sich sonderpädagogische (oder auch integrative) Didaktik so versteht, dass sie das angemessene Angebot innerhalb des diagnostizierten kognitiven Entwicklungsstadiums bereitstellt, was häufig noch immer die traditionelle Lehrmeinung darstellt, dann werden damit kognitive Fähigkeiten unterschlagen, die tatsächlich oder möglicherweise vorhanden sind. Dies führt zur Einschränkung auf einen vordergründig »handlungsorientierten« Unterricht, der die kognitiven Möglichkeiten nicht ausschöpft und Gefahr läuft, eine Unterforderung darzustellen.

2.2   Mathematische Aspekte

Lernpsychologische Analysen müssen ergänzt werden durch fachliche Analysen der Inhalte wobei es vor allem auf deren fachimmanente Entwickelbarkeit ankommt. Die von Piaget eingeführte genetische Sichtweise ist dabei hochrelevant. Allerdings müssen auch hier bestimmte Positionen, die Piaget vertreten hat, revidiert werden. Piaget hat in seiner Theorie zur Zahlbegriffsentwicklung die Mengen- und die Reihenbildung als DIE logischen Vorläuferfertigkeiten bezeichnet und den Zahlbegriff in einer vagen Weise als »Synthese« dieser beiden Fertigkeiten erklärt. Die Didaktik hat daraus das Konzept der Pränumerik abgeleitet, das in der Sonderpädagogik nach wie vor als eine Art Dogma gilt und breit ausgearbeitet ist (vgl. z. B. de Vries 2006). Bereits Piagets Schüler Gréco hat aber in einer Reihe von Arbeiten gezeigt, dass die Arithmetik keine verarmte Logik ist, sondern dass das Zählen eine eigenständige Bedeutung hat. Heute betrachtet man den Zahlbegriff als Komplex verschiedener Zahlaspekte, unter denen der Zählzahlaspekt keineswegs eine untergeordnete Rolle spielt (s. u.). Die Bildung des Zahlbegriffs erfordert das Wechselspiel verschiedener Aspekte, was bei Kindern individuell unterschiedlich verlaufen kann.

Das oben skizzierte Mathematikbild schließt allerdings eine enge Fokussierung auf den Zahlbegriff aus. Auch die elementare Mathematik erschöpft sich nicht in der Arithmetik, sondern umfasst als Wissenschaft von Mustern z. B. auch die Geometrie und den Bereich der logischen Spiele. Immer wenn Lernende mathematische Strukturen nach Regeln und zielgerichtet untersuchen und dabei Muster entdecken, werden sie kognitiv angeregt und in ihrer mathematischen Entwicklung gefördert. Gerade für den Förderschwerpunkt geistige Entwicklung bietet diese breitere inhaltliche Orientierung enorme Chancen.

3 Beispiele für Inhalte im Mathematikunterricht im Förderschwerpunkt geistige Entwicklung

Im Gegensatz zu Lehrplänen in Regelschulen werden curriculare Vorgaben in den Lehrplänen des Förderschwerpunktes geistige Entwicklung sehr weit gefasst, damit den individuellen Gegebenheiten sowohl der einzelnen Schüler als auch der Gesamtsituation der Klasse Genüge getan werden kann. Diese offenen Curricula können aber auch leicht zu einem fachlichen Vakuum führen. Den Raum sinnvoll mit Inhalten zu füllen, ist eine herausfordernde Aufgabe, bei deren Bearbeitung man sich an Entwicklungen der Mathematikdidaktik für den Elementarbereich und die Grundschule orientieren kann. Wir betonen an dieser Stelle noch einmal, dass es nicht die Intention dieses Beitrags ist, ein fertiges Curriculum für den Mathematikunterricht im Förderschwerpunkt geistige Entwicklung zu formulieren, sondern Möglichkeiten aufzuzeigen und damit die Diskussion anzuregen.

Die Bildungsstandards Mathematik für die Grundschule sehen als wichtigste Inhaltsbereiche einerseits »Zahlen und Operationen«, und andererseits »Raum und Form« vor (KMK 2004). Sie werden in den Lehrplänen der einzelnen Bundesländer, aber auch in mathematikdidaktischen Konzepten weiter ausformuliert. Daneben sind für die Schüler im Förderschwerpunkt geistige Entwicklung auch die vorschulischen Bildungspläne der einzelnen Bundesländer bzw. wiederum spezifische Konzepte von Bedeutung. Um dem Aspekt der Altersangemessenheit gerecht zu werden, sind alle in den Curricula und Standards für die Grundschule bzw. Vorschule in Bezug auf den Förderschwerpunkt geistige Entwicklung hin weiterhin diskussionswürdig, auch auf die Frage hin, wie mit dem veränderten Verhältnis von zur Verfügung stehender Lernzeit umgegangen werden soll. In der Regel werden Schüler mit Lernschwierigkeiten langsamer im Stoff vorankommen, das heißt, dass die einzelnen Themen länger behandelt werden müssen. Dadurch, dass die Schüler dann auch älter sind, steht im Verhältnis mehr Lebenserfahrung zur Verfügung als bei den jüngeren Regelschülern, sodass auch dieser Aspekt z. B. in der Form einfließen sollte, dass die Umwelt und subjektive Erfahrungen noch stärker zur Geltung kommen. Vorschulische Angebote können nicht einfach auf ältere Schüler mit geistiger Behinderung übertragen werden, ihre mathematische Substanz und ihre Bedeutung für die weitere mathematische Entwicklung müssen aber dennoch anerkannt werden. Ein Ausgleich zwischen diesen teilweise widerstreitenden Anforderungen erfordert eine Gratwanderung, die letztlich nur in der konkreten pädagogischen Situation auf je eigene Weise bewältigt werden kann.

Für Schüler der Grundschulstufe des Förderschwerpunktes geistige Entwicklung sollte deshalb zunächst von den für das gleiche Alter vorgesehenen Themengebiete ausgegangen, und erst anschließend über notwendige Reduktionen und über die Möglichkeit, persönliche, biografische und subjektive Erfahrungen einzubringen nachgedacht werden.

Zentrale Inhaltsbereiche in der Grundschule sind »Zahlen und Operationen«, »Raum und Form« sowie »Größen und Messen«. Für diese Gebiete lassen sich Grundideen formulieren, die stufenübergreifend entwickelt werden können (Wittmann/ Müller 2006, 8).

Grundideen der Arithmetik Zahlen und Operationen	*Grundideen der Geometrie* Raum und Form
0. Numerische Bewusstheit	0. Formbewusstheit
1. Zahlreihe	1. Geometrische Formen und ihre Konstruktion
2. Rechnen, Rechengesetze, Rechenvorteile	2. Operieren mit Formen
3. Zehnersystem	3 Koordinaten
4. Rechenverfahren	4. Maße
5. Arithmetische Gesetzmäßigkeiten und Muster	5. Geometrische Gesetzmäßigkeiten und Muster
6. Zahlen in der Umwelt	6. Formen in der Umwelt
Grundideen von Größen und Sachrechen	

Tab. 1: Grundideen der Mathematik im Förderschwerpunkt geistige Entwicklung (in Anlehnung an Wittmann/Müller 2006, 8 sowie 2009, 14ff.)

Wenn man die Arithmetik und die Geometrie in den vorschulischen Bereich zurückverfolgt, stößt man in der Arithmetik auf die »numerische Bewusstheit«, in der Geometrie auf die »Formbewusstheit«, die man als inhaltliche Vorläuferfertigkeiten anzusehen hat. Analog zur phonologischen Bewusstheit als Vorläuferfertigkeit für den Schriftspracherwerb (vgl. Wittmann/Müller 2009, 14ff.). In diesem frühen Bereich der Entwicklung des mathematischen Denkens gibt es Möglichkeiten für mathematische Aktivitäten weit unterhalb der üblichen arithmetischen und geometrischen Begrifflichkeiten. Es sei hier noch einmal darauf hingewiesen, dass alles, was regelhaftes, zielgerichtetes Arbeiten beinhaltet, mathematisch relevant ist.

Besondere Bedeutung für den Förderschwerpunkt geistige Entwicklung haben die jeweils ersten beiden Grundideen der Arithmetik und der Geometrie, sowie der gesamte Bereich von Größen und Sachrechnen. Diese Grundideen werden deshalb im Folgenden etwas genauer analysiert. Die übrigen Bereiche sind aber auch im Auge zu behalten, vor allem für Schüler, deren mathematische Entwicklung zügiger voranschreitet.

Alle drei Themengebiete bleiben wichtig, auch wenn die Schüler älter werden und sich weiter von den Themen in den vergleichbaren Altersgruppen der Regelschulen entfernen. Dennoch wächst mit der Lebenserfahrung die Bedeutung des Sachrechnens, der Anwendung von Zahlen und Formen auf die Umwelterschließung. Im Berufsschulstufenalter setzt sich dies fort, wenn praktische Anwendungen zur beruflichen Qualifizierung beitragen. Bei aller Anerkennung lebensweltlich bedeutsamer Kenntnisse muss aber darauf hingewiesen werden, dass die Beschäftigung mit abstrakten mathematischen Problemen nie verloren gehen darf, denn sie schulen das Denken und schaffen, wie oben bereits erwähnt, jenen »spielerischen Überfluss an Denkmustern« (s. o.; Wittmann/Müller 2008), der sich letztlich auch positiv auf die Anwendungen der Mathematik auswirkt.

3.1   Numerische Bewusstheit und die Zahlreihe

Die Grundidee »Zahlreihe« erscheint auf den ersten Blick einfach und im Hinblick auf den Unterricht als völlig unproblematisch. Dies ist ein Irrtum. Der Zahlbegriff hat es sozusagen in sich, mathematisch, erkenntnistheoretisch, psychologisch. Aus gutem Grund stellte der Mathematiker Hermann Weyl fest: »In den natürlichen Zahlen zeigt sich das Problem der Erkenntnis in seiner schlichtesten Form.« (Weyl 2000, 51)

Karen Fuson hat die Stufenfolge, in der Kinder das Zählen lernen, folgendermaßen beschrieben und mit griffigen Namen versehen (Fuson 1988, zit. n. Moser Opitz 2008, 86):

1. Stufe: *Ganzheitsauffassung der Zahlwortreihe*: »Der Schüler kann die Zahlwortreihe auswendig aufsagen (ohne dabei etwas abzuzählen)« *string level*

2. Stufe: *Unflexible Zahlwortreihe*: »Der Schüler kann Gegenstände abzählen, immer beginnend bei 1« *unbreakable chain level*

3. Stufe: *Teilweise flexible Zahlwortreihe*: »Der Schüler kann die Zahlwortreihe ab einer beliebigen Zahl weiter aufsagen sowie Vorgänger und Nachfolger von Zahlen nennen (ohne etwas abzuzählen)« *breakable chain level*

4. Stufe: *Flexible Zahlwortreihe*: »Der Schüler kann Dinge von einer beliebigen Zahl aus weiter abzählen« *numerable chain level*

5. Stufe: *Vollständig reversible Zahlwortreihe*: »Der Schüler hat die Zahlreihe automatisiert (vorwärts und rückwärts), kann Nachbarzahlen finden und Zahlenfolgen fortsetzen (und dabei abzählen)« *bidirectional chain level*

Unterstützen lässt sich diese Entwicklung in vielfacher Weise, z. B. durch Zahlenlieder und Abzählverse. Auch rhythmische Übungen sind sehr wichtig, denn dabei wird die Fähigkeit geübt, das Aufsagen der Zahlenreihe mit dem Zeigen eines Fingers auf die Gegenstände zu koordinieren. Moser Opitz beschreibt sehr anschaulich die vielen Fehlerquellen, die dabei auftreten können. Das Zahlwort »sieben« verleitet z. B. dazu auf zwei Gegenstände zu zeigen, weil darin zwei Silben vorkommen (vgl. Moser Opitz 2008, 88). Häufig wird auch zwischen den Zahlenwörtern »zwei« und »drei« nicht unterschieden, die akustisch ähnlich klingen. Berücksichtigt werden muss auch noch, dass der Zahlbegriff verschiedene Aspekte hat. Zahlen können Anzahlen darstellen (kardinaler Aspekt), Zählzahlen (ordinaler Aspekt), Maßzahlen, Rechenzahlen (d. h. Zahlen mit denen man rechnet), und Codes (z. B. Telefonnummern). Mit diesen Aspekten sind unterschiedliche Bedeutungen verbunden, was aus der Notation mit Ziffern nicht hervorgeht. Dies kann für die Schüler eine zusätzliche Schwierigkeit darstellen, denn es ist nicht selbstverständlich, dass ein Zeichen mehrere z. T. sehr unterschiedliche Bedeutungen hat.

Der ordinale Aspekt ist mit der »Seriation«, der kardinale Aspekt mit der Mengen-bildung verbunden. Aus der »Synthese«-Theorie von Piaget ist zu folgern, dass die bei-den Aspekte eigens zu lernen seien und dass erst dann, wenn beide Aspekte beherrscht würden, ein Fortschreiten in höhere Zahlenbereiche sinnvoll sei (Moser Opitz 2008, 50). Diese Position wird heute in Frage gestellt, denn inzwischen ist bekannt, dass der ordinale Zahlbegriff geringere kognitive Ansprüche stellt als der kardinale, der eine Vorstellung von der Mächtigkeit einer Menge voraussetzt. Die o. g. Stufen der Entwicklung des Zählens nach Fuson zeigen, wie der ordinale Aspekt das Verständnis des kardinalen Aspekts fördern kann. Diese Überlegungen stellen auch die sogenannte ›monographische Methode‹ (Radatz/Schipper 1988, 33f.) in Frage, d. h. die Einfüh-rung einzelner Zahlen Unterrichtsstunde für Unterrichtsstunde analog zur schrittwei-sen Einführung der Buchstaben im Sprachunterricht.

Die Betonung des ordinalen Zahlaspekts birgt allerdings die Gefahr, dass das »zäh-lende Rechnen« begünstigt und verfestigt wird. Dieser Gefahr muss durch die Förde-rung des »strukturierten Zählens« entgegen gewirkt werden (Wittmann/Müller 2009, 15), das darin besteht, die zu zählenden Mengen in kleinere Teilmengen zu zerlegen und deren Anzahlen zu addieren.

Neurophysiologische Grundlage für das strukturierte Zählen ist die Tatsache, dass der Mensch eine quasi angeborene Fähigkeit hat, die Anzahl Mengen mit bis zu 5 Ele-menten auf einen Blick zu erfassen, was als »subitizing« oder »Simultanerfassen« be-zeichnet wird (Moser Opitz 2008, 83f.). Diese Fähigkeit *kann* bei manchen Kindern so isoliert ausgebildet sein, dass sie Anzahlen von Gegenständen bis 5 richtig nennen können, aber nicht in der Lage sind, diese Elemente abzuzählen. Hier wird deutlich, dass der Zahlbegriff weder einseitig auf den ordinalen noch auf den kardinalen Aspekt reduziert werden kann.

Für das Lernen entscheidend ist es, dass die Kinder mehrere Strategien entwickeln, um Anzahlen strukturiert zu erfassen, und diese Strukturierungen anschließend auch zum Rechnen verwenden. Geeignete Strategien zum strukturierten Zählen sind:

- Aufgliederung in Pärchen und Zählen in Zweiersprüngen (gerade und ungerade Zahlen),
- Untergliederung der Würfelbilder,
- Zerlegung in Dreier-, Vierer- und v. a. Fünfergruppen,
- Zerlegung in gleichmächtige Teilmengen (Verdopplungen).

Vor allem die Strukturierung in Fünferpäckchen, bezeichnet als »Kraft der 5«, hat für das Rechnen eine große Bedeutung (Krauthausen 2000) (s. u.).

Wegen seiner überragenden Bedeutung stellt das strukturierte Zählen bei der Früh-förderung vor der Schule das »wichtigste Ziel im Bereich der Zahlen« dar (Wittmann/Müller 2009, 15). Wegen dieser grundlegenden Bedeutung muss dem strukturierten Zählen auch im Förderschwerpunkt geistige Entwicklung zentrale Bedeutung beige-messen werden.

3.2   Rechnen

Die mathematische Grundidee »Rechnen, Rechengesetze, Rechenvorteile« bezieht sich auf das sogenannte »halbschriftliche« Rechnen, das durch verschiedene Rechenwege gekennzeichnet ist, denn die Rechengesetze kann man unterschiedlich anwenden. Die schriftlichen Rechenverfahren hingegen sind Algorithmen, bei denen jeder Schritt feststeht. Sie stellen daher zu Recht eine eigene Grundidee dar.

Bei dem halbschriftlichen Rechnen geht es zunächst darum, die Bedeutung der einzelnen Rechenart zu verstehen und einzusehen, dass es grundsätzlich verschiedene Rechenwege gibt. Im Folgenden soll vor allem die Addition thematisiert werden, da sie die grundlegende Rechenart ist und aus diesem Grund im Förderschwerpunkt geistige Entwicklung den größten Raum einnehmen muss.

Die Addition

Vom kardinalen Standpunkt aus handelt es sich bei der Addition um die Darstellung von Zahlen durch zwei (disjunkte) Mengen und die Bestimmung der Anzahl der Vereinigungsmenge. »Disjunkt« heißt, dass die beiden Mengen keine Elemente gemeinsam haben dürfen.

Die Summe kann rein mechanisch durch Zählen bestimmt werden: man zählt die Elemente der ersten Menge durch und zählt dann bei der zweiten Menge weiter, bis alle Elemente erfasst sind. Dieses Verfahren ist das einfachste und daher im Förderschwerpunkt geistige Entwicklung vermutlich das gebräuchlichste. Wie weiter oben ausgeführt, ist es aber sehr fragwürdig, weil es das »zählende Rechnen« begünstigt, das sich für das Rechnen mit größeren Zahlen als Sackgasse erweist. Alle Anstrengungen im Mathematikunterricht müssen deshalb darauf gerichtet sein, von Beginn eine Alternative zu entwickeln, die weiter führt.

Bei der Addition gibt es eine ähnlich hinderliche didaktische Tradition analog zur Einführung einzelner Zahlen durch die »monographische Methode«: nämlich die schrittweise Einführung eines Additionsätzchen nach dem anderen. Wenn die Addition aus dem strukturierten Zählen heraus entwickelt wird, treten Zusammenhänge von selbst in den Vordergrund. Durch geeignete Materialien kann dies unterstützt werden. Vom Standpunkt einer Didaktik, die sich an konstruktivistischen Lerntheorien orientiert, ist es darüber hinaus wichtig, den Schüler zu beobachten, welche Strategien er sowohl beim strukturierten Zählen als auch bei der Addition *spontan* verwendet. Erst aufgrund einer solchen Diagnose können Entscheidungen gefällt werden, welche Ansätze zu effektiven Strategien vorhanden sind, die es verdienen, bewusst gemacht und verstärkt zu werden.

Obwohl die Rechenwege frei sind, gibt es aber nur eine beschränkte Anzahl von Strategien, bei denen die Struktur des dekadischen Stellenwertsystems genutzt werden kann und die daher sinnvoll sind. Die wichtigsten Additionstrategien sind die folgenden:

- *n + 1 Strategie*, also das Weiterzählen um 1. Diese Strategie setzt die Kenntnis der Nachbarzahlen voraus, die bei den Stufen des Zählens weiter oben bereits genannt wurde, und kann durch Zählübungen gezielt trainiert werden.
- *n + 2 Strategie*. Diese Strategie ergibt sich aus dem Abzählen von Zweierpäckchen.
- Nutzung des *Kommutativgesetzes (a + b = b + a)*. Damit kann man Aufgaben auf andere leichter zu rechnende Aufgaben oder auf Aufgaben, deren Ergebnis bekannt ist, zurückführen. Additionsaufgaben sind in der Regel leichter zu verstehen und auch zu lösen, wenn mit dem größeren Summanden begonnen wird. Im Falle der Addition ist es dank des Kommutativgesetzes leicht möglich, die größere Zahl voran zu stellen. Allerdings ist darauf zu achten, dass hier kein Schematismus entsteht.
- *Verdoppeln*. Diese Strategie ist wirksam, wenn die Verdopplungsaufgaben beherrscht werden. Aufgaben mit fastgleichen Summanden, können auf Verdopplungsaufgaben zurückgeführt werden. Das Ergebnis z. B. von 4 + 5 wird aus dem Ergebnis von 4 + 4 durch Weiterzählen um 1 erhalten.
- *»Kraft der Fünf«* (Krauthausen 2000). Wegen 5 + 5 = 10 können Aufgaben, bei denen ein Summand 5 ist und vom anderen bzw. von beiden Summanden die Zerlegung bezüglich 5 bekannt ist, leicht gerechnet werden. Beispiele: 5 + 7 = 5 + 5 + 2 = 12; 8 + 7 = 5 + 3 + 5 + 2 = 10 + 5 = 15. Da für diese Strategie ein bestimmtes Grundwissen erforderlich ist, dürfte es im Förderschwerpunkt geistige Entwicklung nur wenige Schüler geben, die diese Strategie im Kopf nutzen können. Wohl aber kann man versuchen, diese Strategie mit Hilfe des Zwanzigerfelds zu unterstützen.

Weitere Hinweise zu Rechenstrategien finden sich in Padberg (2009).

In der Didaktik des Rechenunterrichts für den Förderschwerpunkt geistige Entwicklung spielt die Diskussion um die Nutzung der Finger beim Zählen und Rechnen eine große Rolle (vgl. z. B. Gerster 1996; Eckstein 2010). Die Finger sind für die Kinder ein ständig greifbares Hilfsmittel. Da es an jeder Hand 5 sind, unterstützen die Finger auch die ›Kraft der 5‹, was kein Zufall ist, denn in der Evolution hat sich das Zehnersystem deshalb durchgesetzt, weil es von der Zahl der Finger an einer Hand nahegelegt wird. Zahlenbilder mit den Fingern sind besonders anschaulich (vgl. Eckstein 2010). Aus anatomischen Gründen ist es allerdings schwierig, mit den Fingern eine Reihe abzuzählen. Dies liegt an der geringeren Beweglichkeit des Ringfingers sowie der unfreiwilligen Neigung, die 1 mit dem Daumen, die 4 aber ohne den Daumen anzuzeigen. Bei Zahlen zwischen 5 und 10 wird es besonders schwierig eine Reihe einzuhalten. Für ein Zählen mit den Fingern in einer Reihe hat Gerster eine Lösung vorgeschlagen, die mit der Tischkante als motorischer und linearer Hilfe arbeitet (Gerster 1996, 148).

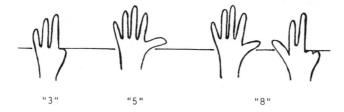

"3"   "5"   "8"

Abb. 1: Fingerrechnen an der Tischkante (Gerster 1996, 148)

Zu beachten ist aber, dass das Zählen mit den Fingern zum zählenden Rechnen verleiten kann.

Die Praxis mit »zählenden« Rechnern beweist es. Die Finger so einzusetzen, dass die strukturierte Anzahlerfassung zur Geltung kommt, ist keineswegs einfach.

3.3   Zehnersystem

Den Zehner kann man als ununterbrochene Reihe von Kringeln darstellen (s. Abb. 2).

Die »Kraft der 5« (Krauthausen 2000) kommt darin nicht zur Geltung, wohl aber, wenn 10 Kringel als zwei getrennte Fünfer hintereinander (Abb. 3) oder untereinander angeordnet (Abb. 4) sind[1].

Abb. 2: Die 10 als ununterbrochene Reihe

Abb. 3: Die 10 in einer Reihe, aber in zwei 5er-Päckchen

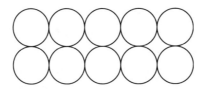

Abb. 4: Die 10 in zwei 5er-Päckchen untereinander

---

1   Es gibt noch weitere Darstellungen der 10, z. B. im »Kieler Zahlenhaus« (Rosenkranz 1992), das die 10 in 3 + 3 + 3 + 1 aufteilt. Diese Darstellung ist besonders in Förderschulen verbreitet und stellt ein typisches Beispiel dafür dar, wie eine bestimmte Darstellung zwar die Zahlen innerhalb des ersten Zehners erfassen kann, dafür aber über den 10er Zehner hinaus eine unüberwindliche Hürde aufgebaut wird. Solche didaktischen Barrieren sind namentlich in der Sonderpädagogik weit verbreitet (s.a. Walter/Suhr/Werner 2001).

Die meisten heutigen Lehrwerke und Materialien stützen sich auf eine dieser Anordnungen. Im Förderschwerpunkt geistige Entwicklung wird sehr häufig das Material von Montessori angewendet, das eindeutig und ausschließlich den Zehner als ununterbrochene Reihe thematisiert (Abb. 2), am klarsten repräsentiert im »goldenen Perlenmaterial«. Auch in russischen Rechenmaschinen mit gleichfarbigen Perlen findet man den ungegliederten Zehner. Hingegen wird in den ebenfalls verbreiteten Lehrwerken »Rechnen ohne Stolpersteine« (Kistler/Schneider 2009) bzw. »Numicon« (Atkinson 2006) die Anordnung in zwei Fünfer untereinander zwingend vorgeschrieben (Abb. 4).

Die ›Kraft der 5‹ wird dort besonders radikal ausgeblendet, wo Doppelreihen verwendet werden und die 7 z. B. nur als vier und drei, die untereinander liegen, erscheint (Abb. 5). Diese »Formzahlbilder« haben ihren Ursprung bei Kühnel (vgl. Selter 1997).

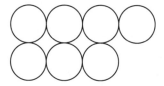

Abb. 5: Die 7 als »Formzahlbild«

Für die Darstellung der 10 sollte eine Festlegung auf eine einzige Darstellung vermieden werden. Alle drei oben abgebildeten Möglichkeiten sind in bestimmen Situationen mathematisch sinnvoll, und wenn ein Kind zu einer davon tendiert, sollte es auf dem eingeschlagenen Weg unterstützt werden. Es gibt Kinder, für die es wichtig ist, eine mühsam gewonnene Vorstellung der 10 systematisch auszubauen und zu festigen, und die erst von einer gewissen Sicherheit aus weitere Varianten ausprobieren. Andere, die sich in einer Variante sicher fühlen, können schon früher Alternativen ausprobieren oder entdecken.

Das Rechnen über 10 hinaus ist für Schüler dann besonders schwierig, wenn sie sich auf Einer fixieren und 10 Einer nicht als neue Einheit (1 Zehner) sehen, mit der man wie mit Einern rechnen kann. Bei der Addition einstelliger Zahlen, deren Summe 10 überschreitet, geht es zunächst einmal darum, bewusst zu machen, dass ein Zehner voll zu machen ist. Die ›Kraft der 5‹ ist hierzu das Mittel der Wahl. Die Abbildung 6 zeigt verschiedene Lösungswege der Aufgabe 8 + 7, die alle mathematisch sinnvoll sind. Es wird dabei Material verwendet, das die »Kraft der 5« verkörpert (Zwanzigerfeld, Geld). Bei einer Lösung erfolgt eine Abstützung auf eine Verdopplungsaufgabe, die sich ihrerseits auf die »Kraft der 5« stützt.

Abb. 6: Verschiedene Rechenwege (Müller/Wittmann 2006, 48)

Der *Zahlenraum bis 100* wird traditionell entweder linear, z. B. durch eine Perlenkette dargestellt, oder dekadisch (»goldenes Perlenmaterial« von Montessori, 100er-Punktfeld.) Das 100er-Punktfeld, das in vier 25er-Felder unterteilt ist, bringt die »Kraft der 5« voll zur Geltung. Dies ist langfristig wichtig, denn auf diese Weise lassen sich Kenntnisse und Strategien von kleinen Zahlenräumen auf größere Zahlräume übertragen. Zum Rechnen im Hunderter mit dem 100er-Punktfeld liegen interessante Erfahrungen mit Schülern im Förderschwerpunkt geistige Entwicklung vor (Schäfers 2002). Das 100er-Punktfeld findet seine Fortsetzung in der Punkt-/Strich-Darstellung von Zahlen im Hunderterraum, bei denen Zehner durch dicke Striche und Einer durch Punkte dargestellt werden. In dieser Darstellung wird eine deutliche Trennung von Zehnern und Einer vollzogen. Die Kinder sehen, dass sie mit Zehnern wie mit Einern rechnen können. Beispiel: Aus 4 + 3 = 7 folgt sofort 4 Zehner + 3 Zehner = 7 Zehner, anders geschrieben 40 + 30 = 70. Die Einsicht, dass das Rechnen mit großen Zahlen auf das Rechnen mit kleinen Zahlen zurückgeführt werden kann, ist für die Kinder von alles überragender Bedeutung.

3.4 Geometrie

Die »zentrale Repräsentation des Raumes und die Greifhand« spielen in der Entwicklung des Gehirns eine zentrale Rolle (Lorenz 1968). Alle späteren Denkformen fußen letztlich auf der Geometrie und auch unsere Sprache ist stark von geometrischen Bildern durchsetzt. Die Geometrie hat daher große Bedeutung für die Denkentwicklung insgesamt und daher verdient dieser Inhaltsbereiche auch Beachtung für den Mathematikunterricht an Schulen mit dem Förderschwerpunkt geistige Entwicklung.

Am Bespiel der Grundidee »Herstellen von Formen« soll wenigstens angedeutet werden, welche Möglichkeiten sich hier bieten. Materialien und Anregungen aus dem

[Handschriftliche Randnotiz: Beispiele für eine handelnde Auseinandersetzung m. geomet. Formen]

Vorschulbereich liefern schöne Beispiele für eine handelnde Auseinandersetzung mit geometrischen Formen, mit dem Ziel die Raumvorstellung aufzubauen (Wittmann/ Müller 2009). Genannt seien kurz:

- Das Kneten der Fröbelschen Grundformen Kugel, Walze und Quader und die weitere Arbeit mit ihnen,
- das Spiegeln,
- das Falten,
- das Schnüren von Knoten,
- Bewegung im Raum

Die Besonderheit dieser geometrischen Aktivitäten liegt darin, dass sie keine Perfektion verlangen. Während man im Rechnen mit dem Ergebnis 7 + 5 = 11 nicht zufrieden sein kann, obwohl 11 nahe am richtigen Ergebnis 12 liegt, sind eine unvollkommen geformte Kugel, das nicht exakte Anlegen eines Spiegels, ein unbeholfen gefaltetes Origami-Objekt oder ein unbeholfen ausgeführter Tanz völlig akzeptabel. Wegen dieser Benutzerfreundlichkeit bieten geometrische Aktivitäten große Erfolgschancen.

3.5   Größen und Sachrechnen

Das Sachrechnen ist im Förderschwerpunkt geistige Entwicklung ein besonders wichtiger Themenbereich. Gerade die Diskrepanz zwischen Lebensalter und Entwicklungsalter legt es nahe, die vergleichsweise langsamen Fortschritte im mathematischen Stoff durch intensive Erfahrungen in der Umwelt zu vertiefen, um Eintönigkeit zu vermeiden und vielseitige und subjektiv geprägte Erfahrungen anzuregen.

Winter (2003) hat im Sachrechnen drei Aufgabenbereiche unterschieden: Sachrechnen als Lernstoff, als Lernprinzip und als Beitrag zur Umwelterschließung.

Sachrechnen als Lernstoff bezieht sich hauptsächlich auf die Kenntnis der verschiedenen Größen und der zugehörigen Einheiten. Dabei stellen die einzelnen Größenbereiche sehr unterschiedliche und jeweils spezifische Anforderungen an den Lernenden: Während die Längenmaße noch recht gut zu erfassen sind, stellen Flächen- und Hohlmaße wesentlich höhere kognitive Anforderungen. Der Größenbereich Geld ist durch die vorgegebenen Münzen- und Scheine stark strukturiert. Allerdings haben die Schüler vielfach Zugang zu diesem Bereich. Besondere Anforderungen stellt der Größenbereich Zeit, da er nicht mit dem Dezimalsystem kompatibel ist: Während Minuten und Sekunden dem 60er-System der Babylonier unterliegen, folgen Stunden einem 12er- bzw. 24er-Rhythmus, Wochentage einem 7er-Rhythmus, Monate im Jahr einem 12-Rhythmus, und die Anzahl der Tage in einem Monat schwankt zwischen 28 und 31.

Sachrechnen als Lernprinzip heißt, dass Situationen der Umwelt zum Ausgangspunkt mathematischer Untersuchungen gemacht werden. Der Unterricht im Förderschwerpunkt geistige Entwicklung, der sich traditionell sehr handelnd versteht, bietet für diesen Aspekt des Sachrechnens gute Voraussetzungen. Mit dem Sachrechnen als Lernprinzip ist auch eine hohe Übungsintensität verbunden, da die Umwelt ständig präsent ist. Dies kommt dem hohen Übungsbedarf von Schülern in diesem Schwerpunkt entgegen.

Beim *Sachrechnen als Beitrag zur Umwelterschließung* wechselt die Perspektive. Ausgehend von mathematischen Strukturen werden Sachstrukturen erfasst. Winter (2003) liefert eine Reihe substanzieller Beispiele, darunter die Bestimmung und Erklärung der Schuhgrößen, eine Thema, das für jeden Menschen bedeutungsvoll ist.

3.6   Logisches Denken

Dieser Bereich scheint für den Förderschwerpunkt geistige Entwicklung nicht geeignet, weil das logische Denken in der allgemeinen Einschätzung an höhere Anforderungen geknüpft wird. Aber auch in diesem Bereich eröffnen sich neue Möglichkeiten. Ratz (2009) hat in einer empirischen Untersuchung festgestellt, dass sich Denkspiele eignen, um auch Schüler mit geistiger Behinderung mathematisch zu aktivieren.

4   Substanzielle Lernumgebungen als Rahmen für die Unterrichtsorganisation

Nach der Diskussion neuer inhaltlicher Möglichkeiten im vorangehenden Abschnitt sollen nun neue Möglichkeiten der unterrichtlichen Umsetzung aufgezeigt werden, die auch für den Förderschwerpunkt geistige Entwicklung vielversprechend sind.

In der Mathematikdidaktik haben sich in den letzten Jahren »(substanzielle) Lernumgebungen« als fachlich fundiertes Gestaltungskonzept des Unterrichts durchgesetzt (Wittmann 1998; Hengartner 2007). Anders als ein von der Lehrperson mehr oder weniger eng geführter Unterricht ermöglichen Lernumgebungen einen Ausgleich zwischen fachlichen Anforderungen und Vorgaben sowie den vom Fach her bestehenden Spielräumen einerseits, und den individuellen Möglichkeiten und Präferenzen der Lernenden andererseits. Sie verkörpern eine Offenheit vom Fach aus und stehen daher nicht nur im Gegensatz zu belehrenden Unterricht, sondern auch zu weit verbreiteten, vagen Begriffen in der Allgemeinen Didaktik wie »Freiarbeit«[2] oder »offenes Lernen«.

Substanzielle Lernumgebungen haben folgende Eigenschaften (Wittmann 1998, 337ff.):

1. »Sie repräsentieren zentrale Ziele, Inhalte und Prinzipien des Mathematikunterrichts.

2. Sie bieten reiche Möglichkeiten für mathematische Aktivitäten von Schüler/-innen.

3. Sie sind flexibel und lassen sich leicht an die speziellen Gegebenheiten einer bestimmten Klasse anpassen.

---

2   Auch Montessori hat zweifelsohne Kriterien für ihr Verständnis von »Freiarbeit« vorgelegt. Sie sind jedoch nicht so konkret und auch fachlich wie die hier beschriebenen. Vor allem aber wird im Alltag das Präfix »frei« oft allzu wörtlich genommen.

4. Sie integrieren mathematische, psychologische und pädagogische Aspekte des
    Lehrens und Lernens in einer ganzheitlichen Weise.«

Lernumgebungen dieser Art sind auch für den Unterricht mit Schülern im Förderschwerpunkt geistige Entwicklung sehr vorteilhaft, da sie in natürlicher Weise Differenzierungen ermöglichen, sowohl auf fachlicher Ebene als auch auf Schülerebene.
In heterogenen Förderschulklassen und auch in integrativen Klassen erweist sich dies
als entscheidender Vorteil. Fragen der Altersangemessenheit spielen bei substanziellen Lernumgebungen kaum eine Rolle, weil sich mit ihnen ein weites Spektrum von
Voraussetzungen erfassen lässt. Insbesondere stellt es kaum ein Problem dar, fachlich
fundierte Vorschulmaterialien auch älteren Schülern anzubieten, weil substanzielle
fachliche Inhalte per se nicht »kindlich« sind.[3]

Der Lehrkraft fallen bei der »Inszenierung« einer Lernumgebung zwei Hauptauf-
gaben zu: die Schaffung eines Rahmens für die Eigentätigkeit der Schülerinnen und
Schüler und die implizite diagnostische Beobachtung der Lernprozesse. Mathematik
wird als die Wissenschaft von schönen und nützlichen Mustern verstanden. Es geht
also darum im Lernprozess zu beobachten, welche Muster von den einzelnen Kindern
erkannt oder auch generiert werden.

Bei fachlichen fundierten Lernprozessen muss die Aufmerksamkeit auf verschiedene
Punkte gelenkt werden:

*   Besonders bedeutsam ist die richtige Einstellung zu *Fehlern.* Fehler sind als natür-
    liche Begleiterscheinung des Lernens aufzufassen. Fehler zu machen, und von der
    Sache eine Rückmeldung zu bekommen, ist in höchstem Maße erkenntnisstiftend
    und darf auf keinen Fall zu negativen Reaktionen der Lehrkräfte führen (s. a.
    Ratz 2009, 178ff.). Die Analyse von Fehlern ist sehr aufschlussreich für weitere
    Unterrichtsmaßnahmen.

*   *Die Beobachtung von Handlungen* ist für das Verständnis von Denkstrategien (und
    damit den inneren Mustern) der Schüler ebenfalls aufschlussreich. Um Handlun-
    gen systematisch beobachten und mit kognitiven Strategien in Verbindung brin-
    gen zu können ist großes Einfühlungsvermögen nötig (s. a. Ratz 2009, 194ff.).

*   Auch *Eigenproduktionen,* also Zeichnungen, Modelle, Geschichten usw., die die
    Schüler selbst produzieren, haben einen hohen diagnostischen Wert. Wie stellt
    sich ein Kind eine Zahl vor? Wie das Zehnersystem? Beispiele sind in Schäfers
    (2002) und in Selter (1994) zu finden.

*   *Sprachliche Äußerungen* sind im Regelschulunterricht in diesem Sinne ebenfalls
    von hoher Bedeutung. Im Förderschwerpunkt geistige Entwicklung ist dieser Zu-
    gang zwar eingeschränkt, sollte aber versucht werden. Wittmann (1981) hat das
    klinische Interview auch als methodisches Werkzeug von Lehrern erschlossen.

---

3   Ein bekannter Kinderbuchautor wurde gefragt, was gute Kinderliteratur auszeichne. Seine Ant-
    wort: Gute Kinderbuchliteratur ist gleichzeitig auch Erwachsenenliteratur.

- Schließlich ist es auch hilfreich, das *kooperative Lernen* zu beobachten, da es Denkprozesse der Kinder von einer anderen Seite zeigt (vgl. Röhr 1995 sowie Girulat 2009).

Inzwischen ist die Organisation von Lernprozessen im Rahmen »substanzieller Lernumgebungen« etabliert und gut erforscht, teilweise auch schon für den Förderschwerpunkt geistige Entwicklung. Diese Organisations- und Lernform zeigt sich in hohem Maße als geeignet für diese Schüler, sowohl im Förderschulunterricht als auch im integrativen Unterricht.

5   Mathematikunterricht in integrativen Klassen

Gerade die Mathematik gilt als Fach, in dem integrativer Unterricht schwierig umzusetzen ist. Das in diesem Beitrag skizzierte Verständnis von Mathematik als Wissenschaft aktiv erforschbarer Muster eröffnet hier neue Möglichkeiten

- für einen kreativen Unterricht, der Raum für individuelle Entwicklungs- und Lernverläufe lässt;
- für inhaltliche Reduktionen ohne Aufgabe des fachlichen Anspruchs;
- für eine »natürliche Differenzierung«, die den Lehrkräften gleichwohl inhaltliche und didaktisch-methodische Sicherheit bietet.

Die natürliche Differenzierung innerhalb des Modells der substanziellen Lernumgebung bietet ein weites Feld an Möglichkeiten, ein gemeinsames Thema in einer heterogenen Klasse zu bearbeiten. Hengartner (2007) hat »für Rechenschwache bis Hochbegabte« viele Beispiele gesammelt, dennoch fällt auch hier der Personenkreis von Schüler mit geistiger Behinderung weitgehend heraus.

Nicht alle Inhalte müssen von allen Schülerinnen und Schülern bearbeitet werden. Das ist ohnehin nicht möglich, nicht einmal in Regelschulen. Welche mathematischen Themen auf welchem Niveau auch immer bearbeitet werden: immer arbeiten die Lehrkräfte mit den Schülern sowie die Schüler untereinander an der Entwicklung des mathematischen Denkens. Das ist das generelle Ziel des Mathematikunterrichts.

Literatur

Atkinson, Ruth (2006): Numicon. Bilder – Ziffern – Worte. Kinderleichtes Rechnenlernen. Troisdorf: Bildungsverlag Eins.

Baroody, Arthur J. (1999): The Development of Basic Counting, Number, and Arithmetic Knowledge among Children Classified as Mentally Handicapped. In: International Review of Research in Mental Retardation, Jg. 22, 51–103.

Devlin, Keith (1998): Muster der Mathematik: Ordnungsgesetze des Geistes und der Natur. Heidelberg, Berlin: Spektrum.

Devlin, Keith (2003): Das Mathe-Gen, oder wie sich das mathematische Denken entwickelt und warum Sie Zahlen ruhig vergessen können. München: dtv.

Eckstein, Berthold (2010): Förderung numerischer Kompetenzen durch Fingerrechnen – Überlegungen zum Anfangsunterricht mit rechenschwachen Kindern. In: Zeitschrift für Heilpädagogik, Jg. 61, H. 2, 59–68.

Ezawa, Barbara (1996): Zählen und Rechnen bei geistig behinderten Schülern. Leistungen, Konzepte und Strategien junger Erwachsener mit Hirnfunktionsstörungen. Frankfurt a. M.: Peter Lang.

Fischer, Dieter (1981): Neues Lernen mit Geistigbehinderten. Eine methodische Grundlegung. 2., überarb. Aufl. Würzburg: Vogel.

Gerster, Hans-Dieter (1996): Vom Fingerrechnen zum Kopfrechnen – Methodische Schritte aus der Sackgasse des zählenden Rechnens. In: Eberle, Gerhard/Kornmann, Reimer (Hg.): Lernschwierigkeiten und Vermittlungsprobleme im Mathematikunterricht an Grund- und Sonderschulen. Weinheim: Deutscher Studien Verlag, 137–162.

Girulat, Annika (2009): Vorgehensweisen von Zweiergruppen von Schülerinnen und Schülern der Förderschule mit dem Förderschwerpunkt »geistige Entwicklung« bei ausgewählten mathematischen Denkspielen. Schriftliche Hausarbeit im Rahmen der Ersten Staatsprüfung für das Lehramt für Sonderpädagogik. TU Dortmund.

Hengartner, Elmar (2007): Lernumgebungen für Rechenschwache bis Hochbegabte. Natürliche Differenzierung im Mathematikunterricht. Zug/CH: Klett und Balmer.

Hersh, Reuben (1998): What is mathematics, really? London: Vintage.

Hess, Kurt (2002): Lehren – zwischen Lernen und Lernbegleitung. Didaktische Hintergründe und empirische Untersuchung zum Lehrverständnis und dessen Umsetzung im mathematischen Erstunterricht. Universität Zürich. Verfügbar unter: http://www.dissertationen.unizh.ch/2003/hess/Diss_Kurt_Hess.pdf [10.04.2010].

Karmiloff-Smith, Annette (1992): Beyond modularity. A developmental perspective on cognitive science. London: MIT Press.

Karmiloff-Smith, Annette (1998): Development itself is the key to understanding developmental disorders. In: Trends in Cognitive Sciences, Jg. 2, H. 10, 389–398.

Kistler, Anna/Schneider Stefanie (2009): Rechnen ohne Stolperstein. Augsburg: Brigg Verlag.

KMK (2004): Bildungsstandards im Fach Mathematik für den Primarbereich. Beschluss vom 15.10.2004. Verfügbar unter: http://www.kmk.org/fileadmin/veroeffentlichungen_beschluesse/2004/2004_10_15-Bildungsstandards-Mathe-Primar.pdf [26.02.2010].

Krauthausen, Günter (2000): Die »Kraft der Fünf« und das denkende Rechnen. In: Müller, Gerhard N./Wittmann, Erich Ch. (Hg.): Mit Kindern rechnen. Frankfurt a. M.: Arbeitskreis Grundschule, 87–108.

Kultusministerium Nordrhein-Westfalen (1985): Richtlinien und Lehrpläne für die Grundschule in Nordrhein-Westfalen/Mathematik. Köln: Greven.

Moser Opitz, Elisabeth (2008): Zählen, Zahlbegriff, Rechnen. Theoretische Grundlagen und eine empirische Untersuchung zum mathematischen Erstunterricht in Sonderschulklassen. 3. Auflage. Bern, Stuttgart, Wien: Haupt Verlag.

Padberg, Friedhelm (2009): Didaktik der Arithmetik. Für Lehrerausbildung und Lehrerfortbildung. 3., erw., völlig überarb. Aufl., Nachdr. Heidelberg: Spektrum.

Radatz, Hendrik/Schipper, Wilhelm (1988): Handbuch für den Mathematikunterricht an Grundschulen. 6. Auflage. Hannover: Schroedel.

Ratz, Christoph (2009): Aktiv-entdeckendes Lernen bei Schülern mit geistiger Behinderung. Eine qualitative Studie am Beispiel von mathematischen Denkspielen. Oberhausen: ATHENA-Verlag.

Rosenkranz, Christel (1992): Kieler Zahlenbilder. Ein Förderprogramm zum Aufbau des Zahlbegriffs für rechenschwache Kinder. Kiel: Veris-Verlag.

Schäfers, Markus (2002): Produktives Üben im Mathematikunterricht der Schule für geistig Behinderte – Bedeutung und unterrichtspraktische Erprobung. In: Zeitschrift für Heilpädagogik, Jg. 53, H. 8, 322–328.

Scherer, Petra (1995): Entdeckendes Lernen im Mathematikunterricht der Schule für Lernbehinderte. Theoretische Grundlegung und evaluierte unterrichtspraktische Erprobung. Heidelberg: Edition Schindele.

Selter, Christoph (1994): Eigenproduktionen im Arithmetikunterricht der Primarstufe. Grundsätzliche Überlegungen und Realisierungen in einem Unterrichtsversuch zum multiplikativen Rechnen im zweiten Schuljahr. Wiesbaden: Deutscher Universitäts-Verlag.

Selter, Christoph (1997): Schulpädagogik und Fachdidaktik: zur Aktualität des Werkes von Johannes Kühnel (1869–1928). Bochum: Brockmeyer.

Sodian, Beate (2002): Entwicklung begrifflichen Wissens. In: Oerter, Rolf& Montada, Leo (Hg.): Entwicklungspsychologie. 5., vollst. überarb. Aufl. Weinheim: Beltz, 443–468.

Sodian, Beate (2008): Entwicklung des Denkens. In: Oerter, Rolf &Montada, Leo (Hg.): Entwicklungspsychologie. 6. Auflage. Weinheim, Basel: Beltz, 436–479.

Spitz, Herman H./Minsky, Shula K./Besselieu, Candace L. (1985): Influence of Planning Time and First-Move Strategy on Tower of Hanoi Problem-Solving Performance of Mentally Retarded Young Adults and Nonretarded Children. In: American Association on Mental Deficiency, Jg. 90, H. 1, 46–56.

Walter, Jürgen/Suhr, Kristina/Werner, Birgit (2001): Experimentell beobachtete Effekte zweier Formen von Mathematikunterricht in der Förderschule. In: Zeitschrift für Heilpädagogik, Jg. 52, H. 4, 143–151.

Weyl, H. (2000): Philosophie der Mathematik und Naturwissenschaft. 7. Aufl. München: Oldenbourg.

Winter, Heinrich (1987): Mathematik entdecken. Neue Ansätze für den Unterricht in der Grundschule. Frankfurt a. M.: Cornelsen Scriptor.

Winter, Heinrich (2003): Sachrechnen in der Grundschule. Problematik des Sachrechnens; Funktionen des Sachrechnens; Unterrichtsprojekte. 6. Auflage. Frankfurt a. M.: Cornelsen Scriptor.

Wittmann, Erich Ch. (1981): Grundfragen des Mathematikunterrichts. Braunschweig: Vieweg.

Wittmann, Erich Ch. (1998): Design und Erforschung von Lernumgebungen als Kern der Mathematikdidaktik. In: Beiträge zur Lehrerbildung, Jg. 16, H. 3, 329–342.

Wittmann, Erich Ch.& Müller, Gerhard N. (Hg.) (1990): Handbuch produktiver Rechen-übungen. Band 1: Vom Einspluseins zum Einmaleins. Stuttgart: Klett.

Wittmann, Erich Ch.& Müller, Gerhard N. (Hg.) (1992): Handbuch produktiver Rechen-übungen. Band 2: Vom halbschriftlichen zum schriftlichen Rechnen. Stuttgart: Klett.

Wittmann, Erich Ch.& Müller, Gerhard N. (2006): Das Zahlenbuch 1. Lehrerband, Aus-gabe Bayern. Leipzig: Ernst Klett Grundschulverlag.

Wittmann, Erich Ch.& Müller, Gerhard N. (2008): Muster und Strukturen als fachliches Grundkonzept. In: Walther, Gerd (Hg.): Bildungsstandards für die Grundschule: Mathe-matik konkret. Berlin: Cornelsen Scriptor, 42–65.

Wittmann, Erich Ch./Müller, Gerhard N. (2009): Das Zahlenbuch. Handbuch zum Früh-förderprogramm. Stuttgart: Klett.

B. Fächerorientierung in der Grund- und Hauptschulstufe

Claudia Schomaker & Simone Seitz

Sachunterricht in der inklusiven Grundschule – ohne kognitive Beeinträchtigung

1 Sachunterricht

»Die Menschen müssen so viel wie möglich ihre Weisheit nicht aus Büchern schöpfen, sondern aus Himmel und Erde, aus Eichen und Buchen, d. h. sie müssen die Dinge selbst kennen und erforschen und nicht nur fremde Beobachtungen und Zeugnisse darüber. [...] Deshalb gelte als Gesetz: I. Alles soll aus den unwandelbaren Anfängen (principia) der Dinge abgeleitet werden. II. Nichts soll auf bloße Autorität hin gelehrt werden, alles vielmehr durch eine den Sinnen und der Vernunft zugänglichen Darlegung« (Comenius 1657/1960, 112f.). »Das gleiche bemerken wir, wenn wir uns selbst betrachten, dass nämlich alle in gleicher Weise auf gelehrte Bildung, Sittlichkeit und Frömmigkeit Anspruch haben« (ebd., 59).

1.1 Entwicklung

›Sachunterricht‹ bezeichnet einen Lernbereich in der Primarstufe, dessen historische Ursprünge bis in das Mittelalter zurückreichen und dessen zentrale Prinzipien bereits in den Schriften von Andreas Reyher (1601–1673) und Johann Amos Comenius (1592–1670) dargelegt wurden. Im historisch hieran anschließenden Realienunterricht des 17. Jahrhunderts war es das Ziel, durch die Veranschaulichung von Sachverhalten, Kindern ihre Lebenswelt zu erschließen und ihnen somit vielfältige Erfahrungen zu ermöglichen, die sie dazu befähigen sollten, sich in ihrer Umwelt zu orientieren und zu handeln. Dieser Gedanke ging mit der Vorstellung einher, dass die Lehrkraft und damit auch die Gesellschaft Vertrauen in die Lernfähigkeit und Entwicklung der Kinder zu setzen haben. Die Schriften von u. a. Rousseau, Pestalozzi, Dewey und Montessori betonen nachdrücklich, dass sich die Auseinandersetzung mit Sachen an den Zugangsweisen von Kindern zu orientieren habe, diese in ihrem natürlichen Interesse und ihrer Neugier zu bestärken seien, um nachhaltig, Fähig- und Fertigkeiten im Umgang mit den Gegebenheiten der Welt zu entwickeln.

Aus heutiger Sicht kann insbesondere Johan Amos Comenius als früher Protagonist inklusiver Denkweisen eingeordnet werden, denn mit seiner Forderung, »universale Schulen« zu gründen, um hier »alle alles zu lehren«, und zwar unabhängig von Geschlecht, Befähigung und sozialer Herkunft, formulierte er eine für diese Zeit revolutionäre Idee sowohl von Bildungsgerechtigkeit als auch von sozialem Einschluss in der Schule (vgl. Comenius 1657/2000, 1). Ausgehend von einem christlichen Bild des Menschen als Abbild Gottes begründete er diese Forderung unter anderem mit der grundlegenden Bildungsfähigkeit aller Menschen. »Offensichtlich ist jeder Mensch von Geburt aus fähig, das Wissen von den Dingen zu erwerben« (ebd., 32). Comenius führt an anderer Stelle aus, es gäbe keinen Spiegel, der – auch wenn er stumpf sei – nicht geglättet werden könne (vgl. ebd., 67) und veranschaulicht so die Bildungsfähigkeit aller Kinder. Dabei geht er davon aus, dass der Prozess des »Glättens«, also der Entwicklung der Bildungsbereitschaft, auch von den Kindern selbst untereinander initiiert werden kann: »Wenn gleicherweise die Jungen richtig geglättet und angespornt werden, so werden sie sich gegenseitig glätten und anspornen, bis schließlich alle alles erfassen« (ebd.).

In seiner Schrift ›Große Didaktik‹ betont Comenius, dass es auf die richtige Unterrichtsmethodik ankomme, um ›alle Menschen alles zu lehren‹: »Wenn also so wenige die Höhen der Wissenschaft erreichen, obgleich so viele sich freudig und strebsam dorthin aufmachen, und wenn diejenigen, die bis zu einem gewissen Punkte kommen, nur mühsam, kraftlos, keuchend und taumelnd nach häufigem Straucheln und Fallen dorthin gelangen: so lässt sich daraus nicht schließen, dass dem menschlichen Geist irgendetwas unerreichbar sei, sondern nur, dass die Stufen nicht gut angelegt, mangelhaft, zerlöchert und zerbröckelt, d. h. dass die Methoden verworren sind. Auf richtig angelegten, einwandfreien, festen und sicheren Stufen könnte bestimmt ein jeder zu beliebiger Höhe emporgeführt werden« (Comenius 1657/1960, 70).

Allerdings benennt Comenius Ausnahmen. Schulen sollten ihm zufolge so eingerichtet sein, dass »die gesamte Jugend – mit Ausnahme höchstens derer, denen Gott den Verstand versagt hat – dort gebildet wird« (ebd., 63). An anderer Stelle heißt es: »Eine solch entartete Geisteslage ist aber unter Tausenden kaum zu finden – was ein vorzüglicher Beweis der Güte Gottes ist« (ebd., 70). Die Gruppe der »Schwachbegabten« wird also mittels einer epidemiologischen Begründung von (weiteren) Bildungsbemühungen ausgeschlossen. Diese ausgrenzenden Setzungen lesen sich aus heutiger Sicht befremdlich, historisch gesehen ist es aber insgesamt höchst bemerkenswert, dass Comenius mögliche Beeinträchtigungen im Lernen überhaupt thematisierte.

1.2   Kontext sachunterrichtlicher Bildung

Gegenwärtig zählt zu den elementaren Aufgaben des Sachunterrichts, den Schülerinnen und Schülern Wege zu einer *grundlegenden Bildung* aufzuzeigen. Dieses Anliegen verweist auf den Anspruch, eine umfassende, persönlichkeitsbildende Erziehung und Bildung durch die klärende Auseinandersetzung mit Sachen zu gewährleisten, die es dem Individuum ermöglicht, über den Aufbau von Kompetenzen und Wissensbeständen hinaus eine reflexiv-kritische Distanz zu sich selbst und seiner Umwelt einzunehmen, durch die es in Relation zu kulturellen Überlieferungen verantwortungsvoll gestaltend in sie eingreifen kann. Damit wird ein Bildungsbegriff für die Didaktik des Sachunterrichts fruchtbar gemacht, der Bildung als aktive, vieldimensionale Aneignung der Umwelt durch den Einzelnen versteht. Dieser wird hier schöpferisch tätig und trägt aus diesem Wechselverhältnis heraus zur Entwicklung nicht nur seiner selbst, sondern auch der Allgemeinheit bei.

Die Bezeichnung ›Sachunterricht‹ wird erstmals von Ilse Lichtenstein-Rother in ihrem Werk ›Schulanfang‹ (1954) verwendet und formuliert als Ziel, dass das Kind »die Ebene zielstrebiger geistiger Bemächtigung seiner Umwelt [gewinnt] und [...] zu einer allmählichen Versachlichung seiner Erkenntnishaltung« (Lichtenstein-Rother 1968, 2) komme. Zu Beginn der 1960er-Jahre findet die Bezeichnung Eingang in die Rahmenrichtlinien der Länder Bremen (1960) und Niedersachsen (1962) und erhält durch die Verwendung im Strukturplan des Deutschen Bildungsrates (1970) Beachtung. Bis in die Gegenwart ist der Begriff ›Sachunterricht‹ »die bundesweit geltende, in den Empfehlungen der Kultusministerkonferenz (KMK 1994) der Bundesländer zur Arbeit in der Grundschule seit 1970 verwendete und 1994 bestätigte generische Bezeichnung für das Kernfach grundlegender Bildung in der Bundesrepublik Deutschland« (Lauterbach/Tänzer 2010, 13). Damit wird das Konzept der Heimatkunde nicht nur begrifflich ersetzt, sondern auch inhaltlich neu konzipiert. Neben der inhaltlichen Neuakzentuierung fokussiert das Fach Sachunterricht auch die Bedeutung der Lernmotivierung und den Erfahrungsgewinn im Kontext eines lebenslangen Lernens (vgl. Beck/Rauterberg 2005, 58f.). Damit wendet es sich gegen den statischen Begabungsbegriff der Heimatkunde, indem es betont: »Viel wichtiger ist es aber, die Denk- und Erkenntnisfähigkeiten insgesamt zu fördern, indem durch anregende Situationen und Erfahrungen die Neugierde des Kindes in Wissbegierde verwandelt wird, die zu erfolgreichen Verhaltens- und Leistungsformen befähigt und deren Betätigung und Erfüllung Kinder glücklich macht« (Deutscher Bildungsrat 1970, 46).

Die jeweiligen Benennungen der einzelnen Bundesländer für diesen primarstufenspezifischen Lernbereich spiegeln gegenwärtig die »kulturelle und regionale Orientierung des Faches sowie dessen Wertschätzung« im Curriculum der Primarstufe insgesamt (Lauterbach/Tänzer 2010, 14) wider. So bezeichnet Bayern diesen Lernbereich als ›Heimat- und Sachunterricht‹, in Thüringen nennt sich das Fach ›Heimat- und Sachkunde‹, in Baden-Württemberg ist das Fach im Fächerverbund ›Mensch – Natur – Kultur‹ aufgegangen und in Sachsen wird es nicht als eigenständigen Lernbereich ausgewiesen, sondern als Gelegenheitsunterricht in allen anderen Fächern empfohlen. Dabei berücksichtigt die fachdidaktische Diskussion derzeit zwei Umstände nur am Rande, nämlich zum einen, dass Grundschulen sich zunehmend zu integrativen bzw. inklusiven Schulen entwickeln (vgl. Kaiser/Seitz 2006) und zum anderen, dass Sachunterricht auch ein Lernbereich an Förderschulen ist. Eine fachliche Auseinandersetzung mit den hier empfohlenen Lernzielen und -inhalten findet so gut wie nicht statt (vgl. Seitz 2005). Die curriculare Umsetzung des Faches Sachunterricht in den jeweiligen Grund- und Förderschulen der einzelnen Bundesländer unterscheidet sich damit im Hinblick auf »die fachliche Konzeption und curriculare Struktur, die Art und den Grad der Verbindlichkeit von Anforderungen, den Umfang und die Reichweite der Ziele und Inhalte, aber auch die Ausprägungen von schulischer Autonomie und demokratischem Selbstverständnis, von historischem und kritischem Bewusstsein, von gesellschaftlicher Modernität und kultureller Offenheit« (Lauterbach/Tänzer 2010, 14).

Darüber hinaus nimmt die Didaktik des Sachunterrichts mit dem Elementarbereich in der vorschulischen Bildung und dem Lernen an außerschulischen Lernorten wie u. a. Museen auch Bereiche außerhalb der Institution Schule in den Blick, sodass aktuell Ziele und Inhalte nicht allein aus dem Unterrichtsfach heraus zu begründen sind: »Solange es nur den Sachunterricht gibt, kann sich die Diskussion damit begnügen, die Formen der Vermittlung eines Sachzusammenhanges zu diskutieren. Das Sachlernen muss notwendig fragen, worin der Sachzusammenhang eigentlich besteht« (Scholz 2010, 36). Die ›Sache‹ als Kern des Sachunterrichts umfasst der fachdidaktischen Diskussion folgend »alles, was in Raum und Zeit erfahren werden kann« (Köhnlein 2007a, 42). Damit werden sowohl die Inhalte und Gegenstandsbereiche des Sachunterrichts bezeichnet als auch Erkenntnismethoden und fachliche Arbeitsweisen, die sich auf »Domänen des gesellschaftlichen, historischen, geografischen, ökonomischen, physikalischen und chemischen, technischen, biologischen und ökologischen Weltbezuges konstituieren« (ebd., 44). In Anlehnung an von Hentig versteht sich der Sachunterricht damit als ein Lernbereich, der durch die ›klärende Auseinandersetzung mit Sachen‹ die grundlegende Bildung *aller* Kinder anstrebt. In diesem Ziel steckt der Anspruch, »dass unter dem Leitmotiv von Bildung […] diese Auseinandersetzung einen über den Aufbau von Wissen, Können und Leistungsfähigkeit hinausreichenden Sinn [erhält], der sich wesentlich auf das Werden der Persönlichkeit und die Befähigung zu verantwortlichem Handeln bezieht« (Köhnlein 2007b, 90). Im Sachlernprozess soll ein Kind dazu angeregt werden, ausgehend von seinen eigenen Erfahrungen mit der Umwelt und den dadurch erworbenen Vorstellungen, Haltungen und Meinungen über Sachverhalte, diese zu hinterfragen, um seine subjektiven Weisen der Weltaneignung zu erweitern. Dieser Zusammenhang mündet in die Aufgabe des Sachunterrichts, Kinder bei der *Erschließung ihrer Lebenswirklichkeit* zu unterstützen, das Kahlert anhand der folgenden Ansprüche konkretisiert (Kahlert 2005, 25f.):

• über Bestehendes aufklären – Verstehen unterstützen,
• für Neues öffnen – Interessen entwickeln,
• sinnvolle Zugangsweisen zu Wissen und Können aufbauen – Sachlichkeit fördern sowie
• zum Handeln und Lernen ermutigen – Kompetenzerfahrung ermöglichen.

Indem diese Aufgabe in das Ziel der Vermittlung einer grundlegenden Bildung eingebettet ist, wird die von Klafki beschriebene Wechselwirkung dieses Prozesses deutlich: Über die Auseinandersetzung mit den Sachen der Lebenswirklichkeit erschließt sich ein Kind diese anhand seiner subjektiven Formen der Weltaneignung und wird zugleich für diese Wirklichkeit erschlossen, indem es andere Deutungen von Welt, allgemeine, übergreifende Kategorien erfährt, die an seiner subjektiven Sichtweise gemessen werden. Diese ›widerständigen‹ Erfahrungen im Umgang mit der Sache verbinden die individuelle kindliche Lebenswirklichkeit mit der es umgebenden Welt. »Die

Schule muss mitgebrachte Erfahrungen aufgreifen und zu kognitiver und affektiver Verarbeitung weiterführen; sie muss gleichzeitig neue Erfahrungen arrangieren, und sie muss Belehrung und Aufklärung in methodisch gestalteten Lektionen anbieten. Schließlich, und das gilt für die Grundschule in besonderem Maße, muss sie elementarisieren und dadurch in grundlegende Begriffe, Strukturen, Verfahren, Denkmodelle und ihre Anwendung einführen« (Duncker/Popp 2004, 21). Bezogen auf die Ziele und Aufgaben gegenwärtigen Sachunterrichts im Kontext einer *grundlegenden Bildung aller Kinder* bedeutet dies, dass neben der Einführung in Sachverhalte und der Erziehung zur Sachlichkeit Haltungen anzubahnen sind, die ein menschenwürdiges und sozial gerechtes Zusammenleben zum Ziel haben sowie Fähigkeiten anzustreben sind, vielfältige Lebenssituationen zu bewältigen und die eigene Persönlichkeit zu entfalten (vgl. Köhnlein 2007b; Lauterbach/Tänzer 2010). Im Sinne eines selbstbestimmten, mitbestimmenden und solidarischen Handelns ist es das Ziel, ein demokratisches Grundverständnis zu entwickeln (vgl. Klafki 1992).

1.3   Zum Verständnis sachunterrichtlicher Bildung

Die benannten Ziele und Aufgabenbereiche münden vor dem Hintergrund aktueller bildungspolitischer Diskussionen in der gegenwärtigen Diskussion um die Gestaltung guten Sachunterrichts in fachdidaktische Ansätze, die die den Sachunterricht kennzeichnenden Pole von ›Kind‹ und ›Sache‹ mit unterschiedlichen Fokussierungen auszuloten versuchen.

   Die Einführung des Faches Sachunterricht war mit einer deutlichen Abkehr von der ›Heimatkunde‹ und ihrer Ideologie verbunden und maß den Wissenschaften einen hohen Stellenwert bei. Diese *Orientierung am Verständnis der jeweiligen Wissenschaften* wird bis in die Gegenwart sehr unterschiedlich fokussiert. Wenn unser aktuelles Gesellschaftsbild als ›Leben in einer Wissensgesellschaft‹ beschrieben wird, dann folgt es den Grundannahmen, dass Wissenschaft und Technik die ›Leitvariablen gesellschaftlicher Entwicklungen‹ darstellen (vgl. hierzu Marquardt-Mau 2001, 98f.). Diese werden damit zur produktiven Kraft in der Gesellschaft bestimmt und die Lebenschancen des Einzelnen unmittelbar mit dem jeweiligen Wissensstand verknüpft. Damit einher gehen sowohl Möglichkeiten als auch Grenzen, denn neben einem großen »Fortschrittsoptimismus, der den Einzelnen als Akteur« gesellschaftlichen Lebens betrachtet, nimmt die »Sorge um zunehmende soziale Desintegration der Gesellschaft« durch eine ständig »zu gewährleistende wirtschaftliche Wettbewerbsfähigkeit«, der nicht alle folgen können, zu (Marquardt-Mau 2004, 68f.). Vor dem Hintergrund eines derartigen Gesellschaftsentwurfs verweist Hartmut von Hentig auf die Gefahr, dass »Bildung aufhört, Bildung zu sein, wenn sie erzwungen oder mechanisch eingegeben wird [ebenso] hört Wissenschaft auf, Wissenschaft zu sein, wenn sie von außen gelenkt, verordnet oder begrenzt wird« (von Hentig 2003, 13). Es gelte, beide Dimensionen in ein fruchtbares Verhältnis zu setzen, um zum einen das Wissen über Phänomene voranzutreiben und zum anderen das Bemühen nicht aufzugeben, hinter

die Dinge blicken zu können, um den Gesamtzusammenhang nicht aus den Augen zu
verlieren. Ein Sachunterricht, der den Anspruch verfolgt, Wissenschaft und Kind in
ein konstruktives, bildendes Verhältnis zu setzen, sieht sich damit vor die Aufgabe gestellt, Konzepte zu generieren, die Inhalte so aufbereiten, dass sie »zum einen von den
Schülerinnen und Schülern mit eigenen Fragen, Erfahrungen und Vorstellungen verbunden werden können [und] zum anderen zu Kenntnissen und Einsichten führen,
die zuverlässigere, intersubjektiv teilbare und damit stabilere und belastbarere Urteils-
und Orientierungsgrundlagen bieten als die bisherigen Alltagsvorstellungen« (Kahlert
2004, 39). Die verschiedenen aktuellen Ansätze zur Vermittlung von Wissenschafts-
verständnis im Sinne einer ›scientific literacy‹ (naturwissenschaftliche Grundbildung)
streben ausgehend von der hier benannten Aufgabe des Sachunterrichts das Ziel an,
    »Vorstellungen zu und Kenntnisse von

- naturwissenschaftlichen Basiskonzepten, -theorien und -modellen,
- Prozessen des (natur-)wissenschaftlichen Wissenserwerbs,
- der Bedeutung der Naturwissenschaften als kulturelle Errungenschaft [sowie]
- dem Zusammenhang der Naturwissenschaften mit sozialen und gesellschaftlichen
  Fragen« (Marquardt-Mau 2004, 71)

zu vermitteln. Die individuelle Bildung des Einzelnen und die Erkenntnisse der Wissenschaft sind demzufolge so miteinander zu verschränken, dass zum einen das Wissen
über Phänomene kontinuierlich weiterentwickelt werden kann und zum anderen der
Einzelne Kompetenzen erwirbt, kritisch bewertend und handelnd mit diesem Wissen
umzugehen. Nur so kann auf eine konstruktive Teilhabe an gesellschaftlichen Entscheidungsprozessen vorbereitet werden, die von einer ethisch und moralisch begründeten
Verantwortung getragen werden. Dies schließt das Ziel ein, über die Vermittlung der
Natur der Naturwissenschaften auch das Verstehen und Begreifen naturwissenschaftlicher Frage- und Problemstellungen zu fördern (vgl. hierzu Grygier/Günther/Kircher
2004, 4f.). Damit wird der Anspruch eingelöst, Kinder im Sachunterricht ausgehend
von ihrer je eigenen Lebenswelt die Partizipation an gesellschaftlichen Problemstellungen zu ermöglichen und sie dazu zu befähigen, verantwortungsvoll gegenüber sich
und anderen zu entscheiden und zu handeln. Dieser Anspruch schlägt sich damit sowohl in den fachbezogenen als auch den fächerübergreifenden Bildungsaufgaben des
Sachunterrichts wie der Medienerziehung und Sexualpädagogik, dem interkulturellen
Lernen und der Gesundheitserziehung, der Bildung für nachhaltige Entwicklung sowie der Mobilitätsbildung und Friedenserziehung nieder.

2   Konstituierende Momente inklusiven Sachunterrichts

2.1   Vielperspektivität

Sachen als Gegenstand des Sachunterrichts sind in Sachzusammenhänge und Kontexte eingebettet, die sich in der Regel als sehr komplex erweisen. »Sachunterricht, der hilft, Beziehungen zur Umwelt zu erschließen, konzentriert sich auf das Ziel, dem Kind zu helfen, diese Beziehungen besser zu erkennen und zu verstehen, neue Beziehungen zu finden und das Geflecht der Beziehungen, das fortwährend ergänzt, erneuert, umgebaut wird, so zu bewältigen, dass die eigene Autonomie wächst ohne die von anderen in unvertretbarem Ausmaß einzuengen« (Kahlert 2005, 53). Vor diesem Hintergrund sollen die Inhalte des Sachunterrichts Köhnlein zufolge in Bezug auf Dimensionen der kindlichen Lebenswelt und der jeweiligen fachlichen Disziplin gewonnen werden. »Der fachlich geschulte Blick verringert das Risiko, dass der Unterricht sich im Kreis von Banalitäten und Alltagswissen der Kinder dreht. Und die Orientierung an lebensweltlich ausgerichteten Dimensionen grenzt das Risiko ein, dass Fachorientierung zu erfahrungsleeren Begriffen und Merksätzen führt« (ebd., 229). Die Inhalte eines derartigen *vielperspektivischen Sachunterrichts* generieren sich aus den nachstehenden Dimensionen, die immer in Bezug zu den Interessen, Möglichkeiten und Intentionen der Kinder zu sehen sind. Dieser Zusammenhang wird in der doppelten Bezeichnung der Dimensionen zum Ausdruck gebracht:

»Kind und Heimat: die lebensweltliche Dimension

Kind und Geschichte: die historische Dimension

Kind und Landschaft: die geographische Dimension

Kind und Wirtschaft: die ökonomische Dimension

Kind und soziales Umfeld: die gesellschaftliche Dimension

Kind und physische Welt: die physikalische und chemische Dimension

Kind und konstruierte Welt. Die technische Dimension

Kind und lebendige Welt: die biologische Dimension

Kund und Umwelt: die ökologische Dimension« (Köhnlein 1999, 17).

Damit verbunden ist der Anspruch, die Inhalte des Sachunterrichts integrativ und nicht im Hinblick auf einzelne Bezugsdisziplinen zu vermitteln bzw. ausgehend von einzelnen fachlichen Perspektiven zu durchdringen. Dieses Ziel geht einher mit dem Anspruch des vielperspektivischen Sachunterrichts, die Fähigkeit anzubahnen, »Positionen argumentativ zu begründen und die anderer Menschen zu verstehen, aber auch die grundsätzliche Bereitschaft zum Perspektivenwechsel« (ebd., 18). Für die Umsetzung eines vielperspektivischen Sachunterrichts bedeutet dieser Gedanke, »dass es nicht notwendig ist, die Gültigkeit einer bestimmten Ansicht zu ermitteln oder anderen aufzuzwingen, sondern dass die Unterschiede nebeneinander bestehen bleiben können, auch wenn wir selber eine bestimmte Auffassung vertreten und verfechten, ist die dem Pluralismus eingeschriebene und zu ihm hinführende Bildungserfahrung bedeutsam« (Schreier 1999, 54). Die Umsetzung eines solchen Sachunterrichts erfordert damit vieldimensionale Sachzugänge, um ein Denken in pluralen Zusammenhängen zu ermöglichen und belastbares Sachwissen aufbauen zu können (vgl. Thomas 2009). Diese Zugangsweisen verstehen den Lernprozess eines Kindes als eigentätig, selbstbestimmt, moderat-konstruktivistisch und schlagen sich in Verfahren und Methoden nieder, die sich an folgenden Linien orientieren:

- »Stärkung des Wissens und der Kritikfähigkeit durch Medienkompetenz;
- Sinn durch philosophische Zugangsweisen;
- Individuelle Stärkung des Menschen durch ästhetische Zugangsweisen;
- Stärkung der Demokratie durch interkulturellen Austausch;
- Stärkung der Menschen durch Akzeptanz ihrer Verschiedenheit;
- Stärkung der Lernmöglichkeiten des Menschen durch Lebensorientierung;
- Verstärkung menschlicher Produktivität aus der Vielfalt;
- Zurückführen der vielfältigen Perspektiven auf ein humanes und sozial verantwortetes Zusammenleben;
- Die Welt besteht aus vielen Kulturen« (Kaiser/Pech 2004, 14f.).

Einem vielperspektivischen Sachunterricht wohnt damit die Möglichkeit inne, zum einen den vielfältigen, heterogenen Lernvoraussetzungen von Kindern gerecht zu werden und zum anderen plurale Deutungsmuster zu Sachverhalten zu eröffnen. Raum für so verstandene »Vieldeutigkeit« im Sachunterricht ist ein hoch bedeutsames Potenzial inklusiven Sachunterrichts. Didaktisch geht es dann darum, das breite Spektrum an Zugangsweisen und Deutungen der einzelnen Kinder als Bereicherung nutzen zu können. Es wird dabei davon ausgegangen, dass jede Perspektive auf eine – dabei diskursiv hervorgebrachte – »Sache« des Unterrichts aus der Sicht des Kindes mit subjektivem Sinn erfüllt ist, da diese erfahrungsbasiert ist und folglich aus der eigenen Struktur heraus ausgebildet wurde. Nur auf der Basis dieser »mitgebrachten«, stets in Veränderungen begriffenen Sichtweisen kann sich ein Kind eine »Sache« erschließen und dementsprechend die eigene Perspektive erweitern und/oder modifizieren. Um dem gerecht zu werden, handelt im inklusiven Sachunterricht nicht allein die Lehrkraft didaktisch, vielmehr werden auch die Kinder als Didaktiker(innen) ihres eigenen Lernens anerkannt (vgl. auch Reich 2006, 29).

2.2   Kommunikation und Dialog

Der kommunikative Austausch im Lernprozess ist für inklusive Pädagogik und Didaktik ein konstituierendes Moment (vgl. Feuser 1995; Wocken 1998; Seitz 2008). Auch in aktuellen Konzeptionen des Sachunterrichts wird den Beziehungen der Kinder untereinander im Unterricht zentrale Bedeutung beigemessen. Ausgehend von der Erkenntnis, dass das, was Grundschulkinder am meisten an der Grundschule bewegt, die anderen Kinder sind, »ist es eine didaktisch sehr produktive Art und Weise, den Unterrichtsgang oder Versuch auf die anderen Kinder bezogen zu betrachten« (Kaiser 2000, 101). Auch Prengel verweist auf den Zusammenhang, dass Kinder in der Peer-Group von gleich zu gleich ›verhandeln‹ und sich so »ko-konstruktiv zur wichtigen psychosozialen kognitiven Entwicklung« (2005, 25) anregen. In diesem Sinne können insbesondere im inklusiven Sachunterricht soziale Beziehungen zu anderen Kindern als Katalysatoren für eigene Lernwege wirken (vgl. Seitz 2008, 229).

Lernen im Austausch und als selbstbezüglicher Prozess der Wirklichkeitskonstruktion verwirklicht sich am ehesten dann, wenn Schüler(innen) als Didaktiker(innen) ihres eigenen Lernens anerkannt werden (vgl. Seitz 2009, 71). Denn in solch einem Unterricht sind die Lernenden nicht nur Didaktiker(innen) »in Bezug auf ihren eigenen Lernweg, sondern können ebenso in Bezug auf die Lernwege anderer Schüler didaktisch handeln« (Seitz 2008, 229).

Als anregungsreich für die weitere Konzeption eines inklusiven Sachunterrichts kann das Konzept der dialogischen Didaktik eingeschätzt werden, das ursprünglich für den Unterricht in den Fächern Deutsch und Mathematik entwickelt wurde (vgl. Ruf 2008). Hierbei wird mit offenen Aufträgen gearbeitet. Ziel ist es, das eigene Potenzial in Bearbeitung einer Sache zu aktivieren und eine anhaltende und ertragreiche Auseinandersetzung mit dem Lernstoff zu initiieren (vgl. Ruf/Gallin 2005, 49). Offene Aufträge im Dialogischen Lernen zeichnen sich im Wesentlichen dadurch aus, dass sie verschiedene Zugänge zum Lernstoff ermöglichen, vielfältige Lösungen auf unterschiedlichem Niveau zulassen, zu einer persönlichen Stellungnahme und zum freien Assoziieren und Reflektieren herausfordern und weitläufige und herausfordernde Handlungsfelder eröffnen (Ruf 2008, 21). Solcherart strukturierte Aufträge können im Sachunterricht Freiräume eröffnen für individuelle Lernwege und zieldifferentes Lernen auf unterschiedlichen Niveaus ermöglichen.

2.3   Diagnostik

Der Anteil diagnostischen Handelns im Sachunterricht für Kinder mit spezifischen Problemen oder Besonderheiten lässt sich nicht von der generellen diagnostischen Fundierung und Begleitung der Unterrichtsplanung für alle Kinder einer Lerngruppe trennen, vielmehr ist dies integraler Teil der gesamten Planung des Sachunterrichts. Der diagnostische Blick sollte daher im Unterricht die gesamte Lerngruppe und ihr bewegliches ›Verschiedenheitsprofil‹ zu erfassen suchen, um dann konkret nach den Handlungs- und Lernmöglichkeiten einzelner Schüler(innen) innerhalb eines bestimmten Lernangebots zu fragen. Die Reflexionen hierzu können dann im unterrichtlichen Handeln zu einer beobachtenden Haltung gewendet werden, bei der gefragt wird, was die einzelnen Kinder der Lerngruppe aus einem Lernangebot ›machen‹. Dabei geht das Kind von den bereits ausgebildeten individuellen Deutungsmustern und Zugangsweisen zu einem sachunterrichtlichen Problem aus. Diese sind erfahrungsgebunden und unmittelbar in die dynamischen, individualbiografischen und sozial verfassten Lebenswelten ›eingewoben‹. Der Zugang eines Kindes zu einer Problem- bzw. Fragestellung des Sachunterrichts ist damit jeweils durch persönliche Betroffenheiten mitbestimmt und affektiv »eingefärbt«.

In der Beobachtung und Erfassung der Zugänge von Kindern auf eine – dabei entstehende – ›Sache‹ im Unterricht ist einschränkend zu bedenken, dass wir dies immer nur aus unserer begrenzten Eigenperspektive tun können. Die Lehrkraft bringt
folglich im diagnostischen Beobachtungsprozess unweigerlich mehr oder weniger bewusste Vorannahmen in die Situation ein, die als begrenzende ›Rahmungen‹ für ihre
Interpretation wirken. Die Kinder wiederum geben durch ihre Vorannahmen (etwa
zu den unterrichtsbezogenen Erwartungen an sie) und durch ihre Gestaltung der Un-
terrichtssituation gleichzeitig ›Rahmungen‹ für das Handeln der Lehrkraft und deren
Interpretationen vor. Diagnostische Situationen im Sachunterricht sind demnach von
allen Beteiligten gleichermaßen gestaltete Ko-Konstruktionen. Wenn also im Sinne
einer »verstehenden Diagnostik« (vgl. Kautter 1998) versucht wird, die handlungslei-
tenden Prozesse eines Kindes respektvoll zu rekonstruieren, so sollte dies immer im
Bewusstsein des beschränkten Verstehenshorizonts der Beobachter(innen) und unter
der Prämisse der subjektiven Sinnhaftigkeit individueller Deutungsmuster der Kinder
geschehen.

Zum diagnostischen Blick gehört neben der Frage nach den individuellen Verschie-
denheiten auch die nach möglichen Entsprechungen, denn neben personenbezogenen
Besonderheiten im Zugang zum Lernfeld können auch Ähnlichkeiten erwartet werden (vgl. Seitz 2005, 157f.; 2006). Es sind folglich auf didaktischer Ebene durchaus
Aspekte des Lernfelds zu vermuten, die alle Kinder ansprechen können und nach
denen diagnostisch zu fragen ist. Diese Ähnlichkeiten sind nun nicht einfach die ›sim-
plen‹ oder ›basalen‹ Zugangsweisen, die sich über das vermeintlich ›lernschwächste‹
Kind herausfiltern ließen. Vielmehr sind dies die für viele unterschiedliche Lernende
ähnlich bedeutsamen, Motivation bildenden Strukturen. Beim Lernfeld Zeit etwa ließen sich bei Kindern in einem Heterogenitätsspektrum von »schwerer Behinderung«
bis »schwerer Begabung« solche Strukturen zu Fragen des Zeiterlebens und der biografischen Zeit finden (vgl. Seitz 2005). Solche Aspekte können trotz aller individuellen
Verschiedenheit die Zugangsweisen der Kinder im inklusiven Sachunterricht in einer
grundlegenden Weise verbinden. Daher ermöglichen Entsprechungen dieser Art Kindern – vorangehend zu allen Individualisierungen – ihr eigenes Lernen im Gegenüber
›gespiegelt‹ zu finden und sich sozial eingebunden mit einem für alle herausfordernden
Lernangebot auseinanderzusetzen (Feuser 1995). Sachunterrichtsbezogene Diagnostik
sollte folglich den Blick für solche Aspekte schärfen. Es geht dabei nicht um statische
diagnostische Erkenntnisse, sondern um einen organischen, dem Unterricht unter-
legten Prozess, bei dem die diagnostische Sensibilität der Lehrkraft auf der ständigen
Suche ist nach verbindenden Momenten zwischen Kind und »Sache«.

Inklusiver Sachunterricht braucht auch deshalb ein auf die einzelnen Kinder bezo-
genes, unterrichtsimmanentes diagnostisches Vorgehen, weil der Bezug zur Sache sich
oftmals erst während der Auseinandersetzung mit einer ›Sache‹ herausbildet und sich
hierüber verändert (vgl. Koch-Priewe 1995, 98). Es gilt folglich, die diagnostischen
Anteile direkt in einen offen strukturierten Unterricht zu implementieren. Sachun-

terrichtsbezogene Diagnostik ist ein prozessuales, unterrichtsbegleitendes Vorhaben, das die unmittelbare Vernetzung von didaktischem und diagnostischem Können erfordert.

Am ehesten kann dies gelingen, wenn der Einstieg in ein Lernfeld als offenes Handlungsangebot (Lernbeobachtungssituation) gestaltet wird, anhand dessen die Kinder ihre Motivationen entwickeln und – sprachlich oder handelnd – zeigen können. Sie erhalten hier wichtige Chancen, sich über ihr Vorwissen, ihre Deutungen und ihre emotionalen Bezüge zum Problemfeld bewusst zu werden und dabei Entsprechungen und Unterschiede zwischen sich selbst und anderen Kindern zu entdecken. Für die Lehrkraft sind dies zugleich wertvolle Möglichkeiten, Beobachtungen zu den Konstruktionen der Kinder, die in der Auseinandersetzung mit dem Angebot entwickelt bzw. aktualisiert werden, anzustellen und diese für die weitere Unterrichtskonzeption zu nutzen.

Inklusiver Sachunterricht setzt damit auf lernbereichsspezifische Lernbeobachtungssituationen, die allen Kinder kommunikativen Austausch über ein neu entfaltetes Problem ermöglichen.

Sie sollten folgende Merkmale vereinigen:
- Ressourcenorientiert – den Reichtum der unterschiedlichen Zugangsweisen erschließen
- Kommunikativ – Kommunikativen Austausch ermöglichen
- Mehrdimensional – Sprache und Handeln ermöglichen
- Vielperspektivisch – Affektive und kognitive Zugänge berücksichtigen
- Frageorientiert – zum Fragenstellen einladen

Beobachtungsfrage ist zunächst die nach den Ähnlichkeiten und nach dem verbindenden Moment in allen Zugangsweisen der Kinder – nach den Aspekten also, die alle Kinder vor aller Verschiedenheit mit einer »Sache« verbinden kann. Die in solchen Lernbeobachtungssituationen gewonnen Hypothesen über die Lernausgangslagen und Zugangsweisen der Kinder und ihrer verbindenden Momente können dann direkt in die weitere Konzeption des Unterrichts einfließen – allerdings nicht in der Weise, dass sie dann abgeschlossen seien, sondern prozesshaft, denn auch im weiteren Unterrichtsverlauf kann es noch zur fruchtbaren Überraschungen kommen, mit denen dann umzugehen ist. Dies wird im letzten Abschnitt an einem kurzen Fallbeispiel verdeutlicht.

3   Schluss

Es ging in diesem Beitrag nicht um die Konzeption eines »besonderen« Sachunterrichts für »besondere« Kinder, sondern um die Profilierung von Sachunterricht für eine inklusive Grundschule, an dem Kinder mit der Zuschreibung sonderpädagogischen Förderbedarfs im Bereich Geistige Entwicklung so selbstverständlich teilhaben wie alle anderen Kinder auch. Abschließend soll anhand eines Beispiels auf die notwendige Planungsoffenheit eines solchen Unterrichts hingewiesen und hierüber zusammenfassend das spezifische Potenzial inklusiven Sachunterrichts deutlich werden.

In einer Prüfungsstunde zum zweiten Staatsexamen in einer inklusiven Grundschulklasse werden im Rahmen projektorientierten Sachunterrichts zum Mittelalter Geschichten über Till Eulenspiegel erarbeitet. Die vorangegangene Einheit hat die Lehramtsanwärterin verkleidet (u. a. mit einem Filzhut) als »Hans der Schneidersohn«, ein Kind in der Lehrlingszeit in der mittelalterlichen Gesellschaft, eröffnet. Die Kinder kennen damit das Prinzip eines szenisch gestalteten Unterrichtseinstiegs, sie arbeiteten zu Kindheitsbedingungen in der Zeit des Mittelalters. In der anschließenden Prüfungsstunde nun kommt die Lehramtsanwärterin als »alte Frau« aus der Zeit des Mittelalters in die Klasse, die eine kürzlich erlebte Begebenheit aus ihrer kleinen Stadt erzählt, nämlich von der Schneiderwerkstatt, in der Till Eulenspiegel seine Späße getrieben hat. Als sich die Lehramtsanwärterin zwischen die Kinder in den Kreis begibt und in der Rolle das Gespräch eröffnen will, ist die Stimmung anders als sonst angespannt – die anwesende fünfköpfige Prüfungskommission hat sichtlich einen einschüchternde Wirkung auf die Kinder. Das Gespräch will nicht so recht in Gang kommen. Da springt Theresa, ein Mädchen, das unter den Bedingungen von Trisomie 21 lernt, plötzlich auf und geht mit den Worten »warte, warte, warte« zu ihrem Tisch. Der Kandidatin fragt sich, ob sie diese »Störung« des geplanten Ablaufs zulassen soll. Sie entscheidet sich dafür, das Mädchen nicht zu reglementieren, sondern sie zunächst gewähren zu lassen. Theresa holt daraufhin einen Filzhut aus ihrer Tasche hervor, der dem von »Hans dem Schneidersohn« aus der letzten Einheit sehr ähnlich ist. Sie hat ihn offensichtlich von zu hause mitgenommen. Sie setzt sich nun als »Hans der Schneidersohn« neben die Lehramtsanwärterin und führt das Gespräch über Till Eulenspiegel in der Schneiderwerkstatt in der Rolle des »Hans« mit und es entwickelt sich ein lebendiger Einstieg in die weitere Unterrichtseinheit, in der die Kinder Rollenspiele zur Geschichte entwickeln.

Was ist daran so bemerkenswert? Theresa hat zunächst gezeigt, dass sie das in der letzten Einheit Erarbeitete verinnerlicht hat, dies konstruktiv wenden kann und außerdem, dass Rollenspiel dabei für sie eine geeignete Zugangsweise ist. Damit hat sie sich als Didaktikerin ihres eigenen Lernens gezeigt. Sie hat aber, und dies ist das eigentlich Bemerkenswerte, auch für alle anderen Kinder didaktisch gehandelt, indem sie den thematischen Anschluss an die Inhalte und Fragen der vorangegangenen Unterrichtsstunde geschaffen hat, und zwar in einer Weise, die sich optimal einpasste in die geplanten Handlungs- und Sozialformen. Sie ist damit zur Didaktikerin des Lernwegs aller Kinder in der Klasse geworden. Raum für das Zeigen solcher, mitunter überraschenden Kompetenzen aller Kinder, dies macht das Beispiel deutlich, kann den spezifischen Reichtum inklusiven Sachunterrichts erschließen helfen. Auf dieser Basis kann es gelingen, einen Sachunterricht zu konzipieren, im dem der »Kern der Sache« (Seitz 2006) von den Kindern im Unterricht hervorgebracht wird und inklusivem Sachunterricht ein Fundament verleihen kann – einem Unterricht, der allen

Kindern individuelle und möglichst weit greifende Lern- und Entwicklungsmöglichkeiten eröffnet. Inklusive Sachunterrichtsdidaktik ist insgesamt eine Didaktik der Po-
tenzialität und damit ist inklusiver Sachunterricht ein Sachunterricht ohne kognitive
Beeinträchtigung.

Literatur

Beck, Gertrud/Rauterberg, Marcus (2005): Sachunterricht – eine Einführung. Geschichte,
    Probleme, Entwicklungen. Berlin: Cornelsen.

Comenius, Johann Amos (1657/2000): Große Didaktik. Die vollständige Kunst, alle Men-
    schen alles zu lehren. Hg. von A. Flitner. Stuttgart: Klett.

Der Senator für das Bildungswesen (1960): Lehrplan für die Grundschule im Lande Bre-
    men. Bremen.

Deutscher Bildungsrat (1970): Strukturplan für das Bildungswesen. Verabschiedet auf der
    27. Sitzung der Bildungskommission am 13. Februar 1970. Bonn.

Duncker, Ludwig/Popp, Walter (2004): Der schultheoretische Ort des Sachunterrichts.
    In: Dies. (Hg.): Kind und Sache. Zur pädagogischen Grundlegung des Sachunterrichts.
    Weinheim, München: Juventa, 15–27.

Feuser, Georg (1995): Behinderte Kinder und Jugendliche. Zwischen Integration und Aus-
    sonderung. Darmstadt: Wissenschaftliche Buchgesellschaft.

Grygier, Patricia/Günther, Johannes/Kircher, Ernst (2004): Über Naturwissenschaften
    lernen. Vermittlung von Wissenschaftsverständnis in der Grundschule. Baltmannsweiler:
    Schneider Verlag Hohengehren.

Hentig, Hartmut von (2003): Wissenschaft. Eine Kritik. München, Wien: Wissenschaftli-
    che Buchgesellschaft.

Kahlert, Joachim (2004): Lebenswelten erschließen. In: Kaiser, Astrid/Pech, Detlef (Hg.):
    Basiswissen Sachunterricht: Neuere Konzeptionen und Zielsetzungen im Sachunterricht
    (Band 2). Baltmannsweiler: Schneider Verlag Hohengehren, 32–41.

Kahlert, Joachim (2005): Der Sachunterricht und seine Didaktik. Bad Heilbrunn/Obb.:
    Klinkhardt.

Kaiser, Astrid (2000): Sachunterricht der Vielfalt – implizite Strukturen der Integration.
    In: Löffler, Gerhard (Hg.): Sachunterricht – zwischen Fachbezug und Integration. Bad
    Heilbrunn/Obb.: Klinkhardt (Probleme und Perspektiven des Sachunterrichts, 10),
    91–107.

Kaiser, Astrid/Pech, Detlef (2004): Auf dem Wege zur Integration durch neue Zugangswei-
    sen? In: Dies. (Hg.): Basiswissen Sachunterricht. Bd. 3: Integrative Dimensionen für den
    Sachunterricht. Neuere Zugangsweisen. Baltmannsweiler: Schneider Verlag Hohengeh-
    ren, 3–28.

Kaiser, Astrid/Seitz, Simone (2006): Integrationsschulen. In: Eltern-Kursbuch Grundschu-
    le. Kinder fördern, fordern und erziehen. Berlin: Cornelsen, 204–223.

Kautter, Hansjörg (1998): Das ›Thema des Kindes‹ erkennen. Umrisse einer verstehenden
    pädagogischen Diagnostik. In: Eberwein, Hans/Knauer, Sabine (Hg.): Handbuch Lern-
    prozesse verstehen. Weinheim: Beltz, 81–93.

Klafki, Wolfgang (1992): Allgemeinbildung in der Grundschule und der Bildungsauftrag des Sachunterrichts. In: Lauterbach, Roland/Köhnlein, Walter/Spreckelsen, Kay/Klewitz, Elard (Hg.): Brennpunkte des Sachunterrichts. Kiel: IPN, 11–31.

KMK (1994): Empfehlungen der Kultusministerkonferenz zur Arbeit in der Grundschule. Beschluss der Kultusministerkonferenz vom 02. Juli 1970 in der Fassung vom 06.05.1994. Verfügbar unter: http://www.kmk.org/fileadmin/veroeffentlichungen_beschluesse/1970/1970_07_02_Empfehlungen_Grundschule.pdf [02.07.2010].

Koch-Priewe, Barbara (1995): Vorerfahrungen von Schülerinnen und Schülern im Unterricht. Skizzen eines Dilemmas am Beispiel des Sachunterrichts. In: Die Deutsche Schule 90. Jg., H. 1, 92–102.

Köhnlein, Walter (1999): Vielperspektivisches Denken – eine Einleitung. In: Köhnlein, Walter/Marquardt-Mau, Brundhilde/Schreier, Helmut (Hg.): Vielperspektivisches Denken im Sachunterricht. Bad Heilbrunn/Obb.: Klinkhardt, 9–23.

Köhnlein, Walter (2007a): Sache als didaktische Kategorie. In: Kahlert, Joachim/Fölling-Albers, Maria/Götz, Margarete/Hartinger, Andreas/von Reeken, Dietmar/Wittkowske, Steffen (Hg.): Handbuch Didaktik des Sachunterrichts. Bad Heilbrunn/Obb.: Klinkhardt, 41–46.

Köhnlein, Walter (2007b): Aufgaben und Ziele des Sachunterrichts. In: Kahlert, Joachim/Fölling-Albers, Maria/Götz, Margarete/Hartinger, Andreas/von Reeken, Dietmar/Wittkowske, Steffen (Hg.): Handbuch Didaktik des Sachunterrichts. Bad Heilbrunn/Obb.: Klinkhardt, 89–99.

Lauterbach, Roland/Tänzer, Sandra (2010): Fachlicher und planungstheoretischer Rahmen. In: Dies. (Hg.): Sachunterricht begründet planen. Bedingungen, Entscheidungen, Modelle. Bad Heilbrunn/Obb.: Klinkhardt, 13–37.

Lichtenstein-Rother, Ilse (1968): Sachunterricht und elementare Weltkunde. In: Die Grundschule. 4. Beiheft zu Westermanns Pädagogischen Beiträgen: Sachunterricht in der Grundschule II. Braunschweig, 1–16.

Marquardt-Mau, Brunhilde (2001): Sachunterricht in der Wissensgesellschaft – Konsequenzen für die naturwissenschaftlich orientierte Grundbildung. In: Kahlert, Joachim/Inckemann, Elke (Hg.): Wissen, Können und Verstehen. Über die Herstellung ihrer Zusammenhänge im Sachunterricht. Bad Heilbrunn/Obb.: Klinkhardt, 97–114.

Marquardt-Mau, Brunhilde (2004): Ansätze zur Scientifc Literacy. Neue Wege für den Sachunterricht. In: Kaiser, Astrid/Pech, Detlef (Hg.): Basiswissen Sachunterricht: Neuere Konzeptionen und Zielsetzungen im Sachunterricht (Band 2). Baltmannsweiler: Schneider Verlag Hohengehren, 67–83.

Niedersächsischer Kultusminister (Hg.) (1962): Richtlinien für die Volksschulen des Landes Niedersachsen. Hannover: Schroedel.

Prengel, Annedore (2005): Anerkennung von Anfang an – Egalität, Heterogenität und Hierarchie im Anfangsunterricht und darüber hinaus. In: Geiling, Ute/Hinz, Andreas (Hg.): Integrationspädagogik im Diskurs. Auf dem Weg zu einer inklusiven Pädagogik? Bad Heilbrunn/Obb.: Klinkhardt, 15–34.

Reich, Kersten (2006): Konstruktivistische Didaktik. Lehr- und Studienbuch mit Methodenpool. 3., völlig neu bearb. Aufl. Weinheim: Beltz.

Reyher, Andreas (1657/1659): Kurtzer Unterricht I. Von Natuerlichen Dingen. II. Von etlichen nuetzlichen Wissenschafften. III. von Geist- und Weltlichen Land-Sachen. IV. Von etlichen Hauß-Regeln. Auff gnaedige Fuerstliche Verordnung Für gemeine Teutsche

Schulen im Fuerstenthum Gotha einfaeltig verfasset. Gotha: Gedruckt durch Johannes. M. Schalln 1657; 1659.

Ruf, Urs/Gallin, Peter (Hg.) (1999): Dialogisches Lernen in Sprache und Mathematik. 2 Bände. Seelze-Velber: Kallmeyer.

Ruf, Urs (2008): Das dialogische Lernmodell. In: Ruf, Urs/Keller, Stefan/Winter, Felix (Hg.): Besser lernen im Dialog. Dialogisches Lernen in der Unterrichtspraxis. 1. Aufl. Seelze-Velber: Kallmeyer, 13–26.

Scholz, Gerold (2010): Die Frühe Bildung als Herausforderung an das Sachlernen. In: Fischer, Hans-Joachim/Gansen, Peter/Michalik, Kerstin (Hg.): Sachunterricht und frühe Bildung. Bad Heilbrunn/Obb.: Klinkhardt, 29–42.

Schreier, Helmut (1999): Vielperspektivität, Pluralismus und Philosophieren mit Kindern. In: Köhnlein, Walter/Marquardt-Mau, Brunhilde/Schreier, Helmut (Hg.): Vielperspektivisches Denken im Sachunterricht. Bad Heilbrunn/Obb.: Klinkhardt, 24–59.

Seitz, Simone (2005): Zeit für inklusiven Sachunterricht. Baltmannsweiler: Schneider Verlag Hohengehren (Basiswissen Grundschule, 18).

Seitz, Simone (2008): Leitlinien didaktischen Handelns. In: Zeitschrift für Heilpädagogik, Jg. 59., H. 6, 226–233.

Seitz, Simone (2009): Zum Innovationspotenzial inklusiver Pädagogik und Didaktik. In: Jerg, Jo/Merz-Atalik, Kerstin/Thümmler, Ramona/Tiemann, Heike (Hg.): Perspektiven auf Entgrenzung. Erfahrungen und Entwicklungsprozesse im Kontext von Inklusion und Integration. Bad Heilbrunn/Obb.: Klinkhardt, 67–79.

Thomas, Bernd (2009): Der Sachunterricht und seine Konzeptionen. Historische und aktuelle Entwicklungen. Bad Heilbrunn/Obb.: Klinkhardt.

Wocken, Hans (1998): Gemeinsame Lernsituationen. Eine Skizze zur Theorie des gemeinsamen Unterrichts. In: Hildeschmidt, Anne/Sander, Alfred (Hg.): Integrationspädagogik. Auf dem Weg zu einer Schule für alle. Weinheim: Juventa, 37–52.

Cornelius Breyer, Kathrin Dreßler, Andreas Häußler & Thomas Trefzger

Eine Physik für alle

»Physik ist überall« (vgl. Appel 2005, 6) – dieser häufig zu findende Slogan impliziert die Alltagsrelevanz physikalischer Gesetzmäßigkeiten und physikalischer Vorgänge. Wenn wir dieser Einschätzung folgen, kommen wir zwangsläufig zu der Überlegung, dass über etwas, das überall ist, alle etwas wissen sollten. Und in den schulischen Kontext übertragen bedeutet dies somit, dass physikalische Inhalte und Fragestellungen für alle Schüler in allen Schulen und Jahrgangsstufen relevant sind und konkretisiert sowohl für Schüler mit dem Förderschwerpunkt geistige Entwicklung als auch für Schüler des gymnasialen Bildungszweiges unterrichtlicher Inhalt sein können und müssen. In Anlehnung an die in der bildungspolitischen Diskussion stehende Idee einer »Schule für alle« gilt für die folgenden Ausführungen die Zielsetzung einer »Physik für alle«. Dies soll im Folgenden sowohl aus Sicht der Didaktik der Physik als auch aus Sicht der Didaktik für den Förderschwerpunkt Geistige Entwicklung begründet und beispielhaft aufgezeigt werden.

Dass sich physikalische Inhalte in Lehrplänen der Regelschule vielfältig wiederfinden lassen, steht außer Zweifel. Wie verhält es sich aber diesbezüglich mit inhaltlichen Vorgaben für den Unterricht von Schülern mit dem Förderschwerpunkt Geistige Entwicklung? Dazu soll beispielhaft ein Blick in den Bayerischen Lehrplan für den Förderschwerpunkt geistige Entwicklung und die KMK-Empfehlungen zum Förderschwerpunkt Geistige Entwicklung geworfen werden.

Im Bayerischen Lehrplan für den Förderschwerpunkt Geistige Entwicklung finden wir konkrete Hinweise. Im Lernbereich Natur werden unter dem Gliederungspunkt »Naturerscheinungen« Themen wie »Mechanische Erscheinungen«, Optische Erscheinungen«, »Akustische Erscheinungen, »Wärme« und »Elektrizität und Magnetismus« genannt, die unmissverständlich physikalische Inhalte ansprechen (vgl. Bayer. Staatsministerium 2003, 198ff.).

In den KMK-Empfehlungen finden wir u. a. folgende Teilbereiche, die zu den Aufgabenfeldern der schulischen Förderung im Förderschwerpunkt geistige Entwicklung zu zählen sind:

- »… Begriffsbildung und Anwenden von Begriffen …
- … Orientierung im Umfeld, Erarbeiten von Kenntnissen in den Bereichen Gesundheit, Umwelt, Natur und Technik …
- … Aufbau von Selbstständigkeit in Bereichen von Selbstversorgung, von Spiel und Freizeit, von sozialen Beziehungen und sozialem Umfeld sowie von Arbeit und Beschäftigung« (Drave 2000, 269)

In diesen genannten Aspekten geht es um Begriffsbildung, Orientierung und Kenntnisse in den Bereichen Natur und Technik und einen daraus resultierenden Aufbau von Selbstständigkeit in unterschiedlichen Bereichen. Dies umfasst bewusst keine Aufzählung einzelner Unterrichtsfächer, aber die im Lehrplan genannten physikalischen Inhalte lassen sich hier problemlos subsummieren.

Es macht folglich auch aus inhaltlicher Sicht des Förderschwerpunktes geistige Entwicklung Sinn, die Frage nach einer »Physik für alle« weiter zu verfolgen.

Wichtig bei einer »Physik für alle« ist eine exemplarische und entdeckende Zugangsweise zur Physik. Im Mittelpunkt einer exemplarischen Unterrichtsgestaltung steht die Auswahl von physikalisch und didaktisch relevanten Themen. Ein solches Thema sollte dabei stets beispielhaft für ein ganzes Konzept stehen. Die Schüler erlernen an einem konkreten Sachverhalt, die allgemeinen Konzepte der Physik zu verstehen und diese dann auf andere Sachverhalte zu übertragen. Die Lernsituation ist nicht nur hinsichtlich des Gegenstandes exemplarisch, sondern auch für den Lernenden selbst. »Im Falle des Schulfaches Physik entstammen solche besonders wichtigen Inhalte vor allem der begrifflichen, der methodischen und der Metastruktur der Physik (Kircher/ Girwidz/Häußler 2007, 155). Die Herausforderung ist stets, die exemplarischen Einzelphänomene über Querverbindungen zu einem, für den Lernenden authentischen Bild der Wissenschaft Physik zusammenzusetzen. Die Auswahl der Einzelphänomene sollte sich an der Lebenswelt der Schüler orientieren. Exemplarisches Lernen meint auch, sich beim Heranführen von Schülern an die Physik zunächst auf dem Hintergrund von Alltagserfahrungen mit einer umgangssprachlichen Erklärung zufrieden zu geben und nicht vorschnell physikalische Korrektheit zu fordern (vgl. Kircher et al. 2007, 155f.).

Ein integratives Projekt »Physik für alle« in einem Schülerlabor beinhaltet weitere Vorteile: Bereits die Bezeichnung des außerschulischen Lernortes »Schülerlabor« weckt die Assoziation einer forschenden, wissenschaftlichen Tätigkeit, bei der neue wichtige Erkenntnisse über einen gewissen Sachverhalt gewonnen werden können. Im Rahmen des entdeckenden Lernens wird dem Schüler die Möglichkeit gegeben, für ihn subjektiv Neues zu erforschen. Sind die Entdeckungen durch Hinweise, Ratschläge oder Anweisungen vorstrukturiert, so spricht man von gelenkter Entdeckung. Bleiben diese Hilfen dagegen aus, nennt man die Lernform korrekterweise »forschendes Lernen«. Grundsätzlich gilt, dass ein Schüler einen Sachverhalt erst dann entdeckend und aktiv klären will, wenn dieser für ihn zu einem Problem geworden ist, »dessen Aufklärung ihm wichtig und sinnvoll erscheint« (Saxler 1992, 33). Die Motivation spielt also in einem wesentlichen Maße eine Rolle. Themen, die in der Lebenswelt der Schüler eine Gegenwarts- und Zukunftsbedeutung gemäß Klafki besitzen, sind dabei idealtypisch, die gewünschte Motivation hervorzurufen (vgl. Kircher et al. 2007, 84f.).

Ein zentrales Element in einem Schülerlabor sind Experimente, sie besitzen in der Physikdidaktik in Form von Schülerversuchen einen hohen Stellenwert. Schülerversuche können und sollen ... (vgl. Kircher et al. 2007, 232)

1. psychologische Zieldimensionen verwirklichen: Schülerversuche sind in einzigartiger Hinsicht dazu prädestiniert, die Lernenden zu motivieren (vgl. Engeln/Euler

2005, 67). Das Ziel heißt: Freude und Interesse an der Physik wecken, Selbstvertrauen fördern.

2. pädagogische Zieldimensionen verwirklichen: Während des Experimentierens in der Gruppe kommt es zu kooperativem Arbeiten. Das Ziel heißt: Förderung von Selbsttätigkeit und Verantwortung zur Entwicklung eines sozialen Verhaltens (vgl. Engeln/Euler 2005, 73).

3. fachimmanente Ziele bezüglich der Methoden verwirklichen: Dazu gehören das Einüben physikalischer Arbeitsweisen, also das Experiment als zentrales methodisches Element empirischer Naturwissenschaften zu kennen, und der Aufbau von praktischen Fertigkeiten und Handlungskompetenz (vgl. Euler/Prenzel/Ringelband 2001, 28). Das Ziel heißt: Kompetenzen entwickeln im Gebrauch der naturwissenschaftlichen Methoden (vgl. Engeln/Euler 2005, 74).

4. fachimmanente Ziele bezüglich der Inhalte verwirklichen: Im Sinne von direkter Erfahrbarkeit physikalischer Eindrücke können im Schülerversuch die Phänomene und Zusammenhänge klar und überzeugend dargestellt werden, aber auch die Physik in Technik, Alltag und Kulturgeschichte aufgezeigt werden (vgl. Kircher et al. 2007, 235). Das Ziel heißt: Nachhaltige Eindrücke vermitteln, um dadurch Denkanstöße zur Vertiefung zu geben und schließlich einen Zugang zur Physik zu bekommen oder bereits bestehende eigene Vorstellungen zu konkretisieren.

Auch Spiele haben innerhalb der neuen pädagogischen Diskussionen über Misserfolge in der Schule und mittelmäßiger Fähigkeiten in Bereich Physik an Bedeutung gewonnen (vgl. Kircher et al. 2007, 141). Unterteilt wird hinsichtlich ihrer Umsetzung in psychomotorische Spiele, also Geschicklichkeitsspiele, Phantasiespiele, Bauspiele und Regelspiele. Was können Spiele nun genau leisten? Ein wichtiger Grundgedanke ist der Freiraum für Schüler, der durch den Einsatz von Spielen geschaffen werden kann und sollte (vgl. Wegener-Spöhring 1995, 7). Denn Kinder suchen ihre Herausforderung im Spiel und spielen so lange, bis sie sich ihrer Handgriffe und den Funktionen des Spiels sicher sind. Sie entfalten dabei auf natürliche Weise ihre Kraft (vgl. Saxler 1992, 67) und zwar nicht um der Noten willen, sondern weil es Spaß macht, zum Beispiel im Experiment und mit den Geräten zu spielen. Während des Spielens werden automatisch soziale Kompetenzen wie Kommunikationsfähigkeit und Einfühlungsvermögen angesprochen. Weiter wird die Kreativität des Schülers gefordert und so ein individueller Bezug geschaffen.

In einem gemeinsamen Projekt des Lehrstuhls Physik und ihre Didaktik und des Lehrstuhls für Sonderpädagogik bei Geistiger Behinderung der Universität Würzburg wurde ein integratives Schülerlabor konzipiert und für Schüler der 7. Jahrgangsstufe eines Gymnasiums und Schülern einer 6. Klasse einer Förderschule durchgeführt. Bevor exemplarisch einzelne Stationen des Schülerlabors vorgestellt werden, sollen die Zielsetzung eines integrativen Schülerlabors und die didaktischen Prinzipien beschrieben werden.

1   Zielsetzung eines integrativen Schülerlabors

Für ein integratives Schülerlabor gilt es die pädagogischen Zielsetzungen der Physikdidaktik, des Förderzentrums geistige Entwicklung und des allgemeinen Schülerlabors zusammenzufügen. Es muss dabei eine Auswahl von übergeordneten Leitzielen aus verschiedenen Bereichen getroffen werden, die in ihrer Gesamtheit wiederum leitend für ein integratives Schülerlabor sein sollen. Folgende Bereiche müssen berücksichtigt werden: die Wertschätzung der Vielfalt, die Entwicklung von Zugängen zur Physik, soziale Integration und das Fördern von Interessen. Abbildung 1 stellt dieses Gesamtpuzzle grafisch dar.

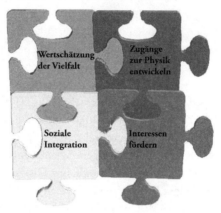

Abb. 1: Leitziele eines integrativen Schülerlabors (vgl. Dressler/Häusler 2010)

Ein integratives Schülerlabor ist ein Ort an dem die Zielsetzung aus pädagogischer Sicht die Wertschätzung der Vielfalt ist. In einer darin bestehenden Physikdidaktik ist das Entwickeln von Zugängen zur Physik ein herausgehobenes Leitprinzip. Zugänge sollen für alle Mitglieder einer heterogenen Gruppe unter dem Aspekt der Gemeinsamkeit ermöglicht sein, sodass die soziale Integration ein weiteres Leitziel des Labors wird. Als letztes Puzzleteil ist mit der Förderung des Interesses an den Naturwissenschaften und der Forschung die allgemeinste Zielsetzung von Schülerlaboren gemeint.

2   Didaktische Prinzipien

Ausgehend von dieser Idee, soll es nun darum gehen Prinzipien vorzustellen, die bei der Umsetzung der Ziele eines integrativen Schülerlabors nötig sind. Abbildung 2 stellt diese Prinzipien in einer Übersicht dar.

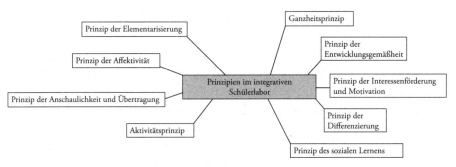

Abb. 2: Didaktische Prinzipien

Grundsätzlich versteht man unter didaktischen Prinzipien »übergreifende Handlungsorientierungen [...]. Sie sind wie alle Prinzipien Aufforderungen mit Grundsatzcharakter, dass heißt sie geben generelle Richtungen und Gültigkeiten an, deren Wirksamkeit letztlich individuell und situativ bestimmt werden« (Speck 2005, 253). Ergänzt werden diese Prinzipien mit den generellen Anforderungen an Schülerversuche, aus psychologischen, pädagogischen und praktischem Blickwinkel sowie dem des naturwissenschaftlichen Handelns.

2.1   Ganzheitsprinzip

Lernsituationen sollten demnach so angelegt werden, dass der Schüler einen Lerninhalt mit allen Sinnen erfahren kann. Hierzu gehören kognitive, affektive und psychomotorische Elemente, mit deren Hilfe ein Sachverhalt in seiner Ganzheit erschlossen wird (vgl. Straßmeier 1997, 95). Je mehr Zugangskanäle angeboten werden, desto mehr Möglichkeiten bestehen für den Lernenden sich diese einzuprägen und zu verarbeiten und desto mehr Assoziationsmöglichkeiten sind ihm geboten, die den Abrufprozess erleichtern (vgl. Pitsch 2002, 224). Neben dieser vielsinnigen Erschließung eines Lerninhaltes sollte auch das Lernziel als solches in einen realen Sinnzusammenhang eingebettet werden. Die Lernsituation muss deshalb dem Lernenden die Chance geben, in »Sinn- und Sachganzen zu handeln« (Speck 2005, 257). Nur so kann erfahren werden, dass sich die Umwelt auch durch das eigene Handeln verändern lässt. Das Antrainieren von faktischem Wissen oder isolierten Fähigkeiten ist demnach wenig sinnvoll und vernachlässigt die Annahme Piagets, dass sich so gelernte Inhalte »nicht durch Operationen des Umstrukturierens in das psychische Gesamtfeld einfügen lassen« (Speck 2005, 257). Die Versuche eines integrativen Schülerlabors, müssen demnach eine ganzheitliche Bearbeitung des Sachverhaltes ermöglichen. Jeder Versuch, sollte die Möglichkeit einer sinnlichen Wahrnehmung mitbringen. Weiter sind die einzelnen Stationen untereinander in einen Sinnzusammenhang zu stellen. Dieses sich daraus ergebende Sinnganze wird wiederum in einen Zusammenhang zur Realität gesetzt.

2.2   Prinzip der Entwicklungsgemäßheit

Eine optimale Förderung kann nur dann stattfinden, wenn dem Schüler Lerninhalte beziehungsweise Lernziele angeboten werden, die seinem Entwicklungsniveau angepasst sind. Nach Wygotski muss sich dabei an der Zone der nächsten Entwicklungsstufe orientiert werden. Der Schüler wird mit einer Lernanforderung konfrontiert, die ihn zunächst vor ein unbekanntes Problem stellt. Dieses ist allerdings durch eigene Anstrengung und mit Hilfe von anderen zu überwinden und genau dieser Prozess führt dann zu einem Lernerfolg und einem Entwicklungsfortschritt. Die Schwierigkeit besteht nun darin, diese nächste Entwicklungsstufe des Schülers richtig einzuschätzen, damit das Lernangebot zum einen keine Überforderung und zum anderen keine Unterforderung zur Folge hat. Beides würde einen Lernprozess verhindern (vgl. Speck 2005, 260f.). Darüber hinaus muss über die Art und Weise der Unterstützung beim Lernprozess nachgedacht werden. Welche Hilfsmittel sind geeignet die neue Handlungskompetenz herauszubilden. Aus praktischem Blickwinkel müssen »je nach Selbstständigkeit und Leistungsniveau [...] mehr oder weniger ausführliche Arbeitsanleitungen und fachliche Zusatzinformationen« (Kircher et al. 2007, 244) und Hilfestellungen bereitgestellt werden. Es sollten wichtige Geräte beschriftet werden und stets dafür Sorge getragen sein, dass nur ein Experiment im Mittelpunkt der Beobachtungen steht (vgl. ebd. 2007, 241). Das kann im integrativen Schülerlabor durch einen festgelegten Materialtisch und einen Experimentiertisch verwirklicht sein. Aus lernpsychologischer Sicht ist »eine angemessene Strukturierung der Lerninhalte und die Verknüpfung mit dem Vorwissen des Schülers« (ebd., 239) ein zentraler Bestandteil für effektives Lernen. Hilfekarten beziehungsweise Vertiefungskarten könnten beispielsweise eine unterstützende Maßnahme sein, welche es ermöglicht die Lücke zwischen Lerninhalten und vorhandenen Konzepten der Schüler zu schließen. Es ist im Besonderen auf die Eindeutigkeit der Versuche und die offensichtlich liegenden Kausalzusammenhänge zu achten (vgl. ebd., 239f.). Die Versuche müssen auf verschiedenen Niveaustufen eines Inhaltes angeboten werden, damit dem Prinzip der Entwicklungsgemäßheit, angesichts der Bedingungen des Lernortes, entsprochen werden kann.

2.3   Prinzip der Interessenförderung und Motivation

Das Interesse besitzt im Schülerlabor eine herausragende Position. Ein Experimentieren von Seiten der Schüler welches nachhaltiges Lernen und eine Aktivierung der Schüler verlangt ist auf intrinsische Motivation in Form von Interesse an einem bestimmten Sachverhalt angewiesen. »Nur wenn sich der von der Umwelt ausgehende Einfluss in ein eigenes Bedürfnis verwandelt, wird geistige Begegnung [...] möglich« (Speck 2005, 255). Die Motivationspsychologie stellt die Wichtigkeit des Bezuges zur Alltagswelt der Schüler heraus. Zusätzlich ist darauf zu achten, dass der Ablauf interessant gestaltet ist, Spannung aufgebaut wird wobei keine beobachtbaren Effekte vorweggenommen werden dürfen. Die Motivation kann über die Herstellung eines individuellen Bezuges, zum Beispiel durch eine Prognose, gestärkt werden (vgl. Kircher et al. 2007, 242f.). Darüber hinaus sind Erfolgserlebnisse als Anreize sinnvoll. Wünschenswert ist es, den Schülern genügend Zeit zu geben, damit sie in ihrem eigenen Lerntempo arbeiten können und eigene Fragestellungen nach Interesse entwickeln und prüfen zu können (vgl. Euler et al., 74ff.). Die Versuche und physikalischen Inhalte müssen bedeutsam in der Lebenswelt der Schüler sein um deren Interesse zu generieren.

2.4   Prinzip der Differenzierung und Individualisierung

Innerhalb der Auseinandersetzung mit dem Problem der Heterogenität, wurden bisher zwei Begriffe prägend: Individualisierung und Differenzierung. Sie zeigen eine Option auf, wie Lernen in heterogenen Gruppen stattfinden kann. Im Folgenden geht es um den Begriff der inneren Differenzierung im Unterschied zu Maßnahmen der äußeren Differenzierung, die die Schülerschaft nach bestimmten Auswahlkriterien in Gruppen einteilt und diese dann räumlich getrennt voneinander unterrichtet. Maßnahmen der inneren Differenzierung sind »alle jene Differenzierungsformen, die innerhalb einer gemeinsam unterrichteten Klasse oder Lerngruppe vorgenommen werden« (Klafki/ Stöcker 1985, 119). Dabei kann man zwischen zwei Formen unterscheiden. Zum einen die Differenzierung nach Methoden und Medien bei gleichen Lernzielen und -inhalten. Zum anderen die Differenzierung nach Lernzielen und -inhalten (vgl. ebd. 1985, 128f.). In einer heterogenen Gruppe ist die letzte Variante von großer Bedeutung. Denn sie realisiert lernzieldifferentes Lernen und kann so der individuellen Förderung von Fähigkeiten innerhalb einer heterogenen Lerngruppe gerecht werden. Innerhalb der Differenzierung nach Lernzielen gibt es verschiedene Formen und Arten der Umsetzung. Es sollen nun ausgewählte Formen genannt werden die vor allem in einem integrativen Schülerlabor von Bedeutung sind:

- Hierzu gehört die Differenzierung bezüglich des Komplexitätsgrades eines Inhaltes. Weiter kann eine Differenzierung hinsichtlich der zur Verfügung gestellten Hilfen vorgenommen werden.
- Die Differenzierung bezüglich des Interesses der Schüler ist vor allem im Zusammenhang von Motivation ein wichtiger Aspekt (vgl. Demmer-Dieckmann 1991, 37ff.).

Individualisierung kann als am weitesten ausgestaltete Form der inneren Differenzierung betrachtet werden und orientiert sich nicht an einer Schülergruppe, sondern an einem einzelnen Schüler und seinen Bedürfnissen. In einem integrativen Schülerlabor werden keine Maßnahmen der äußeren Differenzierung vorgenommen. Die daraus entstehende Heterogenität hinsichtlich vieler Kriterien ist hierbei gewollt. Maßnahmen der inneren Differenzierung sind erwünscht, um die Lernsituationen für möglichst viele Schüler fruchtbar zu machen. Wesentlich ist hier das Element der Lernzieldifferenz. Es kann nicht darum gehen allen Schülern die gleichen Lernziele zu vermitteln. Individualisiert wird hinsichtlich der Dokumentationsformen, bei Experimenten die alleine durchzuführen sind und durch das Angebot verschiedener Hilfen. Ein integratives Schülerlabor muss das Lernangebot so viel wie nötig differenzieren und gleichzeitig das Lernen im Team im Blick haben.

2.5   Prinzip des sozialen Lernens

Soziale Kompetenzen, wie Zusammenarbeit, gegenseitige Hilfe und argumentative Konfliktlösung können nur »durch vielfältige Erfahrungen im Rahmen gemeinsamer Vorhaben und Projekte« (Fischer 2004, 39) innerhalb einer Gruppe erworben werden. Der Kompetenzerwerb stellt einen langwierigen Lernprozess dar, der zwar durch Erwachsene unterstützt werden kann und soll, aber dennoch von den Schülern alleine vollzogen werden muss (vgl. Krappmann, zit. n. Petillon 2002, 97). Vor allem die Heterogenität einer Lerngruppe stellt an alle Beteiligten hohe Ansprüche an die sozialen Kompetenzen. Die Dynamik in heterogenen Gruppen provoziert soziales Lernen. Die Idee des integrativen Schülerlabors stellt vor allem die Möglichkeit einer Begegnung von Schülern mit und ohne Behinderung in den Mittelpunkt. Erste Kontaktängste sollen durch die gemeinsame Arbeit an den Experimenten und durch das gemeinsame Thema abgebaut werden. Hierüber kommen die Schüler ins Gespräch oder in eine aktive Auseinandersetzung. Erfahren werden kann hierbei wie man trotz bestehender »Unterschiedlichkeiten« aufeinander zugehen kann, die Bedürfnisse des anderen zu respektieren und ihn in seiner Eigenart kennen und schätzen zu lernen. Diese Begegnung kann nur der Einstieg in einen Lernprozess sein, den nicht nur die Schüler, sondern vor allem auch die Erwachsenen zu leisten haben, nämlich die Integration von Menschen mit einer Behinderung. Für die Schüler ohne Behinderung kann eine Konfrontation mit dem Thema Behinderung ein Auslöser sein, die eigene Einstellung zu reflektieren und vielleicht einen eigenen Zugang zur Problematik zu finden. Für den Schüler mit Behinderung kann dieser Tag sehr bereichernd sein und neue Erfahrungen bringen. Darüber hinaus wird das Recht auf soziale Integration, auf die Teilhabe in der Gemeinschaft, zumindest an diesem Tag ein Stück weit verwirklicht. Die Experimente des integrativen Schülerlabors, müssen so angelegt werden, dass sie die Teamarbeit innerhalb der Gruppe fördern und jeder Schüler zu einem Gelingen beitragen kann.

2.6   Aktivitätsprinzip

»Der Mensch lernt im Wesentlichen durch seine Handlungen [...]. Aktivität ist die Voraussetzung des Lernens« (Speck 2005, 255). Im Tätigwerden spiegelt sich das Verlangen des Menschen beziehungsweise des Schülers wider, das gestörte Gleichgewicht zu überwinden. Besonders gekennzeichnet ist dieser Prozess durch Versuchen und Ausprobieren von Lösungen. Ein integratives Schülerlabor ist in besonderem Maße darauf angewiesen, genügend Gelegenheiten zu geben, in denen die Schüler im tätigen Umgang mit den Dingen Erfahrungen sammeln können. Aktiv wird ein Schüler allerdings nur dann, wenn es das zu Entdeckende auch noch zu entdecken gibt. Nichts, was der Schüler selbst durch eigenes Handeln erschließen kann, sollte deshalb vorweggenommen werden, da es sich demotivierend auf den Schüler auswirkt. Naturwissenschaftliches Handeln außerdem ist durch eine bestimmte Arbeitsweise charakterisiert. Es gilt die Schüler mit diesen Schritten zu konfrontieren. So beginnt das wissenschaftliche Tun dort, wo ein Problem auftritt. Zunächst werden Hypothesen gebildet, die dann durch eine experimentelle Anordnung überprüft werden. Um schließlich die erfahrenen Eindrücke sinnvoll ordnen zu können, sollten diese in verschiedenen Repräsentationsformen festgehalten und interpretiert werden (vgl. Kircher et al. 2007, 240). Die Stationen eines integrativen Schülerlabors müssen sich durch einen hohen Aufforderungscharakter auszeichnen, der die Schüler motiviert sich aktiv an den Versuchen zu beteiligen.

2.7   Prinzip der Anschaulichkeit und Übertragbarkeit

Hier werden zwei verschiedene Aspekte zusammengeführt, wobei die Übertragbarkeit von der Anschaulichkeit der Lerninhalte abhängig ist. »Anschaulichkeit ist gegeben durch die unmittelbare oder mittelbare Begegnung und Auseinandersetzung mit der Wirklichkeit« (Speck 2005, 259). Medien wie zum Beispiel Filme oder Bilder, die stellvertretend für die reale Begegnung genutzt werden, sollten so weit wie möglich vermieden werden. Sie sind als Ergänzung sinnvoll, können jedoch nicht die konkrete Auseinandersetzung ersetzen. Wenn ein Lerninhalt konkret mit allen Sinnen erfahrbar wird, ist es dem Schüler auch möglich, diesen auf eine andere konkrete Situation zu übertragen. Diese Fähigkeit zum Transfer macht das Lernen erst nützlich und nicht zu einem bloßen Training von isolierten Fertigkeiten. Die einzelnen Versuche eines integrativen Schülerlabors machen eine konkrete Begegnung mit den Phänomenen aus der Physik möglich. Der Versuch per se zeichnet sich also dadurch aus, dass er ein Phänomen klar und überzeugend darstellt. Physikalische Nebeneffekte sind von Seiten der Wahrnehmungspsychologie weitestgehend auszublenden, da die Schüler meist über zu wenig Differenzierungs-, Diskriminierungs- und Integrationsfähigkeit verfügen. »Schnelle, komplexe Abläufe kann man eventuell mehrmals« (Kircher et al. 2007, 241) durchführen lassen, da die Aufnahmegeschwindigkeit und die Aufnahmekapazität begrenzende Faktoren darstellen.

2.8   Prinzip der Elementarisierung

Allen Kindern alles lehren – aber wie? Es ist äußerst einsichtig, dass es ein Grundproblem der Didaktik und einer integrativen Physikdidaktik im besonderen ist, die Inhalte und komplizierten Zusammenhänge so anzubieten, dass sie für jeden Schüler einsichtig sind und qualitativ nicht an Wert verlieren, also der Kern der Sache erhalten bleibt. »Elementarisierung [ist] die Vereinfachung von realen oder theoretischen

Entitäten mit Bezug zu Physik und Technik – ein Zerlegen von komplexen Dingen in elementare Sinneinheiten« (Kircher et al. 2007, 101). Hauptproblem dabei ist im Wesentlichen, dass es gerade die Verknüpfungen sind, die in der Physik bedeutsam sind und damit eine einfache Zerlegung in Elemente, so wie es sich der Pädagoge Pestalozzi vorgestellt hat, oftmals nicht möglich ist. Elementarisierung ist also nicht für alle Inhalte möglich und zusätzlich von individuellen und situativen Voraussetzungen abhängig (vgl. Mikelskis 2006, 87f.). Die Elementarisierung beginnt bereits bei der Auswahl von Inhalten. »Es sind [...] solche Sachverhalte auszuwählen, die für die Physik und den Lernenden elementar sind, die beispielhaft und grundlegend für ein physikalisches Gebiet erscheinen und als bedeutsam für den Bildungsprozess der Lernenden begründet werden können« (Mikelskis 2006, 96). Nach dieser exemplarischen Auswahl geht es nun darum den Kern eines konkreten Lerninhaltes zu finden, um ihn anschließend in elementare Sinneinheiten einzuteilen. Diese elementaren Sinneinheiten gilt es nun so aufzuarbeiten, dass sie für den Schüler verständlich sind. Hierzu sollen einige ausgewählte Möglichkeiten vorgestellt werden:

- Reduktion auf das Qualitative: Es geht um die Rückführung von beispielsweise physikalischen Größen auf ihre qualitativen Merkmale.
- Generalisierungen: Gesetze, die nur an einigen Versuchen verdeutlicht wurden, können dennoch universell verallgemeinert werden.
- Partikularisierung: Physikalische Begriffe lassen sich »an eine[r] Vielzahl von unterschiedlichen Fällen [...] betrachten« (Mikelskis 2006, 94). Es ist aber sinnvoll, bei einer Einführung auf ein Musterbeispiel zurückzugreifen. So kann der konkrete Sachverhalt an einem Beispiel erworben werden, bevor er auf einen anderen Fall übertragen wird.
- Vernachlässigung von Einflussfaktoren: Zu einer Beschreibung physikalischer Sachverhalte zählen eine Vielzahl von Einflussfaktoren.

Jedoch nehmen nicht alle beteiligten Faktoren gleich viel Einfluss auf den zu beschreibenden Sachverhalt. Faktoren, die für das Verständnis erschwerend sind, und den Sachverhalt nicht wesentlich beeinflussen, können vernachlässigt werden. Neben den bereits genannten Möglichkeiten zur Umsetzung der Elementarisierung eignet sich auch die Orientierung an den EIS-Repräsentationsweisen (enaktiv, ikonisch, symbolisch) eines Sachverhaltes. So muss nach Bruner »jeder zu lernende Sachverhalt »enaktiv, ikonisch und symbolisch dargestellt werden, und das auch in dieser Reihenfolge« (Kircher et al. 2007, 112). Beispielhaft kann eine Lerngruppe erst ein Experiment durchführen, der Aufbau und die entscheidenden Prozesse werden anschließend in einer Bilderfolge festgehalten. Schließlich wird die Erkenntnis aus diesem Experiment in ein Gesetz transformiert. Die kognitive Anforderung während dieser Bearbeitung nimmt von der handelnden Auseinandersetzung, über die grafische Darstellung bis zur Wiedergabe des Sachverhaltes zum Beispiel mit Hilfe einer mathematischen Formel zu, die Qualität der Auseinandersetzung ist jedoch als gleichwertig anzusehen. Die Stufen des EIS-Prinzips stellen eine Möglichkeit dar, physikalische Gesetze, Begriffe oder Theorien hinsichtlich der Art des Zuganges zu vereinfachen. Im Bezug auf den Entwurf eines integrativen Schülerlabors ist es wünschenswert die drei Repräsentationsweisen durch eine weitere zu ergänzen, nämlich um die Komponente der sinnlichen Wahrnehmung. Bereits Wagenschein kritisierte diese fehlende Sinnlichkeit in der Physik (vgl. Kircher et al. 2007, 56f.). Denn nur im Umgang mit den Dingen, die überraschen und überzeugen, die man sehen, hören und fühlen kann, wird die Physik erschlossen. Diese Ergänzung beugt umso mehr der Gefahr vor, eine zu starre und rein kognitive Vermittlung der Lerninhalte zu vollziehen. Zwar wird in dem EIS-Prinzip zur handelnden Auseinandersetzung aufgefordert, doch ist diese Handlung eher zweckorientiert, als dass sie ein freies Ausprobieren meint. Durch den Zusatz einer sinnlichen Wahrnehmung eines Sachverhaltes wird dem entgegengewirkt. Diese Stufe ist noch frei von jeglichen Zielen und dient lediglich dem Schüler, der durch die sinnliche Auseinandersetzung seine Erfahrungen erweitert. An dieser Stelle soll kurz an den Kontext erinnert werden, um das EIS-Prinzip mittels anderer didaktischer Prinzipien etwas zu relativieren. Alle erläuterten Prinzipien sind in gleicher Weise wichtig bei der Umsetzung eines Schülerlabors. Das EIS-Prinzip geht in diesem Sinne über das Prinzip Elementarisierung hinaus. Es ist zwar unabdingbar im Bereich der Physikdidaktik, trotzdem werden wesentliche Komponenten wie sinnliche Wahrnehmung oder bildliche Darstellungen in anderen Prinzipien (Ganzheitlichkeit, Anschaulichkeit und Übertragbarkeit) wider gespiegelt. Der Kern der Sache soll gewissermaßen die didaktische Reduktion und Rekonstruktion verschiedener Themen sein. Ein integratives Schülerlabor muss mit Hilfe der Elementarisierung den Kern einer Sache für alle Schüler erfahrbar machen.

Zusammenfassend:

1. Die Versuche eines integrativen Schülerlabors müssen demnach eine ganzheitliche Bearbeitung des Sachverhaltes ermöglichen. Weiter sind die einzelnen Stationen untereinander in einen Sinnzusammenhang zu stellen. Dieses sich daraus ergebende Sinnganze wird wiederum in einen Zusammenhang zur Realität gesetzt.
2. Die Versuche müssen auf verschiedenen Niveaustufen eines Inhaltes angeboten werden und mit verschiedenen Hilfsangeboten ergänzt werden, damit dem Prinzip der Entwicklungsgemäßheit, angesichts der Bedingungen des Lernortes, entsprochen werden kann.
3. Die Versuche und physikalischen Inhalte müssen bedeutsam in der Lebenswelt der Schüler sein um deren Interesse zu generieren.
4. Ein integratives Schülerlabor muss das Lernangebot so viel wie nötig differenzieren und gleichzeitig das Lernen im Team im Blick haben.
5. Die Experimente des integrativen Schülerlabors, müssen so angelegt werden, dass sie die Teamarbeit innerhalb der Gruppe fördern und jeder Schüler zu einem Gelingen beitragen kann.

6. Die Stationen eines integrativen Schülerlabors müssen sich durch einen hohen Aufforderungscharakter auszeichnen, der die Schüler motiviert sich aktiv an den Versuchen zu beteiligen.

7. Die einzelnen Versuche eines integrativen Schülerlabors machen eine konkrete Begegnung mit den Phänomenen aus der Physik möglich.

8. Ein integratives Schülerlabor muss mit Hilfe der Elementarisierung den Kern einer Sache für alle Schüler erfahrbar machen.

3   Beispiel eines integrativen Schülerlabors an der Universität Würzburg

Mit Hilfe der genannten Prinzipien kann das gemeinsame Lernen einer heterogenen Lerngruppe realisiert werden. Bei der Gestaltung der Stationen des integrativen Schülerlabors stellt sich die Umsetzung des Prinzips der Entwicklungsgemäßheit als schwierig heraus. So ist die Lerngruppe – bestehend aus Schülern des Gymnasiums und der Förderschule – hinsichtlich der Entwicklungsniveaus sehr heterogen und vor allem vor der Durchführung des Labors weitestgehend unbekannt. Eine Einschätzung der Schüler und eine daraus resultierende Anlehnung an den individuellen Entwicklungsstufen kann nicht geleistet werden.

In einer Themenfindung für ein integratives Schülerlabor (für eine 6. Klasse), welches vor allem hinsichtlich der Versuche Kriterien wie Faszination, Staunen und Lebensnähe verwirklicht, entstand das vorliegende Labor aus der Idee »Physik im Alltag«. Bei der Suche nach »alltäglicher« Physik kristallisierte sich immer häufiger der hier schon oft zitierte Satz: »Physik ist überall« (vgl. Appel 2005, 6) heraus. Im Hinblick auf ein Schülerlabor für die 6. Klasse drängte sich gewissermaßen die Physik selbst, als zu behandelndes Thema auf. Das soll meinen, die Physik mithilfe exemplarischer Alltagsinhalte in vielseitigen Schülerversuchen zu erforschen. Die Schüler sollen also aus physikalischer Sicht einen Zugang zur Naturwissenschaft erlangen, sie sollen verstehen, was Physik ist, welche Teilgebiete es gibt und typische Methoden der Physik und Vorgehensweisen zur Erkenntnisgewinnung kennenlernen. Das Schülerlabor sollte im Besonderen auf die Interessen der Schüler an Naturphänomenen eingehen und diese weiter ausbauen und fördern.

Der nächste Abschnitt befasst sich mit der praktischen Umsetzung des integrativen Schülerlabors »Wir wollen's wissen – wie ist das eigentlich mit der Physik«: Am 28.9.2009 besuchte die 7. Klasse eines Gymnasiums und die 6. Klasse einer Förderschule die Universität Würzburg um dieses integrative Schülerlabor durchzuführen.

Der Besuch der Schüler beschränkte sich auf einen Tag. Die Veranstaltung ist jedoch vorbereitet durch einen Besuch der Betreuer des Schülerlabors bei den beiden teilnehmenden Schulklassen (Gymnasium und Förderschule). Bei diesem Vortreffen werden die Inhalte des Schülerlabors angesprochen, das Vorhaben erläutert und die Gruppen eingeteilt. Je nach Bedarf kann die Lehrkraft selbst das Thema Behinderung mit der Schulklasse besprechen oder methodisch das Lernen an Stationen geübt werden.

Der Schülerlabortag selbst beginnt mit einer Begrüßung und einem gegenseitigen Kennenlernen der Schüler durch entsprechende Spiele. Jede einzelne Station beginnt mit einem einfachen Sachverhalt, der Einstieg ist meist mit einem Spiel gekoppelt. In der Anfangsphase benötigen die Schüler oft mehr Zeit, um sich besser kennen zu lernen. Jede Station wird von zwei Betreuern begleitet, Arbeitsanweisungen sind weitestgehend durch Bilder und Symbole visualisiert und leicht verständlich formuliert. Um den Ansprüchen einer heterogenen Lerngruppe gerecht zu werden, werden einzelne Experimente mit Hilfe- und Vertiefungskarten ergänzt.

Exemplarisch soll eine Station (Wie ist das eigentlich mit Strom und Magneten?) des integrativen Schülerlabors vorgestellt werden.

Eine ausführliche Beschreibung der Konzeption und der Durchführung des integrativen Schülerlabors findet sich in der schriftlichen Hausarbeit von Dressler/Häußler (2010).

3.1   Die Station »Wie ist das eigentlich mit Strom und Magneten?« des integrativen Schülerlabors

Die Station Elektromagnetismus ist eine von vier Stationen des integrativen Schülerlabors »Wir wollen's wissen – wie ist das eigentlich mit der Physik?« An dieser Station existieren zwei Inhalte, die exemplarisch für den Elektromagnetismus stehen: Strom und Magnete. Durch eine individuelle und größtenteils offene Gestaltung der Versuche, können sich die Schüler aktiv mit Magneten, magnetischen Spielen, elektrischen Bauteilen und einem Elektromagneten auseinandersetzen. Ein vollständiges Experiment besteht neben diesem selbstständigen, aktiven Ausprobieren, noch in der Ergebnissicherung. Hierbei geht es nicht um richtige oder falsche Lösungen, sondern um eine persönliche Auseinandersetzung. Wenn Schüler einen Zugang zur Physik entwickeln sollen, kann es bei der ersten Begegnung nicht darum gehen, die Eindrücke der Schüler in eine physikalisch korrekte Weise zu lenken und ihre Erfahrungen damit zu kritisieren. Alle Wahrnehmungen spiegeln dann das wider, was die Schüler erfahren und aufgenommen haben. Die Dokumentation bietet den Schülern die Möglichkeit, über die Versuche und Beobachtungen gezielt nachzudenken und sie zu reflektieren. Andernfalls käme das Experimentieren lediglich einem Abarbeiten einzelner Aufträge gleich. Die festgehaltenen Ergebnisse bieten viel Potenzial für eine Nachbereitung. An der Station Elektromagnetismus wird für eine Dokumentation der Ergebnisse eine Videokamera verwendet. Sie übt sicherlich einen besonderen Reiz auf die Schüler aus. Die Schüler erhalten keinerlei Vorgaben, um so ihre Kreativität auszuschöpfen. Falls die Schüler dennoch nicht genügend Einfälle haben sollten, können sie auf einer Karte verschiedene Vorschläge nachlesen, die sie für ein Schülerinterview nutzen können.

Im Folgenden sollen nun die Versuche dieser Station und die nötige Elementarisierung der Inhalte vorgestellt werden. Es wird auch die Umsetzung wichtiger didaktischer Prinzipien aufgezeigt.

Magnetspiele

Als Einstieg in die Station dienen zwei kleine Magnetspiele (Kahlert 2007, 108f.). Die Schülergruppe soll sich dazu selbstständig in zwei Teilgruppen aufteilen. Die erste Gruppe bastelt dann aus einem Bindfaden, einem Klebebandstreifen, einem Blatt Papier und einer Büroklammer einen Geist. Die Gestaltung ist ihnen dabei selbst überlassen, es besteht aber auch die Möglichkeit, eine Vorlage zu nutzen. Mit einem Magneten können sie das Gespenst dann mit etwas Geschick über dem Tisch schweben lassen.

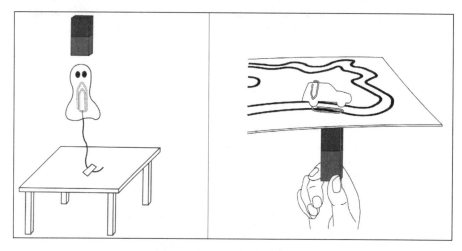

Abb. 3: Aufbau der zwei Magnetspiele

Die andere Gruppe entwirft parallel dazu eine Autorennstrecke mit einem Folienstift auf einer Laminierfolie, die bereits auf einem Holzbrett aufgeklebt ist, und bastelt dazu ein Auto aus Papier und einer Büroklammer. Sowohl bei der Autogestaltung, als auch bei der Rennstrecke sollen die Schüler kreativ werden. Sind beide Teilgruppen fertig, so können sie sich die Spiele gegenseitig kurz vorführen, um schließlich heraus zu finden, was beide Spiele gemeinsam haben: Sie funktionieren mit Magneten. Die Anziehungskraft des Magneten als physikalischer Inhalt steht zunächst durch einen spielerischen Zugang im Fokus.

Magnetische Materialien

Im zweiten Versuch sollen die Schüler überprüfen, welche Materialien magnetisch sind und welche nicht. Hierzu bekommen sie eine Arbeitsfolie, auf der die zu überprüfenden Materialien in einer Tabelle aufgelistet sind. Sie können dann eine Prognose abgeben, um anschließend mit den Stabmagneten ihre Vermutungen zu überprüfen. Die Magnete werden nun also gezielt und strukturiert eingesetzt. Außen vor bleiben Begrifflichkeiten wie Magnetfeld oder magnetische Kraft und die Bezeichnungen Nord- und Südpol. Auch die mögliche Abstoßung zweier gleichnamiger Pole wird nicht explizit thematisiert. Weiterhin können die Schüler zwar erfahren, dass bestimmte Materialien magnetisch sind oder auch nicht, jedoch wird ihnen noch vorenthalten, dass es sich nur bei Eisen, Nickel und Kobalt um ferromagnetische Stoffe handelt. Es bietet sich nun eine erste Dokumentationsphase über die gemachten Versuche an.

Stromkreis

Die Gruppe wechselt nun in den Themenbereich Elektrizität. Sie sind im Versuch »Stromkreis« dazu aufgefordert einen funktionierenden Stromkreis aus Batterie, Krokodilklemmen und Lämpchen zu konstruieren. Gleichzeitig ermöglicht der Versuch für sehr leistungsstarke Schüler die Möglichkeit, einen Schalter in ihren Kreis einzubauen und damit eine zusätzliche Herausforderung. Exemplarisch zeigt die Abbildung 4 das Arbeitsblatt zum Experiment »Stromkreis«.

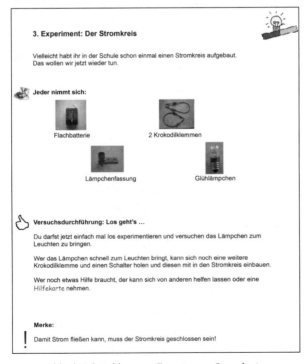

Abb. 4: Arbeitsblatt zum Experiment »Stromkreis«

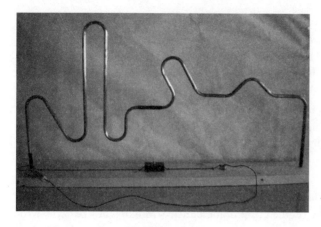

Abb. 5: Heißer Draht
(geschlossener Stromkreis)

Heißer Draht

Die Schüler setzen sich im nächsten Versuch mit einem Geschicklichkeitsspiel, dem »heißen Draht«, auseinander (siehe Abbildung 5). Der Bau eines eigenen Stromkreises und die Funktionsweise des heißen Drahtes konfrontieren die Schüler mit der Bedingung der Geschlossenheit eines Stromkreises. Um diese im Kern verständlich zu machen, werden physikalisch relevante Zusammenhänge wie Stromfluss, Stromrichtung oder Stromstärke vernachlässigt. Aber auch die physikalisch wichtigen Fachbegriffe Spannung, Widerstand oder Kurzschluss bleiben im Detail unbehandelt. Es besteht die Möglichkeit, die nächste Dokumentationsphase einzuleiten.

Elektromagnet

Der letzte Versuch ist sowohl motorisch als auch kognitiv am anspruchsvollsten, sollte aber gleichzeitig auch für die größte Verblüffung und Begeisterung sorgen. Die Schüler wickeln, gemäß einer bildlichen Handlungsanweisung auf dem Arbeitsblatt, einen bereits zugeschnittenen Kupferlackdraht gleichmäßig um einen Nagel, wobei sie am Anfang und am Ende circa fünf Zentimeter überstehen lassen. Die beiden überstehenden Enden werden zunächst abgeschmirgelt und dann mit Krokodilklemmen an eine 4,5V-Blockbatterie angeschlossen, sodass ein Kurzschlussstrom fließt. Dabei wird der Nagel magnetisch und die Schüler können verschiedene Gegenstände wie kleine Nägel und Büroklammern mit ihrem Elektromagneten anziehen (siehe Abbildung 6). Dieser Bereich fasst die magnetische Wirkungsweise des Stromes ins Blickfeld. Die Schüler erfahren, dass Strom verschiedene Wirkungen hat. Nicht diskutiert werden die Gefahren oder die chemische Wirkung des Stromes.

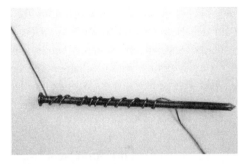 

Abb. 6: Bau eines einfachen Elektromagneten

3.2   Umsetzung der didaktischen Prinzipien

Um die Schüler zu einer selbsttätigen und gemeinschaftlichen Auseinandersetzung mit den Inhalten anzuregen, wurden bei der Konzeption der Stationen einige Prinzipien beachtet. Wie diese nun explizit umgesetzt wurden, soll im nächsten Abschnitt geklärt werden.

Das Ganzheitsprinzip

Diese Station ist eine der vier Stationen des integrativen Schülerlabors »Wie wollen's wissen – wie ist das eigentlich mit der Physik?« Erst die Gesamtheit aller Stationen vermittelt ein vollständiges Bild davon was Physik alles sein kann. Die Stationen stehen also in einem Sinnganzen. Als übergeordnetes Prinzip wurde vor allem eine ganzheitliche Zugangsweise zum Thema Physik beachtet. Die verschiedenen Sinne lassen sich allerdings nicht an jeder Station gleichermaßen ansprechen und so haben sich an den verschiedenen Stationen verschiedene Schwerpunkte des Zugangs heraus kristallisiert. Die Begegnung mit den Phänomenen Strom und Magnetismus wird an dieser Station vor allem auf motorischer Ebene dargeboten. Die Magnetspiele, aber auch der heiße Draht, erfordern viel Geschick beim Führen der Magneten und der Öse. Das Anbringen der Krokodilklemmen beim geschlossenen Stromkreis, das Abschmirgeln des Drahtes sowie das Wickeln des Drahtes für den Elektromagneten stellen hohe Anforderungen an die Feinmotorik der Schüler.

Prinzip der Interessenförderung und Motivation

Bei der Überprüfung der magnetischen Materialien werden die Schüler aufgefordert Prognosen abzugeben, die sie hinterher überprüfen sollen. Eine Prognose fördert den individuellen Bezug des Schülers zum Experiment, welches er nun sehr konzentriert verfolgt. Die Themen Strom und Magnetismus sind in der Alltagswelt der Jugendlichen stets anzutreffen, sodass von einem Interesse der Schüler ausgegangen werden kann. Dennoch muss einschränkend angemerkt werden, dass aus dem alltäglichen Gebrauch von Licht, Batterien oder MP3-Player nicht zwangsläufig ein reales Interesse an der Funktionsweise dieser komplexen elektrischen Geräte entsteht. Um dem möglichen fehlenden Interesse vorzubeugen und einen zusätzlichen Anreiz zum Thema zu schaffen, wird durch den Betreuer auf den Bezug zwischen einem einfachen Stromkreis und einem Fernseher oder MP3-Player hingewiesen. Neben diesen inhaltlichen Aspekten ist die Dokumentation der Ergebnisse mit einer Videokamera für die Schüler eine spannende Abwechslung und wirkt sich positiv auf die Motivation der Schüler aus.

Prinzip der Differenzierung und Individualisierung

Individualisierung findet beim Bau des Elektromagneten und des Stromkreises statt, da den Schülern zugestanden wird, in ihrem eigenen Lerntempo zu arbeiten. Zusätzlich stehen Hilfe- und Vertiefungskarten zur Unterstützung zur Verfügung. Der heiße Draht verfügt über zwei unterschiedlich große Ösen und ermöglicht so allen Schülern Erfolgserlebnisse.

Prinzip des sozialen Lernens

Bei der Umsetzung der Magnetspiele und beim Testen der Materialien wird vor allem Teamarbeit gefordert. Es müssen zum einen Aufgaben gerecht verteilt werden und zum anderen eine inhaltliche Einigung bei den Vermutungen über die magnetischen Materialien getroffen werden. Durch die offene Gestaltung der individualisierten Versuche wie der Bau des Stromkreises und des Elektromagneten sollen sich die Schüler gegenseitig Hilfe anbieten. Die Schüler sollen nicht nur durch eigene, sondern vor allem auch durch Erfolgserlebnisse ihrer Gruppenmitglieder angespornt und motiviert werden. Der heiße Draht stellt die Schüler vor eine mögliche Spielsituation, welche in ähnlicher Weise Lernerfolg durch die Entwicklung von Ehrgeiz entstehen lassen kann. Es ist nicht vorgegeben, wie die Schüler den heißen Draht einsetzen. Es könnte eine Konkurrenzsituation entstehen, in der es darum geht, den Draht nicht zu berühren oder ihn am schnellsten zu durchlaufen. Hier geht es um Fairness im Spiel. Da an dieser Station viel zwischen den Sozialformen Einzel- und Teamarbeit variiert wird, werden die Schüler vor die Herausforderung gestellt, sensibel für die einzelnen Phasen zu sein und sich dementsprechend einzubringen beziehungsweise auf diese einzustellen. Da kein Versuch darauf angewiesen ist, dass alle Beteiligten einbezogen werden, liegt es in der Verantwortung jedes einzelnen Schülers darauf zu achten, dass im Team gearbeitet wird. Auch die Interviews fordern die Schüler auf, sich aufeinander abzustimmen und eine eigene gemeinsame Struktur zu entwickeln.

Aktivitätsprinzip

Die Magnete und der heiße Draht haben einen hohen Aufforderungscharakter und regen die Schüler regelrecht dazu an sie auszuprobieren. Durch die zwei Phasen der Einzelarbeit wird jeder Schüler aktiviert, wohingegen beim Teamprozess nicht darauf Einfluss genommen werden kann, wie intensiv die Schüler an der Auseinandersetzung teilhaben.

Prinzip der Anschaulichkeit und Übertragbarkeit

Die Experimente ermöglichen den Schülern nur eine modellhafte Begegnung mit den physikalischen Inhalten. Der Elektromagnet könnte für die Schüler etwas abstrakt wirken. Umso mehr wird versucht, den Schülern durch eine starke Vorstrukturierung der Lerninhalte eine Art Leitfaden vorzugeben und durch den Einsatz von Vertiefungskarten einen Zusammenhang zur Wirklichkeit herzustellen. Es wird angeboten den Stromkreis im Kleinen auf den heißen Draht zu übertragen. Dieser ist in seinem didaktischen Aufbau um besondere Anschaulichkeit bemüht. Weiter lässt das realitätsnahe Modell vom Schalter im Stromkreis einen Transfer auf den Lichtschalter zuhause zu.

Literatur

Appel, Thomas (2005): Netzwerk Physik 7. Braunschweig: Schroedel.

Bayerisches Staatsministerium für Unterricht und Kultus (2003): Lehrplan für den Förderschwerpunkt geistige Entwicklung. München.

Demmer-Diekmann, Irene (1991): Innere Differenzierung als wesentlicher Aspekt einer integrativen Didaktik: Beispiele aus dem projektorientierten Unterricht einer Integrationsklasse in der Primarstufe. Bremen: Wissenschaftliches Institut für Schulpraxis.

Drave, Wofgang (Hg.) (2000): Empfehlungen zur sonderpädagogischen Förderung. Würzburg: Johann Wilhelm Klein-Akademie.

Dressler, Kathrin/Häußler, Andreas (2010): »Wir wollen's wissen, wie ist das eigentlich mit der Physik?« Ein integratives Schülerlabor. Unveröffentlichte Hausarbeit, Universität Würzburg.

Engeln, Kathrin/Euler, Manfred (2005): Physikunterricht modernisieren – Erfahrungen aus Kooperationsprojekten zwischen Schule und Wissenschaft. Kiel: Institut für die Pädagogik der Naturwissenschaften.

Euler, Manfred/Prenzel, Manfred/Ringelband, Ute (2001): Lernort Labor – Initiativen zur naturwissenschaftlichen Bildung zwischen Schule, Forschung und Wirtschaft. Kiel: Institut für die Pädagogik der Naturwissenschaften.

Fischer, Erhard (2004): Grundlagen und Prinzipien eines subjektorientierten Unterrichts im Förderschwerpunkt »geistige Entwicklung«. In: Fischer, Erhard: Welt verstehen Wirklichkeit konstruieren. Unterricht bei Kindern und Jugendlichen mit geistiger Behinderung. Dortmund: Borgmann, 13–52.

Kahlert, Joachim (2007): Wir experimentieren in der Grundschule (Band 1 und Band 2). München: Aulis Verlag Deubner.

Kircher, Ernst/Girwidz, Raimund/Häußler, Peter (2007): Physikdidaktik: Theorie und Praxis. Berlin: Springer.

Klafki, Wolfgang/Stöcker, Hermann (1985): Innere Differenzierung des Unterrichts. Weinheim: Beltz.

Mikelskis, Helmut (2006): Physikdidaktik – Praxishandbuch für die Sekundarstufe I und II. Berlin: Cornelsen.

Petillon, Hanns (2002). Individuelles und soziales Lernen in der Grundschule – Kindpers-
pektive und pädagogische Konzepte. Opladen: Leske + Budrich.

Pitsch, Hans-Jürgen (2002): Zur Didaktik und Methodik des Unterrichts mit Geistigbehinderten. Oberhausen: ATHENA-Verlag.

Saxler, Josef (1992): Problemorientiertes und entdeckendes Lernen in der Physik. Essen:
Westarp Wissenschaften.

Speck, Otto (2005): Menschen mit geistiger Behinderung. München: Reinhardt.

Straßmeier, Walter 1997: Didaktik für den Unterricht mit geistigbehinderten Schülern.
München: Reinhardt.

Wegener-Spöhring, Gisela (1995): Aggressivität im kindlichen Spiel. Weinheim: Deutscher
Studien Verlag.

Walter Goschler & Thomas Heyne

Biologie-Didaktik und sonderpädagogische Förderung – Möglichkeiten der Erkenntnisgewinnung in einem gemeinsamen Unterricht mit heterogenen Lerngruppen

1 Einleitung

In der vorliegenden Arbeit wird der Versuch unternommen, fachdidaktische Grundelemente der Biologie herauszuarbeiten und auf subjektorientierte individuelle Zugangsweisen von Kindern mit unterschiedlichen Tätigkeitsniveaus zu beziehen.

Grundlage unterrichtlichen Handelns bei Kindern und Jugendlichen mit sonderpädagogischem Förderbedarf im Bereich der geistigen Entwicklung sollte bei biologischen Inhalten nicht eine weiter nach »unten« fortschreitende didaktische Vereinfachung der Unterrichtsinhalte sein. Es sollten individuelle Zugänge zu den dargebotenen Themenbereichen ermöglicht werden, gleichzeitig die fachdidaktische Prämisse berücksichtigt werden, dass die einzelnen und für jedes Fach spezifischen Ausrichtungen erhalten bleiben. In der Biologiedidaktik betrifft dies im Besonderen die Prinzipien der Exemplarität, Wissenschaftsorientierung, didaktischen Reduktion und des Orientierungswissen. Aus diesem Zusammenwirken von Fachdidaktik und Sonderpädagogik kann ein Ansatzpunkt für den Förderschwerpunkt Geistige Entwicklung wie für integrative Erziehungs- und Bildungsformen geschaffen werden.

Im vorliegenden Beitrag werden nach einer Bezugnahme zu den Lehrplänen im Förderschwerpunkt Geistige Entwicklung in Bayern und zum bayerischen Grundschullehrplan anhand der Thematik »Angepasstheit des Maulwurfs an den Lebensraum Wiese« die entsprechenden biologiespezifischen fachdidaktischen Grundlagen herausgestellt und dann im Sinne einer integrativen Allgemeinen Pädagogik auf dem Hintergrund von Tätigkeitsniveaus für Kinder mit sonderpädagogischen Förderbedarf im Bereich der geistigen Entwicklung gewendet.

2 Lehrplanbezüge

2.1 Bezug zum Lehrplan der Grundschule in Bayern

Das gewählte Unterrichtsbeispiel ist im Lehrplan der Grundschule für Bayern im Heimat- und Sachunterricht (HSU) der 1. Jahrgangsstufe im Lernfeld 7 »Tiere und Pflanzen« im Abschnitt »Tiere der Wiese« verankert (Bayer. Staatsministerium 2000, 104). Dabei fordert der Lehrplan explizit die Verknüpfung von Struktur und Funktion, also die Erfassung der Angepasstheit von Lebewesen an ihren Lebensraum. Eine solche tiefgründige Behandlung möchte die Schüler zur Faszination, zum Staunen und zur

Bewunderung anregen. Das Fachprofil des Lehrplans fordert weiterführend die Kind-
wie Sachorientierung, indem zum einen eine angemessene Elementarisierung, zum
anderen aber gleichzeitig Inhalte und Strukturen aufgezeigt werden, bei denen eine
methodisch sachgemäße Vorgehensweise angestrebt wird und entsprechende fachtypische Arbeitsweisen vermittelt werden (vgl. ebd., 35).

2.2   Bezug zum Lehrplan im Förderschwerpunkt Geistige Entwicklung
        in Bayern

Im Lehrplan für den Förderschwerpunkt Geistige Entwicklung in Bayern ist der Be-
zug zur gewählten Unterrichtsthematik gegeben. Im Abschnitt 2 »Lebensgemeinschaf-
ten von Tieren und Pflanzen« (Bayer. Staatsministerium 2003, 183) ist im Abschnitt
»Wiese« der Maulwurf explizit aufgeführt.
    Für die Vermittlung der Themen werden drei wesentliche Zugänge vorgeschlagen:
*   »Erlebnishafte Erfahrungen mit allen Sinnen« (ebd., 183)
*   »Erkenntnis von Einzelphänomenen« (ebd.)
*   »Einblick in ökologische Zusammenhänge« (ebd.)
Der Bogen an Zugangsweisen im Bayerischen Lehrplan für den Förderschwerpunkt
Geistige Entwicklung ist dabei weit gespannt und reicht von einfachen Sinneserfah-
rungen bis hin zu experimentellen Vorgehensweisen, um Erkenntnisse zu erwerben.
»Die Zugangsweisen im Lernbereich Natur reichen von sensorischen Erfahrungen
in und mit der Natur bis hin zu durch Beobachtung und Experiment erworbenen
Kenntnissen über ökologische Systeme« (ebd., 181).

3   Biologie im HSU-Unterricht der Grundschule – Unterrichtsbeispiel
        zur Angepasstheit des Säugetiers Maulwurf an den Lebensraum Wiese

3.1   Stundenbeschreibung

Die Unterrichtsstunde wird im Rahmen des Heimat- und Sachunterrichtes gemäß dem
Lehrplan für bayerische Grundschulen für eine erste Klasse konzipiert und beschäftigt
sich mit der Angepasstheit des Maulwurfs an seinen Lebensraum. Die Aufarbeitung
des Themas erfolgt gemäß den Maßgaben des problemorientierten entdeckenden Unterrichtens und hat den Anspruch bereits in dieser Jahrgangsstufe die elementaren
Prinzipien und Arbeitsweisen dieser Naturwissenschaft zu verwirklichen. Innerhalb
der Stundenartikulation unterscheidet die Würzburger Biologiedidaktik insgesamt
vier Phasen (Heyne 2010, 14–18).
*   In der Hinführungsphase gelangen die Kinder gemäß einer extrinsisch motivier-
    ten Problembegegnung und -gewinnung zielgerichtet zu der Schlüsselfrage der
    Stunde, warum sich ein Maulwurf generell flink, schnell bzw. geschickt unter der
    Erde fortbewegen kann.

- Die Erarbeitungsphase lässt im ersten Schritt den Kindern Raum für ihre eigenen Vermutungen. Um jedoch die Überlegungen der Schüler(innen) gewinnbringend zu kanalisieren, bedient man sich einer zielgerichteten Meinungsbildung, indem mittels Wortkarten die relevanten Merkmale des Maulwurfs zunächst an der Tafel von den Schüler(inne)n um ein Umrissbild eines Maulwurfs fixiert werden (siehe 4.2). Auf diese Weise können die Kinder ihre Vermutungen zum Fell, der Körperform, dem Kopf bzw. den Vorderfüßen äußern. Alle Vermutungen der Kinder werden unkommentiert an die Seitentafel geschrieben, um sie am Ende der Erarbeitungsphase auf ihre Richtigkeit überprüfen zu können (siehe 4.2). Es folgt der prinzipiell wichtigste Schritt in der problemorientierten Vorgehensweise, das Anstellen von Überlegungen, inwiefern die eigenen gemachten Vermutungen verifiziert werden könnten. Diese Phase wird von vielen Lehrkräften missverstanden und deshalb vernachlässigt. Es geht nicht darum, bei der Lösung der Problemfrage in einem Buch nachzuschlagen oder sich des Internets zu bedienen. Es geht vielmehr darum, im Sinne von Gedankenexperimenten Überlegungen zu möglichen Versuchsaufbauten anzustellen, die dann auch im Rahmen der Möglichkeiten umgesetzt werden können. In dieser Unterrichtsstunde musste deshalb den Kindern in einem ersten Schritt klar werden, dass mit einem Stopfpräparat des Maulwurfs nicht gearbeitet werden kann. Zur Lösung des Stundenproblems mussten deshalb in der Folge die betroffenen Körperteile mittels Ersatzmaterialien zu den einzelnen Bereichen nachempfunden werden, um schließlich im Sinne einer Struktur- und Funktionsklärung geleitet ›experimentieren‹ zu können. In dieser Jahrgangsstufe kann jedoch gemäß dem Prinzip der Altersgemäßheit nicht ein detaillierter Versuchsaufbau zu den einzelnen Bereichen am Ende der Lösungsplanung erwartet werden, sondern es genügt die Kinder an den Gedanken heranzuführen, dass zur Lösung des Problems Materialien herangezogen werden müssen, die dem Originalobjekt nachempfunden sind und mit diesen dann Versuche durchzuführen sind. Die Erarbeitung der Feinziele erfolgt in Gruppenarbeit. Exemplarisch seien die Feinziele Kopf und Fell des Maulwurfs aufgezeigt (vgl. 4.1, 4.2). Die Erarbeitung gliedert sich im Rahmen des naturwissenschaftlichen Unterrichtes in den Dreierschritt: »Wir tun – Wir beobachten/betrachten – Wir deuten«. Im ersten Fall haben die Schüler(innen) zunächst zwei verschiedene Flaschenbürsten, eine mit langen und eine mit kurzen Borsten zur Hand und prüfen zunächst deren Rutschvermögen in einem Reagenzglas (Was wir tun). Über das Beobachten kommen sie zu dem Schluss, dass dies am Besten mit der kurzborstigen Bürste funktioniert. Die Kinder betrachten daraufhin sehr genau das Fell des Maulwurfs auf der Abbildung, befühlen es am Stopfpräparat und streichen es in beide Richtungen. Die Schüler(innen) kommen dabei in Form einer vergleichenden Betrachtung zu dem Schluss, dass das Fell eigentlich der kurzborstigen Flaschenbürste ähnelt. Im letzten Schritt erfolgt die Deutung, indem die Schüler(innen) gemeinsam in der Gruppe mittels einer Realabbildung überlegen müssen, warum das Fell letztendlich diese kurze Form aufweist. Für das Erforschen der Kopfform erhalten die Schüler(innen) drei verschiedene Gegenstände (Würfel, Kugel, Keil) und bohren diese Objekte in einen Eimer mit Erde. Über das Beobachten kommen sie zu dem Schluss, dass dies am Besten mit dem Keil funktioniert. Im zweiten Schritt beginnt der Übertrag auf das Originalobjekt. Die Kinder betrachten sehr genau den Kopf eines Maulwurfs und kommen wieder anhand einer vergleichenden Betrachtung zu dem Schluss, dass der Kopf eigentlich dem Keil ähnelt. Im letzten Schritt erfolgt die Deutung, indem die Schüler wiederum gemeinsam in der Gruppe mittels einer Realabbildung und dem Stopfpräparat überlegen müssen, warum der Maulwurfkopf letztendlich diese Keilform aufweist. Die Ergebnisse der einzelnen Gruppe werden von den Schüler(inne)n selbst vorgestellt und an der Tafel in Stichpunkten festgehalten. Schrittweise entsteht ein funktionales Tafelbild, welches die Struktur der Stunde wiedererkennen lässt. Folgt man gedanklich dieser Erarbeitungsphase bis zur Fixierung der Feinziele an der Tafel, wird deutlich, dass die geforderten Kompetenzbereiche der Bildungsstandards Biologie, nämlich Fachwissen, Erkenntnisgewinnung, Kommunikation und Bewertung ausgewogen berücksichtigt werden. Der Erkenntnisgewinn der Stunde besteht im Aufgreifen der Problemfrage zu Beginn der Stunde. Den Schüler(inne)n wird übergreifend bewusst, dass alle in dieser Stunde aufgearbeiteten Bereiche des Maulwurfs zu seiner Angepasstheit im Sinne der Fortbewegung unter der Erde dienen. Über einen Bezug zur Maulwurfsgrille als weiteres Bodentier wird den Schüler(inne)n schließlich generalisierend bewusst, dass Tiere generell an ihre Lebensräume angepasst sind und im Sinne konvergenter Entwicklungen (Entwicklung von ähnlichen Merkmalen bei nicht miteinander verwandten Arten, die im Laufe der Evolution durch Anpassung an eine ähnliche Funktion und ähnliche Umweltbedingungen ausgebildet wurden) ähnliche Strukturen ausbilden, die auf keiner Verwandtschaft beruhen. Die Erarbeitungsphase schließt mit der Überprüfung der Vermutungen zu Stundenbeginn.

- In der Vertiefungsphase werden zunächst generell keine neuen Sachverhalte mehr gelernt, sondern es geht vielmehr darum, den Sachverhalt in einen neuen Zusammenhang zu setzten. Die Würzburger Biologiedidaktik (Heyne 2010, 14–18) bedient sich hierbei der Möglichkeiten der Analogie, des Transfers, der Kategorialisierung, der Generalisierung bzw. der Wertung. In dieser Stunde bedient man sich eines Transfers in Verbindung mit einem wertenden Aspekt. Es wird deutlich, dass das Sprichwort ›Du blinder Maulwurf‹ so nicht zutrifft und zugleich gelangen die Kinder zu der elementaren biologischen Einsicht, dass Körperteile, die nicht gebraucht werden, zurückgebildet werden.
- Die Stunde mündet in die Gesamtsicherungsphase, indem die Schüler(innen) abschließend den gesamten Lernstoff der Stunde inklusive der Vorgehensweise rekapitulieren.

3.2   Grob- und Feinziele der vorgestellten Unterrichtsstunde

Grobziel

Einblick in die Angepasstheit des Maulwurfs an den Lebensraum Boden bezüglich ausgewählter morphologischer Merkmale

Feinziele

1. Die Schüler(innen) sollen in arbeitsteiliger Gruppenarbeit mit Hilfe eines For-scherauftrages sowie dazugehörigen Versuchsmaterialien den Zusammenhang zwischen Bau und Funktion des Kopfes, des Körpers, des Fells und der Vorder-füße des Maulwurfs begreifen, ihre Ergebnisse schriftlich festhalten und vor der Klasse präsentieren (kognitiv, instrumentell).
2. Die Schüler(innen) sollen mit Hilfe einer Abbildung einer Maulwurfsgrille im Unterrichtsgespräch begreifen, dass diese Grillenart im Vergleich zum Maulwurf mit Augenmerk auf die Angepasstheit der Vorderextremitäten in ähnlicher Form an den Lebensraum Boden angepasst ist und hieraus erkennen, dass Tierarten generell eine Angepasstheit an ihre Umwelt aufweisen (kognitiv).
3. Die Schüler(innen) sollen an Hand eines Stopfpräparates (Maulwurf) die kleinen Augen des Maulwurfs entdecken und im UG begreifen, dass dieses Sinnesorgan unter der Erde nicht benötigt und deshalb zurückgebildet ist. Aus diesen Erkennt-nissen heraus sollen die Schüler(innen) eine entsprechende Regel bezüglich des Nichtgebrauchs von Körperteilen bzw. Organen ohne erkennbare Funktion ablei-ten und formulieren (kognitiv, affektiv).

4   Ausgewählte Unterrichtsmittel

4.1   Arbeitsblätter der Erarbeitungsphase zu den Bereichen Fell und Kopf

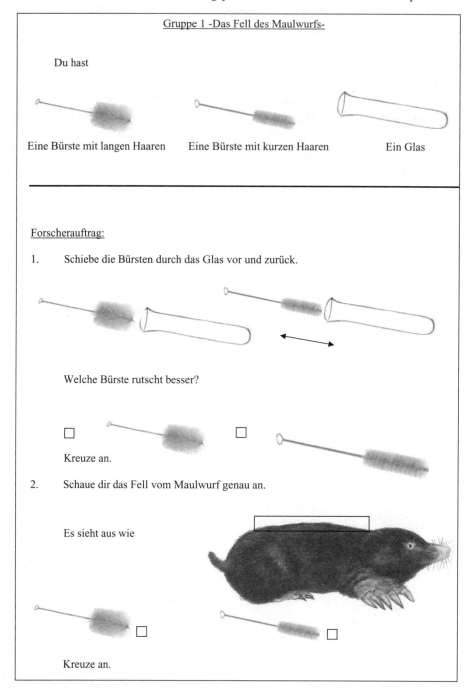

3. Das Fell vom Maulwurf ist also sehr _____. Weißt du warum?

   Überlegt gemeinsam!

Gruppe 2 -Der Kopf des Maulwurfs-

Du hast:

eine Kugel   einen Würfel   einen Keil   einen Eimer Erde

Forscherauftrag:

1. Drücke die Gegenstände in die Erde.

   Welcher lässt sich am besten in die Erde bohren?

   Kreuze an.

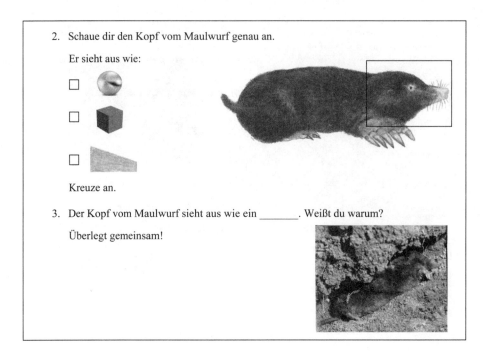

2. Schaue dir den Kopf vom Maulwurf genau an.

   Er sieht aus wie:

   ☐

   ☐

   ☐

   Kreuze an.

3. Der Kopf vom Maulwurf sieht aus wie ein _____. Weißt du warum?

   Überlegt gemeinsam!

4.2   Funktionales Tafelbild der Unterrichtsstunde

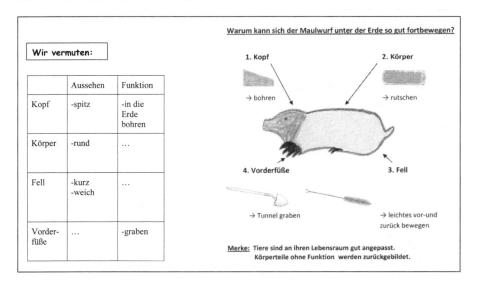

5 Fachdidaktische und methodische biologiespezifische Überlegungen

Die Unterrichtsstunde weist eine Reihe an biologiespezifischen fachdidaktischen Prinzipien und Arbeitsweisen auf. Prinzipien sind dabei formale Grundsätze zur inhaltlichen, strukturierten, organisatorisch-methodischen Unterrichtsgestaltung, die eng mit den Zielvorstellungen von Unterricht verbunden sind (Heyne 2010, 36).

Fachtypische Arbeitsweisen wiederum sind alle Denk- und Arbeitsweisen, mit denen man zu Erkenntnissen im Wissensgebiet der Biologie gelangt (Killermann/Hiering/Starosta 2008, 132). Hierzu zählen als Denkmethoden die Induktion bzw. Deduktion und im Bereich der Arbeitsweisen vor allem die Methoden der Informationsgewinnung, -darstellung und -deutung (Heyne 2010, 48). Hinzu kommen die zentralen Erkundungsformen des Betrachtens, Beobachtens, Untersuchens und Experimentierens sowie der Vergleich, der sich in allen Erkundungsformen wiederfindet (Killermann/Hiering/Starosta 2008, 132). Im nächsten Abschnitt sollen die relevanten biologiespezifischen Prinzipien erläutert und ihre Bedeutung im Hinblick auf die dargestellte Stunde aufgezeigt werden.

5.1 Prinzip der Exemplarität

Martin Wagenschein (1896–1988) begründete und entwickelte das Prinzip des Exemplarischen. Das Verstehen war dem Begründer dabei wichtiger, als dass Schüler(innen) nur träges kognitives Wissen anhäufen wie es im linearen Unterricht praktiziert wurde und zum Teil auch noch wird. Linearer Unterricht bedeutet dabei das Anhäufen von Einzeltatsachen, oftmals zusammenhanglos und ohne innere Struktur. Um ein wirkliches Verstehen zu erreichen, muss sich der Unterricht deshalb bei der Auswahl der Unterrichtsinhalte auf besonders bedeutsame Beispiele (Exempla) konzentrieren, an denen sich grundlegende Erfahrungen und Einsichten gewinnen lassen (Killermann/Hiering/Starosta 2008, 44). Wagenschein stellte mit seinem »Prinzip des Exemplarischen« somit die lineare Unterrichtsform grundlegend in Frage. Er war neben Klafki mit seinem »Konzept des Elementaren und Fundamentalen« richtungsweisend für die Reform des Biologieunterrichts seit den 1960er-Jahren. Das exemplarische Prinzip im Biologieunterricht weist insgesamt vier Kennzeichen auf (Berck 2005, 63). Zunächst begegnet man dem von Wagenschein etablierten genetischen Begriff. Zentraler Gedanke ist dabei, dass Schüler(innen) aktiv am Wissenserwerb beteiligt werden, also selbst Fragestellungen wie Probleme entdecken, Lösungsplanungen andenken, selbstständig über fachtypische Arbeitsweisen ihre Erkenntnisse gewinnen und letztendlich zu einer fachgemäßen wie fächerübergreifenden Methodenkompetenz gelangen. Im Zentrum steht damit ein problemorientierter, forschend-entwickelnder Unterricht mittels Anwendung der jeweils fachgemäßen Arbeitsweisen. Zum zweiten ist auf eine »Begegnung mit Phänomenen« zu achten. Dabei muss von Realobjekten ausgegangen werden, vorschnelle Abstraktionen und Verallgemeinerungen sind zu vermeiden. Beim »Fundamentalen Moment« als drittem Kriterium sollen Ergebnisse erzielt werden, die

den Menschen besonders angehen, die daher das Verständnis der Lernenden von sich
selbst und der Welt grundlegend verändern. Den Abschluss bildet das »Elementare«.
Dabei müssen sich die gewählten Beispiele (Exempla) auf grundlegende Einsichten
beziehen (vgl. ebd., 63–69).

In der Unterrichtsstunde wurde als typisches Wiesentier der Maulwurf nach exem-
plarischem Prinzip ausgewählt, da zunächst der Lehrplan der ersten Klasse dieses Tier
als typischen Vertreter der Wiese nennt. Die gewählte Art sollen die Kinder nach den
Maßgaben des Lehrplans benennen und auch nach ihrem Aussehen (morphologische
Gesichtspunkte) unterscheiden können. Gleichzeitig soll der bevorzugte Lebensbereich, in diesem Fall der Boden, näher beleuchtet werden (Bayer. Staatsministerium
2000, 155). Der Lehrplan fordert also, die Angepasstheit von Lebewesen an ihren
Lebensraum bereits in der ersten Klasse durchzunehmen. Der Maulwurf ist somit
ein Exemplum eines Wiesentieres im Hinblick auf dessen Angepasstheit. Das genetische Moment wird im Unterrichtsbeispiel dadurch verwirklicht, dass die Kinder über
Versuche den Weg der Erkenntnisgewinnung handlungs-, sach- wie schülerorientiert
nachvollziehen, immer vor dem Hintergrund einer zielgerichtet gewählten Problemstellung. Das Problembewusstsein, warum sich das Tier denn so gut, schnell oder
auch geschickt unter der Erde fortbewegen kann, wird von der Lehrkraft detailliert
und wohlüberlegt initiiert. Durch die gemeinsame gelenkte Betrachtung des Maulwurfs als Stopfpräparat erwächst bei den Schüler(inne)n das Bewusstsein, dass verschiedene morphologische Bauteile des Maulwurfs zur Lösung des Problems näher
erarbeitet werden müssen. Die Vorgehensweise ist aufgrund der Unerfahrenheit der
Schüler(innen), bedingt durch ihr Alter, stark gelenkt und vorgegeben. Sie erhalten
zunächst eine Reihe von Gegenständen, die dem jeweiligen betrachteten Körperteil
mehr oder weniger ähneln. Im zweiten Schritt führen sie damit praktisch Versuche
aus, reflektieren kurz mündlich wie schriftlich ihre Ergebnisse, bevor Sie im dritten
Schritt den jeweils am besten funktionierenden Gegenstand mit dem Originalobjekt
in Beziehung setzen. Im letzten Schritt erfolgt die Deutung, warum letztendlich das
bearbeitete Körperteil diese Form aufweist. Die Phänomenbegegnung erfolgt mittels
einer Abbildung in der Hinführungsphase, aber vor allem durch die Konfrontation
mit dem Stopfpräparat im Rahmen der oben dargestellten Vermutungsphase und zielgerichteten Lösungsplanung. Nach der Präsentation und Fixierung aller Ergebnisse
der Gruppenarbeit wird den Schülerinnen im Sinne des Elementaren bewusst, dass
der Maulwurf und in der Konsequenz Tiere im Allgemeinen gemäß kausaler Erklä-
rungsweisen individuell an ihren jeweiligen Lebensraum gemäß der Evolution angepasst sind. Das fundamentale Moment ist in dieser Stunde in der Vertiefungsphase zu
suchen. Im Sinne eines Transfers, in der Gelerntes auf ähnliche Sachverhalte übertragen wird, treten die kleinen Augen ins Betrachtungsfeld der Schüler(innen). Ihnen
wird im Unterrichtsgespräch bewusst, dass sich in der Natur Strukturen, die nicht
aktiv benötigt werden, zurückbilden bzw. schrittweise letztendlich ganz verschwinden.

Dieser Aspekt trägt dazu bei, dass das Verständnis der Kinder von sich selbst und der Welt in kleiner Weise eine Veränderung erfährt.

Aus den Kennzeichen des Exemplarischen wird gleichzeitig die Verbundenheit zur Fachwissenschaft der Biologie ersichtlich und der damit verbundene Bezug zum Prinzip der Wissenschaftsorientierung. Grundlage aller Unterrichtsaktivitäten und -aussagen sind zunächst die gesicherten Erkenntnisse der Fachwissenschaft. Damit müssen die angewandten schulischen Verfahren des Erkenntniserwerbs auch im Prinzip denen der Fachwissenschaft entsprechen. Verwirklicht wird dieser Anspruch durch das Denkverfahren der exakten Induktion. Dies ist in der Biologie der primäre Erkenntnisweg. Zunächst erfolgt eine Hypothesen- bzw. Vermutungsbildung durch Induktion. Daraus wird deduktiv eine Vorhersage über einen konkreten Einzelfall abgeleitet, der dann experimentell überprüft und damit verifiziert bzw. falsifiziert wird. Ein problemorientierter, forschend entdeckender Biologieunterricht, wie im Unterrichtsbeispiel aufgezeigt, vollzieht über seine Artikulationsschritte diesen Erkenntnisweg nach. Abbildung 1 verdeutlicht noch einmal die Vorgehensweise der biologischen Erkenntnisgewinnung. Im gezeigten Artikulationsschema der Unterrichtsstunde treten bei den Artikulationsstufen die Parallelen deutlich hervor. Bei den Denkverfahren tritt in der gezeigten Unterrichtsstunde vor allem das induktive Element deutlich in Erscheinung. Anhand der einzelnen Bereiche kommen die Kinder beim Zusammentragen der Ergebnisse zur allgemeingültigen Erkenntnis, dass erst alle betrachteten Bauteile zusammen die evolutive Angepasstheit des Maulwurfs an seinen Lebensraum ermöglichen. Ein solches auf dem primären Erkenntnisweg der Biologie basierendes Unterrichtsverfahren hat für Schüler(innen) wie Lehrkräfte grundlegende Vorteile. Die Heranwachsenden erkennen im Unterricht eine Struktur; sie wissen bereits nach wenigen Stunden um die einzelnen Lernschritte. Ein solcher Unterricht lehrt Schüler(innen) gleichzeitig das Lernen, eine Kompetenz, die vor allem in Studium und Ausbildung ausgeprägt sein muss. Gleichzeitig erkennen Schüler(innen), wie Probleme letztendlich gelöst werden und es wird ein Übertrag auf die Lebenswelt der Schüler(innen) ermöglicht. In der vorgestellten Stunde wurde den Kindern sofort bewusst, dass zunächst das Tier selbst bzw. seine äußeren morphologischen Merkmale näher zu betrachten sind und in einem zweiten Schritt Versuche und Unterrichtsmaterialien zur Erarbeitung herangezogen werden müssen. Dieser Unterricht erfordert in der Erarbeitung fach-, handlungs- wie schülerorientierte Momente. Er erzwingt geradezu die selbsttätige Lösung eines aufgeworfenen Sachverhaltes und fördert Tugenden wie Zuverlässigkeit, Kommunikation, Selbsttätigkeit, Genauigkeit und Teamfähigkeit. Die Kinder müssen im Unterrichtsbeispiel alle aufgezeigten Parameter zwangsläufig erfüllen, um zu Ergebnissen zu kommen und diese auch bereits in der ersten Klasse sachgerecht darstellen zu können. Automatisch bewirkt dieses Unterrichtsverfahren die Erstellung von sogenannten Funktionalen Tafelbildern bzw. Arbeitsblättern, die im Unterrichtsverlauf entstehen, indem die Klasse schrittweise die Ergebnisse zusammenträgt und die Lehrkraft die gewonnenen Ergebnisse schriftlich fixiert (siehe 4.2). Über Pfeile, Ebenen und Farbe werden Ergebnisse funktional festgehalten und der Heranwachsende muss bei der Wiedergabe bzw. beim Nachlernen die Struktur des Unterrichts nachvollziehen bzw. die Erkenntnisse der Stunde verbalisieren. Ein solches Tafelbild artikuliert, strukturiert, reduziert, akzentuiert, intendiert, sequenziert und verbalisiert die Lernziele einer Unterrichtsstunde, wobei in der Regel nicht immer alle aufgezeigten Kriterien erfüllt sein müssen bzw. können (Heyne 2010, 71).

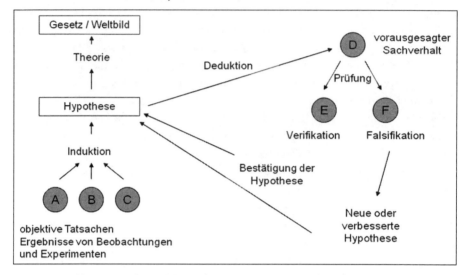

Abb. 1: Die exakte Induktion als primärer Erkenntnisweg (Heyne 2010, 37)

5.2   Prinzip des Orientierungswissens

Neben zahlreichen Vorteilen des exemplarischen, wissenschaftsorientierten Prinzips darf aber als schwerwiegender Nachteil nicht übersehen werden, dass das »größere Ganze« nicht mit einem Exemplum erfasst werden kann, wenn kein Überblickswissen vorhanden ist. Wesentliches ist nur dann als solches für die Schüler(innen) erfassbar, wenn ein orientierendes Moment gegeben ist. Zuständig wie ergänzend tritt das Prinzip des Orientierungswissens in den Vordergrund. Orientierungswissen ist also das Überblickswissen, welches das Prinzip des Exemplarischen als Ergänzung benötigt, um das Ziel des Erfassens des größeren Ganzen zu gewährleisten. Es baut auf dem Prinzip des Exemplarischen auf und vervollständigt es. Es versucht die Inseln, die bei der exemplarischen Vorgehensweise entstehen, durch Verbindungsstrecken im Sinne eines Überblickswissens zu schließen. Das Prinzip der Exemplarität muss also stetig mit dem Prinzip des Orientierungswissen verknüpft werden, da beide Prinzipien voneinander abhängig sind und sich gegenseitig bedingen. Die Prinzipien beziehen sich also dialektisch aufeinander (Wesentlichkeit vs. Fülle). Wird eines der beiden Prinzipien vernachlässigt, kommt es bei den Schüler(inne)n zu einem einseitigen und unvollständigen Wissenserwerb (Killermann/Hiering/Starosta 2008, 49–50). In der Unterrichtsstunde wurde dieses Prinzip in zweifacher Weise verwirklicht. In der Erkenntnisgewinnung der vorgestellten Unterrichtsstunde wurde am Beispiel der Maulwurfsgrille verdeutlicht, dass auch dieses Lebewesen im Sinne von konvergenten Entwicklungen über spezifische Anpassungen verfügt, um sich unter der Erde optimal bewegen zu können. In der Vertiefungsphase wiederum lernten die Schüler(innen), dass Organe, die keinen ›Nutzen‹ mehr für eine Tierart besitzen, zurückgebildet werden. Gerade diese Erkenntnis trägt dem orientierenden Moment Rechnung, indem benötigte (modifizierte) und unbenötigte (rückgebildete) Strukturen gegenübergestellt werden.

5.3   Prinzip der didaktischen Reduktion

Ein weiteres unverzichtbares Prinzip der Biologiedidaktik stellt die didaktische Reduktion dar. Nach dem Arbeitskreis der bayerischen Biologiedidaktiker (2009, 5) definiert sich dieses Prinzip als die Umformung wissenschaftlicher Aussagen in schülergemäße Formen, jedoch ohne Verfälschung des sachlichen Inhaltes. Dabei werden sektorale und strukturelle Reduktion voneinander abgetrennt, obwohl beide Formen in der Praxis auch regelmäßig ineinander übergehen. Die wichtigsten Gesichtspunkte der didaktischen Reduktion sind dabei der Gegenwarts-, Zukunfts- und Situationsbezug der Schüler(innen), die im Unterricht zur Verfügung stehende Zeit und die durch die Lehrkraft angestrebten Lernziele sowie letztendlich die Praktikabilität. Bei der sektoralen oder auch vertikalen Reduktion wird der Lernstoff auf einen Ausschnitt des Wissensgebietes begrenzt (Killermann/Hiering/Starosta 2008, 221 f.). In der vorgestellten Unterrichtstunde wurde dabei auf zwei Ebenen reduziert. Die erste Ebene betrifft den Aspekt der Angepasstheit von Tierarten an den Lebensraum Boden. Exemplarisch wurde der Maulwurf als Vertreter der Säugetiere gewählt, die Wahl hätte auch auf das bereits beschriebene Insekt (Maulwurfsgrille) bzw. auf einen Anneliden (Ringelwurm) fallen können. Die zweite Ebene betrifft die Tierart selbst. In der Unterrichtsstunde wird als Sektor die Angepasstheit bezüglich der Fortbewegung gewählt, Bereiche wie Fortpflanzung, Ernährung oder auch die Nützlichkeit dieser Tierart in Verbindung mit dem Umwelt- und Naturschutzgedanken werden sektoral reduziert. Der zweite Bereich bildet die strukturelle oder auch horizontale Reduktion. Sie betrifft die Reduzierung der Kompliziertheit und des Umfangs, wobei die inhaltlichen fachwissenschaftlichen Kernaussagen bestehen bleiben müssen. Strukturell lässt sich in der Biologiedidaktik inhaltlich, bei der optischen wie sprachlichen Darstellung sowie den fachtypischen Arbeitsweisen vereinfachen. Die inhaltlichen Aspekte der Stunde wurden sehr stark einer Reduktion unterzogen. So wurde bei den Vorderextremitäten des Maulwurfs kein Bezug zur Pentadactylie (5-Fingrigkeit, 5-Zehigkeit) herausgestellt, konsequenterweise erfolgte daher auch keine Analyse, welche Teile der Vorderextremität sich evolutiv infolge der Anpassung an den Lebensraum veränderten. Lediglich ein Vergleich mit menschlichen Arbeitsgeräten soll Arbeitsweise und Funktion der angesprochenen äußeren Bereiche verdeutlichen. Entsprechendes betrifft das kurze Fell, die Keilform des Kopfes bzw. den walzenförmigen Körper. Bei den Versuchen kommen gemäß dem problemorientierten forschend-entdeckenden Unterrichtsverfahren

fachtypische Arbeitsweisen zum Einsatz. Als zentrale Erkundungsformen stehen vor
allem das Betrachten und Beobachten zentral im Mittelpunkt. Bei der Erarbeitung
der Formen und Funktionen der einzelnen Körperteile wird darauf geachtet, dass die
Betrachtungen der betroffenen Körperteile des Maulwurfs mittels einer realen Abbildung bzw. dem Stopfpräparat am Schluss jeder Teilzielerarbeitung die Versuchsbeob-
achtungen insofern erhellen, dass der Zusammenhang zwischen äußerer Form und
Funktion deutlich hervortritt. Die Reduktion liegt darin, dass die Lehrkraft den Be-
obachtungsauftrag genau vorgibt und zwar mit dem Ziel, dass die Kinder zielgerichtet
nur das Geforderte betrachten und nicht durch andere Baumerkmale abgelenkt werden. Gleichzeitig kommen gemäß dem problemorientierten Ansatz die Arbeitsweisen der Informationsgewinnung, -darstellung und -deutung zum Einsatz. So müssen
beispielsweise die Schüler(innen) das Stundenproblem durchdringen, Vermutungen
aufstellen, Erklärungen geben, Ergebnisse aus dem Vergleich von Versuch und Realität
gewinnen und daraus Schlüsse ziehen. Die gewonnenen Ergebnisse und Deutungen
müssen mündlich wie schriftlich dargestellt werden. Gemäß dem Anforderungsniveau
in einer ersten Klasse wird bei der sprachlichen und darstellenden Reduktion bei der
Konzeption auf Anschaulichkeit geachtet, indem mit vielen Bildmaterialien und dem
Originalobjekt gearbeitet wird. Bei den Arbeitstexten werden bei der Beantwortung
drei Ebenen unterschieden, wobei der Schwierigkeitsgrad von Ebene zu Ebene steigt
(Kreuzen → Lücke → freie Deutung). Bei der Deutung wird aufgrund der ersten
Klasse auf die schriftliche Fixierung verzichtet. Fachbegriffe im Bereich der sprachli-
chen Darstellung werden komplett reduziert.

6   Erkenntnisgewinnung beim Subjekt

Im folgenden Abschnitt werden die Aussagen der Fachdidaktik gewendet. Der Be-
zugsrahmen ist nicht mehr das Objekt, sondern das handelnde Subjekt in seiner biografischen und gesellschaftlichen Gewordenheit. Dabei sollen gemäß der Ausgangs-
aussage der Erhaltung fachdidaktischer Ausrichtungen (siehe 1.) diese Ausrichtungen
subjektbezogen einen neuen Ausgangspunkt erhalten, den des jeweiligen Subjekts
in seiner sozialen Verflochtenheit. »Ähnlich zweier transparenter Folien werden also
Kinder- und Fachperspektiven gedanklich ›übereinander‹ gelegt« (Seitz 2006, 18).
Nachdem die Fachperspektive entwickelt wurde, wird jetzt der Blickwinkel auf das
Kind, das handelnde Subjekt mit seinen jeweils unterschiedlichen Erkenntnismög-
lichkeiten gelegt. Es werden also die grundlegenden Ausrichtungen der Biologiedidaktik auf unterschiedliche Qualitäten individueller Erkenntnisgewinnung, also auf
verschiedene Niveaus der jeweils dominierenden Tätigkeit beziehbar. Diese hier vorgeschlagene Vorgehensweise findet Anlehnung an das Prinzip der Didaktischen Rekonstruktion von Kattmann (vgl. Gropengießer/Kattmann 2008, 6, 44–49). Bei der
Didaktischen Rekonstruktion werden nach der fachlichen Klärung die Perspektiven

der Schüler(innen) erfasst. Die Fragestellung hierzu lautet: »Welche Vorstellungen verbinden die Lernenden mit bestimmten Bereichen? Welche Lernvoraussetzungen und Interessen haben sie?« (ebd., 6). Die fachliche Sicht wird also relativiert durch den Blickwinkel des Subjekts. »Die Gegenstände des Lernens sind nicht vom Wissenschaftsbereich vorgegeben, sie müssen vielmehr in pädagogischer Zielsetzung erst hergestellt, d. h. didaktisch rekonstruiert werden. Lernen ist ein aktiver Prozess, sodass die Gedankenwelt der Lernenden als entscheidende Lernvoraussetzung zu beachten ist« (ebd., 45ff.). Im vorliegenden Beitrag wird jedoch nach Klärung der fachdidaktischen Sicht nicht nach Schülervorstellungen »bezogen auf fachlich relevante Phänomene« (ebd., 46) gefragt, sondern das handelnde Subjekt mit unterschiedlichen Ebenen der individuellen Erkenntnisgewinnung zum Ausgangspunkt gemacht, sodass nach Möglichkeiten gemeinsamen Handelns verschiedener Schüler(innen) mit unterschiedlicher (Lern-)Biografie und unterschiedlichen Tätigkeitsniveaus gefragt werden kann. Diese Vorgehensweise erscheint nicht gänzlich identisch zur Didaktischen Rekonstruktion. (Zur Didaktischen Rekonstruktion als gewinnbringenden Ansatz der Verknüpfung von Objekt und Subjekt, also Fach und Kind vgl. auch den einführenden Beitrag zu diesem Band von Christoph Ratz: Zur Bedeutung einer Fächerorientierung.)

6.1   Das Konzept der dominierenden Tätigkeit

Bei dem Konzept der dominierenden Tätigkeit handelt es sich um »aus ihrer Struktur zu begreifende Perioden von Tätigkeit, die für die Entwicklung der Persönlichkeit vorrangige Bedeutung haben« (Jantzen 1987, 198). Das Konzept der dominierenden Tätigkeit wurde von Leontjew begründet und fasst »die Entwicklung der psychischen Prozesse und der psychischen Besonderheiten der kindlichen Persönlichkeit auf der jeweiligen Entwicklungsstufe« (Leontjew 1980, 402). Pitsch stellt die Stufen der dominierenden Tätigkeit den Entwicklungsniveaus nach Piaget folgendermaßen gegenüber (s. Tab. 1, 206).

Die Altersangaben haben für Kinder und Jugendliche mit sonderpädagogischem Förderbedarf im Bereich der geistigen Entwicklung keine Relevanz in dem Sinne, dass die Entwicklungsstufen während der jeweiligen Altersstufe durchlaufen werden müssten, aber der Entwicklungsverlauf der Abbildniveaus kann als ontogenetisch grundlegend gelten. So kann ein Zugang zur individuell dominierenden Tätigkeit auf der Subjektseite geschaffen werden, der im jeweils konkreten Fall noch ergänzt werden soll durch individualbiografische Informationen.

Dominierende Tätigkeit nach Leontjew und Elkonin	Entwicklungsniveau nach Piaget
Wahrnehmungstätigkeit (bis ca. 4 Monate)	**1. Die sensomotorischen Entwicklung** • Stadium 1: Betätigung und Übung der Reflexe (0 bis ca. 1. Monat) • Stadium 2: Erworbenes Anpassungsverhalten und primäre Zirkulärreaktionen (einfache Gewohnheiten) (ca. 1. bis ca. 4. Monat)
Manipulative Tätigkeit (bis ca. 1 Jahr)	• Stadium 3: Die sekundären Zirkulärreaktionen und das Andauernlassen interessanter Ereignisse (aktive Wiederholung) (ca. 4. bis ca. 10. Monat) • Stadium 4: Koordination der sekundären Verhaltensschemata und ihre Anwendung auf neue Situationen (Verknüpfung von Mittel und Zweck) (ca. 7. Monat bis ca. 1. Jahr)
Gegenständliche Tätigkeit (bis ca. 3 Jahre)	• Stadium 5: die tertiären Zirkulärreaktionen (aktives Experimentieren) (ca. 10. Monat bis ca. 18 Monate) • Stadium 6: Erfindung neuer Mittel durch geistige Kombination (ca. 18. Monat bis ca. 2. Jahr) **2. Die präoperativen Denkoperationen** • Das vorbegrifflich-anschauliche Denken) (ca. 2 bis ca. 4 Jahre)
Spieltätigkeit (ca. 3 bis ca. 6 Jahre)	• Das anschauliche Denken (ca. 4 bis ca. 7 Jahre)
Schulisches Lernen (ca. 7 bis ca. 13/14 Jahre)	**3. Die konkreten Denkoperationen (ca. 7 bis ca. 11 Jahre)** **4. Die abstrakten Denkoperationen (ab ca. 11 Jahre)**
Arbeit (ab ca. 14/15 Jahre)	• Piaget gibt kein weiteres Niveau an.

Tab. 1: Dominierende Tätigkeit nach Leontjew und Entwicklungsniveau nach Piaget (Pitsch 2003, 163)

6.2   Wahrnehmungstätigkeit

Die Wahrnehmungstätigkeit bezieht sich auf modale und intermodale Abbilder. »Dabei kommt es zunehmend zur Koordination der verschiedenen Modalitäten bis die Hand dem Auge folgt und nicht mehr das Auge der Hand. Die Orientierungsbewegungen der Hand werden interiorisiert und durch optische Wahrnehmung aufgehoben« (Jantzen 1987, 199).

6.3   Manipulative Tätigkeit

Bei der manipulativen Tätigkeit werden individuelle Gegenstandsbedeutungen erworben. In den kindlichen Handlungen können elementare Formen des Denkens erkannt werden. »Im gegenständlichen Manipulieren entstehen elementare Probleme, die auch gelöst werden. Das Kind lernt demnach in der Handlung denken, indem es fremde und eigene Bewegungen nachahmt« (Petrowski, zit. n. Jantzen 1987, 199).

6.4   Gegenständliche Tätigkeit

Auf der Ebene der gegenständlichen Tätigkeit werden konstante Bedeutungen der Gegenstände erworben, »die *funktionalen Eigenschaften* der Gegenstände werden erschlossen« (Jantzen, ebd.) Die Entwicklung des Spiels und des Sprechens schreitet voran und begründet die weitere psychische Entwicklung des Kindes.

6.5   Dominierende Tätigkeit des Spiels

Auf der dominierenden Tätigkeit des Spiels baut das Kind »die symbolische Repräsentanz der Welt aus« (Jantzen 1987, 200). In Rollen- und Regelspielen wird die »Nutzung sozialer Werkzeuge im Lernen« (ebd.) vorbereitet. Die Wahrnehmung erhält klassifizierenden Charakter. »Neben dem Spiel haben produktive Tätigkeiten wie Zeichnen, Modellieren, Klebearbeiten und Konstruieren wesentliche Bedeutung« (ebd.).

6.6   Dominierende Tätigkeit schulischen Lernens

Beim Lernen tritt die operative Aneignung der Welt in den Vordergrund. »Sozialhistorisch gewordene Mittel wie Beherrschung der Schriftsprache, mathematische Fähigkeiten und Kenntnisse, Orientierung im Raum (Geografie) auf der Basis von Karten, in der Zeit (Uhr, Geschichtsunterricht), in den sozial gewordenen Strukturen von Ästhetik, Moral usw. werden für das Kind aneigenbar« (ebd.).

6.7   Weitere Tätigkeitsniveaus und Weiterentwicklung der Tätigkeitsniveaus

Es folgen die dominierenden Tätigkeiten des frühen Jugendalters und der Arbeit, auf die für den weiteren Gang der Argumentation nicht mehr näher eingegangen werden muss. Mit dem Konzept der dominierenden Tätigkeit liegt ein Raster vor, das wesentliche Elemente der Entwicklung des Psychischen kennzeichnet. Eine Weiterentwicklung der jeweils dominierenden Tätigkeit kann sich durch die reale Stellung des Kindes in der Welt ergeben:

> »Das Kind ist zu einem gewissen Zeitpunkt mit der Stellung, die es unter den Mitmenschen einnimmt, nicht mehr zufrieden; es wird sich bewußt, daß sie seinen Möglichkeiten nicht mehr entspricht, und es versucht sie zu verändern. Damit kommt es zum offenen Widerspruch zwischen der Lebensweise des Kindes und seinen Möglichkeiten, die dieser Lebensweise bereits vorausgeeilt sind. Seine Tätigkeit gestaltet sich um. Damit vollzieht

sich der Übergang zum nächsthöheren Stadium seines psychischen Lebens« (Leontjew 1980, 403f.).

Auslöser für diesen Schritt auf Seiten des Individuums kann die Auseinandersetzung mit der Welt bzw. gemeinsames Handeln mit einem sozialen Du sein.

6.8   Die Zone der nächsten Entwicklung

Im Prozess der Aneignung ist das Spannungsverhältnis zwischen der jeweils aktuellen Qualität der Auseinandersetzung des Kindes mit der Welt auf dem jeweiligen Tätigkeitsniveau und der »Zone der nächsten Entwicklung« (Wygotski 1981, 237) von wesentlicher Bedeutung. Hierbei handelt es sich beim Lernen um jenen Bereich, der vom Kind aktuell nicht mehr allein strukturiert und damit gelöst werden kann. Es ist der Lernbereich, der jenseits der Zone der aktuellen Leistung oder der momentanen Handlungskompetenz des Kindes liegt, der aber kooperativ, durch Anleitung anderer Menschen strukturiert werden kann.

> »Indem wir die Möglichkeiten eines Kindes in der Zusammenarbeit ermitteln, bestimmen wir das Gebiet der reifenden geistigen Funktionen, die im allernächsten Entwicklungsstadium sicherlich Früchte tragen und folglich zum realen geistigen Entwicklungsniveau werden. Wenn wir also untersuchen, wozu das Kind selbstständig fähig ist, untersuchen wir den gestrigen Tag. Erkunden wir jedoch, was das Kind in Zusammenarbeit zu leisten vermag, dann ermitteln wir damit seine morgige Entwicklung. Das Gebiet der noch nicht ausgereiften, jedoch reifenden Prozesse ist die Zone der nächsten Entwicklung des Kindes« (Wygotski 1987, 83).

Wygotski geht davon aus, dass »die Zone der nächsten Entwicklung für die Dynamik der intellektuellen Entwicklung und den Leistungsstand eine unmittelbarere Bedeutung besitzt als das gegenwärtige Niveau ihrer Entwicklung« (Wygotski 1981, 237).

6.9   Kooperation

Über die motivgebundene Tätigkeit, die sich in Handlungen und Operationen differenzieren lässt, vollzieht sich der Prozess der Aneignung. Aneignung ist ein kooperativer Prozess. »Damit die Aneignung des gesellschaftlichen Erbes erfolgen kann, bedarf es vermittelnder Personen« (Jantzen 1980, 121). Preuss-Lausitz führt in diesem Zusammenhang aus, dass »die Tätigkeit des Individuums, die als menschliche Tätigkeit immer zugleich mit den Tätigkeiten anderer verbunden ist, die Umwelt bearbeitet, d. h. neue Produkte schafft, und [dass; W. G.] in diesem Vollzug das gesellschaftliche Bewußtsein entsteht und verankert ist« (Preuss-Lausitz 1981, 146). Die Möglichkeit zur Kooperation besteht auf allen Entwicklungsniveaus. »Entwicklung und menschliches Lernen sind grundsätzlich gegenstands- und beziehungsorientiert, d. h. sie finden statt in der kooperativen Auseinandersetzung des Menschen mit Gegenständen, wobei der Mensch dem Menschen selbst in besonderer Weise ›Gegenstand‹, sprich: Partner sein kann und muß« (Feuser/Meyer 1987, 81).

7 Integrative Didaktik

Die Grundidee für dieses Buch war, einen Zusammenhang zwischen Fachdidaktik und der Weiterentwicklung des Unterrichts mit Kindern mit einem sonderpädagogischem Förderbedarf im Bereich der geistigen Entwicklung herzustellen, und zwar an der Förderschule oder in integrativen Settings. Das Verhältnis von Fachdidaktik und Unterricht mit Kindern mit sonderpädagogischem Förderbedarf soll im vorliegenden Fall von einem integrativen Verständnis (Kinder mit und ohne sonderpädagogischem Förderbedarf) her entwickelt werden. Eine Didaktik, die ein Lernen in integrativ-heterogenen Gruppen ermöglicht, wird sich auch im Unterricht einer Schule mit dem Förderschwerpunkt Geistige Entwicklung bewähren können, da die Schülerschaft hier ebenfalls heterogen zusammengesetzt ist, wenngleich die Bandbreite an unterschiedlichen »Begabungen« geringer ist.

Hinz benennt vier »Ansätze aus der integrationspädagogischen Literatur, die sich durchaus mit didaktischen Fragen des gemeinsamen Unterrichts auseinandersetzen« (Hinz 2006, 341). Er bezieht sich dabei auf Feuser, Reiser mit der »Theorie integrativer Prozesse« (ebd., 342), Wocken mit der »Theorie Gemeinsamer Lernsituationen« (ebd.) und Prengel mit der Pädagogik der Vielfalt (vgl. ebd.). In der Folge wird Bezug genommen auf Feuser mit seinem Verständnis von Integration als »gemeinsame Tätigkeit, Spielen, Lernen am gemeinsamen Gegenstand/Produkt in Kooperation von behinderten und nichtbehinderten Menschen« (Feuser 1986, 55) und auf Erweiterungen bezüglich des gemeinsamen Gegenstandes, wie sie von Seitz vorgestellt wurden (Seitz 2005; Seitz 2006; Seitz 2008). Grundlage hierfür ist eine »basale allgemeine Pädagogik« (Feuser 1986, 51), die in eine »entwicklungslogische Didaktik« (Feuser 2005, 168) mündet. Feuser beschreibt dieses integrative Verständnis folgendermaßen: »Als integrativ bezeichne ich eine Allgemeine (kindzentrierte und basale) Pädagogik, in der alle Kinder und Schüler in Kooperation miteinander, auf ihrem jeweiligen Entwicklungsniveau, nach Maßgabe ihrer momentanen Wahrnehmungs-, Denk- und Handlungskompetenzen, in Orientierung auf die ›nächste Zone ihrer Entwicklung‹, an und mit einem ›gemeinsamen Gegenstand‹ spielen, lernen und arbeiten« (ebd.).

Feuser wendet sich in seiner allgemeinen Pädagogik gegen Lösungen mit einem gemeinsamen Dach im Wortsinne, unter dem zieldifferent gearbeitet wird, weil hier »unbesehen zieldifferentes Lernen mit Subjektorientierung und Innerer Differenzierung gleichgesetzt wird« (Feuser 2005, 168). Die wesentliche didaktische Frage formuliert Feuser folgendermaßen: »Was bedeutet einem bestimmten Menschen ein Sachverhalt auf der Basis seiner Biografie und auf der Ebene des ihm momentan möglichen inneren Abbildniveaus im Aneignungsprozeß seiner Welt und seiner selbst – im Prozeß der inneren Rekonstruktion dieser Wirklichkeit mit den Mitteln seines Systems« (ebd., 171). Feuser stellt der Orientierung an der Sachstruktur die »Analyse der Tätigkeitsstruktur eines jeden Kindes und Schülers gleichwertig« gegenüber (ebd., 177).

8   Integrative Didaktik und Fachdidaktik

Bei der Frage nach den Inhalten führt »eine individualisierende und kompetenzorientierte Sicht auf die vielfältigen Lernweisen aller Schülerinnen und Schüler zu didaktischen Entscheidungen« (Seitz 2008, 175). Diese Inhalte sind jedoch nicht statisch festgelegt, sondern berücksichtigen die affektiven und kognitiven Zugangsweisen des Subjektes. Das Elementare an Inhalten entsteht im »Planungs- und Erarbeitungsprozess mit jeder Lerngruppe und unter Bezug auf die Lebenswelten der Kinder neu und unterliegt bis in den Unterrichtsprozess hinein einem steten Wandel« (ebd.). In Bezug auf naturwissenschaftliche Kompetenzentwicklung ergeben sich zwei Orientierungspunkte, »zum einen die Lernenden, das heißt insbesondere die Vorstellungen und Interessen der Kinder, und zum anderen die Sache, also die fachlichen Inhalte und Methoden« (Sommer/Harms 2008, 31). Die Frage der Inhalte kann also nicht einseitig aus der Sachstruktur entnommen werden, sondern gründet in den individuellen Lern- und Entwicklungsmöglichkeiten der Schüler(innen). Die Inhalte erhalten bezüglich der jeweiligen Lern- und Entwicklungsmöglichkeiten einen dienenden Charakter (vgl. Seitz 2006, 3). Auf Seiten der Subjekte geht es also um »Gemeinsamkeit und Verschiedenheit sowie deren Verflochtenheit im sozialen Feld einer Lerngruppe« (ebd., 7). Ausgangspunkt ist also das jeweils individuelle Lern- und Entwicklungspotenzial in der jeweiligen sozialen Verflochtenheit. »Denn das Kind lernt nicht ohne seinen Kontext, aber die Inhalte von Bildung sind nur dann relevant, wenn sie sich positiv mit den Interessen, Motiven, Wünschen und Fragen der Kinder verschränken können« (Kaiser/Seitz 2007, 692). Inhalte, die aus dem jeweils individuellen Zugang gewonnen werden, sind nicht von vornherein planbar oder curriculummäßig festlegbar. »Die Verschiedenheit wird also nicht nur didaktisch reflektiert und akzeptiert, sondern auch methodisch umgesetzt« (ebd., 694). Diese Unsicherheit in Bezug auf den Lerninhalt wird aufgefangen durch einen diagnostischen Blick auf den individuellen Zugang. Wie sieht der jeweils individuelle Zugang eines Kindes aus und was ist das gemeinsam Verbindende von unterschiedlichen Zugangsweisen. Es geht also nicht um eine starre hierarchische Gewichtung von höher entwickelten oder weniger entwickelten Zugangsweisen, sondern um die strukturellen Ähnlichkeiten verschiedener Zugangsweisen. »Ein motivierender Unterricht, der die individuellen Lernausgangslagen gewinnbringend didaktisch ›aufnehmen‹ kann, fragt daher in einem ersten Analyseschritt nach möglichen ›selbstähnlichen‹ Strukturen innerhalb der einzelnen Konstruktionen der Kinder« (Seitz 2006, 13). Aus dieser Kinderperspektive, auf welche die fachliche Sicht fokussiert wird, ergibt sich der »gemeinsame Gegenstand« (Feuser 2005, 178).

8.1　Der gemeinsame Gegenstand

Aus dieser Allgemeinen Pädagogik wurden Bestimmungsmerkmale einer entwicklungslogischen Didaktik skizziert. Im nächsten Schritt soll dies auf die eingangs skizzierte Maulwurf-Stunde gewendet werden und Überlegungen angestellt werden, wie Veränderungen aussehen können, damit Kernpunkte einer Allgemeinen Pädagogik und entwicklungslogischen Didaktik erfüllt werden und wesentliche Prinzipien der Fachdidaktik Biologie erhalten bleiben.

Feuser favorisiert für eine gemeinsame Tätigkeit am gemeinsamen Gegenstand ein Arbeiten »im Rahmen von Projekten, Vorhaben und in Formen offenen Unterrichts« (ebd., 170). Daraus können zwei Konsequenzen gefolgert werden: Das Maulwurf-Thema wird projektartig angelegt oder im Sinne eines übergreifenden gemeinsamen Gegenstandes ist das Maulwurf-Thema Bestandteil eines Projektes, das dann formuliert werden könnte als Angepasstheit von Tieren an ihren Lebensraum. Feuser weist darauf hin, dass der gemeinsame Gegenstand »nicht das materiell Faßbare, das letztlich in der Hand des Schülers zum Lerngegenstand wird, sondern der zentrale Prozeß, der hinter den Dingen und beobachtbaren Erscheinungen steht und diese hervorbringt« (ebd., 181). Dabei soll angemerkt werden, dass etwas, das hinter den Dingen liegt, nur theoretisch fassbar wird. Seitz verweist in der Frage, wie der gemeinsame Gegenstand entsteht, darauf, dass dieser »immer nur als ein augenblicksbezogenes, in der jeweiligen Lerngruppe neu verhandeltes, dynamisches Konstrukt« verstanden werden kann (Seitz 2005, 170). Dies ist sowohl für den Maulwurf als Projektthema als auch für ein übergreifenderes Projekt, in dem der Maulwurf Teilthema ist, denkbar. Zum gemeinsamen Gegenstand stellt sich also die Frage, was ist »der allen Kindern *gemeinsame* Zugang, der vorangehend zu aller Individualisierung das Gemeinsame im Unterricht bereitstellt«? (ebd.) Diese Frage scheint derzeit umfassend weder von der Biologiedidaktik noch von der (Sonder-)Pädagogik eingelöst zu sein. Dabei bleibt zu fragen, ob dies in allgemeinem Sinne geleistet werden kann oder ob nicht im Bereich der individuellen Zugänge eine konstruktive Verknüpfung von Fachdidaktik und Sonderpädagogik sinnvoll erscheint. Dennoch können zum vorliegenden Thema Potenzialitäten gebildet werden.

8.2　Themenzugänge auf unterschiedlichen Tätigkeitsniveaus

Im folgenden Abschnitt werden mögliche Themenzugänge auf den unterschiedlichen Tätigkeitsniveaus skizziert. Diese sind wie oben festgestellt nicht von curricularem Charakter, sondern mögliche Zugangsvarianten, die der jeweils individuellen Evaluierung bedürfen. Dabei werden durchgängig Aussagen zum Themenbereich Aussehen und Funktion des Felles gemacht; die weiteren Themenbereiche gestreift.

Themenzugänge auf der Ebene der Wahrnehmungstätigkeit

Zum Themenbereich Aussehen und Funktion des Felles können hier Sinneserfahrungen mit dem Fell gemacht werden wie berühren oder streicheln. Es können andere Felle mit anderen Eigenschaften oder andere Materialien vergleichend hinzugenommen werden.

Bezüglich der Kopfform oder der Grabschaufeln können Sinneserfahrungen mit Sand und ähnlichen Materialien angeboten werden: wühlen, graben, Widerstände spüren, Gegenstände wie Keil, Kugel usw. in den Sand drücken. Von Seiten der Fachdidaktik sind die beschriebenen Zugänge über das Ansprechen mehrerer Sinneskanäle als überaus wertvoll einzustufen und stellen auch in der Regelschule alternative und eher kindorientierte Zugangsmöglichkeiten zur Thematik dar. Besonders fachtypische Arbeitsweisen im Biologieunterricht in Verbindung mit dem obersten Prinzip der Biologie, nämlich der Arbeit am originalen Naturobjekt, erfordern automatisch den Einbezug mehrere Sinneskanäle. Gerade aus diesem Grund können die geschilderten Sinneserfahrungen Ausgangs- oder auch Erarbeitungspunkt für Kinder mit und ohne sonderpädagogischem Förderbedarf sein. Der Lerngegenstand wird »von unten« didaktisch aufgefächert. Dies kann den gemeinsamen Ausgangspunkt für kooperative Handlungen darstellen. Umgekehrt kann es ohne diesen für alle Schüler(innen) möglichen gemeinsamen Ausgangspunkt zu keiner gemeinsamen Tätigkeit kommen. Diese basale Zugangsebene ist grundsätzlich für alle Schüler(innen) möglich. Damit kann eine Zugangsweise geschaffen werden, die nicht nur für Kinder mit sonderpädagogischem Förderbedarf, sondern für alle Kinder als bedeutsam erfahren werden kann und damit kooperative Erfahrungen ermöglicht.

Themenzugänge auf der Ebene der Manipulierenden Tätigkeit

Individuelle Gegenstandsbedeutungen werden entwickelt. Das Fell ist weich, angenehm, nicht angenehm; es bietet keinen Widerstand beim Streicheln, kann mit anderen Fellen, anderen Widerständigkeiten verglichen werden; mit dem Fell kann Unterschiedliches getan werden. Der fachdidaktische Dreierschritt »Wir tun, wir beobachten/betrachten, wir deuten« kann vollzogen werden, auch wenn die Deutungen noch individuell bleiben. Kooperationsmöglichkeiten ergeben sich bei der gemeinsamen Durchführung des Forscherauftrages. Dies gilt auch für die Kopf- und Körperform sowie für die Vorderbeine. Die oben benannten Gegenstände werden in den Sand gedrückt, unterschiedliche Grabwerkzeuge werden verwendet. Die Versuche können gemeinsam vollzogen werden, auch wenn die Erkenntnisgewinnung subjektbezogen bleibt. Die Fachdidaktik sieht das handelnde Moment mit den Gegenständen als unmittelbare Voraussetzung für das korrekte Durchdringen des Sachverhaltes und damit als elementare Bedingung jeder Erkenntnisgewinnung.

Themenzugänge auf der Ebene der Gegenständlichen Tätigkeit

Die funktionalen Eigenschaften von Gegenständen werden erschlossen. Das Fell des Maulwurfs eignet sich für Vorwärts- und Rückwärtsbewegungen, es hat keinen Strich, kann mit anderen Fellen und Fellstrichen verglichen werden.

Unterschiedliche Widerständigkeiten beim Drücken von Gegenständen in den Sand können festgestellt und unterschiedliche Grabwerkzeuge können verglichen werden. Es kann ein sprachlicher Austausch über die Versuchsaufbauten und die Erfahrungen stattfinden. Diese Kommunikation im Unterrichtsgespräch hinsichtlich des Transfers der Funktion der Gegenstände auf das Originalobjekt bzw. die Bedeutungszuweisung der direkt beobachteten Felleigenschaften ist der eigentlich bedeutendste Schritt eines Biologieunterrichtes. Dieser Schritt kann in Gruppenarbeit mit Kindern mit und/ oder ohne sonderpädagogischem Förderbedarf selbstständig oder in Begleitung von Lehrpersonal vollzogen werden.

Themenzugänge auf der Ebene der Dominierenden Tätigkeit des Spiels

Die Welt und ihre Gegenstände erhalten eine symbolische Repräsentanz. Die Felleigenschaften können mit verschiedenen Darstellungsformen zeichnerisch, grafisch verknüpft werden. Unterschiedliche Widerständigkeiten beim Drücken von Gegenständen werden darstellbar, formulierbar. Unterschiedlichen Fellformen, Schaufelformen, Kopfformen können modelliert, konstruiert werden. Die »Nutzung Sozialer Werkzeuge« (Jantzen 1987, 200) (Mitschüler(innen) und pädagogisches Personal als soziales Du) ermöglicht Gruppengespräche und eine wechselseitige Handlungsführung. In der Fachdidaktik Biologie unterteilt man hierzu Medien nach Kodierungsarten, -formen bzw. nach ihrem Grad der Abstraktion. Grafisch-modellhafte Modellierungen bewirken, dass reale Merkmale vereinfacht und auf wesentliche Grundzüge reduziert werden, eine Vorgehensweise, die in allen Schularten anzuwenden ist, aber natürlich gerade für diese Schülerschaft bei der Erkenntnisgewinnung unerlässlich ist. Parallel sollten auch aus Sicht der Fachdidaktik bei Kindern mit sonderpädagogischem Förderbedarf in wohl dosierter Form symbolische (analoge) Kodierungen etabliert werden, indem Objekte mit Hilfe von Zeichenkombinationen, deren Bedeutung durch Konventionen festgelegt ist, dargestellt werden. Diese Schritte sind dabei stets in Unterrichts- bzw. Gruppengespräche einzubetten. Damit sind auf der Zugangsebene der dominierenden Tätigkeit des Spiels wesentliche Grundelemente der Fachdidaktik berücksichtigt und es können an den genannten gemeinsamen Gegenständen kooperative Prozesse grundgelegt werden.

Themenzugänge auf der Ebene Schulischen Lernens

Kulturtechniken werden nutzbar. Wortkarten, Versuchsbeschreibungen etc. können verwendet werden. Die einzelnen Bestandteile der oben skizzierten Unterrichtsstunde können eingesetzt werden. Im Gespräch zwischen Fachdidaktiker und Sonderschullehrer konnte festgestellt werden, dass bei Kindern mit Förderbedarf im Förderschwerpunkt geistige Entwicklung durchaus diese schulische Vorgehensweise beim Themenzugang angestrebt werden kann. Für die Fachdidaktik bedeutet dies, dass der Dreierschritt der Erkenntnisgewinnung in befriedigender Weise beibehalten werden kann und eben keine Reduktion erfolgen muss.

Es konnte aufgezeigt werden, dass unter Berücksichtigung unterschiedlicher Qualitäten des individuellen Erkenntnisprozesses Situationen geschaffen werden können, die Kindern auf verschiedenen Ebenen der Erkenntnistätigkeit gemeinsames Handeln ermöglichen, ohne dabei fachdidaktisch relevante Prinzipien aufzugeben. Ausgangspunkt ist dabei nicht mehr die Objekt- sondern die Subjektseite. Damit kann es gelingen, dass »sich jedes Kind wahrnehmend und handelnd in das Geschehen einbringen kann, das Tun des einen das des anderen beeinflusst und mit bedingt, wodurch jedes/r Kind/Schüler für jedes/n andere/n Bedeutung gewinnen kann und sich alle Kinder/ Schüler subjektiv als kompetent und wichtig für die Gemeinschaft erfahren können« (Feuser 2001, 28).

8.3   Aktivitäten für den Unterricht

Im letzten Schritt werden einige wenige mögliche Aktivitäten für einen projektartigen Unterricht skizziert, welche die oben formulierten Zugänge ergänzen. Als motorisches und auch spielerisches Angebot könnte das Krabbeln im Krabbeltunnel die Fortbewegung des Maulwurfs in seinem Gang repräsentieren. Fantasiereisen »Wem der Maulwurf begegnet« können Schüler(innen) auf unterschiedlichen Ebenen ansprechen. Individuelle Bücher, die nicht nur an Kulturtechniken orientiert sind, sondern auch Skizzen, Malaktivitäten enthalten, können subjektorientierte Zugänge widerspiegeln und Lernfortschritte dokumentieren. Tonaufnahmen können schriftliche Aufzeichnungen ersetzen. Fotos können die Versuchsaufbauten dokumentieren und auf der symbolischen Ebene nachvollziehbar machen. Ein von unterschiedlichen Schüler(inne)n in Kooperation geführtes Stunden- oder Klassentagebuch ermöglicht nicht nur die Dokumentation des Projektes, sondern auch subjektive Erlebnisse und Zugangsweisen darzustellen. Auch hier ist Schrift nicht die einzig mögliche Dokumentationsart, sondern es können Fotos, Skizzen usw. verwendet werden.

Die letzten beiden Abschnitte zu den Themenzugängen und möglichen Unterrichtsaktivitäten sind auf dem skizzierten Verständnis einer Allgemeinen Pädagogik Bereiche, die sowohl von der Fachdidaktik als auch von der Sonderpädagogik zukünftig stärker in den Fokus geraten sollten. Dies wäre die Voraussetzung dafür, dass die skizzierten Zugänge unter Berücksichtigung subjektiver Zugänge inhaltlich weiter gefüllt werden und somit kooperative Handlungsfelder für Kinder mit und ohne sonderpädagogischem Förderbedarf erschlossen werden können. Nur in einem gemeinsamen Tun kann der jeweils individuelle Zugang als bedeutsam für andere erfahren werden.

Literatur

Arbeitskreis der Biologiedidaktiker an bayerischen Universitäten (2009): Glossar fachdidaktischer Begriffe. Unveröffentlicht.

Berck Karl-Heinz (2005): Biologiedidaktik – Grundlagen und Methoden. Wiebelsheim: Quelle & Meyer Verlag GmbH & Co.

Bayerisches Staatsministerium für Unterricht und Kultus (2000): Lehrplan für die bayerische Grundschule. München.

Bayerisches Staatsministerium für Unterricht und Kultus (2003): Lehrplan für den Förderschwerpunkt geistige Entwicklung. München.

Feuser, Georg (1986): Gemeinsame Erziehung behinderter und nichtbehinderter Kinder (Integration) als Regelfall?! In: AG Integration Würzburg (Hg.): Wege zur Integration. Würzburg: Werner-Verlag, 39–76.

Feuser, Georg (2001): Prinzipien einer inklusiven Pädagogik. In: Behinderte in Familie, Schule und Gesellschaft. Graz: Verein »1% für behinderte Kinder und Jugendliche« Jahrgang 24(2001), H. 2, 25–29. Verfügbar unter: http://bidok.uibk.ac.at/library/beh2-01-feuser-prinzipien.html [09.04.2010].

Feuser, Georg (2005): Behinderte Kinder und Jugendliche zwischen Integration und Aussonderung. Darmstadt: Wissenschaftliche Buchgesellschaft.

Feuser, Georg/Meyer, Heike (1987): Integrativer Unterricht in der Grundschule. Solms-Oberbiel: Jarick Verlag.

Gropengießer, Harald/Kattmann, Ulrich (Hg.) (2008): Fachdidaktik Biologie. Köln: Aulis.

Heyne Thomas (2010): Skript zur Vorlesung: Einführung in die Fachdidaktik Biologie. Unveröffentlicht.

Hinz, Andreas (2006): Integrativer Unterricht bei geistiger Behinderung? Integrativer Unterricht ohne geistige Behinderung! In: Wüllenweber, Ernst/Theunissen, Georg/Mühl, Heinz (Hg.): Pädagogik bei geistigen Behinderungen. Stuttgart: Kohlhammer, 341–349.

Jantzen, Wolfgang (1980): Geistig behinderte Menschen und gesellschaftliche Integration. Bern, Stuttgart, Wien: Huber.

Jantzen, Wolfgang (1987): Allgemeine Behindertenpädagogik. Band 1. Weinheim, Basel: Beltz.

Kaiser, Astrid/Seitz, Simone (2007): Sachunterricht. In: Walter, Jürgen/Wember, Franz B. (Hg.): Sonderpädagogik des Lernens. Göttingen: Hogrefe, 689–701.

Killermann, Wilhelm/Hiering, Peter/Starosta, Bernhard (2008): Biologieunterricht heute. Donauwörth: Auer.

Leontjew, Alexej Nikolajewitsch (1980): Probleme der Entwicklung des Psychischen. Königstein: Athenäum.

Pitsch, Hans-Jürgen (2003): Zur Theorie und Didaktik des Handelns Geistigbehinderter. Oberhausen: ATHENA-Verlag.

Preuss-Lausitz, Ulf (1981): Fördern ohne Sonderschule. Weinheim, Basel: Beltz.

Seitz, Simone (2005): Zeit für inklusiven Sachunterricht. Baltmannsweiler: Schneider Verlag Hohengehren.

Seitz, Simone (2006): Inklusive Didaktik: Die Frage nach dem ›Kern der Sache‹. Verfügbar unter: Zeitschrift für Inklusion – online.net. http://www.inklusion-online.net/index. php/inklusion/article/view/15/15 [09.04.2010].

Seitz, Simone (2008): Zu einer inklusiven Didaktik des Sachunterrichts. In: Kaiser, Astrid/ Pech, Detlef (Hg.): Integrative Zugangsweisen für den Sachunterricht. Baltmannsweiler: Schneider Verlag Hohengehren, 169–180.

Sommer, Cornelia/Harms, Ute (2008): Kompetenzentwicklung im Sachunterricht zum Themenbereich Naturwissenschaften am Beispiel der Biologie. In: Giest, Hartmut/ Hartinger, Andreas/Kahlert, Joachim (Hg.): Kompetenzniveaus im Sachunterricht. Bad Heilbrunn/Obb.: Klinkhardt, 31–45.

Wygotski, Lew S. (1981): Denken und Sprechen. Frankfurt a. M.: Fischer.

Wygotski, Lew S. (1987): Ausgewählte Schriften. Band 2. Köln: Pahl-Rugenstein.

Oliver Musenberg & Detlef Pech

Geschichte thematisieren – historisch lernen

Im Jahr 2001 erschien in der Rubrik »Unterrichtspraxis« der Zeitschrift für Heilpädagogik ein Beitrag mit dem Titel »Geschichtsunterricht an der Schule für Geistigbehinderte« (Barsch 2001). Dies wäre nicht weiter erstaunlich, wenn es sich bei diesem Artikel nicht um den bis dahin ersten und bis heute einzigen sichtbaren Beitrag zur Geschichte als fachdidaktischer Perspektive im Förderschwerpunkt geistige Entwicklung handeln würde. Obgleich historische Themen in der Unterrichtspraxis durchaus – zumindest sporadisch – aufgegriffen werden, hat die »Geistigbehindertenpädagogik« bislang weder eine eigene fachdidaktische Perspektive auf Geschichte entwickelt, noch werden Ansätze der Geschichtsdidaktik und der Sachunterrichtsdidaktik zum historischen Lernen aufgegriffen.

1   Sechs Thesen zur Randständigkeit historischen Lernens im Förderschwerpunkt geistige Entwicklung

Die Herkunft der Marginalität historischen Lernens im Förderschwerpunkt geistige Entwicklung kann einerseits mit der Geschichte der entsprechenden Sonderschule und den Prämissen der frühen »Geistigbehindertenpädagogik«, anderseits mit der Entwicklung von Geschichtsdidaktik und Sachunterrichtsdidaktik erklärt werden:

1. Im Laufe der Etablierung der »Schule für Geistigbehinderte« in den 1960er- und 1970er-Jahren wurde primär die »praktische Bildbarkeit« (vgl. Bach 1995, 68) der Schüler fokussiert, deren prominente Rolle bis heute an der besonderen Betonung lebenspraktischer Kompetenzen ablesbar ist, die eine »aktive Lebensbewältigung« (KMK 1998, 266) ermöglichen sollen. Geschichte wird hingegen auch heute noch häufig mit der Vermittlung »trägen« Wissens assoziiert und steht somit zunächst im (scheinbaren) Gegensatz zum Postulat lebenspraktisch orientierter Bildung.

2. Während auch im Regelschulbereich unter Rückgriff auf reifungstheoretische Annahmen davon ausgegangen wurde, dass Geschichtsunterricht frühestens ab dem 10. Lebensjahr beginnen dürfe, da jüngere Kinder noch nicht über die notwendigen kognitiven Voraussetzungen verfügten (vgl. Roth 1962), wurde für Schülerinnen und Schüler mit geistiger Behinderung das, was die Geschichtsdidaktik »Geschichtsbewusstsein« nennt, generell in Frage gestellt und somit Geschichtsunterricht aufgrund der wohl als zwangsläufig angesehenen Überforderung verworfen bzw. gar nicht in Erwägung gezogen. Dieses »Vorurteil der Gegenwartsgebundenheit« (Lindmeier 2004, 18) verflüchtigt sich nicht mit zunehmendem Alter der Menschen mit geistiger Behinderung, sondern blieb lange zentrales Charakteristikum eines vermeintlich »geschichtslosen Lebens« (ebd.).

3. Aufgrund des »Unverhältnisses« (von Reeken 1996) von Sachunterrichtsdidaktik und Geschichtsdidaktik ist die historische Dimension des Lernens bislang ein eher bescheidener Bestandteil sachunterrichtlicher Curricula. Und umgekehrt hat die Geschichtsdidaktik kaum Impulse aus dem Primarbereich aufgenommen, so z. B. die intensivere Berücksichtigung und der Ausgang von den Erfahrungen der Schülerinnen und Schüler.

4. Im Förderschwerpunkt geistige Entwicklung wirkt sich dieses »Unverhältnis« besonders stark aus, weil der auf die ersten vier Schuljahre angelegte Sachunterricht der Grundschule in den Richtlinien der »Schule für Geistigbehinderte« resp. für den Förderschwerpunkt geistige Entwicklung über die gesamte Schulzeit gedehnt wird (vgl. Schurad 2002, 7 u. Seitz 2005, 71f.). Auch hierdurch sind bisherige Lehrpläne von geschichtsdidaktischen Impulsen aus den Sekundarstufen I und II unberührt geblieben.

5. Dieses disziplinäre Kommunikationsproblem wird verstärkt durch die in Deutschland historisch gewachsene und im Vergleich mit anderen europäischen Staaten äußerst stringente Praxis der Trennung von Sonderschulsystem und Regelschulsystem – besonders undurchlässig ist die Grenze zwischen Regelschulsystem und der »Schule für Geistigbehinderte« bzw. Schule mit dem Förderschwerpunkt geistige Entwicklung und hier wiederum besonders ab der Sekundarstufe I (vgl. Frühauf 2008, 313).

6. In Zeiten einer zunehmenden Steuerung des Bildungssystems nach ökonomischen Kriterien, die seit PISA auf outcome-orientierte Bildungsstandards (messbare Kompetenzen) und gesellschaftliche Verwertungsinteressen orientiert ist, befürchten die »weichen« oder »unnützen« Fächer, also die Fächer ohne KMK-Bildungsstandards, zunehmende curriculare Randständigkeit. Inwieweit hier tatsächlich eine Gefahr besteht, oder die Rede von »weichen Fächern« nur Symptom einer abwehrenden »Selbstbehauptungsrhetorik« (Tenorth 2008, 160) der Fachdidaktiken darstellt, wird recht unterschiedlich diskutiert. Die Geschichtsdidaktik zumindest hat begonnen, der bildungspolitischen Forderung nach Kompetenzorientierung nachzukommen, da sonst »Konventionen ohne ihre Beteiligung gesetzt und gemessen (werden)« (Schreiber 2008, 210). Mögliche Auswirkungen dieser bildungspolitischen Neuorientierung müssen auch im Förderschwerpunkt geistige Entwicklung kritisch diskutiert werden (vgl. Musenberg et al. 2008).

Die folgenden Überlegungen stellen somit den ersten Versuch einer systematischen Darstellung historischen Lernens im Förderschwerpunkt geistige Entwicklung dar, allerdings weder mit dem Ziel, Geschichte als isoliertes Unterrichtsfach in der Sonderschule (Förderschwerpunkt geistige Entwicklung) zu platzieren, noch eine personenkreisspezifische und damit vor dem Hintergrund der aktuellen Bildungsrealität auch sonderschulspezifische Fachdidaktik zu entwickeln. Vielmehr geht es darum, Geschichte als Bildungsaufgabe im fachdidaktischen Diskurs und in der Unterrichtspraxis im Förderschwerpunkt geistige Entwicklung zu etablieren.

2   Fachwissenschaft und Fachdidaktik

2.1   Geschichte und Geschichtswissenschaft

Überlegungen zu Geschichtsdidaktik und historischem Lernen in der Sachunterrichts-didaktik kommen nicht ohne eine zumindest kurze Vergewisserung darüber aus, was unter Geschichte und Geschichtswissenschaft zu verstehen ist oder verstanden werden kann. Zum einen, weil geschichtsdidaktische Aufgaben- und Problemstellungen immer auch vor dem Hintergrund sich wandelnder Auffassungen von Geschichte und Geschichtswissenschaft formuliert werden (ohne durch diese determiniert zu werden), zum anderen, weil Geschichte als fachdidaktische Perspektive im Förderschwerpunkt geistige Entwicklung eine bislang kaum sichtbare Rolle spielt und somit nicht an eine bereits etablierte Fachdiskussion angeknüpft werden kann.

Eine ausführliche Darstellung der Geschichte als Wissenschaft und Disziplin hätte zahlreiche Aspekte zu berücksichtigen, z. B. Geschichtstheorie in ihren philosophischen, gesellschaftstheoretischen und -politischen Dimensionen (z. B. Fortschritt, Ideologiekritik), verschiedene Gegenstandsbereiche der Geschichtswissenschaft (z. B. Alltagsgeschichte, Mentalitätsgeschichte, Geschlechterrollen), verschiedene Untersuchungskonzepte und -verfahren (z. B. Oral History, Mikro-Historie, historische Diskursanalyse). Im Folgenden beschränken wir uns auf eine grobe Skizze geschichtswissenschaftlicher Eckdaten, die für ein aktuelles Verständnis von Geschichte und Geschichtswissenschaft grundlegend, weitestgehend konsensfähig und für das Verständnis geschichtsdidaktischer Aufgabenstellungen hilfreich sind.

2.2   Was ist Geschichte?

»Die Geschichte ist eine Erzählung von Vergangenem, die sich dem Interesse der Gegenwart verdankt« (Barberowski 2005, 9). An dieser, auf den ersten Blick vielleicht unspektakulären Aussage lassen sich wesentliche Eckpunkte einer aktuellen Auffassung von Geschichte und Geschichtswissenschaft verdeutlichen:

Die Vergangenheit ist zunächst dort zu Ende, wo die Gegenwart anfängt. Ein direkter Zugang zur Vergangenheit ist somit nicht möglich, stattdessen sind wir auf Quellen angewiesen, die uns Rückschlüsse darauf ermöglichen, »wie es einmal gewesen ist«. Geschichte ist jedoch in Form dieser Quellen (z. B. Texte, Bilder, Gebäude, Zeitzeugen) nicht einfach da und muss nur entdeckt, zusammengetragen und chronologisch aneinandergereiht werden, sondern wird erst durch Geschichten, d. h. Erzählungen greifbar, indem aus der unendlichen Vergangenheit einzelne Partikel (Quellen) ausgewählt und zu einer kohärenten Geschichte verdichtet werden. Geschichte wird somit immer aus einer bestimmten Perspektive, d. h. zu einer bestimmten Zeit entlang bestimmter Erfahrungen, Interessen und Fragestellungen von bestimmten Personen erzählt und geschrieben (Historiografie). Somit sind Geschichten in hohem Maße standortgebunden und bleiben, trotz der Orientierung an historischen Fakten, gegenwärtige Interpretationen und Re-Konstruktionen der Vergangenheit. Dass hierbei der

Sprache eine elementare Rolle zukommt, liegt auf der Hand, denn die Quellen der Vergangenheit sind oft sprachlich verfasst und auch die Sinnbildungsleistungen der historisch Denkenden und Forschenden werden zumeist sprachlich, als Erzählungen realisiert. Die Betonung und Diskussion der Sprache als nicht nur grundlegend für die Erkenntnis der Wirklichkeit, sondern auch für die Wirklichkeit selbst (sog. »linguistic turn«) (vgl. Sarasin 2003), wurde in der Geschichtswissenschaft u. a. von Hayden White und seiner 1973 erstmalig veröffentlichten »Metahistory« angestoßen. White hatte anhand einer Analyse der Schriften zentraler Geschichtsphilosophen (Hegel, Marx, Nietzsche, Croce) und Geschichtsschreibern (Michelet, Ranke, Tocqueville, Burckhardt) des 19. Jahrhunderts zu zeigen versucht, das der allgemein anerkannte Unterschied zwischen dem Schriftsteller, der seine Erzählungen »erfindet« und dem Geschichtsschreiber, der seine Geschichten in den historischen Daten »findet«, nicht aufrecht erhalten werden könne (vgl. White 2008, 20). Er ging davon aus, dass es nicht entscheidbar sei, welche Vorstellungen von historischer Erkenntnis und welche Geschichten realistischer sind, als andere. Diese postmoderne Einschränkung der Möglichkeit, wahre Geschichte zu schreiben, wird nach wie vor kontrovers diskutiert (vgl. Lenzen 1993). Allerdings schließen sich die Vorstellung von Geschichte als Erzählung (Narration) und der Anspruch, historische Wirklichkeit rekonstruieren zu können, nicht gegenseitig aus. Jörn Rüsen, der Geschichte als Narration begreift, geht von der Möglichkeit und Notwendigkeit aus, dass sich der »Wahrheitsgehalt« von Geschichten anhand ihrer empirischen, normativen und narrativen *Triftigkeit* überprüfen lassen müsse. Das löst den narrativen Charakter von Geschichte nicht auf, verhindert aber eine Beliebigkeit, die z. B. kein »Vetorecht« der Quellen mehr kennt oder die Offenlegung der Methode für überflüssig hält. Es geht also um die Notwendigkeit, dass historische Forschung hinsichtlich ihrer Fragestellungen und Methoden für Transparenz sorgen muss und somit den intersubjektiven Nachvollzug und auch Kritik ermöglicht (vgl. Rüsen 1983).

Eine so verstandene Auffassung von Geschichte und historischer Forschung, die heute als weitestgehend konsensfähig gelten kann, wäre für die Geschichtsschreiber des 19. Jahrhunderts (Historismus) nicht ohne weiteres akzeptabel gewesen, ging es ihnen doch durchaus darum zu zeigen, »wie es wirklich gewesen« ist und zwar oftmals, indem aus den Quellen die »Taten großer Männer« (Napoleon, Bismarck etc.) extrahiert wurden und deren Intentionen als maßgeblich für den Gang der Geschichte gedeutet wurden. Die Verabschiedung einer so verstandenen Ideengeschichte historistischer Prägung erfolgte in Deutschland im Laufe der 1970er-Jahre durch die Etablierung der Geschichtswissenschaft als historischer Sozialwissenschaft (Wehler), die in ihren Analysen nicht mehr die Ideen und Taten einzelner Akteure fokussierte, sondern primär soziale, ökonomische und politische Strukturen in den Blick nahm, um von dort aus historische Praktiken zu erklären. In der pädagogischen Geschichtsforschung zeigte sich dies zum einen an der intensiveren Berücksichtigung der vergangenen Erziehungswirklichkeit anstelle bloßer Ideen- und Theoriegeschichte und zum anderen an der Rückbindung der Analyse dieser Wirklichkeit an Sozial- und Erziehungstheorie zur Vermeidung blinder Datensammlungen (vgl. Lenzen 1993, 8). Mittlerweile hat die historische Sozialwissenschaft ihre paradigmatische Kraft eingebüßt, nachdem im Gefolge des »linguistic turn« und anderer postmoderner Strömungen Geschichte primär als Kulturgeschichte diskutiert wird. Der kulturwissenschaftliche Blick unterscheidet sich laut Brumlik (2006) vom sozialwissenschaftlichen Blick dadurch, dass er sich weniger um die Funktionen sozialen Handelns für Institutionen oder ›Systeme‹ kümmert, sondern daran interessiert ist, wie Sinn hergestellt wird (vgl. Musenberg 2009, 127f.).

Dem hier skizzierten Verständnis von Geschichte wird auch in der neueren Geschichtsdidaktik Rechnung getragen, indem z. B. Geschichtsbewusstsein nicht mehr als Form für einen Inhalt gedacht wird, der dann selektiv (Kanon) angeeignet werden muss, sondern Geschichtsbewusstsein als historische Kompetenz »selber ein Bestimmungsfaktor dessen (ist), was mit Geschichte als ›Inhalt‹ gelernt werden soll« (Rüsen 2001, 7).

2.3   Sachunterrichtsdidaktik und historisches Lernen

Sachunterricht wird in der Regel als Unterrichtsfach in der Grundschule angesehen. Selbst in jenen Bundesländern, die wie Berlin und Brandenburg eine sechsjährige Grundschule haben, ist das Fach begrenzt auf die ersten vier Schuljahre. Kaum beachtet wird in der schulbezogenen aber auch in der didaktischen Diskussion, dass in den Förderschulen dieses Fach über die ersten vier Jahrgangsstufen hinausreicht.

Das Schulfach Sachunterricht ist ein deutsches Konstrukt (vgl. Rauterberg 2007). Es wurde mit der Wende zur Wissenschaftsorientierung Anfang der 1970er-Jahre in Westdeutschland etabliert. Mit dem Anschluss der DDR an die Bundesrepublik löste es auch in den sogenannten Neuen Bundesländern die Heimatkunde ab (zur Geschichte des Sachunterrichts siehe z. B. Kaiser 2006).

Sachunterricht wurde konstruiert als fachpropädeutisches Unterrichtsfach. D. h. in den 1970er-Jahren wurde ihm, obwohl als eigenständiges Unterrichtsfach ausgewiesen, selten ein eigenständiger Bildungsauftrag zugestanden. Die Inhalte des Sachunterrichts wurden deduktiv gewonnen, also abgeleitet aus den verschiedenen natur- und sozialwissenschaftlichen Bezugsdisziplinen. Resultat war ein unzusammenhängendes Nebeneinander von Themen – und zugleich eine Überfrachtung mit Inhalten, da jede Bezugswissenschaft eine Vielzahl von Inhalten für den Sachunterricht als bedeutsam ansah. Damit ist ein Problem beschrieben, dass den schulischen(!) Sachunterricht bis heute stark bestimmt.

Auch die Diskussionen insbesondere der 1980er-Jahre, im Zusammenhang mit der grundschulpädagogischen Hinwendung zur Kindorientierung, die stark die Interessen von Kindern fokussierten und die Bedeutung des sozialen Lernens betonten, konnten die Grundproblematik des Sachunterrichts nicht lösen, nämlich: Was hält dieses Unterrichtsfach eigentlich zusammen?

Der Sachunterricht drohte ein Sammelbecken all jener Dinge zu werden, die in die anderen Fächer nicht hineinpassten. Helmut Schreier (1989) sprach daher Ende der 1980er-Jahre von einer »Trivialisierung« des Faches. Doch steht Schreier zusammen mit anderen, wie bspw. Walter Köhnlein, auch für die Etablierung einer Eigenständigkeit der Sachunterrichtsdidaktik, die sich letztlich 1992 manifestierte in der Gründung der Gesellschaft für Didaktik des Sachunterrichts (GDSU) und zehn Jahre später in der Publikation des »Perspektivrahmen Sachunterricht« (2002), dem ersten Dokument, in dem bundesweit Empfehlungen für eine Struktur des Schulfaches ausgesprochen wurden.

Eine der fünf Perspektiven, neben sozial-/kulturwissenschaftlicher, technischer, raumbezogener und naturwissenschaftlicher, ist die historische Perspektive. Damit wird das historische Lernen zu den zentralen Säulen des Sachunterrichts gezählt. Dies korrespondiert mit Entwicklungen aus den 1990er-Jahren, in denen konzeptionelle Entwürfe bis hin zu Monografien zum historischen Lernen in der Grundschule bzw. im Sachunterricht vorgelegt wurden (z. B. Bergmann 1996, von Reeken 1999, Schreiber 1999) und die sich seitdem kontinuierlich fortsetzt (z. B. Michalik 2004) und in jüngerer Zeit auch in Forschungsarbeiten mündete (z. B. Pape 2008).

In der Sachunterrichtsdidaktik wird der eigenständige Auftrag des Faches mit Formulierungen wie ›Unterstützung beim Erschließen der Umwelt‹ (Kahlert 2002) oder ›Aufklärung über Lebenswelten‹ (Richter 2002) beschrieben. Die Ausrichtung kreist um das Verständnis, der Sachunterricht sei das allgemeinbildende Fach der Grundschule, sodass bspw. Dagmar Richter (2002) davon spricht, die Orientierung an Bildung sei quasi als Ersatz für die fehlende (primäre) Bezugswissenschaft anzusehen.

Dieser Anspruch ist auch gültig für die Ausrichtung des historischen Lernens im Sachunterricht:

»Grundlegendes Ziel historischen Lernens in der Schule ist die Förderung der Entwicklung eines reflektierten Geschichtsbewusstseins […] als unverzichtbaren Teils des Identitäts- und Persönlichkeitsbildungsprozesses des Kindes. Entwicklung des Geschichtsbewusstseins heißt also nicht, einen Kanon von abfragbaren Wissen über Geschichte zu lehren – ohne die Bedeutung von Wissen damit gering zu schätzen –, sondern meint vielmehr, die Fähigkeit zur geistigen Verarbeitung historischer Sachverhalte und Deutungsmuster zu unterstützen – Geschichtsbewusstsein also als Orientierungsfähigkeit der Kinder und späteren Erwachsenen in der Zeit.« (von Reeken 1999, 31f.)

Von Reekens Formulierung greift ein Grundmoment der sachunterrichtsdidaktischen Diskussion auf, in dem – so die Formulierung der GDSU im »Perspektivrahmen Sachunterricht« – das Bildungspotenzial des Faches verankert ist, nämlich dem Verhältnis von Erfahrungen und (Welt-)Deutungen von Kindern und den fachlichen, disziplinären Wissensbeständen. Mit dieser Argumentationsfigur sind im Gegensatz zu den 1970er-Jahren nicht mehr die Wissensbestände aus den Bezugsfächern bestimmend für die ›Sachen des Sachunterrichts‹, sondern die Auswahl von Inhalten orientiert sich an (Welt-)Zugängen von Kindern mit dem Ziel ihnen tragfähiges Wissen zur Verfügung zu stellen.

Joachim Kahlert (2002) fasst die Aufgaben des Faches folgendermaßen zusammen:

- sich *sachgemäßes Wissen* über die soziale, natürliche, technisch gestaltete Umwelt anzueignen;
- sinnvolle und bewährte Zugangsweisen, *Methoden und Arbeitsformen zu erwerben*, um dieses Wissen zunehmend selbstständig aufzubauen, zu prüfen und anwenden zu können;
- sich unter Berücksichtigung dieses Wissens und Könnens in der modernen Gesellschaft zunehmend *selbstständig und verantwortlich zu orientieren*, d. h. in gegenwärtigen und zukünftigen Lebenssituationen kompetent zu urteilen und zu handeln;
- *anschlussfähige Grundlagen* für den Unterricht in weiterführenden Schulen/Lernbereichen aufzubauen.

Anders formuliert: Die Begründungen für die Auswahl von Inhalten des Sachunterrichts bewegen sich in einem didaktischen Dreieck mit den Eckpunkten Lebenswelt(en), Bildung und Wissenschaft, wobei je nach Konzeption einzelne Eckpunkte stärker im Vordergrund stehen (Pech 2009).

Für das historische Lernen im Kontext des Sachunterrichts heißt dies, dass es Kinder unterstützen soll bei der Erschließung ihrer Umwelt, dass die gewählten Inhalte Kindern helfen sollen, Alltagsverständnisse, subjektive Deutungen zu ergänzen mit tragfähigem, fachlichem Wissen. Die Auswahl der Inhalte sollte damit einer sachunterrichtsdidaktischen Argumentation und somit nicht primär einer geschichtsdidaktischen folgen. Welche Konsequenzen eine entsprechende Ausrichtung hätte, ist bislang indes noch weitestgehend ungeklärt. Denn betrachtet man die grundschulbezogenen(!) Publikationen zum historischen Lernen, wie eben jenen Einführungsband, den Dietmar von Reeken 1999 vorlegte und der 2004 in einer veränderten Neuauflage erschien oder auch den Sammelband, den Kerstin Michalik 2004 herausgegeben hat, so folgen diese eher geschichtsdidaktischen Argumentationen und nicht sachunterrichtsdidaktischen.[1] Deutlich wird indes in allen neueren Publikationen, dass – neben der zu konstatierenden Marginalisierung des historischen Lernens im Sachunterricht – die Annahme, Kinder im Grundschulalter seien nicht in der Lage, historisch zu lernen oder es würde gar die Gefahr einer »Verfrühung« bestehen – wie mit Verweis auf Roth vorgebracht wurde (vgl. Michalik 2004) – zurückzuweisen ist. Trotzdem ist dieses redundante Verständnis in den sachunterrichtlichen Lehrplänen weiterhin stark verankert, indem diese im Wesentlichen auf den Aufbau eines chronologischen Verständnisses abzielen. Dies gilt für den Bereich des Sachunterrichts der Grundschu-

---

1 Bezogen auf den von Reeken-Band hat Detlef Pech 2004 in einer Besprechung festgehalten: »Dieser Band ist unverzichtbar für den Sachunterricht, auch wenn der Sachunterricht vielleicht verzichtbar für diesen Band ist oder besser: eben jene Lücke, warum Sachunterricht ohne historisches Lernen nicht denkbar ist, wird leider nicht richtig sichtbar.«

le – und ebenso, vielleicht gar noch mehr, für den Bereich der Förderschulen, wie es Simone Seitz (2005) herausgearbeitet hat.

Geschichtsdidaktische Überlegungen und Theorie bleiben indes zwingend notwendig für eine wissenschaftsorientierte Sachunterrichtsdidaktik. So ist bspw. eine Thematisierung historischen Geschehens innerhalb eines integrativen Sachunterrichts ohne die Klärung dessen, wie Geschichte erzählt und rekonstruiert werden kann, also z. B. der Entwicklung eines systematischen Quellenbegriffs, kaum möglich.

3 Zwei Ansätze der Geschichtsdidaktik

Da es im Folgenden nicht um die erschöpfende Darstellung verschiedener Strömungen der Geschichtsdidaktik gehen kann, wählen wir mit den Ansätzen von Jörn Rüsen und Hans-Jürgen Pandel zwei Beiträge aus, die in der Geschichtsdidaktik als besonders etabliert gelten können, auch wenn ihnen die Praxis bislang kaum gefolgt ist. Bodo von Borries spricht gar vom »Zusammenbruch des Konzeptes ›Geschichtsbewusstsein‹ auf dem Wege von der Theorie zur Praxis« (2008, 3). Ebenfalls ist zu berücksichtigen, dass beide Ansätze – wie die Geschichtsdidaktik generell – in der Sekundarstufe ihr primäres Anwendungsfeld sehen und somit zunächst weder Kinder im Grundschulalter noch Kinder und Jugendliche mit Lernschwierigkeiten und kognitiven Beeinträchtigungen Berücksichtigung finden. Allerdings werden mittlerweile beide Ansätze durchaus genutzt, wenn es um das historische Denken und Lernen auch von Kindern geht: So legt der Forschungsverbund »FUER-Geschichtsbewusstsein« seinem Kompetenz-Strukturmodell historischen Denkens, das den Anspruch erhebt, generell historisches Denken in allen Phasen von Lebensläufen und in allen Bereichen des Lebens kategorial fassen zu können (vgl. Körber 2007, 19), die narrative Geschichtstheorie und disziplinäre Matrix von Rüsen zugrunde (vgl. ebd.). Und wenn es um historisches Lernen in der Grundschule geht, trifft man in der Regel auf die »Dimensionen des Geschichtsbewusstseins« von Pandel (vgl. Bergmann 1996 und von Reeken 2004).

Der in beiden Ansätzen zentrale Begriff des Geschichtsbewusstseins wird von Jörn Rüsen im Sinne narrativer Kompetenz vor allem (erzähl-)theoretisch auf einem sehr hohen Abstraktionsniveau ausgearbeitet, während Pandel den Versuch unternimmt, den Begriff in einzelne Dimensionen aufzugliedern, die einen empirischen wie pragmatischen Zugriff auf die einzelnen Teilbereiche ermöglichen sollen.

3.1 Geschichtsbewusstsein als narrative Kompetenz (Jörn Rüsen)

Geschichtsbewusstsein ist nicht nur der zentrale Begriff der Geschichtsdidaktik, sondern auch Dreh- und Angelpunkt einer Historik, die sich mit Rüsen (1983) als Metatheorie historischen Denkens bezeichnen lässt. Hier werden kognitive (aber auch emotionale und motivationale) Prozesse in den Blick genommen, die historisches Denken ausmachen. Ebenso wird dieser Begriff vermehrt von Autoren aufgegriffen, die sich selbst einer »narrativen Psychologie« zugehörig fühlen und sich mit der Genese historischen Bewusstseins durch das Erzählen (historischer) Geschichten beschäftigen (vgl. Straub 1998). Genau dieser narrative Aspekt soll im Folgenden herausgegriffen werden, da er das Zentrum von Rüsens Ansatz bildet und zudem als das momentan aktuelle, eben narrativistische Paradigma der Geschichtsdidaktik gelten kann (vgl. von Borries 2008, 25).

Laut Rüsen (1983, 2008) ist »Geschichtsbewusstsein [...] konstituiert durch die lebensweltliche (allgemeine und elementare) geistige Operation des Erzählens, mit dem Menschen ihr Handeln und Leiden in der Zeit orientieren« (1983, 57). Erzählen kann hier sowohl im wissenschaftlichen Sinne als Historiografie verstanden werden, als auch im alltäglichen Sinn des Erzählens einer (historischen) Geschichte. Der Ausgangspunkt historischen Denkens ist laut Rüsen ein lebenspraktisches Orientierungsbedürfnis, historischem Denken kommt somit eine Orientierungsfunktion zu, die als lebenspraktisch und sogar lebenswichtig (vgl. 1983, 28) bezeichnet wird. Hier zeigt sich ein Verständnis von Lebenspraxis als Kulturpraxis, das sich von einem in der »Geistigbehindertenpädagogik« manchmal immer noch verengten Begriff der Lebenspraxis positiv abhebt. Als Anstöße dieses lebenspraktischen Orientierungsbedürfnisses können »zwei große Motivgruppen« (Schreiber 2004a, 23) unterschieden werden: Zum einen Gegenwartserfahrungen, die sich als individuelle oder kollektive Kontinuitätseinbrüche darstellen können (z. B. durch Umzug bedingter Schulwechsel oder Fall der Berliner Mauer) und den Blick in die Vergangenheit zum Zweck der Kontingenzbewältigung notwendig machen kann. Zum anderen die »empirisch fassbare Präsenz« (ebd.) von Vergangenheit in der Gegenwart, die Fragen aufwirft und ebenfalls für die Orientierung der Gegenwart und Zukunft genutzt werden kann (bauliche Überreste, Formen des Brauchtums, Erzählungen älterer Menschen).

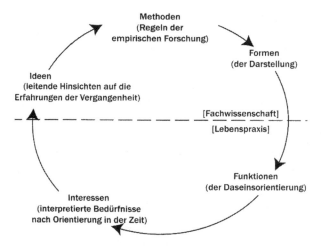

Abb. 1: Disziplinäre Matrix nach Rüsen (1983, 29)

In seiner disziplinären Matrix veranschaulicht Rüsen die für Ihn fünf wesentlichen Faktoren historischen Denkens (Interessen, Ideen, Methoden, Formen, Funktionen), die sowohl dem alltäglichen wie dem wissenschaftlichen historischen Denken zugrunde liegen (Rüsen 1983, 29) und als »Etappen eines kognitiven Prozesses der menschlichen Zeitorientierung durch historisches Denken« zu verstehen sind (29). Zur Verdeutlichung für das alltägliche, nicht-wissenschaftliche historische Denken soll folgendes Beispiel dienen: Ein Kind kann sich z. B. Fragen, was der Großvater im Krieg gemacht hat (Interessen). Bei der Frage lässt es sich bewusst oder (meistens) unbewusst von bestimmten Vorannahmen leiten, wie z. B. »Opa war kein Nazi« (Ideen). Um an die gewünschten Informationen zu kommen, kann z. B. ein Gespräch mit dem Großvater geführt werden (Methoden). Die Erzählung des Großvaters kann in eine eigene Erzählung oder einen Text überführt werden (Formen). Und schließlich liefert diese Geschichte eine Daseinsorientierung, indem sich das Kind z. B. als Nachkomme einer Familie von Widerstandskämpfern »erzählen« (Funktionen) und somit durch die historische Narration auch einen Teil seiner Identität bilden kann.

Die Erzählung ist mit Straub an drei wesentliche (zunächst rein linguistische, nicht historische) Kriterien gebunden: 1) Jede Geschichte erfordert die Organisation einer Reihe von zusammengehörigen Ereignissen als eine kohärente Ereignisfolge. 2) Das Erzählen von Geschichten geht mit emotionalen und evaluativen Qualifizierungen der zur Sprache gebrachten Zustände, Ereignisse, Veränderungen und Konsequenzen einher. 3) Erzählte Geschichten haben einen Anfang, eine Mitte und ein Ende (vgl. Straub 1998, 110).

Geschichtsbewusstsein wird gedacht als Sinnbildung über Zeiterfahrung durch historisches Erzählen. Mit Jeismann (1988) geht es ferner um »den inneren Zusammenhang von Vergangenheitsdeutung, Gegenwartsverständnis und Zukunftsperspektive« (zit. n. Straub 1998, 99). Die Verschränkung dieser drei Zeitdimensionen ist nach Straub unabdingbar an narrative Akte gebunden und somit werde deutlich, dass 1) Geschichtsbewusstsein durch ein aus der gegenwärtigen Lebenspraxis stammendes Orientierungsbedürfnis begründet ist, 2) Geschichte nicht als solche vorfindbar ist, sondern Geschichten von den Subjekten konstruiert werden, indem Geschichten »erzählt« werden, 3) Sinneinheiten produziert werden, indem Vergangenheitspartikel ausgewählt und zu einer »Verlaufsgestalt« verdichtet werden und 4) es nicht nur um die Biografien der Subjekte, sondern um die eigene Lebenszeit überschreitende, kollektiv bedeutsame Ereignisse handelt (vgl. ebd.).

Nochmal mit Rüsen gefragt: Was macht nun aus einer Narration eine historische Narration? Bestandteile einer Erzählung wie »Symbole, Bilder, einzelne Worte, Anspielungen und dergleichen« können dann als historisch gelten »wenn der Sinn, den sie in Kommunikationssituationen der menschlichen Lebenspraxis haben, vollständig nur in Form einer Geschichte entfaltet werden kann, in der Vergangenheit gedeutet sowie über diese Deutung Gegenwart verstanden und Zukunft erwartet werden kann« (Rüsen 1996, 513). Historischer Sinn ist somit an drei Bedingungen geknüpft: »formal an die *Struktur einer Geschichte*, inhaltlich an die *Erfahrung der Vergangenheit* und funktional an die *Orientierung der menschlichen Lebenspraxis* durch Zeitverlaufsvorstellungen« (ebd.).

Rüsen spricht nur am Rande auch von prä-narrativen Kompetenzen (vgl. 1996), die es aber gerade im Förderschwerpunkt geistige Entwicklung zu berücksichtigen gilt. So ist das Verstehen und Erzählen von (historischen) Geschichten auch ohne Lautsprache möglich, indem z. B. das Potenzial *Unterstützter Kommunikation* genutzt wird.

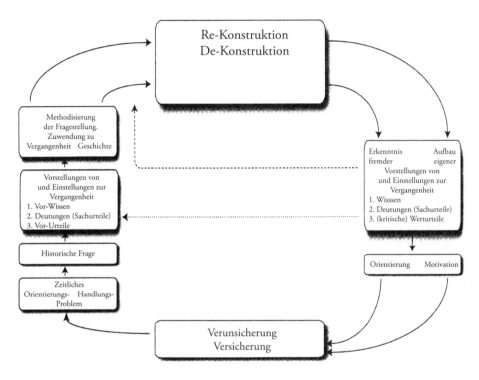

Abb. 2: Prozessmodell historischen Denkens/historischer Orientierung
nach Hasberg/Körber (Körber 2007)

Körber et al. haben Rüsens Schema der disziplinären Matrix aufgegriffen und weiter ausdifferenziert (vgl. Körber 2007). Am augenfälligsten ist die Aufgliederung in »Re-Konstruktion« und »De-Konstruktion« (Methoden bei Rüsen): Es geht also nicht nur darum, anhand von Quellen der Vergangenheit ein Stück Geschichte zu rekonstruieren (vergangene Wirklichkeit feststellen, als Geschichte darstellen, eine Beziehung zur Gegenwart herstellen, vgl. Schreiber 2004b, 63), sondern ebenso um die kritische Analyse und Dekonstruktion bereits vorhandener Geschichten (historischer Narrationen). Schreiber wiederum hat den Versuch unternommen, dieses zunächst sehr abstrakte Modell und die darin enthaltenen Kompetenzbereiche (Frage-, Methoden-, Orientierungs- und Sachkompetenz) auf das historische Lernen von Kindern in der Grundschule anzuwenden und konkrete Anwendungsbeispiele aufzuzeigen (vgl. 2004b).

3.2   Reflektiertes Geschichtsbewusstsein (Hans-Jürgen Pandel)

Das Modell eines »reflektierten Geschichtsbewusstseins« nach Pandel (1987) wird in der Sachunterrichtsdidaktik breit rezipiert. Dies mag zum einen daran liegen, dass Dietmar von Reeken (1999) es im ersten expliziten Einführungsband zum Historischen Lernen im Sachunterricht ins Zentrum der Zielbestimmung historischen Lernens stellte, zum anderen aber zweifellos auch, weil seine Struktur eine Operationalisierung anbietet. Zwar betont Pandel den Zusammenhang der einzelnen »Bewusstseinsdimensionen« seines Modells, doch bietet die Unterscheidung von Kategorien wie »gestern-heute-morgen« oder »real-fiktiv« (siehe Abbildung nach von Reeken, 229), eine handhabbare Größe – sowohl was unterrichtliche Gestaltung, Forschungsperspektiven oder auch die Bewertung von Unterrichtsmaterialien (vgl. Erbstößer/ Klätte/Pech 2009) anbelangt.

Pandels Modell unterscheidet zunächst grundlegend zwei Ebenen innerhalb des Geschichtsbewusstseins: Zum einen jene der Geschichtlichkeit und zum anderen jene der Gesellschaftlichkeit. D. h. neben den »basalen Voraussetzungen« (Pape 2008), die zur Annäherung an Geschichte notwendig sind, braucht es eine zweite Ebene, um den Kontext historischen Geschehens zu thematisieren.

»Wollte man die ersten drei Strukturmomente (Zeit, Wirklichkeit, Historizität), die in der Tat eine grundlegendere Ebene des Geschichtsbewusstseins bilden als die übrigen vier (Identität, Herrschaft, Sozialschicht, Moral), allein zur Definition von Geschichtsbewusstsein heranziehen, so würde Geschichtsbewusstsein entpolitisiert und dem Gesamtbereich »Geschichte« nur sehr verkürzt Rechnung getragen.« (Pandel 1987, 140)

Sachunterrichtslehrpläne blenden indes bislang die Ebene der Gesellschaftlichkeit im Zusammenhang mit geschichtlichen Themen weitestgehend aus. Der Rahmenlehrplan Sachunterricht für Berlin, Brandenburg und Mecklenburg-Vorpommern aus dem Jahr 2004 bspw. greift unter der Überschrift »Zeit und Geschichte verstehen« ausschließlich Momente auf, die der Förderung des Temporal- und des Historizitätsbewusstseins zuzuschreiben sind. Dabei ist bereits der dritte Aspekt auf der Ebene der »Geschichtlichkeit« – ganz abgesehen von jenen der Gesellschaftlichkeit – für Pandel von einer Bedeutung, in dem er vor einer »Verkümmerung des Wirklichkeitsbewusstseins« (Pandel 1996, 18) warnt. Hintergrund dieser Warnung ist die Ausbreitung des Fiktiven in den Annahmen über Geschichte, die sich insbesondere medial erklären lässt – eine Warnung, die angesichts diverser Fernsehfilme in denen gestellte Szenen und historisches Material ineinander verschränkt sind oder auch der Modewelle scheinbar historischer Romane durchaus verständlich ist.

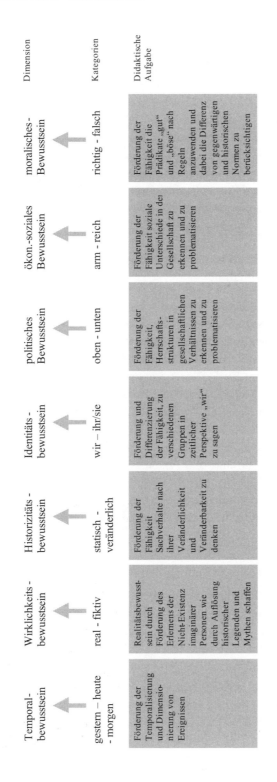

Nach von Reeken 1999, S. 12

Inwieweit sich die einzelnen Bewusstseinsdimensionen – deren normativen Gehalt Pandel durchaus benennt – tatsächlich alle wesentlichen Aspekte des Geschichtsbewusstseins umfassen, wird in der Geschichtsdidaktik kontrovers diskutiert. Bergmann wies bereits 1996 darauf hin, dass er als 8. Dimension jene des »Geschlechtsbewusstseins« einführen würde, da das Geschlechterverhältnis zu den zentralen strukturierenden Momenten von Gesellschaftlichkeit zu zählen sei. Nicht zuletzt im Anschluss an Rüsen ließe sich auch die Frage nach der Notwendigkeit eines »Diskursivitätsbewusstseins« stellen, in dem der narrative Charakter von Geschichte thematisiert und zugleich die Frage aufgeworfen würde, wie mit historischen Erzählungen umgegangen werden kann, die nicht im Zusammenhang mit schriftlichen oder anderen Quellen betrachtet werden können (bspw. die Erzählungen der Aborigines).

4   Historisches Lernen im Förderschwerpunkt geistige Entwicklung – eine Bestandsaufnahme

Menschen mit geistiger Behinderung werden bis heute nur selten als Adressaten historischer Bildungsangebote und Akteure historischen Lernens anerkannt; dieses gilt trotz weniger Ausnahmen (z. B. Biografiearbeit, vgl. Lindmeier 2004) gleichermaßen für schulisches Lernen wie für die Erwachsenenbildung (vgl. George 2009, 38). Historisches Lernen markiert im Förderschwerpunkt geistige Entwicklung eine fachdidaktische Leerstelle: Bei der Recherche nach schulbezogener Literatur stößt man lediglich auf einen Zeitschriftenartikel (vgl. Barsch 2001) und die didaktische Praxis in den Schulen verbleibt hinsichtlich einer Auseinandersetzung mit der Vergangenheit oftmals innerhalb des biografischen Rahmens der Schülerinnen und Schüler (»Wer bin ich«?). Wenngleich darin ein sinnvoller Ausgangspunkt historischen Lernens zu sehen ist, so ist Geschichte dennoch mehr als Lebensgeschichte: »Was das biographische Denken auf der Ebene der individuellen Lebensgeschichte vollbringt, versucht das historische im Hinblick auf kollektive Erfahrungen und Erwartungen, Veränderungen und Entwicklungen« (Straub 1998, 165–167).

4.1   Historisches Lernen und Lernschwierigkeiten

Die Aufgabe einer Bestandsaufnahme relevanter Thematisierungen historischen Lernens wäre also bei einer Beschränkung der Suche auf die traditionellen Fachrichtungsgrenzen schnell erledigt. Wenn im Folgenden der Fokus der Suche erweitert wird, geschieht dies nicht nur aus Verlegenheit ob der geringen Ausbeute in der eigenen Disziplin, sondern weil es sinnvoll ist: Der historische Prozess der Ausdifferenzierung der sonderpädagogischen Fachrichtungen – verbunden mit einem entsprechenden Zuschnitt der Personenkreise – ist bekanntermaßen eng an die historische Entwicklung des Sonderschulsystems gekoppelt. Die Trennung von geistiger Behinderung und Lernbehinderung ist also weder naturgegeben, noch wird sie international gleichermaßen vollzogen. Vor diesem Hintergrund ist es sinnvoll, generell nach der Thematisie-rung von Geschichte und historischem Lernen bei *Schwierigkeiten des Lernens* und *ko-gnitiven Beeinträchtigungen* zu fragen. Dass auch bei dieser Erweiterung des Blickfeldes der Ertrag recht überschaubar bleibt, sei hier bereits vorweggenommen.

Der Stellenwert von Geschichte und historischem Lernen im Förderschwerpunkt Lernen unterscheidet sich zwar signifikant von der Situation im Förderschwerpunkt geistige Entwicklung, allerdings kann auch hier nicht von einer ausgeprägten Tradition dieser Fachperspektive gesprochen werden. Mit dem Buch »Geschichte in der Lernbe-hindertenschule« (1977) legt Ditmar Schmetz eine erste und theoretisch ambitionierte Monografie zu diesem Thema vor. Ein Blick in das umfangreiche Literaturverzeichnis macht klar, dass sich der Autor – neben der Berücksichtigung von Lehrplänen der »Hilfsschule« bzw. der »Schule für Lernbehinderte« – auf nur vier einschlägige Titel beziehen konnte, von denen wiederum nur zwei explizit Geschichte (statt politischer Bildung) in der »Hilfsschule« thematisieren, wobei es sich um einen Zeitschriftenarti-kel (Schrank 1953) und einen Enzyklopädiebeitrag (Gehrecke 1969) handelt. Somit hat Schmetz noch Ende der 1970er-Jahre mit der Thematisierung von Geschichtsun-terricht in der damaligen »Lernbehindertenschule« offensichtlich Neuland betreten. Diese Diagnose trifft allerdings zunächst die Disziplin, auf der Ebene der Profession zeigte schon damals ein Blick in die Lehrpläne ein anderes Bild: Historische Themen waren in den Lehrplänen durchaus verankert, allerdings mit großen quantitativen Un-terschieden zwischen den Bundesländern: »Die verschiedenen Auffassungen reichen von der vollkommenen Ablehnung über die gewisse Duldung hinsichtlich einiger ge-schichtlicher Themenbereiche bis zur Respektierung der Geschichte als eigenständiges Unterrichtsfach mit einem ausgebauten Stoffplan von der Urgeschichte bis zur Gegen-wart« (Schmetz 1977, 124). Vor diesem Hintergrund ist anzunehmen, dass auch die konkrete Unterrichtswirklichkeit hinsichtlich des Aufgreifens historischer Bildungs-angebote sehr heterogen war. Auf die Arbeit von Schmetz folgten – neben vereinzelten Beiträgen (vgl. Möckel/Nestle 1980) – als zwei weitere Monografien noch die Arbei-ten von Merkes (1981) und Henkemeier (1986), die sich jeweils um Konzeptionen für eine personenkreis- und sonderschulspezifische Geschichtsdidaktik bemühen, dieses allerdings auf sehr umfassende und auch kritisch-emanzipatorische Weise.

4.2   Viel Zeit, wenig Geschichte

Während also im Förderschwerpunkt Lernen durchaus Publikationen zum histori-schen Lernen existieren und auch aktuell vereinzelt Neuerscheinungen zu verzeichnen sind (z. B. Priebe 2006), bleibt im Förderschwerpunkt geistige Entwicklung aufgrund fehlender fachdidaktischer Reflexion und Theoriebildung nur der Blick in die Lehr-pläne der Bundesländer, um einen Eindruck vom Stellenwert historischen Lernens zu gewinnen. Unterrichtliche Angebote im Förderschwerpunkt geistige Entwicklung, die eine Begegnung und Auseinandersetzung mit Vergangenheit (Gegenwart, Zukunft) intendieren, beschränken sich – jenseits des Bezuges auf die Biografien der Schülerin-

nen und Schüler – in der Regel auf die Förderung der Zeitbegriffsbildung. Diese Engführung schlägt sich bis heute in den Lehrplänen der Bundesländer nieder. In Orientierung an den »Empfehlungen für den Unterricht an der Schule für Geistigbehinderte« (KMK 1980), nach deren Vorbild die meisten Lehrpläne in den Ländern gestaltet
wurden, geht es um die »Fähigkeit, Zeitabläufe zu erfahren, sich in ihnen auszukennen
und sich auf sie einzustellen« (ebd., 63). Schwerpunkte bilden der Tages-, Wochen-
und Jahresablauf sowie der Umgang mit Uhr und Kalender, allesamt Inhalte, die nur
bedingt etwas mit historischem Lernen zu tun haben (vgl. von Reeken 2004, 41f. und
Seitz 2005). Simone Seitz bezeichnet diese Beschränkung zu Recht als lebenspraktische Reduzierung des Phänomens Zeit, die wohl nicht nur den Bedürfnissen der
Schülerinnen und Schüler nach Struktur und Orientierung geschuldet ist, sondern
ebenso durch die interne Ordnung der Institution (Sonder)Schule generiert und tra-
diert wird (vgl. 73). Die bislang primär an der Sekundarstufe orientierte Geschichtsdidaktik vertrete zudem eine konsekutive Auffassung von Zeit- und Geschichtsbewusstsein (vgl. 66), Zeitkompetenzen werden als propädeutisch zum Geschichtsunterricht
aufgefasst. Diese konsekutive Auffassung von Zeit- und Geschichtsbewusstsein beruht
auf »tradierten Scheinklarheiten« (Schaub 2004, 256; vgl. auch Bergmann 1996), die
sich aus kritikwürdigen entwicklungstheoretischen Behauptungen speisen und trotz
der bereits in der Literatur etablierten Kritik dieser Entwicklungsvorstellungen nach
wie vor die Struktur der Lehrpläne auch für die Grundschule prägen. Während jedoch
in den Lehrplänen der Grundschule das historische Lernen dann ab Klasse 3 durchaus
einen Platz findet, bleibt es in vielen Lehrplänen der Schule mit dem Förderschwerpunkt geistige Entwicklung bei einer Beschränkung auf den Zeitbegriff und – wenn
überhaupt – bei qualitativ und quantitativ recht unterschiedlichen Aussagen zu historischen Bildungsangeboten.

5   Geschichte als Bildungsaufgabe und didaktische Herausforderung

Menschen mit geistiger Behinderung als Adressaten historischer Bildungsangebote
und Akteure historischen Lernens anzuerkennen hat, wie bereits deutlich wurde, noch
keine lange Tradition: Noch 1988 heißt es provokativ: »Sie haben alle eine Akte, aber
keine Geschichte« (Störmer/Fritsche 1988). Mittlerweile hat sich das Arbeiten mit
der eigenen Biografie in der Erwachsenenbildung etabliert und damit einhergehend
die Erkenntnis, dass die Chronologie zentraler Lebensdaten noch keine Lebensgeschichte darstellt. Aber auch in der Geschichtsdidaktik geht es schon lange nicht mehr
um die chronologische Aneinanderreihung historischer Daten oder darum, gemeinsam mit den Schülern die »vorgeblich ›gute alte Zeit‹ eines räumlichen Nahbereichs«
(Bergmann 1996, 324) heimatkundlich zu verklären. Die (recht unterschiedlichen)
Modelle des Geschichtsbewusstseins können hingegen dazu genutzt werden, die Perspektiven der Lernenden ins Zentrum zu rücken und somit auch Anknüpfungspunkte

im Förderschwerpunkt geistige Entwicklung ermöglichen. Die sehr abstrakten und hinsichtlich der Quellen wie der Vermittlung sprachlich dominierten geschichtsdidaktischen Ansätze laufen zwar zunächst Gefahr, eine kognitive Verengung historischen Lernens zu begünstigen, andererseits lassen sie sich aber aus der Perspektive des Förderschwerpunkts geistige Entwicklung fruchtbringend ergänzen: So muss sich der narrative Ansatz von Rüsen keineswegs auf lautsprachliche Erzählungen beschränken und kann zudem mit dem »narrativen Lernen« verknüpft werden, das bereits im Unterricht mit Schülerinnen und Schülern mit Komplexer Behinderung genutzt wird: Inhalte werden in Geschichten eingebettet, die nicht nur intensiv erlebt, sondern auch mitgestaltet werden können: »Die Erzähltechnik ist nicht verbalsprachlich gebunden, sondern bezieht vielfältige andere ›Erzählwege‹ mit ein, die mimisch, gestisch, körperbasiert, spielerisch, ästhetisch, dramaturgisch inszeniert werden können und so ein noch wesentlich stärker emotional geprägtes Lernen ermöglichen« (Lamers/Heinen 2006, 186).

5.1   Lernen in Biografien – *ein* möglicher Ansatzpunkt historischen Lernens

»Vieles liegt natürlich an der Kunst der Elementarisierung«, schreibt Heinrich Roth in der mittlerweile klassischen Studie »Kind und Geschichte« (1962) und er ist sich sicher, dass historische Themen ausnahmslos elementarisierbar seien: »Die Elementarisierung der Geschichte ist möglich, weil das Überindividuelle individualisierbar und das Komplizierte der Geschichte auf einfache Handlungen reduzierbar ist: am Ende war es immer ein bestimmter Mensch in einer bestimmten Lage, der in einer bestimmten Weise gehandelt hat. Diese Art von Reduzierung, Vereinfachung und Elementarisierung ist der Geschichte nicht wesensfremd, sondern trifft gerade ihren eigentlichen menschlichen Kern« (Roth 1962, 110f.).

Roth formulierte diesen Anspruch als Möglichkeit, dem Kind die Erscheinungsformen des »objektiven Geistes« (vgl. ebd.) zu übersetzen und bewegt sich somit vor einem theoretischen Hintergrund, der aus heutiger bildungstheoretischer wie geschichtswissenschaftlicher Perspektive problematisch erscheint. Andererseits bietet der methodische Zugriff auf Geschichte über die eigene Biografie und die Biografien anderer zahlreiche Anknüpfungspunkte für historisches Lernen – jedoch weder, indem sich Schülerinnen und Schüler ausschließlich mit der eigenen Biografie auseinandersetzen, noch indem sie sich in die Biografien »großer Männer« einfühlen und deren Intentionen als maßgebend für den Lauf der Geschichte erkennen sollen, sondern indem anhand von (alltäglichen) Biografien historisch-gesellschaftliche Prozesse sichtbar werden können. Hierbei kann es durchaus sinnvoll sein, an den Schülerbiografien anzusetzen, ohne jedoch auf Dauer bei diesen stehen zu bleiben.

Die Orientierung an Biografien ist nicht nur in der geschichtsdidaktischen oder gedenkstättenpädagogischen Diskussion in den letzten Jahren zu einem zentralen Zugang zu Geschichte geworden, sondern auch in der grundschulbezogenen. Andrea

Becher (2009) überschreibt ein Kapitel ihrer Dissertationsschrift daher mit »Mehr als ein Trend – Lernen an und mit Biografien«. Der Blick auf Geschichte über Biografien ist ein induktiver Zugang und kann als »Prisma« (Pech 2005) beschrieben werden. Die Komplexität ist enthalten in dieser einen Geschichte und doch bleibt es ein Ausschnitt, eine Reduktion, die aber den Menschen als Menschen sieht und dadurch weder verharmlost noch geschichtliche Zusammenhänge negiert.

Über diese Annahmen lässt sich die Relevanz dieses Ansatzes für beide vorgestellte geschichtsdidaktische Zugänge beschreiben – denn sowohl die Relevanz des narrativen als auch die Möglichkeiten hinsichtlich der Förderung eines reflektierten Geschichtsbewusstseins (z. B. bezogen auf die Dimension des Wirklichkeitsbewusstseins) werden deutlich – ebenso wie der sachunterrichtsdidaktische Anspruch einer lebensweltlichen Orientierung. Doch trotz der Zugänglichkeit der Argumentation und des Potenzials, das in diesem Ansatz zu vermuten ist, bleibt festzuhalten, dass diesbezüglich keine empirischen Ergebnisse vorliegen.

Beispiel I: Rekonstruktion der Einschulungsgeschichte

Waltraut Holl-Giese (2003) hat diesen Ansatz – einen Vorschlag von Schreiber (1999) aufgreifend – dahingehend konkretisiert, das Erinnern meiner selbst in Verbindung zum kollektiven Erinnern anderer zu setzen und als Einstieg in das frühe historische Lernen zu nutzen. Ihr Vorschlag ist, mit Kindern in der Grundschule deren Einschulungsgeschichte zu rekonstruieren. Diese Rekonstruktion soll die Möglichkeit eröffnen, mich selbst als sich verändernd zu erleben, also einen Zugang bspw. zum Nachdenken darüber zu schaffen, was sich seit der Einschulung alles für mich verändert hat und zugleich das Ereignis selbst als individuelles *und* kollektives zu verstehen, zu dem es unterschiedliche Erinnerungen gibt, obwohl es sich um ein und dasselbe Ereignis handelt. Sichtbar werden kann die Perspektivität von Beschreibungen eines Ereignisses – und damit eben der Rekonstruktionscharakter von Geschichte. Für pädagogisch intendierte Thematisierungen bieten sich hierbei »Ökologische Übergänge« in besonderer Weise an, da sie stets mit Unsicherheiten verbunden sind und der Wiedergewinn von Sicherheit zu den zentralen Erinnerungsmomenten von Biografien zählt.

»Biographien sind Selbstbeschreibungen von Individuen im Kreuzungsbereich gelebter Lebensgeschichte und gelebter Gesellschaftsgeschichte. Ihr Generator sind Kontinuitätsunterbrechungen, Krisen im Leben des Einzelnen und in der Geschichte der Gesellschaft« (Fischer-Rosenthal 1995, 44). Der Erwerb von »Biografiekompetenz« (Schulz) beinhaltet damit einen Zugang zur Veränderlichkeit von Welt.

Für Schülerinnen und Schüler mit dem Förderschwerpunkt geistige Entwicklung kann die Erinnerung an die zurückliegende Einschulung eine große Herausforderung darstellen, sodass ggf. differenzierte Erinnerungs- und Kommunikationshilfen (z. B. Bilder, Fotos, Schülerarbeiten von »damals«) angeboten werden müssen. Auch das Wiederholen von Ritualen und Liedern aus der Einschulungszeit kann kognitive und vor allem emotionale und auch körpernahe Anhaltspunkte liefern und so Schülern mit Komplexer Behinderung die Möglichkeit bieten, in die Vergangenheit einzutauchen, indem zunächst »sensobiografische« Anknüpfungspunkte gefunden werden (vgl. Lindmeier 2004, 35).

Beispiel II: Berlin als geteilte Stadt

Im Rahmen eines Projektseminars zum historischen Lernen im Institut für Rehabilitationswissenschaften der Humboldt-Universität zu Berlin wurde ein mehrtägiges Unterrichtsprojekt zum Thema »Berlin als geteilte Stadt« mit Schülerinnen und Schülern der Oberstufe einer Schule mit dem Förderschwerpunkt geistige Entwicklung geplant und durchgeführt. Die Schülerinnen und Schüler waren an der Themenfindung beteiligt und konnten sich auf verschiedenen Wegen mit dem Thema auseinandersetzen, z. B. durch Exkursionen zur Gedenkstätte »Bernauer Straße«, wo die ehemaligen Grenzanlagen und Mauerreste noch sichtbar und erfahrbar sind oder durch szenische Umsetzungen und Rollenspiele in der Schule, in dem z. B. aus Pappkartons in der Aula eine große Mauer errichtet wurde, die die Schülerinnen und Schüler voneinander trennte, nur nach langwieriger »Personenkontrolle« passierbar war und schließlich von den Schülern eingerissen wurde.

Ein weiterer Zugang erfolgte über die biografischen Erfahrungen des Kollegiums, das sich aus Lehrerinnen und Lehrern mit Ost- wie Westbiografien zusammensetzte. Einige Schüler interviewten Ihre Lehrer und dokumentierten deren (materialgestützte) Erzählungen, indem die wesentlichen Aussagen als gemalte Bilder, Collagen oder kurze Texte festgehalten wurden. Hier wird von den Schülerinnen und Schülern nicht nur ein methodischer Zugang geschichtswissenschaftlicher Forschung realisiert (Oral History; Zeitzeugeninterview als Quelle), sondern es kann durch die unterschiedlichen Erzählungen der Interviewten wiederum die Pluralität historischer Rekonstruktionen und Wirklichkeiten deutlich werden.

Beispiel III: Nationalsozialismus im Kinderbuch

Biografische Erzählungen sind an lebende Personen gebunden. Nun ist es gerade ein Kennzeichen von Geschichte und damit eine Schwierigkeit historischen Lernens, dass hier Ereignisse thematisiert werden, die so weit in der Vergangenheit liegen, dass keine Zeitzeugen mehr leben. Der abstrakte Charakter verstärkt sich noch, da man Geschichte – im Gegensatz bspw. zu Naturphänomenen – nicht begegnen kann. Selbst wenn Zeugnisse aus vergangener Zeit existieren – wie z. B. die Überreste einer Stadtmauer –, die sinnlich erfahrbar sind, ist es ihr jeweiliger Funktionskontext nicht (allenfalls als Simulation wie in einem Museumsdorf o. Ä.).

Auch für die Thematisierung von Ereignissen außerhalb einer menschlichen Lebensspanne bietet sich unseres Erachtens die Orientierung an biografischen Erzählungen an. Denn gerade hinsichtlich der Komplexität historischen Geschehens bieten diese Erzählungen die Möglichkeit, individuelle Zugänge zu berücksichtigen. Ob aus der biografischen Erzählung aus der Zeit des Nationalsozialismus tatsächlich für einzelne

Schüler die historischen Ereignisse bedeutsam werden oder ob sie sich eher für den Alltag, seien es Spiele oder das Erleben in der Schule, interessieren, kann über solche Zugänge offen gehalten werden.

Im Kontext einer entsprechenden Thematisierung ist indes zu beachten, dass historische, biografische Erzählungen auch aus der Perspektive des historischen Lernens betrachtet werden. Wird die Förderung eines reflektierten Geschichtsbewusstseins zugrunde gelegt, kann keine Erzählung gewählt werden, in der bspw. das Verhältnis realer und fiktiver Erzählmomente ungeklärt ist oder gar die Abfolge historischer Ereignisse nicht korrekt dargestellt wird (vgl. hierzu Erbstößer/Klätte/Pech 2009). D. h. die Qualität von Kinderbüchern verändert sich, wenn sie nicht nur aus deutschdidaktischer und pädagogischer Sicht bewertet werden, sondern eine sachunterrichtsdidaktische bzw. geschichtsdidaktische Perspektive hinzugezogen wird.

Kinderbücher, die entsprechende Ansprüche einlösen – auch für die Altersgruppe bis 10 Jahre und selbst hinsichtlich einer so komplexen Thematisierung wie jener des Nationalsozialismus/Holocaust – liegen mittlerweile vor. So z. B. das 2007 erschienene Buch von Michail Krausnick und Lukas Ruegenberg »Elses Geschichte. Ein Mädchen überlebt Auschwitz«, in dem die Geschichte eines 7-jährigen Sinti-Mädchens erzählt wird, das nach Auschwitz und Ravensbrück deportiert wurde und dann aber von ihren Pflegeeltern befreit wurde. Oder auch »Hanas Koffer. Die Geschichte der Hana Brady« von Karen Levine – eine Geschichte, die im besonderen den Rekonstruktionscharakter von Geschichte sichtbar machen kann. Selbst im Bereich der Bilderbücher finden sich mittlerweile Bände, die auch aus der Perspektive des historischen Lernens tragfähig sind, wie z. B. »Papa Weidt. Er bot den Nazis die Stirn« von Inge Deutschkron und Lukas Ruegenberg, in dem die Geschichte von Otto Weidt dokumentiert wird, dem in Berlin auch das Museum Blindenwerkstatt Otto Weidt gewidmet ist (vgl. hierzu auch die ausführlichen Besprechungen der Bände in Erbstößer/Klätte/Pech 2009).

Wenn biografisch orientierte Kinder- und Bilderbücher zwar bereits elementarisierte Formen von Geschichte darstellen, so sind dennoch in der Regel weitere Elementarisierungsschritte notwendig, um bei allen Schülerinnen und Schülern mit dem Förderschwerpunkt geistige Entwicklung Bildungsprozesse initiieren zu können (vgl. Lamers/Heinen 2006). Hier gilt es, die eingangs erwähnte Vielfalt von Erzählwegen zu nutzen und stets zu reflektieren, inwieweit das »Elementare« noch den ursprünglichen Inhalt in sich trägt oder ob bereits die Gefahr besteht, dass Geschichte »gesnoezelt« wird. Diese didaktische Herausforderung besteht jedoch nicht nur im historischen Lernen, eine spezifische Problemstellung der Thematisierung von Geschichte hingegen ist, das historisches Lernen immer »ohne« konkrete Operationen auskommen muss: Auch wenn in einem handlungsorientierten Unterricht konkret nachvollzogen wird, wie man früher gekocht, Wäsche gewaschen oder sich gekleidet hat, so finden diese Handlungen immer im Hier und Jetzt statt und verlieren somit nicht ihren »Als-Ob-Charakter« (vgl. von Borries 2008, 77). Aber es gilt ebenso, dass Kinder einen »schier unerschöpflichen Wissensdurst (haben), wenn es um ›früher‹ geht« (Bergmann 1996, 320) und die traditionellen Vorbehalte gegen historisches Lernen in der Grundschule wohl auch die impliziten Vorbehalte gegen historisches Lernen im Förderschwerpunkt geistige Entwicklung darstellen (vgl. ebd.).

In Zukunft wird es um zweierlei gehen müssen: Einerseits um die Integration und Reflexion geschichtsdidaktischer und sachunterrichtsdidaktischer Theorieangebote im Förderschwerpunkt geistige Entwicklung (die auch im Rahmen der hier vorgelegten Überlegungen im Vordergrund standen), andererseits um empirische Zugänge zu Geschichtsbewusstsein und historischem Lernen von Kindern und Jugendlichen mit geistiger Behinderung und die Integration dieser Ergebnisse in einen allgemeinen, fachdidaktischen Kontext.

Literatur

Bach, Heinz (1995): Geistigbehindertenpädagogik. Berlin: Edition Marhold im Wissenschaftsverlag Volker Spiess.

Barsch, Sebastian (2001): Geschichtsunterricht an der Schule für Geistigbehinderte. In: Zeitschrift für Heilpädagogik, Jg. 52, H. 12, 515–518.

Barberowski, Jörg (2005): Der Sinn der Geschichte. Geschichtstheorien von Hegel bis Foucault. München: Verlag C. H. Beck.

Becher, Andrea (2000): Die Zeit des Holocaust in Vorstellungen von Grundschulkindern. Eine empirische Untersuchung im Kontext von Holocaust Education. Oldenburg: DiZ.

Bergmann, Klaus (1996): Historisches Lernen in der Grundschule. In: George, Siegried/ Prote, Ingrid (Hg.): Handbuch zur politischen Bildung in der Grundschule. Schwalbach/Ts.: Wochenschau-Verlag.

Borries, Bodo von (2008): Historisch denken lernen. Welterschließung statt Epochenüberblick. Geschichte als Unterrichtsfach und Bildungsaufgabe. Opladen, Farmington Hills: Verlag Barbara Budrich.

Erbstößer, Sabine/Klätte, Christina/Pech, Detlef (2009): Kinderliteratur zu Holocaust/ Nationalsozialismus – bewertet aus der Perspektive des historischen Lernens. In: www. widerstreit-sachunterricht.de, Ausgabe 13/Oktober 2009.

Fischer-Rosenthal, Wolfram (1995): Schweigen – Rechtfertigen – Umschreiben. Biographische Arbeit im Umgang mit deutschen Vergangenheiten. In: Fischer-Rosenthal, Wolfram/Alheit, Peter (Hg.): Biographien in Deutschland. Soziologische Rekonstruktionen gelebter Gesellschaftsgeschichte. Opladen: Westdeutscher Verlag, 43–86.

Frühauf, Theo (2008): Schülerinnen und Schüler mit dem Förderschwerpunkt »Geistige Entwicklung« in Sonderschulen und in allgemeinen Schulen. In: Geistige Behinderung, Jg. 47, H. 4, 301–318.

Gehrecke, Siegfried (1969): Geschichtsunterricht in der Hilfsschule (SoSch für Lernbehinderte). In: Heese, Gerhard/Wegener, Hermann (Hg.): Enzyklopädisches Handbuch der Sonderpädagogik, Band 1, 1147–1151.

Gesellschaft für Didaktik des Sachunterrichts (GDSU) (Hg.) (2002): Perspektivrahmen Sachunterricht. Bad Heilbrunn/Obb.: Klinkhardt.

Kultusministerkonferenz (Beschluss vom 26.6.1998): Empfehlungen zum Förderschwerpunkt geistige Entwicklung. In: Drave, Wolfgang et al. (2000) (Hg.): Empfehlungen zur sonderpädagogischen Förderung. Allgemeine Grundlagen und Förderschwerpunkte (KMK). Würzburg: Edition Bentheim.

Henkemeier, Franz (1986): Geschichte für Lernbehinderte: Entwurf einer Geschichtsdidaktik für lernbehinderte Schüler. Bochum: Brockmeyer (Dortmunder Arbeiten zur Schulgeschichte und zur historischen Didaktik).

Holl-Giese, Waltraud (2003): Mit Grundschulkindern die ›Einschulungsgeschichte‹ rekonstruieren. Ein sinnvoller Einstieg in biografisch orientiertes frühes Geschichtslernen. In: Sache Wort Zahl 31, 2003, 11–16.

Kahlert, Joachim (2002): Der Sachunterricht und seine Didaktik. Bad Heilbrunn/Obb.: Klinkhardt.

Kaiser, Astrid (2006): Neue Einführung in die Didaktik des Sachunterrichts. Baltmannsweiler: Schneider Verlag Hohengehren.

Körber, Andreas et al. (Hg.) (2007): Kompetenzen historischen Denkens. Ein Strukturmodell als Beitrag zur Kompetenzorientierung in der Geschichtsdidaktik. Neuried: Ars Una.

Lamers, Wolfgang/Heinen, Norbert (2006): Bildung mit ForMat – Impulse für eine veränderte Unterrichtspraxis mit Schülerinnen und Schülern mit (schwerer) Behinderung. In: Laubenstein, Desirée et al. (Hg.): Basale Stimulation. Kritisch-konstruktiv. Düsseldorf: verlag selbstbestimmtes leben, 141–205.

Lenzen, Dieter (1993): Zum Stand der Historiographiediskussion in Geschichtswissenschaft und Pädagogik. In: Lenzen, Dieter (Hg.): Pädagogik und Geschichte. Pädagogische Historiographie zwischen Wirklichkeit, Fiktion und Konstruktion. Weinheim: Deutscher Studien Verlag, 7–24.

Lindmeier, Christian (2004): Biografiearbeit mit geistig behinderten Menschen. Weinheim, München: Juventa.

Merkes, Klaus (1981): Der Geschichtsunterricht an der Schule für Lernbehinderte (Sonderschule). In: Bachmann, Walter (Hg.): Studientexte Heil- und Sonderpädagogik. Institut für Heil- und Sonderpädagogik. Justus-Liebig-Universität Gießen.

Michalik, Kerstin (Hg.) (2004): Geschichtsbezogenes Lernen im Sachunterricht. Vorschläge und Perspektiven. Bad Heilbrunn/Obb.: Klinkhardt.

Möckel, Andreas/Nestle, Werner (1980): Geschichte, Sozialkunde, Geographie. In: Kanter, Gustav O./Speck, Otto (Hg.): Pädagogik der Lernbehinderten. Handbuch der Sonderpädagogik. Band 4. Berlin: Carl Marhold, 306–338.

Musenberg, Oliver/Riegert, Judith/Dworschak, Wolfgang/Ratz, Christoph/Terfloth, Karin/Wagner, Michael (2008): In Zukunft Standard-Bildung? Fragen im Hinblick auf den Förderschwerpunkt »Geistige Entwicklung«. In: Sonderpädagogische Förderung, Jg. 53, H. 3, 306–316.

Musenberg, Oliver (2009): Kultur und Diskurs – neue Leitbegriffe einer Historiographie der Sonderpädagogik? In: Strasser, Urs et al. (Hg.): Ästhetisierung der Sonderpädagogik. Bad Heilbrunn/Obb.: Klinkhardt, 127–141.

Pandel, Hans-Jürgen (1987): Dimensionen des Geschichtsbewusstseins – Ein Versuch, seine Struktur für Empirie und Pragmatik diskutierbar zu machen. In: Geschichtsdidaktik, Jg.11, H. 2, 130–142.

Pandel, Hans-Jürgen (1996): Legenden – Mythen – Lügen: Wie viel Fiktion verträgt unser Geschichtsbewußtsein. In: Geschichte lernen, H. 52, 15–19.

Pape, Monika (2008): Entwicklung von Geschichtsbewusstsein im Hinblick auf die unterrichtspraktische Gestaltung historischer Themen im Sachunterricht. Leibniz Universität Hannover.

Pech, Detlef/Rauterberg, Marcus (2008): Auf den Umgang kommt es an. »Umgangsweisen« als Ausgangspunkt einer Strukturierung des Sachunterrichts – Skizze der Entwicklung eines »Bildungsrahmens Sachlernen« (= 5. Beiheft von widerstreit-sachunterricht. de). Frankfurt a. M., Berlin.

Pech, Detlef (2009): Sachunterricht – Didaktik und Disziplin. Annäherungen an ein Sachlernverständnis im Kontext der Fachentwicklung des Sachunterrichts und seiner Didaktik. In: www.widerstreit-sachunterricht.de, Ausgabe 13, Oktober 2009.

Pech, Detlef (2005): Ist das zu verantworten? Holocaust Education in der Grundschule. In: Grundschule Religion, H. 12, 28–29.

Pech, Detlef (2004): Ist gestern heute? Anmerkungen zu Dietmar von Reekens »Historisches Lernen im Sachunterricht. Eine Einführung mit Tipps für den Unterricht«. Dimensionen des Sachunterrichts, Band 2, Baltmannsweiler Schneider 2004. In: www. widerstreit-sachunterricht.de, Ausgabe 3, Oktober 2004.

Popp, Susanne (2004): Neuere Zugänge zur Geschichte. Ein Überblick. In: Schreiber, Waltraud (Hg.) (2004): Erste Begegnungen mit Geschichte – Grundlagen historischen Lernens (Band 1). Neuried: Ars Una.

Priebe, Wiebke (2006): Unterrichtsthema Holocaust in der Förderschule? Empirische Untersuchung zur Entwicklung eines Unterrichtskonzeptes für den Förderschwerpunkt Lernen. Bad Heilbrunn/Obb.: Klinkhardt.

Rauterberg, Marcus (2007): Sachunterricht und Konstruktivismus – Analyse eines Verhältnisses. In: www.widerstreit-sachunterricht.de, Ausgabe 8, März 2007.

Reeken, Dietmar von (1996): Sachunterrichtsdidaktik und Geschichtsdidaktik: Bestandaufnahme und Kritik eines Unverhältnisses. In: Geschichte in Wissenschaft und Unterricht 47, 349–365.

Reeken, Dietmar von (1999): Historisches Lernen im Sachunterricht. Seelze-Velber: Kallmeyer.

Reeken, Dietmar von (2004): Historisches Lernen im Sachunterricht. Eine Einführung mit Tipps für den Unterricht. Baltmannsweiler: Schneider Verlag Hohengehren.

Richter, Dagmar (2002): Sachunterricht – Ziele und Inhalte. Baltmannsweiler: Schneider Verlag Hohengehren.

Roth, Heinrich (1962): Kind und Geschichte. Psychologische Voraussetzungen des Geschichtsunterrichts in der Volksschule. München: Kösel.

Rüsen, Jörn (1983): Historische Vernunft. Grundzüge einer Historik I: Die Grundlagen der Geschichtswissenschaft. Göttingen: Vandenhoeck & Ruprecht.

Rüsen, Jörn (1996): Historische Sinnbildung durch Erzählen. Eine Argumentationsskizze zum narrativistischen Paradigma der Geschichtswissenschaft und Geschichtsdidaktik im Blick auf nicht-narrative Faktoren. In: Internationale Schulbuchforschung 18, 501–543.

Rüsen, Jörn (2001): Einleitung. In: Rüsen, Jörn (Hg.): Geschichtsbewusstsein. Psychologische Grundlagen, Entwicklungskonzepte, empirische Befunde. Köln, Weimar, Wien: Böhlau, 1–13.

Sarasin, Philipp (2003): Geschichtswissenschaft und Diskursanalyse. Frankfurt a. M.: Suhrkamp.

Schaub, Horst (2004): Entwicklungspsychologische Grundlagen für historisches Lernen in der Grundschule. In: Schreiber, Waltraud (Hg.): Erste Begegnungen mit Geschichte – Grundlagen historischen Lernens (Band 1). Neuried: Ars Una, 253–289.

Schmetz, Ditmar (1977): Geschichte in der Lernbehindertenschule. Geschichtswissenschaftliche Materialien und didaktische Reflexionen zu einem zeitgeschichtlichen Curriculum. Bonn-Bad Godesberg: Verlag Dürrsche Buchhandlung.

Schrank, Karl (1953): Geschichtsunterricht in der Hilfsschule. In: Zeitschrift für Heilpädagogik 4, H. 8, 356–362.

Schreiber, Waltraud (2004a): Das Geschichtsbewusstsein von Grundschülern fördern I: Die Konzeptionen Karl-Ernst Jeismanns, Jörn Rüsens und Hans-Jürgen Pandels für Grundschüler nutzbar machen. In: Schreiber, Waltraud (Hg.): Erste Begegnungen mit Geschichte – Grundlagen historischen Lernens. Band 1. Neuried: Ars Una.

Schreiber, Waltraud (2004b): Entwicklung historischer Kompetenz – Das Geschichtsbewusstsein von Grundschülern fördern II. In: Schreiber, Waltraud (Hg.): Erste Begegnungen mit Geschichte – Grundlagen historischen Lernens. Band 1. Neuried: Ars Una.

Schreiber, Waltraud (2008): Ein Kompetenz-Strukturmodell historischen Denkens. In: Zeitschrift für Pädagogik 54, H. 2, 198–212.

Schreier, Helmut (1989): Ent-trivialisiert den Sachunterricht. In: Grundschule, H. 3, 10–13.

Schulz, Wolfgang (1996): Einführung in das Themenfeld »Biografisches Lernen«. In: Schulz, Wolfgang (Hg.): Lebensgeschichten und Lernwege. Anregungen und Reflexionen zu biografischen Lernprozessen. Baltmannsweiler: Schneider Verlag Hohengehren, 1–11.

Schulz, Wolfgang (1996): Sich erinnern – Ein Baustein zur Entwicklung biografischer Kompetenz. In: Schulz, Wolfgang (Hg.): Lebensgeschichten und Lernwege. Anregungen und Reflexionen zu biografischen Lernprozessen. Baltmannsweiler: Schneider Verlag Hohengehren, 57–70.

Schurad, Heinz (2002): Curriculum Sachunterricht für die Schule für Geistigbehinderte. Oberhausen: ATHENA-Verlag.

Seitz, Simone (2005): Zeit für inklusiven Sachunterricht. Baltmannsweiler: Schneider Verlag Hohengehren.

Sommer, Wilhelm (1997): Geschichtsunterricht in der Sonderschule. In: Bergmann, Klaus et al. (Hg.): Handbuch der Geschichtsdidaktik. Seelze-Velber: Kallmeyer, 547–554.

Fritsche, Ilse/Störmer, Norbert (1988): Sie haben alle eine Akte, aber keine Geschichte. In: Zur Orientierung 12, H. 4, 17–18.

Straub, Jürgen (1998): Geschichten erzählen, Geschichte bilden. Grundzüge einer narrativen Psychologie historischer Sinnbildung. In: Straub, Jürgen (Hg.): Erzählung, Identität und historisches Bewusstsein. Die psychologische Konstruktion von Zeit und Geschichte. Frankfurt a. M.: Suhrkamp, 81–169.

Tenorth, Heinz-Elmar (2008): Bildungsstandards außerhalb der »Kernfächer«. In: Zeitschrift für Pädagogik 54, H. 2, 159–162.

White, Hayden (1991): Metahistory. Die historische Einbildungskraft im 19. Jahrhundert in Europa. Frankfurt a. M.: Fischer.

Frank Schiefer, Werner Schlummer & Ute Schütte

Politische Bildung für alle?! – Anbahnung von Politik- und Demokratie-Kompetenz bei Schülern mit dem Förderschwerpunkt geistige Entwicklung

1 Problemaufriss und Relevanz kognitiver Wissensbestände

»Politische Bildung bei geistiger Behinderung bzw. für Schüler mit dem Förderschwerpunkt geistige Entwicklung?« »Das kann sich doch nur gegenseitig ausschließen!« So oder so ähnlich lauten wohl landläufige Meinungen, Ansichten und Stereotypisierungen, wenn das eingangs erwähnte Statement vertreten wird. In der Tat spricht der Politikdidaktiker Joachim Detjen in einem Aufsatz »Von der Notwendigkeit kognitiver Anstrengungen beim Politiklernen« (Detjen 2005, 286), was im ersten Moment die politische Bildungsarbeit mit Menschen mit geistiger Behinderung sicherlich stark beschränken würde. Er konstatiert jedoch gleichzeitig, es handle sich beim Wissensbegriff nicht um »reines Faktenwissen über Einzelaspekte [...] Es geht vielmehr um Orientierungswissen sowie um Deutungswissen« (Detjen 2005, 287). In Anlehnung an diese Darstellung bzw. Untergliederung von relevanten Wissenskategorien für das Politik-Lernen ergeben sich jedoch durchaus Potenziale für die politische Bildung mit Schülern mit dem Förderschwerpunkt geistige Entwicklung. Unter Orientierungswissen subsumiert Detjen Wissensbestände, die zur Orientierung des Individuums in seiner sozialen Umwelt, insbesondere in seiner Lebenswelt dienlich sind. Im Gegensatz dazu steht das eher in politischen Zusammenhängen verortete Deutungswissen. Es repräsentiert gleichsam »die Funktionslogik von Institutionen und Ordnungen in Staat, Gesellschaft und Wirtschaft« (Detjen 2005, 287). In dieser Hinsicht sind vertiefte politikrelevante Wissensressourcen als Vorwissensbestände vonnöten, die je nach individuellen Fähigkeiten durchaus für Schüler mit dem Förderschwerpunkt geistige Entwicklung relevant sein können. Und gerade das (kognitive) Handicap dieser Schüler bedingt Aspekte sozialer Auslese und damit auch die Kritik am segregierenden Sonderschulwesen allgemein. Diese Aspekte können sich auf das Selbstwertgefühl dieser Schüler (vulgo: »Sonderschüler«) durch diese weitgehend abschätzig erfahrene und von Stigmatisierungseffekten geprägte soziale Attribuierung negativ auswirken (vgl. Baulig 2007, 241f.). In diesem Zusammenhang sei kurz auf das Dilemma der Begrifflichkeiten eingegangen. In der aktuellen Diskussion zum Begriff »geistig behindert« trifft man u. a. auf folgende Positionen und Darstellungen: Die UN-Behindertenrechtskonvention spricht von »geistigen Beeinträchtigungen« (Vereinte Nationen 2006); die Kultusministerkonferenz sieht in ihrer Empfehlung bei Kindern und Jugendlichen »mit geistiger Behinderung« einen »sonderpädagogischen Förderbedarf im Bereich der geistigen Entwicklung« (KMK 1998); die Selbsthilfe-Organisation

»Mensch zuerst – Netzwerk People First Deutschland e. V.« fordert die Bezeichnung »Menschen mit Lernschwierigkeiten«, um die negative Zuschreibung durch den Begriff »geistige Behinderung« zu überwinden. Die Auseinandersetzung um das begriffliche Dilemma hat Theo Klauß (2008) anschaulich systematisiert und wird daher hier nicht weiter vertieft.

Unabhängig von dieser durchaus auch paradigmatisch und kontrovers geführten Diskussion um Begrifflichkeiten ist im Kontext von Konzepten politischen Unterrichts an Sonderschulen ein entsprechender Mangel als ein großes Problem anzusehen. Das Vorhandensein kaum aktualisierter Schulbücher und Lehrpläne sowie ein gravierender Mangel an theoretischen fachdidaktischen Konzepten für die politische Bildung (vgl. Baulig 2007, 241ff.) in diesen spezifischen sonderpädagogischen Bereichen prägen die gegenwärtige Lehr- und Lernsituation insbesondere in der Geistigbehindertenpädagogik als vorwiegend defizitär. Wichtig für unterrichtliche Planungen erscheint auch die Fragestellung, in welcher Form man die Anbahnung von Politik- bzw. Demokratie-Kompentenz verfolgen möchte: eher in Form eines fächerübergreifenden Unterrichtsprinzips oder/und als konkrete fachintegrative Einbettung in den regulären Politik- bzw. Sozialkundeunterricht. Klar ist: Der Erwerb von Demokratie-Kompetenz kann sich nur im Rahmen einer durativ, schrittweise angelegten Lern- und Erfahrungssituation realisieren lassen und ist kein punktuelles, konkret operationalisierbares Unterfangen für spezielle fachbezogene Unterrichtseinheiten bzw. Lernsequenzen.

2   Politische Bildung bei geistiger Behinderung – Eine Frage der Theoriekonzepte

Bei der Diskussion um Konzepte politischer Bildung auf verschiedenen Schulstufen werden gegenwärtig vornehmlich drei Ansätze vertreten (vgl. Massing 2007, 18ff.).

Soziales Lernen als erstes Theoriekonzept beschäftigt sich schwerpunktmäßig mit einer Förderung des Sozialverhaltens der Schüler und impliziert somit eine positive Auswirkung auf die Gemeinschaftsfähigkeit von Kindern, fördert deren Identitätsstärkung, bewirkt eine Verbesserung der sozialen Beziehungen zwischen den Schülern und intendiert eine Übernahme von Verantwortung in der sozialen Bezugsgemeinschaft sowie Anbahnung von gemeinsamen Werten und Normen. Schülern sollten dadurch Voraussetzungen für demokratisches Bewusstsein vermittelt werden (vgl. Prote 2000, 165). Kritiker sprechen in diesem Zusammenhang allerdings von einem »unpolitischen Politikunterricht« (vgl. Grammes 1991; 1998, 299ff.; Massing/Weißeno 1995, 9ff.).

Die zweite Konzeption von politischer Bildung verweist auf politisches Lernen im engeren Sinne, das heißt also ein »intentionales politisches Lernen zur Förderung des demokratischen Bewusstseins« (Massing 2007, 21; vgl. Reeken 1999, 6). Dieser An-

satz, politisches Lernen zum Teil auch auf Kinder der Vorschul- und Primarstufe auszuweiten, korreliert mit empirischen Forschungsergebnissen (vgl. Deth/Abendschön/
Rathke/Vollmar 2007; Hafner 2006; Richter 2007), in denen offenbar wird, dass
Kleinkinder und Kleinstkinder über mehr oder weniger strukturierte Wissensbestände
von politischen Inhalten und Ereignissen verfügen (vgl. Reeken 2007). Generell kann
die Vermittlung politischen Wissens im engeren Sinne je nach Grad des Förderbedarfs
im Kontext geistiger Entwicklung durchaus in der Geistigbehindertenpädagogik praktiziert werden. Grenzen in der Anwendung und Umsetzung dieses Konzepts bestehen
natürlich im höheren Komplexitätsgrad politischer Themen, Strukturen und Prozesse,
der sicherlich nicht allen Adressatengruppen mit entsprechendem Förderbedarf bzw.
allen Schülern jeglicher Alters- und Schulstufen kognitiv zugänglich sein dürfte.

Der dritte Ansatz – ursprünglich auch für den Unterricht in der Primarstufe gedacht – versucht soziales und politisches Lernen zu verbinden (vgl. Herdegen 1999).
Zum einen sollten dabei soziale Lernziele – wie die Fähigkeit zur Kommunikation,
zur Kooperation, zur Solidarität, zur Stärkung der Ich-Identität, sozialen Sensibilität
und Empathie bzw. Perspektivenübernahme und Toleranz – nebst anderen Lernzielen
vermittelt und erfahren werden. Zum anderen verfolgt politisches Lernen das Ziel,
weniger komplexere (politische) Inhalte und Themen zu vermitteln, sondern eher politische Haltungen anzubahnen (vgl. Massing 2007, 24), die demokratische Fähigkeiten und Tugenden zu fördern betrachten (vgl. Herdegen 1999, 21).

Grundsätzlich wird offenbar, dass die unterrichtliche Umsetzung von Demokratie-
Lernen bzw. die Ahnbahnung von Demokratie-Kompetenz beim Individuum allen
drei Theorieansätzen in unterschiedlicher Form und Ausprägung innewohnt. So weist
auch Henkenborg dezidiert auf das intensive Reziprozitätsverhältnis zwischen politischen und demokratischen Lernprozessen hin: »Zwischen Demokratie und Politik
gibt es also einen sachlich unauflöslichen Zusammenhang. Demokratie-Lernen lässt
sich gar nicht von Politik-Lernen entkoppeln […] Demokratie-Lernen verwandelt das
Kernproblem von Politik in eine pädagogische Grundfrage politischer Bildung« (Henkenborg 2009, 103). Reinhardt geht noch einen Schritt weiter und spricht sogar von
politikdidaktischen »Bestrebungen, das Demokratie-Lernen als Konzeption in den
Mittelpunkt der Politischen Bildung zu rücken« (Reinhardt 2007b, 195). Gerade bei
Schülern mit dem Förderschwerpunkt geistige Entwicklung kommt diesem spezifischen Lernprozess eine besondere Bedeutung zu, da der (wohl nur schrittweise sich
vollziehende) Aufbau von Demokratie-Kompetenz generell nur sehr schwer (nach)
vollziehbar scheint und bei dieser extrem lernheterogenen Adressatengruppe zu einer
besonderen Herausforderung wird. Demokratie-Kompetenz kann sicherlich nicht als
rein kognitiver Lernprozess verstanden werden, der konkret operationalisierbar vom
Lernergebnis her geplant werden kann. Zentral steht demnach nicht die Fragestellung
im Raum: »Was haben wir durchgenommen, sondern welche Vorstellungen, Fähigkeiten und Einstellungen sind entwickelt worden?« (Blum 2006, 17). In dieser Hinsicht
ist das Ziel des Lernprozesses weniger, gesellschaftsrelevante und -erwünschte (Schlüs-

sel-)Qualifikationen zu kultivieren. Vielmehr geht es um das Individuum selbst, dessen persönliches Wissen, Können, Fähigkeiten und Fertigkeiten unmittelbar als Adressat des schulischen Qualifikations- bzw. Selbstbildungsprozesses im Rahmen einer
persönlichen Kompetenzaneignung zu betrachten sind. Die Anbahnung von Demokratie-Kompetenz in der Schule selbst ist durch verschiedene Konzeptionen und Theorieansätze zu realisieren versucht worden. Der wohl bekannteste Ansatz der »Just
Community« geht auf den amerikanischen Entwicklungspsychologen Kohlberg zurück und thematisiert eine Art »Demokratische Schulgemeinde« bzw. in der direkten
Übersetzung »gerechte Gemeinschaft«. Sie fußt maßgeblich auf moralischer Urteilsbildung; aus der Kritik mancher Wissenschaftler betont sie zu sehr die moralischen
Aspekte von Gerechtigkeit, während sie binnendemokratische Verfahrensweisen der
Schulkultur an sich etwas unterbelichtet (vgl. Reinhardt 2007c, 107). Ähnlich der
kognitionspsychologische Ansatz von Oser, der auch die Entwicklung moralischen
Denkens intendiert, neben Zielsetzungen wie die Verantwortlichkeit und Entscheidungsmacht aller Beteiligten, deren kollektive Verpflichtung, ein Klima des Vertrauens usw. zu schaffen (vgl. Oser 1981, 376ff.; Oser/Althof 1992, 345ff.; Oser 1998,
463ff.). Nachrangig werden auch Ziele der Demokratieentwicklung bei diesem Konzept verfolgt (vgl. Oser 1998, 463ff.). Scherb führt den Begriff der »Demokratischen
Schulgemeinde« weiter, indem er den »reaktiv-sanktionierenden Aspekt im Just-Community-Ansatz« (Scherb 2007, 243) weitgehend ausblendet und die Schüler verstärkt
an gemeinschaftlichen Gestaltungsaufgaben einer unmittelbar erlebbaren Erfahrungsund Lebenswelt in der Schulkultur partizipieren lässt (vgl. Scherb 2007, 243). Eine
sehr unmittelbare Form demokratischer Partizipation im schulischen Kontext stellt
das »Schule als Polis«-Konzept der Bielefelder Laborschule des Pädagogen von Hentig
dar. Das Konzept versucht Schule gleichsam als »Abbild des Staates« bzw. als »Mikrostaat« (Reinhardt 2007a, 252f.) zu betrachten, in denen den Schülern gleichsam eine
Art »Volkssouveränität« verliehen wird und entsprechende demokratische Mitwirkungsformen gestattet werden. Kritiker dieses Konzeptes monieren die asymmetrischen
Kommunikationsstrukturen zwischen Lehrern und Schülern bzw. die fehlenden Mitwirkungs- sowie Einwirkungsmöglichkeiten bei der Rekrutierung und Absetzung von
Lehrpersonal und der nicht realisierbaren Mitbestimmung bei Zensuren (vgl. Reinhardt 2007a, 252; vgl. auch Massing 2002, 174; Oelkers 2000; Moegling/Steffens
2004). Anschlussfähig in diesem theoretischen Kontext erscheint der Ansatz von
Himmelmann, der Demokratie – je nach Schul-, Alters- und Entwicklungsstufen
schwerpunktmäßig differenziert – als Trias von Lebensform, Gesellschaftsform und
Herrschaftsform (vgl. Himmelmann 2001; 2002; 2006) vermitteln möchte. Relevant
für Schüler mit dem Förderschwerpunkt geistige Entwicklung ist in erster Linie, Demokratie als Lebensform zu erfahren und zu begreifen. Hier stellt z. B. die pragmatische Philosophie Deweys, der ein Demokratie-Konzept entwickelte, eine Verbindung
mit dem Erziehungsgedanken her (vgl. Dewey 1993). Auch die Partnerschaftspädagogik Oetingers (vgl. 1956) – Pseudonym für Theodor Wilhelm –, der sich vom konven

tionellen staatsbürgerkundlichen Unterricht abgrenzen wollte, ist relevant. Himmelmann versteht Demokratie in seiner lebensweltlichen Lern- und Erfahrungskonzeption als eine Form zwischenmenschlichen Zusammenlebens und gemeinsam geteilter Erfahrungen (vgl. Reinhardt 2007b, 197) unter anderem durch das Lernen am Modell. Demokratie wird hier als praktischer Lern- und Erfahrungsbereich im alltagsweltlichen Lebensvollzug der Schule eingebettet und praktiziert. Insbesondere für Schüler mit dem Förderschwerpunkt geistige Entwicklung entstehen hier Partizipationschancen und politische Handlungspotenziale, die positive Auswirkungen auf das individuelle Selbstkonzept und auf die demokratische Verfasstheit der Schulgemeinschaft an sich haben können. Demokratie versteht Himmelmann als wechselseitigen Lern- und lebensweltlichen Erfahrungsprozess. Bei diesem Wechselspiel greift er z. B. zurück auf »Demokratie muss gelernt werden, um gelebt werden zu können« von Kurt Gerhard Fischer bzw. dem reziproken Statement: »Demokratie muss gelebt werden, um gelernt werden zu können« von Behrmann (vgl. Himmelmann 2002, 26). Himmelmann führt Ziel- und Kompetenzdimensionen an, die mit diesem »Demokratie als Lebensform«-Ansatz verbunden sind: Zivilität, Fairness, Toleranz, Vielfalt der Lebensstile (pursuit of happiness), Chancenvielfalt, Solidarität und Selbstorganisation (vgl. Himmelmann 2002, 29). Hier klingen auch Aspekte an, wie sie Klafki bereits in seiner Bildungstheorie bzw. später in seiner kritisch-konstruktiven Didaktik (vgl. Klafki 1996 und 2002) formuliert hat. In der praxisnahen Gestaltung von Unterrichts- und Schulkultur werden so beispielsweise problemhaltige Situationen entschärft und Konflikte gelöst, indem die Schüler an Beratungen und Abstimmungen beteiligt werden, die für die Klasse oder die ganze Schulgemeinschaft verbindlichen Regelungscharakter aufweisen (vgl. Reinhardt 2007b, 197). In diesem Sinne versteht sich auch der in der Geistigbehindertenpädagogik von Mühl auf der Basis des Projektunterrichts entwickelte Handlungsbezogene Unterricht (Mühl 1986). Je nach Kommunikations- und Interaktionsfähigkeit der Schüler mit dem Förderschwerpunkt geistige Entwicklung wird dieser Mitbestimmungsmodus sicherlich variieren müssen. Himmelmann bleibt bei seiner Konzeption der Anbahnung von Demokratie-Kompetenz jedoch nicht auf der Ebene sozialer Lernprozesse stehen. Neben der durchaus politischen Ausprägung des Lebensformgedankens von Demokratie verweist er vielmehr auch auf die Konzeptionen von Demokratie als Gesellschafts- und Herrschaftsform. Demokratie als Gesellschaftsform repräsentiert somit die nächst höhere Abstraktionsstufe demokratischer Lernprozesse. Gesellschaftliche Institutionen wie Schule, Familie, Vereine, Berufs- und Arbeitswelt usw. stehen hierbei im Fokus demokratischer Lernprozesse (vgl. Himmelmann 2001, 123). Als wohl höchste Abstraktionsebene deutet Himmelmann die sogenannte Konzeption einer Demokratie als Herrschaftsform (vgl. Himmelmann 2002, 29). Sie umfasst die Makroebene des politischen Prozesses und stellt Politik im engeren Sinne dar bzw. verweist sehr stark auf den institutionen-kundlichen Ansatz in der Politik-Didaktik. Menschenrechte, Rechtsstaat, Wahlen, Volkssouveränität, Parlamentarismus, Parteienwettbewerb, Gewaltenteilung, soziale Sicherung sind Aspekte dieses Herrschaftsform-Gedankens von Demokratie-Lernen (vgl. Himmelmann 2002, 29). Je nach kognitiven Fähigkeiten und interaktiven Kompetenzen der Edukanden können diese drei verschiedenen Bereiche (Demokratie als Lebens-, Gesellschafts- und Herrschaftsform) in die politische Bildungsarbeit mit Schülern mit dem Förderschwerpunkt geistige Entwicklung unterschiedlich intensiv einbezogen werden. Sicherlich sind hierzu geeignete Differenzierungsmaßnahmen in qualitativer und quantitativer Form notwendig.

An der Konzeption von Himmelmann wurde jedoch auch entsprechende Kritik geäußert. Sutor kritisierte den vagen und amorphen Demokratie- und Politikbegriff im Himmelmann'schen Theoriekonzept vom Demokratie-Lernen (vgl. Sutor 2002, 42ff.). Ferner bestehe die Möglichkeit einer »falschen Parallelisierung von lebensweltlicher Demokratie und demokratischer Politik« (Pohl 2004, 129; vgl. auch Henkenborg 2007, 267; 2009, 113 und Krappmann 2000, 80). Pohl fordert in diesem Kontext, »echte Brücken zwischen der Lebenswelt der Schüler(innen) und dem demokratischen politischen System« (Pohl 2004, 137) zu schlagen. Sicherlich bleibt es abzuwägen, inwieweit ein solcher Brückenschlag in der politischen Bildungsarbeit mit Menschen mit geistiger Behinderung ad hoc möglich sein wird.

3   Legitimationsgrundlagen, Zielsetzungen und Kompetenzbereiche – Politische Bildungsarbeit im Förderschwerpunkt geistige Entwicklung

Politische Bildung bei Menschen mit geistiger Behinderung ist eine spezifische und für viele Fachdidaktiker bzw. Pädagogen eine geradezu exotische Form politischer Bildungsarbeit. Damit diese Ausprägung politischer Bildung aus ihrer Randständigkeit und vielfach erlebten wissenschaftlichen Vernachlässigung heraustreten kann, sind politische und pädagogische Legitimationsgrundlagen notwendig. In der UN-Konvention über die Rechte von Menschen mit Behinderungen wird in der Präambel unter Abschnitt o) gefordert, »dass Menschen mit Behinderungen die Möglichkeit haben sollen, aktiv an Entscheidungsprozessen über politische Konzepte und über Programme mitzuwirken, insbesondere wenn diese sie unmittelbar betreffen« (Vereinte Nationen 2006). In Artikel 3 a) und c) dieser UN-Konvention sowie in Artikel 24 werden für behinderte Menschen zum einen Autonomie gefordert und die Freiheit, eigene Entscheidungen zu treffen. Angemahnt werden zum anderen aber auch eine volle und wirksame Teilhabe sowie Partizipationschancen an bzw. in der Gesellschaft unter der Prämisse der Nichtdiskriminierung (vgl. Vereinte Nationen 2006). Im Beschluss der Kultusministerkonferenz (KMK) zur »Stärkung der Demokratieerziehung« finden sich auch Ansätze des Himmelmann'schen Konzepts der Demokratie als Lebensform. So wird die Erziehung zur Demokratie als zentrale Aufgabe für Schule und Jugendbildung betrachtet (vgl. KMK 2009, 2). Des Weiteren wird ausgeführt: »Für die Schule bedeutet dies: Demokratielernen ist Grundprinzip in allen Bereichen ihrer pädagogischen Arbeit. Die Schule selbst muss Handlungsfeld gelebter Demokratie sein, in dem die Würde des jeweils Anderen großgeschrieben, Toleranz gegenüber anderen Menschen und Meinungen geübt, für Zivilcourage eingetreten wird, Regeln eingehalten und Konflikte gewaltfrei gelöst werden« (KMK 2009, 3). Ferner sollte auch die Demokratieerziehung und demokratische Schulkultur als Gegenstand von Schulentwicklung bzw. die Verantwortungsübernahme und Mitwirkungsmöglichkeiten von Kindern und Jugendlichen in deren unmittelbarem Lebensumfeld und in der Gremienarbeit (z. B. Klassenräte) gefördert werden. Diese Zielsetzungen sollten in einem fächerübergreifenden und -verbindenden Unterricht in Primar- und Sekundarstufe verwirklicht werden, wobei auch auf das BLK-Programm »Demokratie lernen und leben« verwiesen wird (vgl. KMK 2009, 3). Beide (schul-)politischen Legitimationsgrundlagen (UN-Konvention und KMK-Beschluss) bilden neben den entsprechenden Lehrplänen, Schulgesetzen und Verfassungen der einzelnen Bundesländer im sonderpädagogischen Bereich für geistige Entwicklung wichtige Rahmenbedingungen für die politische Bildungsarbeit an Schulen in diesem spezifischen Lern- und Erfahrungsbereich.

Eingedenk des Himmelmann'schen Teil-Aspektes »Demokratie als Lebensform«, die in den beiden oben genannten Legitimationsgrundlagen (schul-)politisch eingefordert wird, erscheint es notwendig, den inflationär gebrauchten Terminus der Demokratie-Kompetenz näher zu fokussieren, um ihn für die Geistigbehindertenpädagogik besser zu erschließen.

Reinhardt hält neben der kognitiven Kompetenz auch die demokratische Partizipation für einen wesentlichen Aspekt des Demokratie-Lernens (vgl. Reinhardt 2002, 361). Die demokratische Teilhabe bzw. Einräumung von Partizipationschancen im schulischen Entscheidungsfeld bedeutet für geistig behinderte Schüler eine besondere Herausforderung und Motivationslage. Denn gerade bei möglichen schulsystembedingten Stigmatisierungserfahrungen der Schüler innerhalb der Gesellschaft ist es notwendig, einen ganzheitlichen Partizipationsbegriff anzustreben: »Partizipation […] schließt Tun, Erleben, und Einbindung mit ein. Partizipation ist erforderlich in Anbetracht der Erfahrung des schulischen Ausgeschlossenwordenseins […]. Partizipation schließt das Handeln, das Beobachten von Handlungssituationen, die Reflektion, das Erleben, aber auch die soziale Positionierung, die mit der Interaktion vorgenommen wird, mit ein. In der Partizipation geht es nicht darum, alle gleichermaßen zum Handeln anzuregen, sondern erlebnisbestimmte Voraussetzungen zu setzen, die dazu führen, dass auch kleine Schritte zu mehr Aktivität angebahnt werden können« (Baulig 2007, 244). Deutlich wird an dieser Stelle, dass Schüler mit sonderpädagogischem Förderbedarf etwa in der geistigen Entwicklung je nach ihren individuellen Fähigkeiten (zur Interaktion) und (kognitiven) Voraussetzungen an der Teilhabe im schulischen Miteinander beteiligt werden können und sollen.

Dennoch – oder gerade deshalb – ist im Kontext von Partizipation ein genauerer Blick auf Kompetenzen erforderlich. Allgemein differenziert Scherb beim Demokratie-Lernen von Schülern drei verschiedene Kompetenzen: kognitive, prozedurale und habituelle Kompetenzen. Kognitive Kompetenzen versetzen den Schüler in die Lage, Inhalte, Strukturen und Prozesse in der Demokratie zu verstehen und Probleme anhand verschiedener Kategorien zu analysieren. Prozedurale Kompetenzen lassen den Lernenden nach Mitteln und Wegen suchen, die Problemlösung zu forcieren, rechtliche Aspekte von Verfahrensabläufen der Entscheidungsprozesse zu kennen bzw. sich zu erschließen sowie administrative Zuständigkeiten zu kennen. Habituelle Kompetenzen werden insbesondere bei der politischen Urteilsbildung aktiviert, indem Kriterien der Wert- und Zweckrationalität für diesen spezifischen Entscheidungsprozess herangezogen werden (vgl. Scherb 2005, 270ff.; vgl. auch Klee 2007, 143). Grundsätzliche Herausforderungen für den Förderschwerpunkt geistige Entwicklung hat die Kultusministerkonferenz in ihren Empfehlungen von 1998 formuliert (KMK 1998). Im Bereich der Geistigbehindertenpädagogik unterstreicht u. a. auch Schurad die Relativität von Kompetenzen und damit eingeschränkte Kompetenzen bei Schülern mit geistiger Behinderung (Schurad 2002, 34ff.). Beim Kompetenzspektrum handelt es sich auch um auf der Basis von Lern- und Reflexionsprozessen sedimentierte Wertmaßstäbe, Normen, Deutungs- und Verhaltensmuster, die nicht oktroyiert, sondern im erfahrungsorientierten Prozess durch Einsicht vom Individuum internalisiert worden sind. Politische Urteilskompetenz umfasst demnach »jene Fähigkeiten, Fertigkeiten und Bereitschaften, eine selbstständige, begründete und möglichst sach- und/oder wertorientierte Beurteilung von politischen Entscheidungen, Problemen und Kontroversen vornehmen zu können« (Kühberger 2009, 120). In Anlehnung an Kohlbergs Moralstufen analysiert Scherb fünf Reflexivitätsebenen, die für die politische Urteilsbildung relevant sind: »Die anderen sehen!«, »Das Ganze sehen!«, »Das politische System sehen!«, »Die Urteilskriterien überdenken!« und »Sich selbst sehen!« (vgl. Scherb 2005, 278ff.). Diese Reflexionsebenen sind hierarchisch und scheinbar evolutionär aufeinander bezogen, sodass die hohen Komplexitätsebenen von Reflexivität von Schülern mit dem Förderschwerpunkt geistige Entwicklung kaum erreicht werden können. Wichtig ist es zu erwähnen, dass sich politische Urteilskompetenz von bloßer Meinungsbildung und vordergründigem Entscheidungsverhalten unterscheidet.

Eng verknüpft mit der politischen Urteilsbildung ist das Leitziel der Mündigkeit in der politischen Bildung. Breit versteht darunter »die Bereitschaft und die Fähigkeit, frei und ohne Leitung eines anderen zu denken und zu handeln; das schließt die Übernahme von Verantwortung für die eigenen Entscheidungen mit ein« (Breit 2002, 145). Problematisch erscheint in diesem Kontext auch die Lernsituation von Schülern mit dem Förderschwerpunkt geistige Entwicklung zu sein, die im Normalfall der pädagogischen Unterstützung einer Lehrkraft oder Betreuungs- bzw. Begleitperson bedürfen, um mündige und möglichst wert- oder zweckrational fundierte Entscheidungs- und Urteilsbildung praktizieren zu können. Dabei sind jedoch wichtige Voraussetzungen nötig, die die spezifische Lern- und Erfahrungssituation in diesem sonderpädagogischen Förderbereich charakterisieren.

4   Lern- und erfahrungsbedingte Voraussetzungen –
Bedingungsfaktoren der politischen Bildungsarbeit
im Förderschwerpunkt geistige Entwicklung

4.1   Anthropogene Voraussetzungen in der Person des Schülers

Die Möglichkeiten und Grenzen politischer Partizipation im Lebensraum Schule bzw.
Art und Umfang der Stoffauswahl im Hinblick auf inhaltliche Schwerpunktsetzungen
im Politikunterricht beim Förderschwerpunkt geistige Entwicklung hängt zuvorderst
vom Ausmaß und Umfang (qualitativer und quantitativer Art) des kognitiven Förderbedarfs ab. Hochgesteckte Ziele des Politikunterrichts wie die Fähigkeit zu selbstständiger politischer Urteilsbildung oder das Leitziel Mündigkeit sind eventuell nur
bei einzelnen Schülern ansatzweise zu erreichen. Art und Weise der Partizipation im
Lebens- und Erfahrungsraum der Schule bzw. Schulkultur hängen in hohem Maße
von Interaktionsfähigkeit und somit mehr oder weniger wiederum von kognitiven
Fähigkeiten ab. Detjen beschreibt vier Bürgertypen, die als Zieldimension politischer
Bildungsarbeit auch im Bereich geistiger Behinderung als Diskussionsgrundlage und
Zielmarke formuliert werden könnten: der desinteressierte Bürger, der reflektierte
Bürger, der interventionsfähige Bürger und als Maximalziel der Aktivbürger (vgl. Detjen 2007, 223ff.). In diesem Zusammenhang stellt sich die Frage, was unter Norm,
Normalität oder Maßstab verstanden wird: Wie viele Bürger ohne Behinderung verstehen sich nach diesem Bürgermodell als Idealtypus des Aktivbürgers? Um Schüler
mit dem Förderschwerpunkt geistige Entwicklung in die Nähe eines politisch reflektierten Bürgers zu bringen, ist in dieser Hinsicht ein schülerorientierter, das heißt,
ein an individuellen Belangen und Bedürfnissen der Schüler angelehnter Unterricht
mit handlungsorientierten Impulssetzungen sicherlich eine wichtige Voraussetzung
bei der konzeptionellen Gestaltung des politischen Unterrichts. Zudem ist einem er-
fahrungsbezogenen Politikunterricht (vgl. Köhle 1985; Koopmann 2007) bei dieser
Adressatengruppe unbedingt Vorzug vor einem rein Fakten vermittelnden und vorwiegend institutionenkundlichen Sozialkundeunterricht zu geben. Aktive Teilhabe
durch Empowerment (vgl. auch Herriger 2002; Theunissen 2009) kann beim Schüler
als Identitätsprovider wirken, da der Zuspruch und die Bestätigung durch die soziale
Bezugsgemeinschaft in der Klasse als soziokulturelle Voraussetzung und somit individuelle Identität konstituiert werden kann, die in der persönlichen Erfahrung von
Individualität gipfelt (vgl. Heinrich 2009, 28f.). In Anlehnung an Dewey beschreibt
Himmelmann die Möglichkeit der »»Self-Realization‹, die ›volle‹ Verwirklichung des
je spezifischen ›Selbst‹« (Himmelmann 2006, 111). Selbstwertsteigerung als Folge
aktiver Teilhabe im demokratischen Lebensformkonzept der schulischen Lebenswelt
ist im Kontext geistige Behinderung sicherlich ein wünschbarer »Nebeneffekt«. Das
Prinzip der Freiwilligkeit und die intrinsische Motivation des Schülers, an politischen
Prozessen im Lebensraum Schule zu partizipieren (beispielsweise: Schülervertretung),

bleiben oberstes Gebot – und dies hat Auswirkungen auf die Lehrerrolle in der politischen Bildungsarbeit mit Schülern mit geistiger Behinderung.

4.2   Anthropogene Voraussetzungen in der Person des Lehrers

Den Lehrern und dem Förderpersonal obliegen die Rolle des Förderers, Ermöglichers und Begleiters bei politischer Partizipation der Schüler. Der bekannte Beutelsbacher Konsens mit seinen drei Aspekten Überwältigungsverbot, Kontroversitätsgebot und Analyse der eigenen Interessenslage des Schülers im Idealfall unter Einbezug bzw. Abwägung sozialer Kriterien (vgl. Schiele 2004, 156ff.) stellen für den Politik-Lehrenden eine besondere Vorgabe und Verpflichtung dar, da ein Schüler mit kognitiver Beeinträchtigung leicht (politisch) manipuliert werden kann. Politische Meinungs- und (sofern möglich) Urteilsbildung bei Schülern mit dem Förderschwerpunkt geistige Entwicklung kann nur unter Maßgabe von Kontroversität bzw. Multiperspektivität erfolgen. Dabei muss auf maßvolle Komplexitätsreduktion geachtet werden, die weder in eine kognitive Überforderung des Schülers noch in eine einseitige politische Information und Manipulation des Schülers münden darf. Der Balanceakt zwischen kognitiver Überforderung durch Kontroversität und Gefahr der informativen Vereinseitigung und Überwältigung erfordert sicherlich große Erfahrung, pädagogisches Fingerspitzengefühl und ausgefeilte Differenzierungs- und Individualisierungsmaßnahmen in dieser spezifischen Ausprägung politischer Bildungsarbeit. Nicht zu vernachlässigen sind die enormen Herausforderungen und Gefahren, die grundsätzlich in einem Simplifizierungsansatz stecken (können), wenn es darum geht, Komplexität zu reduzieren (vgl. auch Kupke/Schlummer 2010). Dabei sind Erfahrungen und Hinweise aus den didaktischen Konzepten der Elementarisierung in der Geistigbehindertenpädagogik zu berücksichtigen (vgl. Heinen 1989; Lamers/Heinen 2006).

4.3   Lebensweltcharakter des Sozialraums Schule

Demokratie als Lebensform impliziert Begriffe wie »Alltags-Demokratie«, »Nahraum-Demokratie« oder »Lebenswelt-Demokratie« (Himmelmann 2002, 29). Gemeint ist hier das Erleben der Schule als politischen Erfahrungsraum (vgl. auch Richter 2002, 76ff.); dabei bietet Schule den sicherheitsspendenden Rahmen unhinterfragter und fraglos gegebener Alltagsrealität und routinehaften Lebensvollzugs (vgl. Schütz/Luckmann 1979, 25). Diese spezifische Alltags-Erfahrung des sozialen Raums (Klassenzimmer, Schulaula etc.) und der darin befindlichen sozialen Akteure (Mitschüler, Lehrer, Schulleiter, Eltern etc.) bieten einen Ort des Vertrauens und der Sicherheit. Das Auftreten eines Problems und die Lösung bzw. Beratung über die Lösung desselben kann einen gewissen Ausbruch aus dem routinehaften alltäglichen Wirklichkeitsbereich bedeuten. Die Voraussetzungen räumlicher und personeller Vertrautheit bieten allerdings einen optimalen Aktionsraum für politische Partizipation bzw. das Lebensraumkonzept zur Anbahnung von Demokratie-Kompetenz bei Schülern mit dem

Förderschwerpunkt geistige Entwicklung. Eine derartige schulische Raumkonzeption repräsentiert eine sehr akteurszentrierte Vorstellung vom sozialen (Lebens-)Raum der Schüler in konstruktivistischer Manier, wobei Räume mit Löw in diesem Kontext als »bewegte (An)Ordnungen von Körpern« (Löw 2001, 132) verstanden werden können. In didaktisch-methodischer Hinsicht kann der Einbezug von Ritualen (z. B. festgelegter Abstimmungs- und Beratungsrunden beim Klassenrat, in der Schülervertretung etc.) ebenfalls sicherheits- und geborgenheitsspendenden Charakter (vgl. Kaiser 2007, 243) im demokratischen Aushandlungsprozess innerhalb des Lebensraumes Schule darstellen. Ferner können Rituale auch positive Auswirkungen auf die Erfahrung und das Erleben von Gemeinschaft innerhalb einer sozialen Bezugsgruppe haben (vgl. Durkheim 1981). Besonders im sonderpädagogischen Bereich bieten einen wichtigen unterstützenden Lerneffekt neben Ritualen auch Symbole. Diese verdichten soziale Wirklichkeit in leicht fassbare Zeichen und figurative Ankerelemente mit hohem Wiedererkennungswert. Derartige spezifische didaktische Medien sind insbesondere für Schüler mit dem Förderbedarf geistige Entwicklung bei schlechter oder nicht vorhandener Lesekompetenz von unschätzbarem methodischem Wert und motivierendem Charakter, da sie soziale Deutungs- und Verhaltensmuster auf leicht erkennbare Weise darstellen (vgl. Deichmann 2007). Doch auch hier dürfen die Tücken der Vereinfachung nicht übersehen werden.

5   Politikunterricht im Förderschwerpunkt geistige Entwicklung
      – Schülervertretung und andere Aspekte als praktische
      Umsetzungsmöglichkeit

Politische Bildungsarbeit weist eine Reihe spezifischer Bedingungsvariablen und didaktisch-methodischer Konsequenzen im Förderschwerpunkt geistige Entwicklung auf. Diese Zusammenhänge und Umsetzungsstrategien müssen von Lehrenden und pädagogisch Verantwortlichen beachtet werden. Wichtig erscheint in dieser Hinsicht auch der Brückenschlag zwischen der politischen Mikro- und Makroebene. Dabei befindet sich die thematische Auseinandersetzung um die Bezeichnung »geistige Behinderung« selbst bereits in einem Dilemma und damit in einer politischen, zumindest aber gesellschaftlichen Diskussion (siehe 1). In Anbetracht der heterogenen Zusammensetzung der Akteure (Schüler, Eltern, Lehrer sowie Akteure aus Schuladministration und Schulwesen) müssen sich allerdings diese Beteiligten über den für sie gültigen Begriff verständigen. Für den Sozialraum Schule gilt der Förderschwerpunkt geistige Entwicklung. Diesen Sachverhalt berücksichtigen auch die folgenden Skizzen und exemplarischen Aspekte im Kontext Politikunterricht, in dem z. B. gemeinsam mit den Schülern die Themen Schülervertretung und -mitwirkung, aber auch andere Aspekte platziert werden können.

Von Reeken unterstreicht die für Bildungskontexte relevante und bekannte Grund-
überzeugung, bei der Vermittlung von Unterrichtsinhalten im Sachunterricht eine
Vielfalt unterschiedlicher Methoden anzuwenden. Eine solche Anwendung begründet
sich aus »der Relevanz von unterschiedlichen Dimensionen menschlicher Wahrneh-
mungs-, Aneignungs- und Verarbeitungsformen« (Reeken 2007, 7; vgl. auch Pitsch
1999, 129). Die Wirksamkeit des kindlichen Lernens – dies gilt ebenso im Bereich
geistige Behinderung – resultiert aus der Einbindung aller Lernkanäle und Ebenen
(auditiv, haptisch, enaktiv, visuell, symbolisch, kognitiv, ikonisch, emotional) (vgl.
Reeken 2007, 7).

Als Hintergrund der Inhaltsbestimmung politischer Themen können Elemente
der bildungstheoretischen Didaktik von Klafki greifen. Bildung konzentriert sich bei
Klafki auf die Auseinandersetzung mit »epochaltypischen Schlüsselproblemen unserer
Gegenwart und der vermutlichen Zukunft« (Klafki 1996, 56). Vor dem Hintergrund
dieser Klafkischen Überlegungen konkretisiert die folgende Systematisierung in Ta-
bellenform (Tabellen 1–4) vier relevante Kontexte, die als Übersicht in Abbildung 1
vorgestellt werden. Dabei berücksichtigen die in den Tabellen aufgeführten Aspekte
Themen und Formulierungen aus unterschiedlichen Bildungs- und Lehrplänen.

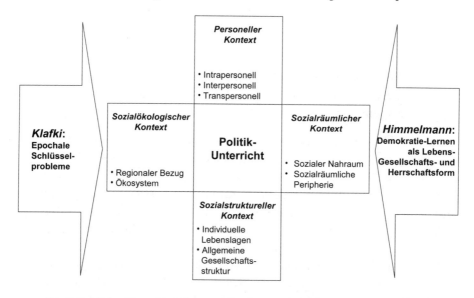

Abb. 1: Politischer Unterricht in kontextuellen Bezügen (modifiziert nach Preis 2001, 43)

Personeller Kontext	Intrapersonell	Interpersonell	Transpersonell
Grundlage	Nimmt Bezug auf: Kleinste personale Einheit (der Mensch als Individuum und Persönlichkeitssystem). Es geht um die Herausbildung der individuellen und sozialen Identität.	Nimmt Bezug auf: • überschaubare Einheiten (wie unmittelbare Bezugspersonen und Familie) • Lehrer-Schülerverhältnis • Gemeinschaft in der Schulklasse • Soziale Gruppierung wie Peer Group und Freundeskreis Auf dieser Ebene erfolgt die Heranführung vom Eigen-Sinn zum Gemein-Sinn (vgl. Schurad 2002, 115).	Nimmt Bezug auf: Verhältnis Mensch und Gesellschaft (Themen sind soziale, kulturelle und berufliche Teilhabe) In diesem Kontext steht auch die Einbindung von Menschen mit Behinderung in entsprechenden Institutionen und den darin verankerten Mitwirkungsmöglichkeiten dieser Menschen in speziellen Gremien.
Ziele	• Identitätsförderung • Übernahme von Verantwortung für sich selbst	• Selbstbestimmung in sozialer Integration • Anbahnung von gemeinsamen sozialen Werten und Normen • Wahrnehmung von Rechten und Pflichten des Einzelnen • Anbahnung von Demokratie-Kompetenz • Lernen und Aufbau von Gemeinschaftsfähigkeit und sozialen Beziehungen • Lernen und Aufbau von Partizipations- und Mitwirkungskompetenz • Lernen von Miteinander umgehen in der Gesellschaft • Lernen von Kooperation und Solidarität	• Lernen und Aufbau von Partizipations- und Mitwirkungskompetenz • Lernen von Kooperation und Solidarität • Entwicklung sozialen Verstehens • Entwicklung von Empathiefähigkeit
Unterrichtsthemen	• Sich selbst wahrnehmen – von anderen wahrgenommen werden • »Ich heiße …, ich bin …, ich habe …«	• Grundbegriffe des Zusammenlebens • Benimmregeln (»kleiner Knigge«) • Erstellung von Klassenregeln • Übernahme von Aufgaben und Ämtern im Klassengefüge • Internalisieren von Schulordnung • Arbeit in der SV (Schülervertretung) • Klassenrat • Konfliktbewältigung und Gewaltprävention • Schulkonferenz • »Just Communities« • Kontakte zu Menschen ohne Behinderung • Projekt »Schüler helfen Leben«	• Eigenwohl und Gemeinwohl (vgl. Schurad 2002, 115) • Erstellen einer verbindlichen Schulordnung • SV • Vorbereitung zur Mitwirkung in institutionellen Mitwirkungs-Gremien/Vereinen/Behinderten-Verbänden/Selbsthilfegruppen

Tab. 1: Personeller Kontext im politischen Unterricht

Sozial-räumlicher Kontext	Sozialer Nahraum (und vertraute Umgebung)	Sozialräumliche Peripherie
Grundlage	Nimmt Bezug auf: Identitätsstiftende Funktion der Sozialräume und deren Bedeutung (vgl. Franz/ Beck 2007). Mit voranschreitender Entwicklung werden der Aktionsradius erweitert und neue Handlungs- und Erfahrungsräume eröffnet (vgl. Preis 2001, 58ff.). Dies bedeutet die Ermöglichung von Teilhabe an öffentlichen Orten und das Beeinflussen deren Barrierefreiheit. Teilhabe setzt das Kennen entsprechender Sozialräume voraus sowie die Kenntnis entsprechender Verhaltensregeln.	
Ziele	• Kennen lernen der Institutionen im Nahraum • Kennen lernen wichtiger Begegnungs-räume im Nahraum • Sicherheit und Mobilität erreichen, um sich in der Gemeinde bewegen zu können	• Kennen lernen wichtiger Begeg-nungsräume im gesellschaftlichen Leben • Kennen lernen der Heimat, deren Geschichte, Geografie, Brauchtum und Kultur
Unterrichts-themen	• Schulinterne Orte und deren Bedeu-tung (Sekretariat, Rektorat) • Leben in der Gemeinde: Orte des öffentlichen Lebens in näherer Umge-bung kennen lernen (Erkundung von Rathaus, Bürgerbüro, Ämter, Freizeit-einrichtungen etc.) • Einfluss nehmen auf den Sozialraum (für barrierefreies Schwimmbad oder Kino) (z. B. Projekt Inclucity – vgl. Karadeniz et al. 2008, 138ff.)	• »Unser Bundesland« • Erkundung bzw. Lerngang zum Landtag • »Deutschland, das Land in dem wir leben«

Tab. 2: Sozialräumlicher Kontext im politischen Unterricht

Sozialstruktureller Kontext	Individuelle Lebenslagen sowie spezielle Lebenslagen von Menschen mit Behinderung	Gesellschaftsstruktur allgemein
Grundlage	Nimmt Bezug auf: Erfassung und Beschreibung des Sozialgefüges »Gesellschaft« und der Möglichkeiten zur Teilhabe von Menschen mit Behinderung. Es geht um die gerechte Verteilung von Ressourcen und Chancen für alle Mitglieder einer Gesellschaft. Ferner können betrachtet werden die soziale Lebenslage von Menschen mit geistiger Behinderung sowie milieubedingte Barrieren. In diesem Kontext stehen auch die Reflexion von Vergangenem und eine mögliche Einflussnahme auf die Gesellschaftsstruktur (Überlegungen zu Gewünschtem).	
Ziele	• Auseinandersetzung mit der eigenen Behinderung und der Berücksichtigung von Behinderung in der Gesellschaft • Kennen lernen politischen Wissens, deren Zusammenhänge und Prozesse • Intentionales Kennen lernen von Politik • Erlernen demokratischen Bewusstseins • Sensibilität für eigene, behindertenspezifische Belange • Funktionsträger und deren Aufgabenbereiche persönlich kennen lernen	
Unterrichtsthemen	• SV-Wahl • Teilnahme an überregionalen SV-Treffen • Aufbereitung geschichtlicher Aspekte (NS-Regime und Vernichtung von Menschen mit Behinderung) • UN-Konvention und deren Bedeutung (Inklusion, integrative Schulklassen)	• Schülerparlamente • Aufbereitung geschichtlicher Aspekte (geteiltes und wieder vereinigtes Deutschland) • Aufbereitung gesellschaftlicher Aspekte (mit dem Thema »Menschen in Deutschland«, Beschreibung von Nationalitäten, Lebensstilen und Kulturen) • Grundgesetz • Kinderrechtskonvention • Menschenrechte • »Politischer Stammtisch« (Treffen und Austausch mit Kommunalpolitikern) • Politische Prozesse auf Gemeinde-, Landes- und Bundesebene (Wahlen im demokratischen Deutschland) • Andere Regierungsformen • Krieg und Frieden

Tab. 3: Sozialstruktureller Kontext im politischen Unterricht

Sozial-ökologischer Kontext	Regionaler Bezug	Ökosystem
Grundlage	Nimmt Bezug auf: Anpassung und Mitwirkung an sozialökologischer Umwelt und Umweltbedingungen. Es geht um das Bewusst werden eines Gleichgewichtes hinsichtlich der komplexen Wechselbeziehungen zwischen Mensch und Umwelt.	
Ziele	• Sorgsamer Umgang mit Ressourcen • Sensibilität entwickeln für Umweltbelange • Zusammenhang zwischen eigener Handlung und deren Auswirkung für die Umwelt erkennen • Kennen lernen anderer Kulturen und deren (Umwelt-)Belange	
Unterrichtsthemen	• Mülltrennung • »Putzede« (klassenübergreifende Aufräumaktion auf Gemeindeebene) • Erhalt und Bedeutung der Natur	• Energie und Energiebedarf • Haushalten mit Energien im Spannungsfeld von Ökonomie und Ökologie • Probleme der Dritte-Welt-Länder

Tab. 4: Sozialökonomischer Kontext im politischen Unterricht

Die schematisch-tabellarischen Darstellungen vernachlässigen den Sachverhalt, dass es inhaltliche Überschneidungen zwischen Inhaltsaspekten und Kontext-Zuordnungen gibt. Derartige Überschneidungen sind allerdings vielfach vorhanden. Das Thema »Schülermitwirkung/Schülervertretung« verdeutlicht dies; es findet seinen Widerhall z. B. in personellen, sozialräumlichen und sozialstrukturellen Kontexten. Daher ist das Thema »Schülermitwirkung/Schülervertretung« besonders geeignet, es im Rahmen des Politikunterrichts aufzugreifen. Die beispielhaft von Schlummer/Schütte (2006, 53ff.) skizzierten Unterrichtsvorhaben (UV) unterstreichen die Vielfalt der kontextuellen Bezüge: UV »Soziales Lernen«, UV »Die Arbeit der Schülervertretung«, UV »Die Gremienarbeit«, UV »Der Klassensprecher/Stufensprecher«, UV »Die Wahl«. Abbildung 2 fasst weitere relevante Aspekte innerhalb des Themas Schülervertretung zusammen.

Das Beispiel »Schülermitwirkung/Schülervertretung« weist zusätzlich auf ein weiteres Moment innerhalb der bundesdeutschen Bildungsstruktur und -hoheit hin. Das föderale System hat in Deutschland zu einer unterschiedlichen Akzentuierung, Bezeichnung und Zuordnung von Fächern geführt: Sozialkunde, Gemeinschaftskunde, Heimatkunde, Ethikunterricht, Gesellschaftslehre etc. erschwert einerseits diese Heterogenität in der inhaltlichen Gestaltung von Fächern eine eindeutige Vorgabe curricularer Inhalte, so lässt sich andererseits in der Gestaltung der jeweiligen Schulgesetze in den einzelnen Bundesländern als verbindendes und verbindliches Thema der Mitwirkungsgedanke erkennen. Dies spricht erneut für die besondere Berücksichtigung dieses Schwerpunktes innerhalb dieses Buches bzw. im Politikunterricht. Schließlich unterstreicht das Thema auch den zentralen Ansatz und das Ziel der Förderung von

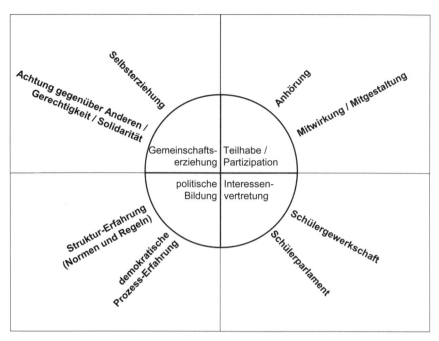

Abb. 2: Aspekte der Schülervertretung (Schlummer/Schütte 2006, 59)

Schülern mit dem Förderbedarf geistige Entwicklung: eine aktive Lebensbewältigung in sozialer Integration und für ein Leben in größtmöglicher Selbstständigkeit und Selbstbestimmung (KMK 1998). Dieser Gedanke der Selbstverwirklichung in sozialer Integration hat – auch im Kontext der politischen Auseinandersetzung und des Demokratie-Lernens – durch die UN-Konvention für die Rechte behinderter Menschen (Vereinte Nationen 2006) einen weiteren und wichtigen Impuls sowie eine zusätzliche Orientierung erfahren.

Literatur

Baulig, Volkmar (2007): Politikunterricht an Sonderschulen. In: Sander, Wolfgang (Hg.): Handbuch politische Bildung. Bonn: bpb, 241–253.

Blum, Werner (2006): Einführung. In: Blum, Werner/Drüke-Noe, Christina/Hartung, Ralph/Köller, Olaf (Hg.): Bildungsstandards Mathematik: konkret – Sekundarstufe I. Aufgabenbeispiele, Unterrichtsanregungen, Fortbildungsideen. Berlin: Cornelsen Scriptor, 14–32.

Breit, Gotthard (2002): Mündigkeit als Ziel des Demokratie-Lernens. Konsequenzen aus der Geschichte des deutschen Obrigkeitsstaates für den Schul- und Politikunterricht. In: Breit, Gotthard/Schiele, Siegfried (Hg.): Demokratie-Lernen als Aufgabe der politischen Bildung. Bonn: bpb, 133–159.

Deichmann, Carl (2007): Symbolische Politik und politische Symbole – Dimensionen politischer Kultur. Schwalbach: Wochenschau Verlag.

Deth, Jan W. van/Abendschön, Simone/Rathke, Julia/Vollmar, Meike (Hg.) (2007): Kinder und Politik. Politische Einstellungen von jungen Kindern im ersten Grundschuljahr. Wiesbaden: VS Verlag.

Detjen, Joachim (2005): Von der Notwendigkeit kognitiver Anstrengungen beim Demokratielernen. In: Himmelmann, Gerhard/Lange, Dirk (Hg.): Demokratiekompetenz. Beiträge aus Politikwissenschaft, Pädagogik und politischer Bildung. Wiesbaden: VS Verlag, 286–298.

Detjen, Joachim (2007): Politische Bildung. München: Oldenbourg.

Dewey, John (1993): Demokratie und Erziehung. Eine Einleitung in die philosophische Pädagogik. Weinheim, Basel: Beltz.

Durkheim, Emile (1981): Die elementaren Formen des religiösen Lebens. Frankfurt a. M.: Suhrkamp.

Franz, Daniel/Beck, Iris (2007): Sozialraumorientierung in der Behindertenhilfe. DHG-Schriften Nr. 13. Jülich, Hamburg: Deutsche Heilpädagogische Gesellschaft (DHG).

Grammes, Tilman (1991): Unpolitischer Gesellschaftskundeunterricht. Anregungen zur Verknüpfung von Lebenskundeunterricht und Politik. Schwalbach: Wochenschau Verlag.

Grammes, Tilman (1998): Kommunikative Fachdidaktik. Politik, Geschichte, Recht, Wirtschaft. Opladen: Leske & Budrich.

Hafner, Verena (2006): Politik aus Kindersicht. Eine Studie über Interesse, Wissen und Einstellungen von Kindern. Stuttgart: ibidem-Verlag.

Heinen, Norbert (1989): Elementarisierung als Forderung an die Religionsdidaktik mit geistigbehinderten Jugendlichen und jungen Erwachsenen. Aachen: Mainz.

Heinrich, Martin (2009): Politische Bildung zum »selbstreflexiven Ich«. Versuch über ein didaktisches Paradoxon. In: Hellmuth, Thomas (Hg.): Das »selbstreflexive Ich«. Beiträge zur Theorie und Praxis politischer Bildung. Innsbruck: Studienverlag, 21–36.

Henkenborg, Peter (2007): Politische Bildung als Schulprinzip: Demokratie-Lernen im Schulalltag. In: Sander, Wolfgang (Hg.): Handbuch politische Bildung. 2. Aufl. Bonn: Bundeszentrale für politische Bildung, 265–281.

Henkenborg, Peter (2009): Demokratie-Lernen zwischen Anspruch und Wirklichkeit. In: Oberreuter, Heinrich (Hg.): Standortbestimmung politische Bildung. Schwalbach: Wochenschau Verlag, 93–116.

Herdegen, Peter (1999): Soziales und politisches Lernen in der Grundschule. Grundlagen, Ziele, Handlungsfelder. Ein Lern- und Arbeitsbuch. Donauwörth: Auer Verlag.

Herriger, Norbert (2002). Empowerment in der Sozialen Arbeit. Eine Einführung. 2. Aufl. Stuttgart, Berlin, Köln: Kohlhammer.

Himmelmann, Gerhard (2001): Demokratie Lernen als Lebens-, Gesellschafts- und Herrschaftsform. Ein Lehr- und Studienbuch. Schwalbach: Wochenschau Verlag.

Himmelmann, Gerhard (2002): Demokratie-Lernen als Aufgabe der politischen Bildung. In: Breit, Gotthard/Schiele, Siegfried (Hg.): Demokratie-Lernen als Aufgabe der politischen Bildung. Bonn: bpb, 21–39.

Himmelmann, Gerhard (2006): Leitbild Demokratieerziehung. Vorläufer, Begleitstudien und internationale Ansätze zum Demokratie-Lernen. Schwalbach: Wochenschau Verlag.

Kaiser, Astrid (2007): Rituale in der Politischen Bildung. In: Lange, Dirk/Reinhardt, Volker (Hg.): Basiswissen Politische Bildung. Handbuch für den sozialwissenschaftlichen Unterricht. Forschungs- und Bildungsbedingungen. Baltmannsweiler: Schneider Verlag Hohengehren. Band 5, 241–250.

Karadeniz, Cavit et al. (2008): IncluCity Cologne – eine Selbstvertretungsgruppe von Menschen mit Lernschwierigkeiten stellt sich vor. In: Heß, Gerhard/Kagemann-Harnack, Gaby/Schlummer, Werner (Hg.): Wir wollen – wir lernen – wir können! Erwachsenenbildung, Inklusion, Empowerment. Marburg: Lebenshilfe-Verlag, 138–145.

Klafki, Wolfgang (1996) Neue Studien zur Bildungstheorie und Didaktik. Zeitgemäße Allgemeinbildung und kritisch-konstruktive Didaktik. 5. Aufl. Weinheim: Beltz.

Klafki, Wolfgang (2002): Die bildungstheoretische Didaktik im Rahmen kritisch-konstruktiver Erziehungswissenschaft. In: Gudjons, Hans/Winkel, Rainer (Hg.): Didaktische Theorien. 10. Aufl. Hamburg: Bergmann + Helbig, 13–24.

Klauß, Theo (2008): »Geistige Behinderung« – vom Dilemma eines Begriffs. In: Heß, Gerhard/Kagemann-Harnack, Gaby/Schlummer, Werner (Hg.): Wir wollen – wir lernen – wir können! Erwachsenenbildung, Inklusion, Empowerment. Marburg: Lebenshilfe-Verlag, 196–202.

Klee, Andreas (2007): Politische Urteilsbildung. In: Lange, Dirk/Reinhardt, Volker (Hg.): Basiswissen Politische Bildung. Handbuch für den sozialwissenschaftlichen Unterricht. Forschungs- und Bildungsbedingungen. Baltmannsweiler: Schneider Verlag Hohengehren. Band 2, 142–151.

KMK (1998): Empfehlungen zum Förderschwerpunkt geistige Entwicklung. Beschluß der Kultusministerkonferenz vom 26.06.1998. Bonn: KMK.

KMK (2009): Stärkung der Demokratieerziehung. Beschluss der Kultusministerkonferenz vom 06.03.2009. Bonn: KMK.

Köhle, Klaus (1985): Zur erfahrungsverarbeitenden Funktion des Sozialkundeunterrichts. In: Pädagogische Welt, Jg. 39, H. 3, 112–115.

Koopmann, F. Klaus (2007): Erfahrungsbezogen Politik lernen. Theoretische Merkmale und praktische Umsetzung eines politikdidaktischen Begriffs. In: Lange, Dirk/Reinhardt, Volker (Hg.): Basiswissen Politische Bildung. Handbuch für den sozialwissenschaftlichen Unterricht. Forschungs- und Bildungsbedingungen. Baltmannsweiler: Schneider Verlag Hohengehren. Band 2, 85–99.

Krappmann, Lothar (2000): Politische Sozialisation in Kindheit und Jugend durch Partizipation an alltäglichen Entscheidungen. Ein Forschungskonzept. In: Kuhn, Hans-Werner/Uhlendorf, Harald/Krappmann, Lothar (Hg.): Sozialisation zur Mitbürgerlichkeit. Opladen: Leske & Budrich, 77–99.

Kühberger, Christoph (2009): Kompetenzorientiertes historisches und politisches Lernen. Methodische und didaktische Annäherungen für Geschichte, Sozialkunde und Politische Bildung. Innsbruck: Studienverlag.

Kupke, Charlotte/Schlummer, Werner (2010): Kommunikationsbarrieren und ihre Überwindung. Einfache Sprache und Verständlichkeit in Texten für Menschen mit Lernschwierigkeiten. In: Teilhabe (Veröffentl. für 2010 in Vorb.)

Lamers, Wolfgang/Heinen, Norbert (2006): ›Bildung mit ForMat‹. Impulse für eine veränderte Unterrichtspraxis mit Schülerinnen und Schülern mit (schwerer) Behinderung. In: Laubenstein, Dorothee/Lamers, Wolfgang/Heinen, Norbert (Hg.): Basale Stimulation. Kritisch – konstruktiv. Düsseldorf: verlag selbstbestimmt leben, 141–205.

Löw, Martina (2001): Raumsoziologie. Frankfurt a. M.: Suhrkamp.

Massing, Peter (2002): Demokratie-Lernen oder Politik-Lernen? In: Breit, Gotthard/Schiele, Siegfried (Hg.): Demokratie-Lernen als Aufgabe der politischen Bildung. Bonn: bpb, 160–187.

Massing, Peter (2007): Politische Bildung in der Grundschule. Überblick, Kritik und Perspektiven. In: Richter, Dagmar (Hg.): Politische Bildung von Anfang an. Bonn: bpb.

Massing, Peter/Weißeno, Georg (1995): Einleitung. Für einen politischen Politikunterricht. In: Massing, Peter/Weißeno, Georg (Hg.): Politik als Kern der politischen Bildung. Wege zur Überwindung des unpolitischen Politikunterrichts. Opladen: Leske & Budrich, 9–25.

Moegling, Klaus/Steffens, Gerd (2004): Im Mainstream der Politikdidaktik. Beschauliche Innenansichten. In: polis, o. Jg., H. 3, 19–21.

Mühl, Heinz (1986): Handlungsbezogener Unterricht mit Geistigbehinderten. 7. Aufl. Bonn-Bad Godesberg: Dürr.

Oelkers, Jürgen (2000): Demokratie und Bildung. Über die Zukunft eines Problems. In: Zeitschrift für Pädagogik, Jg. 46, H. 3, 333–347.

Oetinger, Friedrich (1956): Partnerschaft. Die Aufgabe der politischen Erziehung, 3. Aufl. Stuttgart: Metzler.

Oser, Fritz (1981): Moralisches Urteil in Gruppen, Soziales Handeln, Verteilungsgerechtigkeit. Stufen der interaktiven Entwicklung und ihre erzieherische Stimulation. Frankfurt a. M.: Suhrkamp.

Oser, Fritz (1998): Theorien zur Moralentwicklung und Demokratieentwicklung in Europa. In: Keuffer, Josef/Krüger, Heiz-Hermann/Reinhardt, Sibylle/Weise, Elke/Wenzel, Hartmut (Hg.): Schulkultur als Gestaltungsaufgabe. Partizipation, Management, Lebensweltgestaltung. Weinheim: Deutscher Studien Verlag, 463–478.

Oser, Fritz/Althof, Wolfgang (1992): Moralische Selbstbestimmung. Modelle der Entwicklung und Erziehung im Wertebereich. Stuttgart: Klett.

Pitsch, Hans-Jürgen (1999): Zur Didaktik und Methodik des Unterrichts mit Geistigbehinderten. 2. Aufl. Oberhausen: ATHENA-Verlag.

Pohl, Kerstin (2004): Demokratie als Versprechen. In: Politische Bildung, Jg. 37, H. 3, 129–139.

Preis, Wolfgang (2001): Professionelles Handeln in der Sozialen Arbeit. Grundlagen der integrativen Fallbearbeitung. Chemnitz: RabenStück Verlag für Kinder- und Jugendhilfe.

Prote, Ingrid (2000): Für eine veränderte Grundschule. Identitätsförderung, soziales Lernen, politisches Lernen. Schwalbach: Wochenschau Verlag.

Reeken, Dietmar von (1999): Historisches Lernen im Sachunterricht. Eine Einführung mit Tipps für den Unterricht. Seelze-Velber: Kallmeyer.

Reeken, Dietmar von (2007): Politisches Lernen im Sachunterricht. Didaktische Grundlegungen und unterrichtspraktische Hinweise. 2. Aufl. Baltmannsweiler: Schneider Verlag Hohengehren.

Reinhardt, Sibylle (2002): Anerkennung und Motivation. Erfahrungen mit Demokratie-Lernen in der Schule. Leverkusen, Opladen: Verlag Barbara Budrich.

Reinhardt, Sibylle (2007c): Just Community. In: Lange, Dirk/Reinhardt, Volker (Hg.): Basiswissen Politische Bildung. Handbuch für den sozialwissenschaftlichen Unterricht.

Forschungs- und Bildungsbedingungen. Baltmannsweiler: Schneider Verlag Hohengehren. Band 6, 107–112.

Reinhardt, Volker (2007a): Schule als Polis. In: Lange, Dirk/Reinhardt, Volker (Hg.): Basiswissen Politische Bildung. Handbuch für den sozialwissenschaftlichen Unterricht. Forschungs- und Bildungsbedingungen. Baltmannsweiler: Schneider Verlag Hohengehren. Band 4, 251–256.

Reinhardt, Volker (2007b): Demokratie-Lernen. In: Lange, Dirk/Reinhardt, Volker (Hg.): Basiswissen Politische Bildung. Handbuch für den sozialwissenschaftlichen Unterricht. Forschungs- und Bildungsbedingungen. Baltmannsweiler: Schneider Verlag Hohengehren. Band 1, 195–204.

Richter, Dagmar (2002): Sachunterricht – Ziele und Inhalte. Ein Lehr- und Studienbuch zur Didaktik. Baltmannsweiler: Schneider Verlag Hohengehren.

Richter, Dagmar (2007): Einleitung. Politische Bildung von Anfang an. In: Richter, Dagmar (Hg.): Politische Bildung von Anfang an. Bonn: bpb.

Scherb, Armin (2005): Demokratie-Lernen und reflexive Urteilskompetenz. In: Himmelmann, Gerhard/Lange, Dirk (Hg.): Demokratiekompetenz. Beiträge aus Politikwissenschaft, Pädagogik und politischer Bildung. Wiesbaden: VS Verlag, 270–285.

Scherb, Armin (2007): Demokratische Schulgemeinde, in: Lange, Dirk/Reinhardt, Volker (Hg.): Basiswissen politische Bildung. Handbuch für den sozialwissenschaftlichen Unterricht. Forschung und Bildungsbedingungen. Baltmannsweiler: Schneider Verlag Hohengehren. Band 4, 243–250.

Schiele, Siegfried (2004): Der Beutelsbacher Konsens kommt in die Jahre. In: Schiele, Siegfried (Hg.): Politische Mündigkeit. Zehn Gespräche zur Didaktik politischer Bildung. Schwalbach: Wochenschau Verlag, 156–168.

Schlummer, Werner/Schütte, Ute (2006): Mitwirkung von Menschen mit geistiger Behinderung. Schule, Arbeit, Wohnen. München, Basel: Reinhardt.

Schütz, Alfred/Luckmann, Thomas (1979): Strukturen der Lebenswelt. Band 1. Frankfurt a. M.: Suhrkamp.

Schurad, Heinz (2002): Curriculum Sachunterricht für die Schule für Geistigbehinderte. Oberhausen: ATHENA-Verlag.

Sutor, Bernhard (2002): Demokratie-Lernen? – Demokratisch Politik lernen! Zu den Thesen von Gerhard Himmelmann. In: Breit, Gotthard/Schiele, Siegfried (Hg.): Demokratie-Lernen als Aufgabe der politischen Bildung. Bonn: bpb, 40–52.

Theunissen, Georg (2009): Empowerment und Inklusion behinderter Menschen. Eine Einführung in Heilpädagogik und Soziale Arbeit. 2. Aufl. Freiburg i. Br.: Lambertus-Verlag.

Vereinte Nationen (2006): Übereinkommen über die Rechte von Menschen mit Behinderungen. Zwischen Deutschland, Liechtenstein, Österreich und der Schweiz abgestimmte Übersetzung der UN-Konvention für die Rechte behinderter Menschen (verabschiedet am 13.12.2006). New York.

Stefan Anderssohn & Iris Kreile

Unterricht mit Schülern im Förderschwerpunkt geistige Entwicklung im Spiegel der Fachdidaktiken: Religion (Grund- und Hauptschulstufe)

1   Einleitung

Iris Kreile: Ein Blick in Schulen und Klassenzimmer zeigt deutlich wie stark sich in den letzten Jahren die Bedingungen für den Religionsunterricht verändert haben. Wir finden alters- und klassengemischte Lerngruppen mit zumeist wenig religiöser Sozialisation und rituell-kirchlicher Prägung. Umso dringlicher ist es neue Wege zu gehen. Religiöse Bildung im umfassenden Sinne reicht von der Inszenierung elementarer Glaubenserfahrungen bis zur kritischen Reflexion überlieferter Traditionen. Ein integratives Konzept von Religionsunterricht zeigt da eine interessante und zukunftsweisende Perspektive auf: Hier können sonderpädagogische Erkenntnisse und Prinzipien mit fachdidaktischen Einsichten ins Gespräch gebracht werden. Ich erhoffe mir vom Dialog mit der Sonderpädagogik für die religionsunterrichtliche Praxis den Mut, offene und individuelle Lernprozesse zu wagen und im fächerübergreifenden Schulkanon präsent zu sein.

Stefan Anderssohn: Zwei Dinge machen dieses gemeinsame Buchprojekt aus meiner Sicht so interessant: Erstens die oben genannte Gelegenheit für die Sonderpädagogik, mit der »allgemeinen« Religionsdidaktik in einen lebendigen Dialog zu treten. Wer sich hier ein wenig auskennt, weiß, dass es um diesen Austausch in der Vergangenheit – zumindest auf fachdidaktischer Ebene – nicht allzu gut bestellt war. Zweitens erfüllt dieser Dialog keinen Selbstzweck: Beide Seiten, die »allgemeine« und die »sonderpädagogische« Religionsdidaktik, werden sich weiterentwickeln. Ein gemeinsames Ziel scheint greifbar zu werden: Eine integrative Religionsdidaktik, wie sie meine Vorrednerin, Frau Kreile, bereits skizziert hat und die offen ist für eine breite Spanne an Lernwegen und religiösen Zugangsweisen. So lassen sich die folgenden Ausführungen zwar auf den Religionsunterricht an Förderzentren anwenden, sie sind meines Erachtens aber auch gut auf integrative oder inklusive Lerngruppen erweiterbar. Ich würde mir wünschen, dass diese Überlegungen, die sich im sonderpädagogischen Kontext als praktikabel erwiesen, auch die integrative Religionspädagogik voranbringen – hin zu einem gemeinsamen Lernen von Schülerinnen und Schülern mit und ohne Behinderung!

2   Die aktuelle Sichtweise des Faches Evangelische Religion und die gegenwärtigen fachdidaktischen Ansätze

Das Feld der Religionsdidaktik zeichnet sich gegenwärtig aus durch eine verwirrende Vielfalt von Ansätzen, Methoden und miteinander konkurrierenden Entwürfen. Bestehende Ordnungsmodelle kommen an ihre Grenzen und greifen nicht mehr. Die in religionsdidaktischen Kompendien gebrauchte Einteilung in »Konzeptionen der Religionsdidaktik« (vgl. Adam/Lachmann 2003) lässt sich auf die Entwicklung seit dem Ende des letzten Jahrhunderts nicht mehr sinnvoll anwenden. Einen weiterführenden Systematisierungsversuch hat Biehl mit der Herausarbeitung von »Religionsdidaktischen Strukturen« unternommen (Biehl 1996). Sein programmatischer Ansatz lautet:

»Aufgrund des Befundes gehen wir von der These aus, daß in bestimmten religionspädagogischen Konzeptionen didaktische Strukturen entwickelt wurden, die auch abgesehen von den oft einseitigen Konzeptionen von weitreichender Bedeutung sind […]. Eine Didaktische Struktur – einmal erschlossen – ist also ablösbar von der Konzeption, in der sie ursprünglich entwickelt worden ist.« (Ebd., 200)

Die Frage nach Grundstrukturen der Religionsdidaktik und deren inhaltliche Bestimmtheit und Verschränkung untereinander beschäftigt seither den religionsdidaktischen Diskurs (Mette/Schweitzer 2002; Sohn 2008). Sie dienen dazu, Komplexität und Vielfalt zu reduzieren bzw. zu bündeln und geben ein Instrument an die Hand, in kreativer Weise die ausdifferenzierten Ansätze zu verschränken und damit für die Unterrichtspraxis neue Wege zu gehen.

2.1   Rahmenbedingungen

Besonders auffällig im Fach Religion ist die hohe Bedeutung der unterschiedlichen Rahmenbedingungen für den Religionsunterricht. Angefangen von den rechtlichen Rahmenbedingungen wie sie in der Verfassung für den Religionsunterricht vorgeschrieben sind über die schulischen Rahmenbedingungen bis hin zu den kirchlichen Rahmenbedingungen sind hier Vorgaben gemacht, die sich auf die Unterrichtsgestaltung auswirken. Im Artikel 7 Absatz 3 des Grundgesetzes heißt es:

»Der Religionsunterricht ist in den öffentlichen Schulen mit Ausnahme der bekenntnisfreien Schulen ordentliches Lehrfach. Unbeschadet des staatlichen Aufsichtsrechtes wird der Religionsunterricht in Übereinstimmung mit den Grundsätzen der Religionsgemeinschaften erteilt. Kein Lehrer darf gegen seinen Willen verpflichtet werden, Religionsunterricht zu erteilen.«

Die damit auftretende Spannung zur Bekenntnisneutralität des Staates und der im Artikel 4 des Grundgesetzes formulierten Aufgabe, ungestörte Religionsausübung zu gewährleisten, beschreibt Grethlein folgendermaßen: »Zugleich geht es um den Ausgleich zwischen positiver Religionsfreiheit durch das Einrichten des Faches und negativer Religionsfreiheit durch die Abmeldemöglichkeit hiervon. Dazu kommt das Problem, dass der Staat als Träger der öffentlichen Schulen einen Unterricht veranstaltet, für dessen Inhalt er keine Kompetenz hat.« (Grethlein 2005, 54) Die in der Verfassung angelegte Komplexität findet schließlich auch ihren Ausdruck in der konkreten Ausgestaltung des Religionsunterrichtes in den einzelnen Bundesländern und in Korrelation dazu durch die jeweiligen Landeskirchen, Diözesen und sonstige institutionalisierten Religionsgemeinschaften wie den Zentralrat der Juden in Deutschland. In den letzten Jahren werden die Bemühungen um einen Islamischen Religionsunterricht immer dringlicher (Rupp 2009, 484f.). Die aktuelle Situation ist gekennzeichnet durch Wandlungsprozesse in nahezu allen Bereichen von Gesellschaft, Kirche und Schule und auch im Blick auf die Bezugswissenschaft der Religionsdidaktik, die Theologie. Schülerinnen und Schüler sind kirchlich und familiär kaum noch christlich und/oder religiös vorgeprägt. So wird der Religionsunterricht zu einem Ort der religiösen Sozialisation. Dies stimmt mit der Beobachtung überein, dass er sich – im Gegensatz zu den Emanzipationsbewegungen seit den 1960er-Jahren – wieder zurück bindet an Orte konkreter Religion. Die Entdeckung des Kirchenraumes in der Religionspädagogik ist dafür ein sprechendes Beispiel. Neben der Theologie wird heute die Religionswissenschaft für die Religionsdidaktik immer wichtiger.

2.2   Religionsunterricht als kommunikatives Geschehen

Nimmt man die zwei auffälligsten Tendenzen, die nach Englert den religionsdidaktischen Diskurs der letzten Jahre bestimmt haben (Englert 2002), ergibt sich folgendes Bild: In vielen unterschiedlichen religionsdidaktischen Ansätzen ist eine Neubewertung der Schülerperspektive zu beobachten. Die didaktische Planungsarbeit verändert sich damit weg von fachwissenschaftlichen Themen hin zu entwicklungspsychologischen, phänomenologischen und pädagogischen Erkenntnissen. Deutlich erkennbar ist dies bei der Elementarisierung im Religionsunterricht. Der prominenteste Vertreter dieser Richtung, Schweitzer, hebt immer wieder hervor, dass es beim Elementarisieren als didaktischer Aufgabe nicht um die Umsetzung einer Elementartheologie geht (Schweitzer 2003, 210). Kinder und Jugendliche sollen als Subjekte der Elementarisierung wahrgenommen werden und es wird ihnen explizit theologische Kompetenz zugesprochen (ebd., 212f.). Damit trifft sich dieser Ansatz mit den Anliegen der Kindertheologie. Kindern wie Jugendlichen wird hier zugetraut, eigene Fragen zu stellen und so zu einer eigenständigen Aneignung religiösen Wissens zu gelangen. Den Religionslehrkräften kommen dann – wie in der Konstruktivistischen Didaktik allgemein formuliert wurde – andere Funktionen zu als bisher: Eine gute Organisation des Unterrichtsablaufes, die Entwicklung des Unterrichtsstoffes und die Achtung auf die Unterrichtszeit. Sie stellen also die Voraussetzungen her, um den subjektorientierten Lernprozess zu begleiten.

Hintergrund der zweiten Tendenz, der Wiederentdeckung konkreter Religion, ist nach Englert »der weitgehende Ausfall von Erfahrungen mit gelebter Religion auf

Seiten der Schüler(innen)« (ebd., 134f.). Der Ansatz einer Performativen Religionspädagogik zeigt hier neue Wege auf, Religion leiblich und räumlich in Szene zu setzen
(Leonhard/Klie 2003). Streitpunkt bleibt allerdings, ob es sich um ein probeweises
Handeln dreht oder ob im Religionsunterricht religiöse Vollzüge wie Beten und Ge-
segnetwerden einzuüben sind (so Grethlein 2005, 276ff.).

Eine dritte Tendenz ist augenfällig, tritt in unterschiedlichen Ansätzen hervor und
lässt die Symboldidaktik wieder aktuell werden: Die ästhetische Dimension religiösen
Lernens. In der Mehrzahl der gegenwärtigen religionsdidaktischen Entwürfe wird auf
die eine oder andere Weise die Kategorie der Wahrnehmung ins Spiel gebracht. Das
führt Kunstmann dazu, von einer eigenständigen ästhetischen Signatur religiöser Bildungsprozesse zu sprechen und ihr eine zentrale Stellung einzuräumen (Kunstmann
2002).

2.3   Ästhetik, Ethik und Hermeneutik:
         Die Verschränkung didaktischer Strukturen – ein Versuch

Religionsdidaktische Strukturen

Das Bestreben von Biehl bestand darin, losgelöst von eigenständigen Konzeptionen,
grundlegende religionsdidaktische Strukturen herauszuarbeiten. Er ging zunächst davon aus, dass drei Kategorien für das religiöse Leben konstitutiv sind, nämlich die
symbolische, die geschichtliche und die lebensweltlich-ethische (Biehl 1996, 202).
Eine vierte didaktische Struktur sieht er später in Verbindung mit dem religionsdidaktischen Konzept der Elementarisierung in der lebensgeschichtlich-biografischen
Struktur (Biehl 2002, 139). So kristallisieren sich vier didaktische Strukturen heraus,
die die Grundlage bilden für die unterschiedlichen Aufgaben des gegenwärtigen Religionsunterrichts:

• Die geschichtlich-hermeneutische Funktion
• Die lebensweltlich-ethische Funktion
• Die symbolische Funktion
• Die lebensgeschichtlich-biografische Funktion

Das Zusammenspiel der didaktischen Strukturen geschieht als Verschränkung im
Rahmen einer kritisch-konstruktiven, bildungstheoretisch begründeten Fachdidaktik. Dem kritisch-konstruktiven Bildungsbegriff kommt eine regulative Funktion zu
(Biehl 1996, 216). Exemplarisch ist an einem von Sohn vorgelegten Beispiel zu zeigen,
wie didaktische Strukturen verschränkt werden können.

Ästhetische und ethische Dimension – kontrovers oder kreativ?

In seiner Arbeit zur Verschränkung von Symboldidaktik mit problemorientiertem Religionsunterricht stellt Sohn zunächst die Entwicklung beider Ansätze bis hin zu ihrer
Rekonstruktion durch Knauth und Kunstmann dar (Sohn 2008, besonders 119ff.)

Seine Zwischenbilanz lautet: »Zur wichtigen Erkenntnis gehört aber auch die Reflexion, dass die Hinwendung zum Ästhetischen nicht den Bezug auf das Ethische ausschließen sollte, damit sich die ästhetische und die ethische Dimension zueinander ergänzend verhalten können« (ebd., 115).

Bevor Sohn konkrete Anregungen für die Verschränkung von ästhetischer und ethischer Dimension entwickelt, zeigt er auf, dass die vier didaktischen Strukturen ein offenes Ensemble bilden, das auf neue religionsdidaktische Ansätze hin kommunikativ anschlussfähig ist (ebd., 147). So sollte beispielsweise das interreligiöse Lernen keine neue didaktische Grundstruktur benötigen, sondern mit den vier didaktischen Strukturen religionsdidaktisch entwickelt werden können (ebd., 144).

Seine eigenen Ausführungen sieht Sohn auch als Korrektiv gegenüber Biehl, der im Grunde doch am Vorrang der ästhetischen Dimension und damit der Symboldidaktik festhalte. So werden für ihn Wahrnehmung und Erfahrung zu zwei gleichrangigen Kategorien, die in einem komplementären Verhältnis wechselseitig aufeinander bezogen sind (ebd., 153). Das Entscheidende bei Sohn ist meiner Meinung nach, dass er im Spannungsverhältnis von Ethik und Ästhetik keinen Gegensatz sieht, sondern für den Lernprozess einen produktiven Spielraum erwartet. Anschaulich zeigt er dies am Thema der »Nationalen Symbole« im Blick auf die Frage nach der symbolischen Dimension des Politischen (ebd., 158ff.) Hier werden auch Fragen nach Medienästhetik wie nach Medienethik akut: »Geht es in der Demokratie nur um einen kritischen Abstand von symbolischer Dimension und ästhetischer Inszenierung? Oder muss die Demokratie die konstitutive Funktion der symbolischen und ästhetischen Aspekte für das Politische ernst nehmen und nach den ›genuin demokratischen Formen ästhetischer Selbstdarstellung‹ suchen?« (ebd., 161).

Gerade auch in traditionellen biblischen Symbolen wie Hand und Brot sieht der Autor ein großes Potenzial von ethischer Orientierungskraft. Die Verschränkung von symboldidaktischer und problemorientierter didaktischer Struktur öffnet einen produktiven Raum im religiösen Lernprozess. Allerdings fehlen dabei die Tradition erschließende und vor allem die lebensweltlich-biografische Struktur. Gerade letztere wird im Blick auf eine integrative Religionsdidaktik einen besonderen Schwerpunkt bilden (Anderssohn 2007, 132ff.)

2.4 Semiotische Religionsdidaktik

Die semiotische Religionsdidaktik versteht sich als Revision des symboldidaktischen Diskurses mit der programmatischen Zielrichtung »Vom Symbol zum Zeichen« (Meyer-Blanck 1995). Die zentrale Neuinterpretation von Symbolen besteht darin, dass sie als Kommunikationsphänomene gesehen werden und sozial codierte Funktionen innerhalb geschichtlicher Verstehensprozesse haben. Hervorgehoben werden die aktive Rolle des Rezipienten bei der Bedeutungskonstitution, die gezielte Inszenierung von Mehrdeutigkeit und vor allem »die strikte Weigerung, einen Textsinn vor oder außerhalb eines aktuellen Interpretationssinnes erheben zu wollen (und zu können)« (Dressler/Klie 2002, 93). Damit wird dem Symbol keine repräsentierende Funktion mehr zugestanden und auch keine vorsprachliche Herkunft. Darin hatte die Symboldidaktik aber gerade die Stärke von Symbolen für religiöse Lernprozesse gesehen (Biehl 1989, 11). Das Symbol soll aus seiner ontologischen Klammer gelöst und an die Deutungsinstanz zurückgebunden werden (Dressler/Klie 2002, 95). Deshalb geht es nicht vorrangig um die Vermittlung von Symbolen, sondern um Aneignung durch probeweises Umgehen mit Symbolen (Meyer-Blanck). Das Ergebnis dieses Aneignungsprozesses liegt nicht von vorneherein fest. Einen wichtigen Hinweis im Zusammenhang der Abendmahlselemente Brot und Wein für eine evangelische Symboldidaktik gibt Meyer-Blanck, wenn er das relationale Symbolverständnis betont: »Es gibt Symbole und Zeichen nur ›in usu‹, im Kommunikationsprozess zwischen Zeichen und Rezipient« (Meyer-Blanck 1998, 14). Gerade bei sakralen Symbolen wie Brot, Wein oder Wasser muss sich der semiotische Ansatz allerdings auch noch bewähren. Sie gibt auf jeden Fall den wichtigen Hinweis, gerade bei diesen Symbolen religionsdidaktische Sorgfalt zu üben.

2.5   Anknüpfungspunkte für eine integrative Religionspädagogik

Auf eine eigene Entwicklungslinie vom Ansatz der Elementarisierung zur sonderpädagogischen bzw. integrativen Religionspädagogik weist ausdrücklich Schweitzer hin (Schweitzer 2003, 208). Hier hat der Dialog zwischen Fachdidaktik und integrativer Religionsdidaktik einiges an Literatur hervorgebracht wie beispielsweise das Handbuch Integrative Religionspädagogik zeigt, das 2002 von Pithan/Adam/Kollmann herausgegeben wurde. Schweitzer merkt an, dass gerade die integrative Religionspädagogik auf kognitive Engführungen des Elementarisierungsverständnisses aufmerksam machen konnte. Dieser Anstoß kann auch insgesamt auf die Religionspädagogik und auf die dargestellten religionsdidaktischen Strukturen übertragen werden. So muss eine integrative Religionsdidaktik zu Recht fragen wie eine semiotische Zeichenlehre in der Sonderpädagogik Lernprozesse ermöglichen kann. Oder anders gesagt: Wie lässt sich eine semiotische Religionsdidaktik von ihrer kognitiven Engführung auf Textwelten befreien und zu einer Inszenierung von Zeichen im nicht-kognitiven Bereich erweitern?

Ein echter Dialog zwischen Fachdidaktik Religion und sonderpädagogischer wie integrativer Religionsdidaktik sollte nicht von vorneherein nach möglichst einfachen und oft einseitigen Übertragungen der Fachdidaktik in die Sonderpädagogik fragen.

Es gilt vielmehr, Spannungen kreativ zu nutzen und damit auch umgekehrt – aus der Sonderpädagogik heraus – die Fachdidaktik zu verändern. Nicht zuletzt sollten einander ausschließende Ansätze auch so benannt und nicht vorschnell harmonisiert werden.

1. Ein präsentativer Symbolbegriff (Langer) oder ein ontologisch-archetypischer Symbolbegriff (Halbfas 1982) haben auf den ersten Blick große Vorteile für eine integrative Religionsdidaktik: Sie beziehen Symbole auf eine vorsprachliche Ebe-

ne, die auch ohne ausgeprägte kognitive Fähigkeiten auf Seiten der Rezipienten wirkmächtig sind. Das »Verstehen« ist dann eine Form der Teilhabe und der Partizipation. Erst auf den zweiten Blick zeigen sich die Mängel dieses Ansatzes und dessen Abhängigkeit von bestimmten ideengeschichtlichen Vorgaben wie der Archetypenlehre von C. G. Jung.

2. Die semiotische Zeichenlehre und Symboldefinition ist auf den ersten Blick auf sprachliche Codierungsprozesse fixiert und setzt bestimmte kognitive Fähigkeiten voraus. Damit scheint sie sich nicht für einen integrativen Ansatz im Religionsunterricht zu eignen. Erst auf den zweiten Blick eröffnet sich die Perspektive, auch nonverbale »Texte« einzubeziehen wie Bilder, Räume, soziales Umfeld und Gegenstände.

3. These: Auch präsentative Symbole können als »Text« im semiotischen Verständnis wahrgenommen und gestaltet werden.

In den unterrichtlichen Konkretionen wird zu zeigen sein, wie ein von der Semiotik her verstandenes, präsentatives Symbol religiöse Lernprozesse ermöglichen kann.

3 Sonderpädagogische Perspektiven

3.1 Religionspädagogik im Dialog:
Das Beispiel der Basis-Struktur »Symbolorientierung«

Besonders stark scheint die Religionsdidaktik im Bereich der Geistigbehindertenpädagogik durch die Biehl'schen Strukturen der Symbol- und der Subjektorientierung geprägt worden zu sein. Trotz dieser konzeptuellen Verbindungen kam es allerdings so gut wie nie zu einem wechselseitigen Dialog zwischen allgemeiner und sonderpädagogischer Religionspädagogik. Die vorliegende Veröffentlichung bietet nunmehr die Möglichkeit, dies anzuregen. Zunächst exemplarisch am Beispiel der Symboldidaktik: In der Tat bietet gerade der Symbolbegriff eine Herausforderung für beide Seiten. Denn einerseits kann die Geistigbehindertenpädagogik mit einem semiotisch »abstrahierten« Symbolbegriff nur wenig anfangen – andererseits steht die allgemeine Religionspädagogik einer ontologischen Auffassung (in der Überspitzung einer »genetischen Elementarisierung durch Symbole«: Heimbrock 1986) kritisch gegenüber.

Gehen wir beim Problemaufriss zunächst davon aus, dass innerhalb der sonderpädagogischen Religionspädagogik eine Konzentration auf das Konkrete wichtig wird: Eine starke Elementarisierung hin auf das Sinnlich-Wahrnehmbare und den handelnden Umgang mit Symbolen wirft natürlich auch Fragen auf. Zum Beispiel zugespitzt: Können christliche Symbole auch rein über Handlung vermittelt werden? Besitzt das Symbol als konkreter Gegenstand (z. B. ein Laib Brot) eine eigene symbolische Grundaussage, die unabhängig von Sprache existiert und im handelnden Umgang erfahren werden kann?

Diese Frage mag zunächst recht akademisch klingen, sie besitzt aber durchaus praktische Relevanz. Eine Antwort wird in dem Modell der präsentativen und diskursiven Symbole greifbar, welches nicht nur für den sonderpädagogischen Kontext als sehr geeignet erscheint. Bei der Unterscheidung von diskursiven und präsentativen Symbolen, wie sie Langer einführte und Lorenzer ausdifferenzierte, geht es weniger um die objektive Beschreibung von Symbolklassen als vielmehr darum, menschliche Formen der Symbolisierungstätigkeit zu verstehen. Zweitens sind beide Symbolisierungsmodi komplementär, d. h. sie lösen sich entwicklungspsychologisch gesehen nicht ab, sondern sind simultane, gleichwertige Formen des Umgangs mit Symbolen.

»Diskursiv« bezeichnet die Form der Symbolisierungstätigkeit, die durch Sprache organisiert wird.

»Präsentativ« meint eine außersprachliche Form der Symbolisierungstätigkeit, eine Verdichtung symbolischer Inhalte, wie sie etwa in einem Bild, in der Musik oder in einem Gegenstand Ausdruck findet. Sicherlich kann die Wirkung und Bedeutung dieses Symbols auch diskursiv eingeholt werden, doch verläuft präsentative Symbolisierungstätigkeit zunächst unabhängig von Sprache und direkter als diese. Plakativ ausgedrückt: Es ist etwas grundlegendes Verschiedenes, über die Bedeutung des Brotes zu räsonieren als gemeinsam ein Mahl abzuhalten und Brot zu teilen:

Präsentative und diskursive Symbole			
diskursive Symbole begrifflich-analytische Bedeutungsträger: sprachliche Symbole, die jenseits ihres instrumentellen Gebrauches keine eigenständigen Bedeutungsträger sind.	präsentative Symbole sinnlich-szenische Bedeutungträger		
	a) textuelle: Erzählungen, Mythen, biblische Geschichten, Psalmen	b) personale: Körperausdruck, Gesten, Tanz, Musik	c) gegenständliche: Kunstwerke, sakrale Bauwerke, Alltagsgegenstände

Tab. 1: Diskursive und präsentative Symbole nach Langer (1984) & Lorenzer (1984)

Welche Symbol-Zugänge es bei Menschen mit geistiger Behinderung gibt, zeigt die Untersuchung von Anderssohn (2002) am Beispiel des Gottesbildes. Dort werden strukturelle Ebenen deutlich, die als unterschiedliche qualitative Zugangsweisen zu Symbolen verstanden werden können.

Undifferenzierte Strukturebene: Direkte Begegnung und Inszenierung

Diese Strukturebene findet man in der Regel bei Menschen mit schweren kognitiven Beeinträchtigungen und sogenannten »Schwerstbehinderten«: Eine sprachliche Verständigung über das Gottesbild ist nicht möglich. Dennoch darf man aufgrund der methodischen Probleme nicht folgen, dass keine religiös qualifizierbaren Erfahrungen gemacht werden (Röhrig 1999). Zu diesen religiösen Erfahrungen zählen auf der undifferenzierten Strukturebene:

- Beziehungserfahrungen (direkte Ansprache, Körperkontakt)
- Erfahrung des besonders ansprechend gestalteten (Gottesdienst-)Raumes
- Begegnung mit elementaren Symbolen

Intuitive Strukturebene: Die Macht der Bilder

Die grundlegende Fähigkeit zur Symbolisierung von Erfahrungen ermöglicht die zeichnerische und sprachliche Vergegenwärtigung verschiedener Aspekte des Gottesbildes in ausdrucksstarken Bildern. Diese Aspekte werden allerdings nicht in ein geordnetes Gesamtbild integriert, sondern assoziativ-kreativ miteinander kombiniert: Anthropomorphe (menschenähnliche) und nicht-anthropomorphe Aspekte Gottes, seine himmlische und irdische Existenz können problemlos nebeneinander bestehen. Damit erweist sich das Weltbild auf der intuitiven Strukturebene, welches im Erfahrungsraum des nahen Lebensumfeldes verankert ist, als sehr flexibel.

Konkrete Strukturebene: Narrative Organisation

Diese Strukturebene ist durch das Bestreben gekennzeichnet, die vielen Mosaiksteinchen des Gottesbildes in einen sinnvollen, umfassenderen Zusammenhang zu bringen. Dazu trägt die Fähigkeit bei, die Erfahrungen narrativ zu organisieren. Wenngleich das imaginative Element weiterhin eine wichtige Rolle spielt, wird das Gottesbild grundsätzlich an der Alltagserfahrung ausgerichtet. Gleichzeitig wird die Fähigkeit zu einer kritischen Distanznahme bzw. Überprüfung des Gottesbildes wirksam. Mensch und Gott leben in einem gegenseitigen Beziehungsverhältnis. Die Erfahrungen, die im Gottesbild zu einem mehr oder weniger zusammenhängenden Ganzen integriert werden, entstammen einem weitreichenden Lebensfeld, welches das Wissen um Menschen in anderen Ländern, Krieg, Armut u. Ä. einschließt.

Abstrakte Strukturebene: Metaphern

Diese Strukturebene konnte bei erwachsenen Menschen mit geistiger Behinderung beobachtet werden. Gott wird als ort- und gestaltlose Größe aufgefasst, die überall in der Welt anwesend ist und den Menschen jederzeit und allerorten nahe sein kann. Sein Wesen ist nicht-menschlicher Natur, und Gottes Handeln wird an Zeichen erkannt. Ebenso besteht die Fähigkeit, Gott symbolisch (übertragen-metaphorisch) darzustellen.

Insgesamt zeigt das Konzept der präsentativen und diskursiven Symbole, dass der Dialog zwischen sonderpädagogischer und allgemeiner Religionsdidaktik fruchtbar sein kann. Eine sonderpädagogisch fundierte Religionsdidaktik wird ferner einen genauen Blick werfen müssen auf die Schülerinnen und Schüler, die es zu unterrichten gilt. In dieser Frage bieten die praxisorientierten Prinzipien und das didaktische Symbolkonzept weiterführende Denkmodelle an.

3.2   Prinzipien einer integrativen Religionspädagogik

Hinsichtlich einer empirischen Fundierung der Religionsdidaktik im Bereich der Geistigbehindertenpädagogik wird schmerzlich deutlich, dass gerade im Blick auf Schülerinnen und Schüler mit geistiger Behinderung kaum ausreichend Tatsachenwissen zur
Verfügung steht (Anderssohn 2002). Weniger empirisch abgeleitet und als vielmehr
aus dem Menschenbild und der praktischen Arbeit heraus entwickelt sind daher die
folgenden Prinzipien zu verstehen, die als derzeitiger Konsens der Religionspädagogik
in sonderpädagogischen Arbeitsfeldern gelten.

Obschon diese Prinzipien sonderpädagogisch konturiert sind, beschränken sie sich
nicht auf diesen Bereich. Vielmehr sind sie dazu geeignet, unter einem sonderpädagogischen Blickwinkel die religionspädagogische Praxis umzugestalten und für Schülerinnen und Schüler mit Förderbedarf in Richtung einer integrativen Religionspädagogik zu öffnen.

Menschenbildbezogene Grundlagen

• Subjektorientierung: »Damit ist gemeint, den Schüler nicht zum Objekt, zum
  Gegenstand meiner pädagogischen Bemühungen zu machen, sondern ihm als
  Subjekt eigene Erkenntnisse und Handlungsweisen zuzugestehen« (Röhrig 1999,
  98). Mag diese Subjektorientierung des Religionsunterrichts auch etwas ›abgedro-
  schen‹ klingen, hinter ihr steht jedoch die nach wie vor revolutionäre These der
  Eigentätigkeit und der Autonomie des Schülers. Im Sinne einer konstruktivistischen Annahme, dass Schülerinnen und Schüler nicht einfach mit abrufbarem
  Faktenwissen befüllt werden, sondern religiöse Vorstellungen nach ihren kognitiven Möglichkeiten aktiv erzeugen. Strukturen (s. o. und Anderssohn 2007) zeigen
  konkret, wie diese aktive Auseinandersetzung mit religiösen Inhalten verläuft. Die
  religiöse Autonomie des einzelnen Subjektes zu erkennen und ernst zu nehmen ist
  der Anspruch, den ein subjektorientierter Religionsunterricht für sich erhebt.

• Die Dialogische Struktur erfordert, dass die Religionslehrkraft als Partner(in)
  Themen und Inhalte mit den Schülerinnen und Schüler gemeinsam aushandelt.
  Die Schülerinnen und Schüler erhalten die Möglichkeit, ihre Interessen zu erken-
  nen und geltend zu machen.

• Mit der Erfahrungsorientierung greift der Religionsunterricht die Lebenswirklichkeit der Schülerinnen und Schüler auf. Diese sollen – gemäß der dialogischen
  Struktur – die Gelegenheit haben, ihre Erfahrungen zunächst bewusst wahrzunehmen und anschließend produktiv einzubringen.

• Biografische Elemente: Der Ansatz der »Strukturen und Themen« (Anderssohn
  2002 und 2007) hat die eminente Bedeutung der Biografie und des Lebensalters
  für die Religiosität herausgestellt. Für den Religionsunterricht gilt es, allgemeine
  Themen und Lebensphasen (z. B. Freundschaften oder die Orientierung in die
  Arbeitswelt) zu ihrem jeweiligen Zeitpunkt aufzugreifen. Aber auch individuelle

biografische Aspekte spielen im Religionsunterricht als explizite Themen oder unterschwellig immer eine wichtige Rolle.

• Ideologiekritischer Aspekt: Religionspädagogik muss die Möglichkeit haben, das Tagesgeschäft zu übersteigen, um sich selbst sowie gesellschaftliche Rahmenbedingungen und Wertsysteme zu reflektieren.

Methodische Prinzipien

• Wie Heinen (1989) betont, ist die Elementarisierung ein kaum zu überschätzendes Prinzip für den Unterricht mit Schülerinnen und Schülern im Förderschwerpunkt geistige Entwicklung. Dabei geht es allerdings nicht um die simple stoffliche Reduktion, sondern um einen Prozess, der bestimmte Faktoren zu beachten hat. Schweitzer (2008) hat das Modell der Elementarisierung weiterentwickelt und unterscheidet aktuell fünf verschiedene Dimensionen, die in die Elementarisierung einfließen:

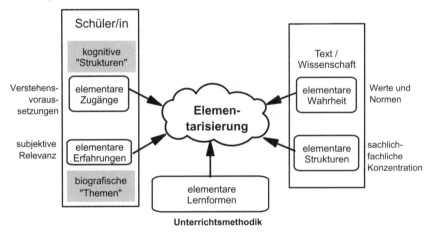

Abb. 1: Dimensionen des Elementarisierungsprozesses (vgl. Schweitzer 2008, 24–34)

Auf Seiten der Schülerinnen und Schüler sind dies die »elementaren Zugänge«, d. h. die subjektiven Verstehensvoraussetzungen, etwa vergleichbar mit den »Strukturen« des obigen Ansatzes. Zweitens die elementaren Erfahrungen, welche die biografisch vermittelte, subjektive Relevanz eines Inhaltes bedingen (im Sinne der »Themen«). Seitens der Fachwissenschaft gilt es, die »elementaren Wahrheiten« und »elementaren Strukturen« herauszuarbeiten. Ein relativ neuer Aspekt im Elementarisierungsmodell sind die »elementaren Lernformen«. Denn Elementarisierung versteht sich nicht nur als thematische Erschließung, sondern »impliziert vielmehr eine Unterrichtskultur, die es Kindern und Jugendlichen erlaubt, als aktive Subjekte tätig zu werden« (Schweitzer 2008, 29).

Neben dieser konzeptionellen Sichtweise vertreten Walburg/Möhle (1994) ein Elementarisierungsverständnis im Sinne eines Handwerkszeuges für die Arbeit mit biblischen Geschichten.

- Narrativität bzw. die narrative Struktur ist eine Forderung, die Hubertus Halbfas (1990, 199) generell an jede Form des Religionsunterrichtes stellt: »Es geht ja doch grundlegend um eine innere Sinnenhaftigkeit der Sprache, um Geschichten statt reiner Begrifflichkeit, um Verstehensprozesse, die nicht ohne affektive Komponente bleiben [...]«. Die erzählerische Form erhält damit eine wesentliche Bedeutung für den Religionsunterricht, zumal biblische Inhalte großenteils narrativ, d. h. als Geschichten, organisiert sind und andererseits die Identität narrativ konstruiert wird (Müller-Friese/Leimgruber 2002, 368).

- Offene Lernformen als Mittel der inneren Differenzierung werden konstitutiv gesehen für eine Religionsunterricht in integrativen/sonderpädagogischen Kontexten, die auf unterschiedliche Lernwege und -bedürfnisse der Schülerinnen und Schüler zugeschnitten sein müssen (ebd., 369).

- Analog zur Symbolorientierung gewinnt auch die Ritualisierung an Bedeutung, nämlich in der Rhythmisierung der Arbeitsphasen und »Rückbindung der selbstständigen Arbeit in die Gesamtgruppe« (ebd., 369). Neben der Strukturierung besitzen Rituale weitere pädagogische Funktionen, insbesondere im Erzeugen von Gemeinschaft und in der Aktivierung. Generell ist aber zu beachten, dass diese Funktionen ambivalent sein können. d. h., dass ein Übermaß an Strukturierung zur Erstarrung des Unterrichts führt.

- Entwicklungs-, Handlungs- und Vorhaben-/Projektorientierung: Religionspädagogik in sonderpädagogischen/integrativen Kontexten verschränkt fachbezogene Zielsetzungen mit der Förderung in den Entwicklungsbereichen sowie mit sogenannten »Handlungs-« und »Begegnungsfeldern«.

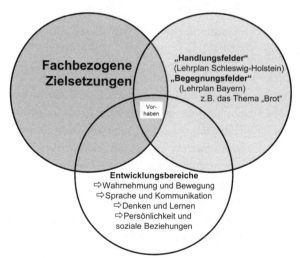

Abb. 2: Vorhaben des Religionsunterrichtes im Schnittbereich zwischen Handlungsfeldern, fach- und entwicklungsbezogenen Zielsetzungen.

Vorhaben oder Projektorientierung bedeutet, dass die Auseinandersetzung mit religionspädagogischen Inhalten in ein größeres Ganzes eingebunden wird. Erstens dadurch, dass die Schülerinnen und Schüler gemeinsam ein für sie sinnvolles Vorhaben auswählen und verfolgen, zum Beispiel die Vorbereitung einer Aufführung. Zweitens, weil der Religionsunterricht fächerübergreifend stattfindet, etwa indem – wie im genannten Beispiel – Inhalte der Fächer Deutsch, Kunst oder Musik mit einfließen. Drittens ist die Vorhaben- oder Projektorientierung die wesentliche Konsequenz der »entwicklungslogischen Didaktik« (Feuser 1989), die es Schülerinnen und Schülern auf unterschiedlichen Lernniveaus ermöglicht, an einem Thema gemeinsam zu arbeiten.

- Unterstützte Kommunikation: Eine bedeutende Anzahl der Schülerinnen und Schüler im Förderschwerpunkt geistige Entwicklung ist nichtsprechend. Religionsunterricht muss daher alternative Kommunikationssysteme (Symbole, Gebärden, elektronische Hilfsmittel) einbeziehen (vgl. Köhnen/Roos 2002, 36ff.).

- Schulleben: Wesentlich für den Religionsdidaktik im Förderschwerpunkt geistige Entwicklung ist die Integration des Religionsunterrichtes in das Schulleben, wo er eine gestaltende Kraft entfaltet: als Impulsgeber für Projekte des fächerübergreifenden Unterrichts, für Schulfeiern und -feste, für die interkonfessionelle Zusammenarbeit und die Schulkultur.

4 Unterrichtliche Konkretionen

4.1 Ein didaktisches Symbolmodell

Über die pauschale Anerkennung der religiösen »Brückenfunktion« hinaus geht das folgende didaktische Symbolkonzept mit den präsentativen und diskursiven Symbolen differenziert auf die unterrichtliche Vermittlungspraxis ein. Dabei orientiert es sich an den Kompetenzen der Schülerinnen und Schüler hinsichtlich des Umgangs mit Symbolen. Es wird deutlich, dass unterschiedliche Kompetenzniveaus Lernangebote auf verschiedene Weise nutzen können und damit der Fokus auf ganz unterschiedliche Akzente gerichtet wird (Abb. 3).

Dies ist am Beispiel »Symbol Brot« im Zusammenhang mit der Emmaus-Geschichte zu erläutern. Der Vorteil des didaktischen Symbolmodells ist dabei, dass man nicht pauschal von einem »Symbol Brot« spricht, sondern mediale Erscheinungsformen identifizieren kann, denen spezifische Zugangsweisen entsprechen. Zweitens werden nach dem Prinzip der »Ganzheitlichkeit« korrespondierende Entwicklungsbereiche aufgezeigt, welche die Fachdidaktik in den sonderpädagogischen Bereich hinein erweitern und dem Religionsunterricht eine entsprechende Konturierung verleihen. Diese Vorschläge – weitgehend angelehnt an den bayrischen Lehrplan geistige Entwicklung – sind nur Blitzlichter und können von Praktiker(inne)n sicherlich mühelos erweitert werden. Statt Vollständigkeit anzustreben, geht es aber darum, exemplarisch darzustellen, wie ein Begegnungsfeld (Symbol Brot) mit fachdidaktischen Konkretionen und genuin sonderpädagogischen Perspektiven (Entwicklungsbereiche) vernetzt wird.

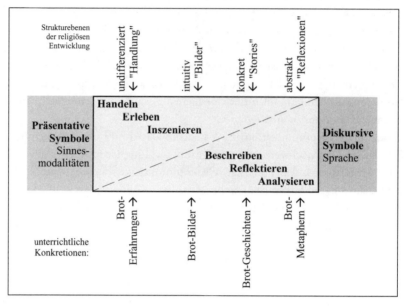

Abb. 3: Didaktisches Symbolmodell

4.2   Erster Kreis der Konkretionen:
Handelnde Begegnung mit den Gegenständen – »Brot-Erfahrungen«

Diese Form der Konkretionen befasst sich mit dem Symbol als etwas Sinnlich-Wahrnehmbarem. Im Vordergrund stehen hier der handelnde Umgang und das Erfahren, die Inszenierung (wobei der räumlichen Atmosphäre eine besondere Rolle zukommt):

Religionspädagogische Konkretionen	Korrespondierende sonderpädagogische Entwicklungsbereiche und Inhalte der Förderung
1. Gegenständliche Symbole: ein eigenes Brot aus Brotteig formen, gemeinsam Brot backen, Brot schmecken.	Wahrnehmung und Bewegung: Koordination beider Hände, z. B. Teig rühren und kneten, Laib formen, Brot brechen, zum Mund führen, bzw. dargeboten bekommen
2. Rituale und rituelle Rhythmisierung des Unterrichts: Brot teilen und gemeinsam verzehren.	Denken und Lernen: Wiedererkennen von Situationen und spezifischen Signalen Gemeinsam lernen: Kooperation in der Gruppe, Aufmerksamkeit auf andere richten, auf das Tun anderer reagieren, Kontakt zu ihnen aufnehmen, jemanden ansprechen, sich jemandem aktiv zuwenden

3. Lieder: »Brich mit den Hungrigen Dein Brot«, »Wir teilen« usw. – insbesondere Lieder mit Bewegungen und Gesten zum Mitvollziehen.	Gemeinsam lernen: Etwas gemeinsam in der Gruppe tun Denken und Lernen: Innere Repräsentation von Handlungen Kommunikation und Sprache: Lebendige Sprachgestaltung Unterstützte Kommunikation: Gestik und Zeigebewegungen: Einfache Gestik zur Verständigung einsetzen
4. Performative Aneignung: Gemeinsame Gebete/Segenssprüche: Die gebackenen Brote segnen.	Sprache und Kommunikation: Sprache zur Gestaltung gemeinsamer Situationen erfahren Denken und Lernen: Nachahmung von Handlungen

4.3 Zweiter Kreis: Brot-Bilder

Diese und die nachfolgende Gruppe der Konkretionen zielen darauf ab, die direkte Begegnung mit dem Lerngegenstand erfahrungsnah auf die verbale und bildliche Ebene zu abstrahieren.

Religionspädagogische Konkretionen	Korrespondierende sonderpädagogische Entwicklungsbereiche und Inhalte der Förderung
1. Brot kann nicht nur als Gegenstand dargestellt werden: Brot-Bilder und Brot-Bildsymbole.	Unterstützte Kommunikation: Symbole für die Brotherstellung (z. B. Symbolrezept), für Rituale oder mit gottesdienstlichem Bezug erarbeiten
2. Bild-Betrachtung: Emmaus-Bild (z. B. Sieger Köder: Emmaus)	Schriftsprache/Grundlegende kommunikative Fähigkeiten
3. Das Bild beschreiben, sich mit dargestellten Personen identifizieren, Abstoßendes oder Anziehendes benennen, eine Bild-Aussage vermuten …	(vgl. Entwicklungsbereiche Denken und Lernen/Sprache und Kommunikation) Ein Bild in seiner Gesamtheit erfassen: Strategien erwerben, um alle Einzelheiten auf einem Bild wahrzunehmen, markante Bildelemente, Farbflächen, farbige Ausgestaltung, wichtige Details als Orientierungshilfen wahrnehmen, Wesentliches von Unwesentlichem unterscheiden können
4. Mit dem Bild arbeiten, künstlerisches (Nach-)Gestalten: Farben verändern, Motive verfremden oder kombinieren, substituieren, Auslassungen ergänzen, Kompositionen umgestalten usw.	Wahrnehmung und Bewegung: Feinmotorische Koordination, Koordination beider Hände: Gestaltungen mit Farbe oder plastischen Materialien Denken und Lernen: Ideen kreativ ausdrücken

Abb. 4: Sieger Köder: Emmaus Abendmahl.   Abb. 5: Karl Schmidt-Rottluff: Emmaus (Holzschnitt
Szene aus dem Flügelaltar Pfarrkirche Ro-   1918)
senberg (zw. 1975 und 1995)

4.4   Dritter Kreis: Brot-Geschichten und -Spiele

Religionspädagogische Konkretionen	Korrespondierende sonderpädagogische Ent-wicklungsbereiche und Inhalte der Förderung
1. Die Emmaus-Geschichte nacherzählen und nachspielen.	Denken und Lernen: Begriffsbildung/Repräsentation. Situationen und Handlungen werden anschaulich im Spiel dargeboten und von den Schülerinnen und Schülern aktualisiert, z. B. Nachahmung von Handlungen Kommunikation und Sprache: Lebendige Sprachgestaltung, Einbeziehung von Unterstützter Kommunikation Schriftsprache/Grundlegende kommunikative Fähigkeiten: Bilder in eine sinngebende Reihenfolge bringen: Bildergeschichten ordnen
2. Mein Brot sprechen lassen: Was kann mein Brot erzählen?	Denken und Lernen: Perspektivübernahme, sich in andere Akteure hineinversetzen
3. Die Brote miteinander sprechen lassen.	
4. Brot der Emmaus-Geschichte sprechen lassen: Was kann es erzählen?	Denken und Lernen: Teile einer Handlung wiedergeben; Perspektivübernahme, sich in Handlungsfiguren hineinversetzen

4.5 Vierter Kreis: Brot als Metapher

Brot steht hier als Metapher für das, was Menschen zum Leben brauchen. Dazu ist neben einem weiten Lebensfeld (Einbeziehung ferner Kulturen) auch ansatzweise die Fähigkeit notwendig, Symbole aus dem konkreten Zusammenhang auf andere Bedeutungsebenen auszuweiten:

Religionspädagogische Konkretionen	Korrespondierende sonderpädagogische Entwicklungsbereiche und Inhalte der Förderung
a) Das leiblich Notwendige: »Unser tägliches Brot gib uns heute …« – das kann Brot als Nahrungsmittel sein (z. B. in Europa), aber auch Reis (Asien), Mais (Südamerika) oder sauberes Trinkwasser (Afrika, Israel oder Mittelamerika).	Kommunikation und Sprache: Differenzierter Umgang mit Sprache (So-wie/Als-ob-Beziehungen)
b) Das geistig Notwendige: »Der Mensch lebt nicht vom Brot allein …«.	Persönlichkeit und soziale Beziehungen: Die eigene Lebensgeschichte reflektieren

4.6 Anmerkungen

Bei einer schematischen Darstellung sollte auf mögliche Verkürzungen hingewiesen werden: So besteht die Kunst des Unterrichtens nicht darin, bestimmten Entwicklungsniveaus (Strukturebenen) immer nur ein und dieselbe Form der Konkretion anzubieten. Vielmehr geht es um die Mischung der unterschiedlichen Formen, insbesondere in integrativen Lerngruppen.

Das didaktische Symbolmodell hilft dabei, eine größtmögliche Passung zwischen religionspädagogischem Angebot und Lernausgangslage herzustellen. Letztlich tritt angesichts solch praktischer Perspektiven die Frage nach der Selbstwirksamkeit des Symbols zurück: Das Lernen mit christlichen Symbolen im Religionsunterricht findet immer mit dem Bezug zu einer kritischen Tradition statt, welche christliche Symbole kritisch ›rahmt‹. Jedoch ist es nicht nötig und bei der Schülerschaft in Förderzentren auch nicht pauschal möglich, dass eine symbolkritische Kompetenz bei allen Schülerinnen und Schülern angestrebt und ausgebildet wird. Viel wichtiger ist es, differenzierte Lernangebote zu entwickeln, um die Schülerinnen und Schüler gemeinsam, aber auf individuelle Weise an einem Symbol arbeiten zu lassen.

5 Ausblick

Iris Kreile: Lieber Herr Anderssohn, wenn ich auf unser gemeinsames Projekt zurückblicke, dann freue ich mich darüber, dass meine Anfrage gegenüber einer etwas einseitigen symboldidaktischen Prägung der Sonderpädagogik bei Ihnen auf offene Ohren getroffen ist.

Stefan Anderssohn: Was die symboldidaktische Prägung betrifft: Sie ist sicherlich begründet in der sonderpädagogischen Notwendigkeit, grundlegend handlungs- und sinnorientiert zu arbeiten. Ein Anspruch, der sich im Übrigen auch in der Allgemeinen Religionspädagogik immer stärker etabliert. Andererseits: Ein stark »verkopfter« Zugang zu Symbolen, wie mir der semiotische Ansatz es auf den ersten Blick zu sein schien, unterschätzt »Herz und Hand« – auch eine Form der Einseitigkeit.

Iris Kreile: Unser gemeinsames Anliegen, im integrativen Religionsunterricht eine anspruchvolle und anschlussfähige Symboldidaktik zu konzipieren, hat uns geholfen, Einseitigkeiten zu überwinden. Symbole sind keine Fenster zur göttlichen Welt, sie erschöpfen sich aber auch nicht in der Dekodierung von Textgefügen und Zeichenwelten.

Stefan Anderssohn: Ja, genau: am Anfang ist es wichtig, sich klar darüber zu werden, dass es unterschiedliche Formen des Zugangs und Umgangs mit Symbolen gibt, die sich gegenseitig ergänzen: diskursive und präsentative Symbole. Die integrative Religionspädagogik sollte immer beide Formen im Blick behalten!

Iris Kreile: Gerade die präsentativen Symbole stellen eine Herausforderung für eine semiotische Zeichenlehre dar. Unsere Lösungsstrategie besteht darin, die Aneignungsprozesse und damit auch die Betonung des akuten Umgangs mit Zeichen über kognitive Aneignungsformen hinauszuführen. Schmecken, fühlen, berühren, herstellen, betrachten … alle Sinne eignen sich zur Erschließung von präsentativen Symbolen und sind dadurch auch an die Subjektivität der Lernenden zurückgebunden.

Stefan Anderssohn: Und ich würde wohl ganz in Ihrem Sinne hinzufügen, dass diese Symbole ihre Wirkmächtigkeit nur innerhalb einer Tradition entfalten. Dennoch ist es etwas anderes, über diese Tradition kritisch zu reflektieren oder ihr in Ritualen, Geschichten oder konkreten Symbolen zu begegnen. Ich nehme für mich mit: Semiotik meint nicht nur die trockene Analyse, sondern auch, Symbole in einem bestimmten Kontext zu erfahren. Und wiederum: Kognition schließt ganz basale Formen der Welterschließung mit ein.

Iris Kreile: Genau darum geht es, den Begriff der Kognition synästhetisch zu erweitern. Mit dem vorgestellten Strukturmodell der religiösen Entwicklung lässt sich dann im integrativen Religionsunterricht gut arbeiten und es lassen sich individuelle Lernanforderungen für einzelne Schülerinnen und Schüler entwickeln. So müssen nicht alle mit einer undifferenzierten symboldidaktischen Einheit sowohl unter- als auch überfordert werden. Diesen Eindruck hatte ich bei manchen Symbolentwürfen, die nach dem Motto funktionierten: Es ist wegen der Mehrschichtigkeit des Symbols für alle schon etwas dabei.

Stefan Anderssohn: Also das könnte ich aus sonderpädagogischer Perspektive kaum besser ausdrücken!

Iris Kreile: Zum Schluss kann ich nur sagen: Lassens Sie uns weiter über unseren Tellerrand blicken. Es ist gerade auch den Schülerinnen und Schülern der Regelschule zu wünschen, dass Ihnen die kognitive Engführung im Religionsunterricht erspart bleibt. Danke für die Zusammenarbeit!

Stefan Anderssohn: Auch Ihnen vielen Dank, Frau Kreile! Rückblickend auf den gemeinsamen Weg und die Diskussionen möchte ich meine Freude zum Ausdruck bringen, dass im zurückliegenden Text ein so fruchtbarer Dialog zwischen Sonderpädagogik und Religionspädagogik zustande gekommen ist. Dieses Geben und Nehmen ist nach meiner Erfahrung eher die Seltenheit. Ich würde mir wünschen, dass die integrative Religionspädagogik der Ort ist, wo dieser Dialog in Zukunft weitergeführt werden kann!

Literatur

Anderssohn, Stefan (2002): Religionspädagogische Forschung als Beitrag zur religiösen Erziehung und Begleitung von Menschen mit geistiger Behinderung. Frankfurt a. M.: Peter Lang.

Anderssohn, Stefan (2007): »Gott ist die bunte Vielfalt für mich«. Einblicke in die Religiosität von Menschen mit geistiger Behinderung. Neukirchen-Vluyn: Neukirchener Verlagsgesellschaft.

Biehl, Peter (unter Mitarbeit von Ute Hinze und Rudolf Tammeus) (1989): Symbole geben zu lernen. Einführung in die Symboldidaktik anhand der Symbole Hand, Haus und Weg. Neukirchen-Vluyn: Neukirchener Verlagsgesellschaft.

Biehl, Peter (1996): Didaktische Strukturen im Religionsunterricht. In: Jahrbuch der Religionspädagogik JRP 12, hg. von Peter Biehl u. a. Neukirchen-Vluyn: Neukirchener Verlagsgesellschaft, 197–223.

Biehl, Peter (2002): Die geschichtliche Dimension des religiösen Lernens. In: Jahrbuch der Religionspädagogik JRP 18, hg. von Christoph Bizer u. a. Neukirchen-Vluyn: Neukirchener Verlagsgesellschaft, 135–143.

Bucher, Anton A. (1990): Symbol – Symbolbildung – Symbolerziehung. Philosophische und entwicklungspsychologische Grundlagen (Studien zur Praktischen Theologie 36). St. Ottilien: EOS Verlag.

Dressler, Bernhard/Klie, Thomas (2002): Zeichenspiele inszenieren. Umrisse einer semiotischen Religionsdidaktik. In: Jahrbuch der Religionspädagogik JRP 18. Neukirchen-Vluyn: Neukirchener Verlagsgesellschaft, 90–99.

Englert, Rudolf (2002): Auffälligkeiten und Tendenzen in der gegenwärtigen religionsdidaktischen Entwicklung. In: Jahrbuch der Religionspädagogik JRP 18. Neukirchen-Vluyn: Neukirchener Verlagsgesellschaft, 233–248.

Grethlein, Christian (2005): Fachdidaktik Religion. Göttingen: Vandenhoeck & Ruprecht.

Halbfas, Hubertus (1982): Das dritte Auge. Düsseldorf: Patmos.

Halbfas Hubertus (1990): Die Allgemeingültigkeit der Sonderpädagogik. In: Adam, Gottfried/Pithan, Annebelle (Hg.): Wege religiöser Kommunikation – kreative Ansätze der Arbeit mit behinderten Menschen. Münster: Comenius Institut, 185–208.

Heimbrock, Hans-Günter (1986): Perspektiven der Elementarisierung als Hilfe für den Religionsunterricht mit lernbehinderten und geistigbehinderten Schülern. Zeitschrift für Heilpädagogik, Jg. 37, H. 2, 96–104.

Heinen, Norbert (1989): Elementarisierung als Forderung an die Religionsdidaktik mit geistigbehinderten Jugendlichen und Erwachsenen. Aachen: Mainz.

Köhnen, Monika/Roos, Erika (2002): Nichtsprechende Kinder reden mit. Unterstützte Kommunikation im Unterricht. Dortmund: verlag modernes lernen.

Kunstmann, Joachim (2002): Religion und Bildung. Zur ästhetischen Signatur religiöser Bildungsprozesse. Freiburg: Gütersloh.

Langer, Susanne Katherina (1984): Philosophie auf neuem Wege. Das Symbol im Denken, im Ritus und in der Kunst. Frankfurt a. M.: Fischer.

Leonhard, Silke/Klie, Thomas (Hg.) (2003): Schauplatz Religion. Grundzüge einer Performativen Religionspädagogik. Leipzig: Evangelische Verlagsanstalt.

Lorenzer, Alfred (1984): Das Konzil der Buchhalter. Die Zerstörung der Sinnlichkeit. Eine Religionskritik. Frankfurt a. M.: Fischer.

Mette, Norbert/Schweitzer, Friedrich (2002): Neuere Religionsdidaktik im Überblick. In: Jahrbuch der Religionspädagogik JRP 18, hg. von Christoph Bizer u. a. Neukirchen-Vluyn: Neukirchener Verlagsgesellschaft, 21–40.

Meyer-Blanck, Michael (1995): Vom Symbol zum Zeichen. Symboldidaktik und Semiotik. Hannover: Lutherisches Verlagshaus.

Meyer-Blanck, Michael (1998): Plädoyer für eine semiotische Revision der Symboldidaktik. In: Dressler, Bernhard/Meyer-Blanck, Michael (Hg.): Religion zeigen. Religionspädagogik und Semiotik. Münster: Lit-Verlag, 10–26.

Müller-Friese, Anita/Leimgruber, Stephan (2002): Religionspädagogische Aspekte eines integrativen Religionsunterrichtes. In: Pithan, Annebelle/Adam, Gottfried/Kollmann, Roland (Hg.): Handbuch Integrative Religionspädagogik. Münster: Comenius Institut, 356–374.

Röhrig, Jürgen (1999): Religionsunterricht mit geistigbehinderten Schülern – aber wie? Perspektivwechsel zu einer subjektorientierten Religionsdidaktik. Neukirchen-Vluyn: Neukirchener Verlagsgesellschaft.

Rupp, Horst F. (2009): Religion(sunterricht) im Singular oder Plural? Zur Struktur des Religionsunterrichts in Deutschland angesichts neuerer Entwicklungen. In: Court, Jürgen/Klöcker, Michael (Hg.): Wege und Welten der Religionen. Frankfurt a. M.: Otto Lembeck, 479–488.

Schweitzer, Friedrich (2002): Elementarisierung – ein religionsdidaktischer Ansatz. In: Ders. (Hg.): Elementarisierung im Religionsunterricht. Neukirchen-Vluyn: Neukirchener Verlagsgesellschaft.

Schweitzer, Friedrich (2008): Elementarisierung und Kompetenz. Wie Schülerinnen und Schüler von ›gutem Religionsunterricht‹ profitieren. Neukirchen-Vluyn: Neukirchener Verlagsgesellschaft.

Sohn, Sung-Hyun (2008): Problemorientierter Religionsunterricht und Symboldidaktik. Neukirchen-Vluyn: Neukirchener Verlagsgesellschaft.

Walburg, Wolf-Rüdiger/Möhle, Horst (1994): Religionsunterricht für Kinder mit einer geistigen Behinderung. (Kieler Entwürfe für Schule und Kirche 14). Kiel: Pädagogisch-Theologisches Institut Nordelbien.

Michael Häußler & Ralf Wittenstein

Lebenswelt und musikalische Kompetenzen –
Musikunterricht im Förderschwerpunkt geistige Entwicklung

1   Musikunterricht im Spannungsfeld von musikalischem Anspruch
      und gesellschaftlichem Auftrag

Der Musikunterricht gehört seit der Einführung der staatlichen Schulpflicht zum Fächerkanon allgemeinbildender Schulen. Die Musikdidaktik erforscht dabei als Wissenschaft die Theorie von Musikunterricht mit dem Ziel, begründbare und realisierbare Entscheidungen für den Musikunterricht zu entwickeln. (Siehe dazu u. a.: Abel-Struth 1975, 18f.; Abel-Struth 2005; Kühn 1926, 133; Rauhe 1978, 231; Kaiser/Nolte 1989, 17–21) Bereits seit den Anfängen der institutionellen Musikpädagogik wurden eine rein fachimmanente Rechtfertigung und der Nutzen des Schulfaches Musik in einem allgemeinbildenden Schulsystem immer wieder bezweifelt und hinterfragt. Der Musikunterricht steht unter besonderem Legitimationszwang und die Musikpädagogik muss permanent Rechenschaft darüber ablegen, welchen Beitrag der Musikunterricht innerhalb des allgemeinen Bildungssystems leisten kann (Ehrenforth 1986, 267f.). Dies mag erklären, warum in der Geschichte des schulischen Musikunterrichts immer wieder eine Anlehnung an sozial-politische Ideologien, fachfremde Wissenschaften sowie therapeutische Modelle zu erkennen ist. Damals wie heute erscheint das Schulfach Musik geprägt von einem Netzwerk unterschiedlicher historischer Einflüsse und Institutionen, die einen Anspruch auf die Ausrichtung des Musikunterrichts erheben:

Im 19. Jahrhundert war der Einfluss der Kirche von besonderer Bedeutung für den Musikunterricht – Musik in der Schule diente in erster Linie der Verbesserung des Kirchengesangs (siehe dazu u. a.: Ehrenforth 1986 und 2005; Wittenstein 2009). Man glaubte noch auf die Motivation im Bildungs- bzw. Erziehungsgeschehen weitgehend verzichten zu können. Musik wurde aufgrund des statischen enzyklopädischen Bildungsbegriffs nach handwerklicher Manier gelehrt. *Musikalität*, ja sogar *Menschbildung* würde sich einstellen, wenn der »Bildling« die musikalische Grammatik beherrschte. Anfang des 20. Jahrhunderts betonte die Jugendbewegung das Musik*erleben*, die emotionale »einigende Kraft« der Musik als Gemeinschaftsbewegung. Der Musikunterricht sollte die fachliche Enge überwinden und zur Menschlichkeit erziehen (Eschen 2008, 69–87).

Leo Kestenberg misstraute den irrationalen Tendenzen innerhalb der Jugendmusikbewegung (ebd.). Ihm gelang es, ein Gesamtkonzept musikalischer Bildung vom Kindergarten bis zur Musikhochschule zu etablieren und das Fach Schulmusik im Fächerkanon der allgemeinbildenden Schulen zu institutionalisieren. Als Musiker und Sozialist hatte er die Vision von der Musikalisierung aller Menschen: Durch die *Erzie-*

hung durch die Kunst zur Kunst wurde der schulische Musikunterricht als Medium für eine gesellschaftliche Genesung aufgewertet.

Der Erfahrung eines ideologisierten Umgangs mit Musik und der politischen Instrumentalisierung des Gesangunterrichts im Dritten Reich folgten musikpädagogische Konzepte sowie musikdidaktische Denkmodelle, die eine »neue Sachlichkeit« des Musikunterrichts einforderten. Dieser 1968 von Alt propagierten Konzeption der »Orientierung am Kunstwerk« wurde in den 1970er-Jahren die »Orientierung am Handeln« und die »Orientierung am Schüler« entgegengestellt. Der Musikunterricht erhielt dadurch wieder eine sozial-politische Funktion: So beinhaltete das Konzept der Schülerorientierung, der Perspektivenwechsel vom Gegenstands- zum Personenbezug, bereits eine politische Perspektive durch die Forderung von »mehr Demokratie« im Klassenzimmer. (Kaiser/Nolte 1989, 84f.)

Parallel zum staatlichen Schulsystem konnten sich in Deutschland weitere pädagogische Konzepte im allgemeinbildenden Schulwesen etablieren, welche (wieder) die Bedeutung des Musikunterrichts im *Erziehungs*geschehen betonten. Im Bildungs- und Erziehungssystem von Maria Montessori hat die Musik*erziehung* einen hohen Stellenwert und gilt, gleichberechtigt neben den wissenschaftlichen und sozialen Lehrinhalten, als ein wichtiger Bestandteil der Persönlichkeitsbildung. Unter den Anthroposophen wird Rudolph Steiner auch deswegen gewürdigt, weil er der Musik eine zentrale Funktion als *menschbildende Kraft* in der Pädagogik zuspricht. Im Unterschied zur Montessoripädagogik steht hier die *Musikerziehung* über der Bildung des Intellekts (Meyer 2000, 182).

Gegenwärtig scheinen im Schulwesen antiwissenschaftliche und antirationale Sichtweisen der Künste zu dominieren, die auf die Konzeption des schulischen Musikunterrichts übertragen und von fachfremden Disziplinen und Institutionen noch verstärkt werden. Ärzte und Elternvertreter plädieren für die Funktion des Musikfaches als »emotionales Refugium« (Abel-Struth 2005, 71) im Kanon der wissenschaftlichen Schulfächer. Getragen wird dieser Ansatz von der Vorstellung der Musik als *heilende Kraft* (einem kompensatorischen und therapeutischen Konzept) und wissenschaftskritischen Bewegungen. (Abel-Struth 2005, 44; Bastian 1997)

Der Musikunterricht erscheint somit als ein von fachfremden Disziplinen beeinflusstes und bewertetes Schulfach. Ideologische, gesellschafts-politische und therapeutische Aufträge an das Schulwesen und daraus hervorgehende Bildungskonzepte dominierten den schulischen Musikunterricht und ließen die Fragen nach einer fachimmanenten wissenschaftlichen Begründung der Musikdidaktik in den Hintergrund treten. Die wissenschaftliche und theoretische Erschließung des Faches, das wissenschaftliche Fundament pädagogischen Handelns im Musikunterricht, wurde dadurch vernachlässigt. Der rasche Wechsel von Moden und Ideologien sowie Bedürfnisse, die in einer von Stress dominierten Schulwelt von dem Musikunterricht vor allem eine Entspannungs- und Kompensationsfunktion erwarteten, ließen die Zahl an methodischen Wegweisern und Leitfäden zum Musikunterricht beständig anwachsen. Diese

teilweise konkurrierenden und *verzweckten* Konzepte belegen die »Ideologieanfällig-
keit« bzw. die »Zeitgeistabhängigkeit« des Musikunterrichts und stellen die Musikdidaktik vor große Herausforderungen.

2   Musikunterricht und »Lebenswelt«

Die Ursachen für diese *Krise der Musik* liegen nach den vorangegangenen Erläute-
rungen zum einen in der Vereinnahmung des Musikunterrichts durch fachfremde
Konzepte und Zielvorstellungen, zum anderen in der Überbetonung bzw. Vernachlässigung musikimmanenter Elemente und Phänomene. Diese »Pendelbewegungen des
Musikunterrichts zwischen kognitiven aber auch emotionalen Einseitigkeiten« (Abel-
Struth 2005, 45) und der Einfluss außermusikalischer Denkmodelle sind die Ursachen für die diagnostizierte Entfremdung von Mensch und Musik. So muss vor allen
konzeptionellen Überlegungen zunächst beantwortet werden, wie diese Entfremdung
überwunden werden kann.

2.1   Der Lebensweltbegriff bei Edmund Husserl

Eine Hilfestellung auf diese Frage fand die (Musik-)Pädagogik in der Systematik der
Phänomenologie nach Edmund Husserl. Husserl hatte in seiner Schrift »Die Krisis
der europäischen Wissenschaften und die transzendentale Phänomenologie« die Dominanz der Naturwissenschaften über die Geisteswissenschaften beklagt, die in der
Geschichte zu einem Verlust der Sinnhaftigkeit geführt hätte. Der Mensch und die
ursprüngliche Einheit seiner Lebenswelt (Verstand *und* Emotion, Objektivität *und*
Subjektivität) seien durch eine »indirekte Mathematisierung« (Husserl 1977, XVIIf.)
der Welt aus der wissenschaftlichen Fragestellung ausgeklammert worden. Die Kritik
Husserls an den Wissenschaften betrifft somit »nicht ihre Wissenschaftlichkeit, sondern das, was sie, was Wissenschaft überhaupt dem menschlichen Dasein bedeutet
hatte und bedeuten kann« (ebd., 7).

    Die Krise der Wissenschaften und der Philosophie hatte ihren Ursprung darin, dass
seit dem ausgehenden 19. Jahrhundert der moderne Mensch sich von den positiven
Wissenschaften hatte »blenden« und »bestimmen« lassen. Die Folge war ein »gleichgül-
tiges Sichabkehren von den Fragen, die für ein echtes Menschentum die entscheidenden sind« (ebd.). In der Selbstverpflichtung der positiven Wissenschaften auf objektiv
feststellbare Tatsachen verwehrte sich die Forschung dem Subjektiven, den *ursprünglichen* und *vernünftigen* Fragen der Menschheit. In der Konsequenz dieser Entmensch-
lichung des Forschens sei es zur gleichgültigen Abkehr von den ursprünglichen Fragen
des Individuums nach Sinnhaftigkeit, Vernunft, Freiheit und Verantwortlichkeit im
Bereich der positiven Wissenschaften gekommen. Die Folge dieser Unvernunft: »Bloße Tatsachenwissenschaften machen bloße Tatsachenmenschen« (ebd., 8).

Eine weitere Folge der *Mathematisierung* der Welt: »Der Positivismus enthauptet
… die Philosophie« (ebd., 7). Die Untersuchungsmethoden der Naturwissenschaften
wurden zum Vorbild für jede Methode eines wissenschaftlichen Verfahrens, als das
einzig wahre Kriterium für Wissenschaftlichkeit an sich. Dieses mathematische »Ide-
enkleid« (ebd., 55f.) führte zur Vereinnahmung der Geisteswissenschaften durch die
positiven Wissenschaften bzw. zur Selbstauflösung der Philosophie durch die Übernahme der naturwissenschaftlichen Methoden. Die Fragen nach Sinn und Vernunft
drängten die Philosophie in die Unwissenschaftlichkeit. Mit dem Verlust ihrer Wissenschaftlichkeit wurde die Philosophie aus dem Kreis der Wissenschaften verbannt.

Der Ausweg aus diesem Dilemma besteht in der radikalen Rückbesinnung auf die
ursprünglichen Fragen der Menschen und die originären Aufgaben der Wissenschaft,
»durch die Kruste der veräußerlichten ›historischen Tatsachen‹ der Philosophiege-
schichte durchzustoßen, deren inneren Sinn, ihre verborgene Teleologie befragend,
aufweisend, erprobend.« (ebd., 18) Die Philosophie darf nicht länger den positiven
Wissenschaften ausgeliefert sein, sondern muss vor der »Selbstanmaßung« (Waldenfels 1992, 18) der positiven Wissenschaften geschützt werden. Methoden und Gesetze dieser »völlig neuartigen Wissenschaftlichkeit« (Husserl 1977, 76) werden aus der
umfassenden Beschreibung der Sachen selbst gewonnen. Die neue Form von Wissenschaftlichkeit muss »von aller unbefragten Traditionalität befreit werden« (ebd., 50).
Alle Erkenntnis muss sich daran messen, welche Bedeutung sie für Lebenswelt des
Einzelnen hat: »das an sich Erste ist die Subjektivität« (ebd., 76). Dies bedeutet die
Befreiung von vorgegebenen objektiven Methoden und Vormeinungen und ein ra-
dikales Rückfragen nach den subjektiven Bedingungen der Welterscheinung. Anders
Wahrnehmen bedeutet auch: Anderes Wahrnehmen. Die Differenz zwischen diesem
Wie und Was kommt in der Forderung etwas als etwas zu betrachten zum Ausdruck.
Die Wissenschaft erhält mit dem Ausgangspunkt Lebenswelt und der Zielrichtung
Vernunft wieder eine kulturwegweisende Funktion.

2.2   Lebensweltorientierte Musikdidaktik

Die immer wieder gestellte Frage nach der Bedeutsamkeit der Musik für den Menschen und nach ihrem Bezug zu seiner Lebenswelt beinhaltet schon den Zweifel daran
(siehe auch: Ehrenforth 2001, 9–16; Waldenfels 2001, 17–30). Die Musikdidaktik
muss sich immer wieder neu die Frage stellen, wie in der Schule ein Musikunterricht
realisiert werden kann, der den Anforderungen der Gesellschaft Rechnung trägt und
dabei die fachlichen Ziele der Musikpädagogik nicht aus den Augen verliert, der weder
auf emotionale, empathische Wahrnehmung noch auf Intellektualität im Unterrichts-
geschehen verzichtet. Wie aber können im Musikunterricht die beklagten Einseitigkeiten wie die *Technisierung* der Musik (der »grammatikalische Fundamentalismus«
(Ehrenforth 2001) als Folge der Überbetonung der Musikwissenschaften im Musikunterricht) und die *Pragmatisierung* von Musik (musikbegeistertes Musizieren, jedoch
ohne Kenntnis der Struktur und der Geschichte der Musik) überwunden werden?

Ansätze für eine Überwindung dieser *Krise der Musik* finden sich in der phänomenologischen bzw. hermeneutischen Systematik, die, beginnend in den 1970er-Jahren, auch von Musikpädagogen erschlossen wurde. Husserls *Krisis* beförderte das Nachdenken der Musikpädagogen über die Krise des Musikunterrichts, das *Desinteresse* der Schüler und der *Resignation* der Lehrer, den *grammatikalischen Fundamentalismus* einer musikwissenschaftlich orientierten Musikerziehung im Gegensatz zu einer Orientierung der Inhalte und Methoden an der *Lebenswelt* der Schüler.

Edmund Husserl erklärte die Ursachen für die Krise der Wissenschaften der Neuzeit in deren Ferne zur Lebenswelt der Menschen. Die Lösung des Problems läge demnach in der Überwindung dieser Distanz. Die Wissenschaften müssten sich der Lebenswelt der Menschen nähern, denn auf ihr beruht und begründet sich schließlich das System der Wissenschaften. Es ist naheliegend, dass diese Einsicht auch eine Erklärung für die Krise der Kunst- und Geisteswissenschaften sein könnte. Auch sie leiden in gleicher Weise an einer *Entfremdung* von ihrer ursprünglichen Verankerung in der Lebenswelt.

Gadamers hermeneutisch geprägter Bildungsbegriff definiert *Lernen* (so auch *Musik-Lernen* (Abel-Struth 2005, 295–347)) als einen dynamischen Prozess, optimalerweise als ein lebenslanges Gespräch, das von Offenheit und Korrekturbereitschaft geprägt ist. Materiale (Bezugspunkt: Lehrinhalte) und formale Bildungstheorien (Bezugspunkt: Schüler) werden in diesem Bildungssystem zusammengeführt (Gadamer: »Horizontverschmelzung«). Die Vorstellung von Bildung als Ergebnis linear fortschreitender Lernprozesse ist für das komplexe Phänomen Musik unbrauchbar. *Musik-Lernen* ist ein zirkelhaftes, dialogisches System, das sich an den (unterschiedlichen) musikalischen Vorerfahrungen des Gesprächspartners orientieren muss. In einer lebensweltorientierten Musikpädagogik kann die Musik nicht *Inhalt* der Bildung sein, sondern ein »Spiegel eines Lebens, in dem wir alle so oder anders leben« (Ehrenforth 2001, 54).

Somit kann in der Pädagogik der Begriff *Lebenswelt* definiert werden als Bereiche gemeinsamer menschlicher Grunderfahrungen »wie Trauer und Freude, Liebe und Einsamkeit, Spiel und Fest, Jubel und Klage, Sterben und neues Leben […] Die individuelle Erfahrung bringt sich ein, ohne ihr ›Alleinsein‹ aufgeben zu müssen, hofft aber auf ›Verständigung‹ in der Erwartung, Gemeinsames im Austausch zu gewinnen« (Ehrenforth 2001, 53f.).

2.3   Lebensweltorientierter Musikunterricht in der Praxis

Ausgehend von Edmund Husserls Lebensweltbegriff und der *musikdidaktischen Interpretation* der Phänomenologie bzw. der Hermeneutik können Lösungsansätze für elementare Fragen der Musikerziehung gewonnen werden:

- Was ist die gemeinsame Basis von Musikunterricht und Schülerwelt?
- Welche gemeinsamen Fragestellungen ergeben sich im Musikunterricht in einer pluralistischen Welt?

- Wie kann die Erlebnisqualität der Musik im Musikunterricht zum Ausdruck kommen?

Aus der Sicht einer phänomenologischen Musikpädagogik ist die Frage nach der *Lebenswelt* der Schüler das »wirklich Erste« (Ehrenforth 2001, 33). Die Erkenntnisse der Wissenschaften müssen mit der Lebenswelt der Schüler in Einklang gebracht werden. Den Begriff *Lebenswelt* mit Begriffen wie *Alltagswelt, Lebenswirklichkeit* oder *soziale Lebenswelt* gleichzusetzen wäre eine problematische Verkürzung dieses Begriffs. Die *Lebenswelt* umfasst viel mehr als die, in einigen musikpädagogischen Konzepten geforderte, *Orientierung an der Lebenswirklichkeit.* Gerade in dieser missbräuchlichen Reduktion des Lebensweltbegriffes steckt die Gefahr der Trivialisierung der Musikdidaktik: Der Musikunterricht würde dann nur das wiederholen und bestätigen, was außerhalb der Schule sowieso geschieht. (Vogt 2001a, 15)

In diesem Prozess hilft die Phänomenologie als Leitfaden für eine andersartige Wissenschaftlichkeit: Im permanenten Zweifeln und Hinterfragen (als »Störenfried« (Waldenfels 1998, 45)) greift der Phänomenologe in einem Hin-und-her, im Zickzack-Kurs in diesen Prozess ein und bringt dadurch voreingenommene Positionen und Vorstellungen ins Wanken. (Ehrenforth 2005; Vogt 2001b, 19f.) Die früher zwischen führenden Vertretern der Musikpädagogik viel diskutierte Frage nach Schülerorientierung, Handlungsorientierung *oder* der Orientierung am Kunstwerk wird durch die *Horizontverschmelzung* von Subjekt und Objekt gegenstandslos.

Zentrale Aufgabe des Musikunterrichtes ist das *Musik-Lernen*, im Sinne des *Verstehens* von Musik durch die Erweiterung und Vertiefung von Vorerfahrungen mit Musik. Wilfried Gruhn bezeichnet diesen Vorgang als »Erzeugung und Stabilisierung sogenannter mentaler Repräsentationen im Neuralen Netz« (in: Vogt 2001b, 67f.). Das Gehirn erkennt »Etwas als Etwas« und ordnet neue musikalische Erfahrungen den Vorerfahrungen zu. Diesen dynamischen Prozess bezeichnet Gadamer mit dem Begriff *Bildung*: »Im Fremden heimisch werden« (in: Vogt 2001b, 70).

Die Erkenntnis eines vom Dialog geprägten Bildungsbegriffes bedeutet ein pädagogisches Umdenken. Alle didaktischen Konzepte, alle Lehrmethoden können ihr Bildungsziel nur dann erreichen, wenn sie dialogisch konzipiert sind. Der »Zu-Stand« des Schülers ist dabei der Ausgangspunk jeder Lehre und bedingt den Unterrichts-»Gegen-Stand« (Ehrenforth 2001, 49). Die *Horizontverschmelzung* wird zur Basis der Kommunikation und der Verständigung von Lehrer und Schüler (siehe auch: Richter 2001). Der Lehrer übernimmt in dem Gespräch die Rolle des Vermittlers über die Botschaft (nicht die Information) der Musik. Da die Kommunikation zwischen Lehrer und Schüler nur beim Verständnishorizont (der Lebenswelt) des Schülers beginnen kann, muss am Anfang (als Bedingung der *Horizontverschmelzung*) eine Übereinkunft über gemeinsame Horizonte erfolgen. Richter bezeichnet diese »gemeinsamen Grunderfahrungen« (Schneider) im Leben von Lehrer und Schüler als »Treffpunkte« (Orte an denen Vertrautheit und Einverständnis der verabredeten Personen herrscht), Ehrenforth spricht vom »Topos« (einem Ort lebensweltlicher Gemeinsamkeiten). Von dieser Position aus kann ein Gespräch über gemeinsame Erfahrungen begonnen werden. Andererseits kann ein Austausch über gemeinsame (musikalische) Erfahrungen auch zu »Treffpunkten« hinführen, und damit den Weg zur Verständigung überhaupt erst ermöglichen. Vor-Erfahrungen mit Musik sind daher Treffpunkte (die Basis) und zugleich ermöglichen diese Gemeinsamkeiten den Weg hin zu neuen Treffpunkten.

Für die Praxis des Musikunterrichts definieren die Vertreter der »Didaktischen Interpretation« grundliegende anthropologische Topoi (Treffpunkte), die als Basis der Lebenswelt(en) gefunden werden können. Nach Richter können dies sein:

- »existenzielle« Topoi: Spiel, Zeit, Gespräch, Fest, Fremdheit, Ende …
- Lebenserscheinungen: Nacht, Winter, Kälte …
- Gefühle: Liebe, Trauer, Sehnsucht … (in: Vogt 2001a, 51)

Sie dienen als Basis der Kommunikation und können den Zugang zu anderer, unbekannter Musik ermöglichen. Der Musikunterricht kann demnach auf verschiede Weise an der Lebenswelt der Schüler partizipieren:

- Die Lebenswelt der Schüler wird zum Gegenstand des Musikunterrichtes
- Eine Musik wird in die Lebenswelt der Beteiligten eingefügt.

Der Musikunterricht erscheint im Horizont der Lebenswelt als ein nie abschließbarer Erfahrungsprozess des Menschen mit Musik. Somit wird der Unterricht im Klassenverband zur Herausforderung. In diesem ganzheitlichen Bildungsbegriff sind daher die Vor-Bild-Funktion des Lehrers und die Qualität des Schullebens wichtige Faktoren, die nicht zu unterschätzen sind. Musik kann als Ausdruck, als Gestaltungsmittel und, wenn praktiziert, als Darstellungsmittel der Lebenswelt dienen. Musik wird (oder ist bereits) ein *Gebrauchsgegenstand* der Lebenswelt und wird somit zu einem *Lebensmittel* (Richter 2001).

3 Praxis des Musikunterrichts im Förderschwerpunkt Geistige Entwicklung – Versuch einer Bestandsaufnahme

»Musik spricht Menschen mit geistiger Behinderung, wenn auch mit unterschiedlicher Intensität, besonders an. Ihre positive Wirkung auf die emotionale Befindlichkeit wird in der Praxis sehr deutlich« (Pflüger 1992, 441). Im Gegensatz zu der sich in diesen Zeilen spiegelnden Wertschätzung von Musik und Musikunterricht in der Geistigbehindertenpädagogik steht allerdings die Intensität der fachdidaktischen Diskussion und offenbar auch die Unterrichtspraxis des Faches Musik an Schulen mit dem Förderschwerpunkt Geistige Entwicklung.

Letztere stellt sich offenbar folgendermaßen dar (vgl. Probst/Schuchardt/Steinmann 2006; Amrhein/Bieker 2005):

- Musikunterricht entfällt häufig
- Musikunterricht wird häufig fachfremd erteilt, da es zu wenige ausgebildete Musiklehrer(innen) gibt

- Sowohl in der ersten wie auch in der zweiten Phase der Ausbildung wird der Bezug zwischen Sonderpädagogik und Musik zu wenig systematisch hergestellt
- Förder-, aber auch Grundschulen sind häufig nur unzureichend mit Instrumenten, Medien und geeigneten Räumlichkeiten ausgestattet.

Diskussionsbeiträge zum Musikunterricht gibt es sehr wohl, von einer Fachdidaktik des Musikunterrichts im Förderschwerpunkt Geistige Entwicklung kann man jedoch (noch) nicht sprechen. Folgende Aspekte mögen hier eine Rolle spielen:

- Beiträge zur Allgemeinen Musikdidaktik beziehen sich zu einem überwiegenden Teil auf den Bereich der Sekundarstufe; die Schule für Geistigbehinderte hat sich bei der inhaltlichen Gestaltung des Musikunterrichts seit jeher bei der Didaktik der Grundschule »bedient« (vgl. Bayerisches Staatsministerium 2003) und hätte hier ihre eigentlichen Berührungspunkte zur Fachdidaktik der Musik.
- Viele einschlägige Veröffentlichungen zum Musikunterricht mit Schüler(inne)n mit geistiger Behinderung verstehen sich zunächst als Praxishilfen und setzen dementsprechende Schwerpunkte.
- Ansätze zu einer sonderpädagogisch akzentuierten Fachdidaktik fanden sich in der Vergangenheit eher im Bereich der Schule für Lernbehinderte bzw. des Förderschwerpunkts Lernen (vgl. u. a. Moog 1977; Probst 1983; Amrhein 1993; 1995; in jüngster Zeit Mück 2008; 2009)
- Empirische Untersuchungen zu einem sonderpädagogisch gestalteten Musikunterricht gibt es nur vereinzelt; überwiegend beziehen sich diese auf förderwirksame Aspekte von Musik (vgl. Hartogh 1998; Amrhein 1993; 1995), weniger auf didaktisch-methodische Akzente.

Im Folgenden soll versucht werden, ein fachdidaktisch begründetes Modell zur Planung und Gestaltung von Musikunterricht im Förderschwerpunkt geistige Entwicklung zu entwerfen, das als Entscheidungsraster bei der Auswahl von Inhalten und bezüglich der methodischen Gestaltung von Musikunterricht dienen kann. Ein solches Konzept von Musikunterricht wird sich einerseits an Zielen und Inhalten der allgemeinen Musikpädagogik, speziell in der Grundschule, orientieren. Es muss aber andererseits auch die spezifischen Lernbedürfnisse und -erschwernisse von Kindern und Jugendlichen mit besonderem Förderbedarf im Blick haben und von hier aus nach Berührungspunkten der Lebenswelt von Kindern und Jugendlichen mit geistiger Behinderung mit Aspekten musikalischer Handlungskompetenz suchen.

4   Musikpädagogik oder Musiktherapie?

Musik wurde im Rahmen der Sonderpädagogik im Allgemeinen wie auch der Geistigbehindertenpädagogik im Besonderen nicht selten unter therapeutischem Aspekt gesehen. So ist es nötig, zwischen musiktherapeutischen und musikpädagogischen Ansätzen zu unterscheiden und zu fragen, ob erstere für die Gestaltung von Unterrichtsprozessen von Bedeutung sind. Nach Hartogh »orientiert sich Musikpädagogik vornehmlich an dem Verstehen des ›Produktes‹ Musik und der lehrenden Einführung in die Produktion und Reproduktion von Musik. Demgegenüber bedeutet die Prozessorientierung in der Musiktherapie, dass Musik als Medium angesehen wird, mit dessen Hilfe Interaktionen und innerpsychische Vorgänge wie Freude, Erinnerung oder Regression initiiert und aktiviert werden, die für die Therapie nutzbar gemacht werden können« (Hartogh 1998, 103).

Dies ist sicherlich zunächst eine stark polarisierende Definition, da es aufgrund zahlreicher unterschiedlicher Ansätze schwierig erscheint, von *der* Musikpädagogik und *der* Musiktherapie zu sprechen. Zudem haben Musikpädagogik wie Musiktherapie durch den gemeinsamen Bezug auf das Gegenstandsfeld der Musik einen stark verbindenden gemeinsamen Bezugspunkt.

Andererseits ist aus pädagogischer Sicht vor einer Therapeutisierung und Instrumentalisierung zu warnen, wenn Musik als Medium der Behandlung zur Erreichung außermusikalischer Ziele (Heilung, Verhaltensänderung) nutzbar gemacht werden soll (vgl. Pkt.1).

Menschen mit geistiger Behinderung sind nicht per se behandlungs- und therapiebedürftig, sondern – wie alle anderen Menschen auch – bildungsbedürftig. Diesem Anspruch hat sich auch Musikunterricht zu stellen: hier findet eine Begegnung von Mensch und Kultur statt, hier können Bildungsinhalte erworben werden, kann der einzelne durch den Zugewinn von Wissen und Können wachsen, sich in der aktiven (und passiven) Auseinandersetzung mit Musik in einem sozialen Kontext als produktiv erleben und gestärkt daraus hervorgehen.

Die (Sonder-)Pädagogik erliegt wohl nicht selten der Versuchung, sich selbst und ihr Handeln dadurch aufzuwerten, dass zweckfreies kindliches oder auch zielgerichtetes pädagogisch-didaktisches Handeln mit dem Attribut »Therapie« versehen wird: ein Kind, das reitet, erhält »Reittherapie«, ein bastelndes Kind Beschäftigungs- oder Ergotherapie, darüber hinaus gibt es Tanz-, Schwimm- und weitere Therapien, die all diese an sich freudvollen Tätigkeiten in das Korsett eines vermeintlich höheren Nutzens zwängen und nicht zuletzt auch gewinnbringend vermarkten. Ähnlich groß ist wohl auch die Versuchung, musikalische Betätigung entsprechend zu instrumentalisieren. Musikunterricht ist auch für Schüler(innen) mit geistiger Behinderung jedoch keine therapeutische Intervention, sondern erzieherisches Handeln und Bildungsgeschehen (vgl. Krawitz 1992).

Dass Musik auch förderliche Wirkung über ihr engeres Gegenstandsfeld hinaus hat, ist dabei unbestritten. Gerade bei Schüler(inne)n mit erhöhtem Förderbedarf in verschiedenen Entwicklungsbereichen kann Musik ein Mittel darstellen, um im pädagogischen Kontext Entwicklungsimpulse zu geben. So hat Amrhein (1993; 1995; Amrhein/Bieker 2005) Konzepte vorgelegt, in denen die Förderung von Bewegung, Ausdruck, Wahrnehmung und Kommunikation bzw. Sprache mit musikalischen Mitteln dargestellt wird. Hierbei kann nicht von Therapie gesprochen werden – Therapien werden von ausgebildeten Therapeuten angeboten, setzen entsprechende Rahmenbedingungen voraus und wirken wesentlich tiefgehender auf die Person ein, als dies im Rahmen eines pädagogisch-didaktischen Angebots im Rahmen von Musikunterricht jemals möglich wäre. Für den Bereich der Geistigbehindertenpädagogik haben u. a. Vogel (1988) und Goll (1993) Konzeptionen formuliert, die sich als therapeutische Ansätze v. a. für Menschen mit schwerer geistiger Behinderung verstehen. Bei Vogel ist die Musik ein therapeutisches Medium, welches erlaubt, Sensibilisierungs- und Erfahrungsprozesse in Gang zu setzen und durch ihren emotionalen Gehalt auch Unbewusstes erlebbar zu machen. Goll entwickelt ein Rahmenkonzept, in das sich »Erfahrungsfelder, Formen und Prozesse der heilpädagogischen Musiktherapie und damit das grundlegende begriffliche Instrumentarium für eine systematische Beschreibung der praktischen Vorgehensweisen« (Goll 1993, 446) integrieren lassen. Für den Unterricht mit Schülern(inne)n mit schwerer geistiger Behinderung bieten diese Ansätze wertvolle Anregungen, solange hiermit kein therapeutischer, sondern ein pädagogisch-didaktischer Anspruch verbunden ist.

5   Zur Frage nach den Inhalten von Musikunterricht im Förderschwerpunkt Geistige Entwicklung

5.1   Rezeption oder Produktion?

Gerade in der Grundschule war Musikunterricht lange Zeit in der Hauptsache Singunterricht, bis in die 1920er-Jahre des vergangenen Jahrhunderts lautete so auch die offizielle Bezeichnung des Faches. Dieses enge Verständnis wurde in der fachdidaktischen Diskussion Stück für Stück überwunden und von Konzepten abgelöst, die inhaltlich den Gesamtbereich von Musik in den Blick nahmen. Inwieweit dieser jedoch in seiner Vielfalt und all seinen Facetten für den Unterricht in der Grundschule aufbereitet werden konnte, war Gegenstand intensiver Diskussion.

Bis in die 1970er-Jahre des vergangenen Jahrhunderts finden sich vor allem rezeptionsorientierte Zugänge (vgl. Pkt. 1). Einflussreich war hier u. a. Alts Buch »Didaktik der Musik«, das den Untertitel »Orientierung am Kunstwerk« trug (Alt 1968), die verstärkte Einbeziehung des Musikhörens in den Unterricht forderte und sich gegen eine musische Erziehung wandte, die Musikunterricht in erster Linie als »Singen« verstand. Ganz im Geiste der in den 1970er-Jahren dominierenden Wissenschaftsorientierung des Unterrichts plädierte Alt für eine »neue Sachlichkeit«, eine »Vernüchterung der Musikpädagogik« (Alt, zit. n. Helmholz 2004, 43). Die von Alt herausgearbeiteten »Funktionsfelder des Musikunterrichts umfassten die Bereiche »Reproduktion«, »Theorie«, »Interpretation« und »Information«, die sich auch in den Lehrplänen der Grundschule verschiedener Bundesländer wiederfanden (NRW) und in dieser Systematik bis heute einflussreich sind. In eine ähnliche Richtung wiesen das Konzept der »Auditiven Wahrnehmungserziehung« (Frisius), Ehrenforths Veröffentlichung »Verstehen und Auslegen«, welche das »richtige Verstehen und die sachgemäße Auslegung« von Musik zur zentralen Aufgabe des Musikunterrichts erklärt, sowie Dankmar Venus' »Unterweisung im Musikhören«, die als Ziele von Musikunterricht fünf Verhaltensweisen zur Musik herausarbeitet, nämlich »Produktion«, »Reproduktion«, »Rezeption«, »Transposition« und »Reflexion«.

Auf der anderen Seite finden sich handlungsorientierte Konzeptionen von Musikunterricht wie die von Rauhe, Reinecke und Ribke. Sie gehen davon aus, dass »weniger das ›Musikwerk‹ als Gegenstand, sondern mehr der lebendige, handelnde, gleichermaßen kognitive, affektive und psychomotorische Umgang mit ihm« (zit. n. Helmholtz 2004, 48) im Mittelpunkt des Unterrichts stehen sollte. Die Vermittlung von Handlungsfähigkeit als zentrale pädagogische Aufgabe sieht den Menschen in der handelnden Auseinandersetzung mit seiner Umwelt, die er sich auf diese Weise erschafft, und Musik als eine Handlungsform neben anderen.

Beide Positionen sind jedoch offensichtlich weniger gegensätzlich, als es auf den ersten Blick zu sein scheint. Während auch Alts Konzeption den Bereich der »Reproduktion«, also des aktiven Musikmachens, kennt, spielt umgekehrt bei Rauhe, Reinecke und Ribke der hermeneutische Prozess des Verstehens von Musik eine nicht unwesentliche Rolle. Spychiger hat für die Grundschule einen didaktischen Entwurf vorgelegt, der Person und Welt sowie Wahrnehmung und Handlung in einen überzeugenden und logischen Zusammenhang bringt (Spychiger 2006, 23).

Aktuelle Inhaltskataloge aus dem Bereich der Grundschule weisen dementsprechend beide Aspekte – Rezeption und Produktion – auf.

Bayer. Staatsministerium, Lehrplan GS 2000	Fuchs 2006	Küntzel 2009
Musik machen • Singen und Sprechen • Instrumental	Musikalische Grundkompetenzen • Rhythmus und Bewegung • Singen und Liederwerb • Musizieren	Bewegung
Musik erfinden	Musik erfinden	Singen
Musik hören	Musik lesen und notieren	Instrumente spielen
Musik umsetzen und gestalten • Bewegung • Spiel	Musik hören und umsetzen	Klänge erfinden
		Geschichten zu Musik erzählen
		Musik hören

Abb. 1: Rezeption und Produktion in Inhaltskatalogen der Didaktik der Grundschule

5.2   »Musikalisierung« (Instruktion) oder Lebensweltorientierung
       (Konstruktion)?

Vor dem Hintergrund der Diskussion um einen lebensweltorientierten Musikunterricht (vgl. 2.2) ist eine Kontroverse im Rahmen der Musikdidaktik insbesondere der
Grundschule von Interesse, die ebenfalls das Spannungsfeld von Instruktion und Konstruktion betrifft, d. h. von eher lehrergesteuertem, systematisch aufbauendem Unterricht gegenüber dem »konstruierenden«, auf ureigenen musikalischen Erfahrungen
basierenden musikalischen Lernen des Kindes. Fuchs legt ein Konzept vor, welches
die Begriffe der Musikalisierung und der musikalischen Handlungskompetenz in den
Mittelpunkt stellt (Fuchs 2006). Küntzel (2006; 2009) vertritt in einem gewissen Gegensatz hierzu eine Position, die von der Lebenswirklichkeit der Kinder und ihren
entsprechenden Interessen und Zugangsmöglichkeiten zu musikalischem Lernen ihren Ausgang nimmt.

    Fuchs (2006) geht in ihren Überlegungen davon aus, »dass ein Musikunterricht
ohne Anspruch und ohne sichtbare Steigerung der Lernerfolge auf Dauer … keinen
Spaß mehr macht« (Fuchs 2006, 44) und vertritt den Begriff der »musikalischen
Handlungskompetenz«, die sie in Anlehnung an Gruhn als Kompetenz bezeichnet,
»sich in Produktion und Reproduktion, Improvisation und Interpretation, Empathie
und kritischer Beobachtung niederschlägt. Musikalische Bildung hat, wer eigene musikalische Gedanken angemessen ausdrücken, fremde darstellen und verstehen sowie
beide beurteilen und ggf. verändern kann« (ebd., 46). Diese Kompetenz – über deren
Formulierung und hohen Anspruch aus geistigbehindertenpädagogischer Perspektive
noch zu diskutieren wäre – entwickelt sich nur im aktiven Umgang mit Musik. »In
dem Maße wie Kinder singend, auf Instrumenten musizierend und sich bewegend lernen, selbst musikalisch zu kommunizieren, … werden sie auch unvertraute Musik mit
Verständnis hören und mit schon vertrauter Musik vergleichen können« (ebd., 46f.).
Die Frage ist, welche musikbezogenen Kompetenzen Kinder im Laufe der Grund-
schulzeit erwerben müssen, um das Leitziel der »musikalischen Handlungskompetenz« zu erreichen. In einem Entwurf von Kompetenzstandards, ausgearbeitet von
den Pädagogischen Hochschulen Baden-Württembergs, wurden hierzu Bildungspläne
verschiedener Bundesländer, aber auch Impulse der »National Standards for Arts Education« der USA herangezogen. Folgende Kompetenzen werden herausgearbeitet:

• Musikalische Grundkompetenzen: Rhythmus und Bewegung
  Singen und Liederwerb
  Instrumentales Musizieren
• Musik erfinden
• Musik lesen und notieren
• Musik hören und umsetzen
(vgl. Fuchs 2006, 48ff.)

Als wesentliches Grundprinzip musikalischen Lernens gilt dabei Kontinuität und sukzessiver Aufbau von Lernschritten, sodass nicht punktuell und beliebig musikalische Inhalte gelehrt werden, sondern musikalisches Lernen sich in »sukzessiv aufeinander aufbauenden Lernschritten mit allmählich ansteigenden Anforderungen« (ebd., 51) vollzieht.

Einen anderen Akzent bezüglich musikalischen Lernens setzt Küntzel (2006), die postuliert, dass »die künstlerischen Lernprozesse nachhaltiger sind, je intensiver die Persönlichkeit des Schülers im Zentrum des Musikunterrichts steht, d. h., je individueller die Schüler(innen) auf ihre eigenen Lernziele stoßen und diese mithilfe der Lehrerin verwirklichen können« (Küntzel 2006, 60). Die Autorin geht davon aus, dass Schüler(innen) vieles von dem, was sie im Musikunterricht lernen, später vergessen, jedoch nicht die Tatsache, »sich selbst als künstlerischen Menschen erlebt zu haben« (ebd.). In diesem Verständnis von Musikunterricht bestehen die Inhalte von Musikunterricht aus einer Kombination von vorgegebenen Zielen und Inhalten sowie Ideen, die die Schüler(innen) ausgehend von ihren eigenen Interessen, ihren Anknüpfungspunkten zu Musik und ihrer musikalischen Lebenswelt einbringen. »Da bringt eine türkische Schülerin ein besonders beliebtes türkisches Poplied mit, ein anderes zeigt ›Stomp‹, weil die Eltern sich die DVD gekauft haben, ein nächstes erzählt von den ›Schrotttrommlern‹, weil die ältere Schwester darin mitspielt und ein weiteres bringt die Biografie Haydns auf Kassette mit« (ebd. 2006, 63; vgl. auch Küntzel 2008).

5.3 Ein Entscheidungsmodell für Planung und Gestaltung von Musikunterricht im Förderschwerpunkt Geistige Entwicklung

Ein Blick auf musikdidaktische Konzeptionen für die Schule für Geistigbehinderte zeigt, dass man sich auch hier mit großer Selbstverständlichkeit an ähnlichen Inhalten wie die Grundschule orientierte (siehe Abb. 2).

Auch im Musikunterricht an der Schule für Geistigbehinderte wurden demnach seit jeher beide Aspekte, Rezeption wie Produktion (vgl. 5.1), gesehen.

Schäfer (2007) ist dabei der Ansicht, dass zunächst »in den Ansätzen der 70er- und 80er-Jahre des 20. Jahrhunderts [...] der Aspekt des Musikerlebens und des Musikhörens deutlich in den Mittelpunkt didaktisch-methodischer Überlegungen gestellt (wurde). [...] Die Schüler wurden in diesem Sinne als Konsumenten/Rezipienten wahrgenommen, denen auf diesem Weg neue Angebote und alternative Freizeitmöglichkeiten näher gebracht werden konnten« (Schäfer 2007, 3).

Staatsinstitut 1982/ Staatsinstitut 1996	Hahnen 1986	Lpl. GE Bayern 2003/ Niedersachsen 2007	Theilen 2004	Probst et al. 2006
Erste Erfahrungen mit Musik machen	Vokales Musizieren	Musik erleben und hören	Sich bewegen	Musik mit der Stimme
Musik bewusst hören	Instrumentales Musizieren	Musik mit der Stimme	Tönen	Musik mit Instrumenten
Musikalische Grundelemente kennen	Musik hören	Musik und Bewegung	Hören	Musik und Bewegung
Instrumente kennen lernen	Musik umsetzen	Musik mit Instrumenten		Hören von Musik
Musik als Ausdruckshilfe erleben		Musikalische Projekte (NS: Musik und Präsentation)		
Situationen musikalisch gestalten				
Melodien und Lieder begleiten				
Immer besser singen können				
Musik als Möglichkeit der Freizeitgestaltung nützen				

Abb. 2: Inhaltliche Aspekte des Musikunterrichts im Förderschwerpunkt Geistige Entwicklung

Daneben gab es aber auch schon bald Ansätze, diese einseitig-rezeptive Herangehensweise aufzubrechen und Schüler(innen) mit geistiger Behinderung an die aktive Auseinandersetzung mit musikalischen Angeboten heranzuführen. Josef verklammert beides in besonderer Weise: »Wir stellen … fest, dass das Hören von Musik aktive Reaktionen auslöst, Musikhören demnach kein passiver Vorgang ist, und dass alle rhythmische Erziehung im höchsten Maße aktive Musikbetätigung ist« (Josef 1974, 78) – eine Grundeinsicht, die insbesondere auch für den Unterricht mit Schülern(inne)n mit schwerer geistiger Behinderung bedeutsam ist. Das für die Geistigbehindertendidaktik in hohem und umfassendem Maße gültige Prinzip der Handlungsorientierung erfordert es zudem, dass auch Inhalte aus dem Bereich des Hörens von Musik erfahrungs- und handlungsorientiert aufbereitet werden müssen.

Weiterhin fallen gerade beim Vergleich von Lehrplänen der Grundschule und des Förderschwerpunkts Geistige Entwicklung vielfältige gemeinsame Bildungsinhalte ins Auge.

»Die Lernfelder des Musikunterrichts lassen sich mit der Begrifflichkeit der Funktions- bzw. Lernfelder im Musikunterricht an Regelschulen vergleichen: Hören von

Musik, Musikmachen, Musik und Bewegung, Reflexion über Musik« (Merkt 2006, 44).

Auf den zweiten Blick erscheinen die beiden inhaltlichen Pole Rezeption und Produktion weniger gegensätzliche, als vielmehr sich notwendig ergänzende inhaltliche Aspekte eines Musikunterrichts auch im Förderschwerpunkt Geistige Entwicklung darzustellen.

Bezüglich der Inhalte von Musikunterricht scheint demnach trotz unterschiedlicher Akzentuierungen doch weitgehend Konsens zu herrschen.

Welche Erkenntnisse und Schlüsse aber kann die Geistigbehindertendidaktik darüber hinaus aus der Debatte über Sach- bzw. Lebensweltorientierung von Musikunterricht ziehen, welche die »objektiven« Gegebenheiten des Faches Musik und die damit verbundenen fachlichen Kompetenzen den eher auf der Subjektseite der Schülerin/ des Schülers angesiedelten musikalischen Alltagserfahrungen bzw. Vorerfahrungen gegenüberstellt? Diese Frage ist vor dem Hintergrund folgender Überlegungen zu beantworten:

- Bezogen auf die Unterrichtspraxis an Förderzentren mit dem Förderschwerpunkt Geistige Entwicklung wurde festgestellt, dass es dort bzgl. der Fachlichkeit im Zusammenhang mit Musikunterricht durchaus nicht immer zum Besten bestellt ist (vgl. 3).
- Dem aktuellen Bayerischen Lehrplan für den Förderschwerpunkt Geistige Entwicklung (Bayer. Staatsministerium 2003) liegt ein konstruktivistisches Verständnis von Lernen zugrunde, wonach Lernen eine in hohem Maße individuelle Konstruktionsleistung des einzelnen sei. Unterricht muss diese individuelle Konstruktion von Welt durch den Lernenden berücksichtigen und zum Ausgangspunkt nehmen.
- Ein Zusammendenken von Objekt- und Subjektseite des Lern- und Erfahrungsprozesses versucht die Diskussion um einen lebensweltorientierten Musikunterricht an (vgl. 2.2; 2.3): existenzielle »Lebenserscheinungen«, mit denen die Schüler/-innen konfrontiert sind, gilt es – im Sinne der o. g. »Treffpunkte« – gemeinsam aufzusuchen, zu untersuchen, mit anderen musikalischen Erfahrungen zu verknüpfen und dabei auch durch fachliche Kompetenzen zu erweitern.

Ob man es phänomenologisch oder konstruktivistisch begründet: Unterricht, der die Bezeichnung »sonderpädagogisch« verdienen soll, muss den Ausgleich oder doch zumindest die Annäherung zwischen dem subjektiv Bedeutsamen und dem objektiv Gegebenen finden und dieses im Lern- und Erfahrungsprozess ineinander aufgehen lassen. Die Auffassung von Lernen des pädagogischen Konstruktivismus hat dabei für die Gestaltung von Unterricht – bei aller Unterschiedlichkeit der gedanklichen Grundlagen – ähnliche Konsequenzen wie die phänomenologisch begründete Orientierung an der Lebenswelt der Schüler(innen).

So bildet bei Theilen (2004), die ihr Konzept eines Musikunterrichts mit Schüler(inne)n mit schwerer geistiger Behinderung auf die phänomenologische Pädagogik Wilhelm Pfeffers gründet, die Kommunikation über Musik, das »musikalische Miteinander« zuallererst auch eine wesentliche Basis für den Weltbezug schwer behinderter Menschen, den es zunächst überhaupt zu schaffen und zu strukturieren gilt. »Für den Schüler mit schweren Behinderungen erschließt sich die Welt der Musik über den Partner« (Theilen 2004, 10) – dies ist der Grund, warum das musikalische Miteinander den Grundbaustein für alle weiteren musikalischen Aktivitäten darstellt; die Musik stellt dabei das »gemeinsame Dritte« (ebd., 19) dar, in dem beide aufgehoben sind und an dem beide arbeiten. »Interesse und Beteiligung an einer Situation sowie die Bereitschaft, sich dem anderen zuzuwenden, zeigen Kinder und Jugendliche mit schweren Behinderungen auf oft sehr individuelle Weise. Viele von ihnen haben ein ganz eigenes Verhaltensrepertoire entwickelt, das es zu verstehen gilt« (ebd., 10). Anschließend an dieses Aufsuchen des einzelnen, den Aufbau von Beziehung zur Welt über ein Gegenüber, werden Überlegungen und Anregungen für die Arbeit mit Schüler(inne)n mit schwerer geistiger Behinderung entwickelt, bei denen Musik, ihre Strukturen und ihre Sprache eine Brücke für das Miteinander und den Dialog darstellen und von dort ausgehend zahlreiche Entwicklungsimpulse geben.

Auf individuell sehr unterschiedliche Zugangsweisen zur Musik bei Schülern(inne)n mit geistiger Behinderung weist Hahnen hin:

- «Jeder Schüler nimmt akustische und musikalische Impulse auf individuelle Weise auf.
- Jeder Schüler erlebt Musik anders.
- Jeder Schüler hat eine andere Ausprägung von Musikalität« (Hahnen 1986, 1).

Derselbe Autor betont allerdings auch, dass es Aufgabe des Musikunterrichts sei, die wesentlichen »Umgangsweisen mit Musik« (ebd.) sowie ein Fundamentum an musikalischen Fachbegriffen (Tonparameter, Instrumentenkunde, Musikgattungen, Fachausdrücke) zu vermitteln, all dies unter der Prämisse der Handlungsorientierung und Einbettung in einen »musikalischen Handlungsrahmen« (ebd., 3).

Die Spannungsfelder von Rezeption und Produktion einerseits sowie von Instruktion und Konstruktion andererseits scheinen sich zwar durch ihre Gegensätzlichkeit zu konstituieren, ihre Pole können jedoch als Markierungen gesehen werden, die das Feld des Musikunterrichts in inhaltlicher wie methodischer Hinsicht aufspannen und in seiner Vielgestaltigkeit erst sichtbar werden lassen. Die Lehrkraft ist aufgefordert, vor dem Hintergrund ihrer spezifischen Schülerschaft und deren Bedürfnissen und Lernvoraussetzungen entsprechende didaktische Entscheidungen zu treffen und Musikunterricht zu gestalten und sich dabei eher von einem »sowohl, als auch« als von einem »entweder – oder« leiten zu lassen.

Für die Unterrichtsplanung und -gestaltung im Förderschwerpunkt Geistige Entwicklung kann die Orientierung an diesem Modell etwa bedeuten, sich in der Inhaltsauswahl durchaus an den musikalischen Bedürfnissen und lebensweltlichen Erfahrungen der Schüler(innen) zu orientieren, unabhängig davon, ob das Angebot eher im Bereich Rezeption oder Produktion anzusiedeln ist. Dies entspräche auch dem Prinzip der Lebensbedeutsamkeit bzw. Ganzheitlichkeit. Es spricht jedoch nichts dagegen, über diese Inhalte in mehr oder weniger systematischer Form am Aufbau musikalischer Kompetenzen zu arbeiten und die Schüler(innen) allmählich zu mehr musikalischer Kompetenz zu führen. Dieser systematische Aspekt wird bislang – diese Aussage sei an dieser Stelle gewagt – am Förderzentrum mit dem Förderschwerpunkt Geistige Entwicklung durchaus nicht überbetont.

So könnte etwa der Tonparameter »hell-dunkel« (vgl. Hahnen 1986, 3) in einem Lied zum Wechsel von Tag und Nacht als »Lebenserscheinung« (vgl. 2.2) in der Lebenswelt des Kindes musikalisch akzentuiert und verdeutlicht werden, indem Teile des Liedes, welche die Helligkeit des Tages thematisieren, mit »hell« klingenden Instrumenten (Triangeln) begleitet werden, Passagen zur Nacht hingegen mit »dunkel« klingenden Instrumenten wie Trommeln oder Pauken (vgl. Häußler 1995).

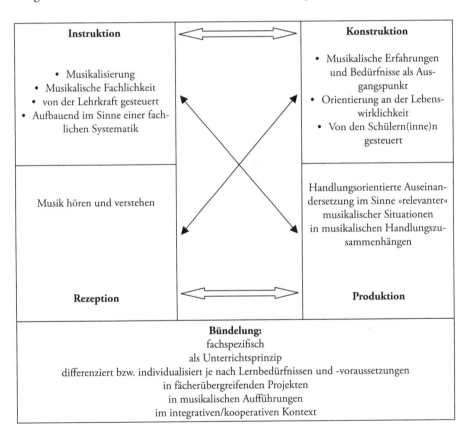

Abb. 3: Entscheidungsmodell für die Planung und Gestaltung von Musikunterricht
im Förderschwerpunkt Geistige Entwicklung

Die Lehrkraft ist demnach aufgefordert, im Dialog mit den Schüler(inne)n lebensweltlich relevante Themen zu finden, ihre Fragen aufzugreifen und – in Orientierung an deren spezifischen musikalischen Fähigkeiten – diese mit geeigneten musikalischen Inhalten zu verknüpfen. »Die Auswahl der Lerninhalte im Lernbereich Musik orientiert sich an der Lebenswelt und an den Fähigkeiten der Kinder und Jugendlichen, an musikalisch-ästhetischen Kriterien sowie an der inhaltlichen Thematik« (Bayer. Staatsministerium 2003, 313). Diese Kriterien jeweils miteinander in Zusammenhang zu bringen, erfordert von der Lehrkraft einen klaren diagnostischen Blick hinsichtlich der Lernvoraussetzungen, Sensibilität für die musikalischen Anliegen der Schüler(innen) als deren »subjektive Spur«, die es zu entdecken gilt, und eine Systematik bedeutsamer fachlicher Ziele, die vermittelt werden sollen – und letztlich Reflexivität als sonderpädagogische Grundkompetenz (vgl. Häußler 2009).

5.4   Musikunterricht als gemeinsamer Unterricht

Musikunterricht ist in mehrfacher Hinsicht besonders geeignet für gemeinsames bzw. kooperatives Lernen:

• Die Begegnung und Auseinandersetzung mit Musik ist allen Kindern und Jugendlichen gleichermaßen möglich, im Grunde in einer durch und durch medialisierten Welt sogar unvermeidlich.

• Die Erfahrung zeigt, dass alle Kinder und Jugendlichen gleichermaßen durch Musik ansprechbar und berührbar sind, dass Musik im Leben von Heranwachsenden häufig eine herausragende Rolle spielt.

• Musik bzw. gemeinsames Musizieren oder Musikhören ist die Basis für Handeln und Erleben in Gemeinschaft.

• Die Lehrpläne insbesondere der Grundschule und für den Förderschwerpunkt Geistige Entwicklung weisen vielfältige gemeinsame Bildungsinhalte und damit Anknüpfungspunkte für gemeinsames Lernen auf (s. o.).

Musikalische Inhalte bieten als gemeinsamer Lerngegenstand zahlreiche Anknüpfungspunkte in kooperativen bzw. integrativen Lernsituationen auch bei unterschiedlichen Lernvoraussetzungen. Dies spiegeln auch Befragungen von Lehrkräften an Förderschulen wider, die als Inhalte gemeinsamen Unterrichts häufig solche aus dem musikalisch-gestalterischen Bereich nennen (vgl. Grüning 1998, 13).

So können Lernsituationen entstehen, von denen bei entsprechender Differenzierung der Zielsetzungen alle Beteiligten nicht nur in sozial-kommunikativer Hinsicht, sondern auch fachlich-inhaltlich profitieren können. Dies gilt sowohl für Inhalte, die eher im Bereich des Musikhörens, also der Rezeption zu verorten sind (vgl. Krebber-Steinberger 2003), wie auch für gemeinsames, aktives Musizieren.

Literatur

Abel-Struth, Sigrid (1975): Musik-Lernen als Gegenstand von Lehre und Forschung. Zur Diskussion von Musikpädagogik und Musikdidaktik an den Hochschulen in der Bundesrepublik Deutschland. In: Antholz, Heinz/Gundlach, Willi (Hg.): Musikpädagogik heute. Düsseldorf, 9–21.

Abel-Struth, Sigrid (2005): Grundriss der Musikpädagogik. 2. überarbeitete Auflage. Mainz: Schott.

Alt, Michael (1968): Didaktik der Musik. Orientierung am Kunstwerk. Düsseldorf: Schwann.

Amrhein, Franz (1993): Bewegungs-, Ausdrucks-, Wahrnehmungs- und Kommunikationsförderung mit Musik. In: Zeitschrift für Heilpädagogik, Jg. 44, H. 9, 570–589.

Amrhein, Franz (1995): Sprachförderung durch »Musik mit der Stimme«. In: Zeitschrift für Heilpädagogik, Jg. 46, H. 9, 378–383.

Amrhein, Franz/Bieker, Margret (2005): Ästhetische Erziehung/Musik in der Sonderschullehrerausbildung und in der Sonderschule. In: Zeitschrift für Heilpädagogik, Jg. 56, H. 1, 21–27.

Bastian, Hans Günther (1997): Beeinflusst intensive Musikerziehung die Entwicklung von Kindern? Zwischenbilanzen zu einer Langzeitstudie an Berliner Grundschulen. In: Scheidegger, Josef/Heilholzer, Hubert (Hg.) (1997): Persönlichkeitsentfaltung durch Musikerziehung. (= Wege. Musikpädagogische Schriftenreihe Bd. 10). Aarau (Schweiz): Musikedition Nepomuk, 123–150.

Bayerisches Staatsministerium für Unterricht und Kultus (2000): Lehrplan für die bayerische Grundschule. München: Hintermaier.

Bayerisches Staatsministerium für Unterricht und Kultus (2003): Lehrplan für den Förderschwerpunkt geistige Entwicklung. München: Hintermaier.

Ehrenforth, Karl Heinrich (1986): Zur Neugewichtung der historischen und anthropologischen Perspektiven der Musikerziehung. In: Geschichte der Musikpädagogik (= Handbuch der Musikpädagogik. Bd. 1). Hg. von Hans-Christian Schmidt. Kassel u. a.: Bärenreiter, 267–296.

Ehrenforth, Karl Heinrich (2001): Einführung. In: Musik – unsere Welt als andere. Phänomenologie und Musikpädagogik im Gespräch. Würzburg: Königshausen & Neumann, 9–16.

Ehrenforth, Karl Heinrich (2001): Lebenswelt – das »wirklich Erste«. In: Ehrenforth (Hg.): Musik – unsere Welt als andere. Phänomenologie und Musikpädagogik im Gespräch. Würzburg: Königshausen & Neumann, 33–58.

Ehrenforth, Karl Heinrich (2005): Geschichte der musikalischen Bildung. Eine Kultur-, Sozial- und Ideengeschichte in 40 Stationen. Von den antiken Hochkulturen bis zur Gegenwart. Mainz: Schott.

Eschen, Andreas (2008): Kestenberg und die Jugendmusikbewegung. In: Fontaine, Susanne/ Mahlert, Ulrich/ Schenk, Dietmar/Weber-Lucks, Theda (Hg.): Leo Kestenberg. Musikpädagoge und Musikpolitiker in Berlin, Prag und Tel Aviv. Unter Mitarb. von David Boakye-Ansah. Freiburg i. Br: Rombach, 69–87.

Fuchs, Mechtild (2006): Was soll Musikunterricht in der Grundschule leisten? In: Fuchs, Mechtild/Brunner, Georg (Hg.): Welchen Musikunterricht braucht die Grundschule?

Konzeptionelle und unterrichtsspezifische Beiträge zu einem nachhaltigen Musikunterricht. Essen: Die blaue Eule, 43–56.

Goll, Harald (1993): Heilpädagogische Musiktherapie: Grundlegende Entwicklung eines ganzheitlich angelegten ökologisch-dialogisch orientierten Theorieentwurfs ausgehend von Jugendlichen und Erwachsenen mit schwerer geistiger Behinderung. Frankfurt a. M.: Peter Lang.

Grüning. Eberhard (1998): Leistungsorientierung im kooperativen (Musik-)Unterricht. In: lernen konkret, Jg. 17, H. 3, 13–16.

Häußler, Michael (1995): »Immer wieder« – Erarbeitung eines Liedes in der Schule für Geistigbehinderte (Oberstufe). Förderschulmagazin, Jg. 17, H. 2, 29–32.

Häußler, Michael (2009): Was müssen Sonderschullehrer können? Reflexionen aus der Perspektive der zweiten Phase der Lehrerbildung. Zeitschrift für Heilpädagogik, Jg. 60, H. 7, 249–254.

Hahnen, Peter (1986): Musikunterricht mit geistig behinderten Schülern. In: lernen konkret, Jg. 5, H. 1, 1–4.

Hartogh, Theo (1998): Musikalische Förderung geistig behinderter Menschen. Theorie und praktische Beispiele eines ganzheitlich-ökologischen Ansatzes. Neuwied, Berlin: Luchterhand.

Helmholz, Brigitta (2004): Musikdidaktische Konzeptionen nach 1945. In: Helms, Siegmund/Schneider, Reinhard/Weber, Rudolf (Hg.): Kompendium der Musikpädagogik. Kassel: Bosse, 42–63.

Husserl, Edmund (1977): Die Krisis der europäischen Wissenschaften und die transzendentale Phänomenologie. Eine Einleitung in die phänomenologische Philosophie. Hg. von Elisabeth Ströker (= Philosophische Bibliothek. Bd. 292). Hamburg: Meiner.

Josef, Konrad (1974): Musik als Hilfe in der Erziehung geistig Behinderter. Berlin: Marhold.

Kaiser, Hermann J./Nolte, Eckhard (1989): Musikdidaktik. Sachverhalte – Argumente – Begründungen. Mainz: Schott.

Krawitz, Rudi (1992): Pädagogik statt Therapie. Vom Sinn individualpädagogischen Sehens, Denkens und Handelns. Bad Heilbrunn/Obb.: Klinkhardt.

Krebber-Steinberger, Eva (2003): »Mit meinen Ohren« – Musikhören im Gemeinsamen Unterricht unter dem Aspekt heterogener Zugangsweisen zu Musik. In: Zeitschrift für Heilpädagogik, Jg. 54, H. 2, 76–83.

Kühn, Walter (1926): Grundlinien zu einer Theorie der musikalischen Erziehung. In: Die Musikerziehung 3, Nr. 7/8. Leipzig: Breitkopf & Härtel, 134–141.

Küntzel, Bettina (2006): Die Persönlichkeit des Schülers im Zentrum des Musikunterrichts. In: Fuchs, Mechtild/Brunner, Georg (Hg.): Welchen Musikunterricht braucht die Grundschule? Konzeptionelle und unterrichtsspezifische Beiträge zu einem nachhaltigen Musikunterricht. Essen: Die blaue Eule, 57–65.

Küntzel, Bettina (2009): Musikunterricht. Baltmannsweiler: Schneider Verlag Hohengehren.

Merkt, Irmgard (2006): Musikunterricht in der Sonderschule. In: Helms, Siegmund/Schneider, Reinhard/Weber, Rudolf (Hg.): Handbuch des Musikunterrichts Band I – Primarstufe. Kassel: Bosse, 39–47.

Meyer, Claudia (2000): Musikdidaktik bei Maria Montessori und Rudolf Steiner. Darstellung und Vergleich vor dem Hintergrund der anthropologisch-pädagogischen Konzeptionen. Berlin: Mensch-und-Buch-Verlag.

Moog, Helmut (1977): Musik. In: Kanter, Gustav/Speck, Otto (Hg.): Handbuch der Sonderpädagogik Band 4 – Pädagogik der Lernbehinderten. Berlin: Marhold, 404–418.

Mück, Thomas (2008): Ganzheitliche Förderung durch Musik im Grundschulalter bei Kindern mit sonderpädagogischem Förderbedarf. Förderschwerpunkte Lernen, Sprache und sozial-emotionale Entwicklung. Musikunterricht an Schulen zur Lernförderung und Sonderpädagogischen Förderzentren in Bayern. Univ. Diss. Würzburg: Eigenverlag.

Mück, Thomas (2009): Neukonzeption eines Musikunterrichts für Kinder mit sonderpädagogischem Förderbedarf im Grundschulalter (Förderschwerpunkte Lernen, Sprache, sozialemotionale Entwicklung) basierend auf Erfahrungen mit dem Luxemburger Modell »Musik ist das Spiel mit dem Klang«. Verfügbar unter: http://www.sfz-hof.de/assets/pdf/ Ausarbeitung-Luxemburg-Vortrag.pdf [02.03.2010].

Niedersächsisches Kultusministerium (2007): Kerncurriculum für den Förderschwerpunkt Geistige Entwicklung – Schuljahrgänge 1–9. Hannover: Unidruck.

Olbrich, Paul (2001): Unterrichtspraktische Ansätze zur Umsetzung des Lehrplans. In: Auer, Margot/Hartwig, Horst W. (Hg.): Lehrplankommentar für die bayerische Grundschule. Donauwörth: Auer, 10–15.

Pflüger, Leander (1992): Musikerleben geistig Behinderter. In: Dupuis, Gregor/Kerkhoff, Winfried (Hg.): Enzyklopädie der Sonderpädagogik, der Heilpädagogik und ihrer Nachbargebiete. Berlin: Marhold, 441f.

Probst, Werner (1983): Musik. In: Baier, Herwig/Bleidick, Ulrich (Hg.): Handbuch der Lernbehindertendidaktik. Stuttgart: Kohlhammer, 268–278.

Probst, Werner/Schuchardt, Anja/Steinmann, Brigitte (2006): Musik überall. Ein Wegweiser für Grund- und Förderschule. Braunschweig: Westermann.

Rauhe, Hermann (1978): Musikpädagogik. In: Gieseler, Walter (Hg.): Kritische Stichwörter. Musikunterricht. München: Fink, 231–236.

Richter, Christoph (2001): Von zwei Lebenswirklichkeiten der Musik. In: Ehrenforth (Hg.): Musik – unsere Welt als andere. Phänomenologie und Musikpädagogik im Gespräch. Würzburg: Königshausen & Neumann, 113–134.

Schäfer, Holger (2007): Musikalische Förderung im FSP ganzheitliche Entwicklung – Grundsätzliche Gedanken. In: lernen konkret, Jg. 26, H. 3, 2–8.

Schneider, Ernst Klaus (2004): Prinzipien der Erziehung und des Unterrichts. In: Helms, Siegmund/Schneider, Reinhard/Weber, Rudolf (Hg.): Kompendium der Musikpädagogik. Kassel: Bosse, 84–94.

Spychiger, Maria (2006): Musikalische Fähigkeiten bilden sich nicht von selbst. In: Fuchs, Mechtild/Brunner, Georg (Hg.): Welchen Musikunterricht braucht die Grundschule? Konzeptionelle und unterrichtsspezifische Beiträge zu einem nachhaltigen Musikunterricht. Essen: Die blaue Eule, 11–29.

Staatsinstitut für Schulpädagogik (Hg.) (1982): Lehrplan und Materialien für den Unterricht in der Schule für Geistigbehinderte. München: Hintermaier.

Staatsinstitut für Schulpädagogik und Bildungsforschung München (Hg.) (1996): Singen – Tanzen – Musizieren. Musikunterricht für Schüler mit geistiger Behinderung in Förderschulen. München: Hintermaier.

Theilen, Ulrike (2004): Mach Musik! Rhythmische und musikalische Angebote für Menschen mit schweren Behinderungen. München, Basel: Reinhardt.

Vogel, Berndt (1988): Musiktherapie – ein Schlüssel zur Seele. In: Geistige Behinderung, Jg. 28, H. 2 (Einhefter).

Vogt, Jürgen (2001a): Der schwankende Boden der Lebenswelt (Habil-Schrift von 1999). Würzburg: Königshausen & Neumann.

Vogt, Jürgen (2001b): Das Eigene und das Fremde – Nur ein Modethema in der Musikpädagogik? In: Ehrenforth (Hg.): Musik – unsere Welt als andere. Phänomenologie und Musikpädagogik im Gespräch. Würzburg: Königshausen & Neumann, 59–71.

Waldenfels, Bernhard (1992): Einführung in die Phänomenologie. München: Fink.

Waldenfels, Bernhard (2001): Lebenswelt als Hörwelt. In: Ehrenforth (Hg.): Musik – unsere Welt als andere. Phänomenologie und Musikpädagogik im Gespräch. Würzburg: Königshausen & Neumann, 17–30.

Wittenstein, Ralf (2009): Musikunterricht an den protestantischen Lehrerbildungsanstalten im rechtsrheinischen Bayern von 1809–1866. (= Friedhelm Brusniak (Hg.): Würzburger Hefte zur Musikpädagogik. Bd. 3). Weikersheim: Margraf.

Georg Theunissen

Lernbereich Kunst – Ästhetische Erziehung

1 Historische Skizzen

Für das Fach (oder den Lernbereich) Kunst gibt es zahlreiche Parallelbezeichnungen wie zum Beispiel Kunsterziehung, Kunstunterricht, Kunstpädagogik, künstlerische Bildung, Gestalten oder ästhetische Erziehung. Um fachspezifische und bildungstheoretische Verkürzungen zu vermeiden, bevorzugen wir den Begriff der ästhetischen Erziehung (vgl. hierzu Richter 1999; 2003; Theunissen 2004).

1.1 Anfänge der ästhetischen Erziehung

Einem historisch wohl einmaligen und beispielhaften Entwurf einer ästhetischen Erziehung begegnen wir in den Schriften von Georgens und Deinhardt (vgl. Theunissen 2004, 50ff.), die bereits um 1860 konkrete Vorstellungen entwickelt hatten, wie geistig- und lernbehinderte sowie verhaltensauffällige und benachteiligte Kinder über ästhetische Aktivitäten entwicklungsgemäß und allseitig gefördert werden sollten. Ästhetische Erziehung wurde von den Autoren als ein »fächerübergreifendes Prinzip« betrachtet, welches nicht nur die (schulische) Heilpädagogik, sondern ebenso den Unterricht der allgemeinen Schule bereichern sollte. Erklärtes Ziel war die Verwirklichung der Schiller'schen Idee des »ästhetischen Spiels«, an dem ein heilpädagogischer Übungswert (zum Aufbau einer Lernbasis, Kompensation von Defiziten) und ein Eigenwert (zur Selbstverwirklichung, Selbstdarstellung, allseitigen Persönlichkeitsbildung) festgemacht wurde (genauere Ausführungen dazu Theunissen 1997, 108ff.). Hierzu sollte mit kindgemäßen »freieren Vorübungen« (z. B. beim Ballspielen, Bauen, Legen, Modellieren oder Zeichnen) im Sinne individualisiert aufbereiteter Spiele (z. B. durch Vereinfachung von Materialien) und gemeinsamen Aktivitäten aus der natürlichen Lebenswelt begonnen werden, die es dann behutsam im Niveau gesteigert in produktorientierte Tätigkeiten zu überführen galt.

Alles in allem vollzog sich das Programm der ästhetischen Erziehung von einer Subjektzentrierung hin zu einer lernzielorientierten Erarbeitung einer ästhetischen Sache, wobei Grundzüge einer Sozialerziehung den fühlbaren Hintergrund bildeten.

1.2 Zeichenunterricht

Wie ihr Zeitgenosse Séguin, der einen bemerkenswerten Ansatz einer basalen Pädagogik mit ästhetischen Mitteln konzipiert hatte (vgl. dazu Theunissen 2004, 51ff.), waren Georgens und Deinhardt jedoch nur Außenseiter. Statt einer »allseitigen ästhetischen Bildung« wurde nämlich in Volks- und Hilfsschulen ein (geometrisierter) Zeichenunterricht redlich gepflegt (vgl. Richter 2003, 157ff.), der mit speziellen Methoden wie

dem »Netzzeichnen«, »Vorlagezeichnen« oder »Zeichnen nach Diktat« als disziplinie-
rendes Erziehungsmittel fungierte, um Selbstdisziplin, Ordnung und Anpassung zu
erzielen und Formen von Ungeschicklichkeit, Unbeholfenheit und Unreinlichkeit zu
überwinden. Charakteristisch für den Zeichenunterricht waren Übungen im Messen
und das (Nach-)Zeichnen von zunächst einfachen geraden Linien, dann mehreren
Parallellinien, krummen Linien, Winkeln und Quadraten, Rechtecken, Ovalen oder
Kreisen. Am Ende stand das Abzeichnen von geometrischen Körpern wie Würfel, Py-
ramide oder Kugel, formalisierten Gegenständen wie Kisten, Fenster, Häuser, Türen,
Tische oder Stühle und Naturformen wie Pflanzen, Blumen, Blätter, Landschaften
oder auch Ornamente und Zierformen, was aber nur talentierten oder »gebildeten«
Schülerinnen und Schülern vorbehalten blieb. Für Kinder und Jugendliche mit Lernschwierigkeiten (Hilfsschüler) wurde hingegen eine Vereinfachung der an sich schon
geist- und phantasielosen Methoden des Zeichenunterrichts propagiert (vgl. Theunissen 2004, 60ff.).

1.3   Kunsterziehung

War es zu Beginn des 20. Jahrhunderts in den allgemeinen Schulen durch die »Ent-
deckung der Kunst des Kindes« (vgl. Richter 2003, 195ff.) zu einer grundlegenden
Reform des Zeichenunterrichts gekommen, indem nunmehr die Betrachtung von
Kunstwerken, kindgerechte und schöpferische Gestaltungsmethoden sowie das Frei-
handzeichnen im Unterricht einer Kunsterziehung Eingang fanden, wurde in den
Hilfsschulen und Idiotenanstalten an den Grundzügen der traditionellen Didaktik
(Zeichnungslehre) weiterhin festgehalten (vgl. Theunissen 2004, 63f.). Zwar gab es
Auflockerungen des Zeichenunterrichts durch Vorübungen mit den »Fröbel-Spiel-
gaben« oder Übungen zur Sinnesschulung, die jedoch nicht selten als »Komman-
dierspiele« praktiziert wurden, um eine »bloße Spielerei« oder freiere Aktivitäten zu
vermeiden, denen jegliche erzieherische oder bildende Valenz abgesprochen wurde.
Zum Beispiel sollten die Kinder als unterstützende Übung zum Zeichnen zunächst
Stäbchen oder Bausteine abtasten, diese auf ihr Zeichenpapier legen, dann den Umriss
nachzeichnen und die entstandenen Flächen ausmalen. Dieses »malende Zeichnen«
mit Bausteinen, Stäbchen oder Schablonen war gegenüber dem stupiden Linien- oder
Netzzeichnen unzweifelhaft ein Fortschritt; und es sollte unter einem subjektzentrierten Einsatz nicht gänzlich abgetan werden, wenn es darum geht, Fähigkeiten, sich
bildnerisch auszudrücken, zu fördern (vgl. Richter 1977b, 65; Theunissen 2004, 99).
     Ferner sei der Vollständigkeit halber erwähnt, dass zu Beginn der 1930er-Jahre der
Kunsterzieher Heckmann (1935) Vorstellungen entwickelt hatte, die nicht nur für die
allgemeine Kunsterziehung, sondern ebenso für eine heilpädagogische ausgesprochen
fortschrittlich waren (dazu Theunissen 2010). Leider war jedoch dieser subjektzentrierte (therapeutische) Ansatz (z. B. mit bildnerischen »Befreiungsübungen«, Kleck-
sografien, einem Malen nach Einwirkung von Musik, Materialanregungen zur freien
Gestaltung) zu revolutionär, um im Lager der Heilpädagogik (v. a. Hilfsschulpädago-

gik) Zuspruch zu finden. Vergleichbare Konzepte eines »therapeutischen Kunstunterrichts« wurden erst wieder Ende der 1970er-Jahre entwickelt (Richter 2003, 232).

1.4   Musische Erziehung

Nach dem Zusammenbruch und Ende des Nationalsozialismus schlug dann in Westdeutschland die Stunde der musischen Erziehung, die als »Organ der Lebenshilfe« (Haase, zit. n. Theunissen 2004, 65) eine Erneuerung des menschlichen Lebens und der menschlichen Gesittung leisten sollte. Während in den allgemeinen Schulen durch eine »kindgemäße« Pflege des »schöpferisch-künstlerischen« Gestaltens sowie durch ehrfurchtshaltige Betrachtungen von »Meisterwerken« Schülerinnen und Schüler zu einem »guten Geschmack« und »tieferen« Verständnis für die »schönen Künste« befähigt werden sollten (vgl. Theunissen 1980a, 195ff.; Richter 2003, 268), galten in Sonderschulen heilpädagogisch-therapeutische Bemühungen als wegebnend für das Anliegen der musischen Erziehung. Hierzu wurden eigens spezifische Arbeitsformen wie sogenannte Lockerungsaufgaben, Entfaltungshilfen, ein beidhändiges großräumiges Gestalten, grafische Bewegungsspiele, malerische Flächenspiele oder bildnerische Formübungen entwickelt, die nicht selten als »heilpädagogisches Prinzip« im Unterricht mit lernbehinderten oder verhaltensauffälligen Schülerinnen und Schülern Eingang fanden. Wie diesen Methoden wurde ebenso dem Basteln und Werken eine »heilende Wirkung« nachgesagt, weshalb es in der musischen Heil- und Sonderpädagogik eine prominente Rolle spielte (vgl. Theunissen 1980a, 185ff.; 2004, 66ff.).

1.5   Kunstunterricht

War die musische Erziehung in den allgemeinen Schulen aufgrund ihrer Ideologie bereits in den frühen 1960er-Jahren durch einen wissenschaftlichen Kunstunterricht abgelöst worden (vgl. Richter 2003, 279ff.), so fand im Bereich der Sonderschulpädagogik erst um 1970 ein entsprechender Umbruch statt (vgl. Theunissen 2004, 68ff.). Anstelle einer normativen Geschmacksausbildung sollten jetzt alle Schülerinnen und Schüler mit Erscheinungsformen der zeitgenössischen Kunst vertraut gemacht werden, um zu einer kulturellen Partizipation zu gelangen. Hierzu wurde jedoch die Sache Kunst »entsubjektiviert«, indem unter Verzicht auf ihrem symbolischen Mitteilungscharakter in erster Linie nur Fragen nach Struktur, Komposition, Raumaufteilung, Farb-Formdifferenzierung, Farbwerten oder Fläche als »bildnerische Probleme« extrahiert und als konkrete Unterrichtsaufgaben aufbereitet wurden. Diese sollten (lern-)behinderten und verhaltensauffälligen Kindern und Jugendlichen in stark vereinfachter Form und durch eine Zurücknahme der Leistungsanforderungen präsentiert werden, um Überforderungen zu vermeiden, ein Interesse für bildnerische Problemstellungen zu wecken, ein selbstständiges Arbeiten zu ermöglichen und eine reflexive Auseinandersetzung mit Kunst zu fördern. Nichtsdestotrotz gab es allzu oft Situationen, in denen sich Kinder und Jugendliche aus Sonderschulen den sachbezogenen Aufgabenstellungen entzogen und mit äußerst individuellen bildnerischen Ausdrucksformen reagierten (vgl. Richter 1977b, 42ff.; 1999, 155ff.). Dahinter verbargen sich nicht nur Schwierigkeiten, die Verfahren zur Lösung bildnerischer Probleme adäquat anzuwenden, sondern häufig wurde die Erfahrung gemacht, dass seelische Belastungen, Befindlichkeiten und psychosoziale Probleme die schulischen Anforderungen blockierten.

1.6   Visuelle Kommunikation

In ähnlichen Bahnen bewegten sich die Erfahrungen, die nahezu zeitgleich mit der Visuellen Kommunikation gemacht wurden, die um 1970 als »Gegenmodell« zur musischen Erziehung und zum wissenschaftlichen Kunstunterricht konzipiert wurde und für einen kurzen Zeitraum sowohl in allgemeinen Schulen als auch in Sonderschulen Zuspruch gefunden hatte (vgl. Theunissen 2004, 72ff.). Unter der Generalintention der Emanzipation sollten Kinder und Jugendliche dazu befähigt werden, gesellschaftliche Widersprüche (Klassengegensätze) zu durchschauen, den eigenen Bedürfnissen entsprechende Ziele zu setzen und solidarische Handlungsstrategien zum Abbau von »überflüssiger Herrschaft« und Fremdbestimmung zu entwickeln. Hierzu wurden vor allem ästhetische Objekten aus der Alltagswelt aufgegriffen (z. B. Comics, Werbeplakate, Zeitschriften, Warenverpackungen, Fernsehen, Filme, Schulhöfe, Spielplätze, Müllkippen, Fabriken u.a.m.). Im Unterschied zum wissenschaftlichen Kunstunterricht sollte der Unterrichtsstoff nicht vorrangig unter formal-ästhetischen Gesichtspunkten (bildnerischen Problemen) erarbeitet, sondern in erster Linie als Informationsträger unter seinen Herstellungsbedingungen, in seiner Funktion und Wirkung durchschaut und durch eine »gesellschaftskritische Reflexion« erschlossen werden.

Wenngleich durch die Visuelle Kommunikation die Notwendigkeit der Stofferweiterung sowie das Fehlen von medienpädagogischen Bemühungen für den Kunstunterricht deutlich geworden war, vermochte sie es nicht, die breite Schülerschaft in Sonderschulen zu erreichen und zu einem kritischen Mediengebrauch bzw. zu einem Widerstand gegen die verschiedenartigen Formen optischer Verführung (Manipulation) insbesondere durch Werbung und Massenmedien zu befähigen. Vielmehr wurden psychosoziale Voraussetzungen und seelische Befindlichkeiten (lern-)behinderter oder auffälliger Kinder und Jugendlicher sowie die subjektive (milieuspezifische) Bedeutung von Massenmedien (v. a. Bravo, Comics, Bildzeitung, Fernsehen) unterschätzt.

1.7   Ästhetische Erziehung

In Anbetracht der Vernachlässigung des Subjekts und seiner allseitigen Bildung in den beiden zuletzt genannten Fachdidaktiken ging die Suche nach geeigneten Konzepten für den Kunstunterricht in allgemeinen Schulen und Sonderschulen weiter, die schließlich zu Vorstellungen einer ästhetischen Erziehung führte (vgl. Richter 2003). Hierbei handelt es sich um einen Oberbegriff, unter dem sich verschiedene Ansätze subsumieren lassen, die in den 1970er- und 1980er-Jahren entwickelt wurden und zum Teil bis heute für das Fach Kunst in Anspruch genommen werden.

Bemerkenswert ist, dass gleichfalls in der DDR eine ästhetische Erziehung propagiert wurde, die jedoch als ein eng gestricktes Konzept Heranwachsende mit bildnerischen Gestaltungsprinzipien und -techniken zur möglichst erscheinungsgetreuen Darstellung von Dingen der natürlichen und gesellschaftlichen Umwelt vertraut machen sowie zur Teilhabe an der staatstragenden ästhetischen Kultur befähigen sollte. In der schulischen Arbeit mit »intelligenzgeschädigten« Kindern und Jugendlichen wurden an diesem Konzept Modifikationen vorgenommen, indem es nicht als ein eigenständiges Fach, sondern auf die Einübung von Darstellungs- und Gestaltungstechniken reduziert als Bestandteil der »Förderdisziplin ›Arbeitserziehung‹« betrachtet wurde (vgl. Theunissen 2004, 77). Der Aufbau entsprechender Lernprogramme war zwar vom »Leichten zum Schweren« systematisch angelegt, ging aber über rigide »heilpädagogische Übungen« wie im traditionellen Zeichenunterricht oder beim orthodoxen Umgang mit Fröbel- und Montessori-Materialien hinaus.

2 Therapeutisch-ästhetische Erziehung

Nun können wir aus Platzgründen nicht auf das gesamte (bunte) Spektrum an Ansätzen einer ästhetischen Erziehung eingehen (vgl. dazu ausführlich Richter 2003), wohl aber sind jene fachdidaktischen Überlegungen aufzugreifen, die eigens für den Unterricht mit behinderten, verhaltensauffälligen und benachteiligten Kindern und Jugendlichen entwickelt wurden. Diesbezüglich wurde in den späten 1970er-Jahren von der »Kölner Schule« unter Leitung von Richter eine therapeutisch-ästhetische Erziehung konzipiert (vgl. Richter 1977a; 1999; Theunissen 1980a; b; Richter/Waßermé 1981), die unter Parallelbezeichnungen wie »therapeutischer Kunstunterricht« oder »pädagogische Kunsttherapie« zwei Anliegen vereinen sollte:

1. das der allgemeinen ästhetischen Erziehung, Schülerinnen und Schüler durch ein »Lernen mit allen Sinnen« bzw. eine »breite« Gestaltungspraxis und eine reflexive Auseinandersetzung mit der Sache Kunst (Bildwerke, visuelle Medien, Design-Objekte …) zu einer ästhetischen Ausdrucks-, Kommunikations- und kulturellen Teilhabefähigkeit sowie zu einem emanzipatorisch-kritischen Sachverstand im ästhetischen Bereich zu befähigen;

2. das der heilpädagogisch-musischen Kunsterziehung, den therapeutischen oder »heilenden« Charakter von Kunst sowie Ansätze aus dem kinder- und kunsttherapeutischen Bereich für einen Unterricht mit behinderten, verhaltensauffälligen und benachteiligten Schülerinnen und Schülern zu fokussieren.

Ziel war es, sowohl dem individuellen (therapeutischen) Unterstützungsbedarf von behinderten, verhaltensauffälligen und benachteiligten Kindern und Jugendlichen als auch der Sache Kunst (dem ästhetischen Stoff) Rechnung zu tragen. Zugleich sollte

aber nicht nur die ästhetische Erziehung in Sonderschulen optimiert, sondern es sollte ebenso der Weg für ein »gemeinsames Lernen« behinderter und nichtbehinderter
Schülerinnen und Schüler bzw. für einen integrativen (Fach-)Unterricht geebnet werden.

Kam die therapeutisch-ästhetische Erziehung zunächst im Sonderschulbereich vor-
zugsweise bei verhaltensauffälligen Schülerinnen und Schülern zum Einsatz, so pro-
fitierten zunehmend auch lern-, geistig-, körper- oder sinnesbehinderte Kinder und
Jugendliche von diesem Ansatz, der sich seit den 1980er-Jahren gleichfalls in sozialpä-
dagogischen Arbeitsfeldern und in der außerschulischen Behindertenarbeit etablieren
konnte. Zudem fand er in Konzeptionen für das Fach Kunst in allgemeinen Schulen
Eingang (vgl. Schneider 1988; Richter-Reichenbach 1992; 1993), wobei nicht immer
der therapeutische Charakter des Ästhetischen explizit herausgestellt wurde.

Insgesamt hat dieses Programm nichts an Aktualität eingebüßt (vgl. Bröcher 1997;
2006; Richter 1991; 1999; Richter-Reichenbach 2004a; b; Theunissen 2004; Wichelhaus 1995; 2004; 2006). Im Gegenteil: In Anbetracht internationaler Deklarationen
und insbesondere der UN-Konvention über die Rechte behinderter Menschen, die
unter dem Stichwort der Inklusion eine »Schule für Alle« nahe legen, kann das Anliegen der therapeutisch-ästhetischen Erziehung nicht hoch genug eingeschätzt werden.

Umso bedauerlicher ist es, dass das Fach Kunst in Sonder- oder Förderschulen häufig
nur als ein auf die Einübung einfacher Gestaltungstechniken reduziertes Lehrangebot
oder als ein bloßes (therapeutisch missverstandenes) »Entlastungsfach« (z. B. Malblät-
ter ausmalen) in Erscheinung tritt. Dafür sind vor allem fachspezifische Unkenntnisse
und das Fehlen geeigneter (Fach-)Lehrkräfte haftbar zu machen. Gleichfalls droht allgemeinen Schulen eine Neuauflage traditioneller Vorstellungen, wenn ihnen eine Orientierung an einem Fachlehrplan, wie er soeben in Sachsen-Anhalt eingeführt wurde,
auferlegt wird, der die Subjektseite und den breiten Stoffkanon der Sache Kunst völlig übergeht. Dieser Rückschritt, der fortschrittlichen Didaktiken in der allgemeinen
Kunstpädagogik, vor allem der künstlerischen Bildung nach Buschkühle (1998; 2003;
2007) oder Regel (2003), kontrapunktisch gegenübersteht, ist wohl unter anderem
dem Problem geschuldet, dass im Gefolge der Debatten um IGLU und PISA der
Lernbereich Kunst/ästhetische Erziehung unter verstärktem Rechtfertigungsdruck geraten ist und sich daher als überprüfbares Fach Gestalten zu legitimieren versucht.
Dass jedoch hierbei die Sache Kunst verfehlt wird, scheint manchen Lehrplan-Kon-
strukteuren nicht bewusst zu sein.

Vor diesem Hintergrund werden zunächst Grundzüge der von uns favorisierten
Konzeption in Erinnerung gerufen. Spezielle Fragen zur Fachdidaktik sowie ein Blick
auf Lehrpläne runden unseren Beitrag mit einer kritisch-konstruktiven Diskussion
ab.

2.1   Grundzüge der therapeutisch-ästhetischen Erziehung

Leitziel der therapeutisch-ästhetischen Erziehung ist es, über ästhetische Aktivitäten identitätsstiftende, kommunikative und soziale Prozesse zu fördern und Schülerinnen und Schülern Zugänge zur Selbstverwirklichung sowie zur Teilhabe an Kunst und Kultur zu ermöglichen. Diese Arbeitsdefinition signalisiert eine Verschaltung von Therapie und (Kunst-)Pädagogik (vgl. dazu Otto 1993; Richter-Reichenbach 1993), wobei sie sich auf die Erkenntnis bezieht, dass im Kunstunterricht mit geistig- und lernbehinderten wie auch verhaltensauffälligen und benachteiligten Schülerinnen und Schülern sehr oft erst Voraussetzungen (z. B. Aufbau einer Lernbasis) geschaffen werden müssen, von der aus dann fachspezifische Ziele, wie sie in der allgemeinen ästhetischen Erziehung fokussiert werden, angestrebt werden können (vgl. dazu Richter 1997b; 1981; 1999). Das meint im Prinzip der Begriffsanteil »therapeutisch«, der nicht im Sinne eines (klinischen oder heilpädagogischen) Behandlungsprinzips benutzt wird, sondern lediglich auf charakteristische, nämlich therapeutisch relevante Eigenschaften und Funktionen der Sache Kunst verweisen soll. Folglich ist es uns ebenso wenig um eine Therapeutenrolle von Lehrkräften zu tun, wohl aber um eine Sensibilisierung für das therapeutische Potenzial von Kunst, welches im Rahmen einer ästhetischen Erziehung genutzt werden sollte – vor allem dann, wenn (wie z. B. bei geistig behinderten Kindern und Jugendlichen) ein hoher Anteil an Schülerinnen und Schülern von Lehrkräften als verhaltensauffällig eingeschätzt wird (vgl. dazu Theunissen 2003).

2.2   Kunst unter pädagogisch-therapeutischen Gesichtspunkten

1. Um psychische Gesundheit, ästhetische Ausdrucksformen und ästhetisches Erleben zu befördern, wird gerne auf die »kathartische Funktion« von Kunst zurückgegriffen. Hierzu sollen Schülerinnen und Schülern »geschützte« Situationen offeriert werden, um durch ein spontanes bildnerisches Gestalten »expressive« Produktionen (als Gegenstand des Unterrichts) sowie eine Spannungsabfuhr und »Befreiung von Bedrückendem« (psychische Entlastung) zu ermöglichen. Das garantiert aber noch keine »psychische Genesung«. Vor einer allzu optimistischen Einschätzung der Katharsis für pädagogisch-therapeutische Zwecke sei daher ausdrücklich gewarnt.

2. Die Produktion von Kunst gilt als ein prädestiniertes Vehikel für Kreativität. Dies kann in vielerlei Hinsicht lern- und entwicklungsfördernd sein, zum Beispiel in Bezug auf Selbstwertgefühl, Selbstvertrauen oder Identität, Offenheit gegenüber der Umwelt, Erschließung und Neuentdeckung von Welt, Problemwahrnehmung, Problemlösungskompetenz, flexibles und divergentes Denken (vgl. hierzu Theunissen/Großwendt 2006). Eine Unterstützung von Kreativität, wie sie vor allem auch Ansätze der künstlerischen Bildung vorsehen (vgl. Buschkühle 1998;

2003; 2007; Regel 2003), kann im Hinblick auf Persönlichkeitsbildung und gesellschaftliche Zukunft nicht hoch genug eingeschätzt werden.

3. Nicht wenige kunsttherapeutische Ansätze sehen das therapeutische Potenzial der Kunst vor allem in der Regression und Sublimierung. Der Begriff der Regression bezeichnet ein (vorübergehendes) Zurückgehen auf primitive (frühe) Ausdrucksformen (Kritzelreste), um von hier aus zu einer Reorganisation des Psychischen zu gelangen (vgl. Richter 1977b). Unter Sublimierung wird die Umwandlung psychischer Konflikte in sozial anerkannte künstlerische Leistungen verstanden. Beiden Aspekten kommt ein »Selbstheilungswert« zu. Für die Kunstpädagogik kann die Regression im Rahmen einer kreativen, expressiven Gestaltungspraxis (expressive arts) genutzt werden sowie als Wegbereiter für künstlerische Produkte fungieren, die zugleich eine Sublimierung ermöglichen.

4. Dass sich Kunst durch Unbestimmtheit, Freiheit, Regellosigkeit und Subjektivität auszeichnet (vgl. Damus 2000), hat Richter (1999) dazu bewegt, die »Offenheit der ästhetischen Sache« als ein zentrales Bestimmungsmoment herauszustellen, welches für eine therapeutische und allgemeine ästhetische Erziehung heuristische Funktion hat und Perspektiven eines Unterrichts ohne Ausschluss eröffnet. Offenheit besagt, dass ästhetisches Tun weder zwingend vorgeschriebenen (als falsch oder richtig ausweisbaren) Erarbeitungsweisen oder Problemlösungsschritten, noch vorgegebenen Beurteilungs- oder Wertmaßstäben genügen muss. Insofern können alle bekannten künstlerischen oder auch »›natürlichen‹ Ausdrucksformen (z. B. der Kinderzeichnung, des Plastizierens, Collagierens usw.) in Anspruch genommen werden« (ebd., 84). Die Pluralität derlei Möglichkeiten kommt insbesondere Schülerinnen und Schülern mit schweren Beeinträchtigungen sehr entgegen, deren ästhetisches Ausdrucksverhalten und ästhetische Kulturbetätigung häufig basal erschlossen werden muss.

5. Eine weitere pädagogisch-therapeutisch relevante Qualität von Kunst bezieht sich auf die Symbolizität, d. h. den mehrdeutigen, symbolischen Mittelungscharakter von ästhetischen Objekten. Mit Blick auf Bildwerke sollten drei Repräsentationsebenen unterschieden werden:

Auf der ersten Ebene geht es um die Beschreibung des empirischen Gegenstandes, um die Erfassung des Bezeichneten. Nehmen wir zum Beispiel das Bild eines Jungen, der einen Autounfall gemalt hat: wir beschreiben zunächst den Autounfall so, wie wir ihn sehen, ein demoliertes Auto mit verbeulter Stoßstange, Kühlerhaube, zersplitterten Scheinwerfer etc.

Die zweite Repräsentationsebene erfasst symbolisierte Assoziationen aus dem Bedeutungsumkreis der dargestellten Figurationen bzw. des Motivs, zum Beispiel in Bezug auf den dargestellten Autounfall Ängste: Angst davor, zu verunglücken; Angst davor, jemanden, der geliebt wird, zu verlieren; Angst vor den Folgen eines Unfalls, nicht mehr einen engen Freund besuchen zu können etc. Solche Befürchtungen können auf den Autocrash übertragen werden, beispielsweise dadurch, dass verletzte Bezugspersonen gemalt wurden oder dass sich der Gestalter selbst mit angstbesessener Gestik und Mimik bildnerisch eingebracht hat;

Auf der dritten Repräsentationsebene geht es um latente Inhalte und Bedeutungen, die dem Gestalter in der Regel selbst unzugänglich, unbekannt sind. Um bei unserem Beispiel zu bleiben: der Autounfall könnte eine »vernichtende Mutter« symbolisieren, weil der Gestalter von seiner Mutter missbraucht und vernachlässigt wurde. Das demolierte Auto könnte hier als ein symbolisches Äquivalent für die Vernichtung der Mutter gesehen werden. Während die beiden ersten Ebenen mit (kunst-)pädagogischem und psychologischem Basiswissen weitgehend erschlossen und somit im Rahmen einer therapeutisch-ästhetischen Erziehung nutzbar gemacht werden können, unterliegt die dritte Ebene Mechanismen der Verschiebung und Verdichtung, die nur vor dem Hintergrund eines profunden tiefenpsychologischen Bezugssystems (tiefenhermeneutisch) aufbereitet werden können. Wir stoßen hier auf ein wichtiges Unterscheidungsmerkmal zwischen einer therapeutisch-ästhetischen Erziehung (pädagogischen Kunsttherapie) und einer klinischen, psychologischen oder deutungsorientierten Kunsttherapie, die im Dienste oder als Psychotherapie operiert. Im Unterschied zur allgemeinen Kunsttherapie verzichtet die therapeutisch-ästhetische Erziehung auf tiefgreifende Deutungen. Stattdessen orientiert sie sich stärker an dem Formbestand, der figuralen Strukturierung und dem Entwicklungsniveau der bildnerischen Ausdrucksformen, was grundlegende Kenntnisse über das zeichnerische Entwicklungsgeschehen bzw. der Bildnerei im Kindes- und Jugendalter erfordert (dazu Richter 1987; zur Bildnerei von geistig behinderten Kindern: Theunissen 2004). Dies ist insofern wichtig, um in den bildnerischen Ausdrucksformen Regressionen, Eigenarten oder Retardierungen zu erkennen, die nicht nur einer mangelnden Gestaltungskompetenz geschuldet, sondern ebenso Zeugnisse spezifischer Erfahrungen (konflikthafter Lebensumstände, seelischer Belastungen, Ängste etc.) sein können. »Die regressiven bildnerischen Ereignisse einer (auch) sprachgestörten Heranwachsenden, die jahrelang den Drangsalen einer alkoholabhängigen Mutter und eines sexuell attackierenden Vaters ausgesetzt war, spiegeln andere Erfahrungen wider als die perservierenden Ausdrucksereignisse eines Heranwachsenden mit Down-Syndrom, der in einer behütenden Familiensituation aufwächst« (Richter 1991, 37).

6. »Offenheit und Symbolizität ermöglichen spezifische Formen der ästhetischen Erfahrung, in denen ... primäre und sekundäre Aktivitäten synkretisch miteinander verschmelzen« (Wichelhaus 2006, 1). Der »Synkretismus der ästhetischen Erfahrung« steht hier für die Verbindung emotionaler, unbewusster Prozesse und kognitiver, bewusster Vorgänge. »Er soll deutlich machen, dass ... die Lösung eines künstlerischen Problems auf einer individuellen Synthese (Vermengung, Vereinigung, Verbindung) aller psychischen Zustände beruht: Sie hat den Charakter des Möglichen und zeichnet nicht das (vorgegebene) Wirkliche nach« (Richter

1999, 87f.). Für die ästhetische Erziehung ist dieser Aspekt insofern bedeutsam, als dass sie bei der Vergabe von Themen oder Malaufgaben beachten muss, dass sich frühe individuelle Erfahrungen (z. B. traumatische Ereignisse) in bestimmten Gestaltungsformen repräsentieren und in einem persönlichen »künstlerischen Stil« zum Ausdruck gebracht werden können. Die Unterstützung solcher Möglichkeiten symbolischer Mitteilungen darf freilich nicht mit einem Versuch eines Bildverstehens (Interpretationen) einhergehen, der womöglich den Blick für das Außergewöhnliche, für die Wertschätzung individueller Kreativität oder origineller Ausdrucksformen, für künstlerische Stärken oder Begabungen erdrosselt (vgl. dazu Großwendt 2008; Theunissen/Schubert 2011). Vielmehr haben wir eine Subjektzentrierung im Blick, die als Ressourcenaktivierung (Orientierung an Stärken) eine allgemeine Förderung psychischer Gesundheit intendiert.

2.3   Kunst unter philosophisch-ästhetischen Gesichtspunkten

Unsere vorausgegangenen Überlegungen vertragen sich nicht mit einem Erziehungs- oder Bildungsbegriff, der darauf hinausläuft, Heranwachsende nach Maßgabe einer vorgegebenen Norm zu fördern oder zu bilden (z. B. zu einem »guten Geschmack«). Vielmehr korrespondieren sie mit einem Ästhetikbegriff und emanzipatorischen Bildungsverständnis, wie es in der Humboldtschen Bildungstheorie angelegt ist, von Klafki (1994) für die Allgemeine Pädagogik weiterentwickelt wurde und heute im Empowerment-Konzept zum Tragen kommt (vgl. Theunissen 2009a). Demzufolge ließe sich die therapeutisch-ästhetische Erziehung auch als Konzept einer allgemeinen ästhetischen Bildung bezeichnen (vgl. Richter-Reichenbach 1998; auch Bröcher 1997).

Der Begriffsanteil »ästhetisch« im Rahmen unserer Arbeitsdefinition meint – abgeleitet vom griechischen Stammwort »aisthesis« – die »Vollkommenheit der sinnlichen Wahrnehmung« (Baumgarten, zit. n. Theunissen 2004, 81). Dies bedeutet, dass das Ästhetische weder auf eine bloß affektiv getönte Geschmackskategorie (auf das verallgemeinerte Schöne), noch auf visuelle Wahrnehmung verengt werden darf. »Sinnliche Wahrnehmung« verweist auf unsere Sinne, die für selbstbildendes Lernen, für Selbst- und Welterfahrungen, eine wichtige Funktion haben. Folglich gehört die Betätigung und Entfaltung aller Sinne, der sogenannten höheren wie das Sehen und Hören und der sogenannten niederen wie das Tasten, Schmecken, Riechen etc., zum Programm ästhetischer Erziehung. Hierbei stoßen wir zugleich auf die unaufhebbare dialektische Wechselbeziehung von Wahrnehmung und Bewegung. Deshalb wird nicht selten auch die Pflege von Bewegung, Rhythmik, Tanz und Musik mit ästhetischer Erziehung in Verbindung gebracht bzw. verknüpft. »Vollkommenheit« steht einerseits für die Gesamtheit der Prozesse, die sich im Zuge sinnlicher Wahrnehmung vollziehen, d. h. für emotionale, affektive oder unbewusste und ebenso für bewusste, kognitive sowie motorische Aktivitäten. Andererseits wird auf die Vereinigung dieser Prozesse auf einer »höheren« Ebene verwiesen, die nach Schiller (1795) eine »schöne

Erfahrung« ermöglichen soll. Das Schöne definiert sich hierbei als ein Symbol des mit sich selbst identisch gewordenen Subjekts.

Schillers Konzept verleitet jedoch zu der Ansicht, dass eine »Veredelung« des Menschen und der Menschheit nur durch eine ästhetische Kommunikation mit der klassizistischen oder naturalistischen Kunst erzielt werden könne. Demgegenüber lehrt uns die Avantgarde des 20. Jahrhunderts, dass es eine »Kunst im Plural« gibt (verschiedene und zeitlich parallel verlaufende Stilrichtungen oder Spielarten künstlerischer Ausdrucksformen), die gleichfalls wirkungsvoll im Hinblick auf eine Gewinnung von mehr Menschlichkeit sein kann. Die oben anskizzierte Kategorie der »Offenheit der ästhetischen Sache« steht für ein solches »postmodernes« Kunstverständnis, welches zugleich die Chance für ein »Leben ohne Aussonderung« birgt – und dies nach der Devise: Kunst kennt keine Behinderung und Normalität.

Abgeleitet vom griechischen Stammwort »aisthesis« hebt Welsch (1990) eine weitere Kategorie hervor, die er als »ästhetisches Denken« bezeichnet. Darunter versteht er ein ethisch geprägtes »Verstehensmedium von Wirklichkeit«, das sich nicht auf den gefühlsmäßigen Teil der Sinneswahrnehmung beschränkt, sondern Beobachtungen und Sinnvermutungen mit einbezieht sowie »Reflexionsanstöße der Wahrnehmung zu entfalten« (ebd., 55) versucht. Demzufolge stellt Wahrnehmung als Schlüsselbegriff der Ästhetik ein sehr komplexes Geschehen dar, welches Bewusstseins- bzw. Erkenntnisprozesse sowie motorische Aktivitäten impliziert, also nicht als ein Vorgang missverstanden werden darf, in dem Objekte ohne Bedeutung aufgenommen werden. Somit wird mit dem Begriff des Ästhetischen ein ganzheitliches Phänomen beschrieben, das in doppelter Hinsicht bedeutsam ist: Nicht der sogenannten Leib-Seele-Geist-Einheit des Menschen ausschließlich, sondern der Verbindung der Subjektseite mit der sozialen, mitmenschlichen, natürlichen und kulturellen Umwelt gilt das Interesse ästhetischer Erziehung.

Wird das Ästhetische als eine Wahrnehmungskategorie ausgelegt, so kann diese nicht einfach als gegeben vorausgesetzt werden, sondern sie muss angeeignet und entfaltet werden. Folgerichtig bedeutet für von Hentig (1970, 25f.) ästhetische Erziehung: »Systematische Ausbildung (der, G. T.) Wahrnehmungsmöglichkeiten, des Wahrnehmungsgenusses und der Wahrnehmungskritik«; und an anderer Stelle schreibt er: »Eine ästhetische Erziehung bestünde folglich vor allem darin, den Menschen von klein auf die Gestaltbarkeit der Welt erfahren zu lassen, ihn anzuhalten, mit der Mächtigkeit der ästhetischen Wirkungen zu experimentieren und die unendliche Variation nicht nur der Ausdrucksmöglichkeiten, sondern gerade auch der Aufnahme- und der Genussmöglichkeiten zu erkennen« (93). Hier stoßen wir auf zwei Aspekte: Erstens auf die kunstpädagogische Intention, Lernende darin zu befähigen, die Wirkungen des »Schönen«, die Sache Kunst (ästhetische Objekte, visuelle Medien, …) auch kritisch wahrzunehmen und zu durchschauen (Leitziel: emanzipatorische Kommunikations- und Sachkompetenz im ästhetischen Bereich); zweitens auf den basalen Charakter ästhetischer Erziehung, indem »von klein auf …« ästhetische Aktivitäten

und Erfahrungen pädagogisch befördert und unterstützt werden sollen. Gerade von
hier aus lässt sich ein gemeinsamer Kunstunterricht begründen und arrangieren, der
alle Kinder und Jugendlichen mit oder ohne Behinderung einbeziehen und erreichen
kann.

3   Folgerungen für die Praxis

Vor diesem Hintergrund wird nunmehr ein fachdidaktisches Modell skizziert, welches basales Lernen, therapeutische Prozesse und eine sachzentrierte Auseinandersetzung mit Kunst in einem Gesamtkonzept einer ästhetischen Erziehung zu verknüpfen
versucht. Dieser Entwurf gilt insbesondere für den Unterricht in Schulen mit dem
Förderschwerpunkt geistige Entwicklung (ausführlich dazu Theunissen 2004, 87ff.),
er kann aber ebenso für einen integrativen/inklusiven Unterricht in allgemeinen Schulen genutzt werden (dazu Richter-Reichenbach 1992; auch Bröcher 1997; Richter
1999).

3.1   Von der Subjektzentrierung zur Sachzentrierung

Es ist wohl unschwer zu erkennen, dass wir ein Modell favorisieren, welches mit einer
Subjektzentrierung als Vehikel zur Persönlichkeitsentwicklung den »Nebeneffekt« ästhetischer Produktions- und Rezeptionsprozesse zur »Hauptsache« erklärt. Dies ist in
Anbetracht der »Offenheit der ästhetischen Sache« nicht nur heil- oder sonderpädagogisch legitim, sondern zugleich auch kunstpädagogisch (fachdidaktisch) bedeutsam,
da durch die Subjektzentrierung ästhetische Kommunikationsprozesse befördert werden, die den Schritt zum »ästhetischen Denken« (Welsch) vorbereiten bzw. einleiten.
Damit setzt unser Entwurf Intentionen der allgemeinen ästhetischen Erziehung nicht
außer Kraft, sondern er unterscheidet sich nur durch die »Umstrukturierung der Lehr-
und Lernformen« (Richter); und letztendlich steht er für einen Prozess, der von der
Subjektzentrierung über die subjektzentrierte Erarbeitung einer ästhetischen Sache bis
hin zu einer sachzentrierten Unterrichtarbeit reicht. Sachzentrierung bedeutet, dass
der Stoff der ästhetischen Erziehung (Kunst, Werbung, visuelle Medien etc.) Zweck
der Unterweisung ist.

3.2   Ein phasenspezifisches Planungsmodell

Wie wir uns einen solchen Ansatz vorstellen können, ist dem folgenden (idealtypischen) Planungsmodell zu entnehmen (vgl. Theunissen 2004, 100ff.):
    Am Anfang der ästhetischen Erziehung steht eine Orientierungsphase, die dem
Kennenlernen und sozialen Miteinander dient sowie eine angenehme (entspannte)
Arbeitsatmosphäre und Motivationsgrundlage schaffen soll. Hierzu sind auf der Basis
eines offenen Curriculums nicht leistungsbezogene, aktionistische, beziehungsstiften-
de, spiel- oder sozialpädagogisch geprägte Aktivitäten (z. B. Kennenlern-, Koopera-

tions-, Bewegungs-, Improvisations- oder Stegreifspiele, freie Malaktionen, Partner-Malen, Malen nach Musik, Erkundungsausflüge) vorgesehen. Zugleich lassen sich im Rahmen der Orientierungsphase soziale Strukturen erfassen (z. B. durch ein Bild-Soziogramm: Herwald 1977) sowie persönliche Stärken- und Interessenprofile für ästhetische Aktivitäten erstellen.

Der Orientierungsphase folgt eine Aufbauphase, die vor allem der Förderung und Unterstützung einfacher (basaler) und interessengeleiteter ästhetischer Aktivitäten, Kommunikations- und Ausdrucksformen sowie positiver (prosozialer) Verhaltensweisen dient. In dieser Phase dominieren basale Angebote (z. B. sensomotorische Tätigkeiten und Materialerkundungen, spielerisch-aktionistische, explorative Handlungen wie Matschen, Schmieren, Rühren, Krabbeln, Kratzen, Einpacken, Auspacken, Betasten, in den Mund stecken, Reißen, Knüllen, Auseinandernehmen, Hineinstecken, Auftürmen, Ausprobieren, Klopfen, Drücken, Werfen, Spritzen, …), die der Beherrschung des Körpers und der Motorik, der Vervollkommnung eigener Bewegungsmöglichkeiten, dem »Lernen mit allen Sinnen«, der Sensibilisierung und Differenzierung der Sinne, der Orientierung im Raum und Bewältigung der Raumbeziehungen, einer vielseitigen Materialerkundung, der Informationsgewinnung über Beschaffenheit und Verwendungsmöglichkeiten von Materialien sowie des Be-Greifens der Dinge und der Aneignung einfacher Fertigkeiten dienen. Um gestörte Sinnesfunktionen zu kompensieren oder vernachlässigte, bislang nicht erfahrene Sinnesmodalitäten zu erleben und aufzubauen, sollte die Beschaffenheit (z. B. Konsistenz, Oberflächenstruktur, Form, Farbe, Gewicht, Größe, Temperatur) verschiedenster Materialien wie Sand, Wasser, Creme, Steine, Holz, Ton, Plastik, Erbsen o. Ä. voll genutzt werden (vgl. Richter 1977b, 58ff.; Wichelhaus 1995, 35; Lichtenberg 2006). Weitere basal gelagerte Angebote reichen von einem »Fußparcours«, Sinnegarten oder »Erlebnisparcours über ein »basales Theater«, Erlebnisräume oder einem Erfahrungsfeld zur Besinnung und sanften Bewegung bis hin zu Vorschlägen, den Wald oder die Natur als ein Wahrnehmungs-, Erfahrungs- und Erlebnisparadies (z. B. durch eine Walderlebnistour, Schatzsuche, »Lauschwettbewerb«) zu entdecken und schätzen zu lernen. Wie zuvor haben auch in der Aufbauphase aktionsorientierte Arbeitsformen (z. B. Mal-, Material-, Verkleidungs- oder Schminkaktionen) sowie Improvisations- und Bewegungsspiele nach Musik, Musik-Malen, Collagen, Fingermalen, freies plastisches Gestalten u.Ä.m. ihren Stellenwert. Derlei Aktivitäten wird unter anderem eine hedonistische und therapeutisch-kompensatorische Funktion zugeschrieben, und es wird ihnen nachgesagt, dass sie zu Erfolgserlebnissen sowie zum Abbau von Verkrampfungen, Hemmungen oder auch Ängsten beitragen und physisches und psychisches Wohlbefinden befördern. Im Einzelfall lassen sich im Rahmen der Aufbauphase auch »geschlossene Lerneinheiten« einflechten, wenn es zum Beispiel um einen systematischen Erwerb von bestimmten Techniken oder Fertigkeiten sowie um das Erarbeiten bestimmter Bildzeichen geht. In dem Falle wird die Ebene eines offenen Curriculums verlassen und eine »kombinierte Form« realisiert (vgl. dazu auch Theunissen 2009b). An dieser Stelle ist zu erwähnen, dass Schwierigkeiten im Umgang mit herkömmlichen bildnerischen Mitteln gleichfalls durch ein computergestütztes Zeichnen oder Malen kompensiert werden können.

Der Aufbauphase folgt die Festigung des bisher Erlernten und weitere Unterstützung vorhandener Potenziale oder Stärken. Hierzu sollen in der Stabilisierungsphase vor allem gegenstandsbezogene Aktivitäten und projektartige Unternehmungen in den Vordergrund treten (z. B. Bau einer großen Plastik auf dem Schulhofgelände als Gemeinschaftsprojekt; Schwarzlichttheater; Theaterprojekte, die unterschiedlichste Aktivitäten erfordern). Zudem sollen den Heranwachsenden Möglichkeiten eröffnet werden, eigene Erfahrungen, Schwierigkeiten in der Interaktion und Kommunikation, spezifische Wünsche oder Bedürfnisse bildhaft-symbolisch darzustellen, ohne dabei Schuldgefühle erleben zu müssen. Dazu werden Themen mit »narrativem Charakter« (z. B. meine Familie, ein Streit in der Klasse; mein schönstes Erlebnis; ein Wunsch; ein Traum; Liebe) empfohlen. Neben der Visualisierung sollten in der Stabilisierungsphase auch Möglichkeiten in den Blick genommen werden, derartige Themen in konflikt- oder problemzentrierten Rollenspielen aufzugreifen, die auf ein Soziales Lernen hinauslaufen und dauerhafte (stabile) Lernergebnisse befördern.

Den Schluss bildet die Differenzierungsphase, die zur weiteren Entwicklung (Differenzierung) der individuellen Potenziale und bisher erworbenen Fähigkeiten, Fertigkeiten und Verhaltensweisen führen sowie soll. Die Arbeitsprozesse sind nun weniger subjektzentriert, sondern sie vollziehen sich von einer subjektzentrierten Erarbeitung der ästhetischen Sache bis hin zu sachzentrierten Arbeitsweisen. Damit soll die ästhetische Erziehung in dieser Phase explizit einen sachspezifischen Beitrag leisten, indem die Auseinandersetzung mit ästhetischen Objekten (Kunst, Werbung, Medien, …) durch produzierende und reflexive Prozesse (ästhetisches Denken) verstärkt in den Mittelpunkt tritt.

Richter-Reichenbach (1992, 114f.) hat dieses Modell, dessen Phasen durch Querverbindungen und Rückkoppelungen reversibel gehalten werden, um eine didaktische Reflexionsebene (z. B. Situations- und Sachanalyse) sowie um den Bereich der Prozessorganisation (z. B. Fragen zu den Sozialformen, Instruktionen, Materialien/Medien; zeitliche Organisation; Lernort) erweitert. Wenngleich wir ursprünglich von einem langfristig angelegten Planungsmodell ausgegangen sind, können sich die Phasen und Planungsaspekte auch auf mittel- oder kurzfristige Maßnahmen (Stundenentwürfe) beziehen. Für die kurzfristige Planung hat Richter (1977b, 73ff.; 1999, 135) ein Modell skizziert, dass sich nicht an linear verlaufenden Aufgabenfolgen, sondern an sonderpädagogischen Prinzipien wie Komplexitätsreduktion, Instruktionserhöhung oder Individualisierung orientiert und von der Vorstellung ausgeht, nach einem einleitenden Motiv (Thema, Aufgabenstellung) eine Vielzahl von inhaltlichen und formalen Bearbeitungsvarianten zuzulassen (z. B. durch Modifikation der Aufgabenstellung, Nutzung verschiedener Materialien, Einbeziehung unterschiedlicher Realisationstechniken/Verfahren), um die einzelnen Schülerinnen und Schüler mit ihren Ressourcen und Beeinträchtigungen zu erreichen.

4   Ein Blick auf Lehrpläne

Interessant ist zweifellos die Frage, ob unser Entwurf mit Lehrplänen für das Fach Kunst in Förder- und allgemeinen Schulen kompatibel ist.

Diesbezüglich haben wir zunächst die derzeit gültigen Lehrpläne für Schulen mit dem Förderschwerpunkt geistige Entwicklung aus Bayern, Sachsen und Thüringen geprüft, auf die auch andere Bundesländer zurückgreifen. Diesen drei Lehrplänen ist gemeinsam, dass sie subjektzentrierte Arbeitsformen (z. B. spielerisch-aktionistische Aktivitäten, basale Tätigkeiten, Musik-Malen, aktionsorientierte Kunstverfahren, Raumgestaltungen, Nutzung von Zufallsverfahren der modernen Kunst etc.) vorsehen und somit den Schülerinnen und Schülern grundsätzlich Möglichkeiten offerieren, mit ästhetischen Materialien frei zu experimentieren, kreativ tätig zu werden, im Rahmen ästhetischer Prozesse Emotionen zuzulassen, auszuleben oder zu kompensieren, den Körper als Ausdrucksmittel zu entdecken, neue Kompetenzen und Sachkenntnisse im ästhetischen Bereich anzueignen, individuelle Bedürfnisse zu befriedigen sowie individuelle Stärken selbst wahrzunehmen, zu erkennen und weiter auszubilden. Zudem wird neben der Wertschätzung ästhetischer Aktivitäten im Hinblick auf individuelle Lern- und Entwicklungsprozesse, vor allem Persönlichkeitsentfaltung, Selbstfindung, Selbstbestimmung, »Lernen mit allen Sinnen«, basales und ganzheitliches Lernen, gleichfalls die Bedeutung des Lernbereichs Kunst für soziale Lernprozesse, für ein gemeinsames Lernen und Miteinander sowie für den Erwerb sozialer Kompetenzen nicht übersehen. Ferner ermöglichen alle drei Lehrpläne eine produzierende und reflexive Auseinandersetzung mit der zeitgenössischen Kunst sowie mit anderen ästhetischen Phänomenen (z. B. Werbung, Medien, Film, Fotografie, Computerkunst).

Im Unterschied zu den Lehrplänen aus Bayern und Thüringen, in denen ein breites Verständnis von Kunst und Ästhetik durchschimmert, verleitet jedoch der sächsische Lehrplan eher zu einer konventionellen Auslegung, die kompensatorische oder therapeutische Möglichkeiten einer ästhetischen Erziehung weithin ungenutzt lässt. So nimmt hier der Bereich des (traditionellen) Gestaltens (systematische Einübung unterschiedlicher Gestaltungstechniken) gegenüber Möglichkeiten des subjektzentrierten Arbeitens mit therapeutischer Valenz breiteren Raum ein. Nichtsdestotrotz kann auch dieser Lehrplan, wenngleich er deutlich hinter dem Bayerischen zurückfällt, der als eine Fundgrube an subjektzentrierten Vorschlägen imponiert, gleichfalls wie der Lehrplan aus Thüringen für unser Modell als anschlussfähig betrachtet werden.

Technologieprobleme mit allen drei Lehrplänen ergeben sich allerdings dort, wo keine speziellen Vorgaben für die Planung und Durchführung der ästhetischen Erziehung gemacht werden, wohl aber ein Katalog an Lernzielen, Lerninhalten und zugeordneten Hinweisen für die pädagogische Arbeit präsentiert wird, der angesichts seines Charakters eines Supermarkt-Warenangebots zu einem relativ willkürlichen Ad-Hoc-Gebrauch verleitet. Dies befördert womöglich die Gefahr, dass die ästhetische Erziehung als bloßes Entlastungs- oder Nebenfach (schöne Malstunde) gegenüber anderen

Lernbereichen entwertet und zweckentfremdet wird. Alleingelassen bleiben Lehrpersonen mit der Frage, wie eine »Stegreif-Didaktik« vermieden und ein sinnvoller, auf
das individuelle Entwicklungsniveau und die Situation der Kinder und Jugendlichen
abgestimmter Unterrichtsaufbau erfolgen kann. Denn ästhetische Gelegenheitserfah-
rungen oder auch das bloße Einüben von Gestaltungstechniken (mit herkömmlichen
Mitteln oder computergestützt) begründen und garantieren längst noch nicht den
Weg zur Einlösung des emanzipatorischen Bildungsauftrags der ästhetischen Erziehung. Genau an dieser Stelle kann das von uns favorisierte Modell weiterhelfen,
welches unter anderem auch dem in einigen Ländern (z. B. NRW) herausgestellten
handlungsorientierten Unterricht für den Lernbereich Kunst (ästhetische Erziehung)
an Schulen mit dem Förderschwerpunkt geistige Entwicklung eine sinnvolle Richtung
(von der Subjektzentrierung zur Sachzentrierung) offeriert.

Davon ist hingegen der im Jahre 2007 verabschiedete Fachlehrplan Grundschule
Gestalten aus dem Land Sachsen-Anhalt meilenweit entfernt. Dieser Lehrplan sieht
die Vereinigung der Fächer Kunst und Werken sowie mit Blick auf das Bauhaus-
Konzept nach Walter Gropius eine stärkere Gewichtung des Aspekts Design und
handwerklich-technischer Gesichtspunkte im künstlerischen Schaffungsprozess vor.
Diesbezüglich wird er jedoch der Sache Kunst bzw. dem sich selbst auferlegten Anspruch, fachspezifische Besonderheiten von Kunst nicht zu beschneiden, in keiner
Weise gerecht. Im Gegenteil: Insgesamt fällt er hinter den Fachdidaktiken aus den
1960er-Jahren zurück, indem Kunst auf das Eintrainieren von Gestaltungstechniken
reduziert wird und der breite Stoffkanon, unter anderem auch ein kritisch reflexiver
Umgang mit Massenmedien, gänzlich ignoriert wird. Stattdessen soll »dem Geschaf-
fenen Wertschätzung, Respekt und Toleranz entgegen gebracht werden« (6) – eine
Zielsetzung, die wohl kaum Schüler und Schülerinnen widerstandsfähig gegenüber
der Verführung von Massenmedien (Werbung, Bildzeitung etc.) macht.

Besonders unangenehm fällt die durch »handwerkliche Formulierungen« gestützte
Dominanz sachzentrierter Arbeitsweisen auf, die mit vorgeschriebenen Gestaltungsab-
läufen bzw. einer angeleiteten, »sachgerechten« Realisierung von Gestaltungsaufgaben
eng verschaltet sind und auf funktionale, rigide Umgangsweisen mit der Sache Kunst
hinauslaufen. Freiere, explorative Gestaltungsmöglichkeiten, die hedonistisch-sinnli-
ches Erleben ermöglichen und kompensatorisch wirksam sein können, haben letztlich nur eine assistierende Funktion für Lernziele, denen es um eine Funktionalität
von Kunst (Design) zu tun ist. Alle Unterrichtsformen unterstehen im Wesentlichen
handwerklich-technischen Intentionen. Dementsprechend werden auch Kunstwerke
weniger als symbolische Mitteilungen, sondern in erster Linie formal und auf ihre
Techniken der Entstehung hin betrachtet.

Insgesamt dürften die Unzulänglichkeiten dieses neuen Lehrplans unschwer zu erkennen sein, der in Anbetracht des mangelnden Raums für subjektzentrierte Aktivitäten weder für basales, sinnlich-ästhetisches Lernen als Inspirationsquelle für Kreativität, noch für eine therapeutische Unterstützung geeignet ist. Außerdem leistet

er keinen Beitrag für ein »ästhetisches Denken« (Welsch), das sich auf einen breiten
(zeitgemäßen) Kunstbegriff und auf die kritische Auseinandersetzung mit der Vielfalt ästhetischer Objekte erstreckt. Darüber hinaus werden Möglichkeiten des sozialen
Lernens nicht genutzt, was alles andere als integrations- oder inklusionsbefördernd
ist und letztlich belegt, dass unter den hier anskizzierten Vorstellungen die ausgesprochen günstigen Bedingungen einer ästhetischen Erziehung für ein gemeinsames
Lernen behinderter und nichtbehinderter Kinder und Jugendlicher zunichte gemacht
werden. Zu hoffen bleibt, dass nicht andere Bundesländer diesem rückwärts gewand-
ten Fehlansatz aus Sachsen-Anhalt folgen und sich mit ihren Fachlehrplänen am aktuellen Diskussionsstand (z. B. der künstlerischen Bildung) sowie an wohl begründete
und bewährte Konzepte (z. B. im Sinne einer therapeutisch- ästhetischen Erziehung)
orientieren. In dieser Bahn bewegt sich beispielsweise der Rahmenplan Grundschule
aus Hessen (1995), dessen Ziel es ist, Kindern über die »Aisthesis« einen Zugang
zur Welt und eine produktive Entfaltung ihrer Wünsche, Vorstellungen, Phantasi-
en und Ängste zu ermöglichen, die sinnliche Wahrnehmungs- und Erlebnisfähigkeit
zu stärken und auszubilden, Lust und Phantasie zur kreativen Gestaltung sowie zur
kritischen Wahrnehmungs- und Reflexionsfähigkeit gegenüber ästhetischen Objekten
und Erscheinungen (z. B. Massenmedien) zu fördern. Bemerkenswert ist, dass dieser
Rahmenplan quasi kontrapunktisch zum Lehrplan aus Sachsen-Anhalt subjektzentrierte Lernfelder wertzuschätzen weiß und aufgrund seines offenen Charakters für
einen gemeinsamen Unterricht mit behinderten und nichtbehinderten Kindern eine
geeignete Bezugsbasis bietet. Dies gilt gleichfalls für den hessischen Lehrplan Kunst
Bildungsgang Hauptschule (2008), dem es um eine breit angelegte ästhetische Praxis
zu tun ist, wie sie mit unserem Modell einer therapeutisch-ästhetischen Erziehung
anskizziert wurde.

5   Schlussbemerkung

Zu guter Letzt bleibt zu klären, ob Konzepte aus der allgemeinen Kunstpädagogik
gleichfalls für einen gemeinsamen Unterricht tragfähig sein können. Hierzu soll ein
kurzer Blick auf die künstlerische Bildung geworfen werden, die als Kursgewinner auf
dem Ideenmarkt neuer kunstdidaktischer Modelle für die allgemeine Schule gehandelt
wird (vgl. Buschkühle 2007). Unter dem Stichwort der künstlerischen Bildung wird
eine Kunstdidaktik eingefordert, die ihre Ziele, Inhalte und Methoden aus der Kunst
heraus begründet und den Unterrichtsprozess als künstlerischen Prozess betrachtet,
um künstlerisches Denken zu fördern. Eine entscheidende Rolle spielt dabei der von
Josef Beuys postulierte »erweiterte Kunstbegriff«, der die Grenzen zwischen Kunst und
Nichtkunst aufhebt, dabei den Menschen als Künstler in den Mittelpunkt stellt und
die Selbstgestaltung einer »Lebenskunst«, eines »bewusst geführten«, selbstbestimmten, sozial und ökologisch verantwortungsvollen Lebens im Blick hat.

Insofern verabschiedet sich die künstlerische Bildung nicht von dem weiten Feld des Ästhetischen, wohl aber von einer ästhetischen Erziehung, die primär auf Wahrnehmungsprozesse, Erfahrungen und Erkenntnisse ausgerichtet sei (Buschkühle 2003, 32f.). Im Fokus der künstlerischen Bildung steht hingegen die »Gestaltung«, die in Projekten zum Tragen kommt. Ausgangspunkt des Unterrichts ist auf dem Hintergrund einer Themenvorgabe ein induktiver Einstieg mit offenem Charakter, um allen Schülerinnen und Schülern selbstbestimmte Wege der Inhaltsaufbereitung zu ermöglichen. Dieser erste Schritt wird im Rahmen eines Schülergesprächs aufgegriffen, um durch Reflexionen zu Fragen zu gelangen, die zu einem weiteren, vertieften Imaginieren und experimentellen Arbeiten führen sollen. Auch hierfür ist ein Freiraum unabdingbar. Die Schüler(innen) begeben sich nunmehr auf »Wanderschaft«, indem sie themenbezogen Recherchen und Erkundungen vornehmen, neue Informationen sammeln, die sie experimentell in einem Bedeutungszusammenhang integrieren und miteinander vernetzen. Dieser Prozess der »Konstruktion« und »Herstellung von Kontextualität« mündet in die »künstlerische Transformation«, die als Ausdruck von Kreativität in zwei Richtungen wirkt: zum einen soll sich der Gegenstand zu einem inhaltlich ausdifferenzierten Werk verwandeln, in das alle vorausgegangen Aktivitäten eingeflossen sind; zum anderen soll sich der Werkschaffende selbst während des künstlerischen Tuns verändern, sodass er mit einem gewissen Maß an künstlerisch-kreativer Kompetenz sein Leben verantwortungsbewusst führen kann. Damit sucht die künstlerische Bildung im Unterschied zur (therapeutisch) ästhetischen Erziehung, der es vorrangig um Chancen einer Selbstverwirklichung durch ästhetische Aktivitäten sowie um Möglichkeiten einer gesellschaftlichen Teilhabe an Kunst und Kultur zu tun ist, explizit die Verbindung von Kunst und Leben auf, indem sie das schöpferische Potenzial als Vehikel für eine »Lebenskunst« begreift.

Von diesem sehr anspruchsvollen Programm sollen alle Schülerinnen und Schüler profitieren. Das induktive Vorgehen, die Offenheit, gemeinsame Reflexionsgespräche, die Ermöglichung einer selbstbestimmten »Wanderschaft« sowie das experimentelle Arbeiten sind methodische Angebote, die einen pädagogischen Handlungsspielraum für ein gemeinsames Lernen bieten wie auch eine »innere Differenzierung« gestatten, sodass unterschiedlichen Lernvoraussetzungen, Interessen, Fähigkeiten und Stärken Rechnung getragen werden kann. Dennoch kommt das sogenannte therapeutische Moment an der Stelle zu kurz, wo wir es einerseits mit geistig schwerst behinderten Kindern und Jugendlichen zu tun haben, deren Potenziale zunächst nur über einen basalen Zugang erschlossen werden können. Hier benötigen wir Anregungen, die einer Aufgabenstellung mit Aufforderungscharakter für künstlerisches Denken und Handeln vorausgehen. Andererseits gibt es Schülerinnen und Schüler, die sich aus unterschiedlichen Gründen (z. B. hohe psychische Belastungen, traumatische Erlebnisse, Autismus) einem Thema entziehen oder verweigern und daher eine spezielle Unterstützung benötigen, die als Wegbereiter für eine künstlerische Bildung betrachtet werden kann. Auch an dieser Stelle gilt es Momente der Überforderung zu vermeiden und psychische Befindlichkeiten zu berücksichtigen. Nichtsdestotrotz stehen sich beide Ansätze keineswegs antinomisch gegenüber. Interessant wäre daher der Versuch einer Verknüpfung. Ein solcher Entwurf (einschließlich seiner Evaluation) stets allerdings noch aus.

Literatur

Bröcher, Joachim (1997): Lebenswelt und Didaktik. Heidelberg: Universitätsverlag Winter.

Bröcher, Joachim (2006): Kunsttherapie als Chance. Heidelberg: Universitätsverlag Winter.

Buschkühle, Claus-Peter (1998): Künstlerische Bildung des Spiels und der Erzählung. In: Kettel, Joachim (Hg.): Kunst lehren? Stuttgart: Radius, 183–195.

Buschkühle, Claus-Peter (2003): Konturen künstlerischer Bildung In: Buschkühle, Claus-Peter (Hg.): Perspektiven künstlerischer Bildung. Köln: Salon, 19–45.

Buschkühle, Claus-Peter (2007): Die Welt als Spiel II: Kunstpädagogik. Theorie und Praxis künstlerischer Bildung. Oberhausen: ATHENA-Verlag.

Damus, Martin (2000): Kunst im 20. Jahrhundert – Von der transzendierenden zur affirmativen Moderne. Reinbek: Rowohlt.

Fachlehrplan Grundschule – Gestalten (2007): Kultusministerium Sachsen-Anhalt. Magdeburg.

Großwendt, Ulrike (2008): Außergewöhnliche Bildnereien von jungen Menschen mit intellektueller Behinderung. In: Theunissen, Georg (Hg.): Außenseiter-Kunst. Außergewöhnliche Bildnereien von Menschen mit intellektuellen und psychischen Behinderungen. Bad Heilbrunn/Obb.: Klinkhardt, 157–174.

Heckmann, Erwin (1935): Wege zur Erweckung der Kunstkräfte im Kinde und Jugendlichen. Düsseldorf: Schwann.

Hentig, Hartmut v. (1970): Systemzwang und Selbstbestimmung. Stuttgart: Klett.

Herwald, Heiko (1977): Ein Soziogramm – entwickelt durch bildnerische Aktivitäten. In: Richter, Hans-Günther (1977a) (Hg.): Therapeutischer Kunstunterricht. Düsseldorf: Schwann, 159–169.

Klafki, Wolfgang (1994): Neue Studien zur Bildungstheorie und Didaktik. 4. erw. Auflage. Weinheim: Beltz.

Lehrplan Kunst Bildungsgang Hauptschule (2008): Herausgeber Hessisches Kultusministerium. Wiesbaden. Verfügbar unter: http://www.hessen.de/irj/HKM_Internet?cid=77024 4b3f3f61faf79f08f0f0db32a30 [03.03.2010].

Lehrplan für den Förderschwerpunkt geistige Entwicklung (2003): Bayerisches Staatsministerium für Unterricht und Kultus. München, 279–294.

Lehrplan für die Förderschule für Geistigbehinderte – Gesamtunterricht in Grund-, Mittel und Oberstufe (1998): Kultusministerium Thüringen. Erfurt, 108–124.

Lehrplan Schule für Geistig Behinderte (1998): Sächsisches Staatsministerium für Kultus. Dresden, 201–214.

Lichtenberg, Andreas (2006): Einblicke in die kunsttherapeutische Arbeit mit schwerst- und mehrfachbehinderten Menschen. In: Theunissen, Georg/Großwendt, Ulrike (Hg.): Kreativität von Menschen mit geistigen und mehrfachen Behinderungen. Grundlagen

– Ästhetische Praxis – Theaterarbeit – Kunst- und Musiktherapie. Bad Heilbrunn/Obb.: Klinkhardt, 161–172.

Otto, Gunther (1993): Therapie als Problem der (Kunst-)Pädagogik – Eine Problemskizze. In: Wichelhaus, Barabara (Hg.): KUNSTtheorie, KUNSTpsychologie, KUNSTtherapie. Berlin: Cornelsen, 82–94.

Rahmenplan Grundschule (1995): Herausgeber Hessisches Kultusministerium. Wiesbaden.

Regel, Günther (2003): Zur Problematik der Fachkompetenz und der langfristigen Bildungsstandards für den Kunstunterricht und die künstlerische Bildung überhaupt. Vortrag auf dem Internationalen Symposium »MAPPING BLIND SPACES«, vom 8. bis 10. Oktober 2003 in Karlsruhe. Verfügbar unter: http://lehrerfortbildung-bw.de/kompetenzen/gestaltung/forum_m_g/08_produktgestaltung/08_7_denkanstoesse/08_76/ [03.03.2010].

Richter, Hans-Günther (1977a) (Hg.): Therapeutischer Kunstunterricht. Düsseldorf: Schwann.

Richter, Hans-Günther (1977b): Zur Grundlegung pädagogisch-therapeutischer Arbeitsformen in der ästhetischen Erziehung. In: Richter, Hans-Günther (Hg.): Therapeutischer Kunstunterricht. Düsseldorf: Schwann, 39–76.

Richter, Hans-Günther (1981): Zur Didaktik eines pädagogisch-therapeutischen Kunstunterrichts. In: Richter, Hans-Günther/Waßermé, Günter (Hg.): Kunst als Lernhilfe. Frankfurt a. M.: Diesterweg, 63–68.

Richter, Hans-Günther/Waßermé, Günter (1981) (Hg.): Kunst als Lernhilfe. Frankfurt a. M.: Diesterweg.

Richter, Hans-Günther (1987): Die Kinderzeichnung. Ein Handbuch. Düsseldorf: Schwann.

Richter, Hans-Günther (1991): Vom Ästhetischen in Bildung und Erziehung, Förderung und Therapie. In: Kunst und Unterricht, H. 151, 34–38.

Richter, Hans-Günther (1999): Pädagogische Kunsttherapie. 3. Auflage. Hamburg: Dr. Kovac.

Richter, Hans-Günther (2003): Eine Geschichte der Ästhetischen Erziehung. Niebüll: Videel.

Richter-Reichenbach, Karin-Sophie (1992): Identität und ästhetisches Handeln. Weinheim: Beltz.

Richter-Reichenbach, Karin-Sophie (1993): Pädagogische Kunsttherapie: Pädagogisierung von Therapie oder Therapeutisierung von Pädagogik? In: Wichelhaus, Barabara (Hg.): KUNSTtheorie, KUNSTpsychologie, KUNSTtherapie. Berlin: Cornelsen, 95–110.

Richter-Reichenbach, Karin-Sophie (1998): Ästhetische Bildung. Aachen: Shaker.

Richter-Reichenbach, Karin-Sophie (2004a): Kunsttherapie 1: Theoretische Grundlagen. Münster: Daedalus.

Richter-Reichenbach, Karin-Sophie (2004b): Kunsttherapie 2: Praxis der Kunsttherapie. Münster: Daedalus.

Schiller, Friedrich (1795): Über die Ästhetische Erziehung in einer Reihe von Briefen (1795). In: Schillers sämtliche Werke in 10 Bänden. Bd. 10. Leipzig: Knaur.

Schneider, Gerhard (1988) (Hg.): Ästhetische Erziehung in der Grundschule – Argumente für ein fächerübergreifendes Unterrichtsprinzip. Weinheim: Beltz.

Theunissen, Georg (1980a): Ästhetische Erziehung bei Verhaltensauffälligen. Frankfurt a. M.: Peter Lang.

Theunissen, Georg (1980b) (Hg.): Ästhetische Erziehung bei Behinderten. Ravensburg: Otto Maier.

Theunissen, Georg (1997): Basale Anthropologie und ästhetische Erziehung. Bad Heilbrunn/Obb.: Klinkhardt.

Theunissen, Georg (2003): Krisen und Verhaltensauffälligkeiten bei geistiger Behinderung und Autismus. Stuttgart: Kohlhammer.

Theunissen, Georg (2004): Kunst und geistige Behinderung. Bildnerische Entwicklung – Ästhetische Erziehung – Kunstunterricht – Kulturarbeit. Bad Heilbrunn/Obb.: Klinkhardt.

Theunissen, Georg (2009a): Kunstunterricht mit autistischen Schülerinnen und Schüler. In: Zeitschrift für Heilpädagogik, Jg. 60, H. 9, 338–346.

Theunissen, Georg (2009b): Empowerment und Inklusion behinderter Menschen – Eine Einführung in Heilpädagogik und Soziale Arbeit. 2. erw. Auflage. Freiburg: Lambertus.

Theunissen, Georg (2010): Zur Aktualität der »heilpädagogischen Kunsterziehung« nach Ernst Heckmann. In: Vierteljahresschrift für Heilpädagogik und Nachbargebiete, n. N. (im Druck).

Theunissen, Georg/Großwendt, Ulrike (2006) (Hg.): Kreativität von Menschen mit geistigen und mehrfachen Behinderungen. Grundlagen – Ästhetische Praxis – Theaterarbeit – Kunst- und Musiktherapie. Bad Heilbrunn/Obb.: Klinkhardt.

Theunissen, Georg/Schubert, Michael (2011): Kunst als Stärke. Bildnereien und ästhetische Aktivitäten von Menschen mit Lernschwierigkeiten und Autismus. Buch in Vorbereitung. Bad Heilbrunn/Obb.: Klinkhardt.

Welsch, Wolfgang (1990): Ästhetisches Denken. Stuttgart: Reclam.

Wichelhaus, Barbara (1995): Zur kompensatorischen Funktion der ästhetischen Erziehung im Kunstunterricht. In: Kunst und Unterricht, H. 191, 16–24.

Wichelhaus, Barbara (2004): Sonderpädagogische Aspekte der Kunstpädagogik – Normalisierung, Integration und Differenz. In: Pazzini, Karl-Josef/Sturm, Eva/Legler, Wolfgang/ Meyer, Torsten (Hg.): Kunstpädagogische Positionen Band 4. Hamburg: University Press, 1–22. Verfügbar unter: http://hup.sub.uni-hamburg.de/opus/volltexte/2008/4/ pdf/HamburgUP_KPP04_Wichelhaus.pdf [03.03.2010].

Wichelhaus, Barbara (2006): Die Therapie in der Pädagogik – Kunsttherapie in pädagogischen, sozialen und klinischen Anwendungsbereichen. Vortrag am 18.05.2006 an der Fachhochschule Ottersberg, Institut für Kunsttherapie und Forschung. Verfügbar unter: http://www.kunsttherapieforschung.de/static/download.php?datei=/downloads/vortraege/Vortrag_Wichelhaus.pdf [03.03.2010].

C. Berufsschulstufe

Erhard Fischer & Peter Pfriem

Arbeitslehre und der Übergang zum Beruf

1 Das Unterrichtsfach Arbeitslehre: Stellenwert und allgemeine Zielsetzungen

Arbeitslehre ist gleichzeitig Unterrichtsfach und allgemeiner Bildungsauftrag. Der Schule kommt als »Institution der Gesellschaft« die Aufgabe zu, durch Unterricht und Erziehung die Qualifizierung für das Arbeits- und Berufsleben zu übernehmen (vgl. Gmelch 1995, 56f.), da die Vermittlung von Qualifikationen zur Bewältigung der Anforderungen in der Arbeits- und Wirtschaftswelt nicht (mehr) durch den »Familienverband« geleistet werden kann (ebd.). Diese Kernaufgabe des Faches Arbeitslehre verweist gleichzeitig auf seine verschiedenen fachlichen Gegenstandsbereiche, denn die geforderte Qualifikation vollzieht sich im Zusammenhang mit einer allgemeinen Grundbildung, welche die Zusammenhänge von Technik, Wirtschaft und Gesellschaft darstellt (vgl. Beinke 2005, 11). Dabei bleibt die geforderte Vorbereitung auf das Arbeits- und Berufsleben mit ihren Komponenten Bestandteil der allgemeinen Schulbildung und nimmt keinesfalls eine Berufsausbildung oder Elemente einer solchen vorweg (vgl. Beinke 2005, 11, Kahsnitz/Ropohl/Schmid 1997, 10 und Gmelch 1995, 59). Zunächst durch die KMK 1969 auf die Hauptschule beschränkt, gilt die Arbeitslehre seit einer weiteren Deklaration der KMK 1987 als »Beitrag zu einer zeitgemäßen Allgemeinbildung aller Schulen des Sekundarbereichs I« (Gmelch 1995, 60). Zur Umsetzung werden verschiedene Konzeptionen berücksichtigt, wie das »Praktische Lernen«, die »Informations- und kommunikationstechnische Grundbildung«, die »Konzentration auf die Kategorie des Berufs«, die »Erweiterung des Berufs- und Arbeitsbegriffs« über das traditionelle Verständnis von Arbeit und Beruf als Erwerbs- und Berufsarbeit hinaus, die Darstellung von »Technik, Wirtschaft und Arbeit als Gesamtzusammenhang materieller Kultur« und die »Bezugnahme auf konkrete, komplexe Arbeitssituationen« (vgl. Dedering 2000, 31ff.). Somit wird klar, dass Arbeitslehre ein Bestandteil der Erziehungswissenschaften ist und es ihr um die »erziehungswissenschaftliche Betrachtung der fachwissenschaftlichen und lebenspraktischen Daten zum komplexen Sachverhalt ›Einführung in Arbeit – Beruf – Wirtschaft – Technik – Gesellschaft‹« geht (Dauenhauer 1974, 10). Arbeitslehre ist ständig an einer sich dynamisch verändernden Lebenspraxis orientiert und muss auf die Veränderungen der Lebenssituationen und die diese beeinflussenden Faktoren aus dem Bereich der gesellschaftlichen und wirtschaftlichen Institutionen, auf gesellschaftliche und politische Postulate und auf die »soziokulturell-anthropogenen Voraussetzungen der Jugend« (vgl. Beinke 2005, 15) reagieren. Die gesellschaftlich-politisch-wirtschaftliche Bedeutung des Arbeitslehreunterrichts wird deutlich, wenn die Schule als eine »Verteilungsinstitution für Sozialchancen« verstanden wird, welche die Gesamtheit der Lernprozesse auch in Hinsicht auf die notwendige Einführung in die Arbeitswelt strukturieren muss (vgl. Beinke 2005, 15f.). In Anlehnung an Blankertz (1971, in Beinke 2005, 16) und an Gmelch (1995, 61) lassen sich die Aufgabenstellungen des Faches Arbeitslehre folgendermaßen konkretisieren:

- Vermittlung von Einsicht in technische, ökonomische, soziale und politische Zusammenhänge der Arbeitswelt; hierbei ist von einem erweiterten Arbeitsbegriff auszugehen, der Erwerbsarbeit, Eigenarbeit und Sozialarbeit umfasst.
- Zur Ausbildungsreife führen; dies geschieht in Kooperation mit den Kernfächern.
- Zur ganzheitlichen Bildung beitragen durch das Verbinden und aufeinander Beziehen theoretisch-reflexiven und praktisch-handelnden Lernens im Unterricht.

Die wichtigste Zieldimension des Faches Arbeitslehre ist die Vorbereitung auf das Leben als Arbeits- und Wirtschaftsbürger und in diesem Zusammenhang vor allem die Berufsorientierung. Vor dem Hintergrund einer sich ständig wandelnden ökonomischen Realität ist und bleibt die Vermittlung von Ausbildungs- und Berufswahlreife ein drängendes Anliegen, wozu ein eigenes Fachkonzept benötigt wird. Berufsorientierter Unterricht muss mit den Grundlagen der Arbeit in der gegenwärtigen Realität von Produktion und Dienstleistung vertraut machen, will zu einem Verständnis von Erwerbsarbeit führen und liefert damit grundsätzliches Orientierungswissen für die Entwicklung eines beruflichen Selbstkonzepts (vgl. Gmelch 1995, 62). Gleichzeitig geht es im berufsorientierten Unterricht um die Vermittlung von beruflicher Handlungskompetenz, welche neben fachlichen auch personale, soziale und methodische Qualifikationen umfasst. Dies kann nur in Kooperation mit der Wirtschaft, nur durch die Ermöglichung eigener praktischer Erfahrungen in realen Handlungssituationen gelingen. Die hierfür einzusetzenden komplexen Realbegegnungs- und Simulationsverfahren der Arbeitslehre müssen unterrichtlich eingebettet und integriert, reflektiert und nachbereitet werden. Gleichzeitig kann berufsorientierter Unterricht nicht auf die Vermittlung von Allgemeinbildung (beispielsweise in den Bereichen Ökonomie und Technik) verzichten, denn alleine durch den »Umgang mit der Sache« gelingt die Vermittlung von Fähigkeiten und Erkenntnissen nicht (vgl. Beinke 2005, 19). So ist die Verringerung einer Kluft zwischen Schule und Erwerbsleben, Schule und Arbeit im privaten Umfeld, Schule und wirtschaftlicher Realität eine Pflichtaufgabe der Arbeitslehre (vgl. Gmelch 1995, 63).

2   Arbeitslehre für Kinder und Jugendliche an Schulen
     mit dem Förderschwerpunkt geistige Entwicklung

Nun geht es hier nicht (nur) um Fragen und Aspekte und Ausrichtung der Arbeitslehre im allgemeinen, sondern um die Bedeutung dieses Faches im Hinblick auf solche Schüler, die traditionell als geistig behindert eingestuft wurden und in der Regel nicht

eine Regelschule besuchen, sondern die Klassen 9 bis 12 in der Werk- bzw. Berufsschulstufe der Schule mit dem Förderschwerpunkt geistige Entwicklung.

Es ist folglich zu fragen, inwiefern Arbeitslehre und die Gestaltung des Übergangs
zum Beruf nicht einer Modifikation bedürfen bezüglich besonderer Zielstellungen,
inhaltlicher Angebote, methodischer Erfordernisse und ggf. auch in organisatorischer
Hinsicht. Dies wirft folgende Fragen auf:

1. Welche Rolle spielt bisher das Fach *Arbeitslehre* in der »Schule für Geistigbehinderte« bzw. in Einrichtungen mit dem Förderschwerpunkt geistige Entwicklung?
2. Um welche *Schüler* geht es, und welche besonderen Ausgangslagen im Hinblick
   auf Potenziale wie auch Grenzen und Einschränkungen im Lernverhalten sind zu
   beachten? Ergibt sich daraus ein besonderer Förderbedarf – vor allem im Hinblick
   auf eine berufliche Bildung?
3. Worauf soll hier berufsorientierter Unterricht vorbereiten? Wie schaut der *Arbeitsmarkt* für diese Personengruppe aus, hinsichtlich der bisherigen Beobachtungen, dass ein Arbeiten auf dem allgemeinen bzw. ersten Arbeitsmarkt bisher nur
   erschwert und wenn, dann nur für einen sehr geringen Anteil von eher »fitten«
   Schülern möglich ist?
4. Welche aktuellen heilpädagogischen *Leitideen* wie auch rechtliche Vorgaben sind
   bei der Konzeption einer schulischen Berufsvorbereitung zu berücksichtigen? Gibt
   es heute Alternativen zur Werkstatt für behinderte Menschen (WfbM) und Chancen auf dem freien Arbeitsmarkt, und auch dazwischen noch andere Beschäftigungsmöglichkeiten mit dem Vorteil einer erhöhten sozialen Absicherung?
5. Ergeben sich in Berücksichtigung der besonderen Arbeitsmarksituation bzw. Beschäftigungsmöglichkeiten für diesen Personenkreis dann auch besondere *Zielstellungen* und insofern auch Bildungsinhalte?
6. Welche *methodischen Erfordernisse* ergeben sich aus der besonderen Lernausgangslage wie auch im Hinblick auf die teilweise modifizierten Ziele und Inhalte?
7. In welchen schulischen Organisationsformen soll und kann dies geschehen, und
   können und müssen außerschulische Kooperationspartner integriert werden?
8. Welche Veränderungen im Hinblick auf eine angemessene und bedarfsgerechte
   Arbeitslehre und Berufsvorbereitung sind in Zukunft erforderlich, und wie kann
   der Weg dorthin beschrieben werden?

2.1   Ein (kurzer) historischer Rückblick

Die Vorbereitung auf das Leben nach der Schule findet durchgängig in allen Stufen
und Klassen statt, der Übergang auf Arbeit und Beruf in Kontext einer Arbeitslehre
dagegen vor allem in der Werk- bzw. Berufsschulstufe. Die Einrichtung einer »Werkstufe« wurde 1979 von der Kultusministerkonferenz empfohlen für Schüler, die mindestens das 9. Schulpflichtjahr in den vorhergehenden Schulstufen besucht haben,
unabhängig vom »Schweregrad der Behinderung«. Deren Bedeutung liegt traditionell
darin,

- die allgemeine Bildungs- und Erziehungsarbeit der vorangegangenen Schulstufen fortzusetzen,
- das Erwachsenwerden der Jugendlichen zu unterstützen,
- die Ableistung der dreijährigen Berufsschulpflicht zu ermöglichen,
- den Übergang von der Schule in das Arbeitsleben zu gestalten, und darüber hinaus
- auf eine mitgestaltende und sinnerfüllende Teilhabe am öffentlichen Leben in anderen »nachschulischen Lebenswelten« wie Wohnen, Gestaltung von Freizeit und Partnerschaften vorzubereiten und zu einer Bewältigung künftiger Lebenssituationen und einer möglichst eigenständigen Lebensführung zu befähigen (vgl. Bundesvereinigung Lebenshilfe 2002, 2ff.; Thümmel 2004).

Was den Begriff Arbeitslehre als eigenes Fach angeht, wurde dieser in der Geistigbehindertenpädagogik bisher eher selten und wenig thematisiert und untersucht (vgl. Vetter 1983; 1988; Mertes 1984; Duismann 2001). Schwager (1992, 578) beklagt schon früh, dass Arbeitslehre zwar in einzelnen Lehrplänen wie z. B. in NRW als fachorientierter Lehrgang auftauche, dass aber die grundlegenden Erkenntnisse und Einsichten der allgemeinen Arbeitslehre kaum zur Kenntnis genommen würden. Infolge der historisch gewachsenen gesamtunterrichtlichen Ausrichtung und Orientierung an Lehr- und Lernbereichen oder Aktivitätsfeldern wird »Arbeitslehre« in aktuellen Lehrplänen, Richtlinien und Empfehlungen zum Unterricht im Förderschwerpunkt geistige Entwicklung als eigenes Fach nicht grundgelegt, auch nicht in den KMK-Empfehlungen von 1998. Einzelne Ziele und Inhalte des Fachs finden sich allerdings in den Bereichen Werken, Textilarbeit und Hauswirtschaft, im Kapitel »Grundlagen und Leitlinien« im aktuellen bayerischen Lehrplan für die Berufsschulstufe (Vorbereitung auf die zukünftige Arbeitswelt), und in dem entsprechenden Kapitel über »Arbeit und Beruf« (57–81; Arbeitswelt, -leben, -abläufe oder -zeit).

2.2   Zum (besonderen) Bildungsbedarf von Schülern mit Schwerpunkt
       geistige Entwicklung

Die Vorbereitung auf die berufliche Tätigkeit nach der Schule in Kontext einer Arbeitslehre gestaltet sich im Kontext von umfänglichen Lernbeeinträchtigungen häufig erschwert, und es ist insofern erforderlich, dass Lehrpersonen mögliche besondere Ausgangslagen und Lernbarrieren ihrer Schüler kennen und einschätzen (können).

Was das Verständnis von Schülern mit Förderschwerpunkt geistige Entwicklung betrifft, lassen sich in der Geistigbehindertenpädagogik unterschiedliche erkenntnistheoretische und berufsspezifische Zugänge ausmachen, mit Auswirkungen auf die Art und Weise, wie Menschen mit geistiger Behinderungen wahrgenommen werden. Dabei werden zum einen aus einer medizinischen und psychologischen Sicht eher Defizite und zum anderen aus einer personalen, phänomenologischen oder konstruktivistischen Perspektive eher Kompetenzen beschrieben. Geistige Behinderung wird heute nicht mehr als statisches Phänomen wahrgenommen, sondern in seiner

Abhängigkeit von gesellschaftlichen Anforderungen und Erwartungen sowie von ökologischen, materiellen und sozialen Lebensbedingungen. Dies kommt auch im bayerischen Lehrplan für die Berufsschulstufe zum Ausdruck kommt, wenn dort ein »stärkenorientiertes Bild« (Bayer. Staatsministerium 2007, 8) gezeichnet wird, und die Rede ist von einer Vielfalt von Begabungen der Schüler, die als »Akteure der eigenen Entwicklung« (ebd., 9) begriffen werden. Weiterhin wird herausgestellt, dass jeder Mensch über Potenzial verfügt, sein Leben selbstbestimmt zu gestalten, Teil der Gemeinschaft ist und auf Gemeinschaft angewiesen ist oder Jugendliche und junge Erwachsene einen Lebensweg einschlagen (sollen), der ihren Bedürfnissen und Möglichkeiten entspricht (vgl. ebd., 7).

Statt also eine fragwürdige Klassifizierung von Schülern nach ihrer intellektuellen Leistungsfähigkeit oder nach lerntheoretischen Besonderheiten und Defiziten vorzunehmen, wird heute, auch in Folge der KMK-Empfehlungen versucht, einen individuellen Förderbedarf zu beschreiben. Laut KMK-Empfehlungen soll eine Förderung dabei eine »alle Entwicklungsbereiche umfassende Erziehung und Unterrichtung mit lebenspraktischem Bezug« (Sekretariat der Ständigen Konferenz 1994, 11f.) beinhalten. Für eine Vorbereitung auf das Leben nach der Schule und den Übergang Schule-Beruf erscheinen dabei einige Präzisierungen aus den Empfehlungen von 1998 relevant, wenn die Rede ist von Ermöglichung von Erfahrungen zur alters- und geschlechtsspezifischen Entwicklung, zur Entwicklung von Ich-Identität und Sinnfindung, Entwicklung einer selbstbestimmten Handlungsfähigkeit, Orientierung im Umfeld, Erarbeiten von Kenntnissen in den Bereichen Gesundheit, Umwelt, Natur und Technik, Vermittlung grundlegender Fähigkeiten und Handlungsmöglichkeiten in den Bereichen des Lesens, Schreibens und Rechnens, Aufbau von Selbstständigkeit in Bereichen von Selbstversorgung, von Spiel und Freizeit, von sozialen Beziehungen und sozialem Umfeld sowie von Arbeit und Beschäftigung oder Gebrauch von Hilfsmitteln sowie Annehmen und Beachten von Lernhilfen, Pflege und Beratung (vgl. Sekretariat der Ständigen Konferenz 1998).

Dies sind Ziele, die in Zusammenhang mit der Vermittlung von Ausbildungsreife auch von einer als Unterrichtsprinzip zu verstehenden Arbeitslehre angestrebt werden (vgl. Kap. 5).

2.3   Vorbereitungen auf wen und was?

In der Vergangenheit war eine berufliche Vorbereitung der Schüler, mit wenigen Ausnahmen, vor allem ausgerichtet auf eine Beschäftigung in der Werkstatt für behinderte Menschen (WfbM), und stellte quasi einen Automatismus dar, der im Sinne einer tradierten Gewohnheit nicht weiter hinterfragt wird. Menschen mit Behinderungen, und vor allem mit geistiger Behinderung, sind insofern heute überproportional vom allgemeinen Arbeitsmarkt ausgegrenzt (vgl. Statistisches Bundesamt 2005). Eine Befragung des bayerischen StMUK nach unmittelbaren Zugängen auf den allgemeinen Arbeitsmarkt nach der Werkstufe ergab, dass lediglich 14 von mehr als 1000 Schulabgängern im Schuljahr 2004/2005 dort eine Anstellung fanden. 737 nahmen eine Beschäftigung in einer WfbM auf.

Die Notwendigkeit, einen Arbeitsplatz auch außerhalb der WfbM auf dem allgemeinen Arbeitsmarkt anzustreben, wird u. a. begründet durch aktuelle heilpädagogische *Leitideen*. Neben einer *Normalisierung* und dem Bestreben, allen Menschen ein so normales Leben wie möglich zu gestatten und Errungenschaften und Bedingungen des täglichen Lebens, so wie sie der übrigen Bevölkerung zur Verfügung stehen, bereit zu stellen ist hier vor allem das Prinzip der *Integration* zu nennen. Es geht um ein Leben in einer »möglichst wenig einschränkenden sozialen Umgebung«, und um die Nichtaussonderung von Menschen (mit Besonderheiten) im Sinne einer selbstverständlichen humanen gesellschaftlichen Lebenspraxis. Damit in engem Zusammenhang steht das Leitziel einer sozialen *Teilhabe*, wie sie in der aktuellen ICF (2005) der Weltgesundheitsorganisation und auch im SGB IX betont wird, mit dem Ziel, umfassend einbezogen zu werden und zu sein in gesellschaftliche Lebenssituationen, Zugang zu haben zu Informationsaustausch, sozialen Beziehungen, Ausbildung, Arbeit und Freizeit, also zu allen für eine Person relevanten Lebensbereiche. Dies kann sich nur vollziehen unter Mitwirkung der betroffenen Menschen selbst. Auch die Zielstellung *»selbstbestimmt Leben«* hat inzwischen den Rang eines Paradigmas eingenommen – es gilt als prinzipielle Selbstverständlichkeit in einer demokratischen Gesellschaft, dass auch Menschen mit geistiger Behinderung mehr »Regiekompetenz« in ihrem Alltag und das Recht in Anspruch nehmen, ihre Bedürfnisse und Interessen selbst zu vertreten.

Vor allem die UN-Konvention über die Rechte von Menschen mit Behinderungen (Bundesgesetzblatt 2008) hat einer solchen »integrativen« Beschäftigung weiteren Auftrieb verschafft.

> »Die Vertragsstaaten erkennen das gleichberechtigte Recht behinderter Menschen auf Arbeit an; dies beinhaltet das Recht auf die Möglichkeit, den Lebensunterhalt durch Arbeit zu verdienen, die in einem offenen, integrativen und für behinderte Menschen zugänglichen Arbeitsmarkt und Arbeitsumfeld frei gewählt oder angenommen wurde. Die Vertragsstaaten sichern und fördern die Verwirklichung des Rechts auf Arbeit ...« (vgl. Art. 27, Abs. 1).

Zur Umsetzung bedarf es einer beruflichen Rehabilitation, die heute alle Maßnahmen und Hilfen umfasst, die erforderlich sind, die dauerhafte Eingliederung oder Wiedereingliederung behinderter Menschen in Arbeit, Beruf und Gesellschaft zu erreichen. Rechtliche Grundlagen sind vor allem das SGB III (Drittes Buch des Sozialgesetzbuches) und das SGB IX (Neuntes Buch des Sozialgesetzbuches). Die Maßnahmen der beruflichen Ersteingliederung werden, soweit eine betriebliche Durchführung wegen Art oder Schwere der Behinderung nicht möglich ist, vor allem in folgenden Einrichtungen durchgeführt: Berufsbildungswerken (BBW), Werkstätten für behinderte Menschen (WfbM) und Unterstützte Beschäftigung über Integrationsfachdienste auf dem freien Arbeitsmarkt.

Diese Entwicklung wird aufgegriffen in aktuellen Lehrplänen auch für Schulen mit dem Förderschwerpunkt geistige Entwicklung. Im bayerischen Berufsschulstufenlehrplan wird u. a. darauf verwiesen, dass die Wahl des Arbeitsplatzes nicht mehr ausschließlich auf Werkstätten für behinderte Menschen (WfbM) und auf Förderstätten ausgerichtet sein darf, sondern der Fokus der beruflichen Vorbereitung und der vorberuflichen Bildung zu erweitern ist. »Neben Außenarbeitsplätzen der WfbM gibt es Angebote wie die Anstellung in Integrationsfirmen und die Unterstützte Beschäftigung in Firmen auf dem allgemeinen Arbeitsmarkt« (Bayer. Staatsministerium 2007, 10).

Insofern ergibt sich die Frage nach bedarfs- und bedürfnisorientierten Arbeitsmöglichkeiten für Menschen mit geistiger Behinderung, wobei die WfbM nicht grundsätzlich zur Disposition gestellt wird, allerdings nur noch einen unter vielen anderen Beschäftigungsorten darstellt. Im Folgenden soll ein kurzer Überblick vermittelt werden über solche Beschäftigungsmöglichkeiten, auf die es in der Schule durch die Arbeitslehre vorzubereiten gilt.

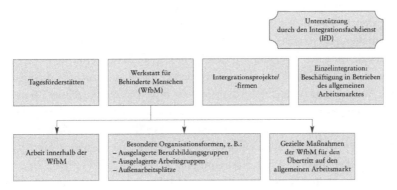

Abb. 1: Aktuelle Möglichkeiten zur beruflichen Teilhabe für Menschen mit geistiger Behinderung

Wie die Grafik oben deutlich macht, gibt es inzwischen als »Alternative« zur WfbM auch *ausgelagerte und Außenarbeitsplätze,* wo Menschen mit geistiger Behinderung zunächst Beschäftigte der WfbM bleiben, jedoch »ausgelagerte« Auftragsarbeiten für Betriebe übernehmen, z. B. Gartenarbeiten, landschaftspflegerische oder landwirtschaftliche Arbeiten, sonstige Dienstleistungen oder Produktionsarbeiten. Dabei können auch ganze Abteilungen ausgelagert werden, mit dem Vorteil engerer Kontakte zur Arbeitswelt nicht behinderter Menschen und Übergangsmöglichkeiten in ein betriebliches Beschäftigungsverhältnis.

Eine Brückenfunktion zum allgemeinen Arbeitsmarkt kommt auch *Integrationsfirmen* und -projekten wie z. B. das Hamburger Stadthaushotel oder die CAP-Supermärkte zu, als rechtlich und wirtschaftlich selbstständige Unternehmen.

Neben diesen Maßnahmen bzw. Angeboten zwischen WfbM und allgemeinem Arbeitsmarkt steht als »möglichst wenig sozial einschränkende« Form die der *Einzelintegration* in diesen Arbeitsmarkt, was allerdings einer gezielten und individuellen

Vorbereitung durch ein ambulantes Arbeitstraining unter möglichst realen Bedingungen eines betrieblichen Umfelds bedarf, was in der Regel über die begleitende Hilfe im Arbeitsleben durch die Integrationsfachdienste (IFD) geleistet wird (vgl. § 102 Abs. 2 SGB IX), mit dem Ziel, geeignete Arbeitsplätze zu rekrutieren, im Vorfeld der Arbeitsaufnahme den Übergangsprozess vorzubereiten und zu begleiten und die Betriebe bei der Einrichtung behinderungsgerechter Arbeitsplätze und in Fragen der einer finanziellen Förderung zu beraten.

In einer Reihe von Modellprojekten sind unterschiedliche Formen der Verzahnung und Zusammenarbeit mit den abgebenden Schulen entwickelt worden (vgl. Projekt HORIZON; »SprungBRETT,« bEO«; KoBV u. a.). Dass durch eine umfängliche Einbeziehung der Integrationsfachdienste bereits während der Schulzeit Jugendliche in den beiden letzten Schulbesuchsjahren wirkungsvoll im Übergang von der Schule in die Arbeitswelt individuell unterstützt werden können, zeigt das Modell »Übergang Förderschule-Beruf« in Bayern, das inzwischen über die Projektphase hinaus auf der Basis einer »erweiterten vertieften Berufsorientierung« und der »Unterstützten Beschäftigung« finanziell abgesichert werden konnte (Fischer 2010).

Festzuhalten gilt, dass die Arbeitslehre im Hinblick auf eine berufliche Bildung und auf die Begleitung des Übergangs in den Beruf sich keineswegs nur mehr an einer Beschäftigung an der WfbM orientieren darf. Es darf aber auch nicht verkannt werden, dass die Auswahl von möglichen Arbeitsfeldern bzw. -plätzen für diesen Personenkreis noch stark eingeschränkt ist und sich nur auf wenige Helferberufe bzw. -tätigkeiten beschränkt, für die die Bundesvereinigung Lebenshilfe für Menschen mit geistiger Behinderung e. V. (1998) auch beispielhaft Ausbildungsrahmenpläne mit Modulcharakter entwickelt hat, z. B. für Fertigungshelfer/Fertigungshelferin, Helfer/Helferin im Gartenbau, Helfer/Helferin im Haus- und Pflegedienst, Teile- oder Lötfüger/Teile- oder Lötfügerin im Metallbau oder Kunststoffverarbeiter/Kunststoffverarbeiterin in einer Tischlerei.

Dennoch: Eine Didaktik der Arbeitslehre im Förderschwerpunkt geistige Entwicklung darf sich in ihren allgemeinen Zielstellungen und Bildungsinhalten grundsätzlich nicht von einer solchen anderer Schulformen unterscheiden. Sie ist über die Vorbereitung auf ein Erwerbsleben hinaus auf die umfassende Befähigung zur Lösung von Problemen des täglichen Lebens als »Arbeits- und Wirtschaftsbürger« ausgerichtet.

3   Didaktischer Ort, Gegenstandsbereiche und Teildidaktiken
        des Faches Arbeitslehre

Arbeitslehre im Spannungsfeld zwischen Natur- und Sozialwissenschaften ist dem Prinzip der Interdisziplinarität verpflichtet. Die wichtigsten Bezugswissenschaften der Arbeitslehre sind die Ökonomie wie auch die Naturwissenschaften einschließlich der Technikwissenschaft. Beinke ordnet die Arbeitslehredidaktik nach intensiver Diskussion der Beiträge der Bezugswissenschaften in das Spektrum der Sozialwissenschaften ein. Dies begründet er damit, dass sich die *Technikwissenschaften* als Bezugswissenschaften der Arbeitslehre im Gegensatz zu den weiteren Naturwissenschaften an Problemlösungssuche und Problemlösungsmöglichkeiten orientieren und auch nach der gesellschaftlichen Relevanz des zu lösenden Problems und des Lösungsansatzes fragen (Beinke 2005, 22). Damit treten Wirtschaftswissenschaften und ihre Didaktiken, Berufsorientierung mit ihren diversen Forschungsgebieten, Hauswirtschaft und auch die Technikdidaktik als sozialwissenschaftliche Teildisziplinen auf (ebd., 23).

3.1   Die technische Bildung

Die unterrichtliche Vorbereitung der Jugendlichen auf die Rollen des »Arbeits- und Wirtschaftsbürgers« (vgl. Bayer. Staatsministerium 2004, 62) erfordert auch die »Befähigung zur Technikgestaltung« (Beinke 2005, 25) und Verständnis für die Rolle der Technik im Zusammenhang mit Arbeitsprozessen, Arbeitsbedingungen, dem Arbeitsmarkt und beruflichen Qualifikationsanforderungen. Technische Bildung ist eine Grundvoraussetzung für die Befähigung zu ökologischem Handeln im Zusammenhang mit der Diskussion um Energie und Ressourcen sowie um ökologische Folgeprobleme von Technikeinsatz insgesamt (vgl. dazu auch Gmelch 1995, 61). Als Teil der Arbeitslehredidaktik ist ihr Gegenstand die Technik, die dem Schüler und dem späteren Arbeits- und Wirtschaftsbürger *real* begegnet. Damit hat sie nicht nur »Technikfragen« zum Inhalt, sondern auch Konflikte, die sich aus Technikanwendungen in der Realität ergeben, beispielsweise Konflikte bei der Entscheidung zwischen Kosten und Umweltverträglichkeit bei der Güterproduktion. Damit wird technische Bildung zu einem »Inhaltsbereich vorberuflicher allgemeiner Bildung« und bereitet auf das »berufliche und außerberufliche Leben in der Industriegesellschaft« vor (ebd.).

3.2   Die ökonomische Bildung

Als Teildidaktik der Arbeitslehre umfasst ökonomische Bildung neben Bildungsinhalten der ökonomischen Theorie auch »wirtschaftspolitische und unternehmenspolitische Ziel-Mittel-Beziehungen« (Beinke 2005, 29). Die Vorbereitung auf den Übergang in Arbeit und Beruf schließt die Betrachtung und Bewertung der Zusammenhänge zwischen technischem Fortschritt, Wachstum und Beschäftigung mit ein. Zusätzlich ist der Arbeitsmarkt mit seiner Dynamik und deren »politischen, sozialen und monetären Rückwirkungen« (ebd., 29) zu erläutern und zu bewerten. Dieser gilt neben dem Berufswähler mit seinen persönlichen Determinanten und dem Beruf mit seinem Qualifikationsprofil und seinen Anforderungen als dritte Säule des Berufswahlunterrichts (vgl. Pfriem/Moosecker 2005, 21). Der betriebswirtschaftliche Teil der ökonomischen Bildung betrachtet in erster Linie die betrieblichen Grundfunktionen Beschaffung – Produktion – Absatz. Ein volkswirtschaftlicher Teil setzt sich mit dem Ordnungsrahmen für wirtschaftliches Handeln (Konzept der sozialen Marktwirt-

schaft, vgl. Beinke 2005, 29), dem Wirtschaftskreislauf als Modell und Fragen der
Makroökonomik (z. B. Konjunkturpolitik) und der Mikroökonomik (z. B. Marktgeschehen, Preisbildung) auseinander (vgl. ebd.).

Ökonomische Bildung als Teildidaktik der Arbeitslehre setzt sich mit den Grundfragen des Wirtschaftens auseinander, den Fragen nach dem »Was«, dem »Wie« und
dem »Für wen« (vgl. BpB 2009, 20 und Beinke 2005, 30) und wählt daraus Themen
aus, welche die Unterrichtsprinzipien des Lebensweltbezugs, der Aktualität, der Schülerorientierung und der Handlungsorientierung berücksichtigen. Da sie nicht nur die
nachschulische Realität, sondern immer auch die Lebensumstände der Schüler im
Blick hat, ist zur Vorbereitung auf die zukünftigen Rollen des Wirtschaftsbürgers auch
die Rolle des jugendlichen Konsumenten in der Gegenwart des Schülers angemessen
zu thematisieren.

3.3   Haushalt, Hauswirtschaft und Ökologie

Zunächst geht es in dieser Teildidaktik um Verbrauchererziehung und damit um
Berührungspunkte zur ökonomischen Bildung. Diese muss ganzheitlich und in praxisnahen Lernarrangements vermittelt werden. Hier lässt sich auch der ökologisch
sinnvolle Einsatz von Technik handlungsorientiert und lebensnah untersuchen: Der
private Haushalt dient mit seinen Arbeitsplätzen und Arbeitsbereichen, Funktionen
und Aufgaben als Modell für das Arbeiten und Wirtschaften im Unternehmen und
bietet den notwendigen Lebensweltbezug. Die Teildidaktik Haushalt/Hauswirtschaft/
Ökologie vermittelt somit Kenntnisse, Fähigkeiten und Fertigkeiten, welche auch im
Alltag außerhalb des Berufslebens erforderlich sind. Sie ermöglicht die Verbindung
zwischen wirtschaftlichen, technischen, sozialen und auch arbeitswissenschaftlichen
Themen (z. B. Ergonomie). Über das Thematisieren der Arbeitsteilung, des Mitein-
anders und des Zusammenwirkens aller Familienmitglieder im Haushalt leistet sie
maßgebliche Beiträge zur Erfüllung des Allgemeinbildungsauftrags der Schule.

3.4   Die Berufsorientierung

Diese Teildidaktik ist ein wesentlicher Kernbereich des Faches Arbeitslehre (vgl. Beinke 2005, 34). Elementare Richtziele der Allgemeinbildung in der Sekundarstufe sind
gleichzeitig Grundlagen der Berufsorientierung. Sie setzt interfachliche Kooperation
voraus und stellt letztlich einen wichtigen Grund für die Eigenständigkeit des Faches
Arbeitslehre dar. Da berufsorientierter Unterricht »Voraussetzungen und Konsequenzen menschlicher Arbeit an betrieblichen Arbeitsplätzen in Verbindung mit praktischer
Erfahrung aufzeigen« will (Gmelch 1995, 62), verlangt er den Einsatz der fachspezifi-
schen Methoden Betriebserkundung, Betriebspraktikum und auch der Schülerfirma.
Ihr Ziel ist die Vermittlung von Ausbildungsreife. Dazu sind außerschulische Lernorte
wie Betrieb, Messen, Ausstellungen, das Berufsinformationszentrum der Bundesagentur für Arbeit, Berufsschulen und überbetriebliche berufliche Bildungseinrichtungen

in den Unterricht mit einzubeziehen. Die Konfrontation mit der betrieblichen Realität gibt Einblick in neue Organisationsformen, Verhaltensmuster, in das Denken und Verhalten von Arbeitnehmern und regt auch die Auseinandersetzung mit betriebsspezifischen Wertvorstellungen an. Der Einsatz von Simulationsverfahren ermöglicht die Vorbereitung auf das angemessene Verhalten am außerschulischen Lernort und auf die Bewerbungssituation. Im fächerübergreifenden Unterricht erfolgt die Dokumentation des eigenen Berufswahlprozesses wie auch die Erstellung aussagefähiger Bewerbungsunterlagen, und die Kooperation mit der Berufsberatung der Bundesagentur für Arbeit sorgt für eine Verbesserung der Berufswahlunterstützung (vgl. Beinke 2005, 35). Diese Kooperation ist auszuweiten; nur durch Zusammenwirken von Schule, Elternhaus, Berufsberatung und regionaler Wirtschaft können die Schüler zu einer Berufswahlentscheidung geführt werden, die einen »akzeptablen Kompromiss zwischen vorhandenen Fähigkeiten, Interessen und Wünschen einerseits und dem Lehrstellenangebot andererseits darstellt« (Beinke 2005, 36).

4   Theorien zur Erklärung des Berufswahlprozesses
        und ihre unterrichtliche Relevanz

Der Übergang von der Schule zum Beruf wird in der Berufspädagogik als Prozess gesehen, der, als *Berufswahlprozess* oder auch als *Berufsfindungsprozess* bezeichnet, schon im Vorfeld der Primarstufe beginnt und sich gegebenenfalls über die gesamte Dauer des Erwerbslebens hinziehen kann. In Bezug auf die Unterrichtsaufgabe, den Übergang in Arbeit und Beruf zu begleiten, wird dieser Prozess durch das Lehrplanziel, die »Anleitung zur Wahl eines Erstberufs, der zu ihnen (den Schülern, Anm. d. Verf.) passt und den sie ausfüllen können« (Bayer. Staatsministerium 2004, 62) in seiner Komplexität reduziert. Der in Frage kommende Zeitraum der schulischen Berufswahlvorbereitung ist somit auf die letzten Schuljahre der Hauptschulstufe bzw. auf die Berufsschulstufe am Förderzentrum mit Schwerpunkt geistige Entwicklung begrenzt.

Berufswahl kann innerhalb des hier gewählten Zeitraums als individueller Entscheidungsprozess, als Entwicklungsprozess, als Sozialisations- und als Lernprozess, als gesellschaftlicher Zuweisungsprozess, als Lernprozess oder auch als Prozess der gegenseitigen Annäherung von Individuum und Beruf mit dem Ziel einer Passung verstanden werden. Drei ausgewählte Berufswahltheorien werden im Folgenden als Teilaspekte eines Bezugsrahmens kurz charakterisiert, der von verschiedenen Autoren immer wieder erweitert, ergänzt und schließlich zu mehrperspektivischen Ansätzen ausgebaut wurde (u. a. Kohli 1975; Hoppe 1980; Behrens 1979; alle in Dedering 2000, 301).

4.1   Der entscheidungstheoretische Ansatz

Nach diesem Ansatz ist die Berufswahl ein Entscheidungsprozess, den das Individuum zu vollziehen hat. Er »… fragt nach der Entwicklung des Entscheidungsprozesses, der Abfolge der Entscheidungshandlungen, den Prämissen der Entscheidung, dem Nachfrageverhalten nach Informationen und seinen Motiven« (Dedering 2000, 301). Beinke beschreibt die Prämissen für diesen Entscheidungsprozess, weist dem Berufswähler bestimmte »berufliche Interessen oder Werthaltungen, Neigungen und Fähigkeiten« zu, lässt ihn »alternative Berufswahlmöglichkeiten« wahrnehmen und gesteht ihm zu, über »Entscheidungsregeln, nach denen entscheidbar ist, welche der Berufswahlalternativen bei den gegebenen Interessen, Neigungen und Fähigkeiten gewählt wird«, zu verfügen (Beinke 1999, 76). Die Erstberufswahl als die »erste bedeutende Entscheidungssituation im Leben des Heranwachsenden« (ebd.) verlangt Verantwortung und die Beachtung von Konsequenzen, die sich aus der Berufslaufbahn für die weitere Lebensgestaltung ergeben. Sie ist mitentscheidend für die späteren Berufs- und (Weiter-) Bildungsmöglichkeiten (vgl. Dedering 2000, 303). Die Möglichkeit zu einer *rationalen Wahl* scheint aus zwei Gründen unrealistisch. Der eine ist, dass hierzu die Kenntnis aller Berufsalternativen notwendig wäre, welche eine umfassende Information voraussetzen würde, der zweite, dass sich der Berufswähler hierzu vollständig rational verhalten, jede Berufswahlalternative nach eigenen Entscheidungsregeln bewerten und nach einem Prinzip der »Nutzenmaximierung« handeln müsste (vgl. Beinke 1999, 76f.). Beinke und Dedering relativieren den Wert des entscheidungstheoretischen Ansatzes. Die Einführung offener Entscheidungsmodelle (Beinke 1999, 77) zu Gunsten einer Berücksichtigung von gesellschaftlichen Faktoren, wie vor allem der Arbeitsmarktbedingungen, soll verhindern, dass die Anwendung individueller Entscheidungskriterien beim Berufswahlprozess zu sehr im Vordergrund steht (Dedering 2000, 303).

4.2   Der allokationstheoretische Ansatz

Dieser Ansatz wurde u. a. von Scharmann formuliert, der die Theorie von Berufswahl als Allokationsprozess mit einem Leitsatz charakterisiert:

> »Die Vorgänge der Berufswahl und der Berufsfindung, mögen sie auch noch so sehr als subjektive Entscheidungen erlebt werden, sind realiter in hohem Maße abhängig von den allgemeinen kulturellen und sozialen Bedingungen, von der jeweiligen Wirtschaftslage und von den familialen Verhältnissen des Berufsanwärters, also von allgemeinen Bedingungen und Faktoren, auf die der einzelne meist nur einen geringen Einfluss hat« (Scharmann 1956 und 1965, in Beinke 1999, 75f.).

Bedeutsam für die Etablierung von Berufswünschen sind, diesem Ansatz folgend, nach Dedering vorhandene Berufskontakte, der Einfluss des Elternhauses mit seinem Erwartungshorizont, verfügbare Schulabschlüsse und die damit verbundenen Bildungs- und Berufschancen und der regionale Arbeitsmarkt (Dedering 2000, 305). Als weitere sozioökonomische Determinante darf die Bedeutung von Berufen, eingeschlossen das Prestige, in der subjektiven Sichtweise des Berufswählers als Einflussgröße für die Entstehung von Berufswünschen nicht vernachlässigt werden (vgl. Beinke 1999, 76). Nach diesem Erklärungsmodell überwiegt der Einfluss dieser Determinanten auf die Berufswahlentscheidung gegenüber jeglicher eigenen Leistung. Deshalb muss nach Dedering der Berufswahlunterricht auch die gesellschaftlichen Bedingungsfaktoren der Berufswahl zum Gegenstand haben, wodurch dem Berufswähler ermöglicht werde, alternative berufliche Handlungsmöglichkeiten zu erkennen und Strategien zur Bewältigung von Berufsproblemen zu entwickeln« (vgl. Dedering 2000, 306). Auch unter der Annahme, die Berufswahl sei maßgeblich Ergebnis sozialer, gesellschaftlicher Zuweisungsvorgänge, kann somit die Hinführung zur begründeten Berufswahlentscheidung als Ziel des Arbeitslehreunterrichts postuliert werden.

4.3   Der interaktionstheoretische Ansatz

Der Berufswähler selbst muss aktiv an der Lösung der Probleme rund um die Berufswahl mitwirken können. Daher ist der Ansatz von Lange (1976, in Dedering 2000, 308 und in Beinke 1999, 77 dargestellt), die Berufswahl als Interaktionsprozess zu beschreiben, für den Unterricht hilfreich.

Durch die Interaktion mit verschiedenen Partnern wird der Berufswähler mit Einstellungen, Verhaltensweisen und Informationen konfrontiert, während er seine beruflichen Vorstellungen entwickelt. Neben schulischer Berufsorientierung spielen hier die Werthaltungen und Interessen der eigenen Familie eine große Rolle, auch Gleichaltrige sind wichtige Interaktionspartner. Der Arbeitslehreunterricht mit seinen Realbegegnungsverfahren Erkundung und Betriebspraktikum und der Kooperation der Schule mit der Berufsberatung der Bundesagentur für Arbeit erweitert den Kreis der Interaktionspartner um Lehrer, Berufsberater, Angehörige von Betrieben und von Arbeitgeber-, wie Arbeitnehmerorganisationen (vgl. Dedering 2000, 306).

Berufsorientierter Unterricht muss somit die kommunikative Kompetenz der Berufswähler fördern, um sie zu befähigen, diese Interaktionen im Unterricht, an außerschulischen Lernorten und mit für die Berufswahl relevanten Partnern mitzugestalten. Fächerübergreifend setzt er hierzu geeignete simulative Unterrichtsverfahren ein (vgl. Dedering 2000, 307).

Dieser Ansatz ist eng mit dem allokationstheoretischen Ansatz zur Erklärung des Berufswahlprozesses zu verknüpfen, denn Interaktionspartner sind auch immer sozial, gesellschaftlich und politisch zuweisende Instanz. Arbeitslehreunterricht nimmt sich deshalb auch der wechselseitigen Information und Vernetzung aller Partner in diesem Prozess an. Im Bereich der sonderpädagogischen Förderung werden zur Intensivierung zielführender Interaktionsprozesse die Methoden der »Persönlichen Zukunftskonferenz« mit den kommunikationszentrierten Methoden PATH, MAP und Essential Lifestyle Planing eingesetzt, in denen zusammen mit den Jugendlichen an der ersten Schwelle Unterstützerkreise, sog. »Circles Of Friends« tätig werden (vgl. Adelfinger 2005, 233ff.; Pfriem 2005, 197ff.).

5   Ziele und Inhalte eines berufsorientieren Unterrichts

Fachdidaktik, Berufspädagogik und Wirtschaft formulieren, was erfolgreicher be-
rufsorientierter Unterricht zu leisten hat. Neben allgemein und längerfristig gültigen
Aussagen sind solche Zielformulierungen auch oft aktuelles Ergebnis dynamischer
Auseinandersetzungen mit technischen und ökonomischen Entwicklungen. Ein Kon-
sortium aus Bundesagentur für Arbeit, drei Bundesministerien und verschiedenen
Zentralverbänden der Wirtschaft verfasste als »Nationaler Pakt für Ausbildung und
Fachkräftenachwuchs in Deutschland« einen »Kriterienkatalog zur Ausbildungsreife«
(vgl. Bundesagentur für Arbeit 2006) dessen Inhalte derzeit konsensfähig erscheinen.
Hier werden zu den Zielen Ausbildungs- und Berufswahlreife konkrete Inhalte, Kriterien und Komponenten genannt und differenziert dargestellt, an denen sich die »Ab-
nehmer« unserer Schüler und damit auch die Lehrkräfte orientieren können.

5.1   Berufswahlreife als gefordertes Unterrichtsziel

In der fachdidaktischen Literatur auch als »Berufswahlkompetenz« bezeichnet, beschreibt sie die Fähigkeit, »… eine weitgehend rational begründete und möglichst
selbstständige Entscheidung für eine schulische oder betriebliche Ausbildung in einem
bestimmten Berufsfeld zu treffen und in Handlung umzusetzen« (Dibbern 1983 in
Dedering 2000, 312). Diese Definition umfasst auch methodische Skills wie beispielsweise das »Schreiben einer Bewerbung« oder den »Abschluss eines Ausbildungsver-
trags«. Die Hinführung zur Berufswahlreife erfolgt durch handlungsorientierten Unterricht mit Gelegenheit zum Sammeln von Erfahrungen in der betrieblichen Praxis
oder durch Training von Handlungs- und Entscheidungsvorgängen in Simulationen
(ebd.). Mögliche Komponenten von Berufswahlreife werden in diesem Kriterienkatalog zunächst als Lernziele dargestellt. Diese näher ausführend beschreiben *Indika-
toren und Kriterien* präzise das angestrebte Verhalten. Aus dem Bereich »Selbstein-
schätzungen« ist die Formulierung »Sie/er benennt eigene Stärken und Schwächen«
typisch, aus dem Bereich auf die Berufswahl bezogenen Wissens wäre ein typischer
Indikator »Sie/er beschreibt Aufgabenbereiche und Arbeitsformen des Berufes/der
Berufe« (ebd.). Somit greift dieses Dokument Determinanten des »entscheidungstheoretischen Ansatzes« zur Erklärung des Berufswahlprozesses auf und zielt auf die
in diesem Zusammenhang als problematisch erkannte Hinführung zur »rationalen
Wahl« ab. Fragen der gesellschaftlichen Zuweisung tauchen nur indirekt auf (»Sie/
er benennt Gründe für die eigene Berufswahlentscheidung«, ebd.), Selbstreflexion
wird auf hohem Niveau gefordert und setzt in der Unterrichtspraxis den Einsatz von
Dokumentationstechniken wie dem Berufswahlpass voraus. Es wird vorgeschlagen,
mit Fragebogenuntersuchungen und diagnostischen Gesprächen den Grad der Berufswahlreife festzustellen. Beispielfragen geben konkrete Hinweise auf mögliche Inhalte
von Vorstellungs-/Bewerbungsgesprächen. Die Bewerbungssituation erfordert neben
kommunikativer Kompetenz auch ein hohes Maß an kognitiven Fähigkeiten, was die

Schwierigkeiten erahnen lässt, welche Jugendliche mit Förderbedarf haben, auf dem allgemeinen Arbeitsmarkt Fuß zu fassen. Die Liste der Fragen und Teilziele findet sich unter Bundesagentur für Arbeit 2006, 59.

5.2   Ausbildungsreife als gefordertes Unterrichtsziel

Der demografische Wandel und die Veränderungen in der Schullandschaft verursachen aktuell eine neuartige Schieflage auf dem Ausbildungsstellenmarkt: Einer großen Zahl von derzeit nicht mit Ausbildungsplätzen zu versorgenden Jugendlichen und Jugendlichen in »Maßnahmenkarrieren« stehen unbesetzte Ausbildungsplätze gegenüber, für die geeignete Bewerber(innen) fehlen. Die Ursachen hierfür können liegen in Konjunkturentwicklungen an regionalen Arbeitsmärkten, sich stetig erhöhenden Qualifikationen für den Zugang zu Ausbildungsstellen, in der Entstehung neuer Berufsbilder mit komplexen Anforderungen, aber auch in fehlender Kongruenz zwischen den Interessen geeigneter Schüler und dem Angebot des Ausbildungsstellenmarkts oder in erhöhten Anforderungen an räumliche Mobilität. Die Festlegung von Merkmalen einer Ausbildungsreife gibt nun Zielsetzungen für berufsorientierten Unterricht vor, der zur Lösung des Problems beitragen soll.

Diese Merkmale können hier nur im Überblick dargestellt werden, sind aber von großer Bedeutung für die Planung und Gestaltung interdisziplinären, kooperativen Unterrichts zur Vorbereitung auf den Übergang in Arbeit und Beruf.

a) Merkmalsbereich Schulische Basiskenntnisse

Hier werden neben den Kulturtechniken Schreiben und Rechtschreiben, Lesen, Sprechen und Zuhören und mathematische Grundkenntnisse auch *wirtschaftliche Grundkenntnisse* genannt. Diese sind in einschlägigen Fächern in allen Schularten der Sekundarstufe I, auch im Fach »Arbeitslehre« und analogen Fächern wie beispielsweise »Arbeit-Wirtschaft-Technik« (Hauptschule Bayern) Hauptschule zu vermitteln (Bundesagentur für Arbeit 2006, 20).

b) Psychologische Leistungsmerkmale

Diese beschreiben messbare schulische Leistungen und die Fähigkeiten zur Kombination und Verknüpfung von Kenntnissen. Hier werden genannt Sprachbeherrschung, Rechnerisches Denken, Logisches Denken, Räumliches Vorstellungsvermögen, Merkfähigkeit, Bearbeitungsgeschwindigkeit und Befähigung zu Daueraufmerksamkeit (ebd.). Aus der konkreten Beschreibung im Kriterienkatalog geht eindeutig hervor, dass die Förderung dieser Leistungsmerkmale eine Kooperation von Lehrkräften und psychologischem Fachpersonal voraussetzt (ebd., 31ff.). Ohne eine umfassende Diagnostik (welche auch in der Regel-Hauptschule zu leisten wäre!) lassen sich weder Ursachen feststellen, noch Förderpläne aufstellen, noch eine Verbesserung der Ausbildungsreife erzielen.

c) Physische Merkmale

Hier wird knapp von »altersgerechtem Entwicklungsstand und gesundheitlichen Voraussetzungen« gesprochen. Ausbildungsreife bedeutet hier, den »Mindestanforderungen eines Acht-Stunden-Tages gerecht (zu) werden«, sowie das Fehlen von »eine Ausbildung grundsätzlich ausschließenden gesundheitlichen Beeinträchtigungen« (ebd., 40). Bei der schulischen Aufgabe, die Platzierung von Jugendlichen mit Förderbedarf auf dem allgemeinen Arbeitsmarkt zu fördern, besteht individueller Klärungsbedarf.

d) Psychologische Merkmale des Arbeitsverhaltens und der Persönlichkeit

Diese umfassen den Bereich der sog. »personalen Kompetenzen«, der sogenannten Arbeitstugenden, der sozialen und kommunikativen Kompetenzen und Teilbereiche der sogenannten »Individual- oder Selbst-Kompetenz«. Im Detail werden Merkmale wie Durchhaltevermögen und Frustrationstoleranz, Konflikt- und Kritikfähigkeit, Leistungsbereitschaft, Sorgfalt und Zuverlässigkeit und Verantwortungsbewusstsein genannt. Handlungsorientierter Unterricht, speziell die Realisierung von Projekten sowie Simulationsverfahren wie das Rollenspiel sind hier Methoden der Wahl. Generell muss in Lernarrangements eine länger andauernde Erfahrung mit dem Vorhandensein, aber auch mit dem Fehlen dieser Kompetenzen ermöglicht werden. Solche könnten beispielsweise Schülerfirmen oder auch Betriebspraktika sein.

5.3   Gedanken zur Berufseignung und Vermittelbarkeit

Die *Berufseignung* gilt als Voraussetzung für »berufliche Leistungshöhe und Zufriedenheit im Beruf« (Bundesagentur für Arbeit 2006, 12) und lässt sich an unterschiedlich stark ausgeprägten berufsbezogenen Personenmerkmalen festmachen. Somit kann Berufseignung nicht zur Gänze unterrichtlich gefördert werden, und die möglichen Beiträge von Schule und Unterricht zu deren Schaffung und Verbesserung sind begrenzt.

Schulische Erziehung, die Hilfe beim Übergang in Arbeit und Beruf zu leisten hat, zielt jedoch durchaus auch auf die Förderung von Merkmalen im Sinne von Berufseignung ab. Diese Hilfe hat allerdings nicht das Ziel, Jugendliche an konkrete Anforderungen einzelner Berufe zu adaptieren. Sie möchte vielmehr *Befähigung zur Selbsteinschätzung* in Bezug auf individuelle Personenmerkmale erreichen, um zum Nachdenken über Berufseignung anzuregen und Berufswahlreife zu fördern. Eine Möglichkeit hierzu ist die Kombination von Arbeitslehre als »Zentrierungsfach« mit arbeitspraktischen Fächern in einem Lernfeld, wie das beispielsweise der Lehrplan für das Fach AWT an bayerischen Hauptschulen von 2004 vorsieht. Die Kooperation von Fach- und Klassenlehrern im Unterrichtsalltag und vor allem bei fächerverbindenden Projekten ermöglicht einen recht umfassenden Blick auf theoretische und praktische Fähigkeiten und Fertigkeiten von Schülerinnen und Schülern. In Kombination mit der Zusammenarbeit mit den Fachleuten der Berufsberatung, dem psychologischen

Dienst der Bundesagentur für Arbeit und mit entsprechendem Fachpersonal an der Schule selbst erlaubt sie eine gezielte Unterstützung im Berufsfindungsprozess.

Die *Vermittelbarkeit* ist mit ihren Einflussgrößen, die sich am Arbeits- und Ausbildungsstellenmarkt orientieren und soziale, wie personale Komponenten mit einbeziehen, zu einem großen Teil den Möglichkeiten schulischer Bildung entzogen. Viele ihrer Merkmale hängen mit gesellschaftlicher Zuweisung zusammen (vgl. die Ausführungen zur »Allokationstheorie«). Durch gezielte Förderung und Hilfe schulische Zugangsvoraussetzungen zu meistern und Hürden überfachlicher, personaler Zugangsqualifikationen zu überwinden, kann die Schule die Chancen auf Vermittelbarkeit vergrößern. Die Chancen auf Vermittelbarkeit werden weiterhin verbessert, wenn es durch Realbegegnungsverfahren und Öffnung des Unterrichts gelingt, den Bewerbern zu helfen, Erscheinungsbild, Auftreten und Verhalten im Sinne der Anforderungen der Ausbildungsbetriebe zu modifizieren. Die Kontakte bei Erkundungen, Praktika und Expertenbefragungen im Unterricht wirken hier positiv zusammen mit dem Vorbild der Lehrkraft.

5.4 Ausbildungsreife, Berufsreife und Vermittelbarkeit als Ziele für Schüler mit dem Förderschwerpunkt geistige Entwicklung

Die oben vorgestellten Ziele und Inhalte finden auch Eingang in die Lehrpläne der Schulen mit dem Förderschwerpunkt geistige Entwicklung, allerdings mit besonderen Differenzierungen und Akzentuierungen, wenn es z. B. um zu erwerbende Kompetenzen im lebenspraktischen Bereich oder in der Mobilität geht, über die nicht behinderte Schüler in der Regel bereits verfügen. Weiterhin werden diese nicht in einem eigenständigen Fach »Arbeitslehre« thematisiert, sondern vielmehr als Lernbereich »Arbeit und Beruf«, im bayerischen Lehrplan für die Berufsschulstufe (vgl. Bayer. Staatsministerium 2007; Gößl 2008).

»Arbeit und Beruf« bildet hier einen von 6 zentralen Lehrplanbereichen. Arbeit wird in einem erweiterten Verständnis und über »Erwerbsarbeit« hinausgehend als »aktivgestaltende und planvolle Auseinandersetzung mit der Umwelt« umschrieben (Bayer. Staatsministerium 2007, 57). Leitziel eines berufsorientierten Unterrichts ist eine Vorbereitung »auf das Arbeitsleben und auf eine selbstbestimmte sowie realitätsorientierte Wahl des zukünftigen Arbeitsplatzes« (ebd.).

»Im arbeits- und berufskundlichen Unterricht steht das Wissen über Zusammenhänge und Abläufe in der Arbeitswelt im Mittelpunkt. Praktische und theoretische Unterrichtsinhalte sind aufeinander bezogen und ergänzen sich gegenseitig. Darüber hinaus werden persönliches Erleben und individueller Assistenzbedarf reflektiert und die Ergebnisse individuell dokumentiert. Beobachtungen und Aufzeichnungen von Kompetenzen wie auch berufliche, Wünsche und Ziele fließen in die Lebenswegplanung ein. Erfahrungen in den Bereichen Produktion, Handwerk und Dienstleistung sind Grundlagen für die Wahl des späteren Arbeitsplatzes oder Tätigkeitsbereiches. Das Arbeiten in klassenübergreifenden Arbeitsgruppen, die Orientierung an allgemein gültigen Gütemaßstäben und die Vermittlung klar beschriebener arbeitsweltbezogener

Kompetenzen wie planvolles Arbeiten und Einhalten von Zeitvorgaben bereiten die Integration in die Arbeitswelt vor. Kennzeichen und Inhalt des Fachunterrichts sind Unterweisungen zur Handhabung von Werkzeugen und Lehrgänge zur Bedienung von Geräten und Maschinen sowie das Einüben von Arbeitsabläufen ... Die Kulturtechniken werden innerhalb konkreter arbeitsfeldbezogener Aufgabenstellungen eingesetzt und anwendungsbezogen geübt« (ebd., 57).

An zentralen Lern- bzw. Arbeitsfeldern werden ausgewiesen Arbeits- und Berufskunde, Gewerblich-technische Arbeitsfelder, Kunstgewerbliche Arbeitsfelder, Hauswirtschaftlichsoziale Arbeitsfelder sowie Arbeitsfelder in Verwaltung und Lager. Ein auf diese Handlungsfelder bezogener Unterricht ermöglicht die Ausbildung und die Beurteilung von physischen und psychologischen Merkmalen der Ausbildungsreife.

Mit einer ähnlichen Ausrichtung, aber weniger umfänglich und differenziert wird die »Dimension Arbeit« im neuen Bildungsplan »Schule für Geistigbehinderte« behandelt (vgl. Ministerium für Kultur, Jugend und Sport Baden-Württemberg 2009, 162ff.), neben der Dimension »Technik, Werken und Medien« (210ff.). Im rheinland-pfälzischen Lehrplan (vgl. Ministerium für Bildung, Frauen und Jugend (2001) wird »Arbeit und Beruf« als »Aktivitätsbereich« behandelt, auf über 30 Seiten und mit Bereichen wie Grundlagen für Arbeit und Produktion, Arbeits- und Produktionsformen, Arbeiten aus dem Bereich Handwerk und Technik, Arbeiten aus dem Bereich Industrie sowie Betriebserkundungen und Betriebspraktika.

Einige Zielsetzungen einer allgemeinen Arbeitslehre sind von Schülern mit mehr oder minder umfassenden kognitiven Einschränkungen nicht oder nur schwer erreichbar und insofern weniger relevant, wenn es zum Beispiel in einer gesellschaftskritischen Ausrichtung um das Verständnis ökonomischer und ökologischer Zusammenhänge und deren kritische Bewertung geht.

Die Struktur der Lehrplänen oben weist eher auf eine allgemeine, breite berufliche Grundqualifikation hin, im Sinne der Vermittlung von Schlüsselqualifikation bzw. -kompetenzen«, also von »Fähigkeiten und Fertigkeiten, Kenntnisse und Haltungen, die Menschen in die Lage versetzen, am Leben in der Gesellschaft teilzunehmen« (Bayer. Staatsministerium 2007, 15). Die Bedeutung von Schlüsselkompetenzen erstreckt sich auf verschiedene Kontexte wie persönliche Lebensgestaltung, aktive Mitwirkung in der Gemeinschaft und Teilhabe an der Arbeitswelt, und umfasst Dimensionen wie Sozial-, Persönlichkeits-, Methoden- und Fachkompetenz (vgl. Gattermann/Herrmann 2008). Diese Orientierung bringt u. a. den Vorteil mit, dass die Schüler später eher »breit« aufgestellt sind und auf einen Arbeitsplatzwechsel mit einem anderen beruflichen Profil und neuen Anforderungen flexibel reagieren können. Damit werden wichtige psychologische Merkmale des Arbeitsverhaltens und der Persönlichkeit, also Kennzeichen von Ausbildungsreife, vermittelt.

Im Hinblick auf eine unmittelbare Qualifizierung für eine Beschäftigung auf dem allgemeinen Arbeitsmarkt gegen Ende der Schulzeit wird allerdings auch überlegt, ob diese nicht von vorneherein »schmalspurig« auf den Erwerb von aus den Inhalten anerkannter Ausbildungsberufen abgeleiteten Teilqualifikationen nach § 68 BBiG oder auf den Erwerb von Ausbildungsabschlüssen in sogenannten Helferberufen mit reduzierten Ausbildungsinhalten nach § 66 BBiG auszurichten sei. Das Motto hier lautet: »Mit Unterstützungsstrukturen platzieren, dort qualifizieren (training on the job) und anschließend bedarfsgerecht begleiten ...« (Böhringer 2008, o. S.).

Angesichts der Tendenz, dass die Anzahl der Praktika in Betrieben auf dem allgemeinen Arbeitsmarkt und eine entsprechende eng ausgerichtete arbeitsmarktbezogene Qualifizierung vor allem in den 12. Klassen in einigen Bundesländern stark zugenommen haben, muss allerdings kritisch angemerkt werden, dass dies nicht zu Lasten einer umfassenden Bildung und Erziehung gehen darf, und einzelne Schüler nicht über Monate ihre gesamte Schulzeit in Praktika verbringen, in denen sie u. U. monotone einfach strukturierte Arbeiten verrichten müssen, ohne sich im Sinne der Vermittlung von Ausbildungsreife oder Berufsreife »weiter bilden« zu können.

6 Methodische Erfordernisse

Auch wenn sich wie oben gezeigt Ziele und Inhalte einer beruflichen Bildung an der allgemeinen Arbeitslehre orientieren müssen, bedarf es hinsichtlich einer methodischen Umsetzung und Vermittlung grundlegender heilpädagogischer Prinzipien, denn Arbeitslehre im Förderschwerpunkt geistige Entwicklung ist und bleibt Unterricht im Kontext von Bildung und Erziehung, und dies beinhaltet mehr als eine bloße »Förderung« des Erwerbs von Ausbildungs- oder Berufsreife oder gar eine einseitige Anpassung an aktuelle Erwartungen eines potenziell aufnehmenden Arbeitsmarktes.

Methodisch ist es wie in jedem Unterricht erforderlich, zunächst die Ausgangsbedingungen und die Persönlichkeit der Schüler möglichst umfassend einzuschätzen. Neben traditionellen diagnostischen Verfahren müssen dabei vor dem Hintergrund des Zieles einer Heranführung an den Arbeitsmarkt solche zum Einsatz kommen, die auf die Beobachtung der Eigenschaften und Fähigkeiten aus den oben beschriebenen Merkmalsbereichen von Ausbildungsreife ausgerichtet sind. Viele schulische Einrichtungen wie auch die Integrationsfachdienste haben dazu eigene Beobachtungs- und Einschätzungsverfahren zusammengestellt. An speziellen Verfahren zur Diagnostik beruflicher Kompetenzen und zum Teil auch in Bezug zu den Anforderungen einer Tätigkeit können je nach Ausgangslage der Schüler auch die Werdenfelser Testbatterie

(Peterander/Strasser/Städler/Kahabka 2009), melba (Kleffmann/Weinmann/Föhres/ Müller 1997) oder der hamet2 (Tress 2001) zum Einsatz kommen.

An übergeordneten erzieherischen Prinzipien bzw. Leitlinien für eine Arbeitslehre kann auf die im bayerischen Lehrplan herausgestellten »Anforderungen an den Unterricht« verwiesen werden; dazu gehören Zukunftsorientierung, Orientierung am Erwachsenenalter, Kommunikation, Selbstständigkeit, Selbstbestimmung und Selbst- und Mitbestimmung sowie Anwendungsbezug.

Neben »bekannten« traditionellen« Unterrichts- und Vermittlungsformen wie ein handlungsbezogener und projektorientierter Unterricht und einem Lernen unter möglichst realen und alltäglichen Bedingungen haben sich einige als besonders zentral und bedeutsam erwiesen, andere sind als Unterstützungsformen neu entwickelt worden:

- *Betriebs- und Arbeitsplatzerkundungen:* Je nach den vorliegenden kognitiven Voraussetzungen und kommunikativen Möglichkeiten der einzelnen Schüler und Vorerfahrungen im Umgang mit Materialien, Werkzeugen, Maschinen sowie verschiedenen Arbeitsformen bedarf es hier Unterstützung bei der Strukturierung komplexer Phänomene der Arbeitswirklichkeit, vor allem hinsichtlich der Sozialstruktur in Betrieben des allgemeinen Arbeitsmarktes.

- *Betriebspraktika* sind nicht neu, bilden aber weiterhin den Kern einer beruflichen Grundbildung als Realbegegnung mit der betrieblichen Arbeitswelt, zur Berufsorientierung und -findung. Auch hier bedarf es wie oben einer intensiven Vorbereitung, Begleitung und Auswertung aller Beobachtungen, um neben persönlichen Interessen Stärken und Schwächen einschätzen und darauf aufbauend weitere berufsbezogene und individuell ausgerichtete Angebote konzipieren zu können (vgl. Gattermann 2008).

- *Schülerfirmen:* Die Möglichkeit der Gründung einer Schülerfirma (oder auch Übungs- oder Juniorfirma), in der gemeinsam ein oder mehrere Produkte hergestellt werden oder Dienstleistungen erbracht werden, bietet zusätzliche Möglichkeit der Vermittlung von Elementen berufsbezogener Handlungskompetenz, die den Schülern den Übergang ins Erwerbsleben erleichtern können. Auch diese sind zunehmend an Schulen im Förderschwerpunkt geistige Entwicklung zu finden, häufig in Form von einer Cafeteria oder eines Kiosk (vgl. Franz 2008).

- *Anlage von Portfolios und Durchführung von »Zukunftskonferenzen« zur Lebensweg- oder auch Berufswegplanung:* Im Kontext einer persönliche Zukunftsplanung wird dieses Verfahren auch an Schulen mit dem Förderschwerpunkt geistige Entwicklung immer häufiger eingesetzt. Dabei gilt es mit dem Schüler – und nicht lediglich über ihn – zu sprechen und ihm unter Einbeziehung »schulfremder« Mitglieder (»Unterstützerkreise«) bei den anstehenden grundlegenden Veränderungen seiner Lebenssituation Hilfestellung zu bieten, Wahlmöglichkeiten aufzuzeigen und eine möglichst selbst bestimmte Lebensführung zu ermöglichen (vgl. Doose 2007). Im Mittelpunkt steht der Jugendliche, der in der Auseinandersetzung mit den eigenen Fähigkeiten und Wünschen sein weiteres Leben möglichst selbstbestimmt planen soll, gemeinsam und unterstützt durch andere (ihm vertraute) Menschen (mit und ohne Behinderung; vgl. Kragl 2008).

Welche besonderen methodischen und technischen Erfordernisse sich im Kontext möglicher Lernerschwernisse bei Schülern im Förderschwerpunkt geistige Entwicklung ergeben können, soll exemplarisch mit der Auflistung unten verdeutlicht werden.

Methodische Entscheidungen	Vorrichtungen und Adoptionen	Persönliche Unterstützung
• Strukturierung des Arbeitsablaufs • Einrichtung des Arbeitsplatzes • Visualisierung: Bildsymbole, TEACCH-Zeitleisten, Timer • Ausbildung verlässlicher Routinen: Häufige Wiederholungen mit gleichem Material	• Mechanische, elektrische, pneumatische, hydraulische Hilfsmittel • Arbeitsplatz: Begrenzungen, Führungsschienen, Tischhöhe und- neigung, Sitzhöhe, reizarme Umgebung	• Handführung • Stütze • Vorbild/Demonstration • Gesten/Gebärden • Verbale Unterstützung

Abb. 2: Erfordernis einer intensiven Planung und Vorbereitung (Bayer. Staatsministerium 2007, 58)

Über weitere Förderansätze und -programme zur beruflichen Rehabilitation und Integration informieren u. a. Friese/Stöppler (2008).

7   Organisatorische Rahmenbedingungen und Erfordernisse.

Was die Werkstufenarbeit in der Praxis angeht, kritisierte Straßmeier (2002) bereits vor Jahren, dass der Übergang in die Stufe häufig unklar und zu wenig akzentuiert erfolge, die Schüler von den Lehrpersonen in der Werkstufe genauso wie in vorherigen Schulstufen »behandelt« würden, insgesamt zu sehr ein traditioneller schulischer Charakter dominiere und die Werkstufe eher als »Anhängsel« (Straßmeier 2002, 273) der vorherigen Schulstufen betrachtet würde. Diese Kritik mündete u. a. in der Forderung nach mehr »Eigenständigkeit«, und eine solche hat sich *organisatorisch* in vielen Bundesländern inzwischen vollzogen, mit einer Konzentration der Räume auf einen abgegrenzten Bereich im Schulhaus oder auf ein eigenes Gebäude. Damit in Zusammenhang stehen zahlreiche weitere organisatorische Erfordernisse, von denen einige kurz aufgelistet werden sollen:

- flexible Stundenplangestaltung und Unterrichtszeiten,
- Flexibilisierung der Arbeitszeiten der Lehrpersonen und Schaffung eines Stundenpools,

- klassenübergreifende Teamarbeit aller beteiligten Lehrkräfte, die vorwiegend in der Berufsschulstufe tätig sind,
- Einbindung unterschiedlicher fachlichen Kompetenzen der verschiedenen Berufsgruppen wie Fachlehrer, Werkmeister, Heilpädagogen und Sonderschullehrer im gesamten Unterricht,
- klassenübergreifende Angebote wie Praxis- und Kurstage und lernbereichsübergreifende Projekte treten mit einem größeren Anteil gegenüber dem Unterricht im Klassenverband in den Vordergrund,
- Aufbau von Netzwerken und verstärke Kooperation mit außerschulischen Partnern wie IFD, Agentur für Arbeit, WfbM, Betriebe auf dem allgemeinen Arbeitsmarkt, Berufsschule zur sonderpädagogischen Förderung und Berufsbildungswerk (BBW) sowie den Sozial- und Integrationsämtern.
- Es gilt vor allem eine enge Verzahnung mit den Angeboten der Integrationsfachdienste zu erreichen und eine rechtliche und finanziell auch abgesicherte Mitarbeit an den Schulen schon möglichst früh zu institutionalisieren (vgl. hier vor allem die Modelle in Bayern und Baden-Württemberg).

Für die Zukunft ist hier ein weiterer Umgestaltungsprozess hin zu einem »wirklichkeitsentsprechenden Erfahrungs- und Lernfeld« zu erwarten – geprägt von einer noch stärkeren Kooperation und Vernetzung von Schule und außerschulischen Partnern (vgl. Böhringer 2008). Hierfür bietet der vor einigen Jahren neu konzipierte Lehrplan für die Berufsschulstufe an Förderschulen mit Schwerpunkt geistige Entwicklung in Bayern gute Voraussetzungen.

Literatur

Adelfinger, Theresia (2005): »Aktion Berufsplan« – Persönliche Zukunftsplanung und Integrationsbegleitung im Übergang Schule/Beruf. In: Moosecker/Pfriem (Hg.): Körperbehinderte Schüler an der Schwelle ins Arbeitsleben. Aachen: Shaker, 229–244.

Bayerisches Staatsministerium für Unterricht und Kultus (Hg.) (2003): Lehrplan für den Förderschwerpunkt geistige Entwicklung. München: Hintermaier.

Bayerisches Staatsministerium für Unterricht und Kultus (Hg.) (2004): Lehrplan für die bayerische Hauptschule. München: Hintermaier.

Bayerisches Staatsministerium für Unterricht und Kultus (Hg.) (2007): Lehrplan für die für die Berufsschulstufe in Bayern, Förderschwerpunkt geistige Entwicklung. München: Hintermaier.

Beinke, Lothar (1999): Berufswahl. Der Weg zur Berufstätigkeit. Bad Honnef: Bock.

Beinke, Lothar (2005): Didaktik der Arbeitslehre. Tönning: Der Andere Verlag.

Böhringer, Klaus-Peter (2008): Von der Werkstufe über die Eingliederungswerkstufe zur Berufsvorbereitenden Einrichtung des Enzkreises (BVE). Universität Innsbruck. Verfügbar unter: http://bidok.uibk.ac.at/library/imp-36-05-boehringer-werkstufe.html, [16.05.2008].

BpB 2009 = Bundeszentrale für politische Bildung (Hg.) (2009): Wirtschaft heute. Bonn.

Bundesagentur für Arbeit (Hg.) (2006): Nationaler Pakt für Ausbildung und Fachkräftenachwuchs in Deutschland. Kriterienkatalog zur Ausbildungsreife. Berlin, Nürnberg. Verfügbar unter: www.arbeitsagentur.de/zentraler-Content/Veroeffentlichungen/Ausbildung/Kriterienkatalog-zur-Ausbildungsreife.pdf [01.02.2010].

Bundesgesetzblatt (2008): Gesetz zu dem Übereinkommen der Vereinten Nationen vom 13. Dezember 2006 über die Rechte von Menschen mit Behinderungen sowie zu dem Fakultativprotokoll vom 13. Dezember 2006 zum Übereinkommen der Vereinten Nationen über die Rechte von Menschen mit Behinderungen vom 21. Dezember 2008. Verfügbar unter: http://files.institut-fuer-menschenrechte.de/437/Behindertenrechtskonvention.pdf [10.04.2010].

Bundesvereinigung Lebenshilfe für Menschen mit geistiger Behinderung e. V. (Hg.) (1998): Ein Beruf für mich. Berufliche Ausbildung für Menschen mit geistiger Behinderung. Grundlagen und Konzeptionen für Modellversuche. Marburg: Lebenshilfe-Verlag.

Bundesvereinigung Lebenshilfe für Menschen mit geistiger Behinderung e. V. (Hg.) (2002): Zwischen Schule und Beruf. Die Abschlussstufe der allgemein bildenden Schulzeit Jugendlichen und jugendlicher Erwachsener mit geistiger Behinderung. Marburg: Lebenshilfe-Verlag.

Dauenhauer, Erich (1983): Arbeitslehre. Vom Ende einer Bildungs- und Wissenschaftsidee. Landau: Walthari.

Dauenhauer, Erich (1974): Einführung in die Arbeitslehre. Pullach: Verlag Dokumentation.

Dedering, Heinz (2000): Einführung in das Lernfeld Arbeitslehre. München: Oldenbourg.

Doose, Stefan (2007): Unterstützte Beschäftigung. Berufliche Integration auf lange Sicht; Theorie, Methodik und Nachhaltigkeit der Unterstützung von Menschen mit Lernschwierigkeiten durch Integrationsfachdienste und Werkstätten für behinderte Menschen auf dem allgemeinen Arbeitsmarkt. Marburg: Lebenshilfe-Verlag.

Duisman, Gerhard H (2001).: Neue Arbeitswelt – neue Arbeitslehre?! In: Lernen Konkret, Jg. 20, H. 1, 2–5.

Fischer, Erhard (2010): Übergang Förderschule Beruf. Verfügbar unter: http://www.uebfsb. sonderpaedagogik-g.uni-wuerzburg.de [10.04.2010].

Franz, Michael Jürgen (2008): Fairer Preis – bei Mäc Fleiß! Arbeit in einer Schülerfirma der »gehobenen Klasse«. In: Lernen konkret, Jg. 27, H. 1, 13–16.

Friese, Marianne/Stöppler, Reinhilde (2008): »Wo bitte geht's zum Arbeitsmarkt?«. Partizipation und Integration in Arbeit und Beruf bei Menschen mit geistiger Behinderung. In: Lernen konkret, Jg. 27, H. 3, 2–4.

Gattermann, Kathrin (2008): »Jetzt wird's praktisch«. Bedeutung und Möglichkeiten des Praktikums zur Vorbereitung auf Arbeit und Beruf. In: Lernen konkret, Jg. 27, H. 3, 5–10.

Gattermann, Kathrin/Herrmann, Simeon (2008): »Der Schlüssel zum Erfolg?« Zum Erwerb von Schlüsselqualifikationen bei Schülerinnen und Schülern mit geistiger Behinderung. In: Lernen konkret, Jg. 27, H. 3, 10–15.

Gmelch, Andreas (1995): Arbeitslehre. In: Schweizer, Gerd/Selzer, Helmut Maria (1995): Arbeit-Wirtschaft-Technik. Dettelbach: Röll, 51–64.

Gößl, Klaus (2008): Ein neuer Lehrplan für die Berufsschulstufe in Bayern, Förderschwerpunkt geistige Entwicklung. In: Lernen konkret, Jg. 27, H. 1, 3–8.

ICF. Internationale Klassifikation der Funktionsfähigkeit, Behinderung und Gesundheit (2005). Köln: DIMDI.

Kahsnitz, Dieter/Ropohl, Günter/Schmid, Alfons (Hg.) (1997): Handbuch zur Arbeitslehre. München: Oldenbourg.

Kleffmann, Anke/Weinmann, Sigbert/Föhres, Felizitas/Müller, Bernd (1997): Melba: Psychologische Merkmalprofile zur Eingliederung Behinderter in Arbeit. Verfügbar unter: http://www.melba.de/melba/melba.html [10.04.2010].

Kragl, Kerstin (2008): Lebenswegplanung ... am Förderschwerpunkt mit dem Förderschwerpunkt geistige Entwicklung. In: Lernen konkret, Jg. 27, H. 1, 9–12.

Küchler, Matthias: (2007). Was kommt nach der Schule? Handbuch zur Vorbereitung auf das nachschulische Leben durch die Schule für Menschen mit geistiger Behinderung. Marburg: Lebenshilfe-Verlag.

Mertes, Josef Peter (1984): Arbeitslehre in der Schule für Geistigbehinderte. Heidelberg: Edition Schindele.

Ministerium für Bildung, Frauen und Jugend (2001): Richtlinien für die Schule mit dem Förderschwerpunkt ganzheitliche Entwicklung und Lehrplan zur sonderpädagogischen Förderung von Schülerinnen und Schülern mit dem Förderbedarf ganzheitliche Entwicklung. Mainz.

Ministerium für Kultus, Jugend und Sport Baden-Württemberg (2009): Bildungsplan Schule für Geistigbehinderte. Stuttgart.

Peterander, Franz/Strasser, Erich/Städler, Torsten/Kahabka, Thomas (2009): Werdenfelser Testbatterie. Göttingen: Hogrefe.

Pfriem, Peter/Moosecker, Jürgen (2005): Entwicklungslinien der Berufswahlvorbereitung aus der Perspektive der Allgemeinen Arbeitslehre und der »Allgemeinen Sonderpädagogik« In: Moosecker/Pfriem (Hg.): Körperbehinderte Schüler an der Schwelle ins Arbeitsleben. Aachen: Shaker, 17–46.

Pfriem, Peter (2005): Neue Wege beim Einsatz von handlungsorientierten Methoden zur Berufswahlvorbereitung von körperbehinderten Schülern. In: Moosecker/Pfriem (Hg.): Körperbehinderte Schüler an der Schwelle ins Arbeitsleben. Aachen: Shaker, 173–212.

Schwager, Michael (1992): Arbeitslehre in der Werkstufe der Schule für Geistigbehinderte. In: Zeitschrift für Heilpädagogik, Jg. 43, H. 9, 577–591.

Sekretariat der Ständigen Konferenz der Kultusminister der Länder in der Bundesrepublik Deutschland (1994): Empfehlungen zur sonderpädagogischen Förderung in den Schulen in der Bundesrepublik Deutschland. Beschluß der Kultusministerkonferenz vom 06.05.1994.

Sekretariat der Ständigen Konferenz der Kultusminister der Länder in der Bundesrepublik Deutschland: Empfehlungen zum Förderschwerpunkt geistige Behinderung. Beschluss der Kultusministerkonferenz vom 26.06.1998.

Staatsinstitut für Schulqualität und Bildungsforschung (2006): Perspektiven der Werkstufe. Auswertung einer Datenerhebung über die Werkstufe des Förderzentrums Förderschwerpunkt geistige Entwicklung. Erarbeitet im Auftrag des Bayerischen Staatsministeriums für Unterricht und Kultus. Unveröff. Manuskript 2006.

Statistisches Bundesamt: Erwerbstätige, Arbeitnehmer, Selbstständige und mithelfende Familienangehörige (im Inland): Deutschland, 2003 Wirtschaftszweige (WZ93 – Abschnitte und Zusammenfassungen). Erwerbstätigenrechnung des Bundes und der Länder. Verfügber unter: https://www-genesis.destatis.de/genesis/online/Online [31.01.2005].

Strassmeier, Walter (2002): Nach der Schule – Was dann? Der Übergang von der Werkstufe in den beruflichen Bereich. In: Zeitschrift für Heilpädagogik, Jg. 53, H. 7, 272–278.

Thümmel, Ingeborg (2004): Gangbare Wege in nachschulische Lebenswelten. Zum Bildungsauftrag der Werkstufe und seiner Umsetzung im Werkstufenkonzept der Carl-Orff-Schule, Neuwied. In: Fischer, Erhard (Hg.): Welt verstehen – Wirklichkeit konstruieren. Unterricht bei Kindern und Jugendlichen mit geistiger Behinderung. Dortmund: Borgmann, 249–270.

Tress, Jürgen (2001): hamet 2. Waiblingen: Berufsbildungswerk. Verfügbar unter: http://www.hamet.de [10.04.2010].

Vetter, Karl-Friedrich (1983): Zur Didaktik der Arbeitslehre. Solms: Jarick Oberbiel.

Vetter, Karl Friedrich (1988): Zur Integration und Arbeitslehre in den USA. In: Zeitschrift für Heilpädagogik, Jg. 39, H. 10, 782–786.

Karin Terfloth

Arbeitsweltbezogene Bildungsbegleitung von Schüler(inne)n mit schwerer und mehrfacher Behinderung

Im Volksmund heißt es: Nicht für die Schule, sondern für das Leben und für den Beruf lernen wir. Trifft diese Aussage auch auf Menschen mit schwerer und mehrfacher Behinderung zu? Inwiefern ist im Hinblick auf diesen Personenkreis überhaupt von einer beruflichen Bildung die Rede? Geht es nicht eher um eine grundlegende Förderung der kognitiven, körperlichen, sozial-kommunikativen und emotionalen Entwicklung oder im besten Fall um die Vorbereitung auf lebenspraktische Tätigkeiten?

Laut § 1 des Berufsbildungsgesetzes von 2005 umfasst das Konzept der Berufsbildung drei Phasen: »[...] Die *Berufsausbildungsvorbereitung* dient dem Ziel, durch die Vermittlung von Grundlagen für den Erwerb beruflicher Handlungsfähigkeit an eine Berufsausbildung in einem anerkannten Ausbildungsberuf heranzuführen. [...] Die *Berufsausbildung* hat die für die Ausübung einer qualifizierten beruflichen Tätigkeit in einer sich wandelnden Arbeitswelt notwendigen beruflichen Fertigkeiten, Kenntnisse und Fähigkeiten (berufliche Handlungsfähigkeit) in einem geordneten Ausbildungsgang zu vermitteln. Sie hat ferner den Erwerb der erforderlichen Berufserfahrungen zu ermöglichen. [...] Die *berufliche Fortbildung* soll es ermöglichen, die berufliche Handlungsfähigkeit zu erhalten und anzupassen oder zu erweitern und beruflich aufzusteigen.« (BBiG 2005, § 1 Hervorhebungen im Text K. T.)

Im Gesetzestext wird die Ausübung eines Berufs als ein Gefüge von spezialisierten Tätigkeiten beschrieben. Ziel der Berufsausübung ist es, seinen Lebensunterhalt zu verdienen. Berufsarbeit beinhaltet zielgerichtete, planvolle und anstrengende Tätigkeiten, die eine Vielzahl von Kompetenzen wie Ausdauer, Konzentration, Kooperationsbereitschaft und Fachwissen erfordern. Berufliche Bildung wird somit als ein Aneignungsprozess dargestellt, in dem arbeitsbezogene Fähigkeiten und Kenntnisse sowie eine Werthaltung zur eigenen Tätigkeit erworben werden.

In diesen Begriffsbeschreibungen werden die kognitiven Anforderungen, die im Kontext von beruflicher Bildung erforderlich sind, deutlich. Die Orientierung und Planung im Hinblick auf ein zukünftiges Ziel bzw. auf das Ergebnis eines Arbeitsprozesses verlangen differenzierte und reflexive Kognitionsprozesse. Aufgabe der Bildungsinstitution Schule ist es daher, frühzeitig diese Prozesse anzuregen und anzuleiten, um auf die Phase der Berufsausbildung vorzubereiten. Auch Schüler(innen) mit einer schweren geistigen und mehrfachen Behinderung, bei denen Kognitionsprozesse oftmals beeinträchtigt sind oder in Frage gestellt werden, haben spätestens seit der Ratifizierung der UN-Behindertenrechtskonvention in der Bundesrepublik Deutschland einen gesetzlichen Anspruch darauf, dass »[...] Bildungs- und Berufsberatung allen Kindern verfügbar und zugänglich [...]« gemacht werden (UN-Übersetzungsdienst

2007, Artikel 28). Der Staat verpflichtet sich unter anderem, das Recht von Menschen mit Behinderung auf Arbeit anzuerkennen und die notwendigen Maßnahmen zu ergreifen, um dessen Verwirklichung ›sichern und fördern‹ zu können (vgl. ebd.).

Ein Blick in die historische Entwicklung der beruflichen Bildung für Menschen mit schwerer und mehrfacher Behinderung zeigt jedoch, dass dieses Thema bis zu Beginn des 21. Jahrhunderts nur eine marginale Bedeutung für Wissenschaft und Praxis spielte. Inhalte der beruflichen Bildung werden bis heute kaum für diesen Personenkreis aufgearbeitet, da oftmals Arbeit und die Ausübung eines Berufes für sie als unrealistische Zielperspektive betrachtet werden (vgl. Klauß/Lamers/Terfloth 2009, 16f.). Die oben genannten kognitiven Anforderungen werden als Voraussetzung für den Zugang zur Thematik gewertet und selten als Bildungsinhalt selbst gesehen, wie es für Menschen mit schwerer und mehrfacher Behinderung notwendig ist. Einen Beruf zu erlangen wird für potenzielle Besucher(innen) eines Förder- und Betreuungsbereichs (im Folgenden FuB genannt)[1] nicht als lebensbedeutsam eingeordnet, da der FuB in der Gesellschaft als institutionelles Angebot für jene, die kein »Mindestmaß an verwertbarer Arbeit« leisten können, fungiert (vgl. Terfloth/Lamers 2009, 215). Mit Blick auf die oben genannte allgemeine Definition von beruflicher Bildung scheint diese These auch teilweise nachvollziehbar. Dennoch wird bei einer solchen Argumentation außer Acht gelassen, dass Arbeit und Bildung zu den existenziellen menschlichen Bedürfnissen gehören, die auch Menschen mit schwerer und mehrfacher Behinderung nicht vorenthalten werden dürfen, sondern angebahnt werden müssen. Wie könnte man diese Form der Anbahnung beruflicher Bildungsprozesse bezeichnen?

Radatz et al. sprechen bei Prozessen der beruflichen Bildung im Hinblick auf Menschen mit geistiger Behinderung von einer »*arbeitsweltbezogenen Bildungsbegleitung*« (Radatz/König/Bausch/Humpert-Plückhahn 2005). Diese Begriffswahl bringt meines Erachtens auch die zentralen Aspekte des Spannungsverhältnisses zwischen den notwendigen Kompetenzen und den erschwerten gesellschaftlichen Rahmenbedingungen zur Berufsausübung sowie den Lernmöglichkeiten von Menschen mit einer schweren geistigen und mehrfachen Behinderung zum Ausdruck:

1. *arbeitsweltbezogene Bildungsinhalte statt spezialisierte Berufsbildung*
    Die Formulierung ›arbeitsweltbezogen‹ ist weiter gefasst als der Begriff ›beruflich‹ und beinhaltet auch grundlegende und nicht nur auf ein Berufsbild hin spezifizierte Tätigkeiten. Die Fokussierung auf den Bildungsaspekt impliziert, dass die Fähigkeit zur Arbeit und deren Voraussetzungen erlernbar sind. Bildung im Verständnis von Klafki als wechselseitige Erschließung von formalen und materialen Aspekten zeigt zudem, dass es nicht nur um das Antrainieren von (lebenspraktischen) Fertigkeiten geht, sondern auch um den Erwerb von Sach- und

---

1   Unter diesem Oberbegriff werden verschiedene Organisationsformen nachschulischer tagesstrukturierender Angebote für Menschen mit schwerer und mehrfacher Behinderung zusammengefasst wie eigenständige FuB, unter dem Dach einer WfBM etc.

Fachkenntnissen und dies eben auch für Menschen mit schwerer und mehrfacher Behinderung (siehe hierzu auch »Bildung mit ForMat«: Lamers/Heinen 2006).

2. *Bildungsbegleitung statt Selbstständigkeit als Voraussetzung*
    Mit der Formulierung ›Bildungsbegleitung‹ kann zum Ausdruck gebracht werden, dass die Erweiterung der Handlungskompetenz einer Person mit schwerer und mehrfacher Behinderung einer dauerhaften Unterstützung bei der Orientierung, Planung, Durchführung und Evaluation von Tätigkeiten und Arbeitshandlungen bedarf. Selbstständigkeit im Handeln ist keine Voraussetzung für arbeitsweltbezogene Bildung, sondern der Erwerb von Handlungskompetenz selbst ein wesentliches Bildungsziel.

3. *kontinuierliches und aufeinander aufbauendes statt additives Bildungsangebot*
    Die Kontinuität in der Bildungsbegleitung kann durch eine inhaltliche und organisatorische Verknüpfung und Abstimmung der schulischen und nachschulischen Phase gewährleistet werden.

Es stellt sich die Frage, welche Aufgaben, Inhalte und methodischen Schwerpunkte in der Umsetzung arbeitsfeldbezogener Bildungsbegleitung für Menschen mit einer schweren geistigen und mehrfachen Behinderung in der Schule bedeutsam sind? Wie kann im Anschluss an die Schulzeit arbeitsweltbezogene Bildung nahtlos weitergeführt werden?

Um diese Fragen beantworten zu können, wird im Folgenden zunächst diskutiert, welche Anforderungen das Berufsleben an Arbeitnehmer(innen) stellt und wie sich vor diesem Hintergrund ein Spannungsverhältnis zwischen dem Anspruch einer beruflichen Bildung für alle und der Realität in der Schulpraxis und im FuB zeigt. Im Anschluss daran stehen die Ziele der arbeitsweltbezogenen Bildung für Menschen mit schwerer und mehrfacher Behinderung im Hinblick auf ihre Handlungskompetenz im Fokus. Im nächsten Schritt werden die Inhalte der Bildungspläne der Haupt- und Werkrealschule und der Schule für Geistigbehinderte in Baden-Württemberg zum Themenfeld Arbeit/Beruf verglichen und deren Bearbeitung im Unterricht anhand methodisch-didaktischer Überlegungen konkretisiert. Abschließend werden Möglichkeiten der Institutionsentwicklung zum Ausbau einer qualitativen arbeitsweltbezogenen Bildungsbegleitung für Menschen mit schwerer und mehrfacher Behinderung aufgezeigt.

1   Bildungsrealität im Kontext der Arbeitswelt in Schule und FuB

Vor ca. 30 Jahren wurde Menschen mit schwerer und mehrfacher Behinderung, die über viele Jahrhunderte als bildungsunfähig galten, in der BRD erstmals ein Recht auf schulische Bildung eingeräumt. Dennoch stellt sich aktuell die Frage, inwiefern arbeitsfeldbezogene Bildungsinhalte in der Schule und in nachschulischen Einrichtungen für Menschen mit schwerer und mehrfacher Behinderung eine Rolle spielen.

1.1   Bildungsrealität in der Schule

Die Werk-, Abschluss-, Berufs- oder Übergangsstufe der Schule mit dem Förderschwerpunkt ›Geistige Entwicklung‹ hat die zentrale Aufgabe, Schüler(innen) umfassend auf das Erwachsenenleben im Hinblick auf Arbeiten, Wohnen und Freizeit vorzubereiten und ersetzt in der Regel die Berufsschule. Im Rahmen von Angeboten zum technischen Werken, zur Textilarbeit und zum hauswirtschaftlichen Unterricht findet eine Form der beruflichen Grundbildung und der Berufsvorbereitung statt (vgl. Klauß et al. 2009, 16). Neben diesen fachlich orientierten Schwerpunkten werden auch übergreifende Schlüsselkompetenzen vermittelt, die einerseits im Arbeitslehreunterricht immanent sind, andererseits aber auch im sonstigen Unterricht eine Rolle spielen (vgl. Bürkle 2001, 20–24). Zur Realisierung dieser Aufgaben wurden vielerorts innovative und kreative Projekte entwickelt, wie Schülercafés, Fahrradwerkstätten oder Cateringfirmen, in denen die Bildungsinhalte in einer arbeitsweltorientierten Form erarbeitet werden. Allerdings bleiben bei diesen Initiativen oftmals Schüler(innen) mit schwerer und mehrfacher Behinderung unberücksichtigt.

Häufig wird die Ansicht vertreten, dass Inhalte der arbeitsweltbezogenen Bildung für Menschen mit schwerer und mehrfacher Behinderung eine Überforderung darstellen bzw. dass dieser Personenkreis als berufsbildungsunfähig gilt. Hierbei wird nicht bedacht, dass Fähigkeiten bzw. Unfähigkeiten einer Person in hohem Maße davon abhängen, welche Angebote einem Menschen zur Entfaltung dieser Fähigkeiten gemacht werden. Die Berufsbildungsunfähigkeit liegt somit nicht in einer Person mit schwerer und mehrfacher Behinderung begründet, sondern in einem schulischen Umfeld, das nicht in der Lage ist bzw. sich nicht in der Lage sieht, entsprechende Bildungsangebote für diesen Personenkreis zu realisieren (vgl. Klauß et al. 2009, 17). Daher ist es Realität, »[…] dass Menschen mit schwerer und mehrfacher Behinderung die Schule beruflich ungebildet verlassen und dass dadurch der weitere Lebensweg, besonders auch die Entscheidung darüber, wer einen Arbeits- bzw. Produktionsbereich oder einen FuB besucht, wesentlich mitbestimmt wird« (ebd., 17).

Eine Studie zur Bildungsrealität von Schüler(inne)n mit schwerer Behinderung in Baden-Württemberg (BISB) hat ergeben, dass Sonderschullehrer(innen) grundsätzlich zu wenig in der Lage sind, didaktisches Wissen im Kontext des Unterrichts mit dem oben genannten Personenkreis anzuwenden (vgl. Janz/Klauß/Lamers 2009, 25). »[…] bei den sechs in unsere Videostudien einbezogenen Schüler(innen) entsteht der Eindruck, dass dem in Gruppen durchgeführten Unterricht, bei dem es um die Auseinandersetzung mit einem Inhalt, einem für wichtig gehaltenen Gegenstand geht, überwiegend keine sehr große Bedeutung beigemessen wird. Von der während einer Woche zur Verfügung stehenden Zeit wird meist nur ein geringer Teil so gestaltet, dass die Schüler(innen) mit schwerer und mehrfacher Behinderung daran teilhaben und in dieser für die Schule eigentlich üblichen Form etwas lernen können.« (Janz et al. 2009, 25).

Dabei scheint die Ursache für diesen Befund m. E. nicht in einem grundlegenden Fehlen methodisch-didaktischer Kompetenzen zu liegen, sondern eher in dem fehlenden Verständnis, die entwicklungsbeeinträchtigten und basal-perzeptiven Lernvoraussetzungen schwer und mehrfach behinderter Schüler(innen) überhaupt als Lernzugänge zu sehen und diese zu nutzen. Eine Auseinandersetzung mit Aspekten der Entwicklung von Handlungskompetenz kann in diesem Kontext hilfreich sein (siehe dazu Kapitel 3.3).

1.2 Bildungsrealität im FuB

Nach der Beschreibung der schulischen Realität zur arbeitsweltbezogenen Bildungsbegleitung stellt sich nun die Frage, inwiefern beim Eintritt in eine WfbM oder einem FuB Angebote zur beruflichen Erstausbildung und Weiterbildung gemacht werden, die dann über den weiteren Verbleib dieser Personen entscheiden. Diese Frage zielt darauf ab zu eruieren, welche Berücksichtigung der Bildungsverlauf der Schule auf weitere weitreichende Lebensentscheidungen hat.

In den letzten zehn Jahren wurden für Menschen mit geistiger Behinderung zahlreiche innovative Projekte zur beruflichen Bildung und zur Gestaltung des Übergangs von der Schule in ein Arbeits- und Berufsleben konzipiert (vgl. z. B. Böhringer 2005; Niedermaier/Kamuf/Monz 2006). Erst in jüngster Zeit wird dies von den Verbänden z. B. von der Bundesarbeitsgemeinschaft der Werkstätten für behinderte Menschen (BAG: WfbM) auch für Menschen mit schwerer und mehrfacher Behinderung gefordert (vgl. BAG: WfbM 2001). Ein erster Schritt liegt darin, Mitarbeiter(innen) aus FuB so zu qualifizieren, dass sie berufliche Bildungsangebote für diesen Personenkreis initiieren können.

Einzelne Praxisprojekte, wie ›FeinWerk‹ (vgl. Leben mit Behinderung Hamburg 2009a) oder auch Aktivitäten des verbände- und bundesländerübergreifenden Arbeitskreises »*berufliche Bildung für Menschen mit schweren und schwersten Behinderungen*« (vgl. BAG WfbM 2007) zeigen erste Erfolge dieser Initiative. Ebenfalls aus der Praxis hervorgegangen ist ›aktionbildung‹ (vgl. BAG: WfbM 2001). Das Ziel dieses Projekts bestand darin, Rahmenbedingungen und Verfahrensweisen sowie methodische und didaktische Vorschläge zur beruflichen Bildung von Menschen mit schwerer und mehrfacher Behinderung zu entwickeln. Auf diesem Wege sollte dem genannten Personenkreis langfristig die Teilhabe am Arbeitsleben der WfbM ermöglicht werden (vgl. Grampp 2006, 193). In den Vinzenz von Paul-Werkstätten in Schwäbisch Gmünd konnte im Rahmen des Projekts gezeigt werden, dass berufliche Bildung für diesen Personenkreis grundsätzlich möglich ist, jedoch teilweise andere Abläufe (z. B. klare wiederkehrende Strukturen) und Ressourcenverteilungen (feste Bezugspersonen etc.) realisiert werden müssen. Eine wesentliche Erkenntnis dieses Projekts bestand darin, dass ein Mangel an geeigneten diagnostischen Instrumenten im Bereich von Arbeit festgestellt wurde. Es wurde auch deutlich, dass betriebswirtschaftliche Produktivität kein vorrangiges Ziel im Rahmen der arbeitsweltbezogenen Bildung für diesen

Personenkreis darstellt, sondern mit Maßnahmen zur Persönlichkeitsentwicklung verbunden sein sollte (vgl. Grampp 2006, 197).

Im Rahmen des Forschungsprojektes SITAS (von Lamers/Terfloth, 2007–2010) an der Pädagogischen Hochschule Heidelberg, in dem formale und informale Organisationsstrukturen von FuB erfasst und analysiert werden, wurden Leiter(innen) und Mitarbeiter(innen) in FuB auch zur beruflichen Bildung von Menschen mit schwerer und mehrfacher Behinderung befragt. Es wurden von den Leiter(inne)n der FuB Daten dazu erhoben, inwiefern in den FuB Angebote zur arbeitsweltbezogenen Bildungsbegleitung gemacht und wie diese begründet werden. Die Mitarbeiter(innen) in den Teams wurden dazu befragt, inwiefern sie konkrete Angebote gestalten und welche Aspekte dabei für sinnvoll erachtet werden. Die Ergebnisse der Datenauswertung zeigen folgendes Bild (vgl. Klauß/Lamers/Terfloth 2009, 18):

- Lediglich in 18,3% der teilnehmenden Einrichtungen erhalten, wie es der Gesetzgeber fordert, auch Menschen mit schwerer und mehrfacher Behinderung im Vorfeld einer endgültigen Zuweisung beruflich bildende Angebote, in denen sie ihre Leistungsfähigkeit im Sinne des Gesetzes nachweisen können, bevor über ihren weiteren Lebensweg entschieden wird.
- 20,6% dokumentieren, gar keine beruflich bildenden Angebote zur Verfügung zu stellen, weil sie dies entweder nicht für sinnvoll erachten (6,9%), ihrer Meinung nach keine adäquaten Methoden oder Konzepte existieren (3,4%) bzw. sie gerade erst ein Konzept erarbeiten (5,3%).
- Von 29,8% der befragten Einrichtungen wurde geantwortet, dass sich die Frage der beruflichen Bildung in ihrem FuB nicht stellt, da sie einer Wohneinrichtung angegliedert oder eigenständig sind und somit keinen direkten Bezug zu einem Arbeits- und Produktionsbereich einer WfbM haben.
- Die Option ›Es gibt im Rahmen des FuB Angebote zur Berufsbildung‹ wurde von 31,3% der Leiter angekreuzt. Dieser letzte Wert bezieht sich auf Menschen mit schwerer und mehrfacher Behinderung, für die bereits entschieden wurde, dass sie nicht am Produktionsbereich der WfbM teilhaben werden und in einen FuB eingegliedert wurden.

Im Unterschied zur Sicht der Leiter(innen) zeigt die Befragung der Teams deutlich, dass berufliche Angebote nur in 10,6% der befragten Teams gemacht werden. Es wird auch ersichtlich, dass es einen Unterschied zwischen der Einschätzung der Leiter(innen) für die Gesamtsituation und der individuellen Sicht auf einzelne Betreute (Indextabelle in der folgenden Tabelle) gibt. Die Abbildung 1 zeigt den Vergleich zwischen den Antworten der Leiter(innen) und denen der Teams.

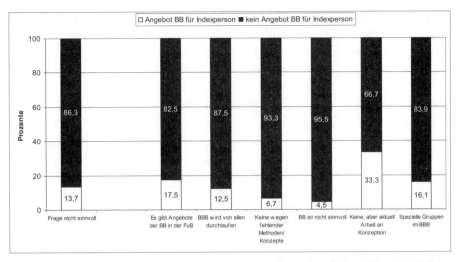

Abb. 1: Vergleich der Leiter- und Teamaussagen zum Angebot an beruflicher Bildung (N=234);
die Abkürzung BB steht für Berufliche Bildung und BBB für Berufsbildungsbereich

Diese ernüchternden Ergebnisse lassen vermuten, dass in den nachschulischen Einrichtungen eine Fortschreibung der Vorenthaltung beruflich qualifizierender Angebote und damit auch eine Festschreibung der Berufsbildungsunfähigkeit von Menschen mit schwerer und mehrfacher Behinderung stattfindet (vgl. Klauß et al. 2009, 18f.). Für die Weiterentwicklung der Angebote in diesem Bereich und ihre Orientierung am Bedarf der betroffenen Menschen ist eine systematische Sichtung, Evaluierung und Weitervermittlung solcher Konzepte sinnvoll und dringlich. Es erscheint lohnend, weitere Modelle und Handlungskonzepte systematisch zu erheben und insbesondere hinsichtlich ihrer inhaltlichen Angebote für Menschen mit schwerer und mehrfacher Behinderung zu analysieren, auf der Basis fachlicher Kriterien zu bewerten und die dabei gewonnenen Erkenntnisse zu verbreiten. Dies ist bisher nur in Ansätzen erfolgt (vgl. Terfloth/Lamers 2009).

2 Anspruchsdilemma: schwere geistige Behinderung und Arbeitswelt

Worin liegen die Ursachen für diese besorgniserregenden Befunde? Die Aussage der BISB-Studie (vgl. Janz et al. 2009) zeigt zwar, dass sich die Probleme im Unterricht von Menschen mit schwerer und mehrfacher Behinderung nicht nur bezüglich des Themenkomplexes Arbeit zeigen, dennoch scheinen das Verständnis von Arbeit und deren Bedeutung für den einzelnen und die Gesellschaft ebenfalls eine Rolle für den Ausschluss des genannten Personenkreises zu spielen.

Der Arbeitsmarkt und die Rahmenbedingungen der Arbeitsplätze verändern sich im Laufe der Zeit durch technischen, sozialen und politischen Wandel. Eine Spezialisierung von Berufsbildern bringt immer wieder neue Berufe hervor und andere sterben aus. Zurzeit gibt es ca. 450 anerkannte Ausbildungsberufe. Flexibilität in der Berufsausübung und im Umgang mit den Arbeitsbedingungen wird zunehmend bedeutsamer. Den Beruf für ein ganzes Leben, was früher noch normal war, gibt es nicht mehr. Die persönliche Berufswahl ist zunehmend schwieriger geworden und stellt eine große Herausforderung für junge Menschen dar.

Für Menschen mit Behinderung werden nach den §§ 48 BBiG (Berufsbildungsgesetz) und 42b HwO (Handwerksverordnung) abgestufte Ausbildungen mit einer Reduktion der Fachpraxis und/oder der Fachtheorie angeboten (vgl. Schartmann 2000, 1). Zudem können F(örder)-Lehrgänge als berufsvorbereitende Maßnahme in Anspruch genommen werden, um eine Eingliederung in Ausbildung und Arbeit zu erreichen (vgl. ebd.). Die Werkstatt für behinderte Menschen (WfbM) als ›beschützende Werkstatt‹ stellt eine Alternative bzw. einen Schonraum zu den Anforderungen auf dem ersten Arbeitsmarkt dar. Ihr Auftrag liegt nach § 3 der Werkstättenverordnung (WVO) darin, die Eingliederung in das Arbeitsleben zu ermöglichen und den Übergang auf den allgemeinen Arbeitsmarkt vorzubereiten (vgl. Werkstättenverordnung 1980, § 5 Abs. 4). Sie bietet auf der einen Seite eine individuelle Arbeitsbegleitung, andererseits jedoch keinen sozialversicherten Arbeitsplatz. Eine weitere Differenzierungsmöglichkeit des Arbeitsmarktes, speziell für Menschen mit schwerer und mehrfacher Behinderung, stellen die FuB dar, deren Zielorientierung nicht vom Gesetzgeber, sondern von den Trägern und Institutionsleitungen selbst vorgenommen wird (vgl. Terfloth/Lamers 2009, 218ff.). Die Funktion des FuB wird lediglich darin gesehen, ein tagesstrukturierendes Alternativangebot für Menschen zu bieten, die kein Mindestmaß an verwertbarer Arbeit leisten können (vgl. SGB IX, § 136), bzw. nicht in produktorientierte Arbeitsprozesse eingebunden werden können.

Der Wettbewerb und die gestiegenen Ansprüche des Arbeitsmarktes führen daher zu einer Differenzierung in Subsysteme: Für Menschen mit Behinderung, die nicht den Erwartungen des allgemeinen Arbeitsmarktes entsprechen, werden Sonderbedingungen mit reduzierten Leistungsanforderungen und einer vereinfachten inhaltlichen Auseinandersetzung geschaffen, um den ›besonderen‹ Bedürfnissen Rechnung zu tragen. Im Hinblick auf die Angebote für Menschen mit schwerer geistiger und mehrfacher Behinderung ist allerdings zu beobachten, dass sich diese beiden Aspekte (Ausbildungsinhalt und Leistungsanforderungen) oftmals ganz verlieren. Meines Erachtens liegt eine Ursache darin, dass im Kontext der Beschulung bei schwerer und mehrfacher Behinderung von außen kaum ein sichtbarer Wechsel der Tätigkeitsstufen vom ›Spiel‹, über das ›Lernen‹ hin zur ›Arbeit‹ erfolgt. Beschreibbar wird diese These durch das Entwicklungsmodell der dominierenden Tätigkeit nach Leontjew[2], in dem unterschiedliche Arten der Aneignung von Inhalten in die Beschreibung des Entwick-

---

2   Diese findet auch Anwendung in der entwicklungslogischen Didaktik Georg Feusers.

lungsverlaufes eingebunden werden (vgl. Pitsch/Thümmel 2005, 47–56). In diesem Modell entwickelt sich die tätige Auseinandersetzung mit der Umwelt über

- die Wahrnehmungstätigkeit (bis ca. 4 Monate)
- manipulative Tätigkeit (Ausbildung der Senso-Motorik) (bis ca. 1 Jahr)
- gegenständliche Tätigkeit (Erfassen der Funktion und des Zweck-Mittel-Bezugs) (bis ca. 3 Jahre)
- Spieltätigkeit (ca. 3 bis ca. 6 Jahre)
- Schulisches Lernen (ca. 7 bis ca. 13/14 Jahre)
- Arbeit (ab ca. 14/15 Jahre)

Während in der Entwicklungsstufe des ›Spiels‹ die Sozialorientierung beginnt, jedoch noch stark eigene Motivationen im Vordergrund stehen, findet auf der Entwicklungsstufe des Lernens im Verständnis Leontjews eine Orientierung an Handlungsvorgaben von außen sowie ein Erwerb von Strategien, sich Wissen effektiv anzueignen, statt. Hierbei ist zu berücksichtigen, dass im Verständnis der Tätigkeitstheorie die Entwicklungsstufe des ›Lernens‹ mit der Institution Schule verknüpft wird. Grundlegende Prozesse der Verhaltensänderung, die weitläufig als Lernen bezeichnet werden, werden als Aneignung benannt und finden von Beginn des Lebens an statt. Arbeit hingegen ist auf ein Ergebnis oder die Erstellung eines Produkts hin ausgerichtet (vgl. Pitsch/ Thümmel 2005, 53).

Bei Menschen mit schwerer und mehrfacher Behinderung können das Lebens- und das Entwicklungsalter stark voneinander abweichen. Die dominierende Tätigkeitsform von Schüler(inne)n mit schwerer und mehrfacher Behinderung kann je nach individuellen Voraussetzungen während der gesamten Schulzeit bis hin in die Abschlussstufe die Wahrnehmungstätigkeit, die manipulierende Tätigkeit oder das gegenständliche Handeln sein (vgl. Pitsch/Thümmel 2005, 57). Diesen Spagat zwischen den biografisch anstehenden Lebensaufgaben, wie der Wechsel in die Arbeitswelt und entwicklungslogisch möglichen Formen der Aneignung, gilt es methodisch-didaktisch zu bearbeiten. Beide Aspekte können nicht negiert werden und daher müssen Inhalte zur Arbeitwelt den Lernzugängen entsprechend angeboten werden, z. B. sinnliches Erfassen von Werkstoffen und Werkzeugen, durch Handführung an einem Produktionsprozess wie z. B. das Schleifen eines Holzstückes beteiligt sein etc. Auf diese Weise ist die Anregung zur Weiterentwicklung im Hinblick auf die genannten Entwicklungsniveaus möglich, aber es wird auch dem psychischen Bedürfnis nach Bestätigung durch die Erstellung eines Produkts Rechnung getragen.

Im Folgenden wird versucht, in Ansätzen zu zeigen, wie Inhalte der arbeitsweltbezogenen Bildung – auf die wesentliche Kernaussage beschränkt – handlungsorientiert und durch assistierende Hilfe Menschen mit schwerer und mehrfacher Behinderung und trotz starker kognitiver und motorischer Einschränkungen angeboten werden können.

3   Möglichkeiten arbeitsweltbezogener Bildungsbegleitung
        für Schüler(innen) mit schwerer und mehrfacher Behinderung
        in der Schule

Die Aufgabe von Schule als Bildungsinstitution ist es, in diesem Kontext den Themen-
schwerpunkt ›Arbeit‹ in seinen verschiedenen Formen von Erwerbsarbeit, Eigenarbeit
sowie Ehrenamt vorzustellen und die Bedeutung von Arbeit für die Selbstverwirklichung aufzuzeigen. Bildungsziel ist es, individuelle, an der Entwicklung orientierte
Wege zur Teilhabe an der Arbeitswelt zu eröffnen.

3.1   Zielperspektive: Handlungsorientierter Kompetenzerwerb mit Assistenz

Welche Lehr- und Lernziele werden demnach grundsätzlich im Fach Arbeitslehre,
aber auch speziell für den Personenkreis von Menschen mit schwerer geistiger und
mehrfacher Behinderung verfolgt?

      In bundesweiten Arbeitsprozessen im Zusammenhang mit der Neuordnung von
Bildungsplänen und der Diskussion um Bildungsstandards – nicht nur im Fach Arbeitslehre – ist eine Fokussierung auf die Formulierung von Kompetenzen, deren Zuwachs während und am Ende des Lernprozesses überprüfbar ist, zu erkennen (vgl.
Oberliesen/Zöllner 2005, 62ff.). Der Begriff Kompetenz beinhaltet kognitive, aber
auch ausdrücklich motivationale und handlungsbezogene Merkmale, denn »Kompetenzen spiegeln die grundlegenden Handlungsanforderungen, denen Schüler(innen)
in einem Lernbereich [...] ausgesetzt sind.« (ebd., 63). Zur Benennung der angestrebten Kompetenzbereiche kann die Unterscheidung zwischen Personal-, Sozial-,
Sach- und Methodenkompetenzen zur Grundlage gemacht werden (vgl. Achternha-
gen/Baethge 2005).

      In der Diskussion um den Kompetenzbegriff im Förderschwerpunkt geistige Ent-
wicklung ergeben sich jedoch zwei Problematiken. Zum einen kann die Orientierung an einem messbaren Output von Bildungsprozessen mit einer anschließenden
Entscheidung »Klassenziel erreicht/nicht erreicht« bei nicht sprechenden und sich
kaum willkürlich bewegenden Schüler(inne)n extrem erschwert sein (vgl. Musenberg/
Riegert/Dworschak/Ratz/Terfloth/Wagner 2008, 312). Eine gefährliche Folge kaum
messbarer Lernerfolge könnte das Infragestellen der Schul- und Bildungsfähigkeit sein.
Eine verstärkte Orientierung hin auf die Messung der Prozessqualität (z. B. Angebote
der Lehrperson, Kommunikation zwischen Lehrperson und Schüler(inne)n etc.) ist
daher zu erreichen (vgl. ebd. 313). Dies impliziert, den Blick auf die personalen und
medialen Hilfestellungen zu richten, die Lehrpersonen im Unterricht bieten. Zum
anderen ist in erster Linie der Aspekt der Handlungskompetenz bei Menschen mit
schwerer und mehrfacher Behinderung zu betrachten, da die Handlungskompetenz,
die sich über die oben beschriebenen Entwicklungsphasen nach Leontjew entwickelt,
die Grundlage für Personal-, Sozial-, Sach- und Methodenkompetenzen bietet.

Handlungskompetenz

Die Basis für die Personal-, Sozial-, Sach- und Methodenkompetenz bildet die Entwicklung der Handlungskompetenz, die Formen und Möglichkeiten der tätigen Auseinandersetzung eines Menschen mit Gegenständen und Personen aus der Umwelt. Grundlegende Formen der Steuerung von Selbstbewegung, der Koordination von Wahrnehmungstätigkeit und Motorik sind Voraussetzung für die Hinwendung zur sachlichen und sozialen Umwelt, für das differenzierte Wahrnehmen von Handlungsabläufen und Anforderungen anderer an die eigene Person, aber auch deren Ergebnis. Handlungsfähig zu sein, bedeutet interessengeleitet, zielgerichtet, vorausschauend, bewusst selbstständig und/oder gemeinsam zu handeln. Ausgangspunkte für die Fortentwicklung der Handlungsfähigkeit sind die körperlichen, sozialen Bedingungen des Kindes, die individuell erworben und prinzipiell veränderbar sind. Alle Schüler(innen) gelten als handlungskompetent, auf den je unterschiedlichen Niveaus der Entwicklung der Handlungsfähigkeit (vgl. Pitsch 2005, 14f.).

Handeln lässt sich als ein Prozess, der grundlegend durch vier miteinander verwobene Komponenten bestimmt wird, beschreiben: *Orientierung, Planung, Durchführung und Kontrolle* (vgl. Schulte-Peschel/Tödter 1999, 11). Die *Handlungsorientierung* steht vorrangig am Beginn einer Handlung und beinhaltet den Beschluss einer Person, aktiv zu werden. Die Absicht etwas zu tun wird gefasst. Der Prozess der Handlungsorientierung stellt somit einen gedanklichen Prozess dar, der von außen nur bedingt beobachtet werden kann. Zu den Grundlagen der Handlungsorientierung gehören die je individuellen Bedürfnisse, Interessen, Einstellungen, Kenntnisse und kognitiven Strategien ebenso wie Wachheit, Aktivität, Aufmerksamkeit, Wahrnehmungstätigkeit und Basale Kommunikation (vgl. ebd., 24ff.). Subjektive Befindlichkeiten und Erfahrungen bilden somit die Basis der Handlungsorientierung, daher ist diese sehr individuell und somit von Schüler zu Schüler unterschiedlich. Im Rahmen der *Handlungsplanung* werden aus Absichten Handlungsziele. Der Handelnde fasst den Entschluss etwas zu tun und setzt sich ein Ziel. Ausgangspunkte einer sinnvollen Handlungsplanung liegen in der Klarheit der (Teil-)Ziele und der Fähigkeit, seine Aktivitäten auf deren Erreichung in der Zukunft auszurichten. Dabei wird auf bereits verfügbare Handlungserfahrungen zurückgegriffen und diese als Lösungshilfe für das aktuelle Handlungsziel in Betracht gezogen. Die *Handlungsdurchführung* stellt die Umsetzung der Pläne in die Tat dar und zeigt dabei ggf. Planungsschwächen auf. Die Handlungsausführung ist schlussendlich die Handlungskompetenz, die von außen konkret sichtbar ist. Bei der *Handlungskontrolle* handelt es sich um die Regulation der Handlungsausführung und wird geleitet durch eine Vielzahl an automatisierten Kontrollmechanismen. Die Handlungskontrolle ist notwendig zum Aufrechterhalten der Konzentration. Durch die Handlungskontrolle ist auch die Über- oder Unterforderung einer Person zu erkennen. Assoziierte Reaktionen, die während einer Handlungsausführung stattfinden, wie z. B. das unbewusste Bewegen der Zunge bei feinmotorischen Aufgaben, können ein Hinweis auf zu hohen Anspruch einer Aufgabe sein. Die Erfahrungen der Handlungsausführung und -kontrolle können sich dann wiederum positiv auf die Erweiterung der Planungskompetenz auswirken.

Die Beschreibung der Strukturelemente einer Handlung verdeutlicht, dass eine Handlung immer auch durch gedankliche Elemente realisiert wird. Daraus kann ein dauerhafter Begleitungsbedarf für Menschen mit schwerer und mehrfacher Behinderung mit dem Ziel des Erreichens einer möglichst großen Selbstständigkeit und Selbstbestimmung abgeleitet werden (weiterführend dazu siehe Kapitel 3.3).

Sach- und Methodenkompetenz

Bei der arbeitsweltbezogenen Bildung ist des Weiteren vorrangig die Sachkompetenz zu betrachten, da es um Wissensbestände geht, die für die Ausübung einer Arbeitstätigkeit unverzichtbar sind. Fachkenntnisse (Arbeitstechniken, der sachgerechte und sicherheitsbewusste Einsatz unterschiedlicher Materialien, Werkzeuge und Maschinen) sind hier gefragt, um eine Person für die Ausübung einer Tätigkeit zu qualifizieren. Aber auch grundlegende Kenntnisse über die Situation, Rechte und Pflichten als Arbeitnehmer sind unerlässlich.

Neben dem Erwerb von Kenntnissen ist die Anwendung des Erlernten in der jeweiligen Berufspraxis, um die Tätigkeiten, die zu einem Beruf gehörenden Tätigkeiten sachgerecht auszuführen, zentral.

Personal- und Sozialkompetenz

Eigeninitiative und die Übernahme von Eigenverantwortung werden zunehmend mehr auf dem Arbeitsmarkt verlangt. Im Bereich der Personalkompetenz sind grundlegende motivationale Aspekte sowie Einstellungen und Bereitschaft zur Leistungserbringung von Bedeutung. Die eigene Arbeits- und Leistungseinstellungen sowie eigene Stärken und Schwächen einzuschätzen und zu bewerten sind Kompetenzen, die zu einem ökonomischen und selbstzufriedenen Arbeitsverhalten führen können.

Zum Bereich der Sozialkompetenzen gehören die Orientierung an den anderen und deren Bedürfnissen, Hinwendung zur Gruppe und zur Gesellschaft. Dabei müssen Regeln vereinbart und Normen eingehalten werden können sowie ein Mindestmaß an Bereitschaft und die Fähigkeit zur Teamarbeit vorhanden sein. Sich in einen gemeinsamen Arbeitsprozess einzuordnen, Vorgaben und Pflichten zu akzeptieren und umzusetzen, indem eigene Tätigkeiten nach Anforderungskriterien ausgerichtet werden, stellt die grundlegende Fähigkeit in diesem Bereich dar. Den Wert eigener Arbeit und der Arbeit anderer anerkennen und realistisch einschätzen zu können, verlangt die Reflexion sozialer Erfahrungen in Kombination mit dem Wissen über fachliche Kriterien mit denen die Qualität bestimmt werden kann. Dies ermöglicht einen angemessenen Umgang mit Erfolg, Misserfolg und Frustration.

Die Beschreibung der Kompetenzbereiche zeigt deutlich, dass z. B. die Anerkennung von Arbeitsleistung und daraus resultierende Erfahrungen für eigene Leistungseinstellungen für Menschen mit schwerer und mehrfacher Behinderung nur erreicht werden können, wenn diese in der Planung und im Vollzug von Arbeitshandlungen unterstützt werden. Wenn eine Schülerin durch Handführung ein Werkstück bemalen konnte, das nun in den Verkauf aufgenommen wird, werden für sie auch die oben genannten Erfahrungen möglich. Sie selbst hat dabei einen Ablauf, das Material, die Anforderung an sich in einem Sinnkontext wahrnehmen können und dieser ist letztendlich bedeutsam.

3.2   Bildungsinhalte

Im Folgenden werden zur Darstellung und Diskussion der potenziellen Inhalte arbeitsweltbezogener Bildungsbegleitung exemplarisch die Bildungspläne der Haupt- und Werkrealschule und der Schule für Geistigbehinderte aus Baden-Württemberg (BW) herangezogen. Im Rahmen der Bildungsplanreform von 2004 in Baden-Württemberg ist die oben genannte Entwicklung hin zur Kompetenzorientierung deutlich zu sehen. Das klassische Fach ›Arbeitslehre‹ ist dort in Fächerverbünde oder Bildungsplanbereiche eingebunden. Die Auseinandersetzung mit Inhalten dieses Fachs bietet den Schüler(inne)n eine Hilfe zur Lebensorientierung.

In den Bildungsstandards des Fächerverbundes »Wirtschaft – Arbeit – Gesundheit« der Hauptschulen und Werkrealschulen des Landes Baden-Württemberg werden in den Klassen 6, 9 und 10 folgende wiederkehrende Themenbereiche mit aufeinander aufbauenden Inhalten als Bildungsstandards formuliert (vgl. Ministerium für Kultus, Jugend und Sport BW 2004, 128–132):

- *Marktgeschehen* (z. B. situationsbezogenes Gesprächstraining, Informations- und Beratungsangebote, aktuelle Wirtschaftsdaten und Marktforschungsmethoden)
- *Arbeit – Produktion – Technik* (Arbeitsanweisungen, Zeichnung als Planungs- und Verständigungsmittel, Einsatz von elektrischen Geräten und Maschinen, Werkstoffe und deren Kombinationen, Sicherheitsvorschriften, Entwicklung von Prototypen, Markterkundung, Kalkulation, arbeitsteilige Fertigung, Funktionsmodelle, historische Aspekte, Optimierung von Prozessen und Produkten)
- *Wege der Berufsfindung* (z. B. Biografien im beruflichen Bereich, Berufswahl, Berufsfelder, Erwerbsarbeit, Familien- und Hausarbeit, Ehrenamt, Selbst- und Fremdwahrnehmung, Jugendarbeitsschutzgesetz, Lebensplanung, Weiterbildung und lebenslanges Lernen)
- *Familie – Freizeit – Haushalt* (z. B. Ernährung, Müllentsorgung, Demontage, Remontage, Montage, Bedienungs- und Wartungsanleitungen, Reklamation, Ergonomie, Gestaltungsprinzipien)

Im Bildungsplan der Schule für Geistigbehinderte werden im Bereich ›Mensch in der Gesellschaft‹ die folgenden fünf Themenfelder rund um den Bildungsinhalt Arbeit mit den aufgeführten optionalen Inhalten formuliert (vgl. Ministerium für Kultus, Jugend und Sport BW 2009, 162–170):

- *praktische Arbeitsprozesse erleben und durchführen*
  Auseinandersetzung mit eigenem Tätigsein, Arbeit und Beruf als aktiv gestaltende und planvolle Beschäftigung. Im Mittelpunkt steht die Entwicklung der Produktivität, indem die Schüler(innen) etwas tun oder erzeugen und sich gegebenenfalls mit Hilfe an einer Produktion beteiligen. Sie erfahren dabei, dass Arbeitsergebnisse für sie selbst und andere bedeutsam sein können. Es werden Einblicke in unterschiedliche Arbeitsbereiche (Hauswirtschaft, Garten- und Landschaftspflege, Verwaltung und Lager, Dienstleistungen), Fertigungsformen, Aufgabenstellungen und Arbeitstechniken gewonnen. Ebenso werden Grundkenntnisse in Materialkunde (wie Holz, Metall, Kunststoff, Farbe, Papier), Maschinen- und Werkzeugnutzung, Arbeitsplanung und -vorbereitung und Arbeitssicherheit erworben.
- *Schlüsselqualifikationen*
  Durch die Entwicklung von Schlüsselqualifikationen wie Pünktlichkeit, Fleiß und Ordnung werden die Schüler(innen) für die Teilhabe am Berufsleben gestärkt. Durch die Umsetzung von Vorgaben und Arbeitsanweisungen nehmen Selbstständigkeit und Eigenverantwortlichkeit bei der Arbeit zu. In diesem Kontext kann der Lernende sich mit Leistungserwartungen wie Ausdauer, Ergebnisqualität, Sorgfalt sowie Umgangsformen mit Vorgesetzten und Kollegen im Arbeitsleben auseinandersetzen.
- *Berufsqualifizierung und -findung*
  Schüler(innen) eignen sich notwendiges Basiswissen an, um für ihr zukünftiges Arbeitsleben inhaltliche Schwerpunkte nach Neigung und Kompetenz wählen zu können. Sie setzen sich mit der Rolle des Arbeitnehmers auseinander. In vielfältigen Praktika können sich aufgrund der Praxiserfahrungen realistische Perspektiven für zukünftige Arbeitsmöglichkeiten entwickeln.
- *rechtliche Bestimmungen und Rahmenbedingungen von Arbeit*
  Arbeitsrechtliche Bestimmungen, die in der WfbM oder auf dem allgemeinen Arbeitsmarkt Bedeutung haben, stellen zentrale Inhalte dar. Dabei werden Grundlagen aus Werkstatt- und Arbeitsverträgen wie Arbeitsschutz, Krankheitsfall, Urlaubsregelungen, Haftung und Versicherung thematisiert. Über mögliche Beratungsangebote durch Sozialdienste der WfbM, Agentur für Arbeit, Integrationsfachdienste, Bundesarbeitsgemeinschaft unterstützte Beschäftigung und andere Anbieter wird informiert. Ebenso ist das Kennen von Formen der Interessenvertretung von Arbeitnehmern durch Betriebsrat, Gewerkschaft, Werkstattrat von Bedeutung.
- *Arbeit mit und ohne Lohn*
  Der Zusammenhang zwischen geleisteter Arbeit und Lohn ist im Sinne sozialer Anerkennung und finanzieller Wertschätzung der Arbeit von Bedeutung. Daher werden Monatslohn, Lohnauszahlung, Einkünfte und Abgaben thematisiert. Arbeitslosigkeit und der damit verbundene Umgang mit ungewollter freier Zeit, mit Frustration sowie wirtschaftlicher und sozialer Unsicherheit ist ein aktuelles

gesellschaftliches Thema und Schule bereitet auch auf Lebenssituationen ohne Arbeit vor. Andere nicht entlohnte Formen von Arbeit wie das Ehrenamt und die Eigenarbeit spielen ebenfalls eine Rolle.

Es sind im Vergleich der Inhalte der Hauptschule und der Schule für Geistigbehinderte keine grundlegenden Unterschiede in den Curricula zu finden. Der Bereich Haushalt, der im Beispiel der Regelschule eine gleichberechtigte Rolle spielt, wird im Bildungsplan der Schule für Geistigbehinderte nicht unter der Themendimension, aber im Kontext der Selbstversorgung ebenfalls einbezogen. Der Anspruch, auch geistig behinderte Schüler(innen) neben formalen Bildungsaspekten wie konkreten Fertigkeiten auch mit den materialen Inhalten des Faches (den Kenntnissen und Wissensbeständen) vertraut zu machen, wird ersichtlich.

Eine weitere Stärke dieses Bildungsplans der Schule für Geistigbehinderte stellen die Aussagen zur Verbindlichkeit dar. Die Bildungsbereiche, Dimensionen und Themenfelder sind für die Erarbeitung mit jedem einzelnen Schüler und jeder Schülerin – und abhängig vom Grad der Schwere der Behinderung verbindlich. Die genannten Inhalte sollen ausdrücklich auch für Schüler(innen) mit schwerer und mehrfacher Behinderung gelten. »Die Schule gewährleistet, dass sich jede Schülerin und jeder Schüler wenigstens mit einem dieser Inhaltsaspekte im Unterricht auseinandersetzt und sich daran bilden und entwickeln kann« (ebd., 13).

Auf diese Weise wird einerseits eine Auseinandersetzung aller mit den zentralen Aspekten im Sinne eines gemeinsamen Lerngegenstands erreicht. Andererseits besteht die Möglichkeit, individuelle Schwerpunkte zu setzen und so Differenzierung innerhalb der Lerngruppe zu realisieren. Damit Lehrpersonen dies leisten können, werden methodisch-didaktische Hilfestellungen formuliert, sodass sie ihrer zentralen Aufgabe gerecht werden können: »Die Lehrerinnen und Lehrer klären hinsichtlich der jeweiligen Unterrichtsvorhaben, auf welche Weise sich die einzelnen Schülerinnen und Schüler am jeweiligen Inhalt bilden und sich damit auseinandersetzen können und nehmen diese Zugangswege in ihre Vorbereitungen auf. Die in den Bildungsbereichen exemplarisch dargestellten Aneignungsmöglichkeiten unterstützen sie dabei.« (Ebd., 22)

Gerade für schwer und mehrfach behinderte Menschen mit Beeinträchtigungen im kognitiven, aber auch im körperlich-motorischen Bereich, im Bereich der Sinnesorgane und in Bezug auf ihr sozial-adaptives Verhalten erscheint es jedoch schwierig, Inhalte der arbeitsweltbezogenen Bildung angelehnt an Curricula für Schüler(innen) ohne Behinderung zu elementarisieren.

3.3 Methodisch-didaktische Überlegungen

Zentraler didaktischer Zugang ist die Elementarisierung und die Abbildung des elementaren und fundamentalen Inhalts auf den verschiedenen Aneignungsniveaus. Einerseits ist ausgehend vom Inhalt zu prüfen, wie sich dieser ›be‹-greifen lässt, wie ein Thema für die Schüler(innen) erfahrbar, sichtbar, hörbar etc. wird. Parallel ist zu berücksichtigen, welche Möglichkeiten die Schüler(innen) aufgrund ihrer Entwicklung haben, sich die Inhalte zu eigen zu machen. In Anlehnung an das Entwicklungsmodell von Leontjew (siehe dazu Kapitel 2) werden im Folgenden vier Aneignungsmöglichkeiten unterschieden: basal-perzeptiv, konkret-gegenständlich, anschaulich und abstrakt-begrifflich. Man kann z. B. im Werkstoffkundeunterricht die Beschaffenheit eines Holzstücks wahrnehmen, sich handelnd mit seinen Eigenschaften und Funktionen auseinandersetzen, sich seine Merkmale mit Hilfe von Bildern, Schemata, Skizzen, anschaulichen Erzählungen und Berichten, Darstellungen und Modellen aneignen oder sich anhand abstrakter Begriffe (»Symbole«) gedanklich und in theoretischer Argumentation damit beschäftigen. Die verschiedenen Arten, in denen sich ein Mensch mit einem Bildungsgegenstand auseinandersetzt, lassen sich also qualitativ anhand der Merkmale, jedoch nicht im Hinblick auf deren Wertigkeit unterscheiden. Das Lernangebot im Unterricht muss den unterschiedlichen Aneignungsniveaus der Schüler(innen) angepasst werden.

Das beschriebene Vorgehen wird am Beispiel des Bildungsinhalts ›Umgang mit Handlungsanweisungen‹ konkretisiert. Bei diesem Lerngegenstand aus dem Bildungsplan handelt es sich um einen zentralen Aspekt von Arbeit: Eine Vorgabe wird durch den Arbeitenden umgesetzt. Diesen Inhalt gilt es sachanalytisch zu betrachten sowie die elementaren und fundamentalen Bedeutungen abzuleiten. Dies wird hier nur sehr rudimentär skizziert: Zuerst muss eine Fokussierung der Aufmerksamkeit auf die Handlungsanweisung erfolgen. Der Handlungsbedarf muss für die Schüler wahrnehmbar werden. Ein weiterer Schritt ist die Definition des Handlungsziels und die Antizipation dessen zukünftige Realisierung. Das Ergebnis des Handlungsprozesses wird bereits sichtbar bzw. greifbar gemacht. An diesem Ziel orientiert, findet die Planung der Handlung statt, die sowohl konkret auf einen Gegenstand oder einen Ablauf bezogen sein, als auch rein kognitiv vollzogen werden kann. Ein Handlungsplan kann durch Miterleben oder Imitieren der Handlung eines anderen, durch Umsetzung gegenständlicher, symbolisch sowie verbal- oder schriftsprachlich repräsentierter Arbeitsschritte erfasst werden. Die Bereitschaft des immanenten Kontrollierens von Zwischenergebnissen ist notwendig. Ein vorgegebener Handlungsauftrag durch andere kann dabei helfen, die notwendigen Handlungsschritte zu planen, zu koordinieren und zu kontrollieren. Die Anpassung an Vorgaben und das Zurückstellen eigener Pläne und Ideen können das eigene Handeln aber auch hemmen, wenn selbst gefundene und bereits automatisierte Handlungsmuster nicht berücksichtigt werden können.

Dieser Bildungsinhalt, der zum Themenfeld der Arbeitstugenden zählt, lässt sich wiederum auf den verschiedenen Aneignungsniveaus erfahrbar präsentieren und mit Inhalten aus anderen Themenfeldern, z. B. »Erproben verschiedener Fertigungsformen« verknüpfen. Eine Auswahl an Möglichkeiten zum Aspekt »Wir schleifen Holz« ist in der folgenden Tabelle aufgeführt:

Aneignungs-niveaus	Präsentationsformen durch die Lehrperson / potenzielle Schüleraktivität
basal-perzeptiv	• die Anforderung an sich, am Schleifen beteiligt zu sein, durch die Ansprache und Motivation zur Aktivierung wahrnehmen • Durchführung des Handlungsablaufs Schleifen mit Handführung erleben und durch Selbstbewegung (ggf. Drücken/Schieben/Ziehen einer Hilfsmittelkonstruktion) unterstützen, • einzelne gegliederte Handlungsschritte durch Pausen und sprachliche Begleitung der Lehrperson erleben, • korrigierende und assistierende Bewegungs- und Handlungsanweisungen zulassen bzw. unterstützende Maßnahmen durch die Lehrperson akzeptieren, • Veränderungen von Handlungsabläufen wahrnehmen
konkret-gegenständlich	• Handlungsanweisung zum Schleifen schrittweise nachvollziehen und diese ausführen • sich bei der Ausführung lebenspraktischer Handlungen an Mitschüler(inne)n und/oder Lehrer(inne)n orientieren, den Ablauf des Schleifens am Vormachen abschauen • während der Umsetzung des Handlungsablaufs im Vergleich mit dem Tun anderer oder im Vergleich mit geschliffenen Holzscheiben im Zwischenstadium überprüfen, ob die Umsetzung der Anweisung korrekt ist • Hilfestellungen anderer annehmen
anschaulich	• die Anweisung zu Schleifen anhand einer realbildlichen oder symbolischen Darstellung sinnentnehmend lesen und umsetzen • »so tun als ob man schleift«
begrifflich-abstrakt	• schriftliche Handlungsanweisungen zum Schleifen lesen und schrittweise umsetzen • den Handlungsablauf des Schleifens verbal und/oder schriftlich beschreiben • die eigene Umsetzung der Handlung reflektieren und evtl. alternative Vorgehensweisen entwickeln und ggf. bewerten (was ist gut gelungen, was war schwer)

Abb. 2: Präsentationsformen für verschiedene Aneignungsniveaus

In der Tabelle wird deutlich, dass die Art und Weise, wie die Handlungsanweisungen gegeben und deren Umsetzung begleitet wird, je nach Aneignungsniveau und somit unterschiedlichen Entwicklungsmöglichkeiten variiert wird. Um die Aktivitäten auf dem basal-perzeptiven Niveau individuell auf den jeweiligen Schüler abstimmen zu können, ist eine differenzierte Beobachtung der Möglichkeiten der Selbstbewegung notwendig. Der Einbezug in alle Phasen einer Handlung, trotz kognitiver und/oder motorischer Einschränkungen, gilt als Voraussetzung für die Entwicklung von Handlungskompetenz, damit ein Sinnbezug der Tätigkeiten erlebbar wird. Das Erfahren eigener Kompetenz – und ist diese aus der Perspektive einer Lehrperson auch noch so minimal – ist für die Entwicklung eines Bezugs zum eigenen Tätigsein einer Person existenziell.

Schüler(innen) mit schwerer und mehrfacher Behinderung bedürfen beim Handlungsvollzug der Unterstützung der Lehrperson. Um aber die individuell entwickelte Handlungskompetenz adäquat berücksichtigen zu können, sind angepasste Hilfestellungen notwendig. Klauß hat in diesem Kontext eine Übersicht über verschiedene Niveaus des Helfens entwickelt, die von der stellvertretenden Ausführung über die zeitweise Mithilfe bis hin zur Beobachtung und Korrektur und schließlich zur reinen Begleitung reichen (vgl. Klauß 2000, 139ff.). Entscheidend dabei ist die jeweilige Ausgangslage der Person bzw. ihre Möglichkeit der Aktivität, wie Selbstbewegung, willkürliche Steuerung der Bewegungen, Nachvollzug und Erinnern von Arbeitsschritten etc. (vgl. ebd., 140f.). Die Bereitschaft zur Zurücknahme der Unterstützung von Seiten der Lehrperson ist von Bedeutung. Oftmals gilt es dabei, eine Reduzierung des Sprach- und Handlungsanteils der Lehrperson zu beachten. Die Lehrperson steht hier eindeutig im Hintergrund und übernimmt die Aufgabe eines Lernbegleiters, der erkennt, wann wie viel Unterstützung benötigt wird. Darüber hinaus sollte es das Ziel sein, zur Erlangung von immer mehr Selbstständigkeit auch mediale Konstruktionen in Betracht zu ziehen. Wenn der Schüler beispielsweise eine Zugbewegung mit dem Arm ausführen kann, kann vielleicht ein kreatives Hilfsmittel konstruiert werden, das diese Bewegung nutzt und dadurch den Schleifvorgang unterstützt (vgl. ebd., 142f.).

Bei der konkreten methodischen Umsetzung in einer heterogenen Lerngruppe fällt auf, dass bei der gleichzeitigen Berücksichtigung der verschiedenen Aneignungsniveaus die Anwendung von Methoden des geöffneten Unterrichts geboten sind, die diese Differenzierungsmöglichkeiten nach Umfang, Sozialform, Medien und Assistenzbedarf zulassen. Unterrichtskonzepte wie das des Handlungsorientierten Unterrichts nach Gudjons (2008) oder des Handlungsbezogenen Unterrichts nach Mühl (1993) sind gänzlich nach der Struktur einer Handlung aufgebaut. Mit einer solchen Unterrichtskonzeption wird das Ziel verfolgt, Schüler(innen) in die Planung, Durchführung und Kontrolle von Projekten einzuführen.

Ein Blick in die oben genannten Themenfelder des Bildungsplans zur Inhaltsdimension Arbeit zeigt, dass nicht jeder dort genannte Bildungsinhalt alle Auseinandersetzungsmöglichkeiten bietet. Besonders deutlich zeigt sich dies bei Themen, die einen begrifflich abstrakten Zusammenhang beschreiben, wie z. B. einen Inhaltsaspekt wie Arbeitsrecht. Dort lassen sich zwar Teilaspekte elementarisieren und basal-sinnlich anbieten, dennoch stellt sich die Frage, inwiefern es den Schüler(inne)n bei der Darbietung der Teilaspekte gelingt, einen Gesamtkontext nachvollziehen zu können. Diese Problematik sollte im Einzelfall des Themas und der Lernerfahrung des individuellen Schülers diskutiert werden. Die Lehrperson steht in der Verantwortung, bei Auswahl des jeweiligen Themas variable Präsentationsmöglichkeiten kreativ zu suchen.

4   Fazit: Impulse zur Weiterentwicklung

Arbeitsweltbezogene Bildung für Menschen mit schwerer und mehrfacher Behinderung ist möglich, dennoch scheint diese Überzeugung schwer in die Praxisfelder transportierbar zu sein, weil die Vorgehensweisen unüblich erscheinen. Worin liegt nun der Veränderungsbedarf im Bereich der arbeitsweltbezogenen Bildungsbegleitung, sodass diese auch für Menschen mit schwerer und mehrfacher Behinderung sowohl in der Schule als auch in sich anschließenden Einrichtungen zuverlässig bereitgestellt werden kann?

Ein zentraler Ansatzpunkt liegt in der Initiierung und Begleitung von Prozessen der Institutionsentwicklung. Diese beinhalten die Verbesserung der Qualität der Institution (ob nun Schule oder FuB) auf der Ebene des Unterrichts oder der Förderung, der Einrichtungskultur und der Personalentwicklung. Es handelt sich um einen zielgerichteten und reflexiven Prozess, der von den verschiedenen Personengruppen in der Einrichtung (Lehrer(innen), Mitarbeiter(innen), Menschen mit Behinderung, Eltern und Angehörige etc.) von innen heraus gesteuert wird. Zudem können eine externe Unterstützung und Beratung hilfreich sein.

Vorrangiges Ziel dieser Qualitätsentwicklung liegt in der Schaffung einer Verbindlichkeit des Angebots an arbeitsweltorientierter Bildungsbegleitung und somit in der Schaffung einer erweiterten Lebensperspektive durch berufliche Orientierung für ausnahmslos alle Menschen mit schwerer und mehrfacher Behinderung. Die folgenden vier Bereiche scheinen in diesem Fall besonders bedeutsam zu sein:

- Methodisch-didaktische Qualifizierung des Personals
- Arbeitskultur
- Sächliche Ausstattung
- Kooperationen zwischen Schule und Arbeitswelt

Methodisch-didaktische Qualifizierung des Personals

Die Qualität der Angebote wird durch den Grad der Professionalisierung derjenigen bestimmt, die diese durchführen. Einerseits ist damit Fachwissen wie die oben dargestellten Grundkenntnisse zur Entwicklung von Handlungskompetenz und den damit verknüpften unterschiedlichen Lernzugängen und Aneignungsniveaus und den Inhalten des Fachbereichs Arbeitslehre gemeint. Andererseits ist aber auch Methodenkompetenz in der Auswahl und Anleitung geöffneter und kompetenzorientierter Unterrichtsformen zur individuellen und differenzierten Förderung – wie z. B. Projekten – eingeschlossen. Ein dritter Aspekt liegt in den persönlichen Einstellungen zum Lernen von Menschen mit schwerer und mehrfacher Behinderung sowie deren Anspruch auf eine effektive Nutzung der Lernzeit für formale und materiale Bildung.

Arbeitskultur

Die Entwicklung einer Arbeitskultur innerhalb der Schulgemeinschaft, in der auch Schüler(innen) mit schwerer und mehrfacher Behinderung Berücksichtigung finden, meint die Einstellung, dass alle in der Gemeinschaft an sinnvollen Aktivitäten beteiligt werden können. Diese Kultur basiert auf Arbeitstugenden wie Zuverlässigkeit, Verantwortungsübernahme für sich und andere sowie Kooperationsbereitschaft im Schulalltag und im Leben der nachschulischen Einrichtung. Dies ist mehr als der olympische Gedanke, dass Dabeisein schon alles ist, sondern es ist eine kooperative Beteiligung auch von Menschen mit schwerer und mehrfacher Behinderung an bedeutsamen Pflichten oder allgemeinnützlichen Arbeiten intendiert.

Sächliche Ausstattung

Die sächliche Ausstattung betrifft die Anzahl und Ausstattung von Räumen mit zeitgemäßen Geräten (Maschinen und Werkzeugen) und Materialien, mit denen die Übernahme von Produktions- und Dienstleistungsaufträgen nach aktuellen Maßstäben der Arbeitssicherheit und der Unfallverhütung innerhalb der Schule und des FuB möglich ist. Ebenso geht es dabei um die individuelle Anpassung von Arbeitsplätzen mit kreativen Hilfsmitteln in Abstimmung mit den Möglichkeiten von Menschen mit schwerer und mehrfacher Behinderung zur motorischen Selbstbewegung und zur kognitiven Verarbeitung von Wahrnehmung und Strukturierung. Beispielhafte Ideen finden sich auf der Homepage von ›FeinWerk‹ (vgl. Leben mit Behinderung Hamburg 2009b).

Kooperationen zwischen Schule und Arbeitswelt

Zentrale Orte beruflicher Bildung für Menschen mit schwerer und mehrfacher Behinderung liegen in erster Linie in der Schule und im FuB. Oftmals werden der schulische und nachschulische Bereich der arbeitsweltbezogenen Bildung als getrennte Institutionsformen betrachtet, die unterschiedliche Aufgaben erfüllen.

Durch die Kooperation mit außerschulischen Partnern wie WfbM, Betrieben, Firmen, Dienstleistungsunternehmen, Integrationsfachdiensten sowie der Agentur für Arbeit bietet die Schule Unterstützungsmöglichkeiten für die Schüler(innen) bei ihrer Berufsplanung und bei der Entwicklung einer realistischen Berufsperspektive. Dabei werden die regional vorhandenen Strukturen der beruflichen Qualifizierung, Rehabilitation und Integration durch Besichtigungen und die Nutzung von verschiedenen Praktika und Beratungseinheiten genutzt. Die Kontakte zu Praktikumsplätzen sollten vielfältig sein, sodass Praktika je nach Berufs- und Lebensplanungen der Schüler(innen) vergeben werden können. An der Schule sollten Kolleg(inn)en auf die Begleitung der Praktika spezialisiert sein sowie über die ständigen Veränderungen auf dem allgemeinen Arbeitsmarkt, insbesondere für Menschen mit Behinderungen, informiert sein.

Wie kann der Übergang von Menschen mit schwerer und mehrfacher Behinderung methodisch begleitet werden? Als wesentliche Aspekte des Übergangs haben sich beispielsweise folgende Vorgehensweisen erwiesen:

- differenzierte Dokumentation der bearbeiteten Lerninhalte und Praktikumserfahrungen mit dem Ziel diese an die nachfolgende Einrichtung weiterzugeben, um dort aufbauende Inhalte anzubieten bzw. auch einen Wiedererkennungseffekt zu ermöglichen.

- wechselseitige Besuche zwischen Betrieben und Schulen zur gegenseitigen allgemeinen Beratung und für am Einzelfall orientierte Gespräche zur Übergabe von Schüler(inne)n und der nachschulischen Förderplanung.

Durch die Einlösung des Rechts auf eine arbeitsweltbezogene Bildungsbegleitung werden die Teilhabemöglichkeiten für Menschen mit schwerer und mehrfacher Behinderung an der Kultur erhöht. Das ist die Weiterentwicklung dieses noch unterversorgten Bereichs in der Schule für Geistigbehinderte, in den Förder- und Betreuungsbereichen sowie an den hochschulischen Ausbildungsstätten wert.

Literatur

Achternhagen, Frank/Baethge, Martin (2005): Kompetenzentwicklung Unter einer internationalen Perspektive – makro- und mikrostrukturelle Aspekte. In: Gonon, Philipp/Klauser, Fritz/Nickolaus, Reinhold/Huisinga, Richard (Hg.) (2005): Kompetenz, Kognition und neue Konzepte der beruflichen Bildung. Wiesbaden: VS Verlag, 25–54.

Bundesarbeitsgemeinschaft Werkstätten für behinderte Menschen e. V. (2001): aktionbildung – Wir bauen auf. Berufliche Bildung! Projekt zur Weiterentwicklung und Verbesserung der Praxis beruflicher Bildung für Menschen mit Behinderungen im Berufsbildungsbereich der Werkstätten für behinderte Menschen (2001–2004). Verfügbar unter: http://www.aktionbildung.de/seiten/projekt.php [28.12.2009].

Bundesarbeitsgemeinschaft Werkstätten für behinderte Menschen e. V. (2007): Arbeitskreis »berufliche Bildung für Menschen mit schweren und schwersten Behinderungen« Verfügbar unter: http://www.bagwfbm.de/article/665 [19.04.2006].

Bundesministerium für Arbeit und Soziales (1980): Werkstättenverordnung (WVO). Berlin.

Bundesministerium für Bildung und Forschung (2005): Berufsbildungsgesetz (BBIG). Berlin.

Bundesministerium für Familie, Senioren, Frauen und Jugend (2006): Sozialgesetzbuch (SGB) IX. Rehabilitation und Teilhabe behinderter Menschen. München.

Böhringer, Klaus-Peter (2005): Von der Werkstufe über die Eingliederungswerkstufe zur Berufsvorbereitenden Einrichtung des Enzkreises (BVE). In: Impulse, H. 36, 3–12.

Bürkle, Peter (2001): Konzeption eines integrierten Arbeitslehrunterrichts in der Werkstufe der Schule für Geistigbehinderte. Hausarbeit zur zweiten Staatsprüfung für das Lehramt für Sonderpädagogik. Verfügbar unter: http://www.zum.de/Faecher/Sonder/BW/gb/texte/zulas/Arbeitslehrekonzeptonline.pdf [18. 02. 2009].

Grampp, Gerd (2006): Das Arbeitspädagogische Bildungssystem (ABS) als Basis einer normalisierten beruflichen Bildung für geistig behinderte Menschen. In: Lindmeier, Christian/Hirsch, Stephan (Hg.): Berufliche Bildung von Menschen mit geistiger Behinderung. Neue Wege zur Teilhabe am Arbeitsleben. Weinheim, Basel: Beltz, 145–161.

Gudjons, Herbert (2008): Handlungsorientiert lehren und lernen. Bad Heilbrunn/Obb.: Klinkhardt, 67–113.

Janz, Frauke/Klauß, Theo/Lamers, Wolfgang (2009): Unterricht für Schülerinnen und Schüler mit schwerer und mehrfacher Behinderung – Ergebnisse aus dem Forschungsprojekt BiSB. In: Behindertenpädagogik, Jg. 48, H. 2, 117–142.

Klauß, Theo (2000): Überwindung defizitärer Sichtweisen und Ermöglichung von Selbstbestimmung durch handlungsorientierten Unterricht für Schüler mit geistiger Behinderung. In: Klauß, Theo (Hg.): Aktuelle Themen der schulischen Förderung. Heidelberger Texte zur Pädagogik für Menschen mit geistiger Behinderung, Bd.1. Heidelberg: Universitätsverlag Winter, 100–145.

Klauß, Theo/Lamers, Wolfgang/Terfloth, Karin (2009): … auf dem Weg zur Inklusion? Berufliche Bildung für Menschen mit schwerer und mehrfacher Behinderung. In: Impulse, H. 2/3, 14–20.

Lamers, Wolfgang/Heinen, Norbert (2006): Bildung mit ForMat. Impulse für eine veränderte Unterrichtspraxis mit Schülerinnen und Schüler mit einer (schweren) Behinderung. In: Laubenstein, Desiree/Lamers, Wolfgang/Heinen, Norbert (Hg.): Basale Stimulation kritisch – konstruktiv. Düsseldorf: verlag selbstbestimmtes leben, 141–205.

Leben mit Behinderung Hamburg (2009a): Feinwerk – Berufsbildung für Menschen mit schweren Behinderungen. Verfügbar unter: http://www.leben-mit-behinderung-hamburg.de/dateien/datei20090304135835-6616.pdf [28.12.2009].

Leben mit Behinderung Hamburg (2009b): Feinwerk – Berufsbildung für Menschen mit schweren Behinderungen. Verfügbar unter: http://www.leben-mit-behinderung-hamburg.de/uploads/media/Feinwerk-Praxisbeispiele.pdf [28.12.2009].

Ministerium für Kultus, Jugend und Sport Baden-Württemberg (2004): Bildungsstandards für den Fächerverbund Wirtschaft, Arbeit, Gesundheit Hauptschule und Werkrealschule – Klassen 6, 9,10. Stuttgart.

Ministerium für Kultus, Jugend und Sport Baden-Württemberg (2009): Bildungsplan Schule für Geistigbehinderte. Stuttgart.

Mühl, Heinz (1993): Handlungsbezogener Unterricht in der Schule für Geistigbehinderte. In: Vierteljahreszeitschrift für Heilpädagogik und ihre Nachbargebiete, H. 4, 409–421.

Musenberg, Oliver/Riegert, Judith/Dworschak, Wolfgang/Ratz, Christoph/Terfloth, Karin/Wagner, Michael (2008): In Zukunft Standard-Bildung? Fragen an den Förderschwerpunkt geistige Entwicklung. In: Sonderpädagogische Förderung, Jg. 53, H. 3, 306–316.

Niedermaier, Helga/Kamuf, Michael/Monz, Winfried (2006): Maßnahmen zur Beruflichen Qualifizierung und Eingliederung für Jugendliche mit geistiger Behinderung. Ein Kooperationsprojekt an der Graf von Galen Schule Heidelberg. In: Pädagogische Impulse, Jg. 39, H. 1, 15–25.

Oberliesen, Rolf/Zöllner, Hermann (2005): Kerncurriculum Arbeitslehre (Wirtschaft-Arbeit-Technik) – Perspektiven der Zukunft des Lernbereichs Arbeitslehre in einer modernen Allgemeinbildung. In: Bigga, Regine/Holzendorf, Ulf (Hg.): Bildungsstandards – Eine Diskussion um Arbeitslehre – Haushalt – Technik – Textilarbeit – Wirtschaft. Oberkrämer: Verlag Sonnenbogen, 59–70.

Pitsch, Hans-Jürgen (2005): Zur Methodik der Förderung der Handlungsfähigkeit Geistig-behinderter. Oberhausen: ATHENA-Verlag.

Pitsch, Hans-Jürgen/Thümmel, Ingeborg (2005): Tätigkeit und Handeln. In: ebd.: Handeln im Unterricht. Zur Theorie und Praxis des Handlungsorientierten Unterrichts mit Geistigbehinderten. Oberhausen: ATHENA-Verlag.

Radatz, Joachim/König, Ferdinand/Bausch, Martina/Petri, Charlotte/Humpert- Plück-hahn, Gabriele (2005): Arbeitsfeldbezogene Bildungsbegleitung im Übergangsfeld zwischen Schule und Beruf. In: Impulse, H. 36, 23–33.

Schartmann, Dieter (2000): Der Übergang von der Schule in das Erwerbsleben – Möglich-keiten, Chancen und Risiken. In: Gemeinsam leben – Zeitschrift für integrative Erziehung, H. 1.

Schulte-Peschel, Dorothee/Tödter, Ralf (1999): Einladung zum Lernen. 2. Aufl. Dortmund: Verlag modernes Lernen.

Terfloth, Karin/Lamers, Wolfgang (2009): Untersuchung von Organisationsmerkmalen nachschulischer Angebote für Menschen mit schwerer und mehrfacher Behinderung (Projekt SITAS). In: Janz, Frauke/Terfloth, Karin: Empirische Forschung im Kontext geistiger Behinderung. Heidelberg: Universitätsverlag Winter, 215–240.

UN-Übersetzungsdienst (2007): Übereinkommen über die Rechte von Menschen mit Behinderungen. Deutsche Arbeitsübersetzung. Verfügbar unter: http://www.institut-fuer-menschenrechte.de/webcom/show_page.php?wc_c=556&wc_id=9 [02.03.2009].

Wolfgang Dworschak

Wohnen als Unterrichtsthema im Förderschwerpunkt geistige Entwicklung

1 Einleitung

Der Bildungs- und Erziehungsauftrag des Förderzentrums mit dem Förderschwerpunkt geistige Entwicklung beinhaltet u. a. die Vorbereitung auf das Leben nach der Schule (vgl. Bayer. Staatsministerium 2003, 9ff.). Das nachschulische Leben umfasst die Bereiche Arbeit, Freizeit und Wohnen. Während die Vorbereitung auf das Arbeitsleben seit jeher als Aufgabe des Förderzentrums etabliert und fester Bestandteil des unterrichtlichen Angebots – vor allem in der Berufsschulstufe – ist, ist die Vorbereitung in den Bereichen Wohnen und Freizeit, da auf den ersten Blick nicht so vordringlich, bis heute weniger stark ausgeprägt. Dabei erscheint die Notwendigkeit der Vorbereitung auf das Wohnen im Erwachsenenalter evident. Denken wir nur an die Situation, als wir von zu Hause ausgezogen sind. Spätestens dann offenbarte sich schlagartig, dass das »Hotel Mama« geschlossen hatte, sich die Dinge in den eigenen vier Wänden also nicht von selbst erledigen und wir nun deutlich stärker auf uns selbst gestellt sein würden.

In diesem Zusammenhang erscheint es interessant, dass die meisten Menschen nicht glauben, dass sie Wohnen gezielt lernen sollten. »Zum Wohnen, so scheint es, ist den meisten Menschen ein Naturtalent in die Wiege gelegt worden. ›Wohnen-Lernen‹ erfolgt hier unbewusst, in erster Linie durch Imitation und Anpassung an Vorbilder sowie aus aktuellen Anlässen bei der Lösung von Wohnproblemen. Lernprozesse laufen dann zwangsläufig meist schmerzhaft ab, in dem man Opfer der Situation wird und versucht, ›das Beste daraus zu machen‹« (Alt 1991, 134). Vor diesem Hintergrund wird deutlich, dass es gilt, die Schüler vor solch »schmerzhaften« Lernprozessen möglichst zu bewahren und sie dementsprechend auf das Wohnen im Erwachsenenalter gezielt vorzubereiten. Aber worauf genau vorzubereiten? Wo und wie leben Erwachsene mit geistiger Behinderung vornehmlich? Diese Frage kann empirisch nicht exakt beantwortet werden, da die vorliegenden statistischen Erhebungen keine differenzierten Rückschlüsse zulassen (vgl. Forschungsgruppe IH-NRW 2008, 241). Man geht davon aus, dass die meisten Menschen mit geistiger Behinderung in der Familie oder in Heimen, also stationären Einrichtungen der Behindertenhilfe, leben (vgl. Seifert 2006, 378; Klauß 2008b, 121). Eine geringe Zahl dürfte dementsprechend völlig selbstständig oder mit ambulanter Unterstützung von sonderpädagogischen Angeboten und Diensten leben. Verschiedenen Schätzungen zufolge leben zwischen 50 und 60% aller Erwachsenen mit geistiger Behinderung in Deutschland in der Familie (vgl. Hennies/Kuhn 2004, 131; Theunissen 2006, 63; Forschungsgruppe IH-NRW 2008,

240). Weiterhin kann davon ausgegangen werden, dass über 90% der Menschen mit geistiger Behinderung, die Wohnangebote der Behindertenhilfe in Anspruch nehmen, in stationären Wohneinrichtungen leben. Weniger als 10% werden in ambulanten Wohnformen begleitet (vgl. Seifert 2006, 377f.). Allerdings konnte eine Studie aus Nordrhein-Westfalen einen Trend hin zum ambulanten Wohnen belegen. So stieg zwischen 2004 und 2007 das Angebot ambulanter, wohnbezogener Hilfen für Menschen mit geistiger Behinderung von 10,2 auf 16,6%. Das Angebot im stationären Bereich verringerte sich dementsprechend von 89,2 auf 84,4% (vgl. Forschungsgruppe IH-NRW 2008, 190). Damit wird – wenn auch nur leicht und auf ein Bundesland bezogen – ein Trend sichtbar, den es im Hinblick auf den ›Vorrang ambulanter Leistungen‹, wie er im SGB XII (§ 13) festgeschrieben ist, unbedingt zu forcieren und weiterzuentwickeln gilt, wenngleich deutlich wird, dass nach wie vor die Mehrzahl der Menschen in stationären Einrichtungen lebt.

In diesem Zusammenhang erscheinen die Ergebnisse einer Befragung junger Erwachsener mit geistiger Behinderung in Baden-Württemberg (N = 931; Schüler des Förderzentrums mit dem Förderschwerpunkt geistige Entwicklung und Mitarbeiter einer WfbM) interessant (vgl. Metzler/Rauscher 2004): Wie aus Abbildung 1 ersichtlich wird, wünschen sich die meisten Befragten zukünftig in nichtstationären Wohnformen zu leben. So möchten 42% mit einem Partner, 22% mit Hilfe ambulanter Unterstützung (ABW), 18% mit Freunden in einer Wohngemeinschaft und 16% alleine leben. Lediglich 20% möchten zukünftig in der Familie und nur 13% in Wohngruppen, also im Heim leben.

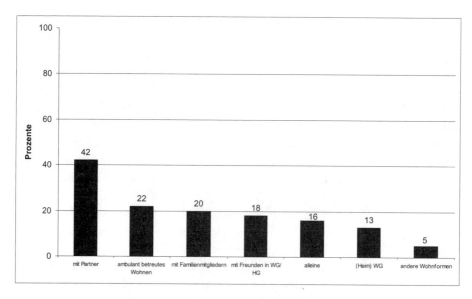

Abb. 1: Wohnwünsche von Menschen mit geistiger Behinderung
(N = 764; Mehrfachnennungen möglich; nach: Metzler/Rauscher 2004, 25)

Wenngleich es evident erscheint, dass sich diese *Wohnwünsche* nicht in jedem Fall in Wohnrealitäten überführen lassen, sind diese Befragungsergebnisse doch ein deutlicher Hinweis darauf, dass die derzeitige Wohnrealität von Menschen mit geistiger Behinderung sich deutlich von den Wünschen junger Erwachsener unterscheidet. Aus dieser Divergenz resultiert die Aufforderung an die Schule, das Thema Wohnen explizit und intensiv zu thematisieren, um die jungen Menschen mit geistiger Behinderung für Fragen des Wohnens zu sensibilisieren, ihnen Vorzüge und Nachteile unterschiedlicher Wohn- und Lebensformen deutlich zu machen und mit ihnen nötige Schlüsselkompetenzen für ein möglichst selbstbestimmtes und selbstständiges Wohnen zu erarbeiten. Hierfür soll folgender Beitrag einen Überblick über bedeutsame Aspekte des Themas Wohnen und seine unterrichtliche Umsetzung geben. Ausgehend von einer Bedeutungsbestimmung des Wohnens werden Möglichkeiten bzw. Formen des Wohnens für Menschen mit geistiger Behinderung überblicksartig vorgestellt. In einem zweiten Schritt wird Wohnen als Bildungsaufgabe thematisiert bevor abschließend Möglichkeiten der unterrichtlichen Umsetzung exemplarisch aufgezeigt werden.

2   Zur Bedeutung des Wohnens

Die fundamentale Bedeutung des Wohnens kann man sich sehr einfach deutlich machen, wenn man sich vorzustellen versucht, wie es ist keine Wohnung zu haben. Man ist den Witterungseinflüssen schutzlos ausgeliefert, man hat keinen Ort des Rückzugs mehr, der einem Privat- bzw. Intimsphäre ermöglicht. Man ist quasi immer »öffentlich«, um nur einzelne Aspekte zu nennen.

Wohnen bedeutet dabei aber mehr als ein Dach über dem Kopf zu haben, mehr als »über ein Zimmer mit Bett verfügen (zu; W. D.) können, mehr als Sicherstellung von Nahrung und Körperpflege. Wohnen ist ein ... aktiver und existenzieller Akt menschlicher Lebensäußerung« (Schlummer/Schütte 2006, 115). Unter philosophischem Blickwinkel bedeutet Wohnen »eine feste Stelle im Raum (zu; W. D.) haben, an diese Stelle hin(zu; W. D.)gehören und in ihr verwurzelt (zu; d. Verf.) sein« (Bollnow zit. n. Sack 1997, 193). Aus psychologischer Sicht gilt der Wohnbereich als der »»grundlegende, das Leben von Menschen bestimmende Ort« (Walden 1993, 15). Von ihm wird die Lebensqualität und das allgemeine Wohlbefinden von Personen in hohem Maße beeinflusst« (Speck 1998, 23). Dies erscheint evident, können doch im Lebensbereich Wohnen viele wichtige Bedürfnisse realisiert werden (vgl. Beck 2001, 348). Dies lässt sich an der Bedürfnistheorie Abraham H. Maslows eindrücklich aufzeigen. Er unterscheidet fünf hierarchische Grundbedürfniskategorien, die jedem Menschen qua Menschsein zu Eigen sind und die als universelle, menschliche Grundbedürfnisse die Grundlage für die Ausbildung und Manifestation individueller Bedürfnisse darstellen (vgl. Abb. 2): Auf der untersten Stufe seiner Bedürfnispyramide sind die physiologischen Bedürfnisse angesiedelt. Danach kommen aufsteigend die Sicherheitsbedürfnisse, die Bedürfnisse nach Zugehörigkeit und Liebe, die Bedürfnisse nach Achtung sowie die Bedürfnisse nach Selbstverwirklichung (vgl. Maslow 1991, 62–74).

Die hierarchische Ordnung bezieht sich auf die Bedeutung der Bedürfniskategorie für das physische Überleben und somit auf deren Dringlichkeit der Befriedigung. Je höher das Bedürfnis angesiedelt ist, desto weniger zwingend ist es für das physische Überleben (vgl. ebd., 127–134).

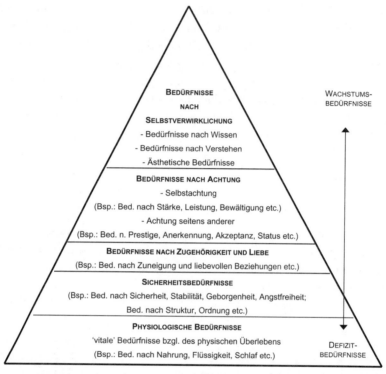

Abb. 2: Die Bedürfnishierarchie nach Maslow (nach: Dworschak 2004, 51)

Betrachtet man nun die einzelnen Bedürfniskategorien im Hinblick auf das Wohnen, so erscheinen folgende Aspekte bedeutsam:

- *physiologische Bedürfnisse*: Die Wohnung ist der Ort schlechthin, an dem die vitalen Bedürfnisse z. B. nach Schlaf, Nahrung, Körperhygiene und Wärme befriedigt werden können (vgl. Küchler 2006, 446; Klauß 2008a, 13f.).
- *Sicherheitsbedürfnisse*: Die Wohnung bietet dem Menschen Schutz, Sicherheit und Geborgenheit. Die »Unverletzlichkeit der Wohnung« wird sogar im Grundgesetz zugesichert (vgl. Art. 13, 1 GG). Das Hausrecht darf nur unter bestimmten Voraussetzungen (z. B. bei Gefahr im Verzug) »gebrochen« werden; der ›Hausfriedensbruch‹ stellt einen Tatbestand im Sinne des Strafgesetzbuches dar (vgl. § 121 StGB). Die Wohnung stellt somit einen zentralen Ort dar, an

den der Mensch immer wieder zurückkehren kann (vgl. Lindmeier 2008, 1). In der Wohnung können wir uns darüber hinaus eine uns gemäße Struktur und Ordnung schaffen. Diese hängt sicher grob mit den funktionalen Aspekten einer Wohnung zusammen, d. h. eine Wohnung verfügt über Küche, Bad, Wohn- und Schlafraum, in denen die physiologischen Bedürfnisse adäquat realisiert werden können. Die Strukturierung der Wohnung im Detail ist jedoch uns überlassen. Wir können die Wohnung nach unseren individuellen Bedürfnissen strukturieren. So kann eine von außen als chaotisch wahrgenommene Wohnung dem Inhaber und seinen Bedürfnissen durchaus gemäß sein.

- *Bedürfnisse nach Zugehörigkeit und Liebe:* Die Wohnung, das Zuhause – wo Familie, Partner oder Freunde sind –, dort kann Zugehörigkeit und Liebe erlebt werden. Hier können die sozialen Kontakt- und Kommunikationsbedürfnisse des Menschen realisiert werden – sowohl nach innen, mit den Personen, mit denen man zusammenwohnt, als auch nach außen, mit Freunden oder Nachbarn. Hier kann der Mensch Geborgenheit erfahren und einen sozialen Rückzugsraum finden (vgl. Küchler 2006, 446f.; Klauß 2008a, 16).

- *Bedürfnisse nach Achtung:* Maslow unterscheidet diesbezüglich zwischen Selbstachtung und Achtung seitens anderer (vgl. 1991, 72). Zur Kategorie der Selbstachtung zählen u. a. die Bedürfnisse nach Unabhängigkeit und Freiheit.»In meiner Wohnung bin ich der König« (»My home is my castle«). Dieser Ausspruch macht deutlich, dass die Wohnung – im Gegensatz zum öffentlichen Raum – der Raum ist, in dem der Mensch größtmögliche Selbstbestimmung verwirklichen kann. Hinsichtlich der Achtung seitens anderer spielen Aspekte wie Status, Ruf oder Prestige eine wichtige Rolle. So stellt eine große, hochwertige Wohnung in einem gefragten »In-Stadtteil« nicht nur eine gute Geldanlage, sondern auch ein Status-Objekt dar.

- *Bedürfnisse nach Selbstverwirklichung:* Hierunter fasst Maslow u. a. ästhetische Bedürfnisse. Unsere Wohnungen und Häuser sehen nicht alle gleich aus. Der Mensch gestaltet den Ort, an dem er wohnt, nach eigenen Vorstellungen. Er macht seine Wohnung zu einem Ort, der ihm entspricht (vgl. Klauß 2008b, 115; Lindmeier 2008, 1). Das unterscheidet Wohnungen z. B. von Hotel- oder Krankenzimmern. Die Zimmer dort erfüllen alle funktionalen Aspekte einer Wohnung, mit etwas Glück hat der Innenarchitekt des Hotels sogar unseren Geschmack getroffen. Die Zimmer werden sich jedoch i. d. R. stark ähneln, keine »individuelle Note« haben. Bei privaten Wohnungen dahingegen finden wir häufig eine individuelle Gestaltung, die viel über die Persönlichkeit des Bewohners aussagt. Die Wohnung kann zum »Spiegelbild der darin lebenden Person« (Klauß 2008b, 115) werden.

Obgleich anhand dieser Beispiele nur eine begrenzte Zahl der Möglichkeiten zur Realisierung individueller Bedürfnisse im Bereich des Wohnens angedeutet werden konnte, sollte die fundamentale Bedeutung des Wohnens für den Menschen deutlich geworden sein. Im Hinblick auf Menschen mit geistiger Behinderung bzw. mit hohem

Unterstützungsbedarf sind im Zusammenhang mit der Bedürfnisbefriedigung im Bereich des Wohnens jedoch häufig Erschwernisse und Einschränkungen zu konstatieren. Aufgrund des erhöhten Unterstützungsbedarfs z. B. im Bereich der Selbstversorgung stellt die Wohnung, das Zuhause dann nicht nur den Ort des privaten Wohnens und Lebens dar, sondern auch den Ort der Erbringung sozialer Dienstleistungen. Dabei führen verschiedene Formen der Leistungserbringung zu unterschiedlichen Einschränkungen: »Ein Platz im Wohnheim ist keine eigene Wohnung, und vor allem hinsichtlich der Raumaneignung und des Erlebens von Privatheit gibt es deutliche Einschränkungen. Aber auch eine eigene Wohnung garantiert nicht, dass beispielsweise Beziehungen besonderer Intensität gelebt werden können oder die Wohnung wirklich als sicherer Rückzugsraum erlebt wird« (Lindmeier 2008, 2).

Angesichts dieser drohenden Erschwernisse bzw. Einschränkungen können Qualitätskriterien beschrieben werden, die das Wohnen – ob unterstützt oder nicht – bzw. die Wohnung erfüllten sollte. Eine Wohnung sollte

- alles bieten, was zum Leben als Organismus nötig ist,
- ein sicherer Ort sein,
- Möglichkeiten zur Privatheit und zum Rückzug gewährleisten,
- Vertrautheit und eine den individuellen Bedürfnissen entsprechende Einrichtung bieten,
- die Pflege von Kontakt und Kommunikation innerhalb und außerhalb der Wohnung ermöglichen,
- eine individuell gestaltete Umgebung als Ausdruck der persönlichen Identität sein,
- den Zugang zum Gemeinwesen und seinen Angeboten eröffnen sowie
- ein Lebensbereich sein, der durch ein hohes Maß an Selbstbestimmung geprägt ist (vgl. Klauß 2008b, 120f.).

3   Zur Wohnsituation von Menschen mit geistiger Behinderung

Bevor das Thema Wohnen als Bildungsaufgabe fokussiert wird, erscheint ein Überblick über Wohnmöglichkeiten für Menschen mit geistiger Behinderung nötig, gleichsam als Ausgangs- und Bezugspunkt der weiteren Überlegungen. Dieser bezieht sich auf idealtypische Wohnmöglichkeiten, wobei eine eindeutige Zuordnung einzelner Wohnformen zu Wohnformtypen aufgrund sehr unterschiedlicher Begrifflichkeiten schwierig erscheint. Des Weiteren finden sich in der Literatur unterschiedliche Kriterien für einzelne Wohnformtypen, die zu unterschiedlichen Kategorisierungen führen (vgl. Pieda/Schulz 1990, 15; Kräling 1995, 21; Bradl 1996, 183f.; Seifert 1998, 163–177; Küchler 2006, 451–474; Seifert 2006, 378–383; Loeken/Windisch 2009, 97).

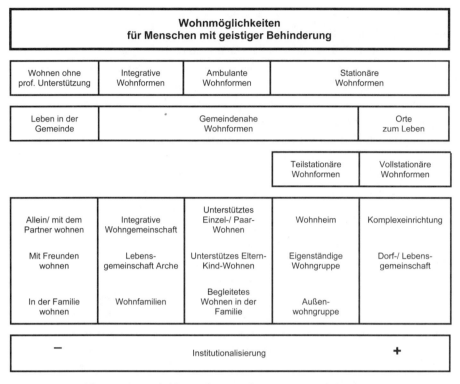

Abb. 3: Wohnmöglichkeiten für Menschen mit geistiger Behinderung

Die Wohnmöglichkeiten können, wie in Abbildung 3 dargestellt, auf einer ersten Ebene hinsichtlich der Organisation und Struktur der Assistenz und Begleitung unterschieden werden. So können Menschen mit geistiger Behinderung ohne professionelle Unterstützung, zusammen mit Menschen ohne Behinderung, in ambulanten oder stationären Wohnformen leben.

3.1 Wohnen ohne professionelle Unterstützung

Wie bereits ausgeführt, leben schätzungsweise zwischen 50 und 60% aller Erwachsenen mit geistiger Behinderung in der *Herkunftsfamilie*, ohne professionelle Unterstützung (vgl. Hennies/Kuhn 2004, 131; Theunissen 2006, 63; Forschungsgruppe IH-NRW 2008, 240). Die aufgrund der speziellen Familiensituation häufig besonders engen Bindungen zwischen Eltern und Kind dürften dafür verantwortlich sein, dass der Ablöseprozess weit in das Erwachsenenalter hinausgeschoben wird (vgl. Forschungsgruppe IH-NRW 2008, 241–244). Dies hat zur Konsequenz, dass der Auszug aus der Familie häufig sehr plötzlich, aufgrund unvorhergesehen eintretender Lebensereignisse auf Seiten der Eltern erfolgen muss. Allerdings sind wohl erste Anzeichen dafür zu sehen, dass die Zahl der Familien, die eher offensiv mit der Lebenswegplanung ihrer

Kinder mit geistiger Behinderung umgehen, zunimmt und sich somit die Situation
zukünftig ein Stück weit verändern dürfte (vgl. Seifert 2006, 378).

Alleine, mit dem *Partner* oder *mit Freunden* zusammen zu *wohnen* und dabei keine professionelle Unterstützung zu erhalten, erfordert auf Seiten der Menschen mit
geistiger Behinderung ein sehr hohes Maß an lebenspraktischen und psycho-sozialen
Kompetenzen, sodass davon auszugehen ist, dass dies nur für einen sehr geringen Anteil dieses Personenkreises möglich ist.

Die restlichen Wohnmöglichkeiten sind alle als mehr oder weniger institutionali-
siert anzusehen, da sie im weitesten Sinne von Einrichtungen bzw. Trägerschaften der
Behindertenhilfe angeboten werden (vgl. Dworschak 2004, 20). Unter dem Begriff
der Institutionalisierung werden weiterhin aber spezifische Strukturmerkmale subsumiert, die z. B. eine zentrale Organisation, Systemzwänge oder Machtstrukturen einer
Wohn- bzw. Unterstützungsform kennzeichnen und den Gestaltungs- und Selbstbestimmungsmöglichkeiten der Bewohner entgegenstehen (vgl. Theunissen 2007, 67;
Weber 2004, 15–22). Es ist davon auszugehen, dass sich der Grad der Institutionalisierung zwischen den Wohn- bzw. Unterstützungsformen unterscheidet. Wenngleich
im Einzelfall in jeder der oben genannten Angebote ein hohes Maß an Institutionalisierung auftreten kann (vgl. von Lüpke 1996, 128ff.; Aselmeier 2008, 84f.; Lindmeier
2008, 2), so ist doch davon auszugehen, dass dieses im Allgemeinen vom Wohnen
ohne professionelle Unterstützung, über die ambulanten hin zu den teil- und vollstationären Wohnformen kontinuierlich zunimmt (vgl. Abb. 3).

Von fachwissenschaftlicher Seite wird in diesem Zusammenhang seit einiger Zeit
ein Wandel von der ›institutionellen zur personalen Orientierung‹ (Beck 2002) gefördert, der eine Dezentralisierung und Deinstitutionalisierung der Leistungen der Behindertenhilfe und damit eine Individualisierung der Hilfen insgesamt zum Ziel hat.
Als ein konkretes Instrument in diesem Zusammenhang ist das ›Persönliche Budget‹
zu nennen, zu dem mittlerweile die ersten gut dokumentierten Erfahrungen vorliegen
(vgl. Wacker/Wansing/Schäfers 2006; Schäfers/Wacker/Wansing 2009).

Vor diesem Hintergrund ist seit Anfang der 1990er-Jahre ein tiefgreifender Wandel in der Behindertenhilfe zu beobachten. Mit dem Aufkommen der Leitideen der
Selbstbestimmung und der Lebensqualität veränderte sich die Sicht auf den Menschen
mit geistiger Behinderung weg von einem Objekt der Fürsorge und Betreuung hin
zu einem Nutzer von Dienstleistungen und einem Experten in eigener Sache, der für
die Realisierung seiner individuellen Bedürfnisse einer adäquaten Assistenz und Begleitung bedarf (vgl. BV Lebenshilfe 1996; Hähner/Niehoff/Sack/Walther/Theunissen
1997; Dworschak 2004; Hähner/Niehoff/Sack/Walther 2005). Aber auch die bereits
viel länger andauernde Diskussion um die Normalisierung der Lebensbedingungen
und die Integration von Menschen mit geistiger Behinderung, die nun in jüngster
Zeit in die Diskussion um Partizipation und Teilhabe mündet, bestimmt die Struktur der wohnbezogenen Angebote und Dienste und deren Veränderung maßgeblich
mit (vgl. Beck 1994; Wansing 2006; Hanslmeier-Prockl 2009). So können die hier

skizzierten Wohnmöglichkeiten auf einer weiteren Ebene hinsichtlich ihrer Einbindung bzw. Integration in die Gemeinde unterschieden werden (vgl. Abb. 3). Während das Wohnen ohne professionelle Unterstützung eine »natürliche« Integration in die Gemeinde darstellt und integrative, ambulante und teilstationäre Wohnformen über eine örtliche Einbindung in das Gemeinwesen versuchen, die soziale Integration der Menschen mit geistiger Behinderung zu fördern (gemeindenahe Wohnformen), liegen die meisten vollstationären Wohnformen (Orte zum Leben) – historisch bedingt – in peripheren Lagen, die die soziale Integration in die Gemeinde nicht begünstigen.

3.2   Vollstationäre Wohnformen

In diesem Zusammenhang stehen die *Komplexeinrichtungen* seit Anfang der 1970er-Jahre unter starkem Legitimationsdruck. Daneben waren es vor allem eine bis dahin vorherrschende Klinikatmosphäre, große Abteilungen statt familienähnlicher Wohngruppen, wenig wohnliche und individuell gestaltete Räume, nicht selten große Schlafsäle und die häufig alte und renovierungsbedürftige Bausubstanz, die die allgemeinen Missstände anzeigten. Seither befinden sich die meisten Komplexeinrichtungen in einem deutlichen Prozess der Veränderung. Neben Sanierungs- und Modernisierungsmaßnahmen werden vor allem interne Umstrukturierungen durchgeführt. Aufgrund umfangreicher Maßnahmen in Bezug auf Räumlichkeiten, Ausstattung, tagesstrukturierende Maßnahmen und die pädagogische Konzeption werden heute, je nach Hilfebedarf der Bewohner, also je nach ihrer Selbstständigkeit und ihren lebenspraktischen Kompetenzen, innerhalb einer Komplexeinrichtung unterschiedliche Wohnformen angeboten. So verfügen die meisten Komplexeinrichtungen über Wohnheime, (Eigenständige) Wohngruppen und vereinzelt auch Einzel- bzw. Paarwohnungen; allerdings stets innerhalb des Einrichtungsgeländes.

In vollstationären Wohnformen wird quasi ›rund um die Uhr‹ Betreuung, Begleitung und Hilfe angeboten, d. h. den Bewohnern steht mit wenigen Ausnahmen zu jedem Zeitpunkt des Tages ein Ansprechpartner zur Verfügung. Des Weiteren wird ein ›Komplettangebot‹ in den Lebensbereichen Wohnen, Arbeit und Freizeit gestellt. Somit bieten die vollstationären Wohnformen den Bewohnern ab dem Erwachsenenalter für einen längeren Zeitraum einen Wohn- und Lebensraum, häufig für ein Leben lang.

Einzelne Gruppen wurden und werden aus dem Einrichtungsgelände in sogenannte Außenwohngruppen ausgelagert, die ein eigenständigeres Leben ermöglichen sollen. Intendiert wird ein eigenständigeres Leben im Sinne von mehr Selbstständigkeit, da die Komplexeinrichtung – traditionell betrachtet – einen primär beschützenden Raum darstellt, der den Selbstbestimmungsmöglichkeiten seiner Bewohner Grenzen setzt (vgl. Seifert 2006, 379f.). Gerade der Aspekt des beschützenden Raumes ist es, der die konzeptionelle Grundlage darstellt, die Komplexeinrichtungen und Dorfgemeinschaften deutlich von sogenannten gemeindenahen Wohnformen unterscheiden. In gemeindenahen Wohnformen wird in Anlehnung an das Normalisierungsprinzip das Ziel der sozialen Integration über eine örtliche Integration der Wohnstätte in die Gemeinde verfolgt. Dem halten einzelne Komplexeinrichtungen und die Dorfgemeinschaften im Allgemeinen mit ihrem Leitbild ›Orte zum Leben‹ entgegen, dass es nicht in jedem Falle die Gemeinden und damit die moderne Gesellschaft sein müssen, die für Menschen mit geistiger Behinderung den ihnen gemäßen Lebensraum bieten (vgl. Gaedt 1987, 57). Das Leitbild ›Orte zum Leben‹ steht einerseits für professionelle, pädagogische Betreuung und andererseits für die Schaffung geeigneter sozialer Räume. Die pädagogische Betreuung wird durch strukturelle Betreuung ergänzt, deren Aufgabe es ist, für die verschiedenen Entwicklungsmöglichkeiten von Menschen mit geistiger Behinderung einen geeigneten Rahmen zu schaffen (vgl. Gaedt 1990, 281). »Ein Ort zum Leben ist überall dort, wo ein Mensch, behindert oder nicht, sich sein Leben seinen Bedürfnissen und Fähigkeiten entsprechend selbstständig und eigenverantwortlich gestaltet und wo er im Zusammenhang mit den anderen seine Privatheit erleben kann. … ›Orte zum Leben‹ für geistig Behinderte müssen ihre Einschränkungen berücksichtigen und gleichzeitig ihre Fähigkeiten fördern. Da nicht alle ihren ›Ort zum Leben‹ in der vorgegebenen Gesellschaft finden können, sind solche Räume neu zu schaffen« (ebd., 282). Verfechter gemeindenaher Wohnformen werten diese Position als ein ›überkommenes Selbstverständnis‹ (vgl. Seifert 2006, 376) und plädieren für die Abschaffung der Heime (vgl. Dörner 2002). An dieser Stelle soll festgehalten werden, dass sowohl die Vertreter gemeindenaher Wohnformen als auch die Befürworter des Konzeptes ›Orte zum Leben‹ für ›normale Lebensbedingungen‹ für Menschen mit geistiger Behinderung eintreten. Strittig bleibt, ob für alle Menschen mit geistiger Behinderung die ›normalen Lebensbedingungen‹ besser in der Gemeinde zu verwirklichen sind, oder ob es nicht auch Menschen mit geistiger Behinderung gibt, die ihre ›normalen Lebensbedingungen‹ in strukturierten, sozialen Räumen, sozusagen, ›beschützenden Lebensräumen‹ finden.

In *Dorfgemeinschaften* leben Menschen mit und ohne Behinderung vor dem Hintergrund bestimmter Weltanschauungen zusammen. Am bekanntesten dürften die anthroposophisch orientierten Lebens- und Arbeitsgemeinschaften sein, die ihren Ursprung in der aus Schottland stammenden Camphill-Bewegung haben (vgl. Schmock 1982, 67). Im Mittelpunkt steht eine alternative soziale Lebensform zur bestehenden Gesellschaft, in der jeder mit seinem unverwechselbaren Wesen und seiner Befähigung an dem gemeinsamen Leben teilnehmen kann (vgl. Pieda/Schulz 1990, 65f.; Seifert 1998, 167). So geht der Grundgedanke des Leitbildes ›Orte zum Leben‹ wohl aus den Dorfgemeinschaften hervor, auch wenn dieses Leitbild durch Gaedt verstärkt in die fachliche Diskussion gebracht und ausdifferenziert wurde. Das Zusammenleben in der Dorfgemeinschaft ist in Hausfamilien organisiert, in denen die Erwachsenen mit geistiger Behinderung mit den Hauseltern und deren Familie in einer familienähnlichen Hausgemeinschaft zusammenleben. Die Dorfgemeinschaft zeichnet sich ebenfalls dadurch aus, dass sie auf ihrem Gelände neben Angeboten zum Wohnen auch die Bereiche Arbeit und Freizeit abdeckt.

3.3   Teilstationäre Wohnformen

Im Unterschied zu den vollstationären Wohnformen stellen teilstationäre Wohnformen allein Angebote im Bereich des Wohnens zur Verfügung; die Bewohner besuchen in der Regel tagsüber eine WfbM oder eine Tagesförderstätte. Auch werden Sport-, Freizeit- oder Bildungsmaßnahmen sowie Therapien außerhalb der Wohneinrichtung angeboten. Das macht in der Konsequenz deutlich, dass alle gemeindenahen Wohnformen von ihrer Organisation und Konzeption her darauf angewiesen sind, dass entsprechend andere Einrichtungen – häufig andere Teilbereiche der Einrichtungsträger – die Lebensbereiche Arbeit und Freizeit abdecken. So ist in vielen teilstationären Einrichtungen, wie einem Wohnheim, einer Außenwohngruppe oder einer Eigenständigen Wohngruppe, ein Arbeitsplatz in einer WfbM oder ähnlichen Einrichtungen als Aufnahmevoraussetzung notwendig. Diese gemeindenahen Wohnformen unterscheiden sich untereinander vor allem hinsichtlich ihrer Betreuungsintensität.

In den 1970er- und 1980er-Jahren sind in Deutschland viele *Wohnheime* entstanden, die speziell für das Wohnen von Menschen mit geistiger Behinderung konzipiert wurden. Das Hauptmerkmal eines Wohnheims ist seine innere Struktur, die durch Wohngruppen, also gruppengegliedertes Wohnen, gekennzeichnet ist. Jede Gruppe hat ein eigenes Betreuerteam, das hierarchisch organisiert und im Schichtdienst tätig ist. Die Ziele der pädagogischen Arbeit im Wohnheim sind v. a. die Förderung lebenspraktischer Kompetenzen und Selbstständigkeit sowie die soziale Integration als Teilnahme am Leben in der Gemeinde (vgl. Seifert 1998, 168). Mit zunehmender Tendenz verstehen sich Wohnheime als Übergangswohnstätten. Dies unterscheidet sie deutlich von dem Konzept ›Orte zum Leben‹. Im Wohnheim sollen die lebenspraktischen Kompetenzen und die Selbstständigkeit der Bewohner erweitert werden, um ihnen das Wohnen in einer selbstständigeren Wohnform zu ermöglichen. Diese Tendenz wird durchaus kritisch beurteilt, da die dauerhafte Förder- und Trainingssituation den Wohnalltag dominieren und damit unter Umständen der Gestaltung stabiler Lebensräume entgegenwirken kann (vgl. Pieda/Schulz 1990, 68).

Eine in diesem Sinne dem Wohnheim nachfolgende und damit selbstständigere Wohnform, also mit geringerer Betreuungsintensität, sind die *Eigenständigen Wohngruppen*. Hierbei handelt es sich um organisatorisch selbstständige Gruppen, die in Mietwohnungen, Doppelhaushälften oder Einfamilienhäusern untergebracht sind. Häufig sind mehrere Eigenständige Wohngruppen in einem Wohnverbundsystem zusammengeschlossen, was unter dem Aspekt der Verwaltungsarbeit zu Synergieeffekten führen soll. Der Hauptvorteil dieser kleinen Wohnstätten wird darin gesehen, dass sie von außen nur selten als institutionalisierte Wohnform identifiziert werden können und sie daher in den Wohngebieten eher als Nachbarn angenommen werden als die Wohnheime (vgl. Kräling 1995, 25). Damit soll den Bedingungen für eine Integration in die Gemeinde entsprochen werden.

Die *Außenwohngruppen* sind stets an vollstationäres Wohnen rückgekoppelt. So haben, wie bereits ausgeführt, vor allem Komplexeinrichtungen einzelne Wohngruppen

aus dem Stammgelände der Einrichtung ausgegliedert und in einem nahe gelegenen
Ort eine kleine, gemeindenahe Wohnstätte geschaffen. Aber nicht nur Komplexeinrichtungen, sondern auch Dorfgemeinschaften erweitern ihre Strukturen und schaffen sogenannte ausgelagerte Wohngruppen. Trotz der Rückbindung der Außenwohngruppen an das vollstationäre Wohnen sind sie durch eine Trennung von Wohnen
und Arbeiten gekennzeichnet und daher den anderen teilstationären Wohnformen
sehr ähnlich. Ein zentraler Unterschied besteht in der Rückbindung an eine größere
Organisationseinheit, die sowohl strukturelle als auch personelle Unterstützung zu
Zeiten von Engpässen bieten kann (vgl. Karl 1994, 42). Diese Möglichkeit bleibt
Wohnheimen und Eigenständigen Wohngruppen verschlossen.

Als zentrales Kennzeichen der Eigenständigen Wohngruppe bzw. Außenwohngruppe können die Zugangsvoraussetzungen für die Bewohner gelten. Sie müssen ein gewisses Maß an lebenspraktischen Kompetenzen und Selbstständigkeit mitbringen, da
sie in vielen Bereichen mehr auf sich allein gestellt den Alltag bewältigen müssen, als
zuvor in der Komplexeinrichtung oder der Dorfgemeinschaft.

3.4   Ambulante Wohnformen

Vor dem Hintergrund des Wandels von der institutionellen zur personalen Orientierung und der damit verbundenen Forderung nach Individualisierung der Hilfen
ist es das Ziel ambulanter Wohnformen, Menschen mit geistiger Behinderung »in
ihrer Lebensgestaltung dahingehend zu unterstützen, dass sie entsprechend ihrer individuellen Wünsche und Fähigkeiten so selbstständig wie möglich in einer eigenen
Wohnung leben können« (LV LH Bayern 2005, 9). Dabei stehen die Selbstbestimmungsmöglichkeiten der Menschen mit geistiger Behinderung im Mittelpunkt (vgl.
Loeken/Windisch 2009, 98). Auch hier wird auf kontinuierliche, professionelle Unterstützung und Begleitung gesetzt, ohne jedoch eine ständige Anwesenheit der professionellen Unterstützer zu intendieren. So erhalten die Menschen mit geistiger Behinderung stundenweise psychosoziale Betreuung und Hilfe bei der Lebensgestaltung.
Bis dato sind daher die Voraussetzungen im Kontext lebenspraktischer Kompetenzen
und Selbstständigkeit auf Seiten der Erwachsenen mit geistiger Behinderung relativ
hoch anzusetzen (vgl. LV LH Bayern 2005, 11; Seifert 2006, 380; Loeken/Windisch
2009, 98). In jüngster Zeit lassen sich jedoch immer mehr Bemühungen beobachten,
auch Menschen mit hohem Unterstützungsbedarf ein Leben mit ambulanter Unterstützung zu ermöglichen um somit dem bereits lange geltenden Grundsatz ›ambulant
vor stationär‹ bzw. ›Vorrang ambulanter Leistungen‹, der aktuell im Sozialgesetzbuch
XII (§ 13) verankert ist, endlich stärker nachzukommen (vgl. DHG 2003; Urban
2010). Im Mittelpunkt dieses Unterstützungsangebots steht die Erhebung des individuellen Hilfe- und Unterstützungsbedarfs des Menschen mit geistiger Behinderung,
auf dessen Grundlage eine geeignete Wohnmöglichkeit mit der notwendigen Assistenz
und Begleitung individuell und passgenau gesucht bzw. entwickelt werden soll (vgl.
Forschungsgruppe IH-NRW 2008, 21–26; Urban 2010, 28). Der Unterschied zum

stationären Wohnen, in dessen Rahmen ebenfalls individuelle Hilfebedarfsplanungen durchgeführt werden, besteht dabei darin, dass die Lebenssituation bzw. Wohnform nicht so klar als veränderbare Größe wahrgenommen wird, wie im Bereich ambulanter Wohnformen (vgl. Lindmeier 2005, 63f.). Angesichts der augenscheinlichen Vorteile eines Wohnens in den eigenen vier Wänden werden mögliche kritische Aspekte leicht übersehen. Während in stationären Wohnformen verlässliche soziale Beziehungen, wenngleich zumeist zu Mitbewohnern und professionellen Unterstützern, vorhanden sind (vgl. Dworschak 2004, 129), muss bedacht werden, dass sich die angestrebte Teilhabe am Gemeinwesen nicht von selbst durch ambulant unterstütztes Wohnen einstellt. Hier gilt es Tendenzen der Vereinsamung und Isolation entgegenzuwirken, indem die sozialen Netzwerke der Menschen mit geistiger Behinderung gezielt analysiert und gefördert werden (vgl. ebd., 173–190). Neben diesen sozialen Aspekten werden v. a. mögliche Versorgungslücken als Gründe für die zögerliche Nutzung ambulanter Dienste angeführt (vgl. Rösner/Pfeiffer 2006, 20)

Die erfolgreiche Umsetzung ambulanten Wohnens – besonders für Menschen mit hohem Unterstützungsbedarf – steckt also noch in den Anfängen. Angesichts der positiven Erfahrungsberichte (vgl. Urban 2010) gilt es diese Möglichkeiten weiter auszubauen. Hierbei können Konzepte, wie ›Supported Living‹, ›Community Care‹ oder ›Sozialraumorientierung‹ wichtige handlungsleitende Elemente und Aspekte zur Erreichung dieses Ziels aufzeigen (vgl. Lindmeier 2004; Franz/Beck 2007; Aselmeier 2008; Schablon 2009).

3.5   Integrative Wohnformen

Vereinzelt existieren Wohnprojekte, die als integrativ bezeichnet werden können. Dort leben Menschen mit und ohne Behinderung zusammen, wobei die Menschen ohne Behinderung zumeist keiner sonder- und heilpädagogischen Profession angehören.

Seit einigen Jahren existieren *integrative Wohngemeinschaften* für Erwachsene mit und ohne geistige Behinderung. Beispiele hierfür gibt es u. a. in Reutlingen und München.

In diesen Wohngemeinschaften leben zumeist fünf Menschen mit geistiger Behinderung und 5 Studenten bzw. junge Leute auf freiwilliger Basis zusammen. Zusätzlich arbeiten dort ein hauptamtlicher Mitarbeiter und ein Zivildienstleistender. Gegen Kost und Logis übernehmen die Mitbewohner ohne Behinderung stundenweise ehrenamtliche Assistenzdienste, vor allem am Abend und an den Wochenenden. Da sich viele von ihnen in Ausbildung für den sozialen Bereich befinden, verfügen sie bereits über eine Art Grundqualifikation für den sonder- und heilpädagogischen Arbeitsbereich. Die integrative Wohngemeinschaft ist wie kaum eine andere geeignet, soziale Integration zu realisieren (vgl. Seifert 1998, 172), da sich die Begleitung und Unterstützung in der integrativen Wohngemeinschaft nicht eindeutig in Arbeit und Freizeit unterscheiden lässt. Beim gemeinsamen Wohnen von Menschen mit und ohne Assistenzbedarf »ist auch jemand da, der nicht ›Dienst‹ hat oder ›auf der Arbeit ist‹, sondern

Alltagssituationen teil, ohne einen Arbeitsauftrag« (Jerg 2001, 7). Diese Vermischung von Assistenz und Wohnen, von gemeinsamen Bezügen, die nicht ausschließlich unter dem Aspekt der Assistenz stehen, macht das Besondere der integrativen Wohngemeinschaften aus.

Die Praxiserfahrungen hinsichtlich des Gelingens integrativer Wohngemeinschaften sind dabei unterschiedlich. Neben positiven Berichten, die aufgrund der besonderen Bedingungen evident erscheinen, tauchen aber auch Probleme auf, die bis zur Auflösung der Wohngemeinschaft geführt haben. In einem Fall stellten die Anforderungen der ehrenamtlichen Begleitung die Mitbewohner ohne Behinderung vor einen unlösbaren Konflikt: Zum einen sollen sie die Erwachsenen mit geistiger Behinderung als gleichberechtigte Partner betrachten; zum anderen übernehmen sie in bestimmten Bereichen konkret Verantwortung für diese. Dieser ›Spagat‹ ist für viele Mitbewohner ohne Behinderung nicht auf Dauer zu bewältigen (vgl. Sack 1995, 70). In einem anderen Fall haben permanente Auseinandersetzungen und fehlende Freiräume innerhalb der Wohngemeinschaft letztlich zur Auflösung geführt (vgl. Seifert 2006, 382).

Neben den integrativen Wohngemeinschaften existiert in Deutschland seit Mitte der 1980er-Jahre eine christlich geprägte *Lebensgemeinschaft*, die *Arche*. Derzeit gibt es Arche-Gemeinschaften in Nordrhein-Westfalen, Baden-Württemberg und Bayern. Die Arche-Bewegung, L'Arche, wurde 1964 von dem kanadischen Philosophen und Theologen Jean Vanier in der Nähe von Paris gegründet. Aus seinem Glauben und seinen Idealen heraus wollte er eine andere Form des Zusammenlebens schaffen, in der Menschen mit Behinderung nicht unter menschenunwürdigen Bedingungen untergebracht sind, sondern mit Menschen ohne Behinderung zusammen leben können (vgl. Heinrichsmeier 2000, 3). Neben der Identität als Lebens- und Glaubensgemeinschaft versteht sich die Arche ebenso als personenbezogene Dienstleistungsorganisation der Behindertenhilfe. Die Bewohner ohne Behinderung, die sogenannten Assistenten, leben für unterschiedlich lange Zeit mit den Menschen mit geistiger Behinderung zusammen. Während die Assistenten nicht zwingend eine pädagogische Ausbildung aufweisen müssen, sind die Gemeinschaftsverantwortlichen in der Regel ausgebildete (Heil-)Pädagogen oder Diakone.

Ein familienähnliches Modell des Zusammenlebens – ohne anthroposophische Grundausrichtung – bieten sogenannte *Wohnfamilien*, wie sie vereinzelt in Deutschland zu finden sind. Ähnlich wie in den anthroposophischen Hausfamilien leben mehrere Erwachsene mit geistiger Behinderung mit einem Eltern- oder Betreuerpaar in normalen nachbarschaftlichen Bezügen zusammen. In diesem Konzept steht ebenfalls nicht ausschließlich die Assistenz und Begleitung der Menschen mit geistiger Behinderung sondern die alltäglichen Lebensvollzüge einer Großfamilie im Mittelpunkt (vgl. Seifert 2006, 382).

Neben den hier aufgeführten Wohnmöglichkeiten gibt es weitere Konzeptionen, die aus unterschiedlichen Gründen nicht als längerfristige Wohnmöglichkeiten für Menschen mit geistiger Behinderung angesehen werden können. So werden psychiatrische Krankenhäuser, Pflegeheime sowie Einrichtungen der Altenhilfe hier nicht aufgeführt, da diese nur im Falle einer Krankenhausbehandlungsbedürftigkeit oder aufgrund chronischer Erkrankung, Altersgebrechlichkeit oder intensiver Pflegebedürftigkeit als Wohnformen für Erwachsene mit geistiger Behinderung gerechtfertigt erscheinen; ansonsten gilt eine Unterbringung in diesen Einrichtungen allgemein als ›Fehlplatzierung‹ (vgl. Seifert 1998, 176f.). Des Weiteren sollen hier therapeutische Wohngruppen für Erwachsene mit geistiger Behinderung und herausforderndem Verhalten erwähnt werden. Mittlerweile liegen für diese bedeutsame und relativ junge Konzeption erste Erfahrungen aufgrund von Modellprojekten vor (vgl. Dieckmann/ Haas 2007). Diese zeigen, dass mit Hilfe eines zeitlich befristeten Umzugs in eine therapeutische Wohngruppe und deren Angebot einigen Menschen mit schwerwiegend herausforderndem Verhalten (32%) die Integration in eine gemeindenahe Wohnform gelungen ist (Dieckmann/Giovis 2007, 103). Aufgrund der zeitlichen Begrenzung und des therapeutischen Charakters ist aber auch dieses Angebot nicht als längerfristige Wohnmöglichkeit für Menschen mit geistiger Behinderung anzusehen.

Dieser Überblick zu den Wohnmöglichkeiten sollte deutlich machen, dass es mittlerweile eine ganze Fülle an Wohnangeboten für Menschen mit geistiger Behinderung gibt, die sich hinsichtlich ihrer Institutionsmerkmale, ihres Angebotes und Umfanges an Begleitung und Unterstützung sowie den damit zusammenhängenden Selbstbestimmungsmöglichkeiten deutlich unterscheiden. Allerdings ist die Fülle an Angeboten nicht in allen Regionen Deutschlands gleich. So ist gerade in ländlichen Gebieten mit einem eingeschränkten Angebot zu rechnen.

Darüber hinaus ist festzustellen, dass für viele Wohnangebote bisher spezifische Zugangsvoraussetzungen gelten, sodass sie derzeit nur einem eingeschränkten Personenkreis zur Verfügung stehen.

Des Weiteren ist bis heute eine beherrschende Stellung der stationären Wohnformen zu konstatieren. Zukünftig gilt es also die ambulanten Dienste auszubauen – gerade für Menschen mit hohem Unterstützungsbedarf – und somit die leicht steigende Tendenz ambulanter Wohnformen weiter zu stützen, um Menschen mit geistiger Behinderung eine echte Wahlmöglichkeit hinsichtlich des Wohnens im Erwachsenenalter zu eröffnen.

4   Wohnen als Bildungsaufgabe

Der Bildung- und Erziehungsauftrag im Förderschwerpunkt geistige Entwicklung zielt auf eine größtmögliche, selbstbestimmte Teilhabe an der Gesellschaft. Aufgabe der Berufsschulstufe ist es weitergehend vielfältige Perspektiven für die Lebensgestaltung zu eröffnen (vgl. Bayer. Staatsministerium 2007, 7f.). »Aus pädagogischer Sicht ist für junge Menschen mit geistiger Behinderung anzustreben, dass sie sich von den

Eltern ablösen können und damit im Erwachsenenalter nicht mehr im Elternhaus wohnen« (KMS-Wohnen 2006, 1).

Somit ist es Aufgabe von Schule, das Thema Wohnen explizit und intensiv zu thematisieren, um die jungen Menschen mit geistiger Behinderung für Fragen des Wohnens zu sensibilisieren, ihnen Vorzüge und Nachteile unterschiedlicher Wohn- und Lebensformen deutlich zu machen und mit ihnen nötige Schlüsselkompetenzen für ein möglichst selbstbestimmtes und selbstständiges Wohnen zu erarbeiten.

Bevor konkrete unterrichtliche Umsetzungsmöglichkeiten im Rahmen eines Wohntrainings aufgezeigt werden, soll in einem nächsten Schritt gefragt werden, welche Kompetenzen es im Rahmen von Schule anzubahnen gilt, um im Erwachsenenalter so selbstbestimmt und selbstständig wie möglich wohnen zu können.

4.1   Ziele und Inhalte

Die Komplexität des Lebensbereiches Wohnen macht deutlich, dass dieser eine kaum überschaubare Fülle an Lernzielen und -inhalten bereithält. Die Bandbreite reicht von

- der Entwicklung einer expliziten Vorstellung des Wohnens,
- der Weckung und Formulierung individueller Wohnbedürfnisse und -wünsche,
- über den Einblick in verschiedene Wohnformen und das Sammeln erster praktischer Erfahrungen,
- bis hin zum systematischen Aufbau wohnbezogener Kompetenzen und Schlüsselqualifikationen in realitätsnahen Settings,
- der Vorbereitung des Ablösungsprozesses von Familie oder Wohngruppe sowie
- der Vorbereitung der Realisierung individueller Wohnwünsche.

Je nachdem, welcher Schwerpunkt bei den Zielen gesetzt wird, lässt sich eine Vielzahl an Lernfeldern formulieren (vgl. Dworschak 2008a, 23f.). In einem Projekt zur Vorbereitung auf ein möglichst selbstständiges Wohnen von Menschen mit Autismus (vgl. Klauß 2008a) wurden folgende Lernfelder fokussiert:

- Alltägliche Lebensführung: Einkauf und Ernährung, Haushaltsführung, Finanzen
- Individuelle Basisversorgung (z. B. Hygiene, Ernährung)
- Gestaltung sozialer Beziehungen
- Teilnahme am kulturellen und gesellschaftlichen Leben
- Kommunikation
- Emotionale und psychische Entwicklung (z. B. Bewältigung von Angst oder Unruhe)
- Gesundheitsförderung und -erhaltung (vgl. ebd., 45–47)

Diese noch globalen Lernfelder müssen für die konkrete unterrichtspraktische Arbeit weiter ausdifferenziert und operationalisiert werden. Bei der Formulierung von Lernzielen und -inhalten erscheint dabei eine Orientierung an den Lernvoraussetzungen und dem Unterstützungsbedarf der Schüler (vgl. Kap. 5.1) ebenso von Bedeutung, wie die Orientierung an den unterschiedlichen Wohnmöglichkeiten für Menschen mit geistiger Behinderung (vgl. Kap. 3). Hierbei kann eine unter pädagogischem Aspekt schwierige und nur im Einzelfall zu beantwortende Fragestellung auftauchen. Wie bereits angedeutet, entspricht die Realität der Wohnmöglichkeiten – besonders im ländlichen Raum – nicht dem theoretisch vorhandenen Angebot. So stellt sich die Frage, ob und wenn ja wie Schule auf ein lokal sehr eingeschränktes Angebot an Wohnmöglichkeiten vorbereiten soll oder noch problematischer, wie Schule auf eine sich andeutende Fehlplatzierung bei Schülern mit schwerwiegend herausforderndem Verhalten oder schwerer geistiger Behinderung reagieren kann (vgl. Küchler 2006, 479).

4.2   Leitprinzipien und Methoden

Die im Bereich des Wohnens angesprochenen Leitideen und -prinzipien (vgl. Kap. 3) haben in der unterrichtlichen Arbeit im Förderschwerpunkt geistige Entwicklung durchwegs Gültigkeit. So hält der bayerische Lehrplan für die Berufsschulstufe ein Rahmenmodell bereit, das dem Wandel von der institutionellen zur personalen Orientierung Rechnung trägt. In Anlehnung an das Konzept der ›Persönlichen Zukunftsplanung‹ (vgl. Boban/Hinz 1999; Doose 1999) wird dort das Modell der ›Lebenswegplanung‹ vorgestellt, das den Schülern helfen soll, die folgende Lebensphase möglichst selbstbewusst und eigenverantwortlich zu gestalten (vgl. Bayer. Staatsministerium 2007, 30f.). Hierbei steht der einzelne Schüler im Mittelpunkt, der möglichst selbstbestimmt, orientiert an seinen individuellen Wünschen und Fähigkeiten seine (Lern-)Ziele verfolgt (vgl. Dworschak/Kragl 2010). So wird im Rahmen der Lebenswegplanung den Prinzipien der Zukunftsorientierung, der Selbstbestimmung und Selbstständigkeit sowie der Mitbestimmung Rechnung getragen. Daneben nimmt der Aspekt der Assistenz einen besonderen Stellenwert ein. Die Schüler sollen dazu befähigt werden, ihren Unterstützungsbedarf zu erkennen und diesem aktiv zu begegnen, indem sie Assistenz zielgerichtet anfordern bzw. ablehnen (vgl. Bayerisches Staatsministerium 2007, 11–13).

Im Hinblick auf die methodische Umsetzung erweisen sich ein konkreter Anwendungsbezug in realitätsnahen Settings sowie projektorientierte Vorhaben von besonderer Bedeutung (vgl. ebd.). Als solche realitätsnahen Settings können *Wohnpraktika* und das sogenannte *Wohntraining* angesehen werden, das der bayerische Berufsschulstufenlehrplan als Art Rahmenmodell für den Lernbereich Wohnen ausweist (vgl. ebd., 47–51), auf das später noch genauer eingegangen wird (vgl. Kap. 5.3).

5   Zur unterrichtlichen Umsetzung

5.1   Lernvoraussetzungen und Unterstützungsbedarf der Schüler

Den Ausgangs- und Bezugspunkt der unterrichtlichen Umsetzung stellt der Schüler dar. Es gilt seine Lernvoraussetzungen bzw. seinen individuellen Unterstützungsbedarf im Hinblick auf das Thema Wohnen detailliert zu erheben, um den Unterricht seinen individuellen Bedürfnissen gemäß planen zu können. Im Hinblick darauf haben sich Dokumentationen bewährt, die sich an den Instrumenten der Individuellen Hilfebedarfsplanung orientieren (vgl. Dworschak 2008a, 24–26; Klauß 2008a, 71f.). Dabei kann bspw. zwischen einem Kompetenz- und Aktivitätsprofil unterschieden werden. Das Kompetenzprofil beschreibt die Lernausgangslage, also die vorliegenden Kompetenzen und das Maß der bisher erreichten Selbstständigkeit, und gibt damit Aufschluss über das benötigte Maß an Assistenz und Unterstützung. Das Aktivitätsprofil dahingegen beschreibt, in welchem Maße die Schüler die Aufgaben und Tätigkeiten im Alltag ausführen, und gibt damit Auskunft über die Übungsintensität einerseits und die Einsicht beim Schüler in die Notwendigkeit der jeweiligen Tätigkeit andererseits. In Abbildung 4 ist der Ausschnitt eines solchen Frage- und Beobachtungsbogens dargestellt, der zusammen mit den Eltern ausgefüllt werden kann. In den Profilen wird jeweils unterschieden, ob der Schüler die Aufgabe bzw. Tätigkeit selbstständig, mit Assistenz oder nicht bewältigen kann bzw. bewältigt.

Aufgabe/ Tätigkeit	Kompetenz-profil			Aktivitäts-profil		
	kann	kann mit Assistenz	kann nicht	macht allein	macht mit Assistenz	macht nicht
Selbstversorgung						
Einkauf						
Einkaufszettel erstellen						
Einkaufen von Gegenständen des tägl. Bedarfs (sich im Laden zurechtfinden)						
Transport der Ware nach Hause						
Vorräte richtig aufbewahren						

Abb. 4: Erhebung der individuellen Lernvoraussetzungen nach Kompetenz- und Aktivitätsprofil
(aus: Dworschak 2008a, 25)

Eine andere Möglichkeit stellt die Einschätzung des Unterstützungsbedarfs nach einer fünfstufigen Skala dar. Diese reicht von stellvertretender Ausführung, über Mithilfe, Beobachtung/Korrektur, Rückmeldung bis hin zur selbstständigen Ausführung, wie sie in Abbildung 5 beispielhaft für einen Teil des Bereiches der Körperpflege dargestellt ist (vgl. Klauß 2008a, 72).

Bereich/Aktivität	Unterstützungsbedarf						Art der Unterstützung
	Stellvertretende Ausführung	Mithilfe	Beobachtung/Korrektur	Rückmeldung/Begründung/Begleitung	Selbstständigkeit	nicht relevant	
1. Körperpflege							
Hygiene: Grundpflege							
Zähne putzen							
Teil- oder Ganzwaschung							
rasieren (n = nass, t = trocken)							
kämmen							
Reinigung der Ohren							
Einsatz und Dosierung von Kosmetikartikeln (Deodorant, Haargel, …)							

Abb. 5: Erhebung des individuellen Unterstützungsbedarfs (nach: Klauß 2008a, 72)

Angesichts der Komplexität des Bereiches Wohnen lässt sich unschwer erahnen, dass solche Erhebungsbögen je nach Umfang der ausgewählten Lernfelder und Grad ihrer Ausdifferenzierung überaus umfangreich werden können (vgl. Dworschak 2008a, 25f.). In dem oben genannten Projekt zur Vorbereitung auf ein möglichst selbstständiges Wohnen von Menschen mit Autismus (vgl. Klauß 2008a) wurden acht große Bereiche, sogenannte Dimensionen, mit insgesamt 39 Kategorien erhoben (vgl. Abb. 6). Jede dieser Kategorien hat wiederum mehrere Items, wie in Abbildung 5 ersichtlich wird, die die Kategorie ›Hygiene: Grundpflege‹ darstellt. So wurden insgesamt weit über 200 Items im Zuge der Feststellung des individuellen Unterstützungsbedarfes erhoben.

In der schulischen Praxis gilt es im Rahmen der didaktischen Analyse bedeutsame und unterrichtlich überschaubare Lernziele und -inhalte zu fokussieren, auf die hin dann die Erhebung der individuellen Lernvoraussetzungen bzw. des individuellen Unterstützungsbedarfs durchgeführt wird. Eine vollständige, alle denkbaren wohnbezogenen Dimensionen umfassende Erhebung erscheint in der schulischen Praxis weder leistbar noch unterrichtlich sinnvoll (vgl. Dworschak 2008b, 29f.).

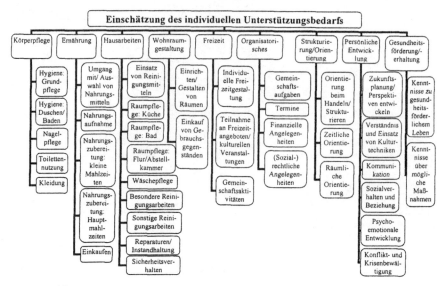

Abb. 6: Dimensionen und Kategorien des individuellen Unterstützungsbedarfs
(aus: Klauß 2008a, 71)

5.2   Zur Umsetzung im Schulalltag

Bezug nehmend auf die im Kap. 4.1 formulierte Bandbreite an Lernzielen und -inhalten lassen sich drei Themenfelder herausgreifen, die sich im Schulalltag gut umsetzen lassen:

- Entwicklung einer expliziten Vorstellung des Wohnens,
- Weckung und Formulierung individueller Wohnbedürfnisse und -wünsche,
- Einblick in verschiedene Wohnformen.

Im Rahmen einer bzw. mehrer Unterrichtssequenzen bieten sich zur Umsetzung dieser Ziele beispielhaft folgende Inhalte an:

- Wie wohne ich heute?
- Wie wohnte man früher?
- Wir lernen verschiedene Wohnformen kennen
- Welche Hilfen kann ich beim Wohnen bekommen?
- Wie möchte ich später einmal wohnen?
- Welche Hilfen bzw. welche Unterstützung benötige ich dazu?
- Wie bzw. in welchen Formen kann ich diese Hilfe bzw. Unterstützung organisieren?

Zur konkreten Unterrichtsvorbereitung liegen bisher keine umfassenden didaktisch-methodischen Hilfen bzw. Materialien vor. Es findet sich aber eine Reihe praxistauglicher Materialien und Stundenentwürfe, die Anregungen für die eigene Unterrichtsplanung bieten können (vgl. Fischer 1995; Göbel 1998; Küchler 2006; Karcher 2008).

5.3   Zur Umsetzung in realitätsnahen Settings

Neben der Vermittlung von grundlegendem Wissen zum Bereich Wohnen und der Thematisierung der individuellen Wohnbedürfnisse und -wünsche gilt es den Schülern unterschiedliche konkrete Wohnerfahrungen zu ermöglichen. Dabei geht es zum einen um das Kennenlernen unterschiedlicher Wohnformen mit deren Anforderungsprofilen und zum anderen um den systematischen Aufbau wohnbezogener Kompetenzen und Schlüsselqualifikationen in realitätsnahen Settings.

Vielfältige Wohneindrücke und konkrete Wohnerfahrungen stellen die Grundlage für eine spätere Wohnformentscheidung der Schüler dar. So ist es Aufgabe der Schule – parallel zu den Praktika im Bereich Arbeit – auch im Lernbereich Wohnen Möglichkeiten zu schaffen, in deren Rahmen die Schüler unterschiedliche Wohnkonzeptionen und deren Anforderungsprofile erlebnis- und handlungsbezogen kennenlernen können. Küchler unterscheidet diesbzgl. zwischen *Schnupper-* bzw. *Orientierungspraktika* und *Langzeit-* bzw. *Belastungspraktika* unter zunehmenden Realbedingungen (vgl. Küchler 2006, 487–489).

Der systematische Aufbau wohnbezogener Kompetenzen und Schlüsselqualifikationen kann im sogenannten *Wohntraining* verfolgt werden. Das Wohntraining ist eine Unterrichtssequenz zum Lernen im Wohnalltag, die auf ein selbstbestimmtes und selbstständiges Wohnen mit oder ohne professionelle Unterstützung vorbereiten soll (vgl. Dworschak 2008a, 22). Zentraler Lernort ist dabei die Lehr- bzw. Trainingswohnung. Mittlerweile liegt eine Vielzahl an Erfahrungsberichten und Konzeptionen zum Wohntraining vor (vgl. Buchka 1996, Küchler 2006, Leue-Käding 2007, Dworschak 2008 a, b; Klauß 2008a, b). Im Folgenden soll eine Unterrichtssequenz zum Wohntraining (30 Unterrichtseinheiten plus eine Woche Aufenthalt in der Lehrwohnung) in aller Kürze skizziert werden. Dem Wohntraining lagen folgende Lernfelder zu Grunde:

- Selbstversorgung,
- Pflege/Sauberhaltung der Wohnung,
- Körperpflege/Hygiene,
- Tagesstruktur/Freizeit,
- Soziale Beziehungen,
- Geld (vgl. Dworschak 2008b, 30).

Während die beiden ersten Lernfelder den unterrichtlichen Schwerpunkt darstellten, wurden die anderen eher implizit verfolgt. Auf der Grundlage der individuellen Lernvoraussetzungen, die mit einem Frage- und Beobachtungsbogen erhoben wurden (vgl. Abb. 4), konnten individuelle Lernziele für die Schüler formuliert werden (vgl. Dworschak 2008b, 31). Diese wurden im Rahmen sogenannter Dienste verfolgt, die die Aufgaben bzw. hauswirtschaftlichen Tätigkeiten beinhalteten. Die Dienste wurden so geplant und eingeteilt, dass ein gewisses Maß an Übungshäufigkeit sichergestellt war. Die Lernfortschritte wurden für jeden Schüler in einer Art Dienstprotokoll festgehalten. Dabei wurde die Ausführung des Dienstes nach vier Kriterien eingeschätzt, wie in Abbildung 7 dargestellt. Neben der Art und dem Grad der Unterstützung wurde darüber hinaus die Eigeninitiative des Schülers sowie ein Gütekriterium hinsichtlich der Erledingung des Dienstes festgehalten. Diese Dienstprotokolle dienten am Ende der Unterrichtssequenz der Reflexion und dem Erstellen des Lernnachweises im Sinne eine Qualifikationsprofils für die einzelnen Schüler (vgl. Dworschak 2008b, 32).

Datum	Dienst	Lern-/ Leistungsnachweis
Dienstag	Abwaschen	Der Dienst wurde erledigt: ○ aus Eigeninitiative ○ nach Hinweis ○ nach mehrmaliger Aufforderung ○ ohne verbale Unterstützung ○ mit etwas verb. Unt. ○ mit viel verb. Unt. ○ ohne praktische Unterstützung ○ mit etwas prakt. Unt. ○ mit viel prakt. Unt. ○ sehr zufriedenstellend ○ zufriedenstellend ○ nicht zufriedenstellend Kommentar:

Abb. 7: Auszug Dienstprotokoll (aus: Dworschak 2008a, 27)

Wenngleich auf der Basis der Dienstprotokolle ein Zuwachs an wohnbezogenen Kompetenzen bei den Schülern dokumentiert werden konnte, so ist doch deutlich, dass diese im Rahmen des Wohntrainings nur angebahnt werden können. Im Hinblick auf die Festigung der wohnbezogenen Kompetenzen und Schlüsselqualifikationen bedarf es der häufigen Anwendung in der Realsituation und somit im Elternhaus oder auf der Wohngruppe. An dieser Stelle ist die Schule auf die enge Kooperation mit den Familien bzw. Wohngruppen angewiesen, wie dies bereits zum Zeitpunkt der Erhebung der Lernvoraussetzungen und der Diskussion der individuellen Wohnbedürfnisse und -wünsche im Rahmen der Lebenswegplanung der Fall ist.

Die Lebenswegplanung kann dann abschließend auch den Rahmen darstellen, in dem der Ablöseprozess von der Familie und die Realisierung der individuellen Wohnwünsche beginnen können. Hier kommt dem Lehrer eine wichtige Rolle als Moderator zu (vgl. Dworschak/Kragl in diesem Band). So ist damit zu rechnen, dass für viele Eltern zum Ende der Schulzeit zwar die Frage der beruflichen Möglichkeiten ihrer Kinder bedeutsam erscheint, die Frage des Wohnens dahingegen (noch) nicht. Das Ende der Schulzeit lässt sich im Hinblick auf die Lebenswegplanung aber generell als problematische Phase beschreiben, da der Lehrer nach Beendigung der Schulzeit seiner Rolle als Moderator nicht mehr in gleicher Form nachkommen kann und somit die Gefahr von Brüchen im Übergang Schule – nachschulisches Leben relativ hoch ist. Etwas anders dürfte sich die Situation bei Schülern darstellen, die in Wohngruppen oder Internaten leben, die sie zum Ende der Schulzeit verlassen müssen. Hier erscheint die Frage des Wohnens genauso dringlich wie die des Arbeitens, sodass man sagen kann, dass das Ende der Schulzeit bei diesen Schülern ein doppeltes »kritisches Lebensereignis« (Montada 1995, 68ff.) darstellt, womit die Notwendigkeit einer systematischen Vorbereitung auf ein Wohnen im Erwachsenenalter nur nochmals verdeutlicht wird.

Mit den ersten Schritten zur Realisierung der individuellen Wohnwünsche schließt der wohnvorbereitende Unterricht schließlich ab. Aus dem erstellten Wohnbedarfsprofil, das gleichsam die Bedürfnisse und Wünsche des Schülers enthält, und dem Profil der erworbenen wohnbezogenen Kompetenzen und Schlüsselqualifikationen resultiert der aktuelle Hilfe- und Unterstützungsbedarf. Ausgehend von diesen Überlegungen und unter Berücksichtigung der regional bzw. überregional gegebenen Wohnmöglichkeiten kann dann eine Wohnformentscheidung getroffen werden, die eine Begleitung mit weitergehender Qualifizierung des Schülers erfahren sollte (vgl. Küchler 2006, 502–509). Auf diese Weise kann Schule dem Ziel, den Schülern später ein möglichst selbstbestimmtes und selbstständiges Wohnen und Leben in größtmöglicher Teilhabe an der Gesellschaft zu ermöglichen, einen großen Schritt näher kommen.

Literatur

Aselmeier, Laurenz (2008): Community Care und Menschen mit geistiger Behinderung. Wiesbaden: VS Verlag.

Alt, Monika (1991): Lernfeld Wohnen. In: Neue Praxis, Jg. 21, H. 2, 130–138.

Bayer. Staatsministerium (Bayerisches Staatsministerium für Unterricht und Kultus) (Hg.) (2003): Lehrplan für den Förderschwerpunkt geistige Entwicklung. München: Hintermaier.

Bayer. Staatsministerium (Hg.) (2007): Lehrplan für die Berufsschulstufe. Förderschwerpunkt geistige Entwicklung. München: Hintermaier.

Beck, Iris (1994): Neuorientierung in der Organisation pädagogisch-sozialer Dienstleistungen für behinderte Menschen. Frankfurt a. M.: Peter Lang.

Beck, Iris (2001): Wohnen. In: Antor, Georg/Bleidick, Ulrich (Hg.): Handlexikon der Behindertenpädagogik. Stuttgart: Kohlhammer, 347–350.

Beck, Iris: Von der institutionellen zur personalen Orientierung. Anforderungen an Einrichtungen. In: DHG (Deutsche Heilpädagogische Gesellschaft) (Hg.): Einigkeit und Recht und Gleichheit? Neue Weichenstellungen in der Behindertenhilfe. Berlin, Düren: DHG-Eigenverlag 2002, 27–34.

Boban, Ines/Hinz, Andreas (1999): Persönliche Zukunftskonferenzen. Unterstützung für individuelle Lebenswege. In: Behinderte in Familie, Schule und Gesellschaft, Jg. 22, H. 4/5, 13–23.

Bradl, Christian (1996): Vom Heim zur Assistenz. Strukturelle Grenzen von ›Selbstbestimmt Leben‹ im Heim. In: Bradl, Christian/Steinhart, Ingmar (Hg.): Mehr Selbstbestimmung durch Enthospitalisierung. Bonn: Psychiatrie-Verlag, 178–203.

Buchka, Maximilian (1996): Wohntraining: Der Wohnalltag als Lern- und Übungsfeld. In: Lernen konkret, Jg. 15, H. 3, 2–7.

BV (Bundesvereinigung) Lebenshilfe e. V. (1996)(Hg.): Selbstbestimmung: Kongressbeiträge. Marburg: Lebenshilfe-Verlag.

Dieckmann, Friedrich/Giovis, Christos (2007): Therapeutische Wohngruppen für Erwachsene mit schwerwiegendem herausforderndem Verhalten – Evaluation eines Modellversuchs in Baden-Württemberg. In: Dieckmann, Friedrich/Haas, Gerhard (Hg.) (2007):

Beratende und therapeutische Dienste für Menschen mit geistiger Behinderung und herausforderndem Verhalten: Stuttgart: Kohlhammer, 83–118.

Dieckmann, Friedrich/Haas, Gerhard (Hg.) (2007): Beratende und therapeutische Dienste für Menschen mit geistiger Behinderung und herausforderndem Verhalten: Stuttgart: Kohlhammer.

Doose, Stefan (1999): Persönliche Zukunftsplanung. In: Kann, Peter van/Doose, Stefan (Hg.): Zukunftsweisend. Peer Counceling & Persönliche Zukunftsplanung. Kassel: bifos, 71–134.

Dörner, Klaus (2002): Vorstellung der Initiative ›Enquete der Heime‹. In: Röttger-Liepmann, Beate/Hopfmüller, Elisabeth: Initiative zur Einrichtung einer »Enquête der Heime«. Dokumentation einer Tagung: Verfügbar unter: http://altendorf-stiftung.de/wp-content/uploads/2007/01/ipw_117.pdf [18.12.2009], 3–8.

DHG (Deutsche Heilpädagogische Gesellschaft) (Hg.) (2003): Leben ohne Institution? Perspektiven für das Wohnen geistig behinderter Menschen mit hohem Hilfebedarf. Düren: DHG-Eigenverlag.

Dworschak, Wolfgang (2004): Lebensqualität von Menschen mit geistiger Behinderung. Theoretische Analyse, empirische Erfassung und grundlegende Aspekte qualitativer Netzwerkanalyse. Bad Heilbrunn/Obb.: Klinkhardt 2004.

Dworschak, Wolfgang (2008a): Der Lernbereich Wohnen. Konzeptionelle Überlegungen zum Wohntraining als Rahmenmodell für den Lernbereich Wohnen. In: Lernen konkret, Jg. 28, H. 1, 21–28.

Dworschak, Wolfgang (2008b): Wohntraining. Eine Unterrichtssequenz zum Lernen im Wohnalltag am Förderzentrum mit dem Förderschwerpunkt geistige Entwicklung. In: Lernen konkret, Jg. 28, H. 1, 29–32.

Dworschak, Wolfgang/Kragl, Kerstin (2010): Freizeit als Unterrichtsthema im Förderschwerpunkt geistige Entwicklung. In diesem Band.

Forschungsgruppe IH-NRW (2008): Selbstständiges Wohnen behinderter Menschen – Individuelle Hilfen aus einer Hand. Abschlussbericht. Verfügbar unter: http://www2.uni-siegen.de/~zpe/ih-nrw/Dokumente/IH%20NRW%20Abschlussbericht%202008.pdf [18.12.2009].

Fischer, Erhard (1995): Vorhaben und Unterrichtseinheiten. Dortmund: Löer Druck.

Franz, Daniel/Beck, Iris (2007): Sozialraumorientierung in der Behindertenhilfe. Jülich, Hamburg: DHG-Eigenverlag.

Gaedt, Christian (1987): Normalisierung. Anmaßung – Anpassung – Verweigerung. Aufsätze und Vorträge. Neuerkerode: Eigenverlag.

Gaedt, Christian (1990): Das Leben mit geistig Behinderten. Aus der Isolation in die Gleichheit? In: Thom, Achim/Wulff, Erich (Hg.): Psychiatrie im Wandel. Erfahrungen und Perspektiven in Ost und West. Bonn: Psychiatrie-Verlag, 273–287.

Göbel, Susanne (1998): So möchte ich wohnen: Wie ich selbst bestimmen kann, dass ich mich in meinen vier Wänden wohlfühle. Marburg: Lebenshilfe-Verlag.

Hähner, Ulrich/Niehoff, Ulrich/Sack, Rudi/Walther, Helmut/Theunissen, Georg (Hg.) (1997): Vom Betreuer zum Begleiter: eine Neuorientierung unter dem Paradigma der Selbstbestimmung. Marburg: Lebenshilfe-Verlag.

Hähner, Ulrich/Niehoff, Ulrich/Sack, Rudi/Walther, Helmut (Hg.) (2005): Kompetent begleiten: Selbstbestimmung ermöglichen, Ausgrenzungen verhindern! Marburg: Lebenshilfe-Verlag.

Hanslmeier-Prockl, Gertrud (2009): Teilhabe von Menschen mit geistiger Behinderung: empirische Studie zu Bedingungen der Teilhabe im ambulant betreuten Wohnen in Bayern. Bad Heilbrunn/Obb.: Klinkhardt.

Heinrichsmeier, Christa (2000): »Camphill« und »Arche«. Lebensqualität in der Gemeinschaft. In: Behinderte in Familie, Schule und Gesellschaft, Jg. 23, H. 6, 37–44.

Hennies, Irina; Kuhn, Eugen (2004): Ablösung von den Eltern. In: Wüllenweber, Ernst (Hg.): Soziale Probleme von Menschen mit geistiger Behinderung. Stuttgart: Kohlhammer, 131–146.

Jerg, Jo (2001): Lieber lebendig als normal. Ein-Blick in die »Besonderheiten« der Lebensweltorientierten Integrativen Wohngemeinschaft (LIW). In: Behinderte in Familie, Schule und Gesellschaft, Jg. 24, H. 5, 47–59.

Karcher, Notker (2008): Werkstufe konkret – Freizeit und Wohnen: Lernen mit Bildern. Buxtehude: Persen.

Karl, Anton (1994): Öffnung bestehender stationärer Einrichtungen mit Hilfe von Außenwohngruppen. In: Bayerisches Staatsministerium für Arbeit und Sozialordnung, Familie, Frauen und Gesundheit (Hg.): Selbständiges Wohnen behinderter und alter Menschen. Ein Tagungsbericht. München: Karl Wenschow, 41–47.

Klauß, Theo (2008a): Wohnen so normal wie möglich: ein Wohnprojekt für Menschen mit Autismus (Asperger-Syndrom). Heidelberg: Universitätsverlag Winter.

Klauß, Theo (2008b): »... wohnst Du schon?« Eine eigene Wohnung als Menschenrecht. In: Behindertenpädagogik, Jg. 47, H. 2, 115–126.

KMS-Wohnen (Schreiben des Bayer. Staatsministeriums für Unterricht und Kultus) (2006): Weiterentwicklung der Werkstufe des Förderzentrums mit dem Förderschwerpunkt geistige Entwicklung – Lern- und Lebensbereich Wohnen, 22.08.2006. In: Bayer. Staatsministerium (Hg.) (2007): Lehrplan für die Berufsschulstufe. Förderschwerpunkt geistige Entwicklung. München: Hintermaier. (Auf CD beiliegend), 1–6.

Kräling, Klaus (1995): Wohnen heißt zu Hause sein. Gemeindeintegriertes Wohnen erwachsener Menschen mit geistiger Behinderung in Deutschland. In: BV Lebenshilfe e. V. (Hg.): Wohnen heißt zu Hause sein. Marburg: Lebenshilfe-Verlag, 21–28.

Küchler, Matthias (2006): Was kommt nach der Schule? Handbuch zur Vorbereitung auf das nachschulische Leben durch die Schule für Menschen mit geistiger Behinderung. Marburg: Lebenshilfe-Verlag.

Leue-Käding, Susan (2007): Die Trainingswohnung – Vom mühsamen Unterfangen, einen Anspruch Realität werden zu lassen. In: Sonderpädagogische Förderung, Jg. 52, H. 1, 72–86.

Lindmeier, Bettina (2005): Ambulant betreutes Wohnen. In: DHG (Hg.): Chancen für Menschen mit Behinderung in der Krise des Sozialstaates. Düren: DHG-Eigenverlag, 62–64.

Lindmeier, Bettina (2008): ›Neue Herausforderungen in der Wohnbegleitung meistern‹. Verfügbar unter: http://www.lebenshilfe.de/wDeutsch/aus_fachlicher_sicht/downloads/VAWohnbegleitung/Lindmeier.pdf [18.12.2009].

Lindmeier, Christian (2004): Ein Weg zur Selbstbestimmung – ›Supported Living‹. Verfügbar unter: www.forsea.de/projekte/2004_marsch/Lindmeier.pdf [18.12.2009].

Loeken, Hiltrud/Windisch, Matthias (2009): Unterstützerkreise (Circles of Support) als Netzwerkstrategie im ambulant Unterstützten Wohnen für Menschen mit Behinderung zur Förderund ihrer Teilhabe. In: Börner, Simone/Glink, Andrea/Jäpelt, Birgit/Sanders, Dietke/Sasse, Ada (Hg.): Integration im vierten Jahrzehnt. Bad Heilbrunn/Obb.: Klinkhardt, 96–104.

Lüpke, Klaus von (1996): Wohnen in einer menschlicheren Stadt. Urbanes Wohnen für Erwachsene mit schwerer geistiger Behinderung. In: Fischer, Ute/Hahn, Martin/Klingmüller, Bernhard/Seifert, Monika (Hg.): Urbanes Wohnen für Erwachsene mit schwerer geistiger Behinderung. Reutlingen: Diakonie, 125–145.

LV LH Bayern (2005): Ambulant Unterstütztes Wohnen. Verfügbar unter: http://www.lebenshilfe-bayern.de/uploads/media/lhlvbayern_ambulantuntterstuetzeswohnen_auflage2.pdf?PHPSESSID=cd29155bc3aed2589d11d1e6f90cb9c6 [18.12.2009].

Maslow, Abraham H. (1991): Motivation und Persönlichkeit. Reinbek b. Hamburg: Rowohlt.

Metzler, Heidrun; Rauscher, Christine (2004): Wohnen inklusiv. Wohn- und Unterstützungsangebote für Menschen mit Behinderungen in Zukunft. Reutlingen: Diakonie.

Montada, Leo (1995): Fragen, Konzepte, Perspektiven. In: Oerter, Rolf/Montada, Leo (Hg.): Entwicklungspsychologie. Weinheim: Beltz, 1–83.

Pieda, Bernd/Schulz, Stefanie (1990): Wohnen Behinderter. Literaturstudie. Stuttgart: Kohlhammer.

Rösner, Martin/Pfeiffer, Stephan (2006): Verlässliche und lebendige Grundlagen für den Alltag. Neue Wohnformen in der Behindertenhilfe. In: Blätter der Wohlfahrtspflege, H. 1, 19–22.

Sack, Rudi (1995): Eine Wohngemeinschaft wie jede andere. Geistig behinderte und nichtbehinderte Erwachsene leben zusammen. In: BV Lebenshilfe e. V. (Hg.): Wohnen heißt zu Hause sein. Marburg: Lebenshilfe-Verlag, 69–72.

Sack, Rudi (1997): Emanzipierende Hilfen beim Wohnen. In: Hähner, Ulrich/Niehoff, Ulrich/Sack, Rudi/Walther, Helmut/Theunissen, Georg (Hg.): Vom Betreuer zum Begleiter. Marburg: Lebenshilfe-Verlag, 193–205.

Schablon, Kai-Uwe (2009): Community care: professionell unterstützte Gemeinweseneinbindung erwachsener geistig behinderter Menschen. Marburg: Lebenshilfe-Verlag.

Schäfers, Markus/Wacker, Elisabeth/Wansing, Gudrun (2009): Persönliches Budget im Wohnheim. Wiesbaden: VS Verlag.

Schlummer, Werner/Schütte, Ute (2006): Mitwirkung von Menschen mit geistiger Behinderung: Schule, Arbeit, Wohnen. München: Reinhardt.

Schmock, Siegfried (1982): Erfahrungen und Überlegungen in Dorfgemeinschaften und sonstigen Wohneinrichtungen auf anthroposophischer Grundlage. In: BV Lebenshilfe e. V. (Hg.): Humanes Wohnen – seine Bedeutung für das Leben geistig behinderter Erwachsener. Marburg: Lebenshilfe-Verlag, 67–71.

Seifert, Monika (1998): Wohnen – so normal wie möglich. In: Jakobs, H./König, A./Theunissen, G. (Hg.): Lebensräume – Lebensperspektiven. Butzbach-Griedel: Afra, 150–190.

Seifert, Monika (2006): Pädagogik im Bereich des Wohnens. In: Wüllenweber, Ernst/Theunissen, Georg/Mühl, Heinz (Hg.): Pädagogik bei geistigen Behinderungen: ein Handbuch für Studium und Praxis. Stuttgart: Kohlhammer, 376–393.

Speck, Otto: Wohnen als Wert für ein menschenwürdiges Dasein. In: Fischer, Ute/Hahn, Martin/Lindmeier, Christian (Hg.): Wohlbefinden und Wohnen von Menschen mit schwerer geistiger Behinderung. Reutlingen: Diakonie 19–42.

Theunissen, Georg (2006): Zeitgemäße Wohnformen – Soziale Netze – Bürgerschaftliches Engagement. In: Theunissen, Georg/Schirbort, Kerstin (Hg.): Inklusion von Menschen mit geistiger Behinderung. Stuttgart: Kohlhammer, 59–96.

Theunissen, Georg (2007): Deinstitutionalisierung. In: Theunissen, Georg/Kulig, Wolfram/Schirbort, Kerstin (Hg.): Handlexikon Geistige Behinderung. Stuttgart: Kohlhammer, 67–68.

Urban, Wolfgang (2010): Selbstbestimmte Wohnformen für alle Menschen mit (geistiger) Behinderung. In: Teilhabe, Jg. 49, H. 1, 26–32.

Wacker, Elisabeth/Wansing, Gudrun/Schäfers, Markus (2006): Personenbezogene Unterstützung und Lebensqualität. Teilhabe mit einem Persönlichen Budget. Wiesbaden: VS Verlag.

Wansing, Gudrun (2006): Teilhabe an der Gesellschaft: Menschen mit Behinderung zwischen Inklusion und Exklusion. Wiesbaden: VS Verlag.

Weber, Erik (2004): De-Institutionalisieren: Konzeptionen, Umsetzungsmöglichkeiten und Perspektiven zwischen fachwissenschaftlichem Anspruch und institutioneller Wirklichkeit. Verfügbar unter: http://deposit.ddb.de/cgi-bin/dokserv?idn=972898360 [18.12.2009].

Wolfgang Dworschak & Kerstin Kragl

Freizeit als Unterrichtsthema im Förderschwerpunkt geistige Entwicklung

1 Einleitung

Freizeit als unterrichtliches Thema – ist das nicht ein Widerspruch? So hat doch Schule und Freizeit gemein hin nichts miteinander zu tun. Ja, sie schließen sich regelrecht aus. Dass Schule nicht als Freizeitgestaltung wahrgenommen wird, dürfte wohl auf breiten Konsens stoßen; nach der Schule beginnt die Freizeit! Im folgenden Beitrag soll dieser vordergründige Widerspruch aufgelöst und die Bedeutung des Lernbereichs Freizeit für den Unterricht im Förderschwerpunkt geistige Entwicklung aufgezeigt werden.

Es erscheint augenscheinlich, dass der Lernbereich Freizeit nicht so ohne weiteres mit klassischen Unterrichtsfächern wie Deutsch oder Mathematik verglichen werden kann. Dennoch ist festzuhalten, dass in den Lehrplänen für den Förderschwerpunkt geistige Entwicklung in Bayern (vgl. Bayer. Staatsministerium 2003, 2007) der Bereich Freizeit als »inhaltsbezogener Lernbereich« (Speck 2005, 245) explizit verankert ist. Während das Thema im bayerischen Lehrplan für die Grund- und Hauptschulstufe mit dem Aspekt ›Zeit‹ zu einem Lernbereich zusammengenommen wurde, ist ihm im bayerischen Lehrplan für die Berufsschulstufe ein eigener Bereich gewidmet (vgl. Bayer. Staatsministerium 2003, 2007).

Ausgehend von einer Begriffsklärung wird Freizeit als Bildungsaufgabe legitimiert und damit zusammenhängende didaktische Aspekte beschrieben. Nach einer Skizze zur Freizeitsituation von Menschen mit geistiger Behinderung werden die allgemeinen freizeitdidaktischen Überlegungen auf den Bereich des Förderschwerpunktes geistige Entwicklung übertragen. Anschließend werden Möglichkeiten der konkreten, unterrichtlichen Umsetzung aufgezeigt.

2 Zum Begriff ›Freizeit‹

Wie eingangs erwähnt, lassen sich Schule bzw. Arbeit und Freizeit vordergründig als zwei gegensätzliche Pole bzw. als Komplementärbegriffe beschreiben (vgl. Markowetz 2007, 308). So dürfte die Unterscheidung zwischen Arbeitszeit (bzw. Unterrichtszeit) und Freizeit erstmals in der Schule vollzogen worden sein, bevor diese Trennung im Bereich der Arbeit durch die Industrialisierung noch verstärkt und zementiert wurde (vgl. Opaschowski/Pries 2008, 423). Ein duales Verständnis von Freizeit und Arbeitszeit greift jedoch zu kurz. In diesem Verständnis liegt es nahe, Freizeit als negativen Begriff aufzufassen, der allein aus der Abwesenheit von Arbeit resultiert, womit

Freizeit als quantitative Restzeit gekennzeichnet wäre (vgl. Opaschowski 1987, 85). Opaschowski schlägt dagegen einen positiven Freizeitbegriff vor, der als Möglichkeitsraum, als qualitative Lebenszeit verstanden werden soll. In diesem Zusammenhang wird die gesamte Lebenszeit als Einheit betrachtet, die sich vor dem Hintergrund der Kriterien ›freie Verfügbarkeit‹ und ›Wahl-, Entscheidungs- und Handlungsfreiheit‹ in drei Zeitabschnitte differenzieren lässt (vgl. ebd., 86). In nachfolgender Grafik sind diese auf einem Kontinuum zwischen Fremdbestimmung und Selbstbestimmung verortet (vgl. Abb. 1).

Determinationszeit	Obligationszeit	Dispositionszeit
• fremdbestimmt • nicht freiwillig • Bsp.: Arbeit, Krankheit, …	• gebundene Zeit • benötigt für zweckbestimmte Tätigkeiten • Bsp.: Schlafen, Essen, …	• freie Zeit • selbstbestimmbar • Bsp.: Urlaub, Vereinsarbeit, …
Fremdbestimmung	←――――――→	Selbstbestimmung

Abb. 1: Opaschowskis Konzept der Lebenszeit (aus: Markowetz 2000, 11)

Während sich die ›Determinationszeit‹, als abhängige Zeit, in der z. B. der Erwerbsarbeit nachgegangen wird, durch ein hohes Maß an Fremdbestimmung kennzeichnet, ist die ›Dispositionszeit‹ als frei verfügbare und in hohem Maße selbstbestimmte Zeit charakterisiert, in der z. B. Hobbys nachgegangen werden kann. Zwischen diesen beiden Polen lässt sich die ›Obligationszeit‹ verorten, die als gebundene Zeit, einem bestimmten Zweck unterliegt, z. B. der Hygiene oder dem Einkauf.

Im Hinblick auf Menschen mit schwerer geistiger Behinderung bzw. hohem Unterstützungsbedarf weist Theunissen (2000, 139–144) sechs Zeitmodelle aus, die sich im Alltag häufig vermischen, manchmal aber auch massiert auftreten können, weshalb sie einzeln betrachtet werden sollen. In der folgenden Abbildung werden diese Zeitmodelle dem Konzept der Lebenszeit nach Opaschowski zugeordnet dargestellt (vgl. Abb. 2). Während die Arbeitszeit, Verpflichtungszeit und freie Dispositionszeit mit den jeweils zugeordneten Zeitabschnitten von Opaschowski verglichen werden können, erlangen die anderen Zeitmodelle im Hinblick auf Menschen mit hohem Unterstützungsbedarf eine besondere Bedeutung. Die Versorgungszeit muss hierbei als in hohem Maße fremdbestimmte Zeit eingeschätzt werden. Dieses, zumeist breiten Raum einnehmende Zeitmodell, soll daher »als eine eigenständige Größe kritisch wahrgenommen werden, da sie allzu leicht Wirkungen erzeugt oder Momente impliziert, die von geistig schwerbehinderten Menschen als streßhaft, physisch und psychisch belastend, entwertend, diskriminierend oder gar bedrohlich erlebt werden« (ebd., 140), wenngleich zukünftig eine strukturelle Koppelung mit der freien Dispositionszeit angestrebt werden muss, um ein höheres Maß an Selbstbestimmungsmöglichkeiten in der Versorgung zu ermöglichen. Die Verortung der Bildungszeit in der Obligationszeit soll den Eigenwert von Erwachsenenbildung unterstreichen, der bei einer Zuordnung

zur Dispositionszeit Gefahr läuft entwertet zu werden. Dem Verständnis von Ruhe-
und Schlafzeit als ›gebundene Zeit‹, liegt die Annahme zu Grunde, dass Menschen
mit hohem Unterstützungsbedarf häufig nicht selbst über den Zeitpunkt und den
Zeitraum für Ruhe und Schlaf entscheiden können.»Viele Jahrzehnte war es im stationären Anstaltswesen Gepflogenheit, geistig schwerbehinderten Menschen täglich
eine Schlaf- und Ruhezeit von mehr als 14 Stunden aufzuzwingen, und noch heute
entsprechen Tagesabläufe in bezug auf Schlaf- und Versorgungszeiten oft nicht den individuellen Bedürfnissen« (ebd., 144). Somit können diese Zeitmodelle als Raster für
die Analyse freier Dispositionszeit dienen und möglicherweise dabei behilflich sein,
das Maß an echter Freizeit, an selbstbestimmter Zeit zu erhöhen.

Zeitabschnitte	Determinationszeit	Obligationszeit	Dispositionszeit

Zeitmodelle	• Versorgungszeit
	• Arbeitszeit
		• Verpflichtungszeit
		• Bildungszeit
		• Ruhe- und
		  Schlafzeit
			• Freie Dispositions-
			  zeit

Dispositionsfreiheit	Fremdbestimmung		Selbstbestimmung

Abb. 2: Zeitmodelle nach Theunissen (2000, 139–144) vor dem Hintergrund des Konzeptes
der Lebenszeit nach Opaschowski (1987, 86)

Zusammenfassend soll im Folgenden Freizeit mit Opaschowski als Dispositionszeit
verstanden werden, die sich durch ein hohes Maß an freier Verfügbarkeit sowie Wahl,
Entscheidungs- und Handlungsfreiheit auszeichnet. Damit ist allerdings nicht gesagt,
dass sich Freizeit unter inhaltlichem Aspekt auf das Faulenzen beschränkt. Dieser
Aspekt des Nichtbeschäftigtseins, der bei Opaschowski neben Tätigkeiten wie dem
Wandern, Lesen oder Fernsehen als »zwanglose Muße« (1987, 89) gefasst wird, kann
durch weitere inhaltliche Aspekte ergänzt werden. So kann Freizeit durchaus ›spielerische Arbeit‹, also anstrengende, aber freiwillig ausgeübte und persönlich befriedigende Tätigkeiten, wie z. B. Sport oder Modellbau umfassen. Als dritte Inhaltskategorie
ist die ›zielgerichtete Beschäftigung‹, die sich durch einen sachlichen (z. B. kreatives
Gestalten, Autowaschen) oder sozialen Bezug (z. B. Gespräche, Gruppenaktivitäten)
auszeichnet, zu nennen (vgl. ebd.).

Aus freizeitpädagogischer Sicht erscheint eine weitere Differenzierung notwendig. So
sagt der positive Freizeitbegriff noch nichts darüber aus, in welchem Maße das Individuum den Möglichkeitsraum, der ihm in der Freizeit geboten wird, auch wirklich
nutzt bzw. zu nutzen versteht. In diesem Sinne kann zwischen einem ›problemati-
schen Freizeitbegriff‹, der allein die Möglichkeit für selbstbestimmte Tätigkeit als
hinreichend betrachtet, und einem ›assertorischen Freizeitbegriff‹, der die Realisation
der Möglichkeiten als notwendig für einen positiven Freizeitbegriff voraussetzt, unterschieden werden (vgl. Opaschowski 1987, 90f.). Diesem positiven, assertorischen

Freizeitbegriff folgend, soll Freizeitpädagogik[1] als Konzeption verstanden werden, »deren verantwortlich pädagogisches Handeln bis in die Wahrnehmung der Selbstverwirklichungschance« (ebd., 91) des Einzelnen hineinreicht.

3   Freizeit als Bildungsaufgabe

Obgleich das Thema Freizeit in den letzten Jahrzehnten immer größere Bedeutung erlangt hat – die Lebensarbeitszeit war noch nie so niedrig wie heute (vgl. Opaschowski 2001, 186) – ist festzustellen, dass dieser Umstand nicht dazu geführt hat, dass das Thema Freizeit in großem Umfang Eingang in die Bildungspläne und die Lehrerbildung gefunden hat (vgl. Zellmann 2003, 44). Die Lehrpläne für den Förderschwerpunkt geistige Entwicklung stellen dabei eine Ausnahme dar. So kann bisher davon ausgegangen werden, dass es eine »schulische Freizeitpädagogik praktisch nicht gibt« (Opaschowski 1996, 227).

Anders als in früheren Zeiten, als aufgrund langer Arbeitszeiten die Freizeit überwiegend zur Rekreation aufgewendet werden musste, verfügen wir heute über ein vergleichsweise hohes Maß an Freizeit. Angesichts hoher Arbeitslosigkeit wird noch deutlicher, dass Freizeit unter Umständen zu einem Problem werden kann, wenn das Individuum diese nicht positiv für sich zu nutzen weiß (vgl. Küchler 2006, 580). Da die Schule auf das Leben vorbereiten soll, erscheint es evident, dass Freizeit somit als Bildungsaufgabe ernst zu nehmen ist (vgl. Zellmann 2003, 49). Diese Bildungsaufgabe kann jedoch nicht ausschließlich in den traditionell als freizeitrelevant geltenden Schulfächern wie z. B. Sport, Musik oder Kunst verwirklicht werden, da dort exemplarische Inhalte von Freizeit, aber nicht die Frage des Umgangs mit freier Zeit thematisiert wird. So muss es Ziel von Freizeitpädagogik sein, eine neue Handlungskompetenz aufzubauen: »Das Erlernen und Einüben von Fähigkeiten, über die eigene Lebenszeit bzw. über den Zuwachs an freiverfügbarer Zeit selbstständig (unter Umständen mit Assistenz und Unterstützung; d. Verf.) zu verfügen und (damit; d. Verf.) eigenverantwortlich umgehen zu können« (Opaschowski 1996, 225).

Weiterhin stellt sich die Frage, an welchem Ort es die Bildungsaufgabe Freizeit zu verwirklichen gilt. So versteht sich Freizeitpädagogik traditionell als different zur schulischen Pädagogik (vgl. Nahrstedt 1984, 16). Sie fokussiert in erster Linie Vermittlungsprozesse im Freizeitbereich und erst in zweiter Linie Vermittlungsprozesse über Freizeit in der Schule (vgl. ebd., 10). Mit Blick auf die schulischen Anteile von Freizeitpädagogik wird vor allem das Konzept der Ganztagsbildung als notwendig und chancenreich angesehen (vgl. Pöggeler 2003; Zellmann 2003; Opaschowski/Pries 2008). In diesem Punkt ist dem Förderzentrum mit dem Förderschwerpunkt geistige

---

1   In der sonderpädagogischen Fachliteratur werden häufig die Begriffe ›Freizeiterziehung‹ bzw. ›Freizeitförderung‹ verwendet, die jedoch als Synonym zum Begriff der ›Freizeitpädagogik‹ angesehen werden können (vgl. Pohl 1982; Zielniok, 1990; Mühl 1994; Markowetz 2009).

Entwicklung wohl ein »Standortvorteil« zu bescheinigen, sind doch die meisten Förderzentren als Ganztagesangebote konzipiert. Wobei auch hier traditionell ein Dualismus zwischen Schule und Tagesstätte vorherrschen dürfte, den es im Sinne des Lebenszeitkonzepts aufzuweichen gilt. Im Folgenden wird Freizeit primär als schulische Bildungsaufgabe thematisiert.

3.1   Ziele und Inhalte

Zur Verwirklichung der Bildungsaufgabe Freizeit hat Opaschowski das Konzept der »animativen Didaktik« (erstmals 1977) entworfen, mit dem Ziel zur Eigenentscheidung und Eigeninitiative des Lernenden anzuregen sowie die Handlungsfähigkeit zur Bewältigung von Lebenssituationen zu fördern (vgl. 1996, 201). Freizeit soll demnach als Möglichkeitsraum genutzt werden. Der Einzelne soll die Chance ergreifen seine individuellen Bedürfnisse möglichst selbstbestimmt zu realisieren. Die Verwirklichung von Freizeitbedürfnissen hängt dabei von gesellschaftlichen Bedingungen, Möglichkeiten der Entwicklung und Durchführung von Freizeitbedürfnissen, der Angebotsstruktur im Freizeitbereich und weiteren persönlichen Faktoren ab (vgl. Schmitz 1999, 293–296). Wenngleich es evident erscheint, dass jedes Individuum in Abhängigkeit der genannten Aspekte unterschiedliche, individuelle Freizeitbedürfnisse für sich wahrnehmen wird, können dennoch acht grundlegende Bedürfniskategorien formuliert werden, die dem Freizeitbereich im Allgemeinen zugeordnet werden (vgl. Abb. 3). Diese Bedürfniskategorien können zugleich als »qualitative Kriterien für die Erziehungs- und Bildungsarbeit« (Opaschowski 1987, 94), also als bedürfnisbezogene Ziel- und Inhaltskategorien dienen.

Bedürfniskategorie	Bedürfnis nach …
Rekreation	Erholung, Gesundheit und Wohlbefinden
Kompensation	Ausgleich, Zerstreuung und Vergnügen
Edukation	Kennen lernen, Lernanregung und Weiterlernen
Kontemplation	Ruhe, Muße und Selbstbestimmung
Kommunikation	Mitteilung, Kontakt und Geselligkeit
Integration	Zusammensein, Gemeinschaftsbezug, Gruppenbildung
Partizipation	Beteiligung, Engagement, sozialer Selbstdarstellung
Enkulturation	kreativer Entfaltung, Teilnahme am kulturellen Leben

Abb. 3: Freizeitbedürfnisse und Zielfunktionen (vgl. Opaschowski 1987, 92–96)

So wird es in der freizeitdidaktischen Umsetzung je nach individueller Ausgangslage der Schüler zur Fokussierung einzelner Bedürfniskategorien kommen, die es vordringlich zu thematisieren gilt, während andere bereits als subjektiv sinnvoll und zufrieden stellend realisiert gelten können. An dieser Stelle wird deutlich, dass die animative

Didaktik keine konkreten Inhalte vorgibt, was zum Teil kritisiert wird (vgl. Nahrstedt 1990, 154). Es gilt also ausgehend von diesen Bedürfniskategorien konkrete Inhalte mit dem Schüler auszuhandeln (vgl. Klafki 1984, 66).

3.2   Methoden und Leitprinzipien

Um nun die Schüler bei der Befähigung zur Realisierung ihrer Freizeitbedürfnisse zu unterstützen, nennt die animative Didaktik unterschiedliche Methoden und Leitprinzipien.

An dieser Stelle erscheint es notwendig, kurz auf den Begriff der ›Animation‹ näher einzugehen. Unter ›Animation‹ wird die anregende Aktivierung einer Person zur aktiven Lebensteilnahme, zum gemeinsamen Erleben und zur schöpferischen Lebensgestaltung verstanden (vgl. Opaschowski 1987, 173). Mit der animativen Didaktik soll also nicht das umgesetzt werden, was man gemeinhin aus dem Bereich der Animation in der Freizeit- und Tourismusbranche kennt. Auch wenn diese vom Grundgedanken her verwandt ist, begegnet uns die professionelle Animation doch häufig in stark überzogener, fast pervertierter Weise als »Gestaltung der Freizeit z. B. einer Reisegesellschaft durch eine Animateurin/einen Animateur« (Duden 2000, 67). Im Rahmen der animativen Didaktik soll den Schülern nicht die Freizeit gestaltet werden, sondern sie sollen informiert, angeregt und aktiviert werden, ihre freie Zeit ihren individuellen Freizeitbedürfnissen entsprechend aktiv und sinnvoll zu gestalten.

In diesem Zusammenhang erscheinen drei methodische Zugänge bedeutsam:

*   informative Beratung,
*   kommunikative Animation,
*   partizipative Planung.

Dabei beschreibt die informative Beratung eine Art Bewusstmachungsprozess, bei dem Freizeitangebote sowie Möglichkeiten der Freizeitnutzung vorgestellt werden und der Schüler über sein bisheriges Freizeitverhalten reflektieren soll. Mit Hilfe der kommunikativen Animation kann der Schüler ermutigt, angeregt und gefördert werden seine individuellen Freizeitbedürfnisse zu realisieren. Der Lehrer fungiert dabei als eine Mischung aus Ansprechpartner, Moderator und Interessenberater. Durch die partizipative Planung sollen die Teilnahme- und Mitbestimmungsmöglichkeiten im konkreten Bezug zu den individuellen Freizeitbedürfnissen erleichtert und gefördert werden. Hier gilt es die äußeren Rahmenbedingungen mit den individuellen Bedürfnisse und Zielvorstellungen für die Freizeit in Einklang zu bringen und konkrete Schritte zur Realisierung von Freizeitwünschen aufzuzeigen (vgl. Opaschowski 1987, 168–176).

Dieses Methodenkonzept einer »nichtdirektiven Anregung und Förderung« (ebd., 180) sollte dabei folgende Leitprinzipien beachten:

*   Erreichbarkeit: Die Freizeitsituationen sollen zum einen räumlich und zeitlich für den Schüler erreichbar sein, zum anderen aber auch seinen Interessen und Fähigkeiten entsprechen.

- Offenheit: Die Freizeitangebote sollen möglichst offen, also zugänglich sein. Während Kursteilnahmen und Vereinstätigkeiten zumeist der Anmeldung bedürfen, somit als geschlossen und hochschwellig gelten können, gibt es z. B. auch ›offene Treffs‹ oder ›freien Betrieb‹ in Jugendheimen oder anderen Freizeittreffs, die dementsprechend als niedrigschwellig anzusehen sind.
- Aufforderungscharakter: Die Freizeitangebote sollen einen möglichst hohen Aufforderungscharakter besitzen. Dieser kann sowohl von der im Mittelpunkt stehenden Sache bzw. Tätigkeit als auch vom Lehrer bzw. Organisator ausgehen.
- Freie Zeiteinteilung: Der Schüler soll selbst über Dauer, Tempo, Intensität und Zeitverwendung entscheiden können.
- Freiwilligkeit: Die Angebote im freizeitpädagogischen Bereich sollen freiwillig sein. Dieser auf den ersten Blick selbstverständliche Aspekt erhält vor dem Hintergrund eines schulischen Freizeitlernens eine besondere Bedeutung. So besteht im schulischen Setting doch stärker die Gefahr, dieses Prinzip als Pseudofreiwilligkeit misszuverstehen, da die Möglichkeit des Schülers, sich gegen ein Angebot zu entscheiden, vom Lehrer entsprechend mitgedacht werden muss.
- Zwanglosigkeit: Die freizeitpädagogische Lernsituation soll frei bleiben von Reglementierung, Erfolgszwang und Konkurrenzkampf (Ausnahme: positiver, sportlicher Wettstreit).
- Wahl- und Entscheidungsmöglichkeit: Dieses Prinzip setzt ein gewisses Maß an Vielfalt der Angebote voraus, ist also stark von den äußeren Rahmenbedingungen abhängig. Es spricht jedoch auch den Schüler an, der in die Lage versetzt werden soll, sich – auf der Grundlage seiner individuellen Freizeitbedürfnisse – bewusst für oder gegen ein Angebot zu entscheiden, zwischen unterschiedlichen Angeboten zu wählen etc.
- Initiativmöglichkeit: Die freizeitpädagogische Lernsituation soll so gestaltet sein, dass sie die Schüler herausfordert selbst aktiv zu werden, die Initiative zu ergreifen, um ihre Freizeitbedürfnisse zu realisieren (vgl. Opaschowski 1987, 180–192).

3.3　Zur Rolle des Lehrers

Die bisherigen Ausführungen machen deutlich, dass der Lehrer im Lernbereich Freizeit weit weniger herkömmlich unterrichtet als in den »klassischen« Lernbereichen. Im Lernbereich Freizeit nimmt er die Rolle des »pädagogischen Animators« (Opaschowski 1987, 242) ein, der Informationen zur Verfügung stellt, die Schüler dabei unterstützt, sich ihrer individuellen Freizeitbedürfnisse bewusst zu werden und der Wege aufzeigt, diese in die Tat umzusetzen. Dabei kann es auch darum gehen, von der Sache vorgegebene Basisqualifikationen beim Schüler anzubahnen, die für das Freizeitangebot von Bedeutung sind, was z. B. in den gemeinhin als freizeitrelevant betrachteten Unterrichtsfächern Sport, Musik oder Kunst ebenso wie in Deutsch und Mathematik erfolgen kann. Daneben geht es aber auch und ebenso bedeutungsvoll um die intensive Arbeit mit dem Schüler, die eigenen Interessen und Bedürfnisse zu reflektieren und Möglichkeiten zu deren Realisierung zu finden. Hier muss der Lehrer spätestens sein Wirkungsfeld erweitern und die Eltern, den Stadtteil und etwaige Jugend- und Freizeiteinrichtungen mit einbeziehen, da sich die Freizeit der Schüler ja nur zu einem geringen Bruchteil in der Schule abspielt.

4   Zur Freizeitsituation von Menschen mit geistiger Behinderung

Bevor die Aspekte der animativen Didaktik auf den Förderschwerpunkt geistige Entwicklung bezogen werden, soll im Folgenden die Freizeitsituation von Menschen mit geistiger Behinderung skizziert werden.

Mit Blick auf Menschen mit Behinderung im Allgemeinen formuliert Kerkhoff eine Reihe von Erschwernissen, die sich für diesen Personenkreis im Freizeitbereich ergibt bzw. ergeben kann. Auch wenn diese Zusammenstellung mehr als 25 Jahre zurückliegt, so hat sie doch an Aktualität nichts bzw. nicht viel eingebüßt und soll daher unverändert dargestellt werden. Mit Kerkhoff können diese Erschwernisse resultieren aus:

- den unmittelbaren Folgen der Schädigung,
- der zeitlichen Ausdehnung der alltäglichen Versorgungszeit,
- einer (zu) starken familiären Bindung,
- einem Rehabilitationsübermaß,
- starken Kompensations- und Regenerationswünschen infolge Überbeanspruchung durch Arbeit,
- fehlender (integrativer) Kontakt- und Anlaufstellen im Freizeitbereich,
- Unzulänglichkeiten in der Infrastruktur,
- Erreichbarkeitsproblemen,
- Selbstisolierungstendenzen sowie
- der unzureichenden Ausbildung von Interessen- und Freizeitgewohnheiten (vgl. Kerkhoff 1982, 4–6).

Diesen Erschwernissen stand lange Zeit die Meinung gegenüber, Menschen mit Behinderung bedürften keiner besonderen Hilfen bei der Freizeitgestaltung (vgl. Zielniok 1990, 19f.). In den 1970er-Jahren wurde dann der Bereich Freizeit als Aufgabenfeld der Rehabilitation entdeckt. Dabei sollten Menschen mit geistiger Behinderung durch den systematischen Erwerb von Freizeitkompetenzen auf die Gestaltung ihrer Freizeit vorbereitet werden (vgl. Ebert 2000, 46). In einer »Rehabilitationseuphorie« (Niehoff 2000, 309) wurden Funktionstrainingsprogramme für den Freizeitbereich entwickelt (vgl. Zielniok 1978), um kontrollierbare Fortschritte bei z. B. der Selbstversorgung, den Umgangsformen oder dem Verkehrsverhalten zu erzielen (vgl. Niehoff 2006, 410). Freizeit als zwanglose Muße, wie bei Opaschowski (1987, 89) beschrieben, rückte hierbei in den Hintergrund. Diese Entwicklung, die aus heutiger Sicht sicher kritisch zu beurteilen ist, muss allerdings historisch vor dem Hintergrund der sich verändernden Sichtweise vom medizinischen zum pädagogisch-optimistischen Fördermodell gesehen werden (vgl. Niehoff 2006, 410). So wurden auch damals bereits die Aspekte Mitwirkung und freie Wahl als bedeutsam erachtet. Allerdings ging man davon aus, dass die Fähigkeiten hierfür erst erlernt werden müssten, bevor man mit freier Freizeitgestaltung beginnen könne und somit wurden Freizeitprogramme zu Therapieprogrammen umgestaltet (vgl. Zielniok, zit. n. Ebert 2000, 47).

In den 1980er- und 90er-Jahren wurde die Freizeit von Menschen mit geistiger Behinderung primär unter dem Aspekt der sozialen Integration betrachtet. Es wurden (und werden bis heute) Wege gesucht, die die Einbindung in die Gesellschaft ermöglichen. Hierfür erscheint der Freizeitbereich geradezu prädestiniert, da hier die normative Leistungsorientierung nicht in dem Maße zum Tragen kommt wie zum Beispiel im Bereich der Arbeit. Aktuell rückt der mit dem Begriff Freizeit konstitutiv verbundene Aspekt der Selbstbestimmung in den Mittelpunkt. Es gilt die Freizeit ein Stück zu entpädagogisieren und gleichzeitig Angebote der Erwachsenenbildung bereitzustellen (vgl. Niehoff 2006, 411). Somit soll der Lebensbereich Freizeit aktuell sowohl eine Möglichkeit zur zwanglosen Muße als auch zur aktiven, sinnerfüllten Betätigung darstellen, wobei immer die individuellen Bedürfnisse des Einzelnen und deren weitgehend selbstbestimmte – im Bedarfsfall durch Assistenz unterstützte – Realisierung im Mittelpunkt stehen.

Über diese grobe Charakterisierung der Freizeitsituation der letzten 50 Jahre hinaus lassen sich nur schwer detaillierte und empirisch gesicherte Aussagen machen (vgl. Markowetz 2007, 319). Einen guten Überblick über die im Bereich Freizeit von Menschen mit geistiger Behinderung durchgeführten empirischen Studien zwischen 1971 und 1999 liefert Ebert (2000, 57–106). Die breit angelegte, deutschlandweite Fragebogenstudie von Theunissen, Dieter, Neubauer und Niehoff (2000) zu den Angeboten der Lebenshilfe-Freizeitclubs soll hier als aktuelle Untersuchung ebenfalls Erwähnung finden. Eine ausführliche Darstellung des Forschungsstands kann hier aus Platzgründen jedoch nicht vorgenommen werden. Zusammenfassend kann festgestellt werden, dass:

- die Freizeitsituation in vielen Fällen nicht den persönlichen Wünschen der Menschen mit geistiger Behinderung entspricht;
- sie nur über bestimmte, mitunter geringe Erfahrungen im Rahmen ihrer Freizeitbiografie verfügen;
- sie Freizeitangebote und Freizeitpartner nur bedingt selbst auswählen können;
- vorwiegend passiv-rezeptive Freizeittätigkeiten zu Hause statt gesellige, offene Aktivitäten mit Außenkontakten ausgeübt werden;
- die außerhäusliche Freizeitgestaltung stark von institutionalisierten, sonderpädagogischen Freizeitangeboten – teils stationären, teils ambulanten Charakters – geprägt ist;
- der Zugang zu den vorhandenen Freizeitangeboten vielfach eingeschränkt ist;
- eine auf Selbst- und Mitbestimmung ausgerichtete, anzustrebende Angebotsvielfalt deshalb unumgänglich erscheint (vgl. Küchler 2006, 598; Markowetz 2007, 321).

5   Freizeit als Bildungsaufgabe im Förderschwerpunkt geistige Entwicklung

Im Folgenden sollen nun aufbauend auf der beschriebenen Freizeitsituation von Menschen mit geistiger Behinderung Aspekte der animativen Didaktik auf den Bereich der Didaktik im Förderschwerpunkt geistige Entwicklung bezogen werden.

5.1   Ziele und Inhalte

Die von Opaschowski formulierten Freizeitbedürfnisse gelten gleichermaßen für Menschen mit geistiger Behinderung und können daher in gleicher Weise als Ziel- und Inhaltskategorien für freizeitpädagogisches Lernen zu Grunde gelegt werden (vgl. Opaschowski 2001, 187; Markowetz 2009, 50). Allerdings lässt sich im Hinblick auf diesen Personenkreis eine Reihe von Erschwernissen identifizieren, die bei der Realisierung der Freizeitbedürfnisse auftreten bzw. auftreten können. In Abbildung 4 sind solche Erschwernisse exemplarisch aufgezeigt und den Freizeitbedürfnissen nach Opaschowski zugeordnet.

Bei der Betrachtung dieser Erschwernisse fällt auf, dass sie mit der Schwere der Behinderung bzw. der Höhe des Unterstützungsbedarfes korrelieren, d. h. dass im Hinblick auf Menschen mit besonders hohem Unterstützungsbedarf der Assistenz eine zentrale Bedeutung zukommt (vgl. Theunissen 2000, 147). Je nach Umfang und Intensität der Erschwernisse, die jeweils für die einzelnen Bedürfnisse im Einzelfall analysiert werden müssen, können sich unterschiedliche Ziel- und Inhaltskategorien als bedeutsam erweisen (vgl. Zielniok 1990, 23–25; Mühl 1994, 109; Bayer. Staatsministerium 2007, 96f.). Trotz der unterschiedlichen individuellen Ausgangslagen können mit Küchler (2006, 612–614) freizeitbezogene Schlüsselkompetenzen benannt werden, die es beim Schüler anzubahnen gilt:

*   Unterscheidung zwischen freier und verpflichtender Zeit,
*   Fähigkeit zur Entspannung und Erholung,
*   Empfindungs- und Ausdrucksfähigkeit,
*   Fähigkeit zur Selbstbeschäftigung,
*   sachliches Wissen (Information über Freizeitangebote und -möglichkeiten),
*   Fachkompetenzen (vom Freizeitinhalt her bestimmt),
*   Planungsfähigkeit,
*   Entscheidungsfähigkeit,
*   Mobilität,
*   angemessenes Sozialverhalten,
*   Realitätskontrolle und -bewältigung (im Hinblick auf die konkreten manuellen, kognitiven und sozialen Anforderungen einer Freizeitsituation).

Bedürfniskategorie	Bedürfnis nach …	Erschwernisse aufgrund …
Rekreation	Erholung, Gesundheit und Wohlbefinden	erhöhter soz. Abhängigkeit (z. B. Rückzugsmöglichkeiten, Zeiteinteilung)
Kompensation	Ausgleich, Zerstreuung und Vergnügen	eingeschränkter Mobilität, Mangel an Freizeitangeboten
Edukation	Kennen lernen, Lernanregung und Weiterlernen	Mangel an Bildungseinrichtungen; eingeschränkter Berufswahl
Kontemplation	Ruhe, Muße und Selbstbestimmung	erhöhter soz. Abhängigkeit → häufig erhöhtes Maß an Fremdbestimmung
Kommunikation	Mitteilung, Kontakt und Geselligkeit	eingeschränkter Erreichbarkeit von und Auswahl an Kommunikationspartnern
Integration	Zusammensein, Gemeinschaftsbezug, Gruppenbildung	Diskriminierung und Isolierung in der Gesellschaft
Partizipation	Beteiligung, Engagement, sozialer Selbstdarstellung	erhöhter soz. Abhängigkeit → häufig erhöhtes Maß an Fremdbestimmung
Enkulturation	kreativer Entfaltung, Teilnahme am kulturellen Leben	Mangel an alters- und entwicklungsgemäßen Angeboten

Abb. 4: Erschwernisse bei der Realisierung von Freizeitbedürfnissen für Menschen mit geistiger Behinderung (vgl. Markowetz 2007, 313)

5.2   Methoden und Leitprinzipien

Die im Rahmen der animativen Didaktik angesprochenen Methoden der informativen Beratung, kommunikativen Animation und partizipativen Planung sowie die skizzierten Leitprinzipien haben im Förderschwerpunkt geistige Entwicklung durchwegs Gültigkeit. Darüber hinaus erscheinen im Förderschwerpunkt geistige Entwicklung die folgenden didaktischen Prinzipien von besonderer Bedeutung:

• Gegenwarts- und Zukunftsorientierung: Das Lernen im Freizeitbereich soll sich an der individuellen, gegenwärtigen und zukünftigen Lebenssituation der Schüler ausrichten.

• Altersangemessenheit und Entwicklungsgemäßheit: Die Themen im Lernbereich Freizeit müssen dahingehend analysiert werden, ob sie dem derzeitigen Entwicklungsstand der Schüler einerseits und dem Lebensalter der Schüler andererseits ausreichend gemäß sind. Dabei stellen diese beiden Aspekte ein mit dem Lebensalter der Schüler häufig wachsendes Spannungsfeld dar. So gestaltet es sich z. T. überaus schwierig, für junge Erwachsene mit schwerer geistiger Behinderung bzw. hohem Unterstützungsbedarf altersgemäße Angebote zu finden.

- Selbstbestimmung und Selbstständigkeit: Neben der hohen Bedeutung der Selbstbestimmung im Freizeitbegriff selbst und dem daraus in der animativen Didaktik abgeleiteten Leitprinzip der Wahl- und Entscheidungsmöglichkeit spielt hier das Erleben sowie die zielgerichtete Anforderung bzw. Ablehnung von Hilfe und Assistenz eine bedeutende Rolle.
- Mitbestimmung: Das Lernen im Freizeitbereich soll die Vertretung der eigenen Interessen, auch im Sinne der demokratischen Mitsprache fördern (vgl. Bayer. Staatsministerium 2003, 14–16; Bayer. Staatsministerium 2007, 11–14).

Darüber hinaus empfiehlt Küchler (2006, 606f.) bei der Entwicklung und Umsetzung einer freizeitbezogenen Schulkonzeption ein ausgewogenes Angebot im Hinblick auf:

- schulische und außerschulische Lernorte,
- innerhäusliche und außerhäusliche Freizeitmöglichkeiten,
- Selbstbeschäftigung und soziale Kontakte,
- die Kosten für die Realisierung der Freizeitbedürfnisse,
- die Einbeziehung aller Schüler.

5.3   Zur Rolle des Lehrers

Die im Rahmen der animativen Didaktik angesprochenen Aspekte zur Rolle des Lehrers haben im Förderschwerpunkt geistige Entwicklung durchwegs Gültigkeit. In Kapitel 6 wird diese Rolle aus der Praxisperspektive noch näher beleuchtet.

6   Zur unterrichtlichen Umsetzung

Abschließend sollen nun konkrete Möglichkeiten der inhaltlichen Umsetzung des Themas Freizeit im Unterricht aufgezeigt werden. Abbildung 5 zeigt ein Arbeitsblatt, das als exemplarisch im Rahmen einer Freizeitwoche gesehen werden kann. Die Schüler sind aufgefordert, sich, bei Bedarf mit Assistenz, für eines von zwei Freizeitangeboten zu entscheiden, die im Rahmen der Freizeitwoche angeboten werden.

6.1   Rahmenbedingungen

Dabei stellt der Lernbereich Freizeit die Schulen vor die Herausforderung, sich auf neue Wege zu begeben. In der Konsequenz heißt das konkret, dass das starre Korsett des Unterrichtsvormittags nicht immer passend ist, um Freizeit als Unterrichtsthema altersgemäß, wohnort- und lebensnah zu gestalten. So findet beispielsweise morgens zwischen acht und zwölf Uhr in der Regel keine Kinovorstellung statt. Der Einsatz der Lehrerstunden bedarf daher einer höheren Flexibilität als üblich. Doch wie ist das im Organisationsrahmen von Schule leistbar? Der Lehrplan sieht – ähnlich wie beim Wohntraining – eine Bündelung von Lehrerstunden in sogenannten ›Stunden-Pools‹ vor, damit Freizeitangebote mit den Schülern dann wahrgenommen werden können, wenn sie normalerweise stattfinden; in der Regel am Nachmittag und Abend (vgl. Bayer. Staatsministerium 2007, 94). Darüber hinaus bieten sich im Rahmen des Wohntrainings oder von Schullandheimfahrten in adäquater Weise vielfältige Anwendungsmöglichkeiten.

Stadtbummel	1. _____ 2. _____ 3. _____ 4. _____ 5. _____ 6. _____ 7. _____ 8. _____	Schloss Johannisburg »Vom Bett und Schreibtisch des Kurfürsten«	1. _____ 2. _____ 3. _____ 4. _____ 5. _____ 6. _____ 7. _____ 8. _____
Bitte entscheiden Sie sich für ein Angebot und tragen Sie sich in die Liste (mit Unterschrift, Foto, Fingerabdruck, Aufkleber, …) ein oder suchen Sie sich einen Unterstützer, der das für Sie / mit Ihnen macht.			

Abb. 5: Wahlmöglichkeiten im Rahmen einer Freizeitwoche

6.2   Schüler – Lehrer – Eltern

Weiterhin stellen sich Fragen z. B.

- nach der Schülerschaft im Förderschwerpunkt geistige Entwicklung und deren Freizeitverhalten, also wie verbringen die Schüler am Förderzentrum mit dem Förderschwerpunkt geistige Entwicklung ihre Freizeit?
- nach der Rolle des Lehrers; kann die herkömmliche Rolle des Lehrers beim Unterrichtsthema Freizeit Bestand haben?
- nach einer adäquaten Gestaltung der Elternarbeit in diesem Kontext?

Die Sichtweise auf Menschen mit (geistiger) Behinderung hat sich grundlegend geändert: Individuelle Stärken und Ressourcen stehen im Fokus (vgl. Goll 2007, 194) – »die Vielfalt von Begabungen und Lebenswegen kennzeichnet die Normalität des menschlichen Lebens« (Bayer. Staatsministerium 2007, 7). Der Lehrplan für die Berufsschulstufe unterstreicht dies noch mit einem ausgeprägten erwachsenenorientierten Ansatz und einer empowermentorientierten Zielsetzung (vgl. ebd., 8). Im Lehrplan wird die Umsetzung der Themen unter steter Berücksichtigung von Mitbestimmung, Selbstbestimmung und Zukunftsorientierung gefordert (vgl. ebd., 11–13). Individuelle Lebensentwürfe sollen zugelassen und gefördert werden. Als Akteure des eigenen Lebens sollen die Schüler ihre Freizeit in größtmöglicher Selbstbestimmung und Verantwortung gestalten. »Ziel ist es, dass jeder Mensch ein selbstbestimmtes Leben und die Teilhabe als Bürger innerhalb der Gesellschaft verwirklichen kann« (ebd., 9). Dies bedarf – je nach Persönlichkeit, nach Interessen und nach individuellen Möglichkeiten des Schülers – zum Teil sehr unterschiedliche, passgenaue und umfassende

Unterstützungsangebote. Dabei werden Umfang und Intensität des notwendigen Unterstützungs- oder Assistenzbedarfs permanent reflektiert und der Selbstbestimmungsmöglichkeit des Jugendlichen und jungen Erwachsenen entsprechend gestaltet.

Die Rolle des Lehrers ist im Rahmen des Themas ›Freizeit‹ eine veränderte (vgl. Kap. 3.3). Der Lehrer ist pädagogischer Animator und Unterstützer, handelt dabei immer nach dem Prinzip der professionellen Zurücknahme. Auch im Bereich Freizeit gilt der Grundsatz: So viel Selbstständigkeit wie möglich, so viel Assistenz wie nötig! (vgl. Bayer. Staatsministerium 2007, 12). Dabei fällt es Lehrkräften nicht immer leicht:

- Unerwartetes zuzulassen (z. B. Stille oder auf den ersten Blick ungewöhnliche Ideen);
- eigene Bedenken nicht zu äußern und vermeintliche Fehler geschehen zu lassen;
- ausschließlich zu begleiten und bei diesen Prozessen im Hintergrund zu bleiben.

Für die Lehrkräfte ist dies eine anspruchsvolle Rolle. Zum einen steht die vertrauensvolle Beziehung zum Schüler im Mittelpunkt, zum anderen gilt es, die Balance zwischen Nähe bzw. Distanz in angemessener Form auszuloten. ›Teamteaching‹ und ›kollegiale Hospitation‹ stellen hierbei eine gute Unterstützung dar, um seine eigene Rolle als Lehrer kritisch zu hinterfragen, zu reflektieren und zu beleuchten.

Da Freizeit nur zu einem geringen Prozentsatz in bzw. mit der Schule stattfindet, kommt den Eltern bzw. den Erziehungsberechtigten oder Heimmitarbeitern eine wichtige Rolle bei der Verwirklichung der individuellen Freizeitbedürfnisse der Schüler zu. Für alle Eltern stellt die Phase des Erwachsenwerdens, des langsamen Ablösens vom Elternhaus eine zentrale Herausforderung dar. Für Eltern von Schülern mit geistiger Behinderung gilt dies aufgrund des zumeist erhöhten Unterstützungsbedarfs ihrer Kinder in besonderem Maße. Loslassen und zulassen können, sich zurücknehmen, Entscheidungen der Tochter bzw. des Sohnes annehmen, auch wenn man es selbst ganz anders machen würde. Dies zu vermitteln, transparent zu machen, ist Aufgabe von Schule bzw. Inhalt der Elternarbeit von Schule.

Daneben kommt Eltern bei der Realisierung einer altersangemessenen Freizeitgestaltung ihrer Kinder eine zentrale Unterstützerrolle zu, die im Rahmen der Lebenswegplanung im Folgenden deutlich wird.

6.3   Methoden und Leitprinzipien – eingebettet in die Lebenswegplanung

Die Frage nach einem großen Wunsch bzgl. der konkreten Freizeitgestaltung einer Schülerin bzw. eines Schülers könnte sich aus verschiedenen Perspektiven betrachtet folgendermaßen darstellen (vgl. Abb. 6).

Traumbild des Schülers	Wunschbild der Eltern	Idealbild des Lehrers	Realbild der Freizeitwelt
ein Bon Jovi-Konzert in den USA besuchen	gemeinsam zum Zillertaler-Konzert fahren; »Das gefällt ihm dann schon …«	Konzert einer regionalen Rockband besuchen	Bon Jovi auf MTV sehen und hören

Abb. 6: Ein Freizeitwunsch – aus verschiedenen Perspektiven
bzw. von verschiedenen Personen formuliert

Wie unschwer zu erkennen ist, unterscheiden sich das Traumbild des Schülers und das Realbild in seiner Freizeitwelt sehr deutlich! Nun stellt sich die Frage, wie der Schüler adäquat unterstützt werden kann, sein Traumbild – und nicht das der Eltern oder des Lehrers! – in der Freizeit zu realisieren. Dabei kann die Lebenswegplanung, ein Instrument, mit dem sich Interessen, Stärken, Wünsche und Vorlieben von Schülern eruieren, ausprobieren, dokumentieren und reflektieren lassen, einen wichtigen Beitrag leisten (vgl. Bayer. Staatsministerium 2007, 11). Diese lässt sich grundsätzlich auf alle Lebensbereiche, somit auch auf den Lebensbereich Freizeit beziehen. Dabei basiert dieses Instrument auf dem Modell der ›Persönlichen Zukunftsplanung‹ (vgl. Boban/ Hinz 1999, Doose 1999), das ausschließlich auf eine Person ausgerichtet ist und somit für den Bereich Schule z. T. modifiziert werden muss (vgl. Bayer. Staatsministerium 2007, 31; Kragl 2008).

Bei der Lebenswegplanung steht der Mensch als aktiver Gestalter im Mittelpunkt – er bestimmt sein Leben in größtmöglichem Maße selbst. Durch die Auseinandersetzung mit den eigenen Stärken und Interessen auf der einen Seite und Träumen bzw. Veränderungswünschen auf der anderen Seite entwickeln sich – zu Beginn oft noch vage, später zusehends konkretere – Zukunftsvorstellungen und Ideen (vgl. Abb. 7). Bei der praktischen Umsetzung beginnt man mit der Erstellung eines persönlichen Profils. Ähnlich einem Puzzle setzt sich das persönliche Profil aus vielen Teilen zusammen. Beim Lernbereich Freizeit können unter anderem folgende Fragestellungen bei der Erstellung des Profils hilfreich sein:

- Was mache ich derzeit hauptsächlich in meiner Freizeit?
- Welche Freizeitangebote habe ich auf meinem bisherigen Lebensweg schon genutzt und ausprobiert?
- Welche Angebote bzw. Tätigkeiten möchte ich in meiner Freizeit einmal ausprobieren?
- Welche Stärken und Fähigkeiten bringe ich dafür mit?
- Welche Unterstützung (was, von wem, wie lange) bräuchte ich dazu?

Aus der Bearbeitung dieser Fragen können konkrete Wunschvorstellungen bzw. Ziele für den Bereich der Freizeit resultieren, die den individuellen Bedürfnissen des Schülers bestmöglich entsprechen, da er immer im Mittelpunkt steht (vgl. Kap. 3.1), wobei die Perspektive der Realisierung von Anfang an mitgedacht wird. Sind die Ziele klar formuliert, wird geplant und die Realisation angestrebt. Ein Zukunftsplan, der die nächsten realistischen Schritte auf dem Weg zur Erreichung des Freizeitwunsches beinhaltet, wird entworfen und möglichst konkret – in einzelnen Schritten, mit Zeitschiene und Zuständigkeiten – dokumentiert (in Schrift, mit Bildern, Piktogrammen, auf dem Talker usw.) (vgl. Abb. 7). An dieser Stelle werden unterschiedliche Ressourcen zur Verwirklichung des Freizeitwunschs bedeutsam. Diese können materieller aber auch sozialer Art sein. So ist der Unterstützerkreis, der von der planenden Person ausgewählt wird und in der Regel aus Menschen besteht, die Interesse an dieser Person, ihren Ideen, Träumen und Zukunftsvorstellungen haben, von herausragender Bedeutung (vgl. Kragl 2008, 10). So kommt den Personen im Unterstützerkreis die Aufgabe zu, die Verwirklichung des Freizeitwunschs mitzutragen und voranzubringen.

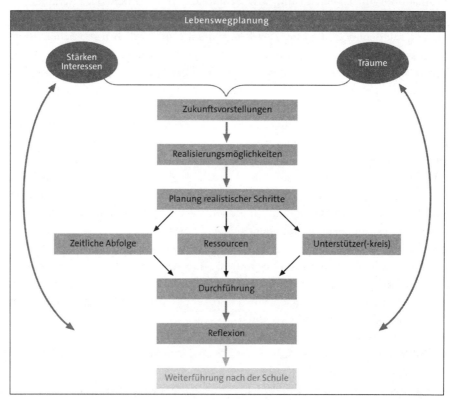

Abb. 7: Instrument der Lebenswegplanung (aus: Bayer. Staatsministerium 2007, 31)

Verfügt der Schüler nur bedingt oder gar nicht über Lautsprache, gilt es – um der Gratwanderung zwischen Fremd- und Selbstbestimmung gerecht zu werden – alternative Dialogmöglichkeiten zu suchen und sich sorgsam auf den Partner einzulassen. Ein Unterstützerkreis aus langjährigen, vertrauten Personen kann hier sehr hilfreich sein, um auf dem Hintergrund gemeinsamer Erfahrungen, Vorstellungen für das zukünftige Leben zu entwickeln. Die Umsetzung des Plans wird individuell und differenziert dokumentiert. Hierzu bieten sich u. a.

- »persönliche Kisten« mit greif- und tastbaren oder akustischen Gegenständen und Objekten,
- Piktogramm- oder Fotobücher,
- Dokumentation am Computer,
- oder persönliche Zukunftsmappen (mit Inhalten aus allen Bereichen gefüllt: Reflexionsbögen Wohntraining, Praktikumsberichte, Freizeitführer usw.) an.

Die Dokumentation schafft ein hohes Maß an Transparenz für alle Beteiligten: Schüler, Eltern, Unterstützerkreis usw. Die besprochenen Inhalte enden nicht mit Schulschluss, sondern werden auch in der schulfreien und nachschulischen Zeit mit unterstützt und weiter getragen.

6.4   Freizeit im Schulalltag

Freizeit in der Schule – kann das eine Lösung sein? Das ruft doch sogleich den eingangs formulierten Widerspruch zwischen Schule und Freizeit auf den Plan. Auf den zweiten Blick wird deutlich, dass freie und gebundene bzw. abhängige Zeit aufeinander angewiesen sind, nur im Wechsel erlebt werden können (vgl. Kap. 2). Die Möglichkeiten dies während des Unterrichtsvormittags erlebbar zu gestalten, sind vielfältig und bieten somit eine große Chance um die grundlegende Bedeutung von Dispositionszeit erfahrbar zu machen. Gemeinsame Pausen mit Angeboten zum Auswählen sind eine gute Möglichkeit um Mit- und Selbstbestimmung verwirklichen zu können. Ob das nun gänzlich freie, angebotslose Pausen sind oder gestaltete Freizeiten mit Sport- und Freizeitangeboten oder Treffpunkten, ist je nach Bedürfnissen der Schüler abzuwägen. Für manche Schüler heißt Pause Ruhe, für manche ist Pause erst dann, wenn es zu vielfältigen Kontaktmöglichkeiten kommt oder wenn man sich bewegen kann. Manche sind lieber im Schulhaus, manche brauchen frische Luft. Einige Schüler benötigen, um tatsächlich auch Pause machen zu können, Lagerungswechsel. Auch diese Zeiten gilt es zu hinterfragen und zu gestalten (vgl. Kap. 2). Sie können möglichst selbstbestimmt gestaltet werden, z. B. mit Lieblingsmusik, die der Schüler selbst – je nach Lust und Laune – immer wieder aktivieren kann oder nicht. Dieses breite Spektrum an Möglichkeiten gilt es zu erkunden, den Schüler zu begleiten, sich selbst einschätzen zu lernen, zu ermutigen eigene Bedürfnisse wahrzunehmen und zu artikulieren.

Die Methoden der Lebenswegplanung bieten ein gutes Handwerkszeug, um eine stimmige Pausensituation für alle herauszuarbeiten. Das kann in adäquater Form im Klassenverband bzw. in Klassenverbänden umgesetzt werden, wobei der einzelne Schüler seine Ergebnisse dokumentiert. So entstehen – gemeinsam im Prozess erarbeitet – individuelle, persönliche Ergebnisse. Die Lehrkräfte unterstützen dabei nach dem Grundsatz der professionellen Zurücknahme – auch wenn es nicht immer leicht fällt, z. B. in entsprechendem Abstand »nur« der Aufsichtspflicht nachzukommen und nicht zum »Alleinunterhalter« zu werden.

Dies soll an folgendem Beispiel aus der Praxis verdeutlicht werden:

Begonnen hatte alles, als ein paar Schüler in der Pause begannen, von Klasse zu Klasse zu ziehen und sich zu verabreden. So entstand der »Teenie-Treff«, zu Beginn mit vier Berufs-schulstufenklassen, die alle ihre Klassenräume auf dem Flur nebeneinander hatten. Immer montags trafen sich die Schüler zur gemeinsamen Pause – die sich überwiegend dadurch kennzeichnete, dass man beieinander saß und schwieg. Beim Personal sorgte dies eingangs für Verunsicherung: »Die Schüler sprechen ja gar nichts.« Da war man schnell versucht, das selbst in die Hand zu nehmen. Aber nein, das mussten wir aushalten lernen. Uns in professioneller Zurückhaltung zu üben, war anfangs nicht einfach. Irgendwann entstand die Idee, dass doch auch Schüler teilnehmen könnten, die nicht selbst dorthin laufen konn-ten. So nahmen auch immer mehr und immer öfter Schüler ohne Lautsprache, Schüler mit intensivem Unterstützungsbedarf, die nicht selbst hinlaufen oder hinfahren konnten am »Teenie-Treff« teil. Und siehe da – plötzlich kamen Gespräche in Gang. Die Schüler, die von Anfang an dabei waren, sprachen mit den nicht aktiv sprechenden Mitschülern, fragten nach dem Befinden, nahmen Kontakt auf. Mit der Zeit wurde es ein lustiges und buntes Unterfangen. Schüler schimpften in ihrer polnischen Muttersprache, erste engli-sche Sätze aus dem Unterricht (»How are you?«) wurden praktisch angewandt, es wurde gemeinsam gesungen (besonders gerne Songs von den Beatles), geredet, geschwiegen und gelacht. Aus diesem »Teenie-Treff« flossen Themen auch immer wieder in den Unterricht ein. Die Schüler gaben den Startschuss, sich mit erwachsenengemäßen Themen, einem peer-group-orientierten Umgang und ihren Vorstellungen damit auseinanderzusetzen. Das strahlte aus: in den Unterricht, in Therapieeinheiten, auf Busfahrer (»Ich möchte beim Aussteigen nicht so angefasst werden!«) und natürlich in unsere Teams. (Auszüge aus einem Interview mit Annette Peters – Lehrkraft an der Schule am Dachsberg, Privates Förderzen-trum mit dem Förderschwerpunkt Sehen und weiterer Förderbedarf)

6.5   Die Freizeitwoche – »outdoor« und »indoor«

Freizeit findet in der Regel nicht zwischen acht und 13 Uhr auf dem Schulgelände statt. Um Freizeit auch tatsächlich interessengeleitet, wohnortnah und altersadäquat gestalten zu können, braucht es neben den Freizeitsituationen und -angeboten, auch Veränderungen von Zeiten und Orten. Um dies zu gestalten und zu planen, ist im Lehrplan ein besonders umfassendes Vorhaben – die ›Freizeitwoche‹ – beschrieben (vgl. Bayer. Staatsministerium 2007, 95). Auf diese Umsetzungsmöglichkeit soll im Folgenden näher eingegangen werden:

Im Rahmen der Lebenswegplanung bzw. der informativen Beratung (vgl. Kap. 3.2) können im Klassenverband Informationen und Ideen für Freizeitgestaltungs-möglichkeiten gesucht werden. Das Programm sollte möglichst vielfältig werden und Angebote für alle Schüler enthalten (vgl. Abb. 5). Die Schüler stimmen gemeinsam über das Programm ab und können dann für die Freizeitwoche individuell Angebote auswählen und zusammenstellen. So entstehen persönliche Freizeitpläne, die nach eigenen Ideen und Wünschen gestaltet sind. Nach der Planungsphase folgt die häufig klassenübergreifende Durchführung, die ein vielfältigeres Programm erlaubt, als dies bei der klasseninternen Realisation möglich ist. Daran schließt als wichtiger Baustein die Nachbereitung an. Die besuchten und erlebten Freizeitmöglichkeiten werden besprochen und reflektiert. Die Schüler sollen Erkenntnisse für ihre Freizeitpräferenzen daraus mitnehmen und beim nächsten Mal anwenden.

Freizeitwochen müssen nicht immer oder ausschließlich »outdoor« stattfinden. Sie können auch innerhalb der Räumlichkeiten von Schule gestaltet werden. Das ist besonders für Schüler mit intensivem Unterstützungsbedarf eine oft sehr stimmige und auch realisierbare Form der Umsetzung. Der Kreativität sind dabei keine Grenzen gesetzt, die Turnhalle wird zur »Chill out-Zone«, die Aula zum Cafe, der Snoezelenraum zum Freizeittreff, ein Klassenraum zum Kino usw. Ein differenzierter Blick muss immer im Mittelpunkt stehen, ein Blick für individuelle Bedürfnisse und individuelle Kompetenzen, sonst besteht die Gefahr Entwicklungspotenziale zu versperren. An dieser Stelle sei an die Forderung von Theunissen nach einer Synchronisierung bzw. strukturellen Koppelung der Versorgungszeit mit der freien Dispositionszeit erinnert (vgl. Theunissen 2000, 140). So besteht die Möglichkeit diese beiden Zeitmodelle in einer ästhetisch-genussvollen Essenssituationen zu koppeln, wodurch ein Mehr an Selbstbestimmungsmöglichkeiten in den Lebensalltag eingebaut bzw. eingewoben werden kann.

6.6   Freizeit als interdisziplinäre Bildungsaufgabe

Abschließend soll deutlich gemacht werden, dass nicht nur der Schüler bei der Umsetzung seiner individuellen Freizeitbedürfnisse einer individuellen Unterstützung und adäquaten Vernetzung bedarf, sondern auch die Schule ist bei der Verfolgung des Ziels der erfolgreichen Übertragung der im Unterricht angebahnten Freizeitkompetenzen in den Alltag auf Kooperationspartner angewiesen. Freizeit als Unterrichtsthema lässt sich also letztlich nur als interdisziplinäre Bildungsaufgabe verwirklichen. Um Schüler mit dem Förderschwerpunkt geistige Entwicklung adäquate und altersangemessene Freizeitmöglichkeiten erleben, ausprobieren, erkennen und gestalten können zu lassen, gilt es funktionierende Netzwerke aufzubauen. Hier werden neben den Familien und privaten Kontakten außerschulische, nicht sonderpädagogische Kooperationspartner wie Vereine und Kirchengemeinden, aber auch sonderpädagogische Angebote und Dienste, wie die OBA, der FED oder andere Assistenzvereine grundlegend bedeutsam. Der Schule kommt – im Sinne des assertorischen Freizeitbegriffs (vgl. Kap. 2) – dabei die Aufgabe zu, den Schülern ein grundlegendes Bewusstsein für Freizeit und darin enthaltene Gestaltungsmöglichkeiten zu eröffnen sowie Freizeitnetzwerke zu initiieren und darin enthaltene Ressourcen im Sinne der individuellen Bedürfnisse der Schüler zu koordinieren. Somit löst sich der eingangs formulierte Widerspruch zwischen Schule und Freizeit schlussendlich auf.

Literatur

Bayer. Staatsministerium (Bayerisches Staatsministerium für Unterricht und Kultus) (Hg.) (2003): Lehrplan für den Förderschwerpunkt geistige Entwicklung. München: Hintermaier.

Bayer. Staatsministerium (Hg.) (2007): Lehrplan für die Berufsschulstufe. Förderschwerpunkt geistige Entwicklung. München: Hintermaier.

Boban, Ines/Hinz, Andreas (1999): Persönliche Zukunftskonferenzen. Unterstützung für individuelle Lebenswege. In: Behinderte in Familie, Schule und Gesellschaft, Jg. 22, H. 4/5, 13–23.

Doose, Stefan (1999): Persönliche Zukunftsplanung. In: Kann, Peter van/Doose, Stefan (Hg.): Zukunftsweisend. Peer Counceling & Persönliche Zukunftsplanung. Kassel: bifos, 71–134.

Duden (2000): Das Fremdwörterbuch. 7. Aufl. Mannheim: Bibliographisches Institut

Ebert, Harald (2000): Menschen mit geistiger Behinderung in der Freizeit. »Wir wollen überall dabeisein«. Bad Heilbrunn/Obb.: Klinkhardt.

Goll, Harald (2007): Kompetenz, Kompetenzorientierung. In: Theunissen, Georg/Kulig, Wolfram/Schirbort, Kerstin (Hg.): Handlexikon Geistige Behinderung. Stuttgart: Kohlhammer, 194.

Kerkhoff, Winfried (1982): Behindert in der Freizeit. In: Kerkhoff, Winfried (Hg.): Freizeitchancen und Freizeitlernen für behinderte Kinder und Jugendliche. Berlin: Marhold, 1–14.

Klafki, Wolfgang (1984): Freizeitdidaktik und Schuldidaktik. In: Nahrstedt, Wolfgang (Hg.): Freizeitdidaktik. Teil 1: Vom lehrerzentrierten Unterricht zum selbstorganisierten Lern-Environment. Bielefeld: Pfeffer, 64–67.

Kragl, Kerstin (2008): Lebenswegplanung am Förderzentrum mit dem Förderschwerpunkt geistige Entwicklung. In: Lernen konkret, Jg. 27, H. 1, 9–12.

Küchler, Matthias (2006): Was kommt nach der Schule? Handbuch zur Vorbereitung auf das nachschulische Leben durch die Schule für Menschen mit geistiger Behinderung. Oberhausen: ATHENA-Verlag.

Markowetz, Reinhard (2000): Freizeit von Menschen mit Behinderungen. In: Markowetz, Reinhard/Cloerkes, Günther (Hg.): Freizeit im Leben behinderter Menschen. theoretische Grundlagen und sozialintegrative Praxis. Heidelberg: Universitätsverlag Winter, 9–38.

Markowetz, Reinhard (2007): Freizeit behinderter Menschen. In: Cloerkes, Günther/Felkendorff, Kai/Markowetz, Reinhard (Hg.): Soziologie der Behinderten. Eine Einführung. 3. Aufl. Heidelberg: Universitätsverlag Winter, 307–340.

Markowetz, Reinhard (2009): Freizeiterziehung für Kinder und Jugendliche mit Behinderungen/Benachteiligungen. In: Stein, Roland/Orthmann Bless, Dagmar (Hg.): Basiswissen Sonderpädagogik. Bd. 3. Private Lebensgestaltung bei Behinderungen und

Benachteiligungen im Kinder- und Jugendalter. Baltmannsweiler: Schneider Verlag Hohengehren, 30–63.

Mühl, Heinz (1994): Einführung in die Geistigbehindertenpädagogik. 3. Aufl. Stuttgart: Kohlhammer.

Nahrstedt, Wolfgang (1984): Freizeitdidaktik: Vom »learning by doing« zum »learning by going«? Versuch einer theoretischen Grundlegung. In: Nahrstedt, Wolfgang (Hg.): Freizeitdidaktik. Teil 1: Vom lehrerzentrierten Unterricht zum selbstorganisierten Lern-Environment. Bielefeld: Pfeffer, 10–39.

Nahrstedt, Wolfgang (1990): Leben in freier Zeit. Grundlagen und Aufgaben der Freizeitpädagogik. Darmstadt: Wissenschaftliche Buchgesellschaft.

Niehoff, Ulrich (2000): Wie viel Pädagogik verträgt die Freizeit? In: Geistige Behinderung, Jg. 39, H. 4, 309–310.

Niehoff, Ulrich (2006): Menschen mit geistiger Behinderung in der Freizeit. Versuch einer Standortbestimmung. In: Wüllenweber, Ernst/Theunissen, Georg/Mühl, Heinz (Hg.): Pädagogik bei geistigen Behinderungen. ein Handbuch für Studium und Praxis. Stuttgart: Kohlhammer, 408–415.

Opaschowski, Horst W. (1977): Freizeitpädagogik in der Schule. Aktives Lernen durch animative Didaktik. 1. Aufl. Bad Heilbrunn/Obb.: Klinkhardt.

Opaschowski, Horst W. (1987): Pädagogik und Didaktik der Freizeit. Opladen: Leske + Budrich.

Opaschowski, Horst W. (1996): Pädagogik der freien Lebenszeit. 3. Aufl. Opladen: Leske + Budrich.

Opaschowski, Horst W. (2001): Freizeiterziehung und Freizeitbildung. In: Antor, Georg (Hg.): Handlexikon der Behindertenpädagogik. Schlüsselbegriffe aus Theorie und Praxis. Stuttgart: Kohlhammer, 186–188.

Opaschowski, Horst W./Pries, Michael (2008): Freizeit, Freie Zeit, Muße und Geselligkeit. In: Coelen, Thomas (Hg.): Grundbegriffe Ganztagsbildung. Das Handbuch. 1. Aufl. Wiesbaden: VS Verlag, 422–431.

Pöggeler, Franz (2003): Freizeiterziehung in der Ganztagsschule. In: Spektrum Freizeit, Jg. 25, H. 1, 21–30.

Pohl, Rudolf (1982): Praxis der Freizeiterziehung geistig Behinderter. In: Kerkhoff, Winfried (Hg.): Freizeitchancen und Freizeitlernen für behinderte Kinder und Jugendliche. Berlin: Marhold, 51–66.

Schmitz, Vera (1999): Aspekte der Freizeitgestaltung. In: Weinwurm-Krause, Eva-Maria (Hg.): Autonomie im Heim. Auswirkungen des Heimalltags auf die Selbstverwirklichung von Menschen mit Behinderung. Heidelberg: Universitätsverlag Winter, 290–315.

Speck, Otto (2005): Menschen mit geistiger Behinderung. Ein Lehrbuch zur Erziehung und Bildung. 10. Aufl. München: Reinhardt.

Theunissen, Georg (2000): Lebensbereich Freizeit – ein vergessenes Thema für Menschen, die als geistig schwer- und mehrfachbehindert gelten. In: Markowetz, Reinhard/Cloerkes, Günther (Hg.): Freizeit im Leben behinderter Menschen. theoretische Grundlagen und sozialintegrative Praxis. Heidelberg: Universitätsverlag Winter, 137–149.

Theunissen, Georg/Dieter, Matthias/Neubauer, Grit/Niehoff, Ulrich (2000): Zur Situation geistig behinderter Menschen in ihrer Freizeit. Eine Umfrage bei der Lebenshilfe in Deutschland. In: Geistige Behinderung, Jg. 39, H. 4, 360–372.

Zellmann, Peter (2003): Pädagogik der Freizeit und Schule. In: Popp, Reinhold/Arnold, Rolf (Hg.): Basiswissen Pädagogik. Baltmannsweiler: Schneider Hohengehren, 44–64.

Zielniok, Walter (1978): Anstöße zur Selbstständigkeit. Die Gestaltung von Funktions-trainings-Programmen für geistig Behinderte im Freizeitbereich. 2. Aufl. Freiburg im Breisgau: Lambertus.

Zielniok, Walter (1990): Zielaspekte einer Freizeitförderung für geistig behinderte Menschen. In: Zielniok, Walter/Schmidt-Thimme, Dorothea (Hg.): Gestaltete Freizeit für Menschen mit geistiger Behinderung. Heidelberg: Universitätsverlag Winter, 19–32.

Verzeichnis der Autorinnen und Autoren

Dr. Stefan Anderssohn
Landesförderzentrum für körperliche und motorische Entwicklung, Schwentinental
stefan@anderssohn.info

Cornelius Breyer
Universität Würzburg, Lehrstuhl Sonderpädagogik IV –
Pädagogik bei Geistiger Behinderung
cornelius.breyer@uni-wuerzburg.de

Dr. Christoph Dönges
Universität Koblenz/Landau, Institut für Sonderpädagogik
doenges@uni-landau.de

Kathrin Dreßler
c/o Universität Würzburg, Lehrstuhl Sonderpädagogik IV –
Pädagogik bei Geistiger Behinderung
kathrin.dressler@gmx.de

Dr. Wolfgang Dworschak
Ludwig-Maximilians-Universität München, Lehrstuhl für Pädagogik bei geistiger
Behinderung und Pädagogik bei Verhaltensstörungen
dworschak@lmu.de

Dr. Almut Drummer
Universität Würzburg, Lehrstuhl für Didaktik der deutschen Sprache und Literatur
schreibberatungad@gmx.de

Prof. Dr. Erhard Fischer
Universität Würzburg, Lehrstuhl Sonderpädagogik IV –
Pädagogik bei Geistiger Behinderung
erhard.fischer@uni-wuerzburg.de

Walter Goschler
Universität Würzburg, Lernwerkstatt des Instituts für Sonderpädagogik
walter.goschler@uni-wuerzburg.de
www.lernwerkstatt.sonderpaedagogik.uni-wuerzburg.de

Andreas Häußler
Mitarbeiter am Lehrstuhl für Physik und ihre Didaktik der Universität Würzburg
andreas.haeussler@gmx.de

Dr. Michael Häußler
Studienseminar für das Lehramt an Sonderschulen MFR II, Nürnberg,
Fachrichtung Geistigbehindertenpädagogik
drmhaeussler@aol.com

Dr. Thomas Heyne
Universität Würzburg, Leiter Fachgruppe Didaktik Biologie
thomas.heyne@biozentrum.uni-wuerzburg.de

Dr. Michael Hohm
Universität Würzburg, Lehrstuhl für Didaktik der deutschen Sprache und Literatur
michael.hohm@uni-wuerzburg.de

Kerstin Kragl
Schule am Dachsberg – Privates Förderzentrum mit dem Förderschwerpunkt Sehen
und weiterer Förderbedarf des Blindeninstituts Rückersdorf
KerstinKragl@t-online.de

Dr. Iris Kreile
Universität Würzburg, Institut für Evangelische Theologie und Religionspädagogik
iris.kreile@uni-wuerzburg.de

Dr. Oliver Musenberg
Humboldt-Universität zu Berlin, Philosophische Fakultät IV, Institut für Rehabilitationswissenschaften, Abteilung Geistigbehindertenpädagogik
oliver.musenberg@staff.hu-berlin.de

Prof. Dr. Detlef Pech
Humboldt-Universität zu Berlin, Philosophische Fakultät IV,
Institut für Erziehungswissenschaften
detlef.pech@hu-berlin.de

Dr. Peter Pfriem
Universität Würzburg, Fachvertreter für die Didaktik der Arbeitslehre
peter.pfriem@uni-wuerzburg.de

Jutta Proksch
Schule Paracelsusstraße (Förderschwerpunkt geistige Entwicklung),
Freie und Hansestadt Hamburg
jutta.proksch@gmx.net

Dr. Christoph Ratz
Universität Würzburg, Lehrstuhl Sonderpädagogik IV –
Pädagogik bei Geistiger Behinderung
christoph.ratz@uni-wuerzburg.de

Dr. Frank Schiefer
Universität Würzburg, Fachvertretung Didaktik der Sozialkunde
frank.schiefer@uni-wuerzburg.de

Dr. Werner Schlummer
Universität zu Köln, Humanwissenschaftliche Fakultät,
Arbeitsbereich Geistigbehindertenpädagogik
werner.schlummer@hrf.uni-koeln.de

Dr. Claudia Schomaker
Carl von Ossietzky Universität Oldenburg, Fakultät I,
Institut für Pädagogik
c.schomaker@uni-oldenburg.de

Ute Schütte
Martinus Schule; Marchtaler Plan Schule mit den Förderschwerpunkten geistige,
körperliche und motorische Entwicklung Schwäbisch Gmünd
ute.schuette@haus-lindenhof.de

Prof. Dr. Simone Seitz
Universität Bremen, Fachbereich Erziehungs- und Bildungswissenschaften
sseitz@uni-bremen.de

Dr. Karin Terfloth
Pädagogische Hochschule Heidelberg, Fachrichtung Geistig- und
Mehrfachbehindertenpädagogik
terfloth@ph-heidelberg.de

Prof. Dr. Georg Theunissen
Martin-Luther-Universität Halle-Wittenberg, Lehrstuhl für Geistigbehindertenpädagogik, Institut für Rehabilitationspädagogik der Philosophischen Fakultät III Erziehungswissenschaften
georgtheunissen@gmx.de

Prof. Dr. Thomas Trefzger
Universität Würzburg, Physikalisches Institut, Lehrstuhl für Physik
und ihre Didaktik
trefzger@uni-wuerzburg.de

Gundula Tuttas
Wilhelm-Löhe Förderzentrum Traunreut
gundula.tuttas@web.de

Kathrin Vollrath
Sonnenland-Schule, Stockach
kathrinvollrath@web.de

Prof. Dr. Michael Wagner
Universität Koblenz-Landau, Lehrstuhl Pädagogik bei geistigen und körperlichen
Behinderungen
wagnerm@uni-landau.de

Dr. Ralf Wittenstein
c/o Universität Würzburg, Institut für Musikforschung –
Lehrstuhl für Musikpädagogik
drrwittenstein@hotmail.de

Prof. em. Dr. Dr. h.c. Erich Ch. Wittmann
Technische Universität Dortmund, Fakultät für Mathematik, Projekt »mathe 2000«
wittmann@math.uni-dortmund.de